파고다 토익 RC

입문서

파고다
토익 RC
입문서

초판 1쇄 인쇄 2022년 1월 19일
초판 1쇄 발행 2022년 1월 26일
초판 2쇄 발행 2024년 3월 15일

지 은 이 | 파고다교육그룹 언어교육연구소
펴 낸 이 | 박경실
펴 낸 곳 | **PAGODA Books** 파고다북스
출판등록 | 2005년 5월 27일 제 300-2005-90호
주   소 | 06614 서울특별시 서초구 강남대로 419, 19층(서초동, 파고다타워)
전   화 | (02) 6940-4070
팩   스 | (02) 536-0660
홈페이지 | www.pagodabook.com

저작권자 | ⓒ 2023 파고다아카데미, 파고다북스

ISBN 978-89-6281-882-6 (13740)

파고다북스   www.pagodabook.com
파고다 어학원   www.pagoda21.com
파고다 인강   www.pagodastar.com
테스트 클리닉   www.testclinic.com

❙ 낙장 및 파본은 구매처에서 교환해 드립니다.

파고다 토익 RC

RC

입문서

PAGODA **Books**

파고다 토익 프로그램

독학자를 위한 다양하고 풍부한 학습 자료

세상 간편한 등업 신청으로 각종 학습
자료가 쏟아지는

파고다 토익 공식 온라인 카페
http://cafe.naver.com/pagodatoeicbooks

매회 업데이트! 토익 학습 센터

시험 전 적중 문제, 특강 제공
시험 직후 실시간 정답, 총평 특강, 분석 자료집 제공

교재 Q&A
교재 학습 자료 ─┐
나의 학습 코칭
정기 토익 분석 자료
기출 분석 자료
예상 적중 특강
논란 종결 총평

온라인 모의고사 2회분
받아쓰기 훈련 자료
단어 암기장
단어 시험지
MP3 기본 버전
MP3 추가 버전(1.2배속 등)
추가 연습 문제 등 각종 추가 자료

토익에 풀! 빠져 풀TV

파고다 대표 강사진과 전문 연구원들의
다양한 무료 강의를 들으실 수 있습니다.

파고다 토익 기본 완성 RC
토익 리딩 기초 입문서
토익 초보 학습자들이 단기간에 쉽게 접근할
수 있도록 토익의 필수 개념을 집약한 입문서

600+

파고다 토익 실력 완성 RC
토익 개념&실전 종합서
토익의 기본 개념을 확실히 다질 수 있는
풍부한 문제 유형과 실전형 연습 문제를 담은 훈련서

700+

파고다 토익 고득점 완성 RC
최상위권 토익 만점 전략서
기본기를 충분히 다진 토익 중상위권들의 고득점
완성을 위해 핵심 스킬만을 뽑아낸 토익 전략서

800+

파고다 토익 입문서 RC
기초와 최신 경향 문제 완벽 적응 입문서
개념-집중 훈련-실전 훈련의 반복을 통해 기초와
실전에서 유용한 전략을 동시에 익히는 입문서

파고다 토익 종합서 RC
중상위권이 고득점으로 가는 도움 닫기 종합서
고득점 도약을 향한 한 끗 차이의 간격을 좁히는 종합서
(2022년 4월 출간 예정)

이제는 인강도 밀착 관리!
체계적인 학습 관리와 목표 달성까지 가능한

파고다 토익 인생 점수반
www.pagodastar.com

성적 달성만 해도 100% 환급
인생 점수 달성하면 최대 300% 환급

최단 기간 목표 달성 보장
X10배속 토익
현강으로 직접 듣는 1타 강사의 노하우

파고다 토익 점수 보장반
www.pagoda21.com

1개월 만에 2명 중 1명은 900점 달성!
파고다는 오직 결과로 증명합니다.

파고다 토익 적중 실전 RC
최신 경향 실전 모의고사 10회분
끊임없이 변화하는 토익 트렌드에 대처하기 위해
적중률 높은 문제만을 엄선한 토익 실전서

900+

파고다 토익 실전 1000제 LC+RC

LC+RC 실전 모의고사 5회분(1000제)
문제 구성, 난이도, 시험지 사이즈까지 동일한 최신
경향 모의고사와 200% 이해력 상승시키는 해설서
구성의 실전서

VOCA+

파고다 토익 VOCA

LC, RC 목표 점수별 필수 어휘 30일 완성
600+, 700+, 800+, 900+ 목표 점수별,
우선 순위별 필수 어휘 1500

목차

PART 5

이 책의 구성과 특징

PART 5 GRAMMAR 토익 입문자들에게 꼭 필요한 기초 토익 문법과 핵심 기본 문제 유형을 학습한다.
문장의 구조와 틀을 이해하고 해석하는 능력을 길러 각 문제를 푸는 방법을 익힌다.

PART 5 VOCA Part 5, 6, 필수 동사, 명사, 형용사, 부사 어휘를 핵심 어휘 문제로 풀어본다.

PART 6 Part 5에서 학습한 어법 적용 문제, 어휘 문제, 글의 흐름상 빈칸에 알맞은 문장을 삽입하는 문제에도
충분히 대비한다.

PART 7 문제 유형별 해결 전략과 지문의 종류 및 주제별 해결 전략을 학습한다.

OVERVIEW

학습을 시작하기 전에 각 PART의 이해도를 높이기 위해 낱낱이 파헤쳐 본다.

문제 OVERVIEW
각 PART의 진행 방식과 문제 유형을
한눈에 파악할 수 있도록 하였다.

출제 TREND
문제 유형을 세분화하여 출제 비율을 도식화
하고 출제 경향 분석 결과를 담았다.

시험 PREVIEW
실제 시험에서 보여지는 문제와 보기 및 지문
을 눈으로 살펴보도록 하였다.

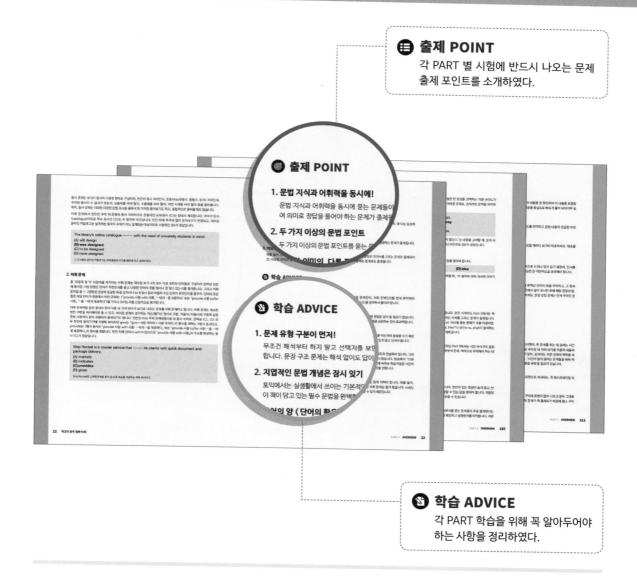

출제 POINT

각 PART 별 시험에 반드시 나오는 문제 출제 포인트를 소개하였다.

학습 ADVICE

각 PART 학습을 위해 꼭 알아두어야 하는 사항을 정리하였다.

BASE 다지기

각 PART에 들어가기에 앞서 파트 별로 반드시 알아야 할 핵심 정보를 정리하여 제시하였다.

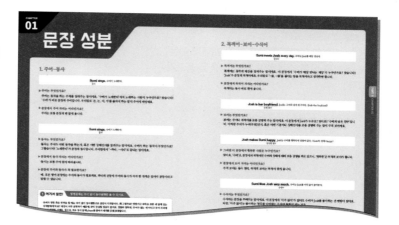

이 책의 구성과 특징

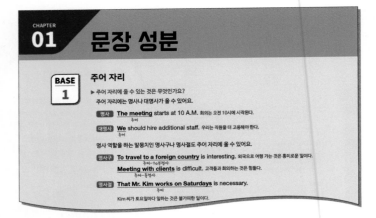
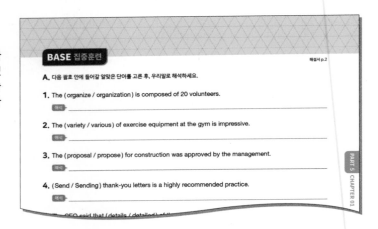
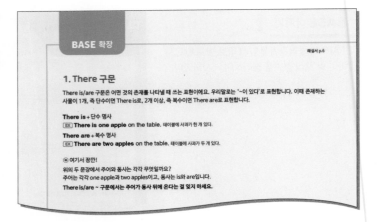

BASE 실전훈련

각 CHAPTER의 총체적인 내용을 아우르는 다양한 유형의 문제를 풀어보면서 독해 실력을 확인한다.

PART 5: 12문제
PART 6: 16문제
PART 7: 14~26문제

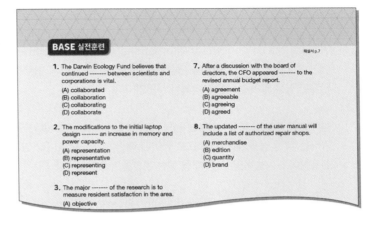

ACTUAL TEST

토익 시험 전 실전 감각을 최종 점검하는 시간을 가질 수 있도록 실제 정기 토익 시험과 가장 유사한 형태의 실전 모의고사 1회분을 제공하였다.

해설서

교재에 수록된 모든 문제의 해석은 물론, 정답의 근거를 자세히 설명하였다. 또한 문제 풀이에 필요한 어휘와 키워드 및 패러프레이징 표현을 함께 수록하여 정답 적중률을 한층 더 높이도록 구성하였다.

토익이란?

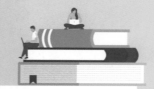

TOEIC(Test Of English for International Communication)은 영어가 모국어가 아닌 사람들을 대상으로 일상생활 또는 국제 업무 등에 필요한 실용 영어 능력을 평가하는 시험입니다.

상대방과 '의사소통할 수 있는 능력(Communication ability)'을 평가하는 데 중점을 두고 있으므로 영어에 대한 '지식'이 아니라 영어의 실용적이고 기능적인 '사용법'을 묻는 문항들이 출제됩니다.

TOEIC은 1979년 미국 ETS(Educational Testing Service)에 의해 개발된 이래 전 세계 160개 이상의 국가 14,000여 개의 기관에서 승진 또는 해외 파견 인원 선발 등의 목적으로 널리 활용하고 있으며 우리나라에는 1982년 도입되었습니다. 해마다 전 세계적으로 약 700만 명 이상이 응시하고 있습니다.

▶ 토익 시험의 구성

	파트	시험 형태		문항 수	시간	배점
듣기 (LC)	1	사진 묘사		6	45분	495점
	2	질의응답		25		
	3	짧은 대화		39		
	4	짧은 담화		30		
읽기 (RC)	5	문장 빈칸 채우기		30	75분	495점
	6	지문 빈칸 채우기		16		
	7	독해	단일 지문	29		
			이중 지문	10		
			삼중 지문	15		
계				200	120분	990점

1979	첫 토익
2006	NEW 토익
2016	신토익
Present	

토익 시험 접수와 성적 확인

토익 시험은 TOEIC 위원회 웹사이트(www.toeic.co.kr)에서 접수할 수 있습니다. 본인이 원하는 날짜와 장소를 지정하고 필수 기재 항목을 기재한 후 본인 사진을 업로드하면 간단하게 끝납니다.

보통은 두 달 후에 있는 시험일까지 접수 가능합니다. 각 시험일의 정기 접수는 시험일로부터 2주 전까지 마감되지만, 시험일의 3일 전까지 추가 접수할 수 있는 특별 접수 기간이 있습니다. 그러나 특별 추가 접수 기간에는 응시료가 4,400원 더 비싸며, 희망하는 시험장을 선택할 수 없는 경우도 발생할 수 있습니다.

성적은 시험일로부터 12~15일 후에 인터넷이나 ARS(060-800-0515)를 통해 확인할 수 있습니다.

성적표는 우편이나 온라인으로 발급받을 수 있습니다. 우편으로 발급받을 경우는 성적 발표 후 대략 일주일이 소요되며, 온라인 발급을 선택하면 유효 기간 내에 홈페이지에서 본인이 직접 1회에 한해 무료 출력할 수 있습니다. 토익 성적은 시험일로부터 2년간 유효합니다.

시험 당일 준비물

시험 당일 준비물은 규정 신분증, 연필, 지우개입니다. 허용되는 규정 신분증은 토익 공식 웹사이트에서 확인하기 바랍니다. 필기구는 연필이나 샤프펜만 가능하고 볼펜이나 컴퓨터용 사인펜은 사용할 수 없습니다. 수험표는 출력해 가지 않아도 됩니다.

시험 진행 안내

시험 진행 일정은 시험 당일 고사장 사정에 따라 약간씩 다를 수 있지만 대부분 아래와 같이 진행됩니다.

▶ 시험 시간이 오전일 경우

AM 9:30~9:45	AM 9:45~9:50	AM 9:50~10:05	AM 10:05~10:10	AM 10:10~10:55	AM 10:55~12:10
15분	5분	15분	5분	45분	75분
답안지 작성에 관한 Orientation	수험자 휴식 시간	신분증 확인 (감독 교사)	문제지 배부, 파본 확인	듣기 평가(LC)	읽기 평가(RC) 2차 신분증 확인

* 주의: 오전 9시 50분 입실 통제

▶ 시험 시간이 오후일 경우

PM 2:30~2:45	PM 2:45~2:50	PM 2:50~3:05	PM 3:05~3:10	PM 3:10~3:55	PM 3:55~5:10
15분	5분	15분	5분	45분	75분
답안지 작성에 관한 Orientation	수험자 휴식 시간	신분증 확인 (감독 교사)	문제지 배부, 파본 확인	듣기 평가(LC)	읽기 평가(RC) 2차 신분증 확인

* 주의: 오후 2시 50분 입실 통제

파트별 토익 소개

PART 5

INCOMPLETE SENTENCES
단문 공란 메우기

PART 5는 빈칸이 포함된 짧은 문장과 4개의 보기를 주고 빈칸에 들어갈 가장 알맞은 보기를 고르는 문제로, 총 30문제가 출제된다. 크게 문장 구조/문법 문제와 어휘 문제로 문제 유형이 나뉜다.

문항 수	30문항(101~130번에 해당합니다.)
문제 유형	- 문장 구조 / 문법 문제: 빈칸의 자리를 파악하여 보기 중 알맞은 품사나 형태를 고르는 문제와 문장의 구조를 파악하고 구와 절을 구분하여 빈칸에 알맞은 접속사나 전치사, 또는 부사 등을 고르는 문제 - 어휘 문제: 같은 품사의 4개 어휘 중에서 정확한 용례를 파악하여 빈칸에 알맞은 단어를 고르는 문제
보기 구성	4개의 보기

▶ 시험지에 인쇄되어 있는 모양

어형 문제
≫

101. If our request for new computer equipment receives -------, we are going to purchase 10 extra monitors.

(A) approval
(B) approved
(C) approve
(D) approves

어휘 문제
≫

102. After being employed at a Tokyo-based technology firm for two decades, Ms. Mayne ------- to Vancouver to start her own IT company.

(A) visited
(B) returned
(C) happened
(D) compared

문법 문제
≫

103. ------- the demand for the PFS-2x smartphone, production will be tripled next quarter.

(A) Even if
(B) Just as
(C) As a result of
(D) Moreover

정답 **101.** (A) **102.** (B) **103.** (C)

PART 6

TEXT COMPLETION
장문 공란 메우기

Part 6는 4개의 지문에 각각 4개의 문항이 나와 총 16문제가 출제되며, Part 5와 같은 문제이나, 맥락을 파악해 정답을 골라야 한다. 편지, 이메일 등의 다양한 지문이 출제되며, 크게 문장 구조/문법을 묻는 문제, 어휘 문제, 문장 선택 문제로 문제 유형이 나뉜다.

문항 수	4개 지문, 16문항 (131~146번에 해당합니다.)
지문 유형	설명서, 편지, 이메일, 기사, 공지, 지시문, 광고, 회람, 발표문, 정보문 등
문제 유형	- 문장 구조/문법 문제: 문장 구조, 문맥상 어울리는 시제 등을 고르는 문제 - 어휘 문제: 같은 품사의 네 개 어휘 중에서 문맥상 알맞은 단어를 고르는 문제 - 문장 선택 문제: 앞, 뒤 문맥을 파악하여 네 개의 문장 중에서 알맞은 문장을 고르는 문제
보기 구성	4개의 보기

▶ 시험지에 인쇄되어 있는 모양

Questions 131-134 refer to the following e-mail.

To: sford@etnnet.com
From: customersupprt@interhosptimes.ca
Date: July 1
Re: Your Subscription

Congratulations on becoming a reader of *International Hospitality Times*. ---131.--- the plan you have subscribed to, you will not only have unlimited access to our online content, but you will also receive our hard copy edition each month. If you wish to ---132.--- your subscription preferences, contact our Customer Support Center at +28 07896 325422. Most ---133.--- may also make updates to their accounts on our Web site at www.interhosptimes.ca. Please note that due to compatibility issues, it may not be possible for customers in certain countries to access their accounts online. ---134.---. Your business is greatly appreciated.

International Hospitality Times

문법 문제
>>

131. (A) Besides
(B) As if
(C) Under
(D) Prior to

어휘 문제
>>

132. (A) purchase
(B) modify
(C) collect
(D) inform

어형 문제
>>

133. (A) subscribe
(B) subscriptions
(C) subscribers
(D) subscribing

문장 삽입 문제
>>

134. (A) We have branches in over 30 countries around the globe.
(B) We provide online content that includes Web extras and archives.

정답 **131.**(C) **132.**(B) **133.**(C) **134.**(C)

PART 7

READING COMPREHENSION
독해

Part 7은 단일·이중·삼중 지문을 읽고 그에 딸린 2~5개의 문제를 푸는 형태로, 총 15개 지문, 54문제가 출제되어 RC 전체 문항의 절반 이상을 차지한다. 같은 의미의 패러프레이징된 표현에 주의하고, 문맥을 파악하는 연습을 한다. 키워드 파악은 문제 해결의 기본이다.

문항 수	54문항(147~200번에 해당합니다.)
지문 유형	- **단일 지문**: 이메일, 편지, 문자 메시지, 온라인 채팅, 광고, 기사, 양식, 회람, 공지, 웹 페이지 등 - **이중 지문**: 이메일/이메일, 기사/이메일, 웹 페이지/이메일 등 - **삼중 지문**: 다양한 세 지문들의 조합
문제 유형	- **핵심 정보**: 주제 또는 제목과 같이 가장 핵심적인 내용을 파악하는 문제 - **특정 정보**: 세부 사항을 묻는 문제로, 모든 질문이 의문사로 시작하며 지문에서 질문의 키워드와 관련된 부분을 읽고 정답을 찾는 문제 - **NOT**: 지문을 읽는 동안 보기 중에서 지문의 내용과 일치하는 보기를 대조해서 소거하는 문제 - **추론**: 지문의 내용을 바탕으로 전체 흐름을 이해하며 지문에 직접 언급되지 않은 사항을 추론하는 문제 - **화자 의도 파악**: 화자의 의도를 묻는 문제로, 문자 메시지나 2인 형태의 대화로 출제되며 온라인 채팅은 3인 이상의 대화 형태로 출제 - **동의어**: 주어진 단어의 사전적 의미가 아니라 문맥상의 의미와 가장 가까운 단어를 고르는 문제 - **문장 삽입**: 지문의 흐름상 주어진 문장이 들어갈 적절한 위치를 고르는 문제로, 세부적인 정보보다 전체적인 문맥 파악이 중요한 문제
보기 구성	4개의 보기

▶ 시험지에 인쇄되어 있는 모양

Questions 151-152 refer to the following text message chain.

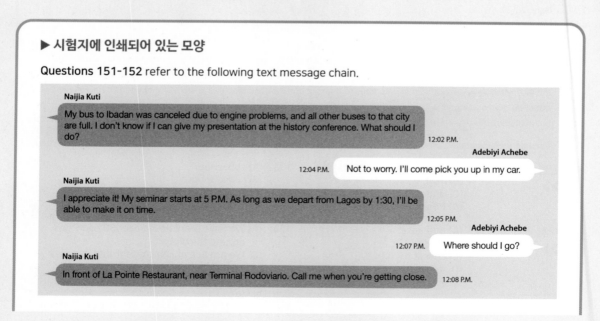

Naijia Kuti

My bus to Ibadan was canceled due to engine problems, and all other buses to that city are full. I don't know if I can give my presentation at the history conference. What should I do?   12:02 P.M.

Adebiyi Achebe

12:04 P.M.   Not to worry. I'll come pick you up in my car.

Naijia Kuti

I appreciate it! My seminar starts at 5 P.M. As long as we depart from Lagos by 1:30, I'll be able to make it on time.   12:05 P.M.

Adebiyi Achebe

12:07 P.M.   Where should I go?

Naijia Kuti

In front of La Pointe Restaurant, near Terminal Rodoviario. Call me when you're getting close.   12:08 P.M.

151. At 12:04 P.M., what does Mr. Achebe most likely mean when he writes, "Not to worry"?
(A) He has a solution to Ms. Kuti's problem.
(B) He can reschedule a presentation.
(C) He knows another bus will arrive soon.
(D) He is happy to cover Ms. Kuti's shift.

152. What is implied about Ms. Kuti?
(A) She has a meeting at a restaurant.
(B) She is going to be late for a seminar.
(C) She plans to pick up a client at 1:30 P.M.
(D) She is within driving distance of a conference.

정답 **151.**(A) **152.**(D)

Questions 158-160 refer to the following Web page.

http://www.sdayrealestate.com/listing18293

Looking for a new home for your family? This house, located on 18293 Winding Grove, was remodeled last month. It features 2,500 square feet of floor space, with 5,000 square feet devoted to a gorgeous backyard. Also included is a 625 square feet garage that can comfortably fit two mid-sized vehicles —[1]—. Located just a five-minute drive from the Fairweather Metro Station, this property allows for easy access to the downtown area, while providing plenty of room for you and your family. —[2]—. A serene lake is just 100–feet walk away from the house. —[3]—. A 15 percent down payment is required to secure the property. —[4]—. For more detailed information or to arrange a showing, please email Jerry@sdayrealestate.com.

158. How large is the parking space?
(A) 100 square feet
(B) 625 square feet
(C) 2,500 square feet
(D) 5,000 square feet

159. What is NOT stated as an advantage of the property?
(A) It has a spacious design.
(B) It has been recently renovated.
(C) It is in a quiet neighborhood.
(D) It is near public transportation.

160. In which of the positions marked [1], [2], [3], and [4] does the following sentence best belong?

"A smaller amount may be accepted, depending on the buyer's financial situation."

(A) [1]
(B) [2]
(C) [3]
(D) [4]

정답 **158.**(B) **159.**(C) **160.**(D)

학습 플랜

4주 플랜

DAY 1	DAY 2	DAY 3	DAY 4	DAY 5
CHAPTER 01 문장 성분	CHAPTER 02 명사와 대명사	CHAPTER 03 형용사와 부사	CHAPTER 04 동사와 수 일치	CHAPTER 05 동사의 태와 시제

DAY 6	DAY 7	DAY 8	DAY 9	DAY 10
PART 5 CHAPTER 01-05 다시 보기 - 틀린 문제 다시 보기 - 중요 어휘 체크해서 암기 하기	CHAPTER 06 조동사와 to부정사	CHAPTER 07 동명사와 분사	CHAPTER 08 전치사와 접속사	CHAPTER 09 명사절 접속사와 부사절 접 속사

DAY 11	DAY 12	DAY 13	DAY 14	DAY 15
CHAPTER 10 형용사절 접속사와 비교구 문	PART 5 CHAPTER 06-10 다시 보기 - 틀린 문제 다시 보기 - 중요 어휘 체크해서 암기 하기	CHAPTER 11 파트 6 문제 유형	CHAPTER 12 파트 7 문제 유형	CHAPTER 13 파트 7 지문 유형 1

DAY 16	DAY 17	DAY 18	DAY 19	DAY 20

CHAPTER 14
파트 7 지문 유형 2
	PART 6&7 다시 보기
	- 틀린 문제 다시 보기
	- 중요 어휘 체크해서 암기
	  하기
		PART 5-7 전체 다시 보기
		- 틀린 문제 다시 보기
		- 중요 어휘 체크해서 암기
		  하기
			ACTUAL TEST	ACTUAL TEST 다시 보기
				- 틀린 문제 다시 보기
				- 중요 어휘 체크해서 암기
				  하기

8주 플랜

DAY 1	DAY 2	DAY 3	DAY 4	DAY 5
CHAPTER 01 문장 성분	CHAPTER 01 다시 보기 - 집중 훈련 및 실전 훈련 다시 풀어 보기 - 중요 어휘 체크해서 암기하기	CHAPTER 02 명사와 대명사	CHAPTER 02 다시 보기 - 집중 훈련 및 실전 훈련 다시 풀어 보기 - 중요 어휘 체크해서 암기하기	CHAPTER 03 형용사와 부사

DAY 6	DAY 7	DAY 8	DAY 9	DAY 10
CHAPTER 03 다시 보기 - 집중 훈련 및 실전 훈련 다시 풀어 보기 - 중요 어휘 체크해서 암기하기	CHAPTER 04 동사와 수 일치	CHAPTER 04 다시 보기 - 집중 훈련 및 실전 훈련 다시 풀어 보기 - 중요 어휘 체크해서 암기하기	CHAPTER 05 동사의 태와 시제	CHAPTER 05 다시 보기 - 집중 훈련 및 실전 훈련 다시 풀어 보기 - 중요 어휘 체크해서 암기하기

DAY 11	DAY 12	DAY 13	DAY 14	DAY 15
PART 5 CHAPTER 01-05 전체 다시 보기 - 틀린 문제 다시 보기 - 중요 어휘 체크해서 암기하기	CHAPTER 06 조동사와 to부정사	CHAPTER 06 다시 보기 - 집중 훈련 및 실전 훈련 다시 풀어 보기 - 중요 어휘 체크해서 암기하기	CHAPTER 07 동명사와 분사	CHAPTER 07 다시 보기 - 집중 훈련 및 실전 훈련 다시 풀어 보기 - 중요 어휘 체크해서 암기하기

DAY 16	DAY 17	DAY 18	DAY 19	DAY 20
CHAPTER 08 전치사와 접속사	CHAPTER 08 다시 보기 - 집중 훈련 및 실전 훈련 다시 풀어 보기 - 중요 어휘 체크해서 암기하기	CHAPTER 09 명사절 접속사와 부사절 접속사	CHAPTER 09 다시 보기 - 집중 훈련 및 실전 훈련 다시 풀어 보기 - 중요 어휘 체크해서 암기하기	CHAPTER 10 형용사절 접속사와 비교 구문

DAY 21	DAY 22	DAY 23	DAY 24	DAY 25
CHAPTER 10 다시 보기 - 집중 훈련 및 실전 훈련 다시 풀어 보기 - 중요 어휘 체크해서 암기하기	PART 5 CHAPTER 06-10 전체 다시 보기 - 틀린 문제 다시 보기 - 중요 어휘 체크해서 암기하기	CHAPTER 11 파트 6 문제 유형	CHAPTER 11 다시 보기 - 집중 훈련 및 실전 훈련 다시 풀어 보기 - 중요 어휘 체크해서 암기하기	CHAPTER 12 파트 7 문제 유형

DAY 26	DAY 27	DAY 28	DAY 29	DAY 30
CHAPTER 12 다시 보기 - 집중 훈련 및 실전 훈련 다시 풀어 보기 - 중요 어휘 체크해서 암기하기	CHAPTER 13 파트 7 지문 유형 1	CHAPTER 13 다시 보기 - 집중 훈련 및 실전 훈련 다시 풀어 보기 - 중요 어휘 체크해서 암기하기	CHAPTER 14 파트 7 지문 유형 2	CHAPTER 14 다시 보기 - 집중 훈련 및 실전 훈련 다시 풀어 보기 - 중요 어휘 체크해서 암기하기

DAY 31	DAY 32	DAY 33	DAY 34	DAY 35
PART 6&7 전체 다시 보기 - 틀린 문제 다시 보기 - 중요 어휘 체크해서 암기하기	PART 5 CHAPTER 01-05 전체 다시 보기 - 틀린 문제 다시 보기 - 중요 어휘 체크해서 암기하기	PART 5 CHAPTER 06-10 전체 다시 보기 - 틀린 문제 다시 보기 - 중요 어휘 체크해서 암기하기	PART 6&7 전체 다시 보기 - 틀린 문제 다시 보기 - 중요 어휘 체크해서 암기하기	PART 5 전체 다시 보기 - 틀린 문제 다시 보기 - 중요 어휘 체크해서 암기하기

DAY 36	DAY 37	DAY 38	DAY 39	DAY 40
PART 6&7 전체 다시 보기 - 틀린 문제 다시 보기 - 중요 어휘 체크해서 암기하기	ACTUAL TEST	ACTUAL TEST 다시 보기 - 틀린 문제 다시 보기 - 중요 어휘 체크해서 암기하기	PART 5&6 전체 다시 보기 - 틀린 문제 다시 보기 - 중요 어휘 체크해서 암기하기	PART 7&ACTUAL TEST 전체 다시 보기 - 틀린 문제 다시 보기 - 중요 어휘 체크해서 암기하기

PART

5

INCOMPLETE SENTENCES
단문 공란 메우기

📋 문제 OVERVIEW

PART 5는 빈칸이 포함된 짧은 문장과 4개의 보기를 주고 빈칸에 들어갈 가장 알맞은 보기를 고르는 형태로, 총 30문제가 출제됩니다.

문항 수	30문항(101~130번에 해당합니다.)
문제 유형	– 문장 구조/문법 문제: 빈칸의 자리를 파악하여 보기 중 알맞은 품사나 형태를 고르는 문제와 문장의 구조를 파악하고 구와 절을 구분하여 빈칸에 알맞은 접속사나 전치사, 또는 부사 등을 고르는 문제 – 어휘 문제: 같은 품사의 4개 어휘 중에서 정확한 용례를 파악하여 빈칸에 알맞은 단어를 고르는 문제
보기 구성	4개의 보기

🕐 출제 TREND

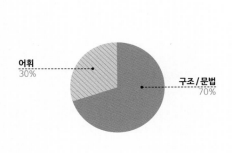
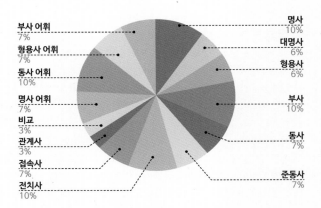

- 문장 구조의 이해와 특정한 문법 지식을 묻는 문장 구조/문법 문제가 30문제 중 약 2/3를 차지하며, 문맥상 어울리는 단어를 묻는 어휘 문제가 나머지 1/3의 비율로 출제됩니다.

📚 시험 PREVIEW

1. 문장 구조/문법 문제

문장 구조/문법 문제는 총 30문제 중 약 20문제를 차지합니다. 명사, 형용사, 부사 등의 품사 자리 문제는 보기가 모두 같은 어근에서 온 단어인데 품사가 다른 파생어들로 구성된 것이 특징입니다.

아래 문제처럼 한 단어의 네 가지 형태가 보기로 나오는 문제를 품사 자리 문제라고 합니다. 이러한 문제는 빈칸이 주어, 동사, 목적어, 보어, 수식어 중에 어떤 자리인지를 파악해서 보기 중 알맞은 품사나 형태를 답으로 고르면 됩니다. 빈칸은 '타동사+목적어'의 완벽한 구조 뒤에서 동사를 수식하는 부사 자리이므로 (B)가 정답입니다.

> Ms. Kitigoe recalled her speech ------- even two weeks after giving it at the conference.
> (A) perfects   **(B) perfectly**   (C) perfecting   (D) perfected
>
> Kitigoe 씨는 회의에서 연설한 지 2주가 지나서도 자신의 연설을 완벽하게 기억해 냈다.

동사 문제는 보기가 동사의 다양한 형태로 구성되며, 빈칸이 동사 자리인지, 준동사(to부정사, 동명사, 분사) 자리인지, 주어와 동사의 수 일치가 맞는지, 능동태를 써야 할지, 수동태를 써야 할지, 어떤 시제를 써야 할지 등을 물어봅니다. 특히, 동사 문제는 이러한 다양한 문법 요소들 중에서 한 가지만 물어보기도 하고, 종합적으로 물어볼 때도 많습니다.

아래 문제에서 빈칸은 주어 뒤 문장의 동사 자리이므로 준동사인 to부정사 (C)는 답에서 제외합니다. 주어가 단수 (catalogue)이므로 복수 동사인 (D)도 수 일치에 어긋납니다. 빈칸 뒤에 목적어 없이 전치사구가 연결되고, 의미상 온라인 카탈로그는 설계하는 동작의 주체가 아닌 설계되는 대상이므로 수동태인 (B)가 정답입니다.

> The library's online catalogue ------- with the need of university students in mind.
> (A) will design
> **(B) was designed**
> (C) to be designed
> (D) have designed
>
> 그 도서관의 온라인 카탈로그는 대학생들의 요구를 염두에 두고 설계되었다.

2. 어휘 문제

총 30문제 중 약 10문제를 차지하는 어휘 문제는 대부분 보기 4개 모두 다른 의미의 단어들로 구성하여 문맥상 빈칸에 들어갈 가장 알맞은 단어가 무엇인지를 묻고 다양한 단어의 뜻을 얼마나 잘 알고 있는지를 평가합니다. 그리고 어휘 문제들 중 1~2문항은 문장에 등장한 특정 전치사나 to 부정사 등과 어울려 쓰는 단어가 무엇인지를 물으며, 단어의 뜻은 물론 해당 단어가 문장에서 어떤 규칙(예: 「provide 사람 with 사물」 '…에게 ~을 제공하다' 또는 「provide 사물 to/for 사람」 '~을 …에게 제공하다')을 가지고 쓰이는지를 간접적으로 평가합니다.

아래 문제처럼 같은 품사의 뜻이 다른 네 가지 단어가 보기로 나오는 문제를 어휘 문제라고 합니다. 어휘 문제는 최소한 빈칸 주변을 해석해야만 풀 수 있고, 어려운 문제의 경우에는 가산/불가산 명사의 구분, 자동사/타동사의 구분과 같은 문법 사항까지 같이 포함되어 출제되기도 합니다. 빈칸은 that 주격 관계대명사절 내 동사 자리로, 문맥상 (C), (D) 모두 빈칸에 들어가기에 적절해 보이지만 give는 「give+사람 목적어+사물 목적어」의 형식을 취하는 4형식 동사이고, provide는 3형식 동사로 「provide 사람 with 사물: …에게 ~을 제공하다」 또는 「provide 사물 to/for 사람: ~을 …에 게 제공하다」의 형식을 취합니다. 빈칸 뒤에 전치사 with가 있으므로 「provide 사람 with 사물」의 구조를 완성하는 동사 (C)가 정답입니다.

> Ship Rocket is a courier service that ------- its clients with quick document and package delivery.
> (A) markets
> (B) indicates
> **(C) provides**
> (D) gives
>
> Ship Rocket은 고객에게 빠른 문서 및 소포 배송을 제공하는 택배 회사이다.

◎ 출제 POINT

1. 문법 지식과 어휘력을 동시에!

문법 지식과 어휘력을 동시에 묻는 문제들이 점점 더 많이 출제됩니다. 명사 자리인데 보기에 명사가 두 개 이상 등장하여 의미로 정답을 풀어야 하는 문제가 출제됩니다.

2. 두 가지 이상의 문법 포인트

두 가지 이상의 문법 포인트를 묻는 문제들이 출제됩니다. 동사의 문장 형식을 이해하고 태를 결정하는 문제가 출제됩니다.

3. 비슷한 의미의, 다른 품사의 보기

예를 들어, 전치사 문제의 경우 주로 의미가 다른 전치사들로 구성하여 문맥상 알맞은 전치사를 고르는 문제로 출제되지만, 비슷한 의미의 접속사나 부사구를 섞어서 전치사와 접속사 자리를 구별하는 문제로도 출제됩니다.

◎ 학습 ADVICE

1. 문제 유형 구분이 먼저!

무조건 해석부터 하지 말고 선택지를 보면서 문장 구조 문제인지, 문법 문제인지, 어휘 문제인지를 먼저 파악해야 합니다. 문장 구조 문제는 해석 없이도 답이 나오는 문제가 많으므로 최대한 시간을 절약해서 풀어야 합니다.

2. 지엽적인 문법 개념은 잠시 잊기

토익에서는 실생활에서 쓰이는 기본적인 문법을 물어보기 때문에 지엽적이거나 난해한 문법은 굳이 알 필요가 없습니다. 이 책이 담고 있는 필수 문법을 완벽히 숙지하고 문제를 많이 풀면서 추가적인 문법 사항들을 보완하는 것이 효과적입니다.

3. 단어의 양 〈 단어의 활용성

토익 시험은 얼마나 많은 단어를 암기하고 있는지가 아니라 주요 단어를 얼마나 잘 활용할 줄 아는지에 중점을 두기 때문에, 단어를 많이 외우는 것도 중요하지만 한 단어가 가지고 있는 다양한 의미와 품사를 깊이 있게 알고 있어야 합니다.

4. 시간과의 싸움

많은 시간을 요구하는 PART 6&7을 위해 PART 5의 풀이 시간을 10분 이내로 단축할 수 있도록 연습해야 합니다. 그리고 보통 RC를 PART 5 → 6 → 7 순서로 문제를 풀어서 PART 7을 끝까지 못 푸는 학생들이 많습니다. 방송에서 '15분 남았다, 5분 남았다' 하면 긴 글은 눈에 잘 들어오지 않기 때문에, 지문 읽는 속도가 느린 편에 속하는 학습자들은 시간이 촉박해 지면서 느끼는 심리적 부담감을 덜 수 있도록 PART 7 → 6 → 5 순서로 문제를 풀 것을 권합니다.

5. 어휘의 품사, 파생어, 용법까지 함께 공부하기

고득점을 얻기 위해서는 단어의 뜻만 외우기보다는 그 단어의 품사, 파생어, 용법도 함께 익혀야 합니다. 예를 들어, announce와 notify를 똑같이 '알리다'로 외워두면 두 단어가 같이 보기에 나오는 어휘 문제는 풀기 힘듭니다. notify 뒤에는 목적어로 사람이 나온다는 사실을 알고 있어야 두 동사의 쓰임새를 구별할 수 있기 때문입니다.

문장 성분

1. 주어-동사

> **Sumi** sings. 수미가 노래한다.
> 주어

▶ 주어는 무엇인가요?

주어는 동작을 하는 주체를 알려주는 말이에요. '수미가 노래한다'에서 노래하는 사람이 누구인가요? 맞습니다! '수미'가 바로 문장의 주어입니다. 우리말로 '은, 는, 이, 가'를 붙여서 하는 말이 주어에 해당돼요.

▶ 문장에서 주어 자리는 어디인가요?

주어는 보통 문장의 맨 앞에 옵니다.

> Sumi **sings**. 수미가 노래한다.
> 동사

▶ 동사는 무엇인가요?

동사는 주어가 어떤 동작을 하는지, 혹은 어떤 상태인지를 알려주는 말이에요. 수미가 하는 동작이 무엇인가요? 그렇습니다! '노래한다'가 문장의 동사입니다. 우리말에서 '~하다, ~이다'로 끝나는 말이에요.

▶ 문장에서 동사 자리는 어디인가요?

동사는 보통 주어 뒤에 따라옵니다.

▶ 문장에 주어와 동사가 꼭 필요한가요?

네. 모든 영어 문장에는 주어와 동사가 필요해요. 하나의 문장에 주어와 동사가 각각 한 개씩은 있어야 문장이라고 말할 수 있습니다.

❗ 여기서 잠깐!　　명령문에는 주어 없이 동사원형만 올 수 있어요.

우리가 명령 혹은 부탁을 할 때는 주어 없이 동사원형으로 문장이 시작됩니다. 왜 그럴까요? 명령이나 부탁은 보통 내 앞에 있는 상대방에게 하죠? 대상이 너무 분명하기 때문에, 굳이 언급할 필요가 없어요. 엄밀히 말하면, 주어가 없는 게 아니고 주어 자리에 you가 생략된 거예요. 참고로, 주로 동사 앞에 please를 붙여서 예의를 갖춰 표현합니다.

(You) **Come** here. 이리 와.
Please **come** here. 여기로 와 주세요.

2. 목적어-보어-수식어

> **Sumi meets Josh every day.** 수미는 Josh를 매일 만난다.
> 　　　　　목적어

▶ 목적어는 무엇인가요?

　목적어는 동작의 대상을 알려주는 말이에요. 이 문장에서 '수미가 매일 만나는 대상'이 누구인가요? 맞습니다! 'Josh'가 문장의 목적어예요. 우리말로 '~을, ~를'을 붙이는 말을 목적어라고 생각하면 됩니다.

▶ 문장에서 목적어 자리는 어디인가요?

　목적어는 동사 바로 뒤에 옵니다.

> **Josh is her boyfriend.** Josh는 그녀의 남자 친구이다. (Josh=her boyfriend)
> 　　　주격 보어

▶ 보어는 무엇인가요?

　보어는 주어나 목적어를 보충 설명해 주는 말이에요. 이 문장에서 Josh가 누구죠? 맞아요! '수미의 남자 친구'입니다. 이처럼 주어가 누구[무엇]인지, 혹은 어떤 기분이나 상태인지를 보충 설명해 주는 말이 주격 보어예요.

> **Josh makes Sumi happy.** Josh는 수미를 행복하게 만들어 준다. (Sumi의 상태=happy)
> 　　　　　　목적격 보어

▶ 그러면 이 문장에서 행복한 사람은 누구인가요?

　맞아요, '수미'죠. 문장에서 목적어인 수미의 상태에 대해 보충 설명을 하고 있으니, '행복한'은 목적격 보어가 됩니다.

▶ 문장에서 보어 자리는 어디인가요?

　주격 보어는 동사 뒤에, 목적격 보어는 목적어 뒤에 옵니다.

> **Sumi likes Josh very much.** 수미는 Josh를 아주 많이 좋아한다.
> 　　　　　　　수식어

▶ 수식어는 무엇인가요?

　수식어는 문장을 꾸며주는 말이에요. 이 문장에서 '아주 많이'가 없어도 수미가 Josh를 좋아하는 건 변함이 없어요. 다만, '아주 많이'는 좋아하는 정도를 나타내는 수식어 표현이 되는 거죠.

▶ 문장에서 수식어 자리는 어디인가요?

　수식어는 문장에서 다양한 위치에 올 수 있답니다.

문장 성분

BASE
1

주어 자리

▶ 주어 자리에 올 수 있는 것은 무엇인가요?

주어 자리에는 명사나 대명사가 올 수 있어요.

명사 __The meeting__ starts at 10 A.M. 회의는 오전 10시에 시작된다.
　　　　　주어

대명사 __We__ should hire additional staff. 우리는 직원을 더 고용해야 한다.
　　　　주어

명사 역할을 하는 말뭉치인 명사구나 명사절도 주어 자리에 올 수 있어요.

명사구 __To travel to a foreign country__ is interesting. 외국으로 여행 가는 것은 흥미로운 일이다.
　　　　　주어－to부정사
　　　　　__Meeting with clients__ is difficult. 고객들과 회의하는 것은 힘들다.
　　　　　주어－동명사

명사절 __That Mr. Kim works on Saturdays__ is necessary.
　　　　　　　　　　주어

Kim 씨가 토요일마다 일하는 것은 불가피한 일이다.

▶ 주어 자리에 올 수 없는 것은 무엇인가요?

동사, 형용사, 부사 등은 주어 자리에 올 수 없어요.

(Create / Creative / Creatively / **Creativity**) takes effort. 창의성은 노력을 필요로 한다.
　동사　　형용사　　　부사　　　　명사

명사의 종류

명사는 크게 셀 수 있는 명사와 셀 수 없는 명사, 이렇게 2가지로 분류할 수 있어요.

셀 수 있는 명사 [가산명사]
- 개수를 셀 수 있는 명사로, 1개일 때와 2개 이상일 때 모양이 달라집니다. 보통 명사 끝에 –(e)s를 붙여서 단수와 복수를 구분합니다.

　a document (단수) – documents (복수)

셀 수 없는 명사 [불가산명사]
- 개수를 셀 수 없는 명사로, 수에 상관없이 모양이 같습니다. 그래서 항상 단수로 취급하면 됩니다.

　information

BASE 집중훈련

A. 다음 괄호 안에 들어갈 알맞은 단어를 고른 후, 우리말로 해석하세요.

1. The (organize / organization) is composed of 20 volunteers.

해석 ▶ _____

2. The (variety / various) of exercise equipment at the gym is impressive.

해석 ▶ _____

3. The (proposal / propose) for construction was approved by the management.

해석 ▶ _____

4. (Send / Sending) thank-you letters is a highly recommended practice.

해석 ▶ _____

5. The CEO said that (details / detailed) of the restructuring would be announced soon.

해석 ▶ _____

B. 다음 빈칸에 들어갈 알맞은 보기를 고른 후, 우리말로 해석하세요.

1. Our ------- is in charge of monitoring safety equipment in the facility.

(A) depart   (B) department   (C) departmental   (D) departmentally

해석 ▶ _____

2. The maximum ------- of the district's buildings is 30 meters.

(A) high   (B) heighten   (C) height   (D) highly

해석 ▶ _____

3. ------- for the regional management position will receive e-mail notices by March 31.

(A) Applications   (B) Applicants   (C) Applying   (D) Applies

해석 ▶ _____

BASE 2 · 동사 자리

▶ 동사 자리에 올 수 있는 것은 무엇인가요?

동사 자리니까 동사가 와요.

동사   The employee **requests** pay raises. 그 직원은 임금 인상을 요구한다.

동사

동사 앞에는 조동사가 올 수 있어요. 이때, 동사는 반드시 원형을 씁니다.

조동사+동사   The employee **can request** pay raises. 그 직원은 임금 인상을 요구할 수 있다.

조동사+동사원형

▶ 동사 자리에 올 수 없는 것은 무엇인가요?

동사를 제외한 나머지 품사(명사, 대명사, 형용사, 부사 등)는 동사 자리에 올 수 없어요.

She (applicable / **applied** / application) for the job. 그녀는 그 일자리에 지원했다.

형용사   동사   명사

❶ 주의하세요! 동사의 앞, 뒤도 잘 살펴봐야 해요. 동사 앞에 to가 있거나, 동사 뒤에 -ing가 붙어 있는 것은 동사처럼 보이지만 진짜 동사가 아닙니다.

I (**completed** / to complete / completing) the report. 나는 그 보고서를 완료했다.

동사   to+동사   동사+-ing

동사의 종류

동사는 크게 be동사와 일반동사, 이렇게 2가지로 분류할 수 있어요. be동사는 주어의 상태를 알려주고, 일반동사는 주어의 동작이나 행위를 나타냅니다.

be동사
- 주어의 상태 또는 성질을 알려주는 be동사는 우리말에서 '~이다, ~이 있다'에 해당합니다.

  Blooming Tree **is** a luxurious hotel. Blooming Tree는 호화로운 호텔이다.

be동사

일반동사
- 주어의 동작을 나타내는 일반동사는 우리말에서 '~하다'에 해당합니다.

  The factory workers **wear** uniforms. 그 공장 근로자들은 유니폼을 입는다.

일반동사

BASE 집중훈련

A. 다음 괄호 안에 들어갈 알맞은 단어를 고른 후, 우리말로 해석하세요.

1. Ms. Jones (delivery / delivered) a speech at the opening ceremony.

해석 _____

2. The CEO of Northern Light (complimented / complimenting) Mr. Winter on his article.

해석 _____

3. Please do not (hesitate / hesitation) to offer any critical opinions.

해석 _____

4. The supervisor in our department (creative / creates) a good environment for the employees.

해석 _____

5. Because domestic demand grows stronger, companies (to hire / will hire) more workers.

해석 _____

B. 다음 빈칸에 들어갈 알맞은 보기를 고른 후, 우리말로 해석하세요.

1. The new sandwich at Rico's Deli ------- with a pickle, some chips, and a beverage.

(A) serving   (B) is served   (C) server   (D) to serve

해석 _____

2. The warranty information ------- in the last page of the instruction manual.

(A) finding   (B) to find   (C) be found   (D) can be found

해석 _____

3. The contract ------- the lease of the vehicles and basic collision insurance.

(A) applies   (B) connects   (C) covers   (D) overlaps

해석 _____

목적어 자리

▶ 목적어 자리에 올 수 있는 것은 무엇인가요?

목적어 자리에는 명사나 대명사가 올 수 있어요.

명사 Deb's Nail Salon is offering **a coupon**. Deb's Nail Salon이 할인권을 제공하고 있다.
목적어

대명사 My family used **it** yesterday. 우리 가족은 어제 그것을 사용했다.
목적어(it=a coupon)

명사 역할을 하는 말뭉치인 명사구나 명사절도 목적어 자리에 올 수 있어요.

명사구 Ms. Blunt wants **to book** the largest event hall. Blunt 씨는 가장 넓은 행사장을 예약하기를 원한다.
목적어-to부정사
The company is considering **expanding its investment**.
목적어-동명사

그 회사는 투자를 확대하는 것을 고려 중이다.

명사절 Mr. Sheen requested **that mail (should) be left outside his office**.
목적어-명사절

Sheen 씨는 우편물을 사무실 밖에 놓아 달라고 요청했다.

▶ 목적어 자리에 올 수 없는 것은 무엇인가요?

동사, 형용사, 부사 등은 목적어 자리에 올 수 없어요.

The corporate culture at Ace Soft actively supports (innovate / innovative / innovatively /
동사   형용사   부사
innovation). Ace Soft의 기업 문화는 혁신을 적극적으로 지원한다.
명사

목적어의 종류

목적어에는 직접 목적어와 간접 목적어, 이렇게 2가지 종류가 있어요.

직접 목적어

– 직접 목적어는 동작의 영향을 받는 대상을 가리켜요. 우리말에서는 '~을/를'을 붙여서 말할 수 있어요.

The HR Department gives **financial support** to new employees. 인사부는 신입 사원들에게
재정 지원을 해 준다.   직접 목적어(주는 것=재정 지원)

간접 목적어

– 간접 목적어는 '전체 행위를 받는 대상(주로 사람), 즉 동작이 누구에게 행해지는지'를 가리켜요. 우리
말에서는 '~에게'를 붙여서 말할 수 있어요.

The HR Department gives **new employees financial support**. 인사부는 신입 사원들에게
재정 지원을 해 준다.   간접 목적어   직접 목적어
(재정 지원을 받는 대상=신입 사원들)

– 주의! 문장에 직접 목적어 없이 간접 목적어만 오는 경우는 없어요. 즉, 문장에 목적어가 1개 있으면 직
접 목적어, 목적어가 나란히 2개 있으면 순서대로 간접 목적어와 직접 목적어라는 걸 기억해 두세요!

두 개의 목적어를 취하는 동사들은 따로 있어요. 꼭 암기하세요!

give 주다	**send** 보내다	**offer** 제공하다	**show** 보여주다
bring 데려오다	**buy** 사다	**tell** 말하다	**grant** 승인하다

BASE 집중훈련

A. 다음 괄호 안에 들어갈 알맞은 단어를 고른 후, 우리말로 해석하세요.

1. We need more foreign (invest / investment).

해석

2. The candidate has a lot of (experienced / experience) in tourism.

해석

3. Taking (photographs / photographic) at the exhibition is not allowed.

해석

4. Itawa Electronics has won an (award / awarded) for the second consecutive year.

해석

5. Best Publishing said yesterday (to / that) it would increase its staff by 10 percent.

해석

B. 다음 빈칸에 들어갈 알맞은 보기를 고른 후, 우리말로 해석하세요.

1. Granite Ltd. will extend its business ------- with Tarner Insurance.

(A) agree   (B) agreement   (C) agreeing   (D) agreed

해석

2. Ms. Kazama hopes to ------- Kazama sports goods everywhere.

(A) see   (B) sees   (C) seeing   (D) seen

해석

3. Terre Landscaping offers potential ------- free cost estimates.

(A) deals   (B) markets   (C) clients   (D) services

해석

BASE 4 보어 자리

▶ 보어 자리에 올 수 있는 것은 무엇인가요?

보어 자리에는 명사나 형용사가 올 수 있어요.

명사 Rapid Connections is **a courier service**. Rapid Connections는 택배 회사다.
<small>주격 보어</small>

The board appointed Mr. Chang **sales manager**. 이사회는 Chang 씨를 영업 관리자로 임명했다.
<small>목적격 보어</small>

형용사 Rapid Connections' service is **reliable**. Rapid Connections의 서비스는 믿을 만하다.
<small>주격 보어</small>

The board found Mr. Chang **reliable**. 이사회는 Chang 씨가 믿을 만하다고 생각했다.
<small>목적격 보어</small>

명사 역할을 하는 말뭉치인 명사구나 명사절도 보어 자리에 올 수 있어요.

명사구 Our main objective is **to reduce costs**. 우리의 주된 목표는 비용을 줄이는 것이다.
<small>주격 보어-to부정사</small>

His responsibility is **training new workers**. 그의 직무는 신입 직원들을 교육하는 것이다.
<small>주격 보어-동명사</small>

명사절 The problem is **that the apartment doesn't come with a parking lot**.
문제는 그 아파트에 주차장이 딸려 있지 않다는 것이다. <small>주격 보어-명사절</small>

▶ 보어 자리에 올 수 없는 것은 무엇인가요?

동사, 부사는 보어 자리에 올 수 없어요.

The business is (**successful** / successfully / succeed). 그 사업은 성공적이다.
<small>　　　　　　　　　　　　형용사　　　　부사　　　　동사</small>

보어의 종류

보어에는 주격 보어와 목적격 보어, 이렇게 2가지 종류가 있어요.

주격 보어

- 주격 보어는 주어를 보충 설명하는 역할을 합니다. 주어의 신분이나 정체, 혹은 기분이나 상태 등을 표현할 수 있어요.
- 주격 보어를 취하는 동사들은 따로 있어요. 꼭 암기하세요!

be ~이다	become ~이 되다	look ~처럼 보이다
sound ~처럼 들리다	seem ~인 것 같다	appear ~인 것 같다
remain 계속 ~이다	keep ~인 상태를 유지하다	fall ~인 상태가 되다

Mr. Cruz became **a valued asset** at BF Solutions. Cruz 씨는 BF Solutions의 소중한 자산이 되었다.
<small>주어　　　　　　　주격 보어(소중한 자산=Mr. Cruz)</small>

목적격 보어

- 목적격 보어는 목적어를 보충 설명하는 역할을 합니다. 목적어의 신분이나 정체, 혹은 기분이나 상태 등을 표현할 수 있어요.
- 목적격 보어를 취하는 동사들은 따로 있어요. 꼭 암기하세요!

find ~를 …라고 생각하다	make ~를 …하게 만들다	consider ~를 …라고 여기다
name ~를 …로 임명하다	elect ~를 …로 선출하다	call ~를 …라고 부르다

We called **Mr. Beck 'a genuine hero.'** 우리는 Beck 씨를 '진정한 영웅'이라고 불렀다.
<small>목적어　목적격 보어(진정한 영웅=Mr. Beck)</small>

BASE 집중훈련

A. 다음 괄호 안에 들어갈 알맞은 단어를 고른 후, 우리말로 해석하세요.

1. Mr. Han is a reliable (employee / employment).

해석 _____

2. To provide customer satisfaction is (importance / important).

해석 _____

3. The advertising cost seems (expensive / expensively) in the long run.

해석 _____

4. The committee found the business proposal (interest / interesting).

해석 _____

5. The management appointed Ms. Irving (director / direct) of the Tokyo office last month.

해석 _____

B. 다음 빈칸에 들어갈 알맞은 보기를 고른 후, 우리말로 해석하세요.

1. Morris Street is not ------- due to emergency road repairs.

(A) access   (B) accessible   (C) accessibly   (D) accessing

해석 _____

2. To keep its dishes fresh and -------, Texas BBQ makes private contracts with local farms for its ingredients.

(A) afford   (B) affording   (C) afforded   (D) affordable

해석 _____

3. Attendance at the grand opening event is not -------, but it is highly advised.

(A) mandatory   (B) accepted   (C) examined   (D) official

해석 _____

수식어 자리

▶ 수식어가 올 수 있는 자리는 어디인가요?

수식어는 문장 내 다양한 자리에서 다양한 대상을 수식할 수 있어요.

문장 앞 **Every year**, Ace Manufacturing sets annual production targets.
수식어
매년 Ace Manufacturing은 연간 생산 목표를 정한다.

문장 중간 Adults **over 65 years old** are eligible for free hearing tests.
수식어
65세 이상의 성인은 무료 청력검사를 받을 자격이 있다.

문장 끝 Expense reports must be submitted **right now**. 비용 보고서는 지금 당장 제출되어야 한다.
수식어

▶ 수식어 자리에 올 수 있는 것은 무엇인가요?

부사, 부사구, 전치사구 등이 수식어 자리에 올 수 있어요.

부사 Ms. Smith replies to customers' comments **respectfully**.
Smith 씨는 고객의 의견에 정중하게 답변한다.   부사

전치사구 All employees must confirm their attendance **in the training session**.
전 직원은 교육 세션의 참석 여부를 확인해 주어야 한다.   전치사구

수식어 구별법

문장에서 꼭 필요한 요소를 제외하면 모두 수식어에 해당합니다. 따라서 수식어를 구별하려면 먼저 문장의 필수 요소부터 파악하세요.

1. 문장에서 동사 찾기

The printer in the office **looks** really expensive.
동사

2. 문장에서 주어 찾기

The printer in the office looks really expensive.
주어

3. 문장에서 목적어나 보어 찾기

The printer in the office looks really **expensive**.
주격 보어

4. 남은 부분은 모두 수식어!

The printer **in the office** looks **really** expensive.
수식어-전치사구   수식어-부사

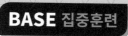

A. 다음 괄호 안에 들어갈 알맞은 단어를 고른 후, 우리말로 해석하세요.

1. The Altamont Café opens (prompt / promptly) at 7 o'clock every morning.

해석

2. The onsite ticketing system for Mable City Tours (opens / opening) on weekdays only.

해석

3. Proper preparation and fresh ingredients are (equally / enough) important to Hestia Restaurant's cooking staff.

해석

4. Kazuya's employee manual states that all electronic devices must be switched off (only / during) meetings.

해석

5. We may order office (equipped / equipment) such as chairs and monitors from the suppliers on the list.

해석

B. 다음 빈칸에 들어갈 알맞은 보기를 고른 후, 우리말로 해석하세요.

1. Each submitted article must be read ------- by at least two senior editors.

(A) careful   (B) carefully   (C) cared   (D) care

해석

2. The human resources ------- for Freezer Fare Corp. organizes the orientation programs for new employees.

(A) direction   (B) director   (C) directly   (D) direct

해석

3. Citronar Beverages Ltd. introduced a new ------- for gathering customer feedback by providing free samples.

(A) audience   (B) selection   (C) advantage   (D) strategy

해석

PART 5 CHAPTER 01

1. There 구문

There is/are 구문은 어떤 것의 존재를 나타낼 때 쓰는 표현이에요. 우리말로는 '~이 있다'로 표현합니다. 이때 존재하는 사물이 1개, 즉 단수이면 There is로, 2개 이상, 즉 복수이면 There are로 표현합니다.

There is + 단수 명사
EX **There is one apple** on the table. 테이블에 사과가 한 개 있다.
There are + 복수 명사
EX **There are two apples** on the table. 테이블에 사과가 두 개 있다.

◉ 여기서 잠깐!
위의 두 문장에서 주어와 동사는 각각 무엇일까요?
주어는 각각 one apple과 two apples이고, 동사는 is와 are입니다.
There is/are ~ 구문에서는 주어가 동사 뒤에 온다는 걸 잊지 마세요.

⊘ 체크 체크

다음 문장에서 주어에 밑줄, 동사에 동그라미를 표시하고 문장을 해석하세요.

1. There is a box on a counter.
해석 ▶ _____

2. There are plates in a sink.
해석 ▶ _____

3. There are many tourists on a bus.
해석 ▶ _____

2. 목적어와 보어의 구분

목적어와 주격 보어는 모두 동사 뒤에 와요. 그렇다면 목적어와 보어 자리를 어떻게 구분할 수 있을까요?

목적어	보어
Sumi made **pancakes**. 수미가 팬케이크를 만들었다. Sumi ≠ pancakes	Sumi became **a doctor**. 수미는 의사가 되었다. Sumi = a doctor

목적어와 보어를 구분하는 간단한 방법이 있습니다!

동사 뒤에 오는 명사가 주어와 의미상 동격 관계를 가질 수 있는지 확인해 보세요. 첫 번째 문장에서 수미가 팬케이크인가요? 그리고 두 번째 문장에서는 수미와 의사가 동격 관계가 성립하나요? 동사를 중심으로 양쪽에 있는 명사들이 '=' 관계가 성립한다면 보어이고, 그렇지 않으면 목적어라고 보면 됩니다.

✅ 체크 체크

다음 문장에서 목적어나 보어를 찾아 밑줄을 긋고 문장을 해석하세요.

1. Self-checkout machines are convenient. (보어)

　[해석]

2. Young consumers prefer brand-name products. (목적어)

　[해석]

3. We must consider the proposal only a draft. (목적어–목적격 보어)

　[해석]

1. The Darwin Ecology Fund believes that continued ------- between scientists and corporations is vital.

   (A) collaborated
   (B) collaboration
   (C) collaborating
   (D) collaborate

2. The modifications to the initial laptop design ------- an increase in memory and power capacity.

   (A) representation
   (B) representative
   (C) representing
   (D) represent

3. The major ------- of the research is to measure resident satisfaction in the area.

   (A) objective
   (B) objecting
   (C) objected
   (D) objectively

4. In January, the city orchestra will perform many new musical -------.

   (A) arrangers
   (B) arrange
   (C) arranging
   (D) arrangements

5. Sylvia Boyard has mentioned that ------- is the most important characteristic for real estate developers.

   (A) creation
   (B) to create
   (C) creativity
   (D) create

6. There has been remarkable ------- in the medical industry over the last five years.

   (A) grow
   (B) growing
   (C) growth
   (D) grows

7. After a discussion with the board of directors, the CFO appeared ------- to the revised annual budget report.

   (A) agreement
   (B) agreeable
   (C) agreeing
   (D) agreed

8. The updated ------- of the user manual will include a list of authorized repair shops.

   (A) merchandise
   (B) edition
   (C) quantity
   (D) brand

Questions 9-12 refer to the following notice.

Dear Customers,

Has your product been scratched or dented during delivery? If so, ------- it to your local Global
9.
Parcel Service (GPS) branch right away. To receive compensation, package ------- should turn in
10.
a report about the damage within one week of receiving their parcel. -------. GPS employees
11.
will carefully look over all claims. Do note that GPS cannot ------- refunds for the property that
12.
was damaged prior to shipment. Additionally, GPS is not liable for damage caused by poor
packing or normal wear and tear.

9. (A) taking
   (B) take
   (C) taken
   (D) took

10. (A) receive
    (B) receiving
    (C) receipts
    (D) recipients

11. (A) Global Parcel Service guarantees your
        package will arrive within 48 hours.
    (B) The GPS head office is located on Main
        Street downtown.
    (C) Make sure to write a complete summary
        in the damage form.
    (D) Our customer service center will be
        closed for renovations this week.

12. (A) offer
    (B) offered
    (C) offering
    (D) offers

명사와 대명사

1. 명사

▶ **명사는 무엇인가요?**

명사는 우리 주변에 있는 모든 것을 가리키는 말입니다. 방 안에 있는 물건들, 예를 들면 침대, 컴퓨터, 의자, 선반, 선풍기, 창문과 같은 사물이나 사람, 추상적인 개념에 이르기까지 모든 것에는 우리가 부르는 이름이 있지요? 바로 그 모든 이름이 명사입니다.

▶ **명사는 어떻게 생겼나요?**

명사의 형태는 매우 다양하지만, 많은 명사들의 경우 끝부분의 모양이 비슷합니다. 이렇게 동일한 모양을 가진 단어 끝부분을 '어미'라고 하는데요. 명사에서 자주 볼 수 있는 어미는 다음과 같습니다.

-ance, -ence, -er, -or, -sion, -tion, -ship, -ment, -ity, -ture

perform**ance** 공연	work**er** 근로자	admis**sion** 입장	educa**tion** 교육
relation**ship** 관계	develop**ment** 개발	creativ**ity** 창의성	tempera**ture** 온도

대표적인 명사형 어미를 익혀두면, 잘 모르는 단어가 나오더라도 끝부분만 보고 명사라는 힌트를 얻을 수 있습니다.

▶ **명사의 종류는 어떻게 되나요?**

명사는 개수를 셀 수 있느냐, 없느냐에 따라 크게 2가지로 분류할 수 있습니다.

가산명사 (셀 수 있는 명사)	일반적인 사람이나 사물 등을 나타내요. student 학생, speaker 연사, table 탁자 → 반드시 단수/복수를 구분하여 사용함 단수(한 개): 명사 앞에 a(an)/the 중 하나를 붙임 a book, the book 복수(두 개 이상): 명사 뒤에 -(e)s를 붙임 books
불가산명사 (셀 수 없는 명사)	특정한 사람이나 장소 등의 고유 이름, 액체 등 형태가 불분명한 물질이나 추상적인 개념이 여기에 해당해요. New York 뉴욕, water 물, money 돈, happiness 행복, weather 날씨 → 단수/복수를 구분하지 않음

2. 대명사

Josh gave a present to Sumi yesterday. Josh는 어제 수미에게 선물을 주었다.

She really liked **it**. 그녀는 그것을 정말 좋아했다.
=Sumi   =a present

▶ 대명사는 무엇인가요?

대명사는 명사를 대신하는 말입니다. 영어는 같은 표현을 반복하는 걸 싫어하고, 같은 대상을 여러 다른 표현으로 바꿔 부르는 걸 좋아합니다. 대명사는 명사를 대신해 어떤 대상을 가리키는 표현이기 때문에 명사가 오는 자리에 대명사가 올 수 있어요.

▶ 대명사의 종류는 어떻게 되나요?

대명사는 크게 인칭대명사, 지시대명사, 부정대명사로 나눌 수 있어요.

인칭대명사	사람이나 사물 등 특정 대상을 가리킬 때 쓰는 대명사입니다. he 그, our 우리의, it 그것을 …
지시대명사	어떤 대상을 가리킬 때 쓰는 대명사입니다. this 이것, that 저것 …
부정대명사	구체적이지 않은 대상을 가리킬 때 쓰는 대명사입니다. one 하나, some 일부, all 모두 …

▶ 인칭대명사의 분류

인칭대명사에는 인칭과 수, 격에 따른 주격/소유격/목적격 대명사, 그리고 소유대명사와 재귀대명사가 있습니다. '인칭'은 말하는 사람이 누구인지에 따라 1인칭(나), 2인칭(너), 3인칭(제삼자)으로, '격'은 문장 내 자리에 따라 주격(주어 자리), 목적격(목적어 자리), 소유격(명사 앞자리)으로 분류돼요.

인칭	격 수	의미	주격 (은/는/이/가)	소유격 (~의)	목적격 (~을/를)	소유대명사 (~의 것)	재귀대명사 (~자신)
1인칭	단수	나	I	my	me	mine	myself
	복수	우리	we	our	us	ours	ourselves
2인칭	단수	당신	you	your	you	yours	yourself
	복수	당신들	you	your	you	yours	yourselves
3인칭	단수	그	he	his	him	his	himself
		그녀	she	her	her	hers	herself
		그것	it	its	it	–	itself
	복수	그(것)들	they	their	them	theirs	themselves

명사와 대명사

BASE 6

명사 자리

▶ 문장에서 명사가 올 수 있는 자리는 어디인가요?

명사는 주어, 목적어, 보어 자리에 올 수 있습니다.

주어 **Rent** for office space has increased slightly. 사무 공간의 임대료가 약간 올랐다.
　　　주어

목적어 The company manufactures **office equipment**. 그 회사는 사무기기를 생산한다.
　　　　　　　　　　　　　　　　　　　목적어

명사 앞에 여러 수식어가 있는 경우, 항상 [관사/소유격 대명사/지시형용사 중 하나 + 형용사 + 명사]의 순서로 옵니다.

보어 Mr. Peabody is **a highly respected architect**. Peabody 씨는 매우 존경받는 건축가이다.
　　　　　　　　　　관사　　　형용사　　명사-보어

▶ 그 밖에 명사 자리를 구별하는 방법에는 무엇이 있나요?

명사는 주어, 목적어, 보어 자리에서 관사 뒤, 소유격 대명사 뒤, 형용사 뒤에 올 수 있습니다.

관사 뒤 **The company** hired **a sales manager**. 그 회사는 영업 관리자를 고용했다.
　　　　　관사　명사-주어　　　관사　　명사-목적어

소유격 대명사 뒤 DRE Realtors will revise **their marketing strategies**.
　　　　　　　　　　　　　　　　　　소유격 대명사　　　명사-목적어

DRE 공인중개사들은 자신들의 마케팅 전략을 수정할 것이다.

명사 앞에는 관사, 소유격 대명사, 지시형용사 중 하나만 올 수 있습니다. 이들은 함께 나올 수 없습니다.

지시형용사 뒤 **This store** is located far away from downtown. 이 가게는 시내에서 멀리 떨어져 있다.
　　　　　　　지시형용사 명사-주어

명사 앞에는 형용사가 두 개 이상 올 수 있습니다.

형용사 뒤 Our firm offers **a variety of legal services**. 우리 회사는 다양한 법률 서비스를 제공한다.
　　　　　　　　　　　　　형용사　　형용사　명사-목적어

명사는 전치사 뒤에서, 전치사와 함께 수식어구를 이루는데 이를 전치사구 또는 전명구라 부릅니다.

전치사 뒤 The document was sent **to the client** today. 그 서류는 오늘 고객에게 보내졌다.
　　　　　　　　　　　　　　　전치사구[전명구]

관사의 개념

관사는 명사 앞에서 명사의 의미를 한정해 주는 역할을 합니다. 정해지지 않은 하나를 가리킬 때는 부정관사 a(n), 구체적인 대상을 가리킬 때는 정관사 the를 사용합니다.

Please fill out **a survey** before you check out. 체크아웃하시기 전에 설문을 작성해 주세요.

The survey is about customer satisfaction. 그 설문은 고객 만족에 관한 것입니다.

해설서 p.8

A. 다음 괄호 안에 들어갈 알맞은 단어를 고른 후, 우리말로 해석하세요.

1. Researchers help drug companies develop new (medical / medicines).

해석

2. The (renovation / renovate) of the library is scheduled to be completed in July.

해석

3. There seems to be some (confusion / confused) about the roles of staff at the main office.

해석

4. Your (supervision / supervisor) will inform you of the designated parking area.

해석

5. Web site designers should not alter anything without (authorized / authorization).

해석

B. 다음 빈칸에 들어갈 알맞은 보기를 고른 후, 우리말로 해석하세요.

1. Ms. Phan's ------- is a valuable trait when reviewing budget proposals.

(A) decisive   (B) deciding   (C) decide   (D) decisiveness

해석

2. Please enter a valid password for ------- to your Montrose account.

(A) access   (B) accessed   (C) accessing   (D) accessible

해석

3. The DO6 printer has not gotten a single ------- in the customer review section.

(A) complaining   (B) complained   (C) complaint   (D) complain

해석

가산명사와 불가산명사

▶ 가산명사는 어떻게 써야 하나요?

셀 수 있는 가산명사는 반드시 단수인지, 복수인지를 명확히 구분해 주어야 합니다.

가산명사는 관사 a[an]나 복수형 어미 -s[es] 둘 중 하나와 꼭 함께 써야 해요. 단수일 때는 앞에 관사 a[an]를, 복수일 때는 뒤에 -s[es]를 붙입니다.

단수일 때 a[an] Ms. Tiller opened **a café** last month. Tiller 씨는 지난달에 카페를 열었다.

복수일 때 -s[es] She hired some **employees**. 그녀는 몇 명의 직원들을 고용했다.

정관사 the는 복수형 어미와 함께 쓰일 수 있지만, a[an]와 the는 함께 쓰일 수 없습니다.

사람 명사는 대개 단어 끝이 -er[-or], -ee, -ant로 끝나며, 셀 수 있는 가산명사입니다.

the She trained **the employees**. 그녀는 그 직원들을 교육했다.

She owns a the café. (X) 그녀는 카페를 소유하고 있다.

▶ 불가산명사는 어떻게 써야 하나요?

셀 수 없는 불가산명사는 단수, 복수를 구분하지 않기 때문에 앞에 a[an]나 뒤에 복수형 어미 -s[es]를 붙일 수 없습니다.

특정한 것을 가리키지 않을 때는 관사 없이 혼자 올 수 있습니다.

무관사 Museum visitors can obtain **information** online. 박물관 방문객들은 온라인에서 정보를 얻을 수 있다.

특정한 것을 가리킬 때는 정관사 the를 써요. 정관사 the는 가산명사 앞에도, 불가산명사 앞에도 올 수 있습니다.

추상 명사는 대개 단어 끝이 -tion[-sion], -ment, -ance로 끝나며, 셀 수 없는 불가산명사입니다.

the Museum visitors can obtain **the information** online.
박물관 방문객들은 온라인에서 그 정보를 얻을 수 있다.

헷갈리기 쉬운 가산명사와 불가산명사

셀 수 없을 것 같은데 셀 수 있는 명사들이 있고, 셀 수 있을 것 같은데 셀 수 없는 명사들이 있어요. 헷갈리기 쉬우니 아래의 표에 있는 명사들은 반드시 알아두세요!

가산명사	approach 접근법	order 주문	critic 비평가	permit 허가증
	complaint 불평	opening 공석, 일자리	discount 할인	price 가격
	device 장치	purchase 구매	fund 자금	refund 환불
	increase 증가	result 결과	mistake 실수	source 출처
불가산명사	advice 조언, 충고	permission 허가	luggage 수하물	information 정보
	access 접근, 출입	merchandise 상품	cash 현금	money 돈
	evidence 증거	news 뉴스, 소식	furniture 가구	staff 직원(들)
	knowledge 지식	support 지원, 지지	equipment 장비	assistance 도움, 지원

BASE 집중훈련

A. 다음 괄호 안에 들어갈 알맞은 단어를 고른 후, 우리말로 해석하세요.

1. We will hire a new research (assistant / assistants) to develop our new product.

해석 ▸ _____

2. The clerk was asked to pack (a / the) items securely and take care of them.

해석 ▸ _____

3. We will provide some audiovisual (equipment / equipments) for your talk.

해석 ▸ _____

4. Free (access / accesses) to our Web site is included with a subscription fee.

해석 ▸ _____

5. Temporary workers are encouraged to see their supervisors for (assistant / assistance).

해석 ▸ _____

B. 다음 빈칸에 들어갈 알맞은 보기를 고른 후, 우리말로 해석하세요.

1. *Downhill Dream* was written during a three-year ------- between two champion skiers.

(A) collaborate   (B) collaboration   (C) collaborations   (D) collaboratively

해석 ▸ _____

2. Hilden Electronics does not provide ------- for opened products.

(A) refundable   (B) refunded   (C) refunds   (D) refund

해석 ▸ _____

3. Only senior technicians at Galbraith Labs have ------- to enter the clean rooms.

(A) permitted   (B) permissive   (C) permit   (D) permission

해석 ▸ _____

인칭대명사

▶ 문장에서 인칭대명사의 자리는 어디인가요?

인칭대명사는 격에 따라 올 수 있는 자리가 정해져 있어요.

주격 대명사-주어 자리 **He** is an exceptional writer. 그는 뛰어난 작가이다.
　　　　　　　　　　　 주어

목적격 대명사-목적어 자리 Ms. Lesman met **him** yesterday. Lesman 씨는 어제 그를 만났다.
　　　　　　　　　　　　　　　　　　　 목적어

소유격 대명사-명사 앞자리 She is **his** fellow writer. 그녀는 그의 동료 작가이다.
　　　　　　　　　　　　　 소유격 대명사

▶ 소유대명사는 무엇인가요?

소유대명사는 「소유격 대명사 + 명사」를 대신해 소유 관계를 나타내는 대명사입니다. '~의 것'을 의미하며, 명사처럼 주어, 목적어, 보어 자리에 올 수 있어요.

주어 자리 Her car has two doors, but **his** has four. 그녀의 차는 문이 두 개인데, 그의 것은 네 개이다.
　　　　　　　　　　　　　　　　　　 =his car

목적어 자리 He bought **his** last year. 그는 자기 것을 작년에 샀다.
　　　　　　　　　　=his car

보어 자리 That car is **his**. 저 차가 그의 것이다.
　　　　　　　　　=his car

▶ 재귀대명사는 무엇인가요?

재귀대명사는 끝에 -self가 붙은 형태로, '~자신'을 의미하는 대명사예요. 동작하는 주체가 바로 그 행위를 받는 대상임을 나타낼 때 사용합니다.

재귀 용법: 주어와 목적어가 동일한 대상을 의미할 때 목적어 자리에 재귀대명사가 올 수 있으며, 생략할 수 없습니다.

EX She must respect yourself. (X) She≠yourself이므로 불가능한 문장입니다.

조건부 목적어 자리 You must respect **yourself**. 당신은 당신 자신을 존중해야 한다.
　　　　　　　　　　　　You=yourself

강조 용법: 주어나 목적어 뒤, 또는 문장 끝에서 그 의미를 강조해 줍니다. 강조하기 위해 쓴 것이므로 생략할 수 있습니다.

수식어 자리 I made it **myself**. 내가 그것을 직접 했다.

재귀대명사 관용 표현

재귀대명사에는 전치사와 함께 숙어처럼 쓰이는 관용 표현들이 있어요.

by oneself 혼자
　I usually go to the movies **by myself**. 나는 주로 혼자서 영화를 보러 간다.

for oneself 직접
　I want to see the movie **for myself**. 내가 직접 그 영화를 보고 싶다.

BASE 집중훈련

A. 다음 괄호 안에 들어갈 알맞은 단어를 고른 후, 우리말로 해석하세요.

1. When (they / their) service contract ends, Caldecot Group will switch to a different supplier.

해석 _____

2. The Altamont Inn is conveniently located and has (its / our) own café.

해석 _____

3. To keep (our / us) beach beautiful, be sure to put your recyclable trash in the proper bins.

해석 _____

4. Every department was asked to submit a report, and we had already finished (us / ours).

해석 _____

5. Since Ms. Henson was sick, Mr. Brown had to participate in the conference by (him / himself).

해석 _____

B. 다음 빈칸에 들어갈 알맞은 보기를 고른 후, 우리말로 해석하세요.

1. While Ms. Braddock is in Taipei, Mr. Lau will be directing most of ------- projects.

(A) hers   (B) she   (C) herself   (D) her

해석 _____

2. Many small business owners worry that if the chain store is popular, ------- will lose revenue.

(A) their   (B) themselves   (C) theirs   (D) them

해석 _____

3. Candidates are requested not to speak among ------- while waiting to be interviewed.

(A) theirs   (B) them   (C) their   (D) themselves

해석 _____

지시대명사

▶ 지시대명사의 종류에는 무엇이 있나요?

지시대명사는 가리키는 대상의 시공간적 거리감과 수에 따라 다음과 같이 분류할 수 있습니다.

대상과의 거리/수	단수	복수
가까울 때	this 이것	these 이것들
멀 때	that 저것	those 저것들

These are copies of contracts. 이것들은 계약서 사본들이다.
지시대명사 – 복수(=여기 있는 계약서 사본들)

지시대명사가 명사를 앞에서 수식하면 지시형용사가 됩니다. 수식하는 명사의 단수/복수에 따라 수를 맞춰 주어야 합니다.

That is a landmark building of **this** region. 저것은 이 지역의 랜드마크 빌딩이다.
지시대명사 – 단수   지시형용사–단수 명사–단수
(=저기 있는 랜드마크 빌딩)

▶ 지시대명사는 언제 사용하나요?

지시대명사는 다음과 같이 문장에서 세 가지 역할을 할 수 있습니다.

① 어떤 대상을 가리킬 때: 가까이 혹은 멀리 있는 대상을 가리킬 때 사용합니다.

This is my workstation. 여기가 내 자리이다. **That** is Violet's workstation. 저기는 Violet의 자리이다.
가까운 자리   멀리 있는 자리

② 두 가지 대상을 비교할 때: 앞서 언급한 명사를 그대로 반복하는 대신에 지시대명사를 사용합니다. 비교 대상이 단수이면 that, 복수이면 those가 옵니다. (비교할 때에는 that과 those만 사용할 수 있어요!)

단수 Her **personality** is different from **that** of her sister. 그녀의 성격은 그녀의 여동생의 그것과 다르다.
=personality

복수 Their **products** are better than **those** of other companies.
=products

그들의 제품은 다른 회사들의 그것들보다 더 좋다.

③ those who '~하는 사람들': those는 일반적인 사람들인 people을 지칭하는 대명사로 쓰이며, those who가 '~하는 사람들'이라는 뜻의 관용 표현이기 때문에 한 단어처럼 기억해야 합니다.

Those who have practical skills are most valuable in the company.
실무 기술을 가진 사람들이 이 회사에서 가장 소중하다.

BASE 집중훈련

A. 다음 괄호 안에 들어갈 알맞은 단어를 고른 후, 우리말로 해석하세요.

1. (This / These) are duplicates of documents from last year's business deals.

해석 ▸ _____

2. We use (this / these) trials to make sure our products taste great.

해석 ▸ _____

3. Customers are invited to take advantage of these special (promotion / promotions) during our anniversary month.

해석 ▸ _____

4. My computer monitor is much bigger than (that / those) of my coworkers.

해석 ▸ _____

5. (These / Those) who apply for the position should submit their résumé with the application.

해석 ▸ _____

B. 다음 빈칸에 들어갈 알맞은 보기를 고른 후, 우리말로 해석하세요.

1. The accounting software of your computer is more secure than ------- of mine.

(A) they   (B) them   (C) that   (D) those

해석 ▸ _____

2. Provide ------- coupon to a sales associate at any Hyakuman Bookstore to receive a discount.

(A) whose   (B) this   (C) which   (D) these

해석 ▸ _____

3. There will be a special meeting for those ------- are unable to visit the facility.

(A) while   (B) who   (C) which   (D) what

해석 ▸ _____

부정대명사

▶ 부정대명사의 종류에는 무엇이 있나요?

부정대명사는 불특정한 대상을 가리킬 때 사용합니다. 전체 모두와 가리키는 대상의 수에 따라 다양하게 표현할 수 있습니다.

one 하나	some 몇몇, 약간 (긍정문)	many 많은 것
both 둘 다	any 몇몇, 약간 (부정문, 의문문)	much 많은 것
each 각각	most 대부분	all 모든 것

부정대명사는 단독으로도 쓰이지만, 명사를 수식하는 수량형용사 역할도 겸합니다.

some This office has **some** windows. 이 사무실에는 몇 개의 창문들이 있다.

any는 문맥에 따라 '어떤, 하나도 ~아닌' 등으로도 해석할 수 있어요.

any Our office doesn't have **any** windows. 우리 사무실에는 창문이 하나도 없다.

▶ -thing, -body, -one으로 끝나는 부정대명사

some, any, every, no가 각각 -thing,-body,-one과 만나면 불특정한 사람 또는 사물을 지칭하는 부정대명사가 됩니다.

-thing	some**thing** 어떤 것	any**thing** 어떤 것	every**thing** 모든 것	no**thing** 아무것도 ~않다
-body	some**body** 누군가	any**body** 누구든	every**body** 모두	no**body** 아무도 ~않다
-one	some**one** 누군가	any**one** 누구든	every**one** 모두	no **one** 아무도 ~않다

No one attended the company's weekly meeting. 회사의 주간 회의에 아무도 참석하지 않았다.

The summary of the meeting will be emailed to **everyone**.
그 회의의 요약본이 모두에게 이메일로 발송될 것이다.

▶ 하나, 또 다른 하나, 그리고 나머지(들) one, another, the other(s)

전체 수가 정해져 있고, 그중 일부를 언급할 때는 다음과 같은 순서로 지칭합니다.

전체 수가 2개		전체 수가 3개			
● one 하나	● the other 나머지 하나	● one 하나	● another 또 다른 하나	● the other 나머지 하나	● one 하나 · · · · · the others 나머지 전부

Ben has **two cats**. **One** is black, and **the other** is white.
Ben은 두 마리의 고양이가 있다. 하나는 검은색이고, 나머지 하나는 흰색이다.

Sue has **three brothers**. **One** is Matt, **another** is Josh, and **the other** is Casey.
Sue는 세 명의 남동생이 있다. 한 명은 Matt, 다른 한 명은 Josh, 나머지 한 명은 Casey이다.

전체 수가 4개 이상					
● one 하나	● ● ● another 다른 하나	● one 하나	● ● ● others (나머지 중) 일부	● one 하나	● ● ● the others 나머지 전부
● ● ● some 일부	● ● ● ● ● others (나머지 중) 다른 일부	● ● ● some 일부	● ● ● ● the others 나머지 전부		

Some customers like it, but **others** don't like it.
어떤 고객들은 그것을 좋아하지만, 다른 사람들은 그것을 좋아하지 않는다.

There were five people in the cafeteria. **Some** ordered food, and **the others** drank coffee.
구내식당에 5명이 있었다. 일부는 음식을 주문했고, 나머지 사람들은 커피를 마셨다.

▶ 서로서로 each other, one another

주어 자리에 있는 복수 명사 또는 대명사를 가리키며, 목적어 자리에만 올 수 있습니다.

대상의 수가 둘일 때	John and Andrew work with **each other**. John과 Andrew는 서로 함께 일한다.
대상의 수가 셋 이상일 때	The staff members work with **one another**. 그 직원들은 서로 함께 일한다.

BASE 집중훈련

A. 다음 괄호 안에 들어갈 알맞은 단어를 고른 후, 우리말로 해석하세요.

1. Please remember to sign (every / each) of the five documents before returning them.

해석

2. Although Candelaria Press and Marionette Fiction print very different books, (both / some) are profitable publishing companies.

해석

3. Make sure you clear (everything / something) out of the meeting room before you leave.

해석

4. The bank will introduce a new fee for transferring money from one account to (another / the other).

해석

5. Candidates for the managerial position must show initiative to lead (the other / others).

해석

B. 다음 빈칸에 들어갈 알맞은 보기를 고른 후, 우리말로 해석하세요.

1. The leather jackets are the only ------- on sale until spring.

(A) ones   (B) discounted   (C) rate   (D) here

해석

2. Ms. Park sent the contract proposal to ------- on the negotiating team.

(A) themselves   (B) everyone   (C) everything   (D) each other

해석

3. The anniversary celebration is for ------- of the firm's employees, including legal assistants.

(A) enough   (B) all   (C) less   (D) every

해석

1. 복합명사

지금까지 학습한 예문들 중에서 2개의 명사가 나란히 온 경우를 보았을 것입니다. 명사는 기본적으로 문장에서 자기 혼자 올 수 있지만, 어떤 명사들은 다른 명사와 팀을 이뤄서 함께 붙어 다니기도 합니다. 이렇게 명사가 2개 이상 붙어 하나의 명사처럼 쓰이는 것을 복합명사라고 합니다.

명사 + 명사 → 복합명사

EX customer 고객 + satisfaction 만족 → customer satisfaction 고객 만족
EX admission 입장 + fee 요금 → admission fee 입장료

application form 신청서	office supplies 사무용품
baggage allowance 수하물 허용치	registration fee 등록비
customer survey 고객 설문 조사	subscription fee 구독료
expiration date 만료일	tourist attraction 관광 명소
sales representative 영업 사원	safety procedure 안전 절차

◉ 여기서 잠깐!

복합명사도 가산명사와 불가산명사로 구분할 수 있어요. 대부분의 경우, 가장 오른쪽에 있는 명사가 복합명사의 성격을 결정해요. 가장 오른쪽 명사가 가산명사이면 복합명사도 가산명사, 불가산명사이면 복합명사도 불가산명사가 된답니다!

EX There are various types of **safety procedures** in the workplace. 작업장에는 여러 종류의 안전 절차가 있다.
　　　　　　　　　　　　　가산 복합명사
　　→ procedure가 가산명사이므로 safety procedure도 가산명사!

✓ 체크 체크

다음 문장에서 복합명사를 찾아 밑줄을 긋고, 문장을 해석하세요.

1. Customer satisfaction is our most important priority.
   해석 _____

2. The baggage allowance for an international flight is 20kg per passenger.
   해석 _____

3. Check the expiration date on the product before buying it.
   해석 _____

2. 대명사-명사 일치

대명사는 앞서 언급한 명사를 반복하지 않으려고 명사 대신 사용하는 말이에요. 문장에 대명사가 있는 경우, 대명사가 가리키는 대상이 무엇인지 제대로 파악해야 문장을 정확하게 이해할 수 있어요.

대명사가 가리키는 명사를 찾으려면 다음 3가지를 확인해야 합니다.

- **수:** 단수, 복수
- **인칭:** 1인칭, 2인칭, 3인칭
- **성별:** 남성, 여성, 사물

문장에서 대명사가 가리키는 명사 찾는 방법

1단계　문장에서 대명사를 찾아 수/인칭/성별을 확인한다.

2단계　조건에 부합하는 명사를 문장 앞쪽에서 찾는다.

3단계　찾은 명사의 의미에 부합하게 해석한다.

⬇

EX　Josh gave some advice to Sumi yesterday. **She** sincerely appreciated **it**.
　　　　Josh는 어제 수미에게 조언을 해주었다. 그녀는 그것에 진심으로 고마워했다.

1단계　대명사 확인 She (단수/3인칭/여성), it (단수/3인칭/사물)

2단계　She는 앞 문장의 Sumi, it은 앞 문장의 advice에 해당!

3단계　Josh는 어제 수미에게 조언을 해주었다. 그녀(Sumi)는 그것(advice)에 진심으로 고마워했다.

◉ 여기서 잠깐!

빈칸에 들어갈 대명사를 찾는 문제에서는 빈칸이 문장에서 어떤 자리(주격, 목적격, 소유격)에 해당하는지도 확인해야 합니다!

✓ 체크 체크

다음 문장에서 빈칸에 들어갈 알맞은 대명사를 고른 후, 대명사가 가리키는 명사를 찾아 밑줄을 긋고 문장을 해석하세요.

1. This plant is very easy to grow. (It / Its) needs little water.
   해석 ───────────────────────────────────

2. My coworkers and I planted some trees for a charity. Some other volunteers helped (me / us).
   해석 ───────────────────────────────────

3. Julie is a volunteer at the community center. She enjoys (their / her) work.
   해석 ───────────────────────────────────

1. The cleaning crew members have been quite mindful of ------- safety regulations.

(A) ours
(B) our
(C) theirs
(D) them

2. If ------- have any questions regarding your purchase, please contact our Customer Service Department via our company Web site.

(A) yourself
(B) yours
(C) your
(D) you

3. Dr. Meriwether will see patients by ------- while his colleague is at the medical conference in Houston.

(A) he
(B) him
(C) himself
(D) his

4. The IT crew is in charge of setting up the latest programs as soon as developers request -------.

(A) theirs
(B) them
(C) you
(D) yours

5. Ms. Bogen sold more products than ------- who have more sales experience.

(A) that
(B) them
(C) theirs
(D) those

6. Even though the department collaborated to develop the mobile application, the user interface design is primarily -------.

(A) me
(B) my
(C) mine
(D) myself

7. The chefs will evaluate all of the produce suppliers' bids and select ------- that suits their menu.

(A) another
(B) some
(C) rest
(D) one

8. Marie Clarice's new documentary features aircrafts designed and constructed by the pilots -------.

(A) itself
(B) ourselves
(C) themselves
(D) herself

Questions 9-12 refer to the following letter.

Mckenna Auto Repair
90221 S. Peascod Street
Windsor Sl4

Dear Customers,

Our company has been proud to provide the same low prices for regular car maintenance services such as oil changes, tire rotations, and tune-ups since we opened four years ago. Unfortunately, increased labor and material costs mean that we will have to raise the prices on these services -------- 1 January. We tried our best to keep our prices down. -------, it is our top **10.** priority to provide a high-quality service. Our proven professionals are here to keep your car running smoothly for many years to come. -------. As always, we are grateful for your ------- **11.** **12.** and hope to continue providing you with excellent service.

Best Wishes,

CJ Mckenna

---

9. (A) future
   (B) effective
   (C) useful
   (D) real

10. (A) However
    (B) Thus
    (C) Consequently
    (D) Equally

11. (A) Unfortunately, we experienced a sharp decline in customers.
    (B) All of the equipment we use is made from state-of-the-art materials.
    (C) Our competitors have already raised their prices.
    (D) We are confident their expertise will save you money in the long term.

12. (A) support
    (B) supports
    (C) supporter
    (D) supportive

형용사와 부사

1. 형용사

> Sumi has a dog. 수미는 강아지가 있다.
>
> ↓
>
> Sumi has a **small** and **cute** dog. 수미는 작고 귀여운 강아지가 있다.

▶ **형용사는 무엇인가요?**

형용사는 명사를 꾸며주는 말이에요. 명사가 어떤 모습, 어떤 상태인지 혹은 어떤 성질을 가졌는지 등을 구체적으로 알려줍니다.

'수미는 강아지가 있다.'라고 하면 수미네 강아지가 어떤 강아지인지 구체적으로는 알 수가 없어요. 그래서 이 말을 듣는 사람은 다양한 모습의 강아지를 상상하게 될 거예요. 하지만 '수미는 작고 귀여운 강아지가 있다.'라고 한다면, 강아지의 모습을 구체적으로 알 수 있죠.

이와 같이 형용사는 명사에 대해 더 자세하고 구체적인 정보를 제공해 주는 역할을 합니다.

▶ **형용사는 어떻게 생겼나요?**

형용사의 형태는 매우 다양하지만, 형용사에도 명사와 마찬가지로 형용사라는 걸 알려주는 대표적인 형용사형 어미가 있습니다. -able, -ible, -al, -ant, -ent, -ful, -ive, -ous, -y …

suit**able** 적합한	beaut**iful** 아름다운	success**ful** 성공적인
confid**ent** 자신감 있는	product**ive** 생산적인	expens**ive** 비싼
gener**ous** 너그러운	eas**y** 쉬운	length**y** 장황한

2. 부사

> Sumi dances. 수미는 춤을 춘다.
>
> ↓
>
> Sumi dances **beautifully**. 수미는 아름답게 춤을 춘다.

▶ **부사는 무엇인가요?**

부사는 동사, 형용사, 부사 등을 꾸며주는 말이에요. 문장에서 수식어 역할을 하면서 그 의미를 더욱 풍부하게 만들어 줍니다.

문장에 수식어가 있으면 부가 정보를 제공하거나 의미를 강조할 수 있고, 또는 미묘한 뉘앙스를 살려줄 수도 있어요. 하지만 주어나 동사, 보어, 목적어처럼 문장에서 꼭 필요한 요소는 아니기 때문에 문장에서 생략되어도 문제는 없어요.

▶ 부사는 어떻게 생겼나요?

부사의 경우, 대개 단어 끝이 –ly로 끝납니다. 대부분의 형용사에 –ly를 붙이면 부사가 됩니다.

형용사 + -ly → 부사

beautiful 아름다운 + -ly → beautifully 아름답게

carefully 신중하게	currently 현재	gladly 기쁘게	easily 쉽게	nearly 거의	successfully 성공적으로

이렇게 단어 끝부분만 보고도 부사라는 힌트를 얻을 수 있어요.

하지만 모든 부사가 –ly로 끝나는 건 아니에요. –ly로 끝나지 않는 부사도 있답니다. 혼동하지 않도록 형태에 유의해서 학습하세요.

already 벌써	quite 꽤	still 여전히	too 너무	very 매우	well 잘	yet 아직도

형용사와 부사

BASE 11

형용사 자리

▶ 문장에서 형용사가 올 수 있는 자리는 어디인가요?

형용사는 명사를 앞에서 수식할 수 있어요. 이때 형용사는 수식어 역할을 합니다.

`명사를 '앞에서' 수식` The **fancy restaurant** serves seafood. 그 고급 식당은 해산물 요리를 제공한다.
형용사 　 명사 → 명사 주어 수식

Mr. Bong is a **famous chef**. Bong 씨는 유명한 요리사이다.
형용사 　 명사 → 명사 보어 수식

The restaurant serves **exotic seafood**. 그 식당은 이국적인 해산물 요리를 제공한다.
형용사 　 명사 → 명사 목적어 수식

명사 앞에 형용사 외에 관사나 소유격 대명사 등이 있는 경우 「관사/소유격 대명사/지시형용사 중 하나+일반형용사+명사」의 순서로 온다는 걸 기억하세요!

▶ 형용사 자리는 또 어디인가요?

형용사는 보어 자리에 올 수 있어요. 보어 자리에서 주어나 목적어를 보충 설명합니다.

`주격 보어` **The calculator** is **broken**. 그 계산기가 고장 났다.
주어 　 주격 보어 → 주어를 보충 설명

`목적격 보어` I found **the calculator broken**. 나는 그 계산기가 고장 났다는 걸 알게 됐다.
목적어 　 목적격 보어 → 목적어를 보충 설명

형용사는 -thing, -body, -one으로 끝나는 부정대명사를 수식할 수도 있는데, 이때는 앞이 아니라 뒤에서만 수식 가능합니다. 일반적으로, 형용사는 대명사를 수식할 수 없어요. 예외적인 경우로 기억하세요!

`부정대명사를 '뒤에서' 수식` Brenda did **something nice**. Brenda가 좋은 일을 했다.
부정대명사 　 형용사

There is **no one present** in the office. 사무실에 나온 사람이 아무도 없다.
부정대명사 　 형용사

We don't have **anyone suitable** for the position.
부정대명사 　 형용사

그 자리에 적합한 사람이 아무도 없다.

A. 다음 괄호 안에 들어갈 알맞은 단어를 고른 후, 우리말로 해석하세요.

1. The e-mail includes a (completion / complete) itinerary for your three-day trip to Guam.

해석 _____

2. (Temporary / Temporarily) positions at PDS Corporation will be posted on the company's Web site.

해석 _____

3. Customer service representatives are (available / availability) to answer your calls.

해석 _____

4. The huge influx of orders has kept the Shipping Department (busy / busily).

해석 _____

5. Anyone (interest / interested) in attending the workshop should contact Mr. Murray.

해석 _____

B. 다음 빈칸에 들어갈 알맞은 보기를 고른 후, 우리말로 해석하세요.

1. Albemarle Ltd. always sends catalogs listing all of its products to ------- clients.

(A) prospective   (B) prospects   (C) prospect   (D) prospectively

해석 _____

2. The Accounting Department is highly ------- of customers' financial information.

(A) protector   (B) protection   (C) protective   (D) protectively

해석 _____

3. Completing the office remodeling on schedule will be -------, but not impossible.

(A) hopeless   (B) manageable   (C) appropriate   (D) challenging

해석 _____

혼동하기 쉬운 형용사

▶ 형태가 비슷한 형용사

같은 단어에서 생겨나 형태가 비슷한 형용사들이 있어요. 비슷하게 생겼지만 의미가 서로 다르므로 혼동하지 않도록 주의하세요.

competent 유능한	competitive 경쟁력 있는
confident 자신감 있는	confidential 기밀의
considerate 사려 깊은	considerable 상당한
dependent 의존적인	dependable 신뢰할 만한
economic 경제의	economical 알뜰한, 절약하는
favorite 매우 좋아하는	favorable 호의적인
proficient 능숙한	profitable 수익성 있는
responsive 반응하는	responsible 책임 있는
respective 각각의	respectable 존경할 만한, 공손한
sensitive 민감한, 세심한	sensible 합리적인, 실용적인
successive 연속적인	successful 성공적인

The suppliers are **responsible** for the delivery of the products. 공급업체들은 제품 배송에 책임이 있다.
　　　　　　　　책임 있는(형용사)

Plants are **responsive** to their environment. 식물들은 주변 환경에 반응한다.
　　　　　　　반응하는(형용사)

▶ 혼동하기 쉬운 형용사와 명사

형용사로 오해하기 쉬운 명사: 단어 끝부분의 모양으로 인해 형용사로 오해하기 쉬운 명사들이 있어요. 언뜻 보고 잘못 판단하지 않도록 주의하세요.

approval 승인	proposal 제안	rental 임대(료)	referral 추천	initiative 계획

The marketing director received **approval** for the advertising budget from the CEO.
　　　　　　　　　　　　　　　　승인(명사)

마케팅 책임자가 CEO로부터 광고 예산에 대한 승인을 받았다.

형용사도 되고 명사도 되는 단어: 형용사처럼 보이지만 형용사와 명사 역할을 모두 하는 단어들도 있어요. 이런 단어들은 문장 속 자리와 문맥을 통해 알맞은 역할이 무엇인지 파악해야 합니다.

alternative 형 대체 가능한 명 대안	professional 형 전문적인 명 전문가
potential 형 잠재적인 명 잠재력	objective 형 객관적인 명 목적

They will use an **alternative** method of assessment. 그들은 대체 가능한 평가 방법을 이용할 것이다.
　　　　　　　　대체 가능한(형용사)

I need to find an **alternative** to jogging in the park. 나는 공원에서 조깅하는 것의 대안을 찾아야 한다.
　　　　　　　　대안(명사)

BASE 집중훈련

A. 다음 괄호 안에 들어갈 알맞은 단어를 고른 후, 우리말로 해석하세요.

1. The business has expanded quickly as a result of (considerate / considerable) effort.

해석 _____

2. You can now find all of your (favorite / favorable) bread right next to the shopping center.

해석 _____

3. The upgraded software will ensure that (sensitive / sensible) company data is stored securely.

해석 _____

4. The board of directors approved the (propose / proposal) to renovate the branch offices.

해석 _____

5. One of the company's marketing (objects / objectives) is targeting younger customers.

해석 _____

B. 다음 빈칸에 들어갈 알맞은 보기를 고른 후, 우리말로 해석하세요.

1. When Ms. Harkins retires, it will not be easy to hire someone with ------- experience in advertising to take care of her responsibilities.

(A) comparable   (B) comparing   (C) compared   (D) comparative

해석 _____

2. Dunfield Acres sets its rental rates so that residents can feel ------- that they are living in the best condos in the city.

(A) confidentially   (B) confident   (C) confidential   (D) confiding

해석 _____

3. Mr. Thornton handled his customers' complaints thoroughly and with great -------.

(A) professions   (B) professional   (C) professionalism   (D) professionally

해석 _____

수량형용사

명사 앞에서 명사의 수나 양을 나타내는 형용사가 있는데 이를 수량형용사라고 합니다. 수를 표현하는 형용사이기 때문에, 명사의 종류에 따라 함께 할 수 있는 형용사의 종류도 달라집니다. 대부분의 부정대명사가 수량형용사 역할을 할 수 있어요.

▶ 가산 단수명사 짝꿍

셀 수 있는 명사 중에서 '한 개'를 나타내는 단수명사 앞에만 올 수 있는 수량형용사입니다.

each 각각의	one 하나의	
every 모든	another 또 하나의, 다른	+ 가산 단수명사

Each store sells different products. 각 상점은 다른 제품을 판매한다.
　　가산 단수명사

I enjoy **every song**. 나는 모든 노래를 즐겨 부른다.
　　　　가산 단수명사

▶ 가산 복수명사 짝꿍

셀 수 있는 명사 중에서 '여러 개'를 나타내는 복수명사 앞에만 올 수 있는 수량형용사입니다.

few 거의 없는	a few 조금	both 둘 다의	
several 여러 개의	a variety of 다양한	numerous 많은	+ 가산 복수명사
many 많은	a number of 많은		

Several printers were out of order. 프린터 여러 대가 고장 났다.
　　가산 복수명사

I've worked for **many years**, so I have much experience. 나는 수년간 일해와서 많은 경험이 있다.
　　　　　　가산 복수명사

▶ 불가산명사 짝꿍

셀 수 없는 명사 앞에만 올 수 있는 수량형용사입니다.

little 거의 없는	a little 조금	much 많은	+ 불가산명사

There is **little milk** in the bottle. 병 안에 우유가 거의 없다.
　　　불가산명사

The cereal contains too **much sugar**. 시리얼에 너무 많은 설탕이 들어가 있다.
　　　　　　불가산명사

▶ 둘 다 짝꿍

일부 수량형용사는 가산 복수명사와도 쓰이고 불가산명사와도 함께 쓰일 수 있습니다.

some 약간의	most 대부분의	
other 그 밖의 다른	a lot of 많은	+ 가산 복수명사/불가산명사
all 모든	any 그 어떤, 모든	

All orders come with a gift card and free delivery. 모든 주문에는 상품권과 무료 배송이 포함되어 있다.
　　가산 복수명사

All equipment in the factory is outdated. 공장 안의 모든 장비가 노후되었다.
　　불가산명사

BASE 집중훈련

A. 다음 괄호 안에 들어갈 알맞은 단어를 고른 후, 우리말로 해석하세요.

1. ClubMart will eventually open another (store / stores), once the first location becomes profitable.

해석

2. Our mail server will be shut down for routine maintenance for (a few / little) hours tomorrow.

해석

3. Our company offers a variety of legal (service / services) to business owners.

해석

4. There has not been (many / much) improvement in traffic congestion despite the new subway line.

해석

5. The production manager is in charge of inspecting (several / all) machinery at the Louisville plant.

해석

B. 다음 빈칸에 들어갈 알맞은 보기를 고른 후, 우리말로 해석하세요.

1. ------- night-shift cleaners tend to take short naps after they eat their snacks.

(A) Every   (B) Each   (C) Many   (D) Much

해석

2. Mr. Vanger wished to be present at the grand opening, but he had other ------- that morning.

(A) obligates   (B) obligatory   (C) obligated   (D) obligations

해석

3. Please email ------- inquiries about promotional events to Customer Service.

(A) however   (B) another   (C) each   (D) any

해석

부사 자리

▶ 문장에서 부사가 올 수 있는 자리는 어디인가요?

부사는 문장에서 수식어 역할을 합니다. 수식어는 문장에서 정해진 자리 없이, 비교적 자유롭게 문장의 다양한 자리에 위치할 수 있습니다.

부사는 동사, 형용사, 부사, 문장 전체 등을 수식할 수 있고, 보통 수식하는 대상의 앞에 위치합니다. 단, 동사를 수식할 때는 동사의 앞, 중간, 뒤의 다양한 위치에 올 수 있습니다. 문장에서 부사 자리를 찾을 때는 부사가 수식하는 대상을 파악하는 것이 중요합니다.

동사 앞 Taxi fares **usually rise** during peak hours. 택시 요금은 보통 피크 시간대에 오른다.
　　　　　　　　　부사　　　동사 → 주어와 동사 사이

동사 뒤 Please **listen carefully** to the following options. 다음 선택 사항들을 주의해서 들어주세요.
　　　　　　　　동사　　　부사 → 자동사를 뒤에서 수식

Fitness trainers **check** the exercise equipment **regularly**.
　　　　　　　　　동사　　　　　　　　　　　　　　　　　　부사 → 타동사+목적어 뒤 (문장 끝)

헬스 트레이너들은 운동 기구를 정기적으로 점검한다.

동사 중간 Renovation of the building lobby **has finally been completed**.
　　　　　　　　건물 로비의 수리가 마침내 완료되었다.　　　　조동사　부사　　　동사 → 조동사와 동사 사이

Nexwen Corporation **is presently interviewing** candidates for the sales manager
positions.　　　　　　　be-동사　부사　　　현재분사 → be동사와 현재분사 (현재 진행 시제) 사이

Nexwen 사는 현재 영업 관리직을 위한 지원자들과 면접을 보고 있다.

형용사 수식 Participation in the annual workshop is **strongly recommended**.
　　　　　　　　　　　　　　　　　　　　　　　　　　　부사　　　형용사

연례 워크숍의 참가가 적극 권장된다.

수량 표현 수식 The city attracts **approximately five million** visitors each year.
　　　　　　　　　　　　　　　　　　　부사　　　　　수량 표현

그 도시는 매년 약 5백만 명의 관광객을 끌어들인다.

부사 수식 Employees should drive company vehicles **very cautiously**.
　　　　　　　직원들은 회사 차량을 매우 조심해서 운전해야 한다.　　　부사　　　부사

문장 전체 수식 **Unfortunately, the CEO will be late because of a flight delay**.
　　　　　　　　　　부사　　　　　　　　　　　　　문장

유감스럽게도, CEO는 비행기 연착으로 인해 늦을 것이다.

BASE 집중훈련

A. 다음 괄호 안에 들어갈 알맞은 단어를 고른 후, 우리말로 해석하세요.

1. Protective gear is (general / generally) required at construction sites, but some exceptions may be made.

해석 ▸ _____

2. In January, Bakers Twelve will expand (region / regionally), creating more job opportunities in many towns.

해석 ▸ _____

3. Our computer system has been (exceptional / exceptionally) slow lately.

해석 ▸ _____

4. All award recipients should move (forward / forwarded) to the front of the room.

해석 ▸ _____

5. The building on West Drive has been abandoned for (nearing / nearly) 40 years.

해석 ▸ _____

B. 다음 빈칸에 들어갈 알맞은 보기를 고른 후, 우리말로 해석하세요.

1. All applicant résumés will be ------- examined by the hiring committee before the interviews.

(A) extensive   (B) extension   (C) extending   (D) extensively

해석 ▸ _____

2. Ms. Bishop was the job applicant who solved the question most -------.

(A) creating   (B) creatively   (C) create   (D) creative

해석 ▸ _____

3. Eager to start her managerial position, Ms. Gutierrez held a staff meeting ------- after receiving her promotion.

(A) immediateness   (B) immediately   (C) immediacy   (D) immediate

해석 ▸ _____

BASE 15

부사의 종류

문장에서 비슷한 역할을 하는 부사들이 있습니다. 부사들을 각 역할로 구분해 함께 알아두면 문장 속에서 부사의 역할을 파악하기가 한결 수월해집니다.

▶ 시간부사

시간의 의미를 담고 있어서 각각 특정 시제와 함께 쓰이는 부사입니다.

once 한때 previously 이전에	과거 시제
recently 최근에	과거 시제, 현재 완료 시제
now 지금 currently 현재	현재 시제, 현재 진행 시제
shortly soon 곧	미래 시제

We **have** <u>recently</u> **received** more orders for our gray jeans. 우리는 최근에 회색 청바지 주문을 더 많이 받았다.
시간부사 → 주로 과거나 현재 완료 시제에서 쓰여요.

A city official will inspect our facility **soon**. 시 공무원이 곧 우리 시설을 점검할 것이다.
시간부사 → 주로 미래 시제를 나타내는 조동사 will과 함께 쓰여요.

▶ 빈도부사

행동이 얼마나 자주 일어나는지를 알려주는 부사입니다.

always 항상	frequently 자주	often 종종
usually 보통	sometimes 때때로	once 한 번

Please ensure that you **always** follow the safety guidelines. 항상 안전 지침을 따라 주시기 바랍니다.
빈도부사

▶ 부정의 의미를 담고 있는 부사

not 없이도 문장을 부정문으로 만들어 주는 부사입니다. 이들 부사에는 이미 not의 의미가 포함되어 있어 not 과 함께 올 수 없습니다.

hardly, rarely, seldom, little 거의[좀처럼] ~않는   never 결코 ~않는

Luxury brands **seldom** offer discounts on their merchandise.
부정부사
명품 브랜드들은 상품 할인을 좀처럼 제공하지 않는다.

▶ 숫자 수식 부사

주로 수를 나타내는 표현과 함께 쓰이는 부사입니다.

	about, approximately, around, roughly 대략	
just 단지, 딱 no more than 겨우, 고작	nearly, almost 거의	over ~ 이상

Once the plant is fully operational, we will hire **around** 500 workers.
숫자 수식 부사
그 공장이 완전히 가동될 준비가 되면, 우리는 약 500명의 근로자를 고용할 것이다.

BASE 집중훈련

A. 다음 괄호 안에 들어갈 알맞은 단어를 고른 후, 우리말로 해석하세요.

1. Jawexo Corporation will (soon / currently) partner with Bertron, Inc. on the project.

해석

2. The company basketball team meets for practice (once / now) a week.

해석

3. Accountants are (usually / recently) extremely busy during tax season.

해석

4. Ever since Ms. Kennison became the manager, there have (previously / hardly) been any problems.

해석

5. The Newford Jazz Show was sold out (just / shortly) two days after tickets went on sale.

해석

B. 다음 빈칸에 들어갈 알맞은 보기를 고른 후, 우리말로 해석하세요.

1. Numerous surveys show that, lately, more multinational corporations ------- in employee engagement programs than ever before.

(A) did participate   (B) are to participate   (C) have been participating   (D) will have been participated

해석

2. After this morning's session, the negotiators were ------- no closer to finalizing the merger agreement than they were on Friday.

(A) still   (B) even   (C) then   (D) seldom

해석

3. By June, seafood farms around Leyte District cultivated ------- as many shrimps as they had cultivated by September of the preceding year.

(A) nearest   (B) nearly   (C) nearing   (D) near

해석

BASE 16 혼동하기 쉬운 부사와 형용사

▶ 혼동하기 쉬운 부사와 형용사

형용사와 부사의 의미를 모두 갖는 단어들이 있습니다. 그리고 여기에 이들 단어들과 비슷하게 생겨서 혼동하기 쉬운 부사들도 있습니다. 각 역할과 의미를 혼동하지 않도록 주의하세요.

	형용사	부사
close	가까운	가깝게
clear	분명한, 확실한	~에서 떨어져
hard	열심인, 힘든	열심히, 심하게
high	높은	(위로) 높게
late	늦은	늦게
most	대부분의	가장
near	가까운	가까이
short	짧은	짧게
early	이른	일찍
fast	빠른	빨리
long	오랜	오래
pretty	예쁜	꽤

	부사
closely	밀접하게, 면밀하게
clearly	분명히, 알기 쉽게
hardly	거의 ~않다
highly	매우, (수준이) 높게
lately	최근에
mostly	주로
nearly	거의
shortly	곧

The Joygarden Hotel is located in **close** proximity to Warrenbale Airport.
　　　　　　　　　　　　　　　　　　 형용사
Joygarden 호텔은 Warrenbale 공항과 근접한 곳에 위치해 있다.

Saxton Entertainment will relocate to Chicago to be **close** to clients.
　　　　　　　　　　　　　　　　　　　　　　　　　　 부사
Saxton 엔터테인먼트는 고객 가까이에 있기 위해 Chicago로 이전할 것이다.

Staff training is **closely** monitored to ensure employees are aware of industry regulations.
　　　　　　　　 부사
직원 교육은 직원들이 산업 규정을 확실히 숙지할 수 있게 하려고 면밀하게 관찰된다.

▶ 부사로 오해하기 쉬운 형용사

단어 끝이 -ly로 끝나서 언뜻 보면 부사라고 생각하기 쉽지만 형용사인 단어들이 있습니다. 부사로 오해하지 않도록 주의하세요.

명사 + -ly = 형용사			
costly 비싼	lovely 사랑스러운	friendly 친근한	orderly 질서정연한
daily 매일의	weekly 매주의	monthly 매월의	yearly 매년의

-ly로 끝나는데 형용사인 단어들은 -ly를 떼고 남은 단어가 명사의 형태를 띱니다. 만약 형용사인지 부사인지 헷갈린다면, 단어에서 -ly를 떼어내고 생각해 보세요!

EX costly - -ly = cost 圏값, 비용 → costly는 형용사

I think it may be too **costly** for the average user. 그것은 일반 사용자에게는 너무 비쌀 수도 있을 것 같다.
　　　　　　　　　 형용사
We had unexpected repair **costs**. 우리에게 예상 밖의 수리 비용이 있었다.
　　　　　　　　　　 명사

해설서 p.20

A. 다음 괄호 안에 들어갈 알맞은 단어를 고른 후, 우리말로 해석하세요.

1. The marketing team has been working (hard / hardly) to make this month's product launch go smoothly.

해석

2. The chef decided to keep the restaurant open (late / lately) for the holidays.

해석

3. The amount raised at yesterday's fundraising event was (near / nearly) equal to last year's.

해석

4. The company's insurance claim will be settled (short / shortly) after the completion of the investigation.

해석

5. The director keeps track of the department's (annually / yearly) budget.

해석

B. 다음 빈칸에 들어갈 알맞은 보기를 고른 후, 우리말로 해석하세요.

1. A Ranger Investment broker will work ------- with you to make sure that your portfolio is profitable.

(A) closed   (B) close   (C) closeness   (D) closely

해석

2. Television news reporters are advised to practice before each broadcast to make sure that names of global leaders are pronounced -------.

(A) clearest   (B) clearer   (C) clear   (D) clearly

해석

3. Due to the unpredictable weather at high altitudes, suitable hiking clothing is ------- advised.

(A) high   (B) mostly   (C) highly   (D) nearly

해석

1. <a few-few>와 <a little-little>의 차이

수량형용사 a few와 few, a little과 little은 앞에 a가 있느냐 없느냐에 따라 반대의 의미가 되기 때문에, 반드시 a가 있는지 없는지 확인해야 해요.

조금 있는	거의 없는
a few + 가산 복수명사 a little + 불가산명사	few + 가산 복수명사 little + 불가산명사
I have **a few** cookies. 쿠키가 **조금** 있다. There is **a little** coffee in the mug. 머그잔에 커피가 **조금** 있다.	I have **few** cookies. 쿠키가 **거의 없다.** There is **little** coffee in the mug. 머그잔에 커피가 **거의 없다.**
조금이라도 있다는 것이 포인트!	**거의 없다**는 것이 포인트!

◉ 여기서 잠깐!

✓ few와 little은 not이 없어도 문장을 부정문으로 만든다는 걸 꼭 기억하세요!

✓ (a) few는 셀 수 있는 명사와, (a) little은 셀 수 없는 명사와 함께 쓰인다는 점도 잊지 마세요!

✓ 체크 체크

다음 문장에서 수량형용사를 찾아 밑줄을 긋고, 문장을 해석하세요.

1. She had a few slices of cake.

해석 ▸ _____

2. I got little sleep last night.

해석 ▸ _____

3. Few people use film cameras nowadays.

해석 ▸ _____

2. 접속부사

접속부사는 문장과 문장 사이에 오는 부사예요. 접속부사도 부사의 한 종류이지만, 일반 부사와는 역할이 다르므로 반드시 구분해서 알아두어야 합니다. 특히, PART 6에서 거의 매달 출제되는 단골 문제 유형이기도 해요.

	부사	접속부사
품사	부사	부사
역할	수식어 역할 (동사, 형용사, 부사, 문장 등을 수식)	수식어이자 연결어 역할 (문장과 문장을 연결)
위치	문장 내 다양한 곳에 위치	주로 문장 맨 앞에 위치하며, 뒤에 콤마와 함께 옴

접속부사의 유형별 종류

also 또한 likewise 또한, 마찬가지로 in addition 추가로 moreover / besides 게다가	부가
however 하지만 nevertheless / nonetheless 그럼에도 불구하고	대조
therefore 따라서 as a result 그 결과 thus 그러므로	결과
for example 예를 들어 instead 대신 namely 즉	기타

Lakeside Bank wants to broaden its market share. **However**, it has no means to do so.

Lakeside 은행은 시장점유율을 높이길 원한다. 하지만 그렇게 할 방법이 없다. 하지만 → 서로 대조되는 두 문장을 연결

⊘ 체크 체크

다음 문장에서 접속 부사를 찾아 밑줄을 긋고, 문장을 해석하세요.

1. Our restaurant offers various dishes made from local ingredients. Moreover, our chef has been internationally acclaimed.

해석 ─────────────────────

2. The shipment will not be ready until 6 P.M. Therefore, we will begin loading them tomorrow morning.

해석 ─────────────────────

3. Many people doubted us. Nevertheless, after being in business for two years, we have seen much success.

해석 ─────────────────────

1. Graber Resources is unique among other mining companies for its environmentally ------- practices.

   (A) extensive
   (B) communal
   (C) connected
   (D) friendly

2. Mr. Kim made it completely ------- that all purchase orders need his authorization.

   (A) clear
   (B) clearly
   (C) cleared
   (D) clearing

3. Use promotional code OFF15 to buy ------- athletic clothing or equipment at a 15 percent discount.

   (A) few
   (B) any
   (C) several
   (D) single

4. At least three–quarters of the executive board must sign the agreement; -------, it will not be valid.

   (A) however
   (B) or
   (C) furthermore
   (D) while

5. The server is projected to be inaccessible for ------- 30 minutes.

   (A) so much
   (B) no more than
   (C) very few
   (D) as far as

6. The technology firm installed a robotic system that can ------- retrieve products from anywhere in the immense warehouse.

   (A) rely
   (B) reliably
   (C) reliant
   (D) reliable

7. The length and slope of Snowmass Mountain's ski runs vary -------.

   (A) hardly
   (B) proficiently
   (C) considerably
   (D) adequately

8. The sales associate knows very ------- about automotive parts, so she will contact a coworker with more experience.

   (A) little
   (B) many
   (C) none
   (D) any

Questions 9-12 refer to the following Web page.

Renovating a commercial location can seem --------, but Spruce Designworks will help to
9.
make the experience swift and painless. Whether you are upgrading a restaurant, a hotel,
or a boutique shop, our expert team has the experience, skill, and dedication to -------- your
10.
remodeling effectively.

Our staff will consult with you closely to make sure that your dream for your business can
become a reality. --------, we go out of our way to work only with suppliers and subcontractors
11.
with track records of high quality and good results. --------.
12.

---

9. (A) complicates
(B) complication
(C) complicate
(D) complicated

10. (A) manage
(B) manages
(C) managed
(D) manageable

11. (A) Whenever possible
(B) As long as
(C) Likewise
(D) But

12. (A) The remodeling process should take six
to eight weeks.
(B) Our Web site provides more details
about the companies we partner with.
(C) We specialize in building modern kitchen
spaces.
(D) We pride ourselves on handling all
phases of your project in-house.

동사와 수 일치

1. 동사

> Josh **runs** every morning. Josh는 매일 아침 달린다.
> Sumi **is tired** every morning. 수미는 매일 아침 피곤하다.

▶ **동사는 어떤 역할을 하나요?**

맨 처음에 이야기했듯이 **동사**는 주어가 어떤 동작을 하는지, 혹은 어떤 상태인지를 표현하는 말이에요. '달리다'처럼 동작을 나타낼 수도 있고 '피곤하다'처럼 상태를 나타낼 수도 있어요.

동사는 모든 문장에 필요한 요소예요. 동사가 없으면 문장이 될 수 없습니다. 문장의 중심에서 주어와 다른 요소들을 연결해 줍니다.

▶ **동사는 어떻게 생겼나요?**

하나의 동사는 문장 속에서 때에 따라 여러 가지 형태로 변신할 수 있어요. 기본형인 동사원형을 기준으로 하여, 주어의 인칭, 수, 태, 시제 등에 따라 다음 중 한 가지 형태를 띕니다.

동사원형	동사의 기본 형태입니다.	work
3인칭 단수 현재형	동사원형에 -(e)s가 붙은 형태입니다.	work**s**
과거형/ 과거분사형	규칙형과 불규칙형으로 나뉘며, 규칙형은 동사원형에 -(e)d가 붙은 형태입니다.	work**ed**
현재분사형	동사원형에 -ing가 붙은 형태입니다.	work**ing**

▶ **동사의 종류는 어떻게 되나요?**

문장에서 목적어가 있어야 하는가, 아닌가에 따라 동사를 크게 두 종류로 분류할 수 있어요.

자동사	목적어가 필요 없어요. 동사 혼자 오거나 주격 보어와 함께 옵니다.
타동사	목적어가 꼭 필요해요. 목적어를 1개 또는 2개 취하거나 목적어와 목적격 보어를 모두 취하기도 합니다.

2. 주어-동사 수 일치

> Josh **rides** a bicycle. Josh가 자전거를 탄다.
>
> Josh and Sumi **ride** a bicycle. Josh와 수미가 자전거를 탄다.

▶ **주어와 동사의 수 일치가 무슨 말인가요?**

모든 문장에는 주어와 동사가 필요해요. 그리고 이들 주어와 동사는 문장 안에서 서로 수 일치라는 규칙을 가지고 짝을 이룹니다. 주어가 단수이면 동사도 단수, 주어가 복수이면 동사도 복수의 형태를 취하는 것을 주어와 동사의 수 일치라고 합니다. 주어가 Josh 한 명, 즉 단수일 땐 동사도 단수형 rides이지만, 주어가 Josh와 수미 두 명이 되면 동사도 복수형 ride가 되는 거죠.

▶ **주어의 단수형과 복수형이 무엇인가요?**

대표적으로 주어 자리에는 명사와 대명사가 올 수 있어요. 명사 또는 대명사가 단수이면 단수 형태로, 복수이면 복수 형태로 주어 자리에 와야 합니다.

※ 명사와 대명사의 단·복수형에 대한 자세한 내용은 'CHAPTER 02. 명사와 대명사'를 참조하세요.

주어	명사		대명사	
	가산	불가산	1, 2인칭	3인칭
단수형	a bicycle (명사 앞에 a/an)	money (형태 동일)	I, you	[s]he, it, this, that …
복수형	bicycles (명사 뒤에 – (e)s)		we, you	they, these, those …

✓ 참고로, 명사는 모두 3인칭에 해당합니다. '나'와 '너'가 아닌 것은 모두 3인칭이라고 생각하면 됩니다!

▶ **동사의 단수형과 복수형이 무엇인가요?**

모든 동사에는 단수형과 복수형의 두 가지 형태가 있습니다. 그리고 동사의 종류에 따라 형태가 다릅니다. 대표적으로 be, do, have 동사의 단·복수형은 다음과 같아요.

동사	be동사				do동사		have동사	
	과거 시제	현재 시제			1, 2인칭	3인칭	1, 2인칭	3인칭
		1인칭	2인칭	3인칭				
단수형	was	am	are	is	do	does	have	has
복수형	were	are			do		have	

▶ **일반동사의 단수형과 복수형이 무엇인가요?**

3인칭 단수 주어일 경우에만 동사원형에 –(e)s가 붙은 형태로 쓰고 그 외에는 인칭, 수에 상관없이 모두 동사원형으로 씁니다.

동사와 수 일치

BASE 17 자동사와 타동사

동사는 목적어의 필요 여부를 기준으로 크게 자동사와 타동사로 나뉩니다. 동사의 종류에 따라 문장 구조가 달라진다는 점에 유의하면서, 각 동사를 자세히 살펴봅시다.

▶ '자동사'가 뭐예요?

목적어가 필요 없는 동사예요. 하지만 일부 동사는 보어가 필요합니다.

혼자서도 충분한 동사 → 1형식 문장을 만드는 동사예요.

주어 + 동사. → 완전한 문장				
arrive 도착하다	begin 시작하다	come 오다	expire 만료되다	go 가다
proceed 진행하다	occur 발생하다	rise 상승하다	run 달리다	work 일하다

Our sales **rose** considerably since the first quarter. 우리의 매출은 1분기 이후에 상당히 증가했다.
　　　　　　동사　　　　수식어　→ 동사 뒤에 꼭 필요한 문장 요소가 없기 때문에 수식어가 바로 와요.

주격 보어가 필요한 동사 → 2형식 문장을 만드는 동사예요.

주어 + 동사 + 주격 보어. → 완전한 문장			
be ~이다	become ~이 되다	feel ~처럼 느끼다	get ~해지다
look ~처럼 보이다	remain 계속 ~이다	seem ~인 것 같다	prove ~임이 드러나다

Although the packaging **seemed** adequate, the products were damaged during shipping.
　　　　　　　　　　동사　　　주격 보어　→ 동사 뒤에 반드시 주격 보어가 와야 해요.
포장은 충분해 보였지만, 제품들이 배송 중에 파손되었다.

▶ '타동사'가 뭐예요?

목적어가 꼭 필요한 동사예요. 목적어를 얼마나, 어떻게 필요로 하는지에 따라 다음과 같이 세 가지 종류로 분류됩니다.

목적어가 1개 필요한 동사 → 3형식 문장을 만드는 동사예요. 대부분의 동사가 여기에 해당해요.

주어 + 동사 + 목적어. → 완전한 문장			
access 접근하다	answer 대답하다	describe 설명하다	discuss 논의하다
mention 언급하다	obtain 획득하다	provide 제공하다	reach ~에 도달하다

Most online stores **provide** free delivery for purchases of over $30.
　　　　　　　　　동사　　　목적어　→ 동사 뒤에 목적어가 와야 해요.
대부분의 온라인 상점들은 30달러 이상의 구매에 대해 무료 배송을 제공한다.

목적어가 2개 필요한 동사 → 4형식 문장을 만드는 동사예요.

주어 + 동사 + 사람 목적어 + 사물 목적어. → 완전한 문장				
bring 가져다주다	buy 사주다	give 주다	hand 건네주다	lend 빌려주다
offer 제공해주다	send 보내주다	show 보여주다	tell 말해주다	make 만들어 주다

Mr. Hoover **gave** us detailed information about exotic locations in Thailand.
　　　　　　동사 사람 목적어　　사물 목적어　→ 동사 뒤에 목적어 두 개가 나란히 와야 해요.
Hoover 씨는 우리에게 태국의 이국적인 장소들에 대한 상세 정보를 주었다.

목적어와 목적격 보어가 필요한 동사 → 5형식 문장을 만드는 동사예요.

주어 + 동사 + 목적어 + 목적격 보어. → 완전한 문장		
call ~를 …라고 부르다	consider ~를 …라고 여기다	elect ~를 …로 선출하다
find ~를 …라고 생각하다	make ~를 …하게 만들다	name ~를 …로 임명하다

The technical support team **found** the workload quite overwhelming.
　　　　　　　　　　　　동사　　　목적어　　　　　목적격 보어　→ 동사 뒤에 목적어와 목적격
기술 지원팀은 업무량이 너무도 많다고 생각했다.　　　　　　　　　　보어가 순서대로 와야 해요.

BASE 집중훈련

A. 다음 괄호 안에 들어갈 알맞은 단어를 고른 후, 우리말로 해석하세요.

1. The stockholders' meeting will begin (precision / precisely) at 10 A.M.

해석 _____

2. Sales personnel say that FC Motors' latest model is too (expensive / expensively).

해석 _____

3. The executive board will convene tomorrow to (discuss / discuss about) the budget.

해석 _____

4. You were going to send me some (information / informative) about the project.

해석 _____

5. The schedule of the events is considered (tentative / tentatively) and subject to change.

해석 _____

B. 다음 빈칸에 들어갈 알맞은 보기를 고른 후, 우리말로 해석하세요.

1. All employees are required to behave ------- when they are attending corporate functions.

(A) responses   (B) responsible   (C) responsibly   (D) responsibility

해석 _____

2. The head architect stated that building a new garage would be more ------- than fixing the current structure.

(A) economically   (B) economical   (C) economics   (D) economy

해석 _____

3. We apologize for using the incorrect design template for your flyers and will deliver ------- on Monday.

(A) replace   (B) replacements   (C) replaced   (D) replacing

해석 _____

구동사

어떤 동사는 전치사나 부사 등과 만나 한 팀이 되어 하나의 동사처럼 움직입니다. 이러한 동사 덩어리를 구동사라고 하는데요. 구동사 역시 자동사와 타동사로 나눌 수 있습니다.

▶ 자동사 역할을 하는 구동사

break out 발생하다	grow up 성장하다

The car accident **broke out** during the night. 그 차 사고가 밤사이에 발생했다.

▶ 타동사 역할을 하는 구동사

ask for 요청하다	carry out 수행하다	find out 알아내다	put off 연기하다

Mr. Schmidt **asked for** an exchange because the calculator he purchased was broken.
Schmidt 씨는 구매한 계산기가 고장 나서 교환을 요구했다.

▶ 자동사는 본래 목적어를 가질 수 없지만, 전치사와 만나 구동사가 되면 타동사처럼 목적어를 가질 수 있게 됩니다.

adhere to ~에 들러붙다, 고수하다	agree with ~에 동의하다
comply with (법 등)을 준수하다, 따르다	belong to ~에 속하다
deal with ~을 처리하다, 다루다	differ from ~와 다르다
participate in ~에 참가하다	interact with ~와 소통하다
rely[depend] on ~에 의존하다	look for ~을 찾다
specialize in ~을 전문으로 하다	focus[concentrate] on ~에 집중하다

Our technicians **deal with** complaints about various computer issues.
저희 기술자들은 다양한 컴퓨터 문제들에 관한 불만들을 처리합니다.

▶ 의미가 비슷하여 타동사로 바꿔 쓸 수 있는 구동사도 있습니다.

자동사 + 전치사 = 타동사

자동사 + 전치사	타동사	자동사 + 전치사	타동사
account for ~을 설명하다	= explain	arrive at ~에 도착하다	= reach, access
deal with ~을 다루다	= handle	consist of ~로 구성되다	= compose
look into ~을 조사하다	= investigate	respond to ~에 답하다	= answer
talk about ~에 대해 논의하다	= discuss	result in ~을 야기하다	= cause

BASE 집중훈련

A. 다음 괄호 안에 들어갈 알맞은 단어를 고른 후, 우리말로 해석하세요.

1. The renovation is scheduled to (carry / be carried) out next month.

해석 _____

2. Consultants for Tarley Bank will (respond / answer) to questions regarding the potential merger transactions.

해석 _____

3. Managers must have the ability to interact effectively (to / with) all staff members.

해석 _____

4. Those who wish to (participate / attend) in the workshop need to submit a registration form.

해석 _____

5. The Everdale Apartment Building (consists / composes) of 43 units of various sizes.

해석 _____

B. 다음 빈칸에 들어갈 알맞은 보기를 고른 후, 우리말로 해석하세요.

1. The vice president ------- with the court order for the security camera recordings.

(A) directed   (B) coincided   (C) complied   (D) retained

해석 _____

2. Ms. Takeshi ------- more pictures of the hotel she is thinking of reserving.

(A) requested   (B) cautioned   (C) instructed   (D) asked

해석 _____

3. Guest reviews and complaints are ------- to the hotel's general manager.

(A) counted on   (B) filled in   (C) stored in   (D) passed on

해석 _____

단수 주어와 동사의 수 일치

BASE 19

단수 주어와 동사의 수 일치는 주어가 단수일 경우 동사도 단수형으로 수를 일치시키는 것을 말합니다.

▶ 동사의 단수형

단수 주어 - 단수 동사

동사	be동사				do동사		have동사	
	과거 시제	현재 시제			1, 2인칭	3인칭	1, 2인칭	3인칭
		1인칭	2인칭	3인칭				
단수형	was	am	are	is	do	does	have	has
복수형	were	are			do		have	

특히, 현재 시제에서 동사의 단수형은 단수 주어가 몇 인칭인지에 따라 형태가 달라집니다. 그중에서도 3인칭 단수 주어의 종류가 다양해 혼동하기 쉬우므로 3인칭 단수의 주어-동사 수 일치에 주의해야 합니다.

3인칭 단수 주어의 종류

명사와 대명사 주어

단수 가산명사	The restaurant **reserves** the right to refuse service. 단수 가산명사 　 단수 동사 그 식당은 서비스 거부권을 보유하고 있다.
불가산명사	The equipment **was** designed to match the specifications. 불가산명사 　 단수 동사 그 장비는 사양에 맞게 설계되었다.
고유명사	Vogel Printing Services **suits** our business needs. 고유명사(업체명) 　 단수 동사 Vogel Printing Services가 우리의 사업적 필요에 적합하다. → 사람 이름이나 업체명 등의 고유명사는 그 끝이 복수형이더라도 단수 취급한다는 점에 주의하세요!
단수 대명사	He **is** in charge of inspecting all machinery at the Louisville plant. 단수 대명사　 단수 동사 그는 Louisville 공장의 모든 기계 장치를 점검하는 일을 책임지고 있다.

명사구와 명사절 주어

명사구	Opening negotiations with the firm **is** necessary. 동명사구 주어 　 단수 동사 그 회사와 협상을 개시하는 것이 필요하다.
명사절	What we seek in job applicants **is** excellent interpersonal skills. 명사절 주어 　 단수 동사 우리가 입사 지원자들에게서 찾는 것은 뛰어난 대인 관계 기술이다.

[수량형용사+명사] 주어

수량형용사 +단수 가산명사	Each room **has** a beautiful view. 각 방은 아름다운 전망을 갖고 있다. 단수 주어 　단수 동사
수량형용사 +불가산명사	Most antique furniture **is** still in good condition. 단수 주어 　 단수 동사 대다수의 골동품 가구는 여전히 상태가 좋다.

BASE 집중훈련

A. 다음 괄호 안에 들어갈 알맞은 단어를 고른 후, 우리말로 해석하세요.

1. Renter's insurance (helps / help) tenants who sometimes deal with damaged property.

해석 ⟩ _____

2. The new (rollercoaster / rollercoasters) lifts riders to a height of nearly 200 feet.

해석 ⟩ _____

3. Besides a larger storage facility, we also (requires / required) a more efficient program for tracking merchandise.

해석 ⟩ _____

4. A recent study revealed that offering a variety of bicycle rental programs (reduces / reduce) air pollution in the city.

해석 ⟩ _____

5. Each tablet (needs / need) to be updated with the current company application to access the server.

해석 ⟩ _____

B. 다음 빈칸에 들어갈 알맞은 보기를 고른 후, 우리말로 해석하세요.

1. The VS-7 copier ------- to print color pages more quickly than any available copier.

(A) promise   (B) promises   (C) promising   (D) to promise

해석 ⟩ _____

2. Verdant Electronics ------- business expenses by focusing on online advertising.

(A) lowering   (B) lowered   (C) lower   (D) to lower

해석 ⟩ _____

3. Whether the amount of materials is sufficient to complete the project ------- the main concern.

(A) be   (B) to be   (C) is   (D) are

해석 ⟩ _____

BASE 20

복수 주어와 동사의 수 일치

복수 주어와 동사의 수 일치는 주어가 복수일 경우 동사도 복수형으로 수를 일치시키는 것을 말합니다.

▶ 동사의 복수형

복수 주어 – 복수 동사

동사	be동사				do동사		have동사	
	과거 시제	현재 시제			1, 2인칭	3인칭	1, 2인칭	3인칭
		1인칭	2인칭	3인칭				
단수형	was	am	are	is	do	does	have	has
복수형	were	are			do		have	

동사의 복수형은 주어의 인칭에 상관없이 형태가 동일합니다. 따라서 복수 주어-동사 일치를 위해서는 주어가 단수인지, 복수인지 여부만 제대로 파악하면 됩니다.

복수 주어의 종류

명사와 대명사 주어

복수 가산명사	These products **are** free of any chemicals. 이 제품들은 어떠한 화학물질도 없다. 지시형용사+복수 명사 / 복수 동사 The stores **report** all sales of their merchandise to the head office. 복수 명사 / 복수 동사 그 상점들은 그들의 모든 상품 판매량을 본사에 보고한다.
명사 and 명사	Mr. Caldwell and I **are** required to enroll in the workshop. 복수 주어 / 복수 동사 Caldwell 씨와 나는 워크숍에 등록해야 한다.
복수 대명사	We **advise** residents to dress warmly. 복수 주어 / 복수 동사 저희는 주민분들께 따뜻하게 입을 것을 권해 드립니다.
수량형용사 +복수 가산명사	Some managers **have** said that the new intern is too ambitious. 복수 주어 / 복수 동사 몇몇 매니저들은 새 인턴이 포부가 지나치게 크다고 말했다. Many companies **are** participating in the convention in Tokyo. 복수 주어 / 복수 동사 많은 회사들이 Tokyo에서 열리는 컨벤션에 참여하고 있다.

BASE 집중훈련

A. 다음 괄호 안에 들어갈 알맞은 단어를 고른 후, 우리말로 해석하세요.

1. Most doctors at Grant Hospital (accepts / accept) only patients with appointments.

해석 _____

2. Everest Airlines (offers / offer) exclusive discounts for members of its frequent flyer program.

해석 _____

3. Rothar Inc. and Hemidal Corp. (has / have) formed a two-year business alliance to increase their market share.

해석 _____

4. Some company (director / directors) choose to implement visible management approach.

해석 _____

5. Gulf Services (has / have) established an impressive reputation for exceeding customer expectations.

해석 _____

B. 다음 빈칸에 들어갈 알맞은 보기를 고른 후, 우리말로 해석하세요.

1. All employee ------- are reviewed in a careful manner.

(A) concerns   (B) concern   (C) concerning   (D) concerned

해석 _____

2. Clampett and Sons ------- that it will no longer represent McKenzie and Company in court.

(A) announcement   (B) announcing   (C) announced   (D) announcer

해석 _____

3. Most seaside resorts near Sydney are open all year, but some ------- only in winter and spring.

(A) operates   (B) operate   (C) operating   (D) operation

해석 _____

BASE 21 혼동하기 쉬운 수 일치

▶ 주어와 동사 사이에 수식어가 끼어 있는 경우

주어와 동사 사이에는 주어 또는 동사를 꾸며주는 수식어가 올 수 있어요. 따라서 긴 수식어가 있는 문장에서는 주어와 동사를 정확히 파악해야 제대로 주어-동사의 수를 일치시킬 수 있습니다. 주어와 동사 사이에 올 수 있는 수식어 종류를 알아보죠.

부사 <u>Barista Corner</u> **continually** <u>works</u> to improve the quality of its coffee.
　　　 단수 주어　　　 부사 → 동사 수식 단수 동사
Barista Corner는 커피의 품질을 향상시키기 위해 계속해서 연구한다.

동격어구 <u>Forest Path</u>, **an outdoor supplies producer**, <u>operates</u> a camping site.
　　　　　 단수 주어　　　　　　 동격어구 → 주어 수식　　　 단수 동사
아웃도어용품 제조사인 Forest Path는 한 캠핑장을 운영한다.

전치사구 <u>Online banking</u> **at Central City Banks** <u>is</u> available through its official mobile app.
　　　　　 단수 주어　　　　 전치사구 → 주어 수식　　 단수 동사
Central City Banks의 온라인 뱅킹이 은행의 공식 모바일 앱으로 이용 가능하다.

형용사구 <u>The discounts</u> **advertised in *Daleton Daily*** <u>do not apply</u> to household appliances.
　　　　　 복수 주어　　　　 분사구 → 주어 수식　　　 복수 동사
〈Daleton Daily〉지에 광고된 할인은 가전제품에는 적용되지 않는다.

형용사절 <u>Students</u> **who are eligible for the scholarship** <u>need</u> to contact Ms. Palmer.
　　　　　 복수 주어　　　　 관계사절 → 주어 수식　　　 복수 동사
장학금을 받을 자격이 있는 학생들은 Palmer 씨에게 연락해야 한다.

▶ 주어 자리에 부정대명사 표현이 있는 경우

부정대명사 주어: 부정대명사 everyone, everything, nobody, no one, nothing은 단수형 대명사입니다. '모두, 모든 것'으로 해석된다고 해서 복수라고 착각하면 안 돼요!

Everyone at the conference <u>acknowledges</u> Mr. Choi's public speaking skills.
　 단수 주어　　　 수식어구　　　 단수 동사
학회의 모든 사람들은 Choi 씨의 공개 연설 기량을 인정한다.

[부정대명사 of the 명사] 주어: 주어 자리에 있는 명사가 일부 혹은 전체를 뜻하는 수량 표현의 수식을 받는 경우입니다.

one/each of 복수 가산명사	+ 단수 동사
some/most/all of the 복수 가산명사	+ 복수 동사
some/most/all of the 불가산명사	+ 단수 동사

가산명사와 불가산명사를 모두 취할 수 있는 부정대명사는 명사의 종류 및 수에 동사의 수를 맞춰줍니다.

All of the instructors <u>have completed</u> prestigious MBA programs.
복수 주어[all of the 복수 가산명사]　 복수 동사
그 강사들 모두가 일류 MBA 프로그램을 수료했다.

All of the information is available on our Web site. 그 정보 모두는 우리 웹사이트에서 이용할 수 있다.
단수 주어[all of the 불가산명사] 단수 동사

BASE 집중훈련

A. 다음 괄호 안에 들어갈 알맞은 단어를 고른 후, 우리말로 해석하세요.

1. PRM Marketing agents strategically (advertises / advertise) on different social media sites.

해석 ▶ _____

2. Employees at Strand Travel Agency (is / are) trained to build friendly relationships with clients.

해석 ▶ _____

3. Any (package / packages) shipped from the warehouse are required to contain an invoice.

해석 ▶ _____

4. The windows which arch gracefully (was / were) left untouched during the remodeling of the Wrightson Museum.

해석 ▶ _____

5. All of the load-bearing walls (is constructed / will be constructed) of steel-reinforced concrete.

해석 ▶ _____

B. 다음 빈칸에 들어갈 알맞은 보기를 고른 후, 우리말로 해석하세요.

1. The online reservation system for Rapa Resort ------- most major credit cards.

(A) accept   (B) acceptable   (C) accepts   (D) accepting

해석 ▶ _____

2. The maximum speed limit on residential streets in Georgetown ------- to 30 kilometers per hour.

(A) reduce   (B) reducing   (C) has been reduced   (D) have been reduced

해석 ▶ _____

3. None of the employees ------- that Ms. Feng intended to transfer to the Taiwan office in May.

(A) knowing   (B) known   (C) knew   (D) knowingly

해석 ▶ _____

BASE 확장

1. 자동사로 혼동하기 쉬운 타동사

The IT manager **explained about** the software updates as simply as possible. (X)
IT 관리자는 가급적 간단히 소프트웨어 업데이트에 관해 설명했다.

위의 문장은 문법적으로 틀렸습니다. 그 이유는 동사 explained 뒤에 about이 있기 때문인데요. 동사 explain은 '~에 대해 설명하다'라는 의미이기 때문에, '~에 대해'라는 의미의 전치사 about이 필요하지 않아요. 오히려 explain about이라고 하면 '~에 대해 ~에 대해 설명하다'라는 의미가 되는 셈이라 오히려 표현이 중복되는 문제가 발생합니다. 이처럼 우리말의 의미 때문에 전치사가 필요하다고 혼동하기 쉬운 타동사들이 있습니다.

혼동하기 쉬운 타동사

옳은 표현	틀린 표현
access ~에 접근하다	access **to**
answer ~에 답하다	answer **to**
approach ~에 다가가다	approach **to**
discuss ~에 대해 논의하다	discuss **about**
contact ~와 연락하다	contact **with**
explain ~에 대해 설명하다	explain **about**
marry ~와 결혼하다	marry **with**
oppose ~에 반대하다	oppose **to**
reach ~에 도달하다	reach **to**

타동사 뒤에는 전치사 없이 바로 목적어가 온다는 걸 명심하세요!

해당 동사를 학습할 때에는 우리말에서 전치사에 해당하는 부분까지 어휘 의미에 포함하여 통째로 외워보세요.

EX 동사 answer의 의미를 익힐 때는 '답하다'가 아니라, '~에 답하다'가 익숙해지도록 학습해 보세요.

Mr. Smith **answered** the question. (O) Smith 씨가 그 질문에 답했다.
Mr. Smith **answered to** the question. (X)
→ 동사 answer는 타동사이므로 전치사가 필요 없어요!

⊘ 체크 체크

다음 문장에서 동사를 찾아 틀리면 맞게 고치고, 문장을 해석하세요.

1. Ms. Fuller will discuss about the marketing proposal next Friday.
   해석 ▶ _____

2. You have reached the automated service line of Solar Bank.
   해석 ▶ _____

3. Please contact with our customer service for technical assistance.
   해석 ▶ _____

2. a number of vs. the number of

이 두 가지 표현은 비슷하게 생겼지만, 의미와 용법은 서로 완전히 다릅니다! 앞서 학습한 [부정대명사 of the 명사] 주어와 달리, 이 표현들은 하나의 관용 표현처럼 덩어리로 알아두세요.

a number of '많은'	the number of '~의 수'
<u>A number of</u> <u>restaurants</u> **are** nearby. **많은** 식당들이 인근에 있다. → 주어를 **앞**에서부터 해석 [A number of 복수 가산명사] + **복수 동사**	<u>**The number of**</u> <u>restaurants</u> **is** increasing. 식당들**의 수가** 늘고 있다. → 주어를 **뒤**에서부터 해석 [**The** number of 복수 가산명사] + **단수 동사**
a number of는 a lot of처럼 '많은'을 의미하는 하나의 형용사 뭉치라고 생각하세요!	the, number, of 단어 각각의 의미가 살아있어요. 'the number'가 주어라고 생각하세요!

특히 a number of의 경우 a로 시작해서 단수라고 착각하기 쉽지만, '많은'이라는 정반대의 뜻을 가진 표현입니다. 이와 비슷한 역할을 하는 표현들이 있어요. 모르면 어려울 수 있지만, 알고 나면 가장 쉬워지는 표현들이기도 하니까 반드시 알아두세요.

A variety of 다양한	+ 복수 가산명사	+ 복수 동사

A variety of legal <u>services</u> **are** ready for business owners. 다양한 법률 서비스가 경영주들을 위해 준비되어 있다.
　　　　　　　복수 가산명사 복수 동사

A great deal of 다량의		
A large amount of 많은	+ 불가산명사	+ 단수 동사

There **is a great deal of** <u>interest</u> in the seminar. 그 세미나에 관심이 많다.
　　　단수 동사　　　　　　불가산명사

✓ 체크 체크

다음 문장에서 알맞은 동사를 고르고, 문장을 해석하세요.

1. A large amount of money (is / are) needed.
　　해석 ┣ _____

2. The number of products (increase / increases) every year.
　　해석 ┣ _____

3. A number of people (volunteer / volunteers) each year for environmental projects.
　　해석 ┣ _____

1. The ceremony's musical ------- was sponsored in part by the Groening Corporation.

   (A) presents
   (B) presentation
   (C) present
   (D) presenting

2. Park Building Services has been the top ------- of construction materials for the last four years.

   (A) supplier
   (B) supplying
   (C) supplies
   (D) supply

3. The technician advised us to progress ------- as we upgrade our operating systems.

   (A) cautions
   (B) caution
   (C) cautiously
   (D) cautious

4. Staff members who did not ------- the trade show last weekend may view Ms. Riker's speech on the company Web site.

   (A) realize
   (B) identify
   (C) notify
   (D) attend

5. Many clients we spoke to ------- with Yamagato's Landscaping Services.

   (A) please
   (B) pleased
   (C) was pleased
   (D) were pleased

6. Mr. Lee's real estate presentation should prove ------- to people who are inexperienced in the industry.

   (A) instructively
   (B) instructive
   (C) instructed
   (D) instructions

7. This year, a lack of demand for apartments ------- in a reduction in overall property prices.

   (A) caused
   (B) occurred
   (C) resulted
   (D) served

8. The number of trains from Shanghai to Beijing usually ------- by nearly 30 percent between December and February.

   (A) increase
   (B) increases
   (C) increasing
   (D) increased

Questions 9-12 refer to the following memo.

To: All
From: Foster McCluster
Date: March 15
Re: Client Entertainment

In order to reduce --------, the board has decided to revise our guidelines on client
9.
entertainment. The new rules will be -------- on April 2. Starting on that date, employees who
10.
plan on using up to $50 on dining out or otherwise entertaining clients must file a written
request with their department head at least 48 hours in advance of doing so. --------.
11.

-------- questions or concerns about these new guidelines should be directed to the HR
12.
Department.

9. (A) spends
   (B) spender
   (C) spending
   (D) spend

10. (A) discussed
    (B) reversed
    (C) evaluated
    (D) implemented

11. (A) It has come to the board's attention that
       the policy has not been sufficient.
    (B) Dining out together is an effective way
        of building a strong relationship with
        potential clients.
    (C) Requests exceeding this amount require
        confirmation from the Director of
        Accounting.
    (D) The guidelines will be announced before
        the next board meeting in April.

12. (A) Other
    (B) Any
    (C) Former
    (D) Those

동사의 태와 시제

1. 수동태

> Josh **made** a cake. Josh가 케이크를 만들었다.
>
> A cake **was made** by Josh. 케이크가 Josh에 의해 만들어졌다.

▶ **능동태와 수동태가 무엇인가요?**

어떤 동작이나 상황을 보고 누구를 주인공, 즉 주어의 자리에 놓느냐에 따라 두 가지 방법으로 문장을 만들 수 있어요. 행위를 하는 주체를 주어로 표현하면 능동태, 행위를 당하는 대상을 주어로 표현하면 수동태 문장이 됩니다. Josh가 케이크를 만든 것을 보고 주인공을 케이크를 만든 사람, 즉 Josh로 볼 수도 있지만 케이크로 볼 수도 있는 것처럼 말이에요.

이와 같이, 관점의 차이에 따라 달라지는 동사의 형태를 태, 즉 능동태와 수동태라고 합니다.

▶ **수동태 문장은 어떤 형태인가요?**

수동태 문장의 기본 구조는 다음과 같습니다.

주어 + be동사 + p.p. (과거분사형) + by + 목적격(행위자)

▶ **수동태 문장은 어떻게 만드나요?**

목적어가 있는 능동태 문장은 수동태로 바꿀 수 있습니다. 수동태 문장을 만드는 방법은 다음과 같아요.

능동태 Sumi sells flowers. 수미는 꽃을 판다.
　　　 ③주어 ②동사 ①목적어

수동태 Flowers are sold by Sumi. 꽃이 수미에 의해 판매된다.

① 목적어를 주어 자리로 이동시킵니다.

② 동사를 수동형으로 변경합니다. 새로운 주어에 동사의 인칭과 수를 일치시키고 원래 동사에 맞춰 시제도 일치시킵니다.

③ 주어를 by + 목적격 형태로 바꿔 동사 뒷자리로 이동시킵니다. by + 목적격은 때에 따라 생략이 가능합니다.

▶ **수동태 문장은 어떻게 해석하나요?**

수동태 문장을 해석할 때는 동사 끝에 '~되다, ~해지다'와 같은 수동형 어미를 붙여 주세요.

2. 시제

> Josh and Sumi **lived** in Jeju Island 10 years ago. Josh와 수미는 10년 전에 제주도에 살았다.
>
> Now they **live** in Seoul. 지금 그들은 서울에 산다.

▶ 동사의 시제가 무엇인가요?

시제는 문장에서 시간에 관한 정보를 동사에 표현하는 것을 말합니다. 즉, 일이나 상황이 발생한 시간을 다양한 동사의 형태와 시간부사구 등을 통해 나타냅니다.

우리말에서 '산다, 살았다'처럼 동사 뒤의 어미를 바꿔 현재와 과거 시제를 표현하듯이, 영어도 동사의 형태를 변형해 다양한 시제를 표현할 수 있습니다.

▶ 시제의 종류와 형태는 어떻게 되어 있나요?

시제는 크게 단순, 진행, 완료 시제로 나뉩니다. 여기에 진행과 완료 시제가 결합한 완료 진행 시제까지 더해져 크게 4가지로 분류됩니다. 그리고 각 시제는 다시 과거, 현재, 미래로 구분됩니다.

단순 시제	진행 시제	완료 시제	완료 진행 시제
과거 V-ed	과거 진행 was/were V-ing	과거 완료 had p.p.	과거 완료 진행 had been V-ing
현재 V 또는 V-(e)s	현재 진행 am/are/is V-ing	현재 완료 have/has p.p.	현재 완료 진행 have/has been V-ing
미래 will V	미래 진행 will be V-ing	미래 완료 will have p.p.	미래 완료 진행 will have been V-ing

V: 동사원형

※ 동사의 시제와 시간부사구

각각의 시제는 시간을 나타내는 부사(구)와 함께 자주 사용됩니다. 부사구가 문장의 시제를 알려주는 힌트 역할을 하므로 각 시제와 짝꿍 시간 표현을 함께 알아두면 좋습니다.

동사의 태와 시제

BASE 22

능동태 vs. 수동태

문장이 능동태인지, 수동태인지 어떻게 구분할 수 있을까요? 능동태와 수동태를 구분하는 특징들을 살펴봅시다.

▶ 능동태 vs. 수동태 구별 방법

능동태와 수동태를 구별하는 가장 큰 특징 두 가지는 '동사 형태'와 '동사 뒤 목적어의 유무'입니다.
수동태 문장에서 동사의 기본 형태는 항상 「be동사+과거분사(p.p.)」입니다.
능동태 문장에서는 동사 뒤에 목적어가 올 수 있지만, 수동태 문장에는 목적어가 올 수 없어요. (4형식, 5형식 예외)

능동태 Mr. Patterson **corrected** the mistakes. Patterson 씨가 오류를 수정했다.
　　　　　　목적어가 있으므로 능동태

수동태 The mistakes **are corrected** according to the guidelines. 오류는 지침에 따라 수정된다.
　　　　　　목적어가 없으므로 수동태

단, 능동태에서 목적어가 필요 없는 동사는 수동태가 불가해요! 목적어가 필요한 타동사에만 위의 조건을 적용할 수 있습니다. 능동태 문장에서 목적어를 가질 수 없는 자동사는 수동태 문장으로 바꿀 수 없어요. 따라서 목적어를 가질 수 없는 대표적인 자동사는 꼭 알고 있어야 합니다.

arrive 도착하다	depart 출발하다	occur 발생하다	proceed 진행되다
respond 반응하다	travel 여행하다	become ~이 되다	sound ~처럼 들리다

The consultants will **respond** to questions about the merger.
　　　　　능동태 문장인데 목적어가 없으므로 수동태 불가
자문 위원들이 그 합병에 관한 질문에 답변할 것이다.

▶ 시제별 수동태의 형태

수동태는 'be p.p.'의 기본형을 바탕으로 하며, be동사의 형태를 바꿔 과거·현재·미래 시제를 표현합니다.

	단순 시제 수동형	진행 시제 수동형	완료 시제 수동형
과거	was/were p.p. ~되었다	was/were being p.p. ~되는 중이었다	had been p.p. ~되었다
현재	am/are/is p.p. ~되다	am/are/is being p.p. ~되는 중이다	have/has been p.p. ~됐었다/~되어 있었다
미래	will be p.p. ~될 것이다	will be being p.p. ~되는 중일 것이다	will have been p.p. ~되어 있을 것이다

단순 시제	능동태	Many respondents **completed** the survey. 많은 응답자들이 그 설문을 작성했다.
	수동태	The survey **was completed** by many respondents. 그 설문은 많은 응답자들에 의해 작성되었다.
진행 시제	능동태	We **are discussing** the topic on the *21st Century Show* now. 우리는 지금 〈21세기 쇼〉에 관한 주제에 대해 논의하고 있다.
	수동태	The topic on the *21st Century Show* **is being discussed** (by us) now. 〈21세기 쇼〉에 관한 주제가 지금 논의되고 있는 중이다.
완료 시제	능동태	Mr. Son **has conducted** the final round of interviews. Son 씨는 최종 면접을 수행했다.
	수동태	The final round of interviews **has been conducted** by Mr. Son. 최종 면접이 Son 씨에 의해 수행되었다.

BASE 집중훈련

A. 다음 괄호 안에 들어갈 알맞은 단어를 고른 후, 우리말로 해석하세요.

1. The contract must be (signing / signed) by the CEO.

해석 ⟩ _____

2. Your résumé will (review / be reviewed) by our recruiters.

해석 ⟩ _____

3. The library (built / was built) almost 100 years ago.

해석 ⟩ _____

4. The National Art Museum has (closed / been closed) for 2 years for a complete renovation.

해석 ⟩ _____

5. Helcan Industries announced that it will (proceed / be proceeded) with negotiations to acquire Tessman Auto.

해석 ⟩ _____

B. 다음 빈칸에 들어갈 알맞은 보기를 고른 후, 우리말로 해석하세요.

1. The operations director has informed all factory workers that the new machines ------- on Friday.

(A) to assemble   (B) will assemble   (C) are assembling   (D) will be assembled

해석 ⟩ _____

2. Paul Koshi's newest collection of short stories is being ------- by Bruce Parker.

(A) illustrated   (B) illustrating   (C) illustrates   (D) illustration

해석 ⟩ _____

3. Because researchers ------- a busy vacation season, Sommer Sports has doubled its usual inventory of sun protection products.

(A) predicting   (B) predict   (C) were predicted   (D) are predicted

해석 ⟩ _____

BASE 23
4형식과 5형식 동사의 수동태

동사 뒤에 목적어가 1개 있는 문장은 능동태-수동태 구별 및 전환이 비교적 간단합니다. 목적어가 2개 있거나 목적어 뒤에 목적격 보어까지 있으면, 능동태 문장이 복잡해지면서 수동태 문장도 복잡해집니다. 다양한 문장 구조에 따라 수동태 문장 구조가 어떻게 달라지는지 살펴봅시다.

▶ 목적어가 2개 있는 문장의 수동태

목적어가 2개 있는 4형식 동사의 능동태 문장은 목적어 개수만큼 수동태 문장을 만들 수 있습니다. 목적어가 각각 주어 자리에 올 수 있기 때문이에요.

능동태	주어 + 동사 + 사람 목적어 + 사물 목적어
수동태	① 사람 목적어 + be p.p. + 사물 목적어 (+ by 행위자)
	② 사물 목적어 + be p.p. + to/for + 사람 목적어 (+ by 행위자)

능동태: The diners gave us a lot of compliments. 식당 손님들은 우리에게 많은 칭찬을 해주었다.
　　　　주어　　　동사 사람 목적어　　사물 목적어

수동태 1-사람 목적어를 주어로: 사람 목적어가 주어 자리로 가서 수동태를 만들 때 수동태 동사 뒤에는 사물 목적어가 남는데, 이것을 보고 능동태 문장으로 혼동해서는 안 돼요!

We were given a lot of compliments (by the diners). (식당 손님들에 의해) 우리는 많은 칭찬을 받았다.
주어　　be p.p.　　　　　목적어　　　　　　　by 행위자

수동태 2-사물 목적어를 주어로: 사물 목적어를 주어로 한 수동태 문장에서는 남겨진 사람 목적어 앞에 전치사 to나 for 등이 붙어요.

A lot of compliments were given to us (by the diners). (식당 손님들에 의해) 많은 칭찬이 우리에게 주어졌다.
　　　주어　　　　　be p.p　 to+목적어　　by 행위자

주요 4형식 동사: buy, give, offer, ask, send, tell, grant, award 등

▶ 목적어와 목적격 보어가 있는 문장의 수동태

목적어와 목적격 보어가 있는 5형식 동사의 능동태 문장을 수동태로 바꾸면, be p.p.와 by 사이에 목적격 보어가 그대로 남게 됩니다.

능동태	주어 + 동사 + 목적어 + 목적격 보어
수동태	목적어 + be p.p. + 목적격 보어 (+ by 행위자)

능동태: Mr. Kim left the book open. Kim 씨는 그 책을 펼쳐 놓은 채로 두었다.
　　　　주어　　동사　목적어　목적격 보어

수동태: 목적어가 주어 자리로 가서 수동태를 만들 때 수동태 동사 뒤에 목적격 보어가 남는데, 특히 명사 보어일 때는 능동태 문장으로 혼동하기 쉬우니 주의해야 해요!

The book was left open (by Mr. Kim). 그 책은 (Kim 씨에 의해) 펼쳐진 채로 있었다.
　　주어　　be p.p.　보어　　by 행위자

주요 5형식 동사: leave, call, consider, elect, find, name, appoint, keep, make 등

목적격 보어로 to부정사를 취하는 동사들이 있는데, 이 동사들이 수동태가 되면 뒤에 to부정사가 바로 이어지기 때문에 하나의 표현으로 익혀두는 것이 좋아요.

be expected to do ~할 것으로 기대되다, ~할 예정이다	be supposed to do ~하기로 되어 있다
be allowed to do ~하도록 허용되다	be required[asked] to do ~하도록 요구받다
be advised to do ~하도록 권고받다	be intended to do ~하도록 의도되다

Drivers **are advised to take** a detour on John Street to avoid the road construction.
운전자들은 도로 공사를 피하기 위해 John 가에서 우회로를 타라고 권고받는다.

BASE 집중훈련

A. 다음 괄호 안에 들어갈 알맞은 단어를 고른 후, 우리말로 해석하세요.

1. The client has (sent / been sent) the invoices today by courier.

해석 _____

2. James Danford (considers / is considered) one of the most influential writers of his time.

해석 _____

3. Patients are (advising / advised) to store this medicine in a cool, dry place after opening the bottle.

해석 _____

4. Ms. Munn (expected / is expected) to arrive from her tour of the Singapore facility by 6:00 P.M.

해석 _____

5. Patrons are asked (observance / to observe) the rules of the library.

해석 _____

B. 다음 빈칸에 들어갈 알맞은 보기를 고른 후, 우리말로 해석하세요.

1. Invitations for the International Conference were sent ------- all of the staff who responded to the announcement last year.

(A) by   (B) of   (C) to   (D) from

해석 _____

2. The co-authors of *Turning Dreams into Reality* ------- the grand prize in the *Imaginative Writers Society* contest for their creative story.

(A) were awarding   (B) have awarded   (C) awarded   (D) were awarded

해석 _____

3. The accounting personnel are reminded ------- financial matters with clients in private.

(A) addressing   (B) to address   (C) should address   (D) having addressed

해석 _____

BASE 24

다양한 전치사와 수동태

수동태에서는 주로 행위자 앞에 전치사 by가 오지만, by가 아닌 다른 전치사가 오는 경우도 있습니다. 그러한 동사들은 반드시 숙어처럼 따로 알아 두어야 해요.

▶ in

be engaged in ~에 종사하다	be included in ~에 포함되다
be interested in ~에 관심이 있다	be involved in ~에 관련되다

Many employees **are interested in** this workshop. 많은 직원들이 이 워크숍에 관심이 있다.

The delivery **is included in** the total price. 총금액에 배달도 포함되어 있다.

▶ with

be equipped with ~를 갖추다	be disappointed with ~에 실망하다
be pleased with ~에 기뻐하다	be satisfied with ~에 만족하다

Both parties **were satisfied with** the result of the negotiation. 양쪽 당사자 모두 협상 결과에 만족했다.

Vanium Bank **is equipped with** a reliable computer network.
Vanium 은행은 믿을 만한 컴퓨터 네트워크를 갖추고 있다.

▶ to

be exposed to ~에 노출되다	be related to ~와 관련이 있다
be accustomed to ~에 익숙하다	be entitled to ~에 대한 자격이 있다

The problem with the computer **is related to** a hardware malfunction.
컴퓨터의 문제는 하드웨어 고장과 관련이 있다.

▶ about

be concerned about ~에 대해 걱정하다	be worried about ~에 대해 걱정하다

The CEO **is concerned about** the decline in sales. CEO는 매출 감소에 대해 걱정하고 있다.

▶ 기타

be known for ~로 유명하다	be reimbursed for ~에 대해 상환[배상] 받다
be made of ~로 만들어지다	be based on ~에 근거하다

The handbag **is made of** genuine leather. 그 핸드백은 진짜 가죽으로 만들어졌다.

BASE 집중훈련

A. 다음 괄호 안에 들어갈 알맞은 단어를 고른 후, 우리말로 해석하세요.

1. Every apartment is equipped (by / with) a fire extinguisher.

해석 _____

2. Many different departments were directly involved (in / with) composing the new employee handbook.

해석 _____

3. Having lived in Paris, Ms. Snead is accustomed (to / with) French cuisine.

해석 _____

4. Analysts are worried (about / for) the increasing number of bankruptcies in the technology sector.

해석 _____

5. Best Price Office Supplies is known (of / for) the quality of its products.

해석 _____

B. 다음 빈칸에 들어갈 알맞은 보기를 고른 후, 우리말로 해석하세요.

1. Each item listed on the reimbursement form must be accompanied ------- the actual receipt.

(A) at   (B) above   (C) within   (D) by

해석 _____

2. The chairs are made ------- recycled materials, which make them lightweight for economical shipping.

(A) with   (B) of   (C) as   (D) in

해석 _____

3. Taxi drivers for 5B Taxi Co. are ------- for their maintenance costs on a quarterly basis.

(A) reimbursed   (B) reimburses   (C) reimbursing   (D) reimbursable

해석 _____

단순 시제

단순 시제는 특정한 시간에 일어난 일이나 상황을 나타냅니다.

	과거	현재	미래
형태	V + -ed	V 또는 V + -(e)s	will + V
의미	~했다	~한다	~할 것이다

▶ 현재

지금 일어나고 있는 반복적인 동작이나 일반적인 사실을 표현합니다.

현재 시제 짝꿍 시간 표현	always 항상	usually 보통	often 종종	now 지금
	generally 일반적으로	currently 현재	nowadays 요즘	these days 요즘
	every day/week/month/year 매일/매주/매달/매년			

Accountants **are usually** busy during tax season. 회계사들은 보통 납세 기간에 바쁘다.
　　　　　　현재 시제 현재 시간부사

Employees **join** a casual lunch with management **every month**.
　　　　　　현재 시제　　　　　　　　　　　　　　　　현재 시간부사

직원들은 매달 경영진과 격식 없는 점심 식사에 참여한다.

▶ 과거

과거에 시작해서 과거에 끝난 동작이나 상태를 표현합니다.

과거 시제 짝꿍 시간 표현	ago 전에	previously 이전에	recently 최근에	already 이미, 벌써	then 그때
	yesterday 어제	last week/month/year 지난주/지난달/작년			

The board **reported** a gain in profits **last month**. 이사회는 지난달 수익 증가를 보고했다.
　　　　　과거 시제　　　　　　　　　　　과거 시간부사

Endo Law Firm **recently secured** a two-year contract with Basco Enterprise.
　　　　　　　　과거 시간부사　과거 시제

Endo 법무법인은 최근 Basco Enterprise와의 2년 계약을 따냈다.

▶ 미래

미래에 일어날 동작이나 상황에 대한 추측, 의지 등을 표현합니다.

미래 시제 짝꿍 시간 표현	soon 곧	shortly 조만간	tomorrow 내일	then 그때
	next week/month/year 다음 주/다음 달/내년			

The HR team **will post** the information on the announcement board **soon**.
　　　　　　　미래 시제　　　　　　　　　　　　　　　　　　　　　미래 시간부사

인사팀은 곧 안내 게시판에 정보를 올릴 것이다.

The marketing team **will meet tomorrow** to plan the new advertising campaign.
　　　　　　　　　미래 시제　미래 시간부사

마케팅팀은 새 광고 캠페인을 기획하기 위해 내일 만날 것이다.

BASE 집중훈련

A. 다음 괄호 안에 들어갈 알맞은 단어를 고른 후, 우리말로 해석하세요.

1. The designers at Zutech always (strive / strived) to exceed expectations with their work.

해석 _____

2. Product demonstrations with prospective clients (already / often) lead to sales contracts.

해석 _____

3. Two years ago, Mr. Freeman (made / has made) a substantial donation for building a public library.

해석 _____

4. Ms. Chang was appointed as director of the Tokyo office (last / next) month.

해석 _____

5. An analyst revealed that the housing market (will improve / improved) soon.

해석 _____

B. 다음 빈칸에 들어갈 알맞은 보기를 고른 후, 우리말로 해석하세요.

1. Mr. Watson is permitted to accept the produce shipment, when it -------.

(A) is delivered   (B) delivers   (C) deliveries   (D) will deliver

해석 _____

2. It ------- advantageous to renew the shipping deal last year, but the CEO has declined to do so again.

(A) would be   (B) was   (C) will be   (D) is being

해석 _____

3. Marder GmbH has disclosed that it ------- employee working hours to 40 hours per week starting next year.

(A) reduces   (B) will reduce   (C) reduced   (D) will be reduced

해석 _____

BASE 26

진행 시제

진행 시제는 어떤 일이나 상황이 특정 시점에 진행되고 있음을 강조합니다.

	과거 진행	현재 진행	미래 진행
형태	was/were + V-ing	am/are/is + V-ing	will be + V-ing
의미	~하고 있었다	~하고 있다	~하고 있을 것이다

▶ 현재 진행

현재 시점에 진행 중인 동작이나 상태를 표현합니다.

| 현재 진행 시제 짝꿍 시간 표현 | now 지금 | right now 지금 바로 | currently 현재 | at the moment 지금 |

The Accounting Department **is currently lacking** staff members. 회계부서는 현재 직원들이 부족하다.
　　　　　　　　　　현재　시간부사　진행 시제

now, currently, at the moment는 현재 시제와 현재 진행 시제에 모두 쓸 수 있습니다.

We**'re** short on kitchen staff **at the moment**. 우리는 현재 주방 직원들이 부족하다.
　　현재 시제　　　　　　　　　시간부사

현재 진행 시제로 가까운 미래를 나타낼 수도 있어요. 이때, 미래를 나타내는 표현과 함께 오기도 합니다.
주의! 현재 진행 시제를 무조건 '~하고 있다'로 해석하지 마세요!

The train bound for Rome **is departing** at 9 A.M. Rome행 열차가 오전 9시에 출발할 것이다.
　　　　　　　　　　　출발하고 있다(X)

▶ 과거 진행

과거 특정 시점에 진행 중이었던 동작이나 상태를 표현합니다. 과거 시제 짝꿍 시간 표현 중 특정 시점을 나타내는 표현과 함께 올 수 있습니다.

The supervisor **was reviewing** the final reports **yesterday**. 그 관리자는 어제 최종 보고서를 검토하고 있었다.
　　　　　　과거 진행 시제　　　　　　　　　과거 시간부사

▶ 미래 진행

미래 특정 시점에 진행 중일 거라고 예상하는 동작이나 상태를 표현합니다. 미래 시제 짝꿍 시간 표현 중 특정 시점을 나타내는 표현과 함께 올 수 있어요.

Ms. Chang **will be making** her first overseas business trip **next month**.
　　　　　미래 진행 시제　　　　　　　　　　　　　　미래 시간부사
Chang 씨는 다음 달에 첫 해외 출장을 갈 것이다.

BASE 집중훈련

A. 다음 괄호 안에 들어갈 알맞은 단어를 고른 후, 우리말로 해석하세요.

1. To increase brand exposure, Tineka Jewelry (is / was) now advertising online.

해석 ⟩ _____

2. The renowned painter Felix Hammond's works of art are (currently / recently) on display at Silva Gallery.

해석 ⟩ _____

3. The company (has held / will be holding) an event to honor retiring employees tomorrow.

해석 ⟩ _____

4. Ms. Lee (is planning / was planning) to go to London last weekend, but the flight was fully booked.

해석 ⟩ _____

5. Many consumers these days (tend / will be tending) to prefer environment-friendly products.

해석 ⟩ _____

B. 다음 빈칸에 들어갈 알맞은 보기를 고른 후, 우리말로 해석하세요.

1. Bellwood Electronics will voluntarily ------- its faulty EGF-100 washing machines.

(A) recalling   (B) recalled   (C) be recalling   (D) be recalled

해석 ⟩ _____

2. A box of office stationery was delivered just as the administrative assistant ------- for the day.

(A) has left   (B) will leave   (C) was leaving   (D) had been leaving

해석 ⟩ _____

3. The board of directors is ------- whether to appoint Mr. Cunningham as CEO or to recruit from outside the company.

(A) debatable   (B) debate   (C) debated   (D) debating

해석 ⟩ _____

PART 5 CHAPTER 05

BASE 27

완료 시제

완료 시제는 일이나 상황이 특정 시점부터 일정 기간 계속 이어져 왔음을 나타냅니다.

	과거 완료	현재 완료	미래 완료
형태	had + p.p.	have/has + p.p.	will have + p.p.
의미	~했었다	~해왔다	~하게 될 것이다

▶ 현재 완료

과거 어느 시점에 발생한 일이 현재까지 계속되거나 영향을 미치고 있음을 표현합니다.
현재 완료 시제의 경우, 함께 하는 부사구에 따라 전달하는 뉘앙스에 차이가 있습니다.

현재 완료 시제 짝꿍 시간 표현	since + 과거 시점 ~이래로 for + 기간 ~동안 over the last + 기간 ~에 걸쳐 → [계속] 일이나 상황이 쭉 계속되고 있음을 강조
	never 결코 ~한 적 없는 ever 전에 before 전에 → [경험] 일이나 상황을 겪어본 적이 있음/없음을 강조
	already 이미, 벌써 just 방금, 막 yet 아직 recently 최근에 → [완료] 일이나 상황이 과거부터 쭉 이어져 오다가 현재 시점에 완료되었음을 강조

The Jenkins' family **has been running** the restaurant **for over 20 years**.
　　　　　　　　　　　　현재 완료 [계속]　　　　　　　　　　　　현재 완료 시간부사구

Jenkins 가족은 그 식당을 20년 넘게 운영해오고 있다.

　　　　　　　　　　　　　　　　현재 완료 시간부사
The conference has **just** been moved to a new location. 학회가 방금 새로운 장소로 옮겨졌다.
　　　　　　　　　　현재 완료 [완료]

▶ 과거 완료

과거의 특정 시점을 기준으로 그보다 더 앞선 과거의 어느 시점 [대과거]에 발생한 일이 과거 시점까지 계속되거나 영향을 미쳤음을 표현합니다.

대과거를 쓸 때는 과거와의 시간 순서를 나타내기 위해 과거 시점을 알려주는 시간 표현을 함께 쓸 때가 많습니다.

I **had built** many experiences as an author before I became the chief editor.
　과거 완료　　　　　　　　　　　　　　　　과거 시점을 알려주는 시간 표현

나는 편집장이 되기 전에 작가로서 많은 경험을 쌓았다.

▶ 미래 완료

과거나 현재 어느 시점에 발생한 일이 미래의 특정 시점까지 계속되거나 영향을 미치고 있을 거라는 것을 표현합니다.

미래 완료 시제 짝꿍 시간 표현	by + 시간 표현 ~까지 next + 시간 표현 다음 ~에

The management **will have approved** the agenda **by tomorrow**.
　　　　　　　　　미래 완료　　　　　　　　　미래 완료 시간부사구

내일까지는 경영진이 그 의제를 승인할 것이다.

By next July, Mr. Jones **will have worked** at NSA for 10 years.
미래 완료 시간부사구　　　　　　　　미래 완료

내년 7월이면 Jones 씨가 NSA 사에서 10년간 일한 셈이 된다.

BASE 집중훈련

해설서 p.34

A. 다음 괄호 안에 들어갈 알맞은 단어를 고른 후, 우리말로 해석하세요.

1. Sales of paper books (decreased / have decreased) over the past decade.

해석

2. I've been here since this company (was / has been) founded 20 years ago.

해석

3. When the official delegation (arrives / arrived) at the conference hall, the speech had already started.

해석

4. The supervisor (has / will have) thoroughly reviewed the factory's safety procedures by next week.

해석

5. Ms. Dunham welcomed her parents even though she (is / had) not been expecting them to visit.

해석

B. 다음 빈칸에 들어갈 알맞은 보기를 고른 후, 우리말로 해석하세요.

1. Zhang's Boutique ------- multiple times since it opened 20 years ago.

(A) relocates   (B) relocate   (C) is relocating   (D) has relocated

해석

2. The budget proposal has been received by Accounting, but the CEO has not ------- approved the project.

(A) other   (B) yet   (C) already   (D) ever

해석

3. Although she ------- the complete sales report, Ms. Orrin was still satisfied with the results of the recent online promotion.

(A) had not seen   (B) was not seen   (C) is not seen   (D) is not seeing

해석

1. 능동태로 혼동하기 쉬운 수동태

수동태 문장에서 동사 뒤에 목적어처럼 보이는 명사(구)가 따라오는 경우가 있어요. 언뜻 보고 능동태 문장으로 착각하기 쉽기 때문에 이런 문장에서 동사 자리를 찾는 문제가 나오면 오답을 선택할 확률이 높아집니다. 실수하지 않도록 다음 단계별로 문제에 접근하는 연습을 해봅시다.

Edwin Moon ------- the new Chief Technology Officer by the board.

(A) names   (B) named   (C) was named   (D) is naming

단계별 질문에 Yes로 대답할수록 수동태 동사의 정답 가능성은 커집니다!

1단계: 보기에서 동사 확인 목적어가 필요한 동사인가? 목적어가 2개 혹은 목적어 외 다른 요소가 있어야 하는 동사인가?	name은 목적어가 있어야 하는 동사이므로 Yes! 동사 name은 목적어와 목적격 보어가 필요한 동사니까 Yes! 하지만 동사 name은 목적어를 1개만 가질 수도 있는 동사이므로 2단계로 고고!
2단계: 빈칸 앞뒤의 문장 구조 확인 빈칸 뒤에 by+목적격 형태가 있는가	빈칸 뒤에 by the board가 있으므로 Yes!
3단계: 의미상 확인 빈칸 바로 뒤의 명사(구)가 주어와 의미상 동격 관계인가?	Edwin Moon과 Chief Technology Officer는 동격 관계이므로 Yes! (보어의 본래 역할이 무엇인지 떠올려 보세요!)
따라서 빈칸은 수동태 동사 자리!	Edwin Moon **was named** the new Chief Technology Officer by the board. Edwin Moon은 이사회에 의해 새로운 최고기술책임자로 임명되었다.

✅ 체크 체크

다음 보기 중 알맞은 답을 고르고 문장을 해석하세요.

1. The survey on customer satisfaction ------- significant.

   (A) considers   (B) considered   (C) was considering   (D) was considered

   해석 —_____

2. The IT team ------- the software training very informative.

   (A) find   (B) found   (C) was finding   (D) was found

   해석 —_____

2. 과거 vs. 현재 완료

The air conditioner **broke down**. 에어컨이 고장 났다.
vs.
The air conditioner **has broken down**. 에어컨이 고장 났다.

위와 같이 과거에 일어난 사건에 대해 과거와 현재 완료 시제 두 가지 방법 모두로 표현할 수 있습니다. 우리말로는 '에어컨이 고장 났어'라는 말로 똑같이 해석할 수 있지만, 영어에서는 둘 중 어떤 시제로 표현하느냐에 따라 메시지를 전달하는 뉘앙스에 차이가 있습니다. 이 두 시제는 서로 어떻게 다를까요?

	과거 시제	현재 완료 시제
공통점	과거에 발생한 일	
차이점	**점(•)으로 표현하는 시제** – 과거에 발생한 일 그 자체에 초점 – 현재와의 연관성에는 관심 없음 – 기간을 나타내는 표현과 함께 올 수 없음 *그냥 그런 일이 있었다고…* *(현재 에어컨 상태는 모름)*	**선(–)으로 표현하는 시제** – 과거에 발생한 일이 현재 어떠한 연관이 있다는 점에 초점 – 명백한 과거 시점을 나타내는 표현과 함께 올 수 없음 (yesterday, ago 등) *에어컨을 못 틀어서 지금 더워 죽겠어…* *(에어컨은 아직 고장 난 상태임)*

현재 완료

과거 ─────────────●─────────────● 현재
        과거   현재

✓ 체크 체크

다음 문장을 시제에 유의하며 해석하세요.

1-1. I lived in Paris.

　해석 _____

1-2. I have lived in Paris.

　해석 _____

2-1. I saw that film last month.

　해석 _____

2-2. I have seen that film before.

　해석 _____

1. Profits from the sale of Chamonix Outerwear were equally ------- between the president's four children.

   (A) divides
   (B) divided
   (C) dividing
   (D) divisions

2. All kitchen employees are advised that ingredients should be checked ------- for spoilage.

   (A) care
   (B) cared
   (C) careful
   (D) carefully

3. At Edo Medical School, two semesters of hospital internship ------- for certification as a registered nurse.

   (A) are required
   (B) requires
   (C) have required
   (D) having required

4. The night manager position ------- available and can be applied for by emailing Ms. Kim in HR.

   (A) has become
   (B) to become
   (C) becoming
   (D) had to become

5. Although Mr. Lukova started working at Rigoletto Custom Tailors in April, he was ------- promoted to head tailor by June.

   (A) through
   (B) while
   (C) along
   (D) already

6. Delapore College ------- the opening of its brand-new science hall on Monday, August 28.

   (A) celebrating
   (B) celebration
   (C) celebrate
   (D) will celebrate

7. The seminar organizers ------- out dozens of invitations, but only a few guest speakers have answered back.

   (A) send
   (B) are sending
   (C) sent
   (D) will send

8. Ms. Delain ------- all personnel to attend last month's management meeting even though only supervisors were obligated to be present.

   (A) will have urged
   (B) having urged
   (C) was urged
   (D) had urged

Questions 9-12 refer to the following invitation.

The Mishawaka Chamber of Commerce is proud to announce the 10th yearly Outdoor Music Festival this Friday, July 16, from 4 P.M. to 11 P.M. The performances -------- across the street
9.
of the community center, in the recently expanded Riverfront Park.

Stop by to support arts and music programs throughout the -------- community! Watch shows
10.
put on by a great -------- of artists from Mishawaka, while eating food provided by different
11.
vendors. In addition, there will be games and other entertaining events that people of all ages
can enjoy. --------.
12.

9. (A) will be held
(B) will hold
(C) are going to hold
(D) have been held

10. (A) located
(B) local
(C) location
(D) locality

11. (A) diversity
(B) viewer
(C) policy
(D) inclusion

12. (A) Interested artists should call the
Mishawaka Chamber of Commerce.
(B) A new director for the community center
will be appointed soon.
(C) The festival will close with a fireworks
display at 10:45 P.M.
(D) The new Riverfront Park hours will be
6:00 A.M. to 9:00 P.M.

조동사와 to부정사

1. 조동사

> Sumi **can speak** 3 different languages. 수미는 3개 언어를 말할 수 있다.
>
> But she **will learn** 2 more languages. 하지만 그녀는 2개 언어를 더 배울 것이다.

▶ 조동사가 무엇인가요?

조동사는 동사 앞에서 동사를 도와 동사의 의미를 더해주는 역할을 합니다. 동사만으로는 표현할 수 없는 여러 가지 분위기, 뉘앙스를 표현하여 문장의 의미를 더욱더 다채롭게 만들어 줄 수 있어요. 동사 finish 앞에 can을 붙여 '끝내다'가 아니라 '끝낼 수 있다'라는 능력을 표현할 수 있는 것처럼요.

이처럼 조동사는 능력, 가능성, 허가, 의무, 필요, 충고, 확신, 추측, 미래 등의 다양한 의미를 문장에 더해줄 수 있습니다.

▶ 조동사는 어떻게 생겼나요?

문장에 다양한 의미를 더해줄 수 있는 만큼 조동사의 종류도 다양합니다.

능력, 가능성, 허가	can, may, could, might …
충고, 의무, 확신	must, should …
미래	will, would, shall …

▶ 조동사의 자리는 어디인가요?

조동사의 자리는 주어와 동사 사이입니다. 또한 조동사 뒤에는 항상 동사원형이 와야 합니다. (주어+조동사+동사원형)

2. to부정사

> Sumi loves **to watch** movies. 수미는 영화 보는 것을 정말 좋아한다.
>
> She goes to the cinema every weekend **to watch** movies. 그녀는 영화를 보러 주말마다 영화관에 간다.

▶ to부정사가 무엇인가요?

원래는 동사였는데, 앞에 to가 붙어 동사가 아닌 다양한 역할을 하게 된 것을 to부정사라고 합니다. '부정'은 역할이 정해지지 않았다는 의미로, 문장에서 어느 위치에 오느냐에 따라 명사, 형용사, 부사 역할을 할 수 있어요.

우리가 '보다'라는 동사를 '보는 것', '보러'라고 말하기도 하지요? 마찬가지로 영어에서도 동사의 앞 또는 뒤의 형태를 살짝 바꿔 동사를 다양한 역할로 활용할 수 있어요.

▶ to부정사의 형태는 무엇인가요?

to부정사의 기본형은 동사 앞에 to를 붙인 to+동사원형입니다.

to + 동사원형 → to 부정사
to + watch 보다 → to watch 보는 것, 보는, 보려고

▶ to부정사의 역할은 무엇인가요?

to부정사는 문장에서 다양한 역할을 합니다. 명사도 되고, 형용사도 되고, 부사도 될 수 있어요. 하지만 동사 자리에는 올 수 없습니다. 동사에서 to부정사로 형태가 바뀌었기 때문에 더이상 동사가 아니에요. 하지만 to부정사는 그 뿌리가 동사에 있기 때문에 동사의 성질을 그대로 갖고 있어요. 그래서 to부정사를 '준동사'라고 합니다.

조동사와 to부정사

BASE
28

조동사의 종류

▶ 조동사의 종류

조동사는 종류가 다양하며, 어떤 조동사가 오는지에 따라 문장의 의미가 달라집니다. 또한 같은 조동사로도 문맥에 따라 다양한 의미를 전달할 수 있습니다.

can	[능력, 가능성] ~할 수 있다	[허가] ~해도 된다	
may	[허가] ~해도 된다	[약한 추측] ~할지도 모른다	
must	[의무] ~해야 한다	[강한 추측] ~임에 틀림없다	
should	[조언/충고] ~하는 게 좋다	[강한 추측] ~일 것이다	
will	[미래 추측] ~일 것이다	[미래 의지] ~할 것이다, ~하겠다	

can Museum visitors **can** obtain an exhibition guide at the information desk.
허가
박물관 방문객들은 안내 데스크에서 전시회 가이드를 받을 수 있습니다.

may Additional fees **may** apply if you register late.
약한 추측
만약 당신이 등록을 늦게 한다면 추가 요금이 발생할 수도 있습니다.

must We **must** hire additional staff to finish the job on time.
의무
우리는 그 일을 제시간에 끝내기 위해 추가 직원을 고용해야만 한다.

should You **should** rotate your mattress every three months.
조언
매트리스를 세 달에 한 번씩 뒤집어줘야 한다.

will Mr. Berkins **will** have lunch with the clients after the meeting.
미래 추측
Berkins 씨는 회의가 끝나고 고객들과 점심을 먹을 것이다.

▶ 조동사처럼 쓰이는 표현

형태는 조동사와 다르지만 조동사처럼 쓰이는 관용 표현들이 있습니다. 이들 표현도 조동사처럼 동사원형 앞에만 올 수 있습니다. 또한 동일한 의미를 전달하는 조동사와 바꿔 쓸 수도 있어요.

be able to ~할 수 있다	be going to ~할 것이다	have to ~해야 한다
can을 대체	will을 대체	must를 대체

하지만 시제를 표현할 수 있다는 점에서 조동사와 차이가 있습니다. 따라서 시제 표현이 필요한 경우, 조동사 대신 일부러 조동사를 대신하는 표현을 사용하기도 합니다.

be able to Ms. Line **is able to** secure the contract with ML Motors.
= can
Line 씨는 ML Motors와의 계약을 따낼 수 있다.

be going to The company **is going to** hold a group interview. 그 회사는 그룹 면접을 개최할 것이다.
= will

have to Managers **have to** sustain employee motivation for long-term projects.
= must
관리자들은 장기 프로젝트를 위해 직원들의 동기를 지속시켜야 한다.

A. 다음 괄호 안에 들어갈 알맞은 단어를 고른 후, 우리말로 해석하세요.

1. The project manager is confident that his team (will / must) meet the deadline.

해석 _____

2. All travel documents (have / can be) obtained from your travel agent.

해석 _____

3. The project is ahead of schedule, and it may also (finish / exceed) under budget.

해석 _____

4. Dr. Lee is so famous that his patients (have / able) to wait over a month for an appointment with him.

해석 _____

5. Professor Blake is (going to / will) talk about current trends in digital marketing.

해석 _____

B. 다음 빈칸에 들어갈 알맞은 보기를 고른 후, 우리말로 해석하세요.

1. Chez Marseille's patrons ------- give at least 24 hours' notice when canceling a table reservation.

(A) are able to   (B) will   (C) must   (D) are going to

해석 _____

2. Doctor Ruyter will not be able to ------- the opening speech but will instead give the closing one on Wednesday.

(A) present   (B) presenting   (C) presentation   (D) presented

해석 _____

3. Passengers should ------- frequent delays in bus service caused by the unusually hot weather.

(A) access   (B) anticipate   (C) connect   (D) cover

해석  _____

PART 5 CHAPTER 06

BASE 29

조동사의 자리

▶ 조동사의 기본 자리

문장에서 조동사의 자리는 주어와 동사 사이입니다. 주어의 수나 동사의 시제와 상관없이, 조동사 뒤에는 무조건 동사원형이 옵니다.

주어 + 조동사 + 동사원형

조동사가 있는 문장에서는 주어와 동사의 수 일치가 없습니다. 주어 자리에 무엇이 오든 조동사 뒤에는 동사원형이 옵니다.

Ms. Mendez **receives** 10% off.　→　Ms. Mendez **can receive** 10% off.
　　3인칭 단수 주어　3인칭 단수 동사　　　　　　　　　　조동사＋동사원형

Mendez 씨는 10% 할인을 받는다.　　　　　　　　　Mendez 씨는 10% 할인을 받을 수 있다.

의문문에서는 조동사가 문장 맨 앞으로 나옵니다.

<u>Can</u> Ms. Mendez <u>receive</u> 10% off? Mendez 씨는 10% 할인을 받을 수 있나요?
조동사　　　　　　　　동사원형

▶ 조동사의 부정

시제나 태와 상관없이 조동사의 부정문은 조동사 바로 뒤에 not을 붙입니다.

주어 + 조동사 + not + 동사원형

The coffee machine **may not heat up** quickly. 그 커피 기기는 빠르게 데우지 못할 수 있다.

대부분의 조동사에는 의미가 한 개 이상 있습니다. 긍정문에서 어떤 의미로 쓰였느냐에 따라 부정문의 의미도 다르게 해석될 수 있습니다. 문맥을 통한 의미 파악이 중요한데, 토익에서는 조동사가 부정형으로 쓰일 때 대부분 아래의 <u>밑줄 친 의미</u>로 사용됩니다.

	긍정문		부정문
can	~할 수 있다, ~해도 된다	cannot	<u>~할 수 없다</u>, ~일 리 없다
must	~해야 한다, ~임에 틀림없다	must not	<u>~하면 안 된다</u>, ~가 아닌 것이 틀림없다
have to	~해야 한다	do/does not have to	<u>~할 필요가 없다</u>

cannot Mr. Grant **cannot** attend the conference due to a scheduling conflict.
　　　　　　　　　　~할 수 없다

Grant 씨는 일정이 겹쳐서 학회에 참석할 수 없다.

must not Advertisers **must not** use photos of customers without their written consent.
　　　　　　　　　　~하면 안 된다

광고주들은 서면 동의 없이 고객의 사진을 사용해서는 안 된다.

don't have to We **don't have to** review the budget report again.
　　　　　　　　　　　~할 필요가 없다

우리는 그 예산 보고서를 다시 검토할 필요가 없다.

BASE 집중훈련

A. 다음 괄호 안에 들어갈 알맞은 단어를 고른 후, 우리말로 해석하세요.

1. The change in employee benefits will only (affect / affected) full-time staff members.

해석 _____

2. Thanks to the recent renovation, the restaurant can now (accommodate / accommodates) up to 200 diners.

해석 _____

3. Expense reports must (submitted / be submitted) on the last day of the month.

해석 _____

4. Staff salary information should not (distribute / be distributed) to unauthorized personnel.

해석 _____

5. Mr. Fuller claims that he shouldn't (has / have) to pay for the charges.

해석 _____

B. 다음 빈칸에 들어갈 알맞은 보기를 고른 후, 우리말로 해석하세요.

1. BTS Financial will ------- with another accounting firm in the spring.

(A) merge   (B) merger   (C) merges   (D) merging

해석 _____

2. Ms. Bonn's train ------- leave as scheduled unless the storm gets worse than expected.

(A) has   (B) is   (C) will be   (D) should

해석 _____

3. If three extra architects were employed, current personnel would not ------- work over the holidays.

(A) must   (B) have   (C) have to   (D) need

해석 _____

BASE 30

to부정사의 역할

to부정사는 문장에서 명사, 형용사, 부사 역할을 할 수 있어요. 어떤 역할을 하는지에 따라 문장에서 올 수 있는 자리가 달라집니다.

▶ 명사 역할

to부정사가 명사 역할을 할 때는 문장에서 명사 자리에 올 수 있어요. 이때 to부정사는 '~하는 것', '~하기'라고 해석해 줍니다.

`주어 자리` **To see** so many paintings in one place is amazing.
　　　　　주어
한 곳에서 이렇게 많은 그림을 보는 것은 놀라운 일이다.

`목적어 자리` We want **to express** our thanks for your support.
　　　　　　　　　　목적어
저희는 당신의 지원에 감사를 표하고 싶습니다.

`주격 보어 자리` Ms. Monty's job is **to interview** famous athletes.
　　　　　　　　　　　　주격 보어
Monty 씨의 직무는 유명한 운동선수들을 인터뷰하는 것이다.

`목적격 보어 자리` I want him **to clarify** a few things about the company's new policies.
　　　　　　　　　　　목적격 보어
나는 그가 회사의 새 정책에 대해 몇 가지를 분명히 해주기를 바란다.

▶ 형용사 역할

to부정사가 형용사 역할을 할 때는 문장에서 형용사 자리에 올 수 있어요. 이때 to부정사는 '~하는', '~한(할)'으로 해석해 줍니다.

`명사 뒤` Mr. Shah has **potential to become** a great reporter.
　　　　　　　　　　　　　　　명사 수식
Shah 씨는 훌륭한 기자가 될 잠재력을 가지고 있다.

◉ 여기서 잠깐!
본래 형용사 자리는 명사 앞이에요. 하지만 to부정사는 두 개 이상의 단어가 덩어리로 함께 움직이는 '구'이기 때문에 명사를 뒤에서만 수식할 수 있어요. 영어는 단어가 두 개 이상 뭉치면서 길이가 길어지면, 문장 뒤로 가려는 습성이 있어요.

▶ 부사 역할

to부정사가 부사 역할을 할 때는 문장에서 수식어 자리에 올 수 있어요. 이때 to부정사는 '~하기 위해', '~하려고', '~해서' 등으로 해석해 줍니다.

`동사 뒤` Our electricians **are working to determine** the cause of the power failure.
　　　　　　　　　　　　　　　　동사 수식
우리 기술자들이 정전의 원인을 알아내기 위해 작업 중입니다.

`형용사 뒤` Sanatoria's Restaurant **is pleased to announce** the opening of its second branch.
　　　　　　　　　　　　　　　　　　　형용사 수식
Sanatoria's 식당은 두 번째 지점의 개점을 알리게 되어 기쁩니다.

`문장 앞` **To receive** a discount, **provide your booking confirmation number**.
　　　　　문장 수식
할인을 받기 위해, 귀하의 예약 확인 번호를 알려주세요.

A. 다음 괄호 안에 들어갈 알맞은 단어를 고른 후, 우리말로 해석하세요.

1. To (get / getting) the special discount, make sure to mention this advertisement when ordering.

해석 ▶ _____

2. The purpose of this meeting is (determined / to determine) the best venue for the awards ceremony.

해석 ▶ _____

3. We need (start / to start) making arrangements for Mr. Klein's visit next week.

해석 ▶ _____

4. The manufacturer is liable (loss / to lose) customers if the quality does not improve.

해석 ▶ _____

5. We would like the interior of our house (to / to be) both elegant and modern.

해석 ▶ _____

B. 다음 빈칸에 들어갈 알맞은 보기를 고른 후, 우리말로 해석하세요.

1. Remember to ------- the story about the anniversary until some photographs can be added without taking up more pages.

(A) shorten   (B) shortest   (C) short   (D) shortly

해석 ▶ _____

2. The regional director for Baukauf GmbH has decided that it is time ------- the store inventory system.

(A) update   (B) will update   (C) updating   (D) to update

해석 ▶ _____

3. Our catalog of products has been modified ------- items ranging from kitchenware to home decorating supplies.

(A) include   (B) inclusive   (C) will include   (D) to include

해석 ▶ _____

BASE 31

to부정사의 특징

▶ to부정사의 기본 특징

to부정사 주어는 항상 3인칭 단수로 취급합니다.

to부정사가 명사 역할로 주어 자리에 오면 '~하는 것, ~하기'로 해석하기 때문에, 항상 3인칭 단수로 취급합니다.
따라서 to부정사가 주어 자리에 오는 경우, 항상 3인칭 단수 동사로 주어-동사 수 일치를 시켜야 합니다.

To make a reservation at a five-star restaurant **is** not easy. 5성급 식당을 예약하는 것은 쉽지 않다.
　　　　to부정사 주어(단수)　　　　　　　　　　　　　　　　　　　단수 동사

to부정사는 목적어나 보어를 가질 수 있습니다.

목적어와 보어의 유무는 to부정사가 되기 전 동사의 종류(타동사/자동사)를 기준으로 정해집니다.
예를 들어, 동사 use는 목적어를 갖는 타동사이므로 to부정사 역시 목적어를 가집니다.

Engineers will demonstrate how **to use the solar water pump** at the Technology Expo.
　　　　　　　　　　　　　　　　　　to부정사 목적어

엔지니어들은 기술 박람회에서 태양 양수기를 사용하는 방법을 시연할 것이다.

to부정사는 부사의 수식을 받습니다.

to부정사는 동사의 성질을 그대로 가지고 있기 때문에, 부사의 수식을 받습니다.
예를 들어, 부사 punctually는 동사 arrive를 수식합니다.

Please be sure **to arrive punctually** for Friday's training session.
　　　　　　　　　　　　　　　부사

금요일 직무 교육에 반드시 시간을 엄수하여 도착해 주세요.

▶ 가주어와 진주어, 그리고 의미상 주어

가주어 'it' – 진주어 'to 부정사구'

to부정사가 주어 자리에 오는 경우, 주어의 길이가 길어져 문장이 복잡해 보여요. 그래서 보통 긴 주어인 to부
정사구를 문장의 맨 뒤로 보내고 주어 자리에는 가짜 주어인 it을 세워 두죠. 이때 it을 '가주어', to부정사구를
'진주어'라고 부릅니다.

To shake hands after business meetings is common. 사업 회의를 하고 악수를 하는 것은 흔한 일이다.
　　　　to부정사 주어

→ **It** is common **to shake** hands after business meetings.
　가주어　　　　　　　　　진주어

의미상 주어 「for + 목적격」

가주어-진주어 구문의 문장에서 to부정사의 행위를 하는 주체를 따로 밝혀줘야 하는 경우가 있어요. 이때는 to
부정사 앞에 「for + 명사」 또는 「for + 목적격 대명사」를 넣어줄 수 있습니다.

It is difficult **for new employees** **to equal** the sales achievements of Mr. Donner.
가주어　　　　　　　　의미상 주어　　　　　　　　　진주어

신입 직원들이 Donner 씨의 판매 실적에 필적하기는 어렵다.

A. 다음 괄호 안에 들어갈 알맞은 단어를 고른 후, 우리말로 해석하세요.

1. To compile a list of daily orders (is / are) one of the duties of a clerk.

해석 ▶ _____

2. People should begin saving money early to (prepare / preparation) for when they retire from the workforce.

해석 ▶ _____

3. Both companies expect employees to work (cooperation / cooperatively) after the upcoming merger.

해석 ▶ _____

4. It is advisable (registration / to register) in advance for a booth at the conference.

해석 ▶ _____

5. It is hard (to / for) financial companies to flourish in a tough economic climate.

해석 ▶ _____

B. 다음 빈칸에 들어갈 알맞은 보기를 고른 후, 우리말로 해석하세요.

1. The goal of the conference is to define ------- what targets we need to achieve before the end of the season.

(A) specification   (B) specifically   (C) specific   (D) specifying

해석 ▶ _____

2. Ms. Turner's evaluations are positive enough ------- her to receive the standard 10 percent annual raise.

(A) to   (B) with   (C) for   (D) of

해석 ▶ _____

3. Mr. Mathews believes it is beneficial to ------- his coworkers for comments when drafting a new project proposal.

(A) invite   (B) consult   (C) assure   (D) appeal

해석 ▶ _____

BASE 32

to부정사의 짝꿍

유난히 to부정사와 짝을 이루는 것을 좋아하는 동사, 형용사, 명사가 있습니다. 관용 표현처럼 외워 두세요.

▶ to부정사와 짝을 이루는 동사

① to부정사를 목적어로 취하는 동사: [동사 + to부정사]

agree to do ~하는 데 동의하다	**choose** to do ~하기로 선택하다	**decide** to do ~하기로 결정하다
hope to do ~하기를 희망하다	**offer** to do ~하기를 제안하다	**plan** to do ~하기로 계획하다
promise to do ~하기로 약속하다	**want** to do ~하기를 원하다	**intend** to do ~하려고 생각하다

Ms. Selleck **decided to transfer** all of her accounts to Corena Bank.
Selleck 씨는 자신의 모든 계좌를 Corena 은행으로 옮기기로 결정했다.

The board of directors **planned to remodel** the employee lounge.
이사회는 직원 휴게실을 리모델링하기로 계획했다.

② to부정사를 목적격 보어로 취하는 동사: [동사 + 목적어 + to부정사]

advise 목적어 to do …에게 ~하라고 조언하다	**allow** 목적어 to do …가 ~하는 것을 허락하다
ask 목적어 to do …에게 ~해 달라고 요청하다	**cause** 목적어 to do …가 ~하게 하다
encourage 목적어 to do …가 ~하도록 장려하다	**expect** 목적어 to do …가 ~하기를 기대[예상]하다

Mr. Smith **allows** nonprofit organizations **to use** his photographs free of charge.
Smith 씨는 비영리 기구가 자신의 사진을 무료로 사용하는 것을 허용한다.

Gourmet Café **asked** its patrons **to complete** a short survey.
Gourmet 카페는 고객들에게 짧은 설문을 작성해 달라고 요청했다.

▶ to부정사와 짝을 이루는 형용사: [형용사 + to부정사]

be **eager** to do 열성적으로 ~하다	be **likely** to do ~할 것 같다
be **ready** to do ~할 준비가 되다	be **willing** to do 기꺼이 ~하다
be **able** to do ~할 수 있다	be **eligible** to do ~할 자격이 있다

Voov Outdoor Apparel **is eager to promote** its new line of climbing gear.
Voov 아웃도어 의류는 새로운 등산 장비 라인을 홍보하는 데 열심이다.

When a celebrity promotes a product, more people **are likely to buy** it.
유명 인사가 제품을 홍보할 때, 더 많은 사람들이 그것을 구매할 것 같다.

▶ to부정사와 짝을 이루는 명사: [명사 + to부정사]

ability to do ~할 능력	**attempt** to do ~하려는 시도	**chance** to do ~할 기회
decision to do ~하는 결정	**effort** to do ~하려는 노력	**plan** to do ~할 계획

Tourists will get a **chance to view** various historical sites.
여행객들은 다양한 유적지들을 볼 기회를 가질 것이다.

The mayor is leading a fundraising **effort to build** a new playground in the city park.
시장은 시 공원에 새 놀이터를 짓기 위한 모금 활동 노력에 앞장서고 있다.

BASE 집중훈련

A. 다음 괄호 안에 들어갈 알맞은 단어를 고른 후, 우리말로 해석하세요.

1. After a lengthy discussion, Mr. Lim decided (revision / to revise) the annual budget.

해석 _____

2. According to research, those who sleep before 10 P.M. are more (like / likely) to be healthy.

해석 _____

3. Please reply to this message to confirm your plan (to attend / for attendance) the conference.

해석 _____

4. We are (ready / readily) to introduce our new line of laptop computers this June.

해석 _____

5. Allow us (handling / to handle) your data processing so that you can concentrate on your business.

해석 _____

B. 다음 빈칸에 들어갈 알맞은 보기를 고른 후, 우리말로 해석하세요.

1. Grande Textiles ------- to set up five more clothing factories in northern Malaysia by the end of next year.

(A) intends   (B) assigns   (C) indicates   (D) distributes

해석 _____

2. The Havisham Art Museum does not ------- cameras to be used outside of the lobby.

(A) enter   (B) visit   (C) equip   (D) allow

해석 _____

3. The Silver Convention Hall redecorations are ------- to be completed in three months.

(A) founded   (B) affected   (C) positioned   (D) expected

해석 _____

1. 조동사의 특별한 역할

조동사가 특정한 시제와 만나 특별한 의미를 전달하는 경우가 있습니다. 일부 조동사가 현재 완료 시제와 함께 쓰이면, 과거에 일어난 혹은 일어나지 않은 사건이나 행동에 대한 가능성, 추측 및 아쉬움 또는 후회 등의 감정을 나타냅니다.

조동사의 과거형+현재 완료 → 지나간 일에 대한 가능성, 추측, 아쉬움		
could		~할 수도 있었다, ~했을지도 모른다
might	+ have p.p.	~했을지도 모른다
must		~했음에 틀림없다, 틀림없이 ~했을 것이다
should		~했어야 했다
would		~했을 것이다

They **could have won** the contest. 그들은 경연에서 우승할 수도 있었다.
→ 과거에 그렇게 할 수도 있었는데, 하지 못했다는 의미입니다.

They **might have won** the contest. 그들은 경연에서 우승했을지도 모른다.
→ 과거에 그렇게 했을지도 모른다고 약하게 추측하는 의미입니다.

They **should have won** the contest. 그들은 경연에서 우승했어야 했다.
→ 과거에 그렇게 했어야 했는데, 하지 않았다는 의미입니다.

They **must have won** the contest. 그들은 경연에서 틀림없이 우승했을 것이다.
→ 과거에 그렇게 한 것이 틀림없다고 강하게 추측하는 의미입니다.

They **would have won** the contest. 그들은 경연에서 우승했을 것이다.
→ 과거에 그렇게 했을 것이라는 의미입니다.

⊘ 체크 체크

다음 문장을 해석하세요.

1. Construction work on the new headquarters building **would have begun**.
   해석 ▶ _____

2. Ms. Reno **should have placed** an order for extra forms to process new customer claims.
   해석 ▶ _____

3. Expense reports **must have been submitted** on the last day of the month.
   해석 ▶ _____

2. 부사 역할을 하는 to부정사의 다양한 의미

to 부정사가 문장에서 부사 역할을 할 때는 다양한 의미로 해석할 수 있어요.

목적 '~하기 위해, ~하려고'	The hotel will try hard **to accommodate** the requests of its guests. 호텔은 고객 요청을 수용하기 위해 열심히 노력할 것이다.
감정의 원인 '~하게 되어'	I'm very pleased **to introduce** Tyler Stevens, the new general manager of our production studio. 저는 우리 제작사의 새로운 국장이신 Tyler Stevens를 소개하게 되어 매우 기쁩니다.
결과 '(결국) ~가 되다, ~하다'	The manager's speech was so boring that it put many of the audience to sleep. 매니저의 연설이 너무 지루해서 많은 청중을 잠들게 했다.

to부정사가 '목적'의 의미로 쓰일 때는 to 대신 in order to로 바꿔 쓸 수 있습니다. in order to는 '~하기 위해서'를 의미하는 to부정사의 관용 표현입니다.

The hotel will try hard **to accommodate** the requests of its guests.

= The hotel will try hard **in order to accommodate** the requests of its guests.

✅ 체크 체크

다음 문장에서 부사 역할을 하는 to부정사를 찾아 어떤 의미로 쓰였는지 적고, 문장을 해석하세요.

1. Sanatoria's Restaurant is glad to announce the opening of its second location on 5th Avenue.

(   ) 해석 _____

2. We record all phone calls with customers in order to improve our services.

(   ) 해석 _____

3. The television commercial was so emotional that some of the viewers were actually moved to tears.

(   ) 해석 _____

1. Readers can easily ------- to the students in the popular comic strip *Dunwich High*.

   (A) relative
   (B) relate
   (C) related
   (D) relatable

2. The exclusive offer on Koffer.com is expected to ------- many first time customers to the Web site.

   (A) bring
   (B) raise
   (C) give
   (D) make

3. A customer service representative will contact you this afternoon ------- confirm your order.

   (A) because of
   (B) in place of
   (C) even if
   (D) in order to

4. If she had received the project requirements sooner, Ms. Alter ------- the application design as early as March.

   (A) began
   (B) could have begun
   (C) has been beginning
   (D) would begin

5. Abkhazia Airlines altered its dining policies to ------- meals to long–distance international flights.

   (A) impose
   (B) limit
   (C) claim
   (D) export

6. The sealed donation box in the lobby allows visitors to make contributions -------.

   (A) approximately
   (B) anonymously
   (C) expressly
   (D) patiently

7. Restaurants and supermarkets are ------- to dispose of their food waste through the government's recycling program.

   (A) profitable
   (B) familiar
   (C) eligible
   (D) efficient

8. Accounting team members are advised to use only company PCs ------- viruses and other security issues.

   (A) avoiding
   (B) avoid
   (C) to avoid
   (D) avoided

Questions 9-12 refer to the following article.

MILWAUKEE (April 8) — McNally Pharmaceuticals is hoping to reassure workers about their concerns regarding the company's anticipated plan to build a new factory in Brazil, which is expected ------- on Monday. Multiple sources at the company's Milwaukee headquarters confirm that the board is carefully timing the announcement. -------.
9.
10.

The venture wouldn't represent McNally Pharmaceuticals' first overseas facility, though it would ------- its presence in Brazil. According to some sources, the firm has sought to
11.
move its bottling operations to South America for much of the last decade. While the site of the future factory has not been chosen, a source within the company has suggested that McNally Pharmaceuticals has an interest in a Recife location. "Workers there are disciplined, and energy costs there are low. These characteristics are seen as ------- in allowing McNally
12.
Pharmaceuticals to move forward in this period of fluctuating markets."

9. (A) will reveal
(B) to reveal
(C) to be revealed
(D) was revealing

10. (A) Its first plant in Brazil was opened just last year.
(B) The factory's location was chosen due to its proximity to shipping networks.
(C) Skilled, low–cost local labor will allow the company to save money.
(D) Executives want to send a message that the change will benefit existing staff.

11. (A) supply
(B) launch
(C) divulge
(D) signal

12. (A) unrelated
(B) harmful
(C) critical
(D) unique

동명사와 분사

1. 동명사

> Sumi loves **dancing**. 수미는 춤추는 것을 좋아한다.
> But she doesn't enjoy **watching** movies. 하지만 그녀는 영화 보는 것을 즐기지 않는다.

▶ **동명사가 무엇인가요?**

원래 동사였는데, 끝에 -ing가 붙어 명사가 된 것을 동명사라고 합니다. 문장에서 명사와 같은 역할을 할 수 있어요.

우리가 '보다'라는 동사를 '보는 것', '보기'라고 말하기도 하는 것처럼, 동사 끝에 -ing를 붙여 같은 의미를 나타낼 수 있답니다.

▶ **동명사의 형태는 무엇인가요?**

동명사의 기본 형태는 동사원형 뒤에 -ing를 붙인 '동사원형 + -ing'입니다.

동사원형 + -ing → 동명사
watch 보다 + -ing → watching 보는 것

▶ **동명사의 역할은 무엇인가요?**

동명사는 문장에서 명사 자리에 오고 명사 역할을 수행합니다. 하지만 동사 자리에는 올 수 없습니다. -ing라는 꼬리를 달았기 때문에 더 이상 동사가 아니에요. 하지만 동명사도 그 뿌리가 동사에 있기 때문에 동사의 성질을 그대로 갖고 있어요. 이처럼 to부정사나 동명사는 동사를 대신할 수는 없지만, 동사의 기능은 살아 있어서 이들을 '준동사'라고 부릅니다.

2. 분사

> Sumi is going to a birthday party today. 수미는 오늘 생일 파티에 갈 것이다.
>
> She is very **excited**. 그녀는 매우 신이 나 있다.

▶ **분사가 무엇인가요?**

원래 동사였는데, 끝에 -ing 또는 -ed가 붙어 형용사 역할을 하는 것을 분사라고 합니다. 문장에서 형용사와 같은 역할을 할 수 있어요.

우리가 '신나게 하다'라는 동사를 '(남을) 신나게 하는', '(내가) 신이 난'이라고 말하기도 하는 것처럼, 동사 끝에 -ing 또는 -ed를 붙여 이와 같은 의미를 나타낼 수 있습니다.

▶ **분사의 형태는 무엇인가요?**

분사는 동사 뒤에 어떤 꼬리가 붙느냐에 따라 현재분사와 과거분사 두 가지 종류로 나뉘며, 각각의 형태는 다음과 같아요.

동사	현재분사 ~하는	과거분사 ~해진, ~된
	동사원형 + -ing	동사원형 + -ed, 불규칙 형태
excite 신나게 하다	exciting 신나게 하는	excited 신이 난

▶ **분사의 역할은 무엇인가요?**

분사는 문장에서 형용사 자리에 오고 형용사 역할을 수행합니다. 하지만 동사 자리에는 올 수 없습니다. -ing나 -ed라는 꼬리를 달았기 때문에 더 이상 동사가 아니에요. 하지만 분사 역시 to부정사나 동명사처럼 뿌리는 동사에 있기 때문에 동사의 성질을 그대로 갖고 있어요. 그래서 분사 역시 '준동사'에 속합니다.

동명사와 분사

동명사의 역할 및 특징

동명사는 문장에서 명사 역할을 하며 명사가 오는 자리에 올 수 있어요. 하지만 동사에서 비롯되었기 때문에 명사와 구별되는 동명사만의 특징을 갖습니다.

▶ 동명사의 자리

동명사는 명사처럼 주어, 목적어, 보어 자리에 올 수 있어요. 또한 전치사의 목적어 자리에도 올 수 있죠. 문장에서 동명사는 '~하는 것', '~하기'라고 해석합니다.

주어 자리 **Shipping** is now under the supervision of the warehouse manager.
배송하는 일은 현재 창고 관리자의 감독 하에 있다.

목적어 자리 Large-sized vehicles should avoid **parking** in tight spots.
대형 차량은 비좁은 장소에 주차하는 것을 피해야 합니다.

보어 자리 Mr. Herman's main task is **maintaining** the company Web site.
Herman 씨의 주된 업무는 회사 웹사이트를 관리하는 것이다.

전치사 뒤 The manager informed the employees about **using** energy more efficiently.
매니저는 직원들에게 에너지를 더 효율적으로 사용하는 것에 관해 알려 주었다.

▶ 동명사의 특징

동명사 주어는 항상 3인칭 단수 취급해요.

동명사는 보통 '~하는 것'으로 해석하기 때문에 3인칭 단수로 취급합니다. 따라서 동명사가 주어 자리에 오는 경우, 항상 3인칭 단수 동사로 수 일치를 시켜줘야 해요.

Consulting is Mr. Montey's area of expertise. 상담하는 일은 Montey 씨의 전문 분야이다.
동명사 주어(단수) 단수 동사

동명사는 목적어나 보어를 가질 수 있어요.

목적어나 보어의 유무는 동명사가 되기 전 동사의 종류(타동사/자동사)를 기준으로 정해집니다.

예를 들어, 동사 interview는 목적어를 갖는 타동사이므로 동명사 역시 목적어를 가집니다.

Ms. Monty's job is **interviewing important politicians**. '동명사 뒤에 목적어'
Monty 씨의 일은 중요한 정치인들을 인터뷰하는 것이다.

예를 들어, 동사 become은 보어를 갖는 자동사이므로 동명사 역시 보어를 가집니다.

Ms. Chang's aim is **becoming director of Tokyo office**. '동명사 뒤에 보어'
Chang 씨의 목표는 Tokyo 사무소의 책임자가 되는 것이다.

동명사는 부사의 수식을 받아요.

동명사는 동사의 성질을 그대로 가지고 있기 때문에 부사의 수식을 받습니다. 명사 자리에 온다고 형용사의 수식을 받는 것으로 혼동하지 않도록 주의하세요.

예를 들어, 동명사 shopping은 부사 online의 수식을 받습니다.
Many customers prefer **shopping online**. '부사 수식을 받는 동명사'

많은 고객들은 온라인으로 쇼핑하는 것을 선호한다.

BASE 집중훈련

A. 다음 괄호 안에 들어갈 알맞은 단어를 고른 후, 우리말로 해석하세요.

1. (Providing / Provided) staff with opportunities for personal development can improve employee retention.

해석 _____

2. We need to start (make / making) arrangements for Mr. Klein's visit next week.

해석 _____

3. Accurately (entering / enter) the research data into the program is very important.

해석 _____

4. The employee award program boosts morale by (reward / rewarding) staff for hard work.

해석 _____

5. Offering incentives to employees (helps / help) boost a company's productivity.

해석 _____

B. 다음 빈칸에 들어갈 알맞은 보기를 고른 후, 우리말로 해석하세요.

1. Guests are recommended to read the activity liability agreement thoroughly before ------- it.

(A) signs   (B) sign   (C) signing   (D) signed

해석 _____

2. JPK Corporation is planning to grow ------- building several plants in Europe.

(A) at   (B) as   (C) by   (D) on

해석 _____

3. Observing the dense forestry outside his window ------- inspires Edgar Pohler to write.

(A) continued   (B) continuing   (C) continual   (D) continually

해석 _____

동명사의 짝꿍

동명사와 짝꿍처럼 함께 하는 동사 및 관용 표현을 외워 두세요.

▶ 동명사를 목적어로 취하는 동사

avoid doing ~하는 것을 피하다	**consider** doing ~하는 것을 고려하다
enjoy doing ~하는 것을 즐기다	**finish** doing ~하는 것을 끝내다
mind doing ~하는 것을 꺼리다	**postpone** doing ~하는 것을 연기하다
recommend doing ~하는 것을 권장하다	**suggest** doing ~하는 것을 제안하다

시험에서는 이 동사들 뒤에 빈칸을 주고 보기에 동명사와 to부정사를 함께 제시해요. 이때 꼭 동명사를 선택하세요!

The council **finished** <u>reviewing</u> all the applications for approval.
위원회는 모든 승인 신청서들을 검토하는 것을 끝냈다.

The CEO **considered** <u>hiring</u> a professional consultant.
CEO는 전문 컨설턴트를 고용하는 것을 고려했다.

▶ 동명사 관용 표현

항상 동명사와 함께 하는 관용 표현이 있어요. 예외 없이 동명사와 짝꿍처럼 함께 쓰이니까 숙어처럼 반드시 외워 두세요.

① 전치사 to + 동명사

be committed to doing ~하는 것에 전념하다	**contribute to** doing ~하는 것에 기여하다
be dedicated to doing ~하는 것에 헌신하다	**look forward to** doing ~하는 것을 고대하다
be used to doing ~하는 것에 익숙하다	**object to** doing ~하는 것에 반대하다

전치사 to 뒤에는 명사(구)나 동명사(구)가, to부정사의 to 뒤에는 동사원형이 옵니다. 시험에서는 이 전치사의 to를 to부정사의 to와 혼동하도록 to 뒤에 빈칸을 주고 보기에 동명사와 동사원형을 함께 제시해요. 이때 꼭 동명사를 선택하세요!

Champion Paper **is dedicated to** <u>providing</u> excellent customer service.
Champion Paper는 최상의 고객 서비스를 제공하는 데 헌신하고 있다.

Thank you for your visit, and we **look forward to** <u>serving</u> you again soon.
당신의 방문에 감사드리며, 곧 다시 모실 수 있기를 고대합니다.

② 그 밖의 동명사 관용 표현

be busy doing ~하느라 바쁘다	**be worth** doing ~할 가치가 있다
feel like doing ~하고 싶다	**have difficulty[trouble]** doing ~하는 데 어려움을 겪다
insist on doing ~하기를 고집하다	**keep (on)** doing 계속해서 ~하다
on[upon] doing ~하자마자	**spend time/money** doing ~하는 데 시간/돈을 쓰다

The CEO decided the issue **was** not **worth** <u>discussing</u>.
CEO는 그 문제가 논의할 가치가 없다고 결정했다.

BASE 집중훈련

A. 다음 괄호 안에 들어갈 알맞은 단어를 고른 후, 우리말로 해석하세요.

1. Please avoid (make / making) loud noises so as not to disturb the animals' habitats.

해석 _____

2. We recommend (to ask / asking) questions about anything that isn't clear to you.

해석 _____

3. We plan to (hire / hiring) a cab to drive us around the city all day.

해석 _____

4. Erica Group is dedicated to (provide / providing) food and places for homeless people at no cost.

해석 _____

5. I would be happy to resolve the details upon (arriving / arrived) at the office.

해석 _____

B. 다음 빈칸에 들어갈 알맞은 보기를 고른 후, 우리말로 해석하세요.

1. Despite its tight schedule, Dusit Publishing has already finished ------- the new design manual.

(A) printing   (B) to print   (C) print   (D) printed

해석 _____

2. Young Dental is a non-profit organization that is committed to ------- one-on-one mentoring between experienced local dentists and university students.

(A) arranged   (B) arranging   (C) arrange   (D) arrangements

해석 _____

3. The intern had trouble ------- to her new work schedule, but she managed to cope.

(A) adjust   (B) adjusted   (C) to adjust   (D) adjusting

해석 _____

동명사 vs. to부정사

BASE 35

to부정사가 명사 역할을 할 때는 문장에서 동명사와 동일한 역할을 합니다. 이때 역할 및 의미가 완전히 같아 서로 바꿔 써도 무방한 경우가 있지만, 그렇지 않은 경우도 있습니다. 명사 역할을 하는 to부정사와 동명사의 공통점과 차이점에 대해 살펴봅시다.

▶ 동명사 vs. to부정사가 올 수 있는 자리

주어, 보어, 목적어 자리 → 동명사와 to부정사 둘 다 가능!
전치사 뒷자리 → 동명사만 가능!

Criticizing[To criticize] a competitor can have a negative effect on your own company's image. 경쟁자를 비난하는 것은 자신의 기업 이미지에 부정적인 영향을 미칠 수 있다.

For inquiries **about scheduling[to schedule]** an event with us, please contact Linda Smith.
저희와 행사 일정을 잡는 것에 관한 문의들은 Linda Smith에게 연락하세요.

▶ 동사의 목적어로서 동명사 vs. to 부정사

다음 동사들은 목적어 자리에 동명사와 to부정사 둘 다 올 수 있으며 의미가 동일합니다.

begin doing = **begin** to do ~하는 것을 시작하다	**continue** doing = **continue** to do ~하는 것을 계속하다
start doing = **start** to do ~하는 것을 시작하다	**prefer** doing = **prefer** to do ~하는 것을 선호하다

Mr. Cruz will **begin working[to work]** in the Editorial Department next week.
Cruz 씨가 다음 주부터 편집부에서 근무를 시작할 것이다.

▶ 다음 동사들은 목적에 자리에 동명사가 올 때와 to부정사가 올 때 의미가 달라집니다.

과거에	**forget** doing ~한 것을 잊다	**remember** doing ~한 것을 기억하다	**stop** doing ~하던 것을 멈추다
앞으로	**forget** to do ~할 것을 잊다	**remember** to do ~할 것을 기억하다	**stop** to do ~하려고 멈추다

기본적으로 동명사는 '과거'의 성격을, to부정사는 '미래'의 성격을 띤다는 걸 기억하세요.

We will never **forget working** with the plant maintenance team.
우리는 공장 유지 보수 팀과 일했던 것을 절대 잊지 않을 것이다.

Please don't **forget to turn off** the lights before you leave the office.
사무실을 떠나기 전에 불 끄는 것을 잊지 마세요.

BASE 집중훈련

A. 다음 괄호 안에 들어갈 알맞은 단어를 고른 후, 우리말로 해석하세요.

1. Our company started (supply / supplying) medical equipment to the local hospital.

해석 ▸ _____

2. The seminar will focus on (to develop / developing) closer bonds with coworkers.

해석 ▸ _____

3. The museum will continue (offers / to offer) student discounts for the foreseeable future.

해석 ▸ _____

4. Don't forget (to take / taking) your personal belongings with you.

해석 ▸ _____

5. Ms. McMaster had to give her presentation when the projector stopped (to work / working).

해석 ▸ _____

B. 다음 빈칸에 들어갈 알맞은 보기를 고른 후, 우리말로 해석하세요.

1. Micronesia Freight Company is changing its policies to lower fuel costs by ------- shipment loads.

(A) lighten   (B) lightly   (C) lightening   (D) to light

해석 ▸ _____

2. Many students begin ------- for a job before they graduate from university.

(A) searches   (B) searching   (C) searched   (D) will search

해석 ▸ _____

3. Ms. Howard forgot ------- her magazine subscription which had expired a few months ago.

(A) renew   (B) renewal   (C) to renew   (D) renewing

해석 ▸ _____

분사의 역할 및 특징

분사는 문장에서 형용사 역할을 합니다. 따라서 형용사가 오는 자리에 올 수 있어요. 하지만 동사에서 비롯되었기 때문에 형용사와 구별되는 분사만의 특징을 갖습니다.

▶ 분사의 자리

형용사 역할을 하는 분사는 명사를 수식하거나 보어 자리에 올 수 있습니다.

명사 앞, 뒤 Please fill out the **attached form** and return it at your earliest convenience.
명사(form)를 앞에서 수식
첨부된 양식을 작성해서 가급적 빨리 다시 보내주시길 바랍니다.

Dr. Russell is a respected local **physician working** at the Dunlee Health Center.
명사(physician)를 뒤에서 수식
Russell 의사는 Dunlee 의료 센터에서 일하는 훌륭한 지역 의사이다.

보어 자리 The procedure for handling complaints **is** very **interesting**.
주격 보어-분사
불만을 처리하는 절차가 매우 흥미롭다.

Please **keep** all mobile devices **turned off** for the duration of the show.
목적격 보어-분사
공연 내내 모든 휴대전화는 꺼두시기 바랍니다.

▶ 분사의 특징

현재분사의 경우, 목적어나 보어를 가질 수 있어요.

목적어나 보어의 보유 유무는 분사가 되기 전 동사의 종류(타동사/자동사)를 기준으로 정해집니다.

Ms. Weathers has extensive experience **making custom jewelry**.
동사 make는 목적어를 갖는 타동사이므로 현재분사 역시 목적어를 가짐
Weathers 씨는 주문 제작 장신구를 만든 경험이 풍부하다.

과거분사 뒤에 부사나 전치사구 등의 수식어를 가질 수 있어요.

분사는 동사의 성질을 그대로 가지고 있기 때문에 부사나 전치사구의 수식을 받습니다.

Liou Sportwear produces performance T-shirts **made from patented fabrics**.
전치사구가 과거분사 made를 수식
Liou 스포츠용품은 특허받은 직물로 만들어진 공연용 티셔츠를 제작한다.

BASE 집중훈련

A. 다음 괄호 안에 들어갈 알맞은 단어를 고른 후, 우리말로 해석하세요.

1. The subway station is (location / located) nearby.

해석 ▶ _____

2. Due to the lack of international visitors, many local tour companies are experiencing (reduction / reduced) sales.

해석 ▶ _____

3. We hope you find this work very (reward / rewarding).

해석 ▶ _____

4. Mr. Lee created a chart (show / showing) the results of his data analysis.

해석 ▶ _____

5. The hit movie, *Martin Family*, was originally a novel (writer / written) by Tomas Stein.

해석 ▶ _____

B. 다음 빈칸에 들어갈 알맞은 보기를 고른 후, 우리말로 해석하세요.

1. ------- tenants must return all of their keys to the Apartment Management Office.

(A) Departing   (B) Departure   (C) Depart   (D) To depart

해석 ▶ _____

2. The rental rates for apartments in Hong Kong are expensive because of the ------- availability of real estate.

(A) limited   (B) limit   (C) limits   (D) limitation

해석 ▶ _____

3. It is the porter's responsibility to provide assistance to ------- bringing luggage into the hotel.

(A) visitation   (B) visitors   (C) visiting   (D) visits

해석 ▶ _____

현재분사 vs. 과거분사

BASE 37

현재분사와 과거분사는 명사를 수식한다는 점에서 같은 자리에 올 수 있지만, 의미나 쓰임이 서로 반대이기 때문에 혼동하지 않도록 그 차이를 정확히 구분해 두어야 합니다.

	수식 대상과의 관계	목적어 보유 유무	감정
현재분사	능동	O	감정 유발
과거분사	수동	X	감정 수혜

▶ 능동 vs. 수동

분사와 분사의 수식을 받는 명사 간의 관계를 살펴봅니다. 명사가 행동하는 주체이면 능동, 그 행동을 당하는 대상이면 수동 관계가 됩니다.

예를 들어, 아래 문장의 경우 이웃이 둘러싸는 주체이므로 현재분사 surrounding과 명사 neighborhood는 서로 능동의 관계입니다.

능동 관계 The appearance of the **surrounding neighborhood** affects a house's value.
주변 이웃의 모습은 집의 가치에 영향을 미친다.

예를 들어, 아래 문장의 경우 예산은 제한을 당하는 대상이므로 과거분사 limited와 명사 budget은 서로 수동의 관계입니다.

수동 관계 We cannot afford to get new computers this year due to our **limited** **budget**.
제한된 예산으로 인해 우리는 올해 새 컴퓨터를 구매할 여유가 없다.

▶ 목적어 보유 가능 vs. 불가능

현재분사는 목적어를 가질 수 있지만, 과거분사 뒤에는 목적어에 해당하는 명사가 올 수 없습니다. 목적어 보유 가능 여부는 현재분사가 되기 전 동사의 종류(자동사/타동사)에 따라 결정됩니다.

현재분사 The letter **enclosing the contract** was forwarded to the Sales Department.
현재분사 뒤 목적어 가능
계약서를 동봉한 서신이 영업부에 전달되었다.

과거분사 The letter **enclosed** with the contract was forwarded to the Sales Department.
과거분사 뒤 목적어 불가능
계약서와 함께 동봉된 서신이 영업부에 전달되었다.

▶ 감정을 주는 쪽(감정 유발, 원인 제공) vs. 감정을 받는 쪽(감정 수혜)

감정 동사의 분사형에서, 분사의 수식을 받는 명사가 감정을 유발했으면 현재분사, 감정을 느꼈으면 과거분사가 쓰입니다. 감정의 원인이 되는 사물은 현재분사와, 감정을 느끼는 사람은 과거분사와 짝을 이룹니다.

예를 들어, 아래 첫 번째 문장에서 points는 '관심, 흥미로움'의 감정을 유발하는 주체이므로 앞에 현재분사 interesting이 쓰이고 두 번째 문장에서 people은 '관심, 흥미로움'의 감정을 느끼는 대상이므로 앞에 과거분사 interested가 쓰입니다.

Amy Collins brought up many **interesting points** during her keynote speech.
Amy Collins는 기조연설에서 여러 흥미로운 점들을 언급했다.

Interested people are welcome to bid on the property on 28 Wenham Road.
관심 있는 분들은 Wenham으로 28번지 부동산에 입찰하셔도 좋습니다.

confusing – confused	disappointing – disappointed	satisfying – satisfied
혼란스럽게 하는 – 혼란스러운	실망스러운 – 실망한	만족시키는 – 만족한
embarrassing – embarrassed	exciting – excited	surprising – surprised
당황하게 하는 – 당황한	흥분시키는, 신나게 하는 – 흥분한, 신이 난	놀라게 하는, 놀라운 – 놀란
frustrating – frustrated	interesting – interested	fascinating – fascinated
좌절하게 하는 – 좌절한	흥미로운 – 흥미를 느낀, 관심 있는	매료시키는, 매력적인 – 매료된

A. 다음 괄호 안에 들어갈 알맞은 단어를 고른 후, 우리말로 해석하세요.

1. The (attaching / attached) file details the scope of the project.

해석

2. Ms. Kelly has experience (reviewing / reviewed) science fiction novels.

해석

3. Employees must follow the rules (outlining / outlined) in the handbook when handling machinery.

해석

4. Given the (disappointing / disappointed) sales figures, Blimpty Juice will be closing several branches.

해석

5. It is apparent that many people are (interesting / interested) in purchasing the house.

해석

B. 다음 빈칸에 들어갈 알맞은 보기를 고른 후, 우리말로 해석하세요.

1. The ------- subway expansion is intended to connect outlying communities to the capital's metro system.

(A) proposal   (B) propose   (C) proposed   (D) proposing

해석

2. The ------- applicants for the marketing director job will be notified by Friday.

(A) remainders   (B) remaining   (C) remains   (D) remained

해석

3. Visitors were ------- with the floral arrangements for the anniversary party.

(A) impression   (B) impressing   (C) impressed   (D) impressive

해석

분사구문

분사가 수식하는 명사의 바로 앞이나 뒤에 붙어 있지 않고, 주절의 앞이나 뒤에서 독립된 형태로 존재하는 경우, 이를 분사구문이라고 불러요. 접속사절을 분사를 사용하여 간단히 나타낸 것이 분사구문입니다.

▶ 분사구문의 원리

① 부사절 접속사를 생략합니다.
② 주절의 주어와 부사절의 주어가 같을 때 부사절의 주어를 생략합니다.
③ 능동태 동사이면 현재분사로, 수동태 동사이면 과거분사로 바꿉니다. 이때 예문과 같이 자동사(work)는 항상 현재분사로 바꿉니다.

① When ② lab technicians ③ work with dangerous chemicals, ② they must use extreme caution.
→ **Working with dangerous chemicals**, lab technicians must use extreme caution.
위험한 화학 물질을 다룰 때, 실험실 연구원들은 극도로 조심해야 한다.

접속사를 생략하는 게 일반적이지만, 정확한 의미를 전달하기 위해 남겨두기도 합니다.
When working with dangerous chemicals, lab technicians must use extreme caution.

분사구문이 주절 뒤에 와도 같은 원리가 적용됩니다. 주의! 시험에 많이 등장하는 문장 형태
Lab technicians must use extreme caution **(when) working with dangerous chemicals.**

▶ 분사구문의 특징

분사구문이 주절 앞에 올 때는 콤마(,)를 붙입니다. 분사구문은 주절의 주어를 수식하듯이 해석하면 됩니다.
Making a speech in front of a large audience, most people get nervous.
　　　　　분사구문　　　　　　　　　　　　　주절
Most people get nervous **making a speech in front of a large audience**.
　　　주절　　　　　　　　　　　　　　　　분사구문
많은 청중 앞에서 연설하는 대부분의 사람들은 긴장한다.

분사구문은 사실 부사절 접속사가 생략된 형태이기 때문에 문맥에 따라 시간(when, as, after, before), 이유(because), 조건(if) 등 다양한 의미로 해석할 수 있어요. 분사구문과 주절 간의 내용을 고려해서 가장 자연스러운 의미로 이해하면 됩니다.
Most people get nervous **(when) making a speech in front of a large audience**.
많은 청중 앞에서 연설할 때, 대부분의 사람들은 긴장한다.

▶ 분사구문의 형태

능동형 〈동사원형+ -ing〉

주절의 주어와 분사구문의 분사가 능동 관계이면 현재분사를 씁니다.
Hearing Ms. Taylor's presentation, **the sponsors** agreed to invest in the property.
= After the sponsors heard Ms. Taylor's presentation,
Taylor 씨의 발표를 들은 후원자들은 그 부동산에 투자하는 데 동의했다.

수동형 〈p.p.〉

주절의 주어와 분사구문의 분사가 수동 관계이면 과거분사를 씁니다.
Released next week, **the video game** is expected to sell out quickly.
= When the video game is released next week,
다음 주에 출시되는 그 비디오 게임은 빠르게 매진될 것으로 예상된다.

BASE 집중훈련

A. 다음 괄호 안에 들어갈 알맞은 단어를 고른 후, 우리말로 해석하세요.

1. Ms. Cooper resigned from her position after (receiving / received) another job offer.

　해석 ▸ _____

2. (Approving / Approved) by the government, the bill will become a law.

　해석 ▸ _____

3. Managers should be objective when (evaluating / evaluation) their workers.

　해석 ▸ _____

4. The article profiles a business owner, (explaining / explained) how she achieved success.

　해석 ▸ _____

5. (Graduate / Graduating) from Haxbeu Cooking School, Michelle Lewis pursued a career as a French chef.

　해석 ▸ _____

B. 다음 빈칸에 들어갈 알맞은 보기를 고른 후, 우리말로 해석하세요.

1. ------- on the area's continuing infrastructure project, Governor Cairns assured the public that it would be satisfactory.

(A) Comments　　(B) Comment　　(C) Commenting　　(D) Commented

　해석 ▸ _____

2. Founded over 150 years ago, Fulda College contains the ------- law school in the country.

(A) whole　　(B) oldest　　(C) civic　　(D) widest

　해석 ▸ _____

3. ------- received, submissions can no longer be offered to other publications.

(A) After　　(B) Once　　(C) Also　　(D) Upon

　해석 ▸ _____

1. 동명사 vs. 명사

문장에서 명사 역할을 하는 동명사는 명사와 비슷하면서도 다른 특징을 갖습니다. 동명사와 명사의 공통점과 차이점에 대해 알아봅시다.

		동명사	명사
공통점	명사 자리에 올 수 __	있다	있다
차이점	앞에 **관사**가 올 수 __	없다	있다
	앞에 **형용사**가 올 수 __	없다	있다
	목적어나 **보어**를 가질 수 __	있다	없다
	부사의 수식을 받을 수 __	있다	없다

관사 Tran Motors began to produce their automobiles on a global scale after **the (merger /** ~~merging~~). Tran Motors는 합병 이후 자동차를 세계적인 규모로 생산하기 시작했다.
관사 뒤 동명사 불가

형용사 Professor Lambard's report provides a **broad (overview /** ~~overviewing~~) of the Asian economy.
형용사 뒤 동명사 불가
Lambard 교수의 보고서는 아시아 경제에 대해 전반적인 개요를 제공한다.

목적어 One of the aims of the annual meeting is **(nominating /** ~~nomination~~) **a chairman.**
명사 뒤 목적어 불가
연례 회의의 목적 중 하나는 의장을 임명하는 것이다.

부사 Mr. Manetti displayed a show of force by **suddenly (reducing /** ~~reduction~~) employee break times.
명사 앞/뒤 부사 불가
Manetti 씨는 직원 휴식 시간을 갑자기 줄임으로써 힘을 과시했다.

⊘ 체크 체크

다음 문장의 괄호 안에 알맞은 것을 고르고, 문장을 해석하세요.

1. This e-mail is intended solely for the (use / using) of the senders.
해석 ▸ _____

2. Check the exact cost of the item before (use / using) the corporate card.
해석 ▸ _____

3. We provide disposable containers for convenient (use / using).
해석 ▸ _____

2. 현재분사 -ing vs. 동명사 -ing

동사 뒤에 -ing가 붙으면 다양한 역할을 할 수 있습니다. 동사 자리에서 be동사와 함께 쓰여 진행 시제를 만들기도 하고, 동사 자리가 아닌 곳에서는 준동사의 역할을 하며 문장 내 다양한 자리에 오게 됩니다. 따라서 문장에 -ing 형태가 있으면 어떤 역할을 하는지 명확히 구별할 수 있어야 합니다. 준동사 역할을 하는 현재분사 -ing와 동명사 -ing의 공통점과 차이점에 대해 살펴봅시다.

		현재분사	동명사
공통점	형태	동사+ -ing	
	성격	준동사	
차이점	문장 내 역할	형용사	명사
	문장 내 자리	명사 앞/뒤, 보어	주어, 목적어, 보어

Q. 다음 문장에 있는 -ing는 각각 어떤 역할을 하나요?

Management is <u>considering</u> <u>holding</u> a workshop <u>focusing</u> on customer behaviors.
　　　　　　　　①　　　　　②　　　　　　　　　③

경영진은 고객 행동에 초점을 맞춘 워크숍을 개최하는 것을 고려하고 있다.

A. ① 'be동사+ -ing'의 현재 진행 시제를 만들어 주는 동사 자리의 현재분사
② 동사 consider의 목적어 자리이므로 동명사
③ 명사 workshop을 뒤에서 꾸며주는 수식어 자리이므로 현재분사

✓ 체크 체크

다음 문장에서 -ing가 붙어 있는 단어를 찾아 어떤 역할을 하는지 적고, 문장을 해석하세요.

1. The board is expecting a full report on the construction project.
(　　　　) 해석▶ _____

2. Doctors recommend getting an annual checkup to examine your overall health.
(　　　　) 해석▶ _____

3. Due to the increasing demand for classes, the school must hire more instructors.
(　　　　) 해석▶ _____

1. Yukon Bush Airline pilots are required to undergo annual evaluations ------- renewing their federal licenses.

   (A) according to
   (B) in addition to
   (C) within
   (D) apart

2. The CEO of Premier Furniture commended Mr. Phan for increasing ------- in the Vietnam plant.

   (A) productive
   (B) production
   (C) produces
   (D) producing

3. Since ------- transportation companies, STP Inc. reports a 10 percent increase in customer satisfaction.

   (A) switched
   (B) switching
   (C) to switch
   (D) switch

4. As Ms. Fontana's personal secretary, Mr. Tombach is responsible for ------- her on the daily meeting schedule.

   (A) relying
   (B) narrating
   (C) briefing
   (D) reviewing

5. Ms. Meyer helps ------- businesses by developing financial plans for them.

   (A) emerge
   (B) emerged
   (C) emerging
   (D) will emerge

6. The labor costs ------- in the invoice are not final, as the exact amount will be based on how long the work actually takes.

   (A) shown
   (B) showing
   (C) are showing
   (D) show

7. When recently -------, assembly workers at Shrankhaus Furnishings said that break time is the issue that needs to be resolved.

   (A) poller
   (B) polled
   (C) poll
   (D) polls

8. Moravian Inc. plans to increase production ------- lowering consumption of non-renewable energy.

   (A) while
   (B) because
   (C) except
   (D) which

Questions 9-12 refer to the following e-mail.

To: Office Staff
From: Anthony Nagel
Date: August 2
Subject: Standing Desks

Good morning,

I'm happy to inform you that Pierce Financial is going to install Juggernaut brand standing desks over the next week. The first ones will be brought in tomorrow for senior management. All ------- employees will be informed by management of the day that they are to be installed.
                9.
You will not be required to do anything ------- keep your space tidy and free of loose objects.
                                          10.
The maintenance team will take care of ------- all your belongings to the new set-up. The
                                        11.
desks will allow you to work at several different heights and are designed to maximize ergonomics. They are also fully customizable and can be adjusted electronically. -------.
                                                                                        12.

Best,

Anthony Nagel

9. (A) company
   (B) new
   (C) eligible
   (D) other

10. (A) aside
    (B) regardless
    (C) near
    (D) except

11. (A) moving
    (B) moves
    (C) moved
    (D) move

12. (A) Pierce Financial's move to a new office will be a major upgrade.
    (B) Consequently, we ask that you discard any unwanted items.
    (C) If you have any questions or concerns, please reply to me directly.
    (D) Juggernaut is considered a leader in the office furniture industry.

전치사와 접속사

1. 전치사

> Sumi walks her dog **in** the park **near** her house **at** 7 P.M. every day.
> 수미는 매일 오후 7시에 그녀의 집 근처에 있는 공원에서 개를 산책시킨다.

▶ **전치사는 무엇인가요?**

전치사는 '앞에 배치하는 말'이라는 뜻이에요. 이름 그대로 어딘가의 앞에 놓여서 다양한 역할을 하는 말입니다. 그렇다면 어디 앞에 놓일 수 있을까요?

바로, 명사나 대명사 앞입니다! '공원에서', '집 근처에', '오후 7시에'처럼 명사나 대명사 앞에서 시간 및 공간 등의 의미를 표현해 줍니다.

▶ **전치사의 종류는 어떻게 되나요?**

전치사는 형태상 어떤 일정한 규칙을 갖지 않습니다. 대신, 시간, 공간, 수단, 이유처럼 의미상 비슷한 전치사끼리 묶어 분류할 수 있습니다.

참고로, 형태상으로는 한 단어로 된 전치사 외에, 두 단어나 세 단어로 된 전치사도 있어요.

시간	**at** 7 P.M. 오후 7시에	**by** today 오늘까지	**during** the event 행사 동안
공간	**at** the bank 은행에서	**on** the sofa 소파 위에	**next to** him 그 옆에
수단	**with** a stick 막대기로	**by** car 차로	
이유	**because of** the issue 그 문제 때문에	**due to** the rain 비 때문에	

▶ **전치사구는 무엇인가요?**

전치사는 혼자서는 아무런 역할을 하지 못하고, 항상 명사 또는 대명사와 짝을 지어 움직입니다. 이렇게 전치사와 명사로 이루어진 말뭉치를 **전치사구**라 하고, **전명구**라고도 부릅니다. 전치사구는 문장에서 형용사나 부사 역할을 할 수 있습니다.

전치사 + 명사(구) = 전치사구

참고로, 전치사 뒤에 오는 명사 또는 대명사를 전치사의 목적어라고 불러요.

> I'd like to take advantage of **your special offer**. 당신의 특별 할인 혜택을 받고 싶습니다.
> 전치사+명사(전치사의 목적어) → 전치사구

2. 접속사

Sumi is going to Paris this summer with Josh, **so** both Sumi **and** Josh are very excited.

수미는 올여름에 Josh와 Paris에 갈 예정이어서, 수미와 Josh는 매우 신났다.

▶ **접속사는 무엇인가요?**

접속사는 연결해주는 말이에요. 문장에서 단어와 단어, 구와 구, 절과 절을 연결하는 역할을 합니다.

'수미가 Josh와 함께 Paris에 간다.'와 '수미와 Josh 둘 다 매우 신났다.'라는 두 문장을 접속사 'so'로 연결하고, 두 단어, '수미'와 'Josh' 역시 접속사 'and'로 연결하는 것처럼요.

▶ **접속사의 종류는 어떻게 되나요?**

접속사는 어떤 요소를 어떻게 연결해주는지에 따라 크게 두 가지로 나눌 수 있어요.

등위 접속사	종속 접속사
단어와 단어, 구와 구, 절과 절을 대등하게 연결해주는 접속사	대등하지 않은 관계(종속 관계)인 두 개의 절, 즉, 주절과 종속절을 연결해주는 접속사
등위 접속사, 상관 접속사 and, but, both A and B …	명사절 접속사, 부사절 접속사, 형용사절 접속사 that, because, when, who …

▶ **'절'은 무엇인가요?**

절은 구처럼 두 개 이상의 단어가 모여 이루어진 말뭉치예요. 그런데 구와는 달리, 주어와 동사를 포함하여 문장의 형태를 갖춘 경우, 절이라고 부릅니다.

하나의 문장은 여러 개의 절로 이루어질 수도 있어요. 그리고 여러 개의 절은 서로 대등한 관계로 연결될 수도 있고 종속 관계로 연결될 수도 있죠. 특히 종속 관계로 연결된 경우, 문장의 중심이 되는 절을 주절, 주절에 속하는 절을 종속절이라고 불러요.

전치사와 접속사

BASE 39 전치사 자리

▶ 문장에서 전치사 자리는 어디인가요?

전치사는 명사나 대명사 앞에 올 수 있습니다.

명사 앞 Please send your application **by post**. 지원서를 우편으로 보내주세요.
<u>전치사 명사</u>

목적격 대명사 앞 Tourists should always carry their passports **with them**.
관광객들은 항상 자신의 여권을 소지해야 한다. <u>전치사 목적격 대명사</u>

마찬가지로, 명사 역할을 하는 덩어리 형태인 명사구나 동명사(구), 명사절 앞에도 올 수 있어요.

명사구 앞 Feldman Shoes placed an advertisement **in a local newspaper**.
<u>전치사 명사구</u>
Feldman 제화는 지역 신문에 광고를 실었다.

동명사구 앞 Technicians repaired the tracks **by replacing the damaged parts**.
<u>전치사 동명사구</u>
기술자들은 손상된 부품을 교체함으로써 선로를 수리했다.

명사절 앞 The company will talk **about how they will develop this product**.
<u>전치사 명사절</u>
회사는 이 제품을 어떻게 개발할지를 논의할 것이다.

▶ 문장에서 전치사구 자리는 어디인가요?

전치사구가 어떤 역할을 하는지에 따라 올 수 있는 자리가 다릅니다.

형용사 역할

명사 뒤 Stay on-site until the **completion of the project**. 공사 완료까지 현장에 남아 계세요.
명사 └───┘ 전치사구(명사 수식)

be동사 뒤 Sally's Café **is in a beautiful location**. Sally's 카페는 아름다운 장소에 있다.
be동사 전치사구(주격 보어)

부사 역할

일반동사 뒤 Mr. Son **arrived at 3 o'clock**. Son 씨는 3시에 도착했다.
동사 └───┘ 전치사구(동사 수식)

Please **submit your sales report by Friday**. 금요일까지 매출 보고서를 제출해 주세요.
동사 └─ 목적어 ─┘ 전치사구(동사 수식)

형용사 뒤 The office space is **available for lease**. 그 사무 공간은 임대용으로 이용할 수 있다.
형용사 └───┘ 전치사구(형용사 수식)

문장 앞 **Because of a tight deadline, the entire R&D team had to work overtime**.
전치사구(문장 전체 수식) └─────────────┘ 문장
빠듯한 일정 때문에, 전체 연구·개발팀이 초과 근무를 해야 했다.

BASE 집중훈련

A. 다음 괄호 안에 들어갈 알맞은 단어를 고른 후, 우리말로 해석하세요.

1. It is illegal to use any of these images without (permitted / permission) from the photographer.

> 해석 _____

2. You look a lot like Sarah Hunter, so we thought you were related to (she / her).

> 해석 _____

3. Justin Harper received numerous awards (for / because) his excellent design work.

> 해석 _____

4. The city has designated Ms. Trang to oversee the (construct / construction) of the library.

> 해석 _____

5. Refreshments will be served (after / later) the lecture.

> 해석 _____

B. 다음 빈칸에 들어갈 알맞은 보기를 고른 후, 우리말로 해석하세요.

1. Starting May 10, hotel guests will be requested to fill out a satisfaction survey ------- each stay.

(A) when   (B) past   (C) after   (D) which

> 해석 _____

2. St. Michael's Hospital will be closed ------- the renovation but will return to its full operational status on March 15.

(A) because   (B) during   (C) off   (D) that

> 해석 _____

3. After three decades of ------- with the Department of Environmental Protection, Ms. Hanin will be stepping down as CFO on April 5.

(A) serve   (B) served   (C) serves   (D) service

> 해석 _____

시간 전치사

▶ 시점을 나타내는 전치사

at	+ 특정 시각, noon/night/midnight, 짧은 시간 표현	
on	+ 요일, 날짜, 특정일	~에
in	+ 월, 계절, 연도, the morning/afternoon/evening	

at Logan will be leaving for the airport **at 7 P.M**. [시각] Logan은 오후 7시에 공항으로 출발할 것이다.

The weekly meeting will begin **at noon**. [정오/밤/자정] 주간 회의가 정오에 시작될 것이다.

on The board approved the merger with Hascon Co. **on Monday**. [요일]
이사회는 Hascon 사와의 합병을 월요일에 승인했다.

The 10th anniversary of the company will be celebrated **on January 5**. [날짜]
회사의 10번째 기념일이 1월 5일에 있을 예정이다.

in Ms. Woo will be transferred to her new position **in June**. [월]
Woo 씨는 6월에 새로운 자리로 옮길 것이다.

The bands will be performing tomorrow **in the morning**. [오전/오후/저녁]
그 밴드들은 내일 아침에 공연할 것이다.

by	+ 특정 시점	특정 시점 전까지 동작의 **완료** 강조 – 동작의 일회성	~까지
until		특정 시점까지 동작이 **지속되는 상태** 강조 – 동작의 지속성	

by The budget report **should be finished by** tomorrow.
예산 보고서는 내일까지 완료되어야 한다.

until The fundraising event **has been postponed until** tomorrow.
기금 모금 행사가 내일까지 연기되었다.

before, prior to	~전에	after, following	~후에

before Please examine the attached document **before** the meeting.
회의 전에 첨부된 서류를 검토해 주세요.

after Dr. Evans will be giving the keynote speech **after** lunch.
Evans 박사는 점심 식사 후 기조연설을 할 것이다.

for	+ 숫자 기간	
during	+ 특정 기간 (행사, 사건 등)	~동안

for Mr. Choi has worked at Kujari Ltd. **for 12 years**. Choi 씨는 Kujari 사에서 12년 동안 일했다.

during Temporary workers will be hired **during the event**. 행사 기간 동안 임시 직원들이 고용될 것이다.

over	~동안[걸쳐]	throughout	~동안 쭉, ~내내

over The new security system will be installed **over** the weekend.
새 보안 시스템이 주말 동안 설치될 것이다.

throughout The weather report forecasts heavy rain **throughout** the week.
일기예보는 이번 주 내내 폭우를 예보한다.

BASE 집중훈련

A. 다음 괄호 안에 들어갈 알맞은 단어를 고른 후, 우리말로 해석하세요.

1. The current residents are moving out (on / in) Sunday.

해석 _____

2. Ronka Hardware Store's free shipping offer extends (by / until) July 10.

해석 _____

3. The wedding rehearsal will be held one day (before / after) the actual ceremony.

해석 _____

4. Employees will not be permitted to enter the office (for / during) renovations.

해석 _____

5. The audition for the new play will take place (at / throughout) the week.

해석 _____

B. 다음 빈칸에 들어갈 알맞은 보기를 고른 후, 우리말로 해석하세요.

1. Demeter's gardening tools have a warranty that is valid ------- five years.

(A) in   (B) to   (C) at   (D) for

해석 _____

2. Passengers are required to have their vehicles weighed ------- boarding the ferry for the mainland.

(A) before   (B) beyond   (C) about   (D) within

해석 _____

3. ------- the worldwide success of her debut album, singer Paz Rivera was greeted by passionate fans at all of her concert venues.

(A) Like   (B) Across   (C) Over   (D) Following

해석 _____

PART 5 CHAPTER 08

BASE 41 장소·위치·방향 전치사

▶ 장소, 위치를 나타내는 전치사

at	+ 특정 지점, 구체적인 장소(목적지)	in	+ 장소 내부, 넓은 장소	~에

at Mr. Han was willing to deliver the speech **at** the conference.
Han 씨가 학회에서 기꺼이 연설하려고 했었다.

in There is a shortage of cheap accommodation **in** the region.
그 지역에는 저렴한 숙소가 부족하다.

before, in front of ~ 앞에	by, beside, next to ~ 옆에	behind ~ 뒤에
near ~ 근처에	around ~ 주위에	throughout ~ 여기저기, 도처에

by The restaurant is located **by** the beach. 그 식당은 바닷가에 위치해 있다.

around The post office is **around** the corner from the train station. 우체국은 기차역 모퉁이 주위에 있다.

on, above, over ~ 위에	below, under ~ 아래에

above You will find blankets **above** the seats in the overhead compartments.
좌석 위 짐칸에서 담요를 찾을 수 있다.

below The answers are written **below** the questions. 정답은 문제 아래에 쓰여 있다.

between (둘) 사이에	among (셋 이상) 사이에

between The science museum will be closed **between** the hours of 12 to 1 P.M.
과학 박물관은 오후 12시에서 1시 사이에 문을 닫을 것이다.

among The new smartphones are very popular **among** college students.
그 새 스마트폰은 대학생들 사이에 매우 인기 있다.

▶ 방향을 나타내는 전치사

from ~에서(출발, 시작점)	out of ~에서 나와, 밖으로	into ~ 안으로
to ~로(도착, 종착점)	toward ~을 향하여	up ~ 위로

from ~ to The attendees at the trade show ranged **from** students **to** industry professionals.
무역 박람회 참석자들은 학생들부터 업계 전문가들까지 다양했다.

into Holidays Hotels chain is looking to expand **into** the Asian market.
Holidays 호텔 체인은 아시아 시장으로 확장하는 것을 고려하고 있다.

across ~을 가로질러, 건너	through ~을 통과하여	along ~을 따라

across I reserved a table for five at the restaurant **across** the street.
나는 길 건너에 있는 식당에 다섯 명 자리를 예약했다.

through There are several lines running **through** the Hilmann Station.
Hilmann역을 통과해 지나가는 여러 노선들이 있다.

along Road construction has increased traffic congestion **along** Spencer Street.
도로 건설이 Spencer가를 따라 교통 혼잡을 증가시켰다.

BASE 집중훈련

A. 다음 괄호 안에 들어갈 알맞은 단어를 고른 후, 우리말로 해석하세요.

1. Mr. Hermes called to confirm his reservation (at / on) the Oracle Hotel for this weekend.

해석 _____

2. Visitors to Chellor Park can enjoy a leisurely walk (around / under) the lake.

해석 _____

3. Insert the cable into the slot (toward / behind) the machine.

해석 _____

4. Alice is (into / out of) the office, but she will be back in a moment.

해석 _____

5. Open communication (between / among) management and employees is important for the company's growth.

해석 _____

B. 다음 빈칸에 들어갈 알맞은 보기를 고른 후, 우리말로 해석하세요.

1. All tickets to the encore performance at the Lincoln Theater were sold out just three hours ------- the holiday sale.

(A) behind   (B) of   (C) within   (D) into

해석 _____

2. GF Resorts has selected several potential sites for casinos ------- the state of Nevada.

(A) throughout   (B) over   (C) among   (D) upon

해석 _____

3. Marlene Frischman is ------- the candidates for the Director of European Operations position.

(A) among   (B) concerning   (C) about   (D) from

해석 _____

BASE 42

기타 전치사

▶ 수단, 목적을 나타내는 전치사

by, with [수단] ~로	for [목적] ~를 위해

by Mr. Page never writes letters **by** hand. Page 씨는 편지를 절대 손으로 쓰지 않는다.

with Famous author Bran Lin still writes his stories **with** a manual typewriter.
유명 작가 Bran Lin은 아직도 수동 타자기로 소설을 쓴다.

for We have to decide the venue **for** the awards ceremony. 우리는 시상식을 위한 장소를 결정해야 한다.

▶ 이유, 원인을 나타내는 전치사

because of, due to ~ 때문에	for ~으로, ~해서

because of The sales director didn't attend the conference **because of** a prior commitment.
영업 이사는 선약 때문에 회의에 참석하지 못했다.

due to The research project was stopped **due to** a lack of funding.
그 연구 프로젝트는 자금 부족으로 중단되었다.

for The coastal route to the airport is popular **for** its scenic views.
공항으로 가는 연안 도로는 경치 좋은 전망으로 인기가 많다.

▶ 주제를 나타내는 전치사

about, on, concerning, regarding ~에 대해 [관하여]

about There was negative feedback **about** the design of this car.
이 차의 디자인에 대한 부정적인 피드백이 있었다.

on We will provide regular status updates **on** the construction project.
우리는 그 공사 프로젝트에 대해 정기적인 상황 업데이트를 제공할 것이다.

concerning All issues **concerning** salary raises were settled at yesterday's meeting.
급여 인상에 관한 모든 사안들이 어제 회의에서 해결되었다.

▶ 기타 다양한 의미의 전치사

despite, in spite of ~에도 불구하고	with ~와 함께
without ~ 없이	except (for) ~를 제외하고

despite **Despite** concerns about her lack of experience, the company hired Ms. McMann. 그녀의 경험 부족에 대한 우려에도 불구하고, 회사는 McMann 씨를 고용했다.

without Cars parked in Lot B **without** a valid permit will be subject to a fine.
유효한 허가증 없이 B 구역에 주차된 차들은 벌금의 대상이 될 것이다.

except The social distancing policy will affect all students **except for** those attending the graduation ceremony.
사회적 거리 두기 정책은 졸업식에 참석하는 사람들을 제외한 모든 학생들에게 영향을 미칠 것이다.

BASE 집중훈련

A. 다음 괄호 안에 들어갈 알맞은 단어를 고른 후, 우리말로 해석하세요.

1. Chef Boyle will demonstrate just how easy cooking can be (for / with) the proper tools.

해석 _____

2. Dr. Clemens is unavailable from Wednesday to Friday (due / prior) to urgent business.

해석 _____

3. Ms. Falkor will handle the matter (regarding / despite) the missing package.

해석 _____

4. You may not reproduce any articles (with / without) written permission from the authors.

해석 _____

5. The new dress code change will affect all employees (except / as) for the interns.

해석 _____

B. 다음 빈칸에 들어갈 알맞은 보기를 고른 후, 우리말로 해석하세요.

1. Monroe Theater will be open ------- a special musical performance on Saturday.

(A) about   (B) for   (C) on   (D) to

해석 _____

2. Mr. Park enjoyed meeting ------- the marketing team last Thursday.

(A) over   (B) with   (C) for   (D) on

해석 _____

3. The Chu Hei Cosmetics Group managed to increase its market share ------- making its packaging more attractive.

(A) into   (B) for   (C) by   (D) about

해석 _____

PART 5 CHAPTER 08

BASE 43

등위 접속사의 종류

등위 접속사는 단어와 단어, 구와 구, 절과 절처럼 문법적으로 대등한 요소를 서로 연결해 줍니다. 문장의 다양한 자리에서 다양한 요소들을 연결할 수 있어요. 등위접속사의 종류 및 역할에 대해 자세히 살펴봅시다.

▶ 등위 접속사의 종류 및 역할

and 그리고   or 또는   but 하지만   yet 그렇지만   so 그래서   for 왜냐하면

단어와 단어 Employees who <u>walk</u> **or** <u>bike</u> to work will be rewarded with a gift certificate.
걸어서 또는 자전거로 출근하는 직원들은 상품권으로 보상받을 것입니다.

구와 구 Franzico Hotel received a high rating for its <u>convenient facilities</u> **and** <u>superb hospitality</u>. Franzico 호텔은 편리한 시설과 최상의 접대로 높은 등급을 받았다.

절과 절 John Thompson was nominated for Best Actor, **but** he did not win.
John Thompson은 남우주연상 후보로 지명되었으나 수상하지는 못했다.

단, so와 for는 다른 접속사와는 달리, '절과 절'만 연결할 수 있어요.

Consumers want many options, **so** Togo, Inc. produces a wide range of products.
소비자들이 많은 옵션들을 원해서, Togo 사는 다양한 종류의 제품들을 생산한다.

▶ 상관 접속사의 종류 및 역할

both *A* and *B* A와 B 둘 다	not *A* but *B* A가 아니라 B
either *A* or *B* A나 B 둘 중 하나	not only *A* but (also) *B* A뿐만 아니라 B도
neither *A* nor *B* A도 B도 아닌	*B* as well as *A* A뿐만 아니라 B도

단어와 단어 The promotional event was **both** *informative* **and** *entertaining*.
그 홍보 행사는 유익하면서도 재미있었다.

구와 구 Fadexpert's online marketing plans use **both** *social media* **and** *web portals*.
Fadexpert의 온라인 마케팅 계획은 소셜미디어와 포털 사이트를 모두 사용한다.

BASE 집중훈련

A. 다음 괄호 안에 들어갈 알맞은 단어를 고른 후, 우리말로 해석하세요.

1. Regular subway commuters can buy a monthly pass (or / but) a single journey ticket.

해석

2. Send back your defective merchandise, (and / yet) we will provide a replacement free of charge.

해석

3. The transaction couldn't be completed, (so / for) the credit card has expired.

해석

4. The government plans to build a stadium that is for (both / either) sports games and music performances.

해석

5. The office expansion required careful planning (but also / as well as) a large capital investment.

해석

B. 다음 빈칸에 들어갈 알맞은 보기를 고른 후, 우리말로 해석하세요.

1. Ms. Yeung will be attending a conference on Monday, ------- the Sales Department will meet on Tuesday instead.

(A) even   (B) so   (C) until   (D) still

해석

2. ------- Ms. Carter nor Ms. Romanova replied to the email about the budget report.

(A) None   (B) Neither   (C) But   (D) Whether

해석

3. Either Mr. Zhang ------- one of his coworkers will call the hotel today to make the reservations.

(A) and   (B) or   (C) but   (D) also

해석

등위 접속사의 특징

등위 접속사가 갖는 기본 특징이 있습니다. 특징만 정확히 파악하면 전체 문장 구조를 이해하기가 쉽습니다.

▶ 등위접속사의 기본 특징

① 성격이 동일한 문장 요소를 대등하게 연결합니다.

등위접속사로 연결된 문장 성분은 서로 병렬 관계를 이루어야 합니다.

: 단어-단어, 구-구, 절-절, 명사-명사, 동사-동사, 부사구-부사구 …

This job requires language proficiency in <u>English</u> **and** <u>Spanish</u>.
명사 and 명사

이 직무는 영어와 스페인어에 대한 언어 숙련도를 요구한다.

Dr. Kurihara has <u>studied customer behavior for many years</u> **and** <u>written a marketing textbook</u>.
구 and 구

Kurihara 박사는 수년간 소비자 행동에 대해 연구하였고 마케팅 교과서를 집필했다.

<u>Ms. Perry has a wide span of responsibilities</u> **and** <u>he is an invaluable asset to the company</u>.
절 and 절

Perry 씨는 광범위한 직무를 맡고 있고 회사에 귀중한 자산이다.

② 문장의 맨 앞에 올 수 없습니다.

보통은, 연결되는 앞의 내용 없이 접속사가 먼저 나올 수 없습니다.

And its prices are reasonable. (X)

접속사 없이 콤마(,) 만으로 두 개의 문장을 하나로 연결할 수 없어요.

The restaurant's food is delicious, its prices are reasonable. (X)

→ The restaurant's food is delicious, **and** its prices are reasonable. (O)

그 식당의 음식은 맛있고, 가격은 합리적이다.

▶ 상관 접속사가 포함된 주어와 동사의 수 일치

등위 접속사가 주어 자리에 있는 문장 요소를 연결하는 경우, 주어와 동사의 수 일치에 주의해야 합니다.

<u>(Both) A and B</u> + 복수 동사
복수 주어

Both <u>Ms. Lam</u> and <u>Mr. Bennett</u> **are** in agreement about the need to replace old computers.

Lam 씨와 Bennett 씨 둘 다 오래된 컴퓨터의 교체가 필요하다는 것에 동의한다.

either A or B	
neither A nor B	명사 B를 기준으로 동사의 수를 맞춤
not A but B	→ B가 단수 명사이면 단수 동사
not only A but (also) B	→ B가 복수 명사이면 복수 동사
B as well as A	

Either <u>an undergraduate degree</u> **or** <u>relevant careers</u> **are** required to apply.

지원하기 위해서는 학사 학위나 관련 경력이 요구된다.

BASE 집중훈련

A. 다음 괄호 안에 들어갈 알맞은 단어를 고른 후, 우리말로 해석하세요.

1. Mr. Marden has the ability to make (quick / quickly) and smart decisions.

해석 _____

2. Participation in the recycling program is welcome but completely (option / optional).

해석 _____

3. Please fill out the questionnaire completely and (write / writing) any comments in the last box.

해석 _____

4. The factory is under construction (however / but) will be operational soon.

해석 _____

5. Neither Ms. Le nor Mr. Nguyen (know / knew) much about financial investments until recently.

해석 _____

B. 다음 빈칸에 들어갈 알맞은 보기를 고른 후, 우리말로 해석하세요.

1. HH Clinic stops accepting patients at 6 P.M., ------- those already on the list will be treated.

   (A) who   (B) but   (C) even   (D) or

해석 _____

2. Kimita Computer Games are ------- challenging and entertaining to play.

   (A) each   (B) both   (C) some   (D) either

해석 _____

3. The legal guarantee for the AMV motorcycle expires after two years ------- 200,000 kilometers, whichever is reached first.

   (A) plus   (B) or   (C) either   (D) both

해석 _____

종속 접속사의 종류와 특징

종속 접속사는 대등하지 않은 절들을 서로 연결해 줍니다. 즉, 종속 관계의 주절과 종속절을 연결하는데, 이때 종속절의 유형은 크게 명사절, 부사절, 형용사절, 이렇게 3가지 종류로 나눌 수 있습니다.

▶ 명사절과 명사절 접속사

명사절은 문장에서 명사 역할을 하는 종속절입니다. 이때 명사절을 앞에서 이끌며 주절과의 연결고리 역할을 하는 접속사가 필요한데, 그것이 바로 '명사절 접속사'입니다.

명사절 접속사	that, if, whether 의문사(간접 의문문)

명사절은 주어와 동사를 갖춘 완전한 절이며 문장에서 명사가 쓰이는 자리에 올 수 있습니다.

주어 자리 **Whether** the acquisition is a good investment is not certain.
그 기업 인수가 좋은 투자인지는 확실치 않다.

보어 자리 The only problem is **that** the apartment doesn't come with a parking lot.
유일한 문제점은 그 아파트가 주차 공간을 제공하지 않는다는 것이다.

목적어 자리 The CEO will have to decide **if** the budget has been appropriately allocated.
CEO는 예산이 적절하게 배분되었는지를 판단해야 할 것이다.

▶ 부사절과 부사절 접속사

부사절은 문장에서 부사 역할을 하는 종속절입니다. 이때 부사절을 앞에서 이끌며 주절과의 연결고리 역할을 하는 접속사가 필요한데, 그것이 바로 '부사절 접속사'입니다.

부사절 접속사	when, while, before, because, although 등

부사절은 주어와 동사를 갖춘 완전한 절로서 주로 주절의 앞 또는 뒤에 자리하며, 부사절이 앞에 올 때는 콤마(,)를 붙입니다.

주절 앞 **When** you email the estimate, please attach a photo of the product.

주절 뒤 Please attach a photo of the product **when** you email the estimate.
견적서를 이메일로 보내실 때는, 제품의 사진을 첨부해 주시기 바랍니다.

▶ 형용사절과 형용사절 접속사

형용사절은 문장에서 형용사 역할을 하는 종속절입니다. 이때 형용사절을 앞에서 이끌며 주절과의 연결고리 역할을 하는 접속사가 '형용사절 접속사'이고, 흔히 '관계사(관계대명사/관계부사)'라고 부릅니다.

형용사절 접속사	who, which, whom, that, where, when 등

형용사절(관계사)은 주어나, 목적어 등이 빠진 불완전한 절을 이끄는데, 두 단어 이상으로 이루어져 있으므로 명사를 앞에서 꾸며줄 수 없고 명사 뒤에만 올 수 있습니다.

명사 뒤 Employees **who** travel for business should stay in contact with the HR Department.
업무상 여행하는 직원들은 인사부와 연락을 유지해야 한다.

BASE 집중훈련

A. 다음 괄호 안에 들어갈 알맞은 단어를 고른 후, 우리말로 해석하세요.

1. Participants will judge (and / whether) the new product works well.

해석 ›

2. The board hopes (that / for) employees take advantage of the on-site fitness classes.

해석 ›

3. Taehan Financial conducted a survey to find out (what / if) a new product is marketable.

해석 ›

4. Customers can get faster Internet connection speed (when / that) they sign up for our premium GTE plan.

해석 ›

5. Only those interns (who / are) pass the final exam will be eligible to apply for a permanent position.

해석 ›

B. 다음 빈칸에 들어갈 알맞은 보기를 고른 후, 우리말로 해석하세요.

1. Ms. Elliot contacted the customer to ask ------- there is a freight elevator in their building.

(A) whether   (B) so   (C) for   (D) about

해석 ›

2. ------- the installation is finished, only the elevators on the left side of the lobby will be usable.

(A) Yet   (B) Despite   (C) During   (D) Until

해석 ›

3. Consumers ------- wish to receive a refund must return the product within 30 days of the product purchase date.

(A) who   (B) if   (C) whether   (D) when

해석 ›

BASE 확장

1. 전치사의 다양한 의미

전치사는 보통 한 개 이상의 의미가 있는 경우가 많습니다. 따라서 전치사가 문장에서 어떤 의미로 쓰였는지 정확히 이해하려면, 문맥을 통해 파악하는 것이 중요해요. 대표적으로 전치사 for의 다양한 의미에 대해 살펴봅시다.

목적 We need to present a plan **for** the company awards ceremony by next week.
~를 위해
우리는 다음 주까지 회사 시상식을 위한 계획을 제출해야 한다.

기간 We stayed at a small hotel in Augustine **for** two weeks.
~ 동안
우리는 Augustine에서 작은 호텔에 2주 동안 머물렀다.

이유 The store manager apologized to the customers **for** the delay in service.
~으로, ~때문에
대장 매니저는 서비스의 지연으로 고객들에게 사과했다.

방향 The train bound **for** Colorado City will be departing from platform 9.
~를 향한, ~로 가는
Colorado시로 가는 기차는 9번 플랫폼에서 출발합니다.

교환 The collector offered me 2000 dollars in exchange **for** the antiques.
~의 대가로
그 수집가는 골동품 교환의 대가로 내게 2000 달러를 제안했다.

✓ **체크 체크**

다음 문장에서 전치사 for가 어떤 의미로 쓰였는지 적고, 문장을 해석하세요.

1. Timo Automobile launched a promotional campaign for its latest models.
   (   ) 해석 _____

2. The company's profits have declined for three quarters due to increased competition.
   (   ) 해석 _____

3. The new smartphone model is known for its outstanding performance.
   (   ) 해석 _____

2. so와 for, 그리고 because

그래서, 왜냐하면, 때문에...? 비슷한 듯하면서 다른 것 같기도 하고 혼란스러운 적 있으신가요? 이 접속사 3개가 서로 어떻게 비슷하고, 또 어떻게 다른지 살펴볼까요?

	so 그래서	for 왜냐하면	because 왜냐하면
공통점	모두 문장과 문장을 연결하는 역할		
차이점	so 뒤에는 **결과**	for와 because 뒤에는 **이유**	
	so와 for는 등위 접속사 (문장 관계 동등)	because는 종속 접속사 (주절-종속절 관계)	

so
Mr. Zhang extended the deadline, **so** we would have enough time to complete the assignment.
원인   결과
Zhang 씨가 마감일을 연장해서, 우리는 그 일을 완료할 충분한 시간이 있을 것이다.

for
The meeting has been postponed, **for** the projector is not working properly.
결과   원인
프로젝터가 제대로 작동하지 않아서, 회의가 연기되었다.

because
Ms. Rimes called a technician **because** her computer failed to turn on.
결과   원인
Rimes 씨는 컴퓨터의 전원이 켜지지 않아서 기술자에게 전화를 걸었다.

✓ **체크 체크**

다음 문장에서 괄호 안에 들어갈 알맞은 답을 고른 후, 문장을 해석하세요.

1. I hired Mike (so / for) he seems like a very dependable person.
   해석 _____

2. Please follow the instructions carefully, (so / for) the printer is installed properly.
   해석 _____

3. We had to shorten our presentation (so / because) it was too long.
   해석 _____

1. Defective products must be returned ------- three weeks of the date of purchase.

   (A) between
   (B) ahead
   (C) until
   (D) within

2. The department manager is grateful ------- the consistent hard work and dedication of the team members.

   (A) truly
   (B) that
   (C) to
   (D) for

3. Our personal trainers help students work ------- a certain fitness goal, such as preparing for a marathon.

   (A) close
   (B) toward
   (C) about
   (D) further

4. Team members often share the latest data and information ------- the shift change.

   (A) during
   (B) unless
   (C) while
   (D) between

5. The guidelines ------- traveling expenses are located on page 53 of the employee manual.

   (A) throughout
   (B) beside
   (C) concerning
   (D) along

6. The subway trains are fully packed on weekday mornings ------- 7:00 A.M. and 9:00 A.M.

   (A) between
   (B) within
   (C) following
   (D) respecting

7. Inquiries about order shipments should be transferred to ------- Ms. Howell or Mr. Chang in the Distribution Department.

   (A) either
   (B) both
   (C) which
   (D) reply

8. Visitors praise Kingstown Casino's luxurious suites ------- its fantastic restaurants.

   (A) yet
   (B) as well as
   (C) where
   (D) as long as

Questions 9-12 refer to the following advertisement.

The New Amsterdam Times would like you to know about our new Breaking News application for smart devices. The program ------- the newspaper's award-winning coverage of the latest world events. Use it on the go when you don't have time to sit and read the paper. -------. Additionally, you can list your preferences in the app in order to receive customized news alerts ------- on your smart device. Stay updated on key events and commentary by installing the Breaking News app today ------- pick up a copy of the newspaper at your local stand.

---

9. (A) detects
(B) supplements
(C) replaces
(D) advises

10. (A) The program offers up-to-the-minute reports.
(B) We have branch offices in several cities.
(C) Our newspaper is renowned around the world.
(D) The Premium Package is free for the first three months.

11. (A) directing
(B) directs
(C) direction
(D) directly

12. (A) just
(B) or
(C) once
(D) but

명사절 접속사와 부사절 접속사

1. 명사절 접속사

> Sumi thinks **that** she is overweight. 수미는 자신이 과체중이라고 생각한다.

▶ **명사절 접속사는 무엇인가요?**

명사절 접속사는 문장을 명사 덩어리로 만들어 주는 접속사예요. 즉, 한 문장이 다른 문장 속에서 명사 역할을 할 수 있도록 명사절인 종속절로 만들어 줍니다.

문장		명사절 접속사		명사절
She is overweight. 그녀는 과체중이다.	+	that ~라는 것	→	that she is overweight 그녀가 과체중이라는 것

▼

다른 문장에서 명사 역할을 하는 종속절
Sumi thinks **that** she is overweight. 명사절 → 다른 문장에서 목적어 역할 수미는 자신이 과체중이라고 생각한다.

▶ **명사절은 어떤 형태인가요?**

명사절의 형태는 '명사절 접속사 + 완전한 문장(주어 + 동사 ~)'입니다.

▶ **명사절 접속사의 종류는 어떻게 되나요?**

전달하는 의미에 따라 크게 3가지 종류로 구분할 수 있습니다.

that	~라는 것, ~하는 것
whether, if	~인지 (아닌지)
의문사	who 누가 ~하는지 when 언제 ~하는지 where 어디서 ~하는지 what 무엇이/무엇을 ~하는지 which 어느 것이/어느 것을 ~하는지 how 어떻게 ~하는지 why 왜 ~하는지

2. 부사절 접속사

> Sumi was still hungry **even though** she had dinner. 수미는 저녁을 먹었지만 여전히 배가 고팠다.

▶ **부사절 접속사는 무엇인가요?**

부사절 접속사는 문장을 부사 덩어리로 만들어 주는 접속사예요. 즉, 한 문장이 다른 문장 속에서 부사 역할을 할 수 있도록 부사절인 종속절로 만들어 줍니다.

문장		부사절 접속사		부사절
She had dinner. 그녀는 저녁을 먹었<u>다</u>.	+	even though 비록 ~지만	→	even though she had dinner 그녀는 저녁을 먹었지만

▼

다른 문장에서 부사 역할을 하는 종속절
Sumi was still hungry **even though** she had dinner. 부사절 → 문장에서 부사(수식어) 역할 수미는 저녁을 먹었지만 여전히 배가 고팠다.

▶ **부사절은 어떤 형태인가요?**

부사절의 형태는 '부사절 접속사 + 완전한 문장(주어 + 동사 ~)'입니다.

▶ **부사절 접속사의 종류는 어떻게 되나요?**

전달하는 의미를 기준으로 부사절 접속사를 분류할 수 있습니다.

시간·조건	when ~할 때 while ~하는 동안 as ~할 때 if ~라면 once 일단 ~하면 as soon as ~하자마자
이유·목적	because ~이기 때문에 as ~이기 때문에 since ~이기 때문에 so that ~하기 위해서
양보·대조	although 비록 ~이지만 though 비록 ~이지만 even though 비록 ~이지만 while ~인 반면 whereas ~인 반면

명사절 접속사와 부사절 접속사

BASE 46

that, whether, if

대표적인 명사절 접속사 that, whether, if에 대해 알아봅시다.

▶ that '~하는 것'

명사절 접속사 that은 '~하다'로 끝나는 문장을 '~하는 것', '~라는 것'이라는 의미의 명사절로 만들어 줍니다. 명사절 주어는 항상 3인칭 단수로 취급해서 단수 동사로 수 일치를 시킵니다.

주어 자리 **That** any defective products can be exchanged for free **is** a big benefit.
that 명사절 주어(단수 취급)

결함 있는 어떤 제품이든 무료로 교환될 수 있다는 것은 큰 혜택이다.

보어 자리 The general consensus of the staff is **that** the parking lot should be expanded.
that 명사절 보어(주어와 동격)

직원들의 일반적인 여론은 주차장이 확장되어야 한다는 것이다.

목적어 자리 Harrison Group officially announced **that** it will add a new line of vehicles.
that 명사절 목적어(타동사의 목적어 역할)

Harrison 그룹은 새로운 차량 라인을 추가할 것이라고 공식적으로 발표했다.

동사의 목적어 자리에 있는 명사절 접속사 that은 생략할 수 있습니다.

= Harrison Group officially announced **(that)** it will add a new line of vehicles.

▶ whether, if '~인지 아닌지'

명사절 접속사 whether와 if는 '~하다'로 끝나는 문장을 '~인지 (아닌지)'라는 의미의 명사절로 만들어 줍니다. 한 가지 주의할 것은, 명사절 접속사 if는 동사의 목적어 자리에만 올 수 있고, whether 명사절 끝에는 or not을 붙이기도 합니다.

주어 자리 **Whether[~~If~~]** submitting the personal information is necessary **has** not been decided.
whether 명사절 주어(단수 취급)

= **Whether** submitting the personal information is necessary **or not has** not been decided.

개인정보를 제출하는 것이 필요한지는 결정되지 않았다.

보어 자리 The problem is **whether[if]** the board of directors will approve the proposal.
whether 명사절 보어(주어와 동격)

문제는 이사회가 그 제안을 승인할 것인지이다.

목적어 자리 No one knows **whether[if]** anyone has come by my office while I was gone.
whether 명사절 목적어(타동사의 목적어 역할)

내가 없는 동안 내 사무실에 누가 왔었는지 아무도 알지 못한다.

전치사의 목적어일 때 역시 whether만 올 수 있고, if는 불가합니다.

Many experts are unsure **of whether[~~if~~]** Fleming Industries and Templeton Electronics
whether 명사절 목적어(전치사의 목적어 역할)

would go ahead with the merger.

많은 전문가들은 Fleming 산업과 Templeton 전자가 합병을 진행할지에 대해 확신하지 못한다.

A. 다음 괄호 안에 들어갈 알맞은 단어를 고른 후, 우리말로 해석하세요.

1. (If / That) the previous model is significantly more popular than the current one is surprising.

해석 _____

2. A recent poll indicates (whether / and) the political candidate's popularity has increased.

해석 _____

3. Some customers have complained (that / whether) the restaurant's parking is too limited.

해석 _____

4. I'm pleased to inform you (of / that) your entry is the winner of our competition.

해석 _____

5. Moore Pharmaceuticals will soon talk about (if / whether) they will develop this medicine.

해석 _____

B. 다음 빈칸에 들어갈 알맞은 보기를 고른 후, 우리말로 해석하세요.

1. Please ------- whether the year-end bonuses will also be given to interns and contractors.

(A) having confirmed (B) be confirmed (C) confirms (D) confirm

해석 _____

2. Please be advised ------- we were unable to fill your order because of a shortage of the necessary materials.

(A) whether (B) that (C) of (D) to

해석 _____

3. As a thank you to guests, assistant manager Meghan O'Malley suggested ------- receive a free meal with their stay.

(A) they (B) theirs (C) them (D) themselves

해석 _____

의문사

의문사 역시 명사절 접속사 역할을 할 수 있습니다. 본래 의문문이었던 문장이 명사절이 되어 다른 문장 안에서 명사처럼 쓰입니다. 이때 의문사의 종류에 따라 뒤에 오는 명사절의 구조가 달라집니다. 각각의 경우에 대해 자세히 살펴봅시다.

▶ 완전한 문장을 이끄는 의문 부사 when, where, why, how

명사절에서 의문사 when, where, why, how는 부사처럼 쓰여 이들 뒤에는 '완전한 문장'이 옵니다. (완전한 문장이란, 문장에 주어, 동사 등 필수 구성 요소가 빠진 것 없이 모두 포함된 것을 말합니다.)
이들 의문문이 명사절이 될 때 의문사 뒤의 어순이 평서문의 어순으로 바뀌는 것이 포인트입니다.

When will the contract be made? I wonder that.
언제 계약이 체결될까요?   저는 그것이 궁금합니다.

↓

의문문
When will the contract be made?
언제 계약이 체결될까요?
[의문문 어순]
의문사+동사+주어 ~? or
의문사+조동사+주어+동사 ~?

→

명사절
When the contract will be made
언제 계약이 체결될지
[명사절 어순]
의문사+주어+(조동사)+동사

↓

I wonder [**when** the contract will be made]. 저는 언제 계약이 체결될지 궁금합니다.
목적어[의문사 명사절]

주어 자리 **Why** Aiden transferred to the Istanbul branch is unclear.
명사절 주어
왜 Aiden이 이스탄불 지사로 옮겼는지는 분명치 않다.

▶ 불완전한 문장을 이끄는 의문 대명사 who, what, which

명사절에서 의문사 who, what, which는 대명사처럼 쓰여 이들 뒤에는 '불완전한 문장'이 옵니다. (불완전한 문장이란, 문장에 주어, 보어, 목적어 등 필수 구성 요소 일부가 빠진 경우를 말해요.) 예를 들어, who 의문문에서 who가 의문사 주어 역할을 하기 때문에, 명사절에서도 who가 명사절 접속사 겸 명사절의 주어 역할을 해요.

Who manages the call center in Calcutta? It is unknown.
누가 Calcutta에 있는 콜센터를 관리하는가?   그건 알려지지 않았다.

↓

의문문
Who manages the call center in Calcutta?
누가 Calcutta에 있는 콜센터를 관리하는가?
[의문문 어순]
의문사(겸 주어)+동사 ~?

→

명사절
Who manages the call center in Calcutta
누가 Calcutta에 있는 콜센터를 관리하는지
[명사절 어순]
의문사(겸 주어)+동사

↓

[**Who** manages the call center in Calcutta] is unknown.
주어[의문사 명사절]
누가 Calcutta에 있는 콜센터를 관리하는지는 알려지지 않았다.

목적어 자리 The employee manual explains **what** each employee's duties involve.
직원 안내서는 각 직원의 직무가 무엇을 포함하는지를 설명한다. 목적어[의문사 명사절]

BASE 집중훈련

A. 다음 괄호 안에 들어갈 알맞은 단어를 고른 후, 우리말로 해석하세요.

1. Mr. Kindle pointed out where (the leak is / is the leak).

해석 _____

2. We wonder (who / why) they rejected our offer to buy the building.

해석 _____

3. Today's workshop will focus on (how / what) employees can use their time more effectively.

해석 _____

4. A recent survey indicates (that / what) young consumers prefer.

해석 _____

5. Please inform me (when / who) I should order the fabric for the winter collection.

해석 _____

B. 다음 빈칸에 들어갈 알맞은 보기를 고른 후, 우리말로 해석하세요.

1. Ms. Medina failed to indicate ------- on the university campus the job fair will be held.

(A) where   (B) what   (C) who   (D) why

해석 _____

2. Ms. Scully was uncertain ------- had placed the original office supply order.

(A) her   (B) who   (C) when   (D) herself

해석 _____

3. Ms. Palmieri asked us to tell her ------- of the three investment accounts was most profitable.

(A) that   (B) what   (C) which   (D) such

해석 _____

that 명사절의 특별한 용법

that 명사절의 특별한 용법들에 대해 알아봅시다.

▶ 가주어 it - 진주어 that 명사절

that 명사절이 주어 자리에 오는 경우, 문장에서 주어의 길이가 너무 길어져 문장이 복잡해 보여요. 따라서 이런 경우 주어 자리에 가짜 주어인 it을 놓고 진짜 주어인 that 명사절은 문장의 맨 뒤로 보낼 수 있어요. 이때 it을 '가주어', that 명사절을 '진주어'라고 불러요.

That the demand for customized furniture will increase this year is anticipated.
_{that 명사절 주어}

→ **It** is anticipated **that** the demand for customized furniture will increase this year.
   가주어   진주어

올해 맞춤형 가구에 대한 수요가 증가할 것으로 예상된다.

▶ 조동사 should를 품고 있는 that 명사절

문장의 주절에 특정한 의미를 나타내는 동사 또는 형용사가 있고 뒤이어 that 명사절이 오는 경우, that절의 동사 자리에는 「should+동사원형」이 오는데, 이때 should는 보통 생략됩니다.

① 제안, 요청, 주장, 충고 등을 나타내는 동사

		동사		that 명사절
		propose / suggest 제안하다		
		recommend 권장하다		
주어	+	ask / request 요청하다	+	that + 주어 + (should) + 동사원형
		require 요구하다		
		insist 주장하다		
		advise 조언하다		

My former supervisor **recommended** that I **(should) apply** for the sales manager position.
내 예전 상사가 나에게 영업 관리직에 지원할 것을 권했다.

② 이성적 판단을 나타내는 형용사

		형용사		that 명사절
		important 중요한		
		critical / crucial 매우 중요한		
It is	+	necessary 필요한	+	that + 주어 + (should) + 동사원형
		essential / vital 필수적인		
		mandatory 의무적인		
		imperative 반드시 해야 하는		

It is imperative that all employees **(should) attend** the monthly staff meeting.
전 직원들이 월례 직원회의에 참석하는 것은 필수이다.

✓ 주절에 쓰인 동사, 형용사가 상대방에게 무언가를 하라고 조언이나 충고, 명령 등의 메시지를 전달하는 위와 같은 문장 구조에서는 조동사 should가 필요합니다. 하지만 으레 그런 상황이기 때문에 should가 생략되는 경우가 대부분이에요. 이때 조동사 should가 생략되었을 뿐, 아예 없어진 것은 아니니 동사원형을 써야 한다는 점을 꼭 기억하세요!

BASE 집중훈련

A. 다음 괄호 안에 들어갈 알맞은 단어를 고른 후, 우리말로 해석하세요.

1. It is important (to / that) all client files be stored in a secure place.

    해석

2. To survive the recession, it is vital that FC Supplies (reduce / reduced) costs.

    해석

3. It is (possible / critical) that all workers attend the updated safety training.

    해석

4. Ms. Taylor requested that her workload (reduce / be reduced) due to her medical condition.

    해석

5. Management (advises / encourages) that all staff use public transit during the renovation of the parking lot.

    해석

B. 다음 빈칸에 들어갈 알맞은 보기를 고른 후, 우리말로 해석하세요.

1. Dr. Cuomo recommended that the patient ------- an operation to remove the growth.

    (A) undergo   (B) be undergone   (C) undergoing   (D) to undergo

    해석

2. It is mandatory ------- attendees speak only English during the international teleconference.

    (A) whether   (B) to   (C) that   (D) all

    해석

3. Ms. Benoit ------- that university employees register for the upcoming training seminars by Wednesday.

    (A) to be requested   (B) requesting   (C) to request   (D) requests

    해석

BASE 49

시간 · 조건의 부사절 접속사

시간·조건의 의미를 나타내는 부사절 접속사에 대해 알아봅시다.

▶ 시간 접속사

부사절이 시간의 의미를 나타낼 때, 전달하고자 하는 의미에 맞게 다음의 접속사들 중 하나를 사용합니다.

when ~할 때	as ~할 때, ~하면서	while ~하는 동안
until ~할 때까지	as soon as ~하자마자	since ~한 이래로
after ~한 후에	before ~하기 전에	by the time ~할 때쯤에

when Customers will be charged an additional fee **when** they withdraw cash on weekends.
　　　　　　　　　　　　　　　　　　　　　　　　　　　　　　　　시간 부사절
고객들은 주말에 현금을 인출할 때 추가 요금을 청구받을 것이다.

until **Until** the renovations are finished, the Personnel Department cannot use their office.
　　　　　　　시간 부사절
보수 공사가 끝날 때까지, 인사부는 그들의 사무실을 사용할 수 없다.

▶ 조건 접속사

if ~하면	unless ~하지 않는다면	once 일단 ~하면
provided (that) 만약 ~라면	as long as ~하는 한	only if ~할 경우에만

unless **Unless** the paper is securely loaded, the printer may not function properly.
　　　　　　　　　조건 부사절
종이가 올바르게 실려 있지 않으면, 프린터가 제대로 작동하지 않을 수 있다.

once Factory production will resume **once** the new machinery is assembled.
　　　　　　　　　　　　　　　　　　　　　조건 부사절
일단 새 기계가 조립되고 나면, 공장의 생산이 재개될 것이다.

▶ 시간·조건 부사절의 특징

시간이나 조건의 부사절에서는 절에 들어가는 내용이 미래에 관한 것이라도 미래 시제가 아니라 현재 시제를 씁니다.

시간 Bus service to the village will be restored **as soon as** road repairs **are complete**.
도로 보수가 완료되자마자, 그 마을의 버스 운행이 복구될 것이다. *will be complete (X)*

조건 **If** you **purchase** your tickets in advance, you will receive 10% off.
　　　　　　　will purchase (X)
만약 미리 티켓을 구매하시면, 10% 할인을 받게 됩니다.

BASE 집중훈련

해설서 p.63

A. 다음 괄호 안에 들어갈 알맞은 단어를 고른 후, 우리말로 해석하세요.

1. I've been here (after / since) this company was founded 20 years ago.

해석

2. This report won't be complete (until / when) I receive the statistics from the Finance Department.

해석

3. Expense reports will not be approved (if / unless) they are accompanied by receipts.

해석

4. (As long as / As soon as) you have the right tools, you can assemble the furniture in less than 30 minutes.

해석

5. After Morgan Books (acquires / will acquire) Hollows Press, many departments will be restructured.

해석

B. 다음 빈칸에 들어갈 알맞은 보기를 고른 후, 우리말로 해석하세요.

1. ------- Mr. Chen received the CFO's confirmation, he scanned the contract and sent it to the architect.

(A) Because of   (B) So that   (C) As soon as   (D) Though

해석

2. The team will resume its daily meetings ------- Mr. Baek comes back from Mongolia on July 20.

(A) once   (B) that   (C) later   (D) until

해석

3. ------- she is away on business, Ms. Yamato visits the R&D team twice per week.

(A) Unless   (B) Yet   (C) Whereas   (D) During

해석

BASE 50

이유·목적·양보·대조의 부사절 접속사

이유, 목적, 양보, 대조의 의미를 나타내는 부사절 접속사에 대해 알아봅시다.

▶ 이유·목적 접속사

because, since, as, now that ~ 때문에	so that, in order that ~하기 위해서

because The invoice is incorrect **because** there was a mistake in the calculation of the price.
가격 계산을 할 때 실수가 있었기 때문에 송장이 정확하지 않다.　이유 부사절

so that Please package the items carefully **so that** they do not break during transit.
수송 중 부서지지 않도록 물건들을 주의해서 포장해 주세요.　목적 부사절

▶ 양보·대조 접속사

although, (even) though, even if ~이긴 하지만	while, whereas ~인 반면에

although **Although** no extra workers were hired, the inventory inspection was completed
양보 부사절
rapidly than anticipated. 어떤 추가 작업자도 고용되지 않았지만, 재고 조사는 예상보다 더 빨리 완료되었다.

while **While** the entrées are somewhat expensive, the wine list is reasonably priced.
대조 부사절
주요리가 다소 비싼 반면, 와인 메뉴는 가격이 합리적으로 책정되었다.

▶ 여러 가지 의미가 있는 접속사

눈치채셨나요? 의미가 하나인 접속사도 있지만, 의미가 여러 개인 접속사도 있어요.

as	[시간] ~할 때, ~하면서	[이유] ~이기 때문에
since	[시간] ~이래로	[이유] ~이기 때문에
while	[시간] ~하는 동안	[대조] ~인 반면

시간 Please be sure to give a warm welcome to customers **as** they come into the store.
손님들이 매장에 들어올 때, 그들에게 따뜻한 환영을 해주시기 바랍니다.　시간 부사절

이유 Please budget for the event accordingly **as** funds are limited this year.
올해 자금이 한정되어 있으니 그것에 맞게 행사 예산을 세우시기 바랍니다.　이유 부사절

BASE 집중훈련

A. 다음 괄호 안에 들어갈 알맞은 단어를 고른 후, 우리말로 해석하세요.

1. (Since / While) there were no rooms available at the Grand Hotel, we stayed at Amonte Inn instead.

해석 _____

2. Keynote speakers must speak loudly (now / so) that they can be heard by everyone in the auditorium.

해석 _____

3. (Because / Although) customer service experience would be helpful, it is not a requirement for the advertised position.

해석 _____

4. Professor Jorah recognized his former students (even / as) though he had not seen them in decades.

해석 _____

5. The festival has been postponed (as / if) it will heavily snow tomorrow.

해석 _____

B. 다음 빈칸에 들어갈 알맞은 보기를 고른 후, 우리말로 해석하세요.

1. ------- she is currently in Japan, Ms. Tran is unable to meet with her other clients.

(A) Therefore   (B) Because   (C) During   (D) When

해석 _____

2. Mr. Park agreed to lead the intern orientation ------- Ms. Kowalski could speak at the convention.

(A) concerning   (B) rather   (C) as though   (D) so that

해석 _____

3. ------- it does not snow today, outdoor activities will be canceled for all local schools.

(A) Except that   (B) Nearly   (C) Nevertheless   (D) Even if

해석 _____

접속사 vs. 전치사

BASE 51

문장에서 연결어 역할을 하는 접속사와 전치사는 의미와 역할이 서로 겹치기도 합니다. 하지만 변하지 않는 사실은 접속사 뒤에는 주어와 동사를 갖춘 절이, 전치사 뒤에는 명사 형태의 구가 옵니다.

▶ 동일한 의미의 접속사와 전치사

접속사와 전치사의 의미가 같은 경우, 뒤에 오는 문장 구조를 기준으로 구분합니다.

기준이 "의미가 같은 경우"		
~하는 동안	접속사	while, as, when
	전치사	during, for
~ 때문에	접속사	as, because, since
	전치사	because of, due to
비록 ~이지만	접속사	although, (even) though
	전치사	in spite of, despite

while **While** the fitness center is being renovated, please use our other locations.
부사절[부사절 접속사+주어+동사]

피트니스 센터가 수리되는 동안, 다른 지점들을 이용해 주세요.

during **During** the job fair, companies will interview many potential employees.
부사구[전치사+명사구]

채용 박람회 동안, 업체들은 많은 잠재 직원들을 인터뷰할 것이다.

▶ 접속사도 되고 전치사도 되는 연결어

하나의 연결어가 접속사와 전치사 역할을 모두 하는 경우도 있습니다. 이 경우도 마찬가지로, 연결어 뒤에 오는 문장 구조를 보고 접속사 역할을 하는지, 전치사 역할을 하는지 파악할 수 있어요.

기준이 "하나의 연결어"		
as	접속사	~할 때, ~ 때문에
	전치사	~로서
since	접속사	~할 때, ~ 때문에
	전치사	~이래로
before	접속사	~하기 전에
	전치사	~ 전에
after	접속사	~한 후에
	전치사	~ 후에
until	접속사	~할 때까지
	전치사	~까지

접속사 Any designer can use the XTurbo software to create 3D models, **as** it is very user-
부사절[부사절 접속사+주어+동사]

friendly. 어느 디자이너든 XTurbo 소프트웨어가 사용하기 매우 쉬워서, 3D 모델을 만들기 위해 그것을 사용할 수 있다.

전치사 Mason Laboratory has emerged **as** the leading institute in the field of robotics.
부사구[전치사+명사구]

Mason 실험실은 로봇 공학 분야의 선두 기관으로 부상했다.

BASE 집중훈련

A. 다음 괄호 안에 들어갈 알맞은 단어를 고른 후, 우리말로 해석하세요.

1. The book signing will be rescheduled for tomorrow (since / because of) a delay in shipping.

해석 _____

2. Ms. Merrick was modest (although / despite) she had just received a national award for her achievements.

해석 _____

3. Security officers should refrain from using their personal phones (while / during) on duty.

해석 _____

4. Make sure you clear everything out of the meeting room (before / prior to) you leave.

해석 _____

5. The photocopier should be fully functional (following / after) repairs are made.

해석 _____

B. 다음 빈칸에 들어갈 알맞은 보기를 고른 후, 우리말로 해석하세요.

1. ------- customers often complain about the long wait times, the supermarket now offers self-checkout machines.

(A) Due to   (B) Since   (C) So that   (D) How

해석 _____

2. ------- signing up for the leadership seminar is not mandatory, HR advises attending it to all supervisors.

(A) Regardless of   (B) In spite of   (C) Although   (D) After

해석 _____

3. The receptionists at the Goritz Medical Center always smile ------- visitors enter the building.

(A) as   (B) over   (C) from   (D) at

해석 _____

1. 명사절 접속사 vs. 부사절 접속사

지금까지 학습한 명사절 접속사와 부사절 접속사 중 두 가지 역할이 모두 가능한 접속사가 있습니다. 바로 whether와 if인데요! 그래서 문장에 이들 접속사가 있는 경우, 어떤 역할을 하고 있는지 정확히 구별할 수 있어야 합니다. 그럼 지금부터 명사절인지, 부사절인지 보다 쉽고 간단하게 구분하는 방법을 살펴봅시다.

	명사절 접속사	부사절 접속사
whether	~인지 (아닌지), ~인지의 여부	~이든 아니든 (상관없이)
if		(만약) ~라면

방법 1. Whether/if가 이끄는 절을 문장에서 통째로 빼 보기

남아 있는 문장이 완전한 문장이면, 부사절!

(**Whether** you will attend the event), it will be held on schedule.

당신이 행사에 참석하든 안 하든, 그것은 예정대로 열릴 것이다.

→ 남아 있는 문장이 완전한 문장이므로 whether 부사절!

남아 있는 문장에 주어나 목적어, 보어 중 하나가 없으면, 명사절!

(**Whether** the contest continues) depends on the weather condition. 대회가 계속될지는 기상 상태에 달려 있다.

→ 주어가 없는 문장이 되므로 whether 명사절!

방법 2. 종속절과 주절 사이에 콤마(,)가 있으면, 부사절!

<u>**Whether** you like it or not</u>, <u>I will participate in the competition tomorrow.</u>
　　　종속절 (부사절)　　　　　　　　　　　　　　주절

당신이 좋아하든 안 좋아하든, 나는 내일 대회에 참가할 것이다.

→ 부사절이 문장 앞에 올 때, 종속절(부사절)과 주절 사이에는 항상 콤마(,)가 옵니다.

✓ 체크 체크

다음 문장에서 명사절 또는 부사절을 찾아 괄호로 묶은 후 무슨 절인지 적고, 문장을 해석하세요.

1. I didn't know whether Ms. Smith would come or not.

(　　　　) 해석 _____

2. The game will be continued whether it rains or not.

(　　　　) 해석 _____

3. If you return the item within 30 days of purchase, you can get a full refund.

(　　　　) 해석 _____

2. 부사절과 분사구문

CHAPTER 7에서 학습한 분사구문을 기억하시나요? 분사구문은 부사절과 뗄래야 뗄 수 없는 관계입니다. 문장에서 부사절은 분사구문으로, 분사구문은 부사절로 바꿀 수 있는데, 문장의 의미를 명확하게 전달할 때는 부사절로, 간결하게 표현할 때는 분사구문으로 표현할 수 있기 때문입니다. 자, 그럼 부사절을 분사구문으로 바꾸는 과정을 살펴볼까요?

Use this format **when** you write a report. 보고서를 쓸 때, 이 양식을 이용하세요.
    주절   부사절

1. 부사절 접속사 삭제
Use this format **when** you write a report.

2. 부사절 주어 삭제
부사절과 주절의 주어가 동일한 경우에만 생략 가능해요. 명령문의 주어는 'You'이니까요!
Use this format ~~when~~ **you** write a report.

3. 동사를 분사로 전환
부사절이 능동태면 현재분사로, 수동태면 과거분사로 전환합니다.
능동태이므로 동사 write의 현재분사 writing으로 바꿔요. 동사에 be동사가 붙어 있다면 삭제하세요!

Use this format ~~when you~~ **writing** a report.
Use this format, **writing a report**.
                      분사구문
의미를 좀 더 명확하게 전달하고자 할 때는 접속사를 그대로 둡니다.
= Use this format **when writing a report**.
                      분사구문

✓ 체크 체크

다음 문장에서 부사절은 분사구문으로, 분사구문은 부사절로 바꾸고, 문장을 해석하세요.

1. Mecno researchers use special instruments, conducting their experiments.

문장 ▸ _____

해석 ▸ _____

2. Our company surveys customers frequently because it takes customer feedback seriously.

문장 ▸ _____

해석 ▸ _____

3. Since Tronheim Hotel was renovated last year, it has become an increasingly popular venue.

문장 ▸ _____

해석 ▸ _____

1. The factory manager notified the assembly workers that ------- the urgent order was filled, they had to work on weekends.

(A) because
(B) after
(C) until
(D) whatever

2. Worker safety regulations ------- that all personnel must be issued hard hats when they enter any construction site.

(A) authorize
(B) predict
(C) state
(D) permit

3. ------- interest in the seminar series did not meet expectations, it was quickly cancelled.

(A) When
(B) Even though
(C) Why
(D) Other than

4. Mr. Folter will process any budget requests ------- Ms. Chen is on leave.

(A) then
(B) while
(C) also
(D) forward

5. The package courier may arrive as early as 3 o'clock ------- how heavy traffic is.

(A) dependent
(B) to depend
(C) depended
(D) depending on

6. ------- a guest's suite is located in a hotel often influences whether the guest feels that their stay was enjoyable.

(A) Where
(B) When
(C) So
(D) Since

7. The lounge area of the building will be cleaned ------- the workers remove the furniture.

(A) following
(B) once
(C) enough
(D) by

8. ------- marketing campaigns raise public interest in a product, it is not the only factor motivating sales.

(A) Whereas
(B) Primarily
(C) Besides
(D) Additionally

Questions 9-12 refer to the following memo.

To: All Kinzie Accounting staff
Date: January 16
Subject: Lobby reconstruction

As you are all aware, the hardwood floor in the lobby of our building is in ------- condition.
9.
Some of you have mentioned that clients have complained about the way it looks. Accordingly,
starting at 2 P.M. on Monday, the lobby ------- for about one week for improvements. This
10.
change will make the entrance look much more upscale and impressive.

------- the lobby is closed, staff members and clients alike may access the office using the
11.
back door on 7th Street. -------.
12.

9. (A) serious
   (B) fine
   (C) poor
   (D) original

10. (A) shut
    (B) was shut
    (C) has been shut
    (D) will be shut

11. (A) During
    (B) While
    (C) On occasion
    (D) Simultaneously

12. (A) The flooring was installed over 40 years
       ago.
    (B) Offices throughout the building will stay
       open.
    (C) Management is considering authorizing
       the renovations.
    (D) The contractors were recommended by
       a client.

형용사절 접속사와 비교구문

1. 형용사절 접속사

Sumi **who** was still hungry after dinner ordered fried chicken late at night.
저녁을 먹은 후에도 여전히 배가 고팠던 수미는 밤늦게 치킨을 주문했다.

▶ **형용사절 접속사는 무엇인가요?**

형용사절 접속사는 문장을 형용사 덩어리로 만들어 주는 접속사예요. 즉, 한 문장이 다른 문장 속에서 형용사 역할을 할 수 있도록 형용사절인 종속절로 만들어 줍니다.

문장	형용사절 접속사	형용사절
Sumi was still hungry after dinner. 수미는 저녁을 먹은 후에도 여전히 배가 고팠다.	+ who ~인[하는]	→ Sumi **who** was still hungry after dinner 저녁을 먹은 후에도 여전히 배가 고픈 수미

▼

다른 문장에서 형용사 역할을 하는 종속절
Sumi who was still hungry after dinner ordered fried chicken late at night. 형용사절 → 문장에서 명사를 수식하는 역할 저녁을 먹은 후에도 여전히 배가 고팠던 수미는 밤늦게 치킨을 주문했다.

▶ **형용사절은 어떤 형태인가요?**

형용사절의 형태는 '명사+형용사절 접속사+불완전한 문장'입니다.

▶ **형용사절 접속사의 종류는 어떻게 되나요?**

형용사절 접속사는 뒤에 오는 절이 앞에 있는 명사를 수식하는 다리 역할을 하며, 종류에 상관없이 모두 '~하는'으로 해석됩니다. 형용사절 접속사는 수식하는 명사가 사람이냐 아니냐를 기준으로 종류가 달라집니다.

who, whom	which	that, whose
사람 수식	사물 수식	사람, 사물 수식

▶ **관계대명사가 무엇인가요?**

형용사절 접속사는 명사절이나 부사절 접속사와 달리, 접속사(관계) 역할도 하면서 대명사 역할까지 동시에 수행하기 때문에 흔히 '관계대명사'라고 부릅니다. 그리고 관계대명사가 들어간 절을 '형용사절' 또는 '관계대명사절'이라고 합니다.

2. 비교 구문

> Sumi is 4 years **younger than** Josh. However, she is **as tall as** him.
> 수미는 Josh보다 4살 더 어리다. 하지만 그녀는 그와 키가 같다.

▶ 비교 구문은 무엇인가요?

어떤 사람이나 사물, 상황을 설명할 때 다른 대상과 비교해서 이야기하는 문장을 비교 구문이라고 합니다.

▶ 비교 구문의 종류는 어떻게 되나요?

비교 구문에는 원급, 비교급, 최상급 이렇게 세 가지 종류가 있습니다. 원급은 서로 동등한 두 대상을, 비교급은 동등하지 않은 두 대상을, 최상급은 셋 이상 중에서 가장 최고인 것을 표현합니다.

▶ 원급, 비교급, 최상급은 어떤 형태인가요?

원급은 CHAPTER 3에서 배운 형용사와 부사의 기본 형태입니다. 원급 끝에 '-er'을 붙이면 비교급, '-est'를 붙이면 최상급 형태가 됩니다.

	원급 (~ 한)	비교급 (더~한)	최상급 (가장~한)
1음절	기본형 young	원급 -er younger	원급 -est youngest
2음절 이상	기본형 beautiful	more 원급 more beautiful	most 원급 most beautiful

위의 규칙을 따르지 않고 형태가 불규칙하게 변화하는 경우도 있습니다. 불규칙 형태를 보이는 단어들은 따로 암기해 주세요!

	원급	비교급	최상급
불규칙 변화	many, much	more	most
	little	less	least
	good, well	better	best
	bad	worse	worst

형용사절 접속사와 비교구문

BASE 52

관계사

▶ 관계대명사절이 만들어지는 과정

① Ms. Fox works at a firm. Fox 씨는 회사에서 일한다.

② It specializes in consulting. 그곳은 컨설팅을 전문으로 한다.

1. 두 문장에서 중복되는 명사 또는 대명사를 찾는다. → a firm, It

2. 문장 ②에서 중복되는 (대)명사를 삭제한다. → It specializes in consulting.

3. 제거된 (대)명사가 문장에서 무슨 자리인지 확인한다. → 주어 자리(It) ※ 관계대명사의 종류 결정요인-격

4. 문장 ①에서 중복된 명사가 사람인지, 사물인지 확인한다. → 사물(a firm) ※ 관계대명사의 종류 결정요인-선행사

5. 중복되는 (대)명사를 삭제한 문장 ②의 앞에 '격+선행사'를 충족하는 관계대명사를 붙인다.

   → which specializes in consulting. ※ 이 부분을 관계대명사절이라고 불러요. 관계대명사 뒤에는 불완전한 문장이 와요. 왜냐하면 앞 문장과 중복되는 (대)명사를 삭제했기 때문이에요.

6. 관계대명사를 붙인 문장 ②를 문장 ①의 중복된 명사 바로 뒤에 놓는다.

   → Ms. Fox works at a firm **which** specializes in consulting. Fox 씨는 컨설팅을 전문으로 하는 회사에서 일한다.
   　　　　　　　　　　　　　선행사　　　　　형용사절(주격관계대명사절)

▶ 관계대명사의 종류

두 문장을 관계대명사로 연결할 때는 격과 선행사를 고려하여 어떤 관계대명사를 쓸지 결정합니다.

－격: 관계대명사절에서 '빠진 명사가 있던 자리가 무엇인가?'가 관계대명사의 격을 결정합니다.

－선행사: 관계대명사의 수식을 받는 명사를 '선행사'라고 부릅니다.

선행사/격	주격	목적격	소유격
사람	who/that	who(m)/that	whose
사물	which/that	which/that	

※ 관계대명사 that은 선행사에 상관없이 주격/목적격 관계대명사 역할을 합니다.

▶ 관계대명사의 격

주격 관계대명사

who, which, that이 있으며, 선행사가 사람인지 사물인지에 따라 쓰임이 결정됩니다. 주격 관계대명사절에는 주어가 없기 때문에 주격 관계대명사 바로 뒤에는 동사가 옵니다.

Cindy is a capable employee. Cindy는 유능한 직원이다. + She can handle this work. 그녀는 이 일을 처리할 수 있다.
　　　　　　　　　　사람 (명사 선행사)　　　　　　　　　　주어 자리

→ Cindy is a capable **employee** [**who can handle** this work].
　　　　　　　　　　　　　　주격 관계대명사　　　주어 없음

　Cindy는 이 일을 처리할 수 있는 유능한 직원이다.

목적격 관계대명사

who(m), which, that이 있으며, 선행사가 사람인지 사물인지에 따라 쓰임이 결정됩니다. 목적격 관계대명사절에는 목적어가 없습니다. 목적격 관계대명사 바로 뒤에는 주어가 옵니다.

Cindy is a capable employee. Cindy는 유능한 직원이다. + I work with her. 나는 그녀와 함께 일한다.
　　　　　　　　　　사람 (명사 선행사)　　　　　　　　　　목적어 자리

→ Cindy is a capable **employee** [**whom I** work with]. Cindy는 나와 함께 일하는 유능한 직원이다.
　　　　　　　　　　　　　목적격 관계대명사　　목적어 없음

소유격 관계대명사

선행사가 사람인지 사물인지에 관계없이 whose가 옵니다. 소유격 관계대명사의 앞뒤에는 명사가 있어요. 두 명사 사이에 소유를 나타내는 '~의'를 넣어 해석하면 내용이 자연스럽게 연결됩니다.

Cindy is a capable employee. Cindy는 유능한 직원이다. + Her work has contributed to the company's growth. 그녀의 일은 회사의 성장에 기여했다.
　　　　　　　　　　사람 (명사 선행사)　　　　　　　　　　주어 수식 자리

→ Cindy is a capable **employee** [**whose work** has contributed to the company's growth].
　　　　　　　　　　　　　소유격 관계대명사 직원의 일(the employee's work)

　Cindy는 일로서 회사의 성장에 기여한 유능한 직원이다.

BASE 집중훈련

A. 다음 괄호 안에 들어갈 알맞은 단어를 고른 후, 우리말로 해석하세요.

1. Those (who / they) wish to attend the sales training session tomorrow should inform Mr. Carrick.

해석 ▸ _____

2. Dr. Gordon has developed a traffic status application (who / which) is accessible via smartphones.

해석 ▸ _____

3. PuraSky Cosmetics only uses ingredients (that / who) are classified as environmentally safe.

해석 ▸ _____

4. We would like to recognize exceptional individuals (who / whom) made contributions to local business development.

해석 ▸ _____

5. Please find enclosed a list of companies (that / whose) services can meet your business needs.

해석 ▸ _____

B. 다음 빈칸에 들어갈 알맞은 보기를 고른 후, 우리말로 해석하세요.

1. A luncheon will take place to thank all ------- donated to the annual charity drive.

(A) what   (B) they   (C) who   (D) their

해석 ▸ _____

2. The recently constructed building in Yangon, ------- is Myanmar's most developed city, will serve as Haechi's South Asian headquarters.

(A) where   (B) which   (C) its   (D) much

해석 ▸ _____

3. The legal assistants who earned ------- last year will be assigned to specific attorneys starting next month.

(A) promotions   (B) promotes   (C) promoted   (D) promote

해석 ▸ _____

BASE 53

관계대명사의 특징

▶ 관계대명사 + 불완전한 절

관계대명사 뒤에는 항상 주어, 목적어, 주어의 수식어 중 하나가 빠진 불완전한 절이 옵니다.

주격 관계대명사	+ 동사원형	→ 주어 없음
목적격 관계대명사	+ 주어 + 타동사 (+ 수식어구)	→ 목적어 없음
소유격 관계대명사	+ 주어 + 동사 (+ 목적어)	→ 주어의 수식어 없음

그런데, 목적격 관계대명사와 소유격 관계대명사의 경우, 관계대명사 뒤에 '주어+동사' 구조가 동일하게 이어져서 자리를 혼동하기 쉬운데, 목적격 관계대명사절에는 절대 목적어가 올 수 없습니다. 관계대명사절이 완전한 문장으로 보이면 소유격 관계대명사절로 판단하세요.

목적격 관계대명사 There is <u>a room</u> **that** <u>you can reserve by the hour.</u> 시간대별로 예약할 수 있는 방이 있다.
선행사 　 목적어가 빠진 불완전한 문장

소유격 관계대명사 There is <u>a manager</u> **whose** <u>responsibility is to oversee the construction.</u>
선행사 　 필요한 문장 성분을 다 갖춘 완전한 문장
공사를 감독하는 일을 하는 매니저가 있다.

▶ 목적격 관계대명사의 생략

목적격 관계대명사는 생략할 수 있고, 일반적으로 흔히 생략해서 씁니다.

Thank you for informing us of **the delivery problem you experienced**.
Thank you for informing us of <u>the delivery problem</u> **(that)** <u>you experienced</u>.
선행사 　 목적격 관계대명사절
저희에게 귀하께서 겪었던 배달 문제를 알려주셔서 감사합니다.

▶ 주격 관계대명사절의 동사 수 일치

주격 관계대명사절의 동사는 선행사와 수 일치를 이루어야 합니다.

선행사 – 단수 The representative arrived with **a new unit** that **meets** my needs.
단수 동사
그 담당자는 내 요구를 충족시키는 새 장치를 가지고 도착했다.

선행사 – 복수 **People** [who <u>engage</u> in stocks] expect returns from their investments.
복수 동사
주식에 종사하는 사람들은 그들의 투자 수익을 기대한다.

▶ 선행사를 포함한 관계대명사 what

관계대명사 what(= the thing which[that])은 일반 관계대명사들과는 달리 선행사를 포함하고 있어서, 앞에 선행사가 오지 않습니다. 일반 관계대명사들이나 관계대명사 what 모두 뒤에 불완전한 절이 오기 때문에, 일반 관계대명사를 쓸 건지 관계대명사 what을 쓸 건지는 '선행사의 유무'로 결정해야 합니다. 관계대명사 what은 '~하는 것'으로 해석합니다.

The guidelines explain **what** the construction workers need to know about safety rules.
선행사 X
그 가이드라인은 건설 근로자들이 안전 규정에 관하여 알아야 하는 것을 설명한다.

Invoices must be included with <u>the items</u> **that** are returned.
선행사 O
반송된 물품들에는 송장이 반드시 포함되어 있어야 한다.

BASE 집중훈련

A. 다음 괄호 안에 들어갈 알맞은 단어를 고른 후, 우리말로 해석하세요.

1. Our organization honors employees (whom / whose) research has contributed to technological advances.

해석

2. The customer service center provides support for any technical issues (they / them) may experience.

해석

3. There has been commercial development in Redfield, which (was / were) formerly a residential area.

해석

4. Some creative architects submitted (work / works) that challenge traditional ways of thinking.

해석

5. The new bottle shape from H-Drinks is different from (what / that) they used before.

해석

B. 다음 빈칸에 들어갈 알맞은 보기를 고른 후, 우리말로 해석하세요.

1. Captain Sandra Benitez transports supplies to 50 residents ------- live on the island.

(A) what   (B) who   (C) whom   (D) whose

해석

2. Ms. Parisienne enjoys the work ------- does as a graphic designer, but wants a leadership role in the company.

(A) herself   (B) her   (C) she   (D) hers

해석

3. Enclosed with your convention ID card is a mass transit chip, ------- will allow you to use any public transportation in Copenhagen.

(A) which   (B) where   (C) what   (D) who

해석

BASE 54 비교 구문

▶ 원급 비교

두 대상의 상태가 동등함을 나타내며, 기본 형태는 「as + 원급 + as」입니다.

be동사 + as 형용사 as '…만큼 ~한' / 일반동사 + as 부사 as '…만큼 ~하게'

Heto Electronics' smartphones **are as popular as** Johnson Mobile's.

Heto 전자의 스마트폰은 Johnson 모바일의 것만큼이나 인기가 있다.

as ~ as 사이에 형용사가 들어갈지 부사가 들어갈지는 앞의 동사에 따라 결정됩니다. 앞의 동사가 be동사이면 주어를 보충 설명해 주는 형용사가, 일반동사이면 동사를 수식하는 부사가 들어갑니다.

as 원급 as possible '가능한 한 ~한[하게]'

The IT manager **explained** the software updates **as simply as** possible.

IT 관리자는 가능한 한 간단하게 소프트웨어 업데이트에 관해 설명했다.

형용사 단원에서 배웠듯이 many 뒤에는 가산 복수명사가, much 뒤에는 불가산명사가 옵니다.

as many 복수명사 as '…만큼 많은 명사' / as much 불가산명사 'as …만큼 많은 명사'

The event attracted **as many visitors as** last year. 그 행사는 작년만큼 많은 방문객들을 끌어들였다.

Mr. Trolley didn't made **as much improvement as** expected.

Trolley 씨는 기대했던 만큼 많은 개선을 보이지는 못했다.

▶ 비교급 비교

두 대상을 비교하여 '…보다 더 ~한[하게]'의 의미를 나타내며, 기본 형태는 「비교급 + than」입니다.

형용사의 비교급 + than '…보다 더 ~한' / 부사의 비교급 + than '…보다 더 ~하게'

much, even, still, far, a lot은 비교급 앞에 쓰여 '훨씬'의 의미로 비교급을 강조하는 부사입니다.

Chacoma Corporation's sales this year are **much higher than** last year's.

Chacoma 기업의 올해 매출액은 작년보다 훨씬 더 높다.

than 뒤에는 비교 대상이 등장하는데, 문맥상 비교 대상을 알 수 있는 경우에는 than과 함께 생략할 수 있습니다.

We have been able to track our deliveries **more effectively** (**than** before).

우리는 배송을 (이전보다) 더 효과적으로 추적할 수 있다.

more than '…보다 더 많은[많이]' / less than '…보다 더 적은[적게]'

The art show featured paintings by **more than** 50 artists.

그 전시회는 50명 이상의 예술가들의 그림을 특징으로 한다.

The road repairs cost **less than** expected. 그 도로 수리 작업은 예상했던 것보다 비용이 덜 들었다.

▶ 최상급 비교

셋 이상의 대상을 비교하여 '가장 ~한[하게]'의 의미를 나타내며, 기본 형태는 「the + 최상급」입니다.

the + 형용사/부사의 최상급 + of/among + 비교 대상(가산 복수명사) '…중에서 가장 ~한[하게]'

Mr. Enunwa is **the most experienced among the applicants**.

지원자들 중에서 Enunwa 씨가 가장 경험이 많다.

the + 형용사/부사의 최상급 + in + 장소/범위(단수 명사) '…에서 가장 ~한[하게]'

Ripobella Manor is **the most famous** historical structure **in town**.

Ripobella Manor는 마을에서 가장 유명한 역사적 건축물이다.

the + 형용사/부사의 최상급 + that 현재 완료 시제의 관계대명사절 '…한 가장 ~한[하게]'

Chertos Delivery is **the most reliable** courier service **that I've used**.

Chertos Delivery는 내가 이용해 본 가장 믿을 만한 택배 서비스 회사이다.

BASE 집중훈련

A. 다음 괄호 안에 들어갈 알맞은 단어를 고른 후, 우리말로 해석하세요.

1. Please monitor your division's budget as (careful / carefully) as possible.

> 해석 _____

2. The tour guide tried to make every trip as (exciting / excitingly) as possible.

> 해석 _____

3. Boyle Prints provides its services for (low / lower) prices than its competition.

> 해석 _____

4. Mr. Steward favored LX, Inc.'s design proposal the (more / most).

> 해석 _____

5. Dr. Chuck Bell is one of the most well-known researchers (in / of) the field of solar energy.

> 해석 _____

B. 다음 빈칸에 들어갈 알맞은 보기를 고른 후, 우리말로 해석하세요.

1. Subway Line 6 was as ------- as Ms. Follows had ever seen it.

(A) slowest   (B) slower   (C) slowly   (D) slow

> 해석 _____

2. The survey showed that university students returned books to the library late ------- than visitors in any other groups.

(A) frequently   (B) frequency   (C) frequented   (D) more frequently

> 해석 _____

3. In March, Amber Telecommunications reached its ------- quarterly net income ever.

(A) highest   (B) highly   (C) high   (D) higher

> 해석 _____

1. 관계대명사 that vs. 명사절 접속사 that

혹시, 이번 단원을 학습하면서 혼란스러우셨나요? 앞 단원에서 that이 명사절 접속사라고 배웠는데, 이 단원에서는 that 이 형용사절 접속사라고 하네요.

둘 다 맞습니다. 접속사로서 that은 관계대명사(형용사절 접속사)이기도 하고 명사절 접속사이기도 합니다. 그래서 문장 속에 that이 나오면 어떤 접속사로 쓰였는지 정확한 판단이 필요합니다.

문장 속 that이 어떤 접속사로 쓰였는지 헷갈릴 때는 다음의 두 가지 사항을 확인하세요!

첫째, 전체 문장에서 that이 어떤 자리에 있는가?

둘째, that 뒤에 이어지는 문장이 완전한 문장인가, 불완전한 문장인가?

관계대명사 that ~하는	형용사 자리 – 명사 뒤 that + 불완전한 문장 The consultant made many **suggestions** [**that** helped to reduce operating expenses]. 　　　　　　　　　　　　　　명사 뒤　　　　　　　불완전한 문장(주어 없음) 그 컨설턴트는 운영비를 줄이는 데 도움이 되는 많은 제안들을 했다.
명사절 접속사 that ~하는 것	명사 자리 – 주어, 목적어, 보어 that + 완전한 문장 The positive feedback indicates [**that** the seminar was a huge success]. 　　　　　　　　　　　　목적어 자리　　　　　　　완전한 문장 긍정적인 피드백은 세미나가 큰 성공이었음을 보여준다.

✅ 체크 체크

다음 문장에서 that이 어떤 역할을 하는지 적고, 문장을 해석하세요.

1. No breakfast is served on flights that depart after 10 A.M.

(　　　　) 해석 ▶ _____

2. Consumers agree that the headphones are very comfortable to wear.

(　　　　) 해석 ▶ _____

3. We apologize for any inconvenience that the construction work may cause.

(　　　　) 해석 ▶ _____

2. 비교구문 관용 표현

원급 관용 표현

as soon as possible 가능한 한 빨리	Please update me on my order status **as soon as possible**. 가능한 한 빨리 제 주문 상태를 업데이트해 주세요.
the same 명사 as ~와 같은 명사	Please return the item in **the same condition as** you received it. 그 물건을 당신이 받았던 것과 같은 상태로 돌려보내 주세요.

비교급 관용 표현

no more than 단지 ~밖에, 불과 ~뿐인	The reimbursement form will take **no more than** 5 minutes to complete. 환급 양식은 작성하는 데 단 5분밖에 안 걸릴 것이다.
no later than 늦어도 ~까지	The required documents should be sent by **no later than** 5 P.M. 요구된 서류들은 늦어도 오후 5시까지 보내져야 한다.
no sooner A than B A하자마자 B하다	**No sooner** had the package arrived **than** it began to rain. 소포가 도착하자마자 비가 내리기 시작했다.

최상급 관용 표현

one of the 최상급 + 복수 명사 가장 ~한 것들 중 하나	Management regards Mr. Wong as **one of the most experienced engineers** in the company. 경영진은 Wong 씨를 이 회사에서 가장 경험 많은 엔지니어들 중 한 명으로 여긴다.
the + 서수 + 최상급 …번째로 가장 ~한	Puatech's deal with GemComs is **the second largest** in history. Puatech가 GemComs와 맺은 거래는 역사상 두 번째로 큰 규모이다.
at the latest 늦어도	The shipment of spring coats should arrive today **at the latest**. 봄 코트의 배송이 늦어도 오늘까지는 도착해야 한다.
at + 소유격 + earliest convenience 되도록 빨리, 형편 닿는 대로	I hope to hear back from you **at your earliest convenience**. 되도록 빨리 연락주시길 바랍니다.

✅ 체크 체크

다음 문장에서 괄호 안에 들어갈 알맞은 단어를 고르고, 문장을 해석하세요.

1. The library charged (no / not) more than $10 for items that are over one month overdue.
   해석 _____

2. The Riverdale Library has one of the (large / largest) collections of books in the country.
   해석 _____

3. The manager reminded his team to submit their expense reports by this Friday (on / at) the latest.
   해석 _____

1. Ms. Jakobsson, ------- is relocating here from our Reykjavik office, will give a short speech at Monday's meeting.

   (A) who
   (B) which
   (C) what
   (D) where

2. The board of directors is reviewing many reorganization strategies to choose the one that would be most -------.

   (A) effectively
   (B) effectiveness
   (C) effecting
   (D) effective

3. Miguel Bougainvillea developed an accounting program ------- he used while working as his corporation's financial manager.

   (A) that
   (B) those
   (C) then
   (D) there

4. Grander is seeking a certified accountant, whose ------- responsibility will be to document the company's financial transactions.

   (A) acceptable
   (B) compatible
   (C) primary
   (D) eligible

5. Installing the new climate control system could take ------- much as a month.

   (A) in
   (B) also
   (C) as
   (D) not

6. Now that our production facility has been rewired, our power usage is ------- lower.

   (A) considerable
   (B) considerably
   (C) consider
   (D) considering

7. Panter Inc. has developed a training program that helps its staff become -------.

   (A) productivity
   (B) most productively
   (C) more productively
   (D) more productive

8. Public transportation was a ------- concern when Olympian Corporation selected a site for the new convention center.

   (A) large
   (B) largeness
   (C) largest
   (D) largely

Questions 9-12 refer to the following letter.

Kelly Mercury
1985 Ida Street
Wayne, Wyoming 82007

Ms. Mercury,

I want to extend my appreciation for your contribution of $200 to the Byrnes National Zoo (BNZ). --------. Personal donations have enabled us to stay in operation for many decades. We will strive to keep this zoo open for future ------- to enjoy.

9. ... **10.**

I've enclosed a booklet that details some important initiatives ------- to provide a better environment for our guests and animals. We hope you will consider ------- one of these initiatives someday. We would put the money to good use.

11. ... **12.**

Thank you,

John Kim
BNZ Vice President

ENCLOSURE

---

9. (A) We are able to maintain our facilities due to supporters like you.
(B) Our zoo offers special grants to local researchers.
(C) A list of volunteer activities is included below.
(D) I hope that you will visit our zoo again soon.

10. (A) leisures
(B) commissions
(C) generations
(D) organizers

11. (A) created
(B) creating
(C) creator
(D) creations

12. (A) funding
(B) planning
(C) managing
(D) studying

PART

6

TEXT COMPLETION
장문 공란 메우기

CHAPTER 11   파트 6 문제 유형

📋 문제 OVERVIEW

Part 6은 4개의 지문과 각 지문에 4개의 문항이 나와 총 16문제가 출제됩니다. Part 5와 마찬가지로 4개의 보기 중 빈칸에 들어갈 가장 알맞은 보기를 고르는 형태이긴 하지만, 빈칸 앞뒤의 문장 또는 지문의 전체 맥락을 통해 정답을 골라야 하는 문제가 많이 등장하기 때문에 글의 흐름을 파악하는 것이 중요한 파트입니다.

문항 수	4개 지문, 16문항(131~146번에 해당합니다.)
지문 유형	설명서, 편지, 이메일, 기사, 공지, 지시문, 광고, 회람, 발표문, 정보문 등
문제 유형	**– 문장 구조 / 문법 문제:** 문장의 구조와 더불어 문맥상 어울리는 시제, 대명사 등을 고르는 문제 **– 어휘 문제:** 같은 품사의 네 개 어휘 중에서 문맥상 알맞은 단어를 고르는 문제 **– 문장 선택 문제:** 앞뒤 문맥을 파악하여 네 개의 문장 중에서 알맞은 문장을 고르는 문제
보기 구성	4개의 보기

🕐 출제 TREND

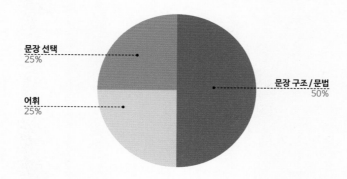

- 문장 구조 / 문법 문제에서는 주로 문맥상 어울리는 시제, 앞 문장이나 문단에서 언급된 명사를 대신 받아 줄 수 있는 대명사 문제가 가장 많이 출제되며, 문맥상 알맞은 문장을 고르는 문장 선택 문제가 지문당 한 문제씩 고정적으로 등장합니다. 어휘 문제 역시 해당 문장에만 어울리는 단어가 아니라 앞뒤 문장의 흐름상 어울리는 단어를 두 문장을 자연스럽게 연결해 주는 접속부사를 고르는 문제가 많이 출제됩니다.

🔖 시험 PREVIEW

Questions 1-4 refer to the following e-mail.

To	: Cynthia Castillo
From	: Greg Sestero
Date	: October 15
Subject	: Plans going forward

Dear Ms. Castillo,

Due to a health issue, I've been advised to avoid regularly commuting from Grayslake. -------, I hope to keep contributing to *Northwood News*.
1.

If possible, I'd appreciate the chance to meet with you ------- the possibility of staying on in my current role. I don't think it would pose any problem to complete my work from home. -------. Besides, when it is absolutely necessary, I can still make the trip to the Highland Park office.
2. **3.**

I would love to talk about this ------- in detail as soon as possible.
4.

Best,
Greg Sestero

1-4번은 다음 이메일에 관한 문제입니다.

수신 : Cynthia Castillo
발신 : Greg Sestero
날짜 : 10월 15일
제목 : 향후 계획

Castillo 씨께,

건강상의 문제 때문에, 저는 Grayslake에서 정기적으로 통근하는 것을 피하라고 권고받았습니다. **1.그럼에도 불구하고**, 저는 계속해서 〈Northwood News〉에 기고하고 싶습니다.

가능하다면, 현재의 제 역할을 계속하는 것이 가능한지를 **2.논의하기 위해** 당신을 만날 기회를 주시면 감사하겠습니다. 제가 집에서 일을 끝내는 것이 문제가 되리라 생각하지 않습니다. **3.어쨌거나 제 현재 업무는 대부분 온라인에서 완료됩니다.** 게다가 꼭 필요할 때, 저는 여전히 Highland 공원 사무실로 갈 수 있습니다.

가능한 한 빨리 이 **4.생각**에 대해 자세히 이야기하고 싶습니다.

마음을 담아,
Greg Sestero

1. 어휘 문제

Part 5 어휘 문제와 달리 Part 6의 어휘 문제는 빈칸이 들어 있는 그 문장만 봐서는 안 되고 앞뒤 문맥을 정확히 파악하여 답을 골라야 합니다. 어휘 문제는 네 개의 보기 중 의미상 가장 적절한 어휘를 고르는 문제입니다. 전후 문맥을 파악하여 풀어야 하므로 PART 5의 어휘 문제들보다 어려운 편입니다. 보통 5~6문항이 출제됩니다.

(A) And so	(B) In the end	(C) **Nonetheless**	(D) Consequently

(접속부사) 빈칸 앞 문장의 '건강상의 문제로 통근을 피하라고 권고받았다'라는 내용과 빈칸 뒷부분의 '계속해서 회사에 기여하고 싶다'라는 내용을 고려할 때, 문맥상 '통근하지 않음에도 불구하고 계속해서 회사에는 기여하겠다'라는 내용으로 이어져야 자연스러우므로 (C)가 정답입니다.

2. 문장 구조 / 문법 문제

한 단어의 네 가지 형태가 나오는 문제를 품사 자리 문제라고 합니다. 빈칸의 자리를 파악하여 네 개의 선택지 중에서 빈칸에 들어갈 적절한 품사 및 형태를 묻는 문제인데, 전체 16문항 중 3~4문항 정도가 출제됩니다. 동사 시제 문제는 문맥을 파악하는 까다로운 문제로 출제됩니다. 문법 문제는 구와 절, 즉 문장 구조를 파악하는 문제입니다. Part 6에서는 출제 빈도가 낮은 편이지만 Part 5보다 상당히 어려운 문제들이 출제됩니다. 전체 16문항 중 1~2문항 정도가 출제됩니다.

(A) **to discuss**	(B) are discussing	(C) have discussed	(D) discuss

(to부정사) 문장 내에 이미 동사 would appreciate가 있으므로 빈칸은 준동사 자리입니다. 문맥상 '가능성에 대해 논의하기 위해서 만나고 싶다'라는 의미가 되어야 자연스러우므로, 부사적 용법으로 쓰여 목적을 나타내는 to부정사 (A)가 정답입니다.

3. 문장 선택 문제

문장 선택 문제는 전반적인 지문의 흐름을 파악하여 4개의 보기 중에서 가장 적절한 한 문장을 선택하는 가장 난이도가 높은 문제입니다. 지문마다 한 문제씩 총 4문항이 출제됩니다. Part 6에서 가장 어려운 문제로, 전체적인 문맥을 파악하고, 접속부사나 시제 등을 종합적으로 봐야 답을 고를 수 있습니다.

(A) With your permission, I will get started on the article soon.
(B) Most of my current tasks are completed online anyway.
(C) I think it can be done just as well in a shorter time.
(D) The Grayslake location is more convenient for most of us.

(문장 선택) 빈칸 앞 문장의 '통근하지 않고 집에서 일을 끝내는 것이 문제가 되리라 생각하지 않는다.'라는 내용을 고려할 때, 문제 되지 않는 이유로 '업무 대부분이 온라인에서 완료된다.'라는 내용으로 이어져야 자연스러우므로 (B)가 정답입니다.

4. 어휘 문제

1번과 같은 어휘 문제로, 한 문장만 봐서는 안 되고 앞뒤 문맥을 정확히 파악하여 답을 골라야 합니다.

(A) deadline   (B) meeting   (C) article   **(D) idea**

(어휘 명사) 첫 번째 단락의 '통근하지 않고 재택근무를 하고 싶다'는 내용을 고려할 때, '이 생각에 대해 자세히 이야기하고 싶다'는 내용이 되어야 자연스러우므로 (D)가 정답입니다.

🎯 출제 POINT

1. 지문을 이해하는 독해 능력 평가

Part 6은 기본 문법 지식을 토대로 지문 내용을 얼마나 잘 이해하는지를 평가합니다. 같은 시제라도 Part 5에서는 특정 시제와 어울리는 시간 부사구가 출제된다면, Part 6에서는 글의 흐름상 어울리는 시제를 고르는 문제가 출제됩니다. 대명사 문제도 Part 5에서는 문장의 자리에 어울리는 대명사의 격 'he vs. him vs. his'을 묻는 문제가 주를 이룬다면, Part 6에서는 대명사가 가리키는 명사를 파악해서 이를 받아줄 수 있는 수 'its vs. their'나 성 'he vs. she'이 일치하는 대명사를 묻는 문제가 출제됩니다. 기본 문법 지식과 독해 능력을 함께 평가하는 파트입니다.

2. 맥락 파악

앞뒤 문맥을 통해 시제를 결정하는 문제의 출제 비중이 높습니다. 시제를 묻는 문제는 Part 5에서는 시간 부사구로 결정하지만, Part 6에서는 맥락으로 파악합니다. 두 문장을 자연스럽게 이어주는 접속부사 문제, 맥락으로 파악해야 하는 대명사의 인칭 문제, 수 일치 문제, 그리고 어휘 문제가 출제됩니다.

📝 학습 ADVICE

1. 순차적으로 읽기

빈칸이 있는 문장만 보고 문제를 풀면 출제자가 만들어 놓은 함정에 빠지기 쉽습니다. 빈칸이 있는 문장만 보지 말고, 반드시 처음부터 읽어 가면서 글의 '맥락'을 파악하고 전체의 글을 논리적으로 완성할 수 있는 답을 찾아야 합니다. 지문당 2분, 총 8분 이내에 Part 6을 끝내야 Part 7에서 문제당 1분씩의 할애 시간을 확보할 수 있습니다.

2. 정독으로 정면승부

단순히 문장 구조나 문법을 묻는 문제도 출제되지만, 맥락과 연결되는 어휘나 시제, 접속부사를 묻는 문제들이 주로 출제된다는 것에 유의해야 합니다. 문장 선택 문제는 빈칸 앞뒤 문장의 대명사나 연결어 등을 확인하고 상관 관계를 파악합니다. 지문의 길이가 짧기 때문에 정독해서 읽으면 오히려 더 쉽게 해결할 수 있습니다.

파트 6 문제 유형

1. 문맥

문맥이란, 문장이 서로 이어지면서 전달되는 중심 의미나 논리 관계를 말합니다. 하나의 글은 여러 문장으로 이루어져 있고, 그 문장들은 중심 의미, 즉 주제를 표현할 수 있도록 서로 유기적으로 연결되어 있습니다. 같은 문장이라도 어떤 문맥에서 표현되었는지에 따라 다른 의미가 될 수 있기 때문에, 문맥을 제대로 파악해야 글을 제대로 이해했다고 할 수 있습니다.

문제가 하나의 문장으로 제시되는 Part 5와 달리, Part 6에서는 여러 개의 문장이 논리적으로 연결된 지문이 제시되기 때문에, 정답을 빠르고 정확하게 찾으려면 문맥을 제대로 파악할 줄 알아야 합니다.

문맥을 잘 파악하려면 어떻게 해야 할까요? 그건 바로 글 속에 들어 있는 단서들을 활용하는 것입니다. 어느 글에든지 문맥을 제대로, 빠르게 파악할 수 있게 도와주는 단서들이 숨어 있어요. 대표적인 문맥 파악 단서들을 몇 가지 살펴봅시다.

2. 문맥 파악 단서

연결어	연결어는 두 문장이 어떤 관계로 연결되어 있는지를 알려주는 신호등 역할을 합니다. 두 문장의 내용을 잘 모르더라도 연결어를 확인하면, 두 문장이 서로 어떤 관계로 이어져 있는지 파악할 수 있습니다. 접속부사, 접속사 등이 연결어 역할을 하는 품사에 해당합니다. They aim to make the repairs on a floor by floor basis so that the work causes fewer disruptions. **However**, for the next few days, some areas may be obstructed and there will be some additional noise. ⤳ 내용을 파악하기 전에 두 문장 사이의 However만 보고도 두 문장이 상반되는 내용이라는 것을 예상할 수 있어요. 그들은 층 단위로 수리 작업하여 업무 지장을 줄일 계획입니다. 하지만 앞으로 며칠간, 일부 구역은 차단되고 추가 소음도 있을 것입니다.
지시어	앞 문장에 등장한 표현이 뒤에서 다시 나오는 경우, 대개 동일한 단어가 그대로 나오지 않고 주로 앞의 표현을 가리키는 지시어를 사용합니다. 지시대명사나 인칭대명사 같은 대명사가 지시어 역할을 합니다. 따라서 문장에 대명사가 있는 경우, 그것이 가리키는 대상이 무엇인지 주변 문장에서 찾아야 합니다. 그래야 문맥을 제대로 파악할 수 있습니다.

> I'd like you **to be our new Vice President of National Operations**. The position is based in London. I understand that moving across the country brings with it difficulties. But, I think **this** could be a huge opportunity for your career and major promotion.

⋯ 문맥상 this가 가리키는 것은 앞 문장에 언급된 'to be our new Vice President of National Operations.'겠죠. 이처럼 문장에 대명사가 있는 경우, 그것이 가리키는 대상이 무엇인지 파악할 수 있어야 해요.

당신이 National Operations 신임 부사장이 되어 주셨으면 합니다. 이 자리는 London에 있습니다. 전국을 가로질러 이사하는 게 쉽지 않다는 걸 잘 알고 있습니다. 그렇지만 **이건** 당신 경력에 엄청난 기회이고 대단한 승진이 될 수 있습니다.

3. 문맥 파악 문제 유형

Q. 문맥 파악 문제 유형이 무엇인가요?

A. 하나의 문장에 하나의 빈칸이 주어지는 Part 5와 달리, Part 6에서는 하나의 지문 속에서 여러 개의 빈칸이 주어집니다. 따라서 Part 6에서는 하나의 문장을 뛰어넘어 여러 개의 문장 속에서 의미나 논리 등의 연결 관계를 제대로 파악하는 것이 문제를 해결하는 데 아주 중요한 역할을 합니다.

문맥을 파악한다는 것은 앞뒤 문장의 내용이 어떻게 이어지는지를 살피며 글을 읽는 것을 말합니다. 책을 읽으며 줄거리를 파악하는 것처럼요. Part 6에서는 Part 5처럼 하나의 문장만 보고 풀 수 있는 문제도 나오지만, 주로 문맥을 파악해야 풀 수 있는 문제가 출제됩니다.

Q. 문맥 파악 문제 유형에는 어떤 종류가 있나요?

A. Part 6에서 매회 거의 빠짐없이 출제되는 대표적인 문맥 파악 문제 유형에는 접속부사, 지시어, 문장 선택 문제가 있어요. 각 문제 유형을 하나씩 자세히 살펴봅시다.

파트 6 문제 유형

접속부사

BASE 55

접속부사는 문장 전체를 수식하는 부사입니다. 일반 부사와 달리 항상 문장 전체를 수식하므로 문장 맨 앞에 자리합니다. 문장 맨 앞에서 뒤에 오는 문장을 수식하면서, 앞에 있는 문장과 내용상 잘 연결될 수 있도록 도와주는 역할을 합니다.

▶ 접속부사 문제, 이렇게 출제돼요.

Everyone is free to print documents as needed, but if you use the printer excessively, you will be asked to provide a written explanation of your activities. This procedure will **STEP 2** minimize our paper waste. -------, our power usage and costs will be reduced.

STEP 1 (A) Nevertheless   (B) Moreover   **(C) As a result**   (D) For example

STEP 3

모든 분들이 필요에 따라 문서를 자유롭게 인쇄할 수 있지만, 프린터를 과도하게 사용할 경우 귀하의 활동에 대한 서면 설명서를 제공하도록 요청될 것입니다. 이 절차는 종이 낭비를 최소화할 것입니다. **결과적으로**, 전력 사용량과 비용이 감소할 것입니다.

▶ 접속부사 문제, 이렇게 접근해 보세요.

STEP 1 보기 확인하기
보기가 모두 접속부사로 이루어진 경우, 접속부사 고르는 문제로 판단합니다.

STEP 2 빈칸을 중심으로 앞뒤 문장 내용 확인하기
빈칸 앞뒤 문장을 해석합니다.
빈칸 앞: 이 절차(과도한 프린터 사용 시 서면으로 설명해야 하는 절차)가 종이 낭비를 최소화할 것입니다.
빈칸 뒤: 우리의 전력 사용량과 비용이 줄어들 것입니다.

STEP 3 두 문장의 내용 관계 파악하기
두 문장이 서로 어떤 관계로 연결되어 있는지 파악한 후, 문맥상 적합한 접속부사를 선택합니다.
프린터 사용을 제한하는 절차가 종이 낭비를 최소화할 것이고, '결과적으로' 전력 사용량과 비용이 줄어들 거라는 연결이 자연스럽기 때문에 인과관계에 있는 문장을 이어줄 수 있는 접속부사 (C) As a result가 정답입니다.

▶ 자주 출제되는 접속부사, 이것만은 알아두세요.

[문장 A. **접속부사**, 문장 B.]		문장 B는 문장 A에 대해
문장 A.	Also 또한 In addition 게다가 Moreover 더욱이	문장 B. ⋯▸ 추가 정보 제공
문장 A.	However 하지만 Unfortunately 안타깝게도 Nevertheless 그럼에도 불구하고	문장 B. ⋯▸ 상반되는 내용 전개
문장 A.	Therefore 그러므로 As a result 그 결과 Thus 따라서, 그러므로	문장 B. ⋯▸ 인과관계로 연결되어 결과 알림
문장 A.	For example 예를 들면	문장 B. ⋯▸ 구체적인 예시 제공

Questions 1-4 refer to the following e-mail.

To: mreale@rto.org
From: dbain@bainconsultants.com
Date: March 10
Subject: Web Site Review

Dear Mr. Reale,

The following is our initial feedback upon completing the review of the Rosario Tourism Organization Web site.

To begin with, the Web site is not as ------- as it should be. We suggest modifying the format and including more details that are relevant to tourists. Also, we found that many words were spelled incorrectly ------- the site.

We would also recommend supplementing the images posted to promote Rosario. -------. Thus, we suggest creating and posting professionally designed videos that showcase popular sites around the city. -------, it would be a great idea to include an online section where citizens and tourists can post their personal recordings and pictures of Rosario.

Please let us know once you have made a decision regarding our recommendations.

Sincerely,

Darryl Bain
Bain Consultants

---

1. (A) effective
(B) effectiveness
(C) effecting
(D) effectively

2. (A) between
(B) near
(C) throughout
(D) ahead

3. (A) There is a simple way to store important images.
(B) All images must be approved by me before they are posted.
(C) It will be difficult to draw many visitors by just displaying some pictures.
(D) Some pictures have been removed or replaced.

4. (A) In addition
(B) Thus
(C) Nevertheless
(D) For example

BASE 56

지시어

반복을 피하려는 영어의 특성상, 앞서 언급한 단어, 구, 문장 등을 가리킬 때는 같은 표현을 반복하는 대신, 다양한 지시어를 활용하여 나타냅니다. 따라서 문맥이 중요한 Part 6에서는 지시어가 가리키는 대상이 무엇인지 정확히 파악해야 합니다.

▶ 지시어 문제, 이렇게 출제돼요.

To start using the app, students and faculty first need to sign up for an Earlwin Connect account. The process consists of several simple steps. Send a text message reading "set up" to (555) 462-9201, or write "set up" in the subject header to connectapp@earlwin. edu. A few minutes thereafter, ------- will be sent an ID and a temporary password.

STEP 3 STEP 2 STEP 1

(A) we   (B) you   (C) I   (D) they

앱을 사용하려면, 학생들과 교수진은 우선 Earlwin Connect 계정에 가입해야 합니다. 과정은 몇 가지 간단한 단계로 이루어져 있습니다. (555) 462-9201번으로 "설치"라고 문자메시지를 보내거나, 제목란에 "설치"라고 써서 connectapp@earlwin.edu로 보내주세요. 몇 분 후, 아이디와 임시 비밀번호를 받으실 겁니다.

▶ 지시어 문제, 이렇게 접근해 보세요.

STEP 1 보기와 빈칸 자리 확인하기

보기와 문장의 빈칸 자리를 확인한 후, 내용과 상관없이 문법상 빈칸에 들어갈 수 없는 보기들을 먼저 거릅니다.

빈칸은 동사 will be sent의 주어 자리이며, 보기는 모두 주격 대명사이므로 아직 소거할 보기가 없습니다.

STEP 2 빈칸 앞부분에서 정답을 유추할 수 있는 표현 찾기

빈칸 앞쪽에 있는 문장들(주로 바로 앞 문장)에서 빈칸에 들어갈 표현이 무엇인지 문맥을 통해 파악합니다. 지시어가 가리키는 대상은 명사인 경우가 대부분이지만, 구나 문장 전체를 가리키는 경우도 있음에 주의합니다.

빈칸 앞 문장이 명령문 'Send a text message ~, or write "set up" ~'이므로 빈칸이 가리키는 ID와 임시 비밀번호를 받는 대상은 You임을 알 수 있습니다.

STEP 3 찾은 표현을 가리키는 적절한 대명사 선택하기

STEP 2에서 찾은 표현의 수, 인칭, 성별 등을 파악해 문법상 주어진 자리에 들어가기에 적합한 대명사를 STEP 1에서 추린 보기들 중에서 고릅니다.

위 문제는 STEP 2에서 끝낼 수도 있었지만, 수나 성별 등을 고려해야 하는 문제가 출제되기도 하므로 정확한 해석이 요구됩니다.

▶ 지시어에 해당하는 표현은 다음과 같아요.

지시어: 문맥 속에서 이미 언급된 표현을 가리키는 말

인칭대명사	(주격) I, you, we, they, it, he, she (소유격) my, your, our, their, its, his, her (목적격) me, you, us, them, it, him, her	지시대명사 지시형용사	this, these, that, those …

EX We're interested in hearing what you have to say about our Web site and hope you can take the time to fill out **a brief feedback form**. Please answer **it** as completely as you can.

저희는 저희 웹사이트에 대한 귀하의 의견을 듣고 싶으며, 잠시 시간을 내어 **간단한 후기 양식**을 작성해 주시길 바랍니다. 가능한 한 자세히 **그것에** 답변해 주시기 바랍니다.

Questions 1-4 refer to the following Web page.

---

www.yeovilsculpturesociety.co.uk

The Yeovil Sculpture Society (YSS) offers classes and puts on contests ------- the art of sculpting in our region. Sculptures made here in Yeovil have become famous nationally. Many of ------- are displayed in museums around the country. As you are probably aware, YSS holds the country's largest annual sculpture fair, which takes place every October. The highly prestigious Sculpture Laureate Competition takes place during the fair. -------. Farah Kimberly was last year's -------. Her striking piece made from wood and stainless steel entitled *Freedom* won first place after receiving the highest score from 9 of the 11 judges.

---

1. (A) to advance
(B) has advanced
(C) will advance
(D) is advancing

2. (A) one
(B) them
(C) all
(D) each

3. (A) Talented artists from all over the world come to compete.
(B) It will expand to include a painting competition this year.
(C) Accommodations can be booked on our Web site.
(D) Art professor Sheryl Ford will be giving a talk on the history of sculptures.

4. (A) speaker
(B) professional
(C) champion
(D) critic

BASE 57 문장 선택

지문 중간에 문맥상 알맞은 문장을 넣는 문제 유형은 Part 6에서 지문당 한 문제씩 총 4문제가 매회 출제됩니다. 문장 선택 문제는 4개의 보기가 모두 문장으로 주어져 문맥을 정확히 파악하는 것이 중요합니다.

▶ 문장 선택 문제, 이렇게 출제돼요.

My partners and I are excited to inform you that Biden-Hill Associates has relocated. Our brand-new space in the GC Tower features more meeting rooms and a larger waiting area. ----–----. The only change to our mailing address will be the floor number – we're now on the 25th floor. You can see our office's entrance directly in front of the elevator.

(A) We believe these upgrades will help us to serve you better.
(B) Our offices will be temporarily closed on October 30.
(C) Unexpected factors caused us to fall behind schedule.
(D) The contract will be revised and emailed to you within the week.

저와 저의 파트너들은 여러분께 Biden-Hill Associates가 이전했음을 알려 드리게 되어 기쁩니다. GC 타워에 있는 저희의 새로운 공간은 더 많은 회의실과 더 넓은 대기실을 특징으로 합니다. 이러한 업그레이드는 저희가 여러분께 더 나은 서비스를 제공하는 데 도움이 되리라 믿습니다. 저희 우편 주소에서 유일하게 바뀌는 것은 층수가 될 것입니다. 저희는 이제 25층에 있습니다. 엘리베이터 바로 앞에서 저희 사무실 입구를 보실 수 있습니다.

▶ 문장 선택 문제, 이렇게 접근해 보세요.

[STEP 1] 빈칸 앞뒤 문장 내용 확인하기

빈칸 앞 또는 뒤 문장을 읽으며 키워드 중심으로 내용을 파악합니다.

빈칸 앞 문장은 회사의 이전 소식을 알리며, 새 공간이 더 많은 회의실과 더 넓은 대기실을 특징으로 한다는 내용이고, 뒤의 문장은 우편 주소에서 바뀌는 것은 층수뿐이라는 정보를 제공합니다. 회사의 이전과 이전한 장소의 특징을 키워드로 잡습니다.

[STEP 2] 보기 문장 확인하기

빈칸 자리에 문맥상 어울리는지를 염두에 두고 주어진 보기 문장 4개를 읽습니다.

(A) 이러한 업그레이드는 저희가 여러분께 더 나은 서비스를 제공하는 데 도움이 되리라 믿습니다.
(B) 저희 사무실은 10월 30일에 잠시 문을 닫을 것입니다.
(C) 예기치 못한 요인들로 인해 일정이 늦어졌습니다.
(D) 계약서를 수정하여 일주일 내에 이메일로 보내 드리겠습니다.

[STEP 3] 문맥상 어울리는 보기를 선택해 빈칸에 넣고 확인하기

문맥상 가장 자연스러워 보이는 보기를 선택해 빈칸에 넣고 앞뒤 문장과의 연결이 자연스러운지를 살펴봅니다.

이전한 회사가 더 많은 회의실과 더 넓은 대기실을 특징으로 한다는 내용을 고려하여 보기 (A) 'We believe these upgrades will help us to serve you better.'를 넣고 문맥을 살피면, 문장 연결이 자연스러우므로 정답으로 선택합니다.

▶ 문장 선택 문제, 다음 문맥 단서들을 활용해 보세요.

문맥 단서란, 문맥을 더욱 쉽게 파악할 수 있도록 하는 장치를 말합니다. 앞서 살펴본 접속부사나 지시어를 문맥 단서라고 할 수 있어요. 지문에 있는 접속부사나 지시어를 활용하면, 문장 간의 내용 관계를 훨씬 더 수월하게 확인할 수 있습니다.

우선, 빈칸의 앞뒤 문장이나 보기에 문맥 단서가 들어있는지를 살펴봅니다. 보기 문장들 중에 접속부사나 지시어가 보인다면, 해당 보기 문장부터 빈칸에 넣어보고 앞 문장과의 내용 관계를 중심으로 확인해 봅니다. 빈칸 뒤의 문장에서 접속부사나 지시어가 보인다면, 빈칸 뒤의 문장을 중심으로 보기 문장들과의 내용 관계를 확인해 봅니다. 그러고 나서, 접속부사를 중심으로 내용 흐름이 자연스러운지, 혹은 지시어가 가리키는 표현이 보기 문장에 있는지 등을 살펴봅니다.

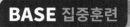

Questions 1-4 refer to the following press release.

Jim Kang's New Ski-boot-ready Backpacks

Jim Kang, the well-known European designer, has unveiled a new line of backpacks for ski footwear developed ------- both boots and other accessories. Kang became famous for his

1.

contribution to the recreational equipment industry with his line of the Explorer Series bags created ------- for multi-day hiking adventures. -------. "It can be hard to stop your boots from

2.   **3.**

rubbing against the other items in your bag, but they're a necessity," Mr. Kang said. "Actually, most skiers want to bring additional ------- to ensure they are ready for any situation."

4.

---

1. (A) had guarded
   (B) guard
   (C) to guard
   (D) guarded

2. (A) hesitantly
   (B) specifically
   (C) plentifully
   (D) highly

3. (A) Kang's backpacks sell very well in Canada.
   (B) He says this is the company's most important principle.
   (C) All of his gear is manufactured using eco-friendly materials.
   (D) They gained recognition for their creative use of space.

4. (A) books
   (B) pairs
   (C) coats
   (D) frames

PART 6 CHAPTER 11

Questions 1-4 refer to the following product description.

The revolutionary Windstopper long sleeve cycling shirt from Artux Premium is made from merino wool, providing comfort all throughout the year. -------. Special reflective panels on the ------- offer additional visibility at night to keep you safe. Our trademark zipped venting system also gives you an incredible degree of temperature customization. The jersey has a flexible design ------- allows for a roomy fit. Every order ------- from our Newbury warehouse within one day of the purchase date. All purchases are backed by our two-week satisfaction guarantee.

---

1. (A) The fleece-lined collar is made using our trademark process.
(B) This functional fabric keeps sweat away and the user dry.
(C) Our special design will keep your feet warm no matter the weather.
(D) The rugged polyester sleeping bag is certified for subzero temperatures.

2. (A) thumb loops
(B) boxes
(C) sleeves
(D) bedding

3. (A) such
(B) that
(C) yet
(D) then

4. (A) was sent
(B) has sent
(C) will be sent
(D) had been sent

Questions 5-8 refer to the following advertisement.

TG Airways makes traveling more appealing with its Swift Rewards Card!

TG Airways is excited to offer its new rewards credit card that allows users to accrue points for their everyday purchases. Whether you're buying dinner at a restaurant in Paris, or picking up groceries from the local supermarket—either way, you'll be saving up for your next trip! Why ------- for a card that provides points that can only be used in a few places? ------- the TG
    5.   6.
Swift Rewards Card earns you TG airline miles, it can also be used to book hotel rooms and rental cars at thousands of participating locations. This makes it the perfect choice for -------
                                                                        7.
individuals who frequently travel. Sign up for the TG Swift Rewards card now, and earn double points for your first 60 days. -------.
                                                   8.

---

5. (A) settlement
    (B) settle
    (C) settling
    (D) settled

6. (A) Provided
    (B) Nevertheless
    (C) Therefore
    (D) While

7. (A) those
    (B) they
    (C) that
    (D) this

8. (A) Points may only be redeemed within your country of origin.
    (B) However, the introductory interest rate will increase after six months.
    (C) This offer is good for a limited time only, so join us today.
    (D) Again, reward miles will be applied to your account for each new customer referred.

Questions 9-12 refer to the following letter.

Bold Lanes Bowling
22211 Memorial Highway
Winnipeg, MB R3B 1M3
Contact Number: 204 555-9991

Darren Ward, Partner
Lawrence & Lawrence Law
1 Portsmouth Way
Winnipeg, MB R3B 7A2

Mr. Ward,

I appreciate your interest in hosting your firm's seasonal get-together here at Bold Lanes Bowling. I am -------- to provide answers to the inquiries you sent me.
      9.

The bowling alley can be reserved for private events Sunday through Thursday. Rental fees cover shoes, bowling balls, customized music playlist, and exclusive access to our entire --------. For a group of up to 50, the total price would come to $700. --------. Also, our onsite
  10.   **11.**
restaurant will take 20 percent off of any menu item. --------, if you wish to make your own food
                                                      12.
arrangements, please talk to our director.

Once you decide on a date, please give me a call so that we can move forward with the booking process.

Best,

Sadie Leithauser, Manager

9. (A) please
   (B) pleased
   (C) pleasing
   (D) pleasure

10. (A) housing
    (B) article
    (C) stock
    (D) center

11. (A) Tutorials can be provided for an additional fee.
    (B) Bowling is a surprisingly competitive activity.
    (C) The space can also be booked for birthday parties.
    (D) The bowling alley is located across from the Supersavers store.

12. (A) However
    (B) Consequently
    (C) Accordingly
    (D) For example

Questions 13-16 refer to the following article.

NEWCASTLE (4 April)—The Newcastle City Council has approved an initiative to bring electric scooters back to the city centre. Electric scooters were banned two years ago because a lack of parking space caused them to block sidewalks and create inconveniences for pedestrians. In addition, users --------- to use the city streets, creating a dangerous situation for them as well as for motorists.
13.

Under the new plan, a scooter lane will be added, and scooter stations will be placed -------- at 20 locations downtown. One goal of the plan is to decrease unhealthy emissions. "--------,
14.   15.
I love the idea of providing a way for visitors of all ages to explore our vibrant city centre," City Manager Clara Morales said after the press conference. --------.
16.

---

13. (A) required
(B) have required
(C) were required
(D) will be required

14. (A) strategically
(B) strategic
(C) strategizing
(D) strategy

15. (A) Although
(B) Moreover
(C) If not
(D) Nevertheless

16. (A) Sheffield had a program requiring special training to operate scooters on the streets.
(B) A recent study showed a 20 percent decrease in pollution.
(C) She would like to see the scooter lanes and stations up and running by June.
(D) The service would have to be limited to registered local residents.

PART

7

READING COMPREHENSION
독해

📋 문제 OVERVIEW

Part 7은 지문을 읽고 그에 딸린 2~5개의 문제를 푸는 형태로, 총 54문제가 출제됩니다. 각 지문의 종류와 문항 수는 다음과 같습니다.

지문의 종류	지문 수	지문당 문항 수	전체 문항 수
단일 지문	10개	2~4문항	29문항
이중 지문	2개	5문항	10문항
삼중 지문	3개	5문항	15문항

문항 수	54문항(147~200번에 해당합니다.)
지문 유형	– **단일 지문**: 이메일, 편지, 문자 메시지, 온라인 채팅, 광고, 기사, 양식, 회람, 공지, 웹 페이지 등 – **이중 지문**: 이메일-이메일, 기사-이메일, 웹 페이지-이메일 등 – **삼중 지문**: 다양한 세 지문들의 조합
질문 유형	– **핵심 정보**: 주제 또는 목적과 같이 가장 핵심적인 내용을 파악하는 문제 – **특정 정보**: 세부 사항을 묻는 문제로, 모든 질문이 의문사로 시작하며 지문에서 질문의 키워드와 관련된 부분을 읽고 정답을 찾는 문제 – **NOT**: 지문을 읽는 동안 보기 중에서 지문의 내용과 일치하는 보기를 대조해서 소거하는 문제 – **추론**: 지문의 내용을 바탕으로 전체 흐름을 이해하며 지문에 직접 언급되지 않은 사항을 추론하는 문제 – **화자 의도**: 화자의 의도를 묻는 문제로, 문자 메시지나 2인 형태의 대화로 출제되며 온라인 채팅은 3인 이상의 대화 형태로 출제 – **동의어**: 주어진 단어의 사전적 의미가 아니라 문맥상의 의미와 가장 가까운 단어를 고르는 문제 – **문장 삽입**: 지문의 흐름상 주어진 문장이 들어갈 적절한 위치를 고르는 문제로, 세부적인 정보보다 전체적인 문맥 파악이 중요한 문제
보기 구성	4개의 보기

🕐 출제 TREND

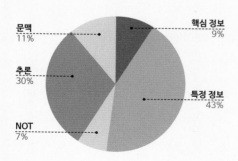

문맥 11%
추론 30%
NOT 7%
핵심 정보 9%
특정 정보 43%

• 각 유형은 다음과 같이 일정한 비중으로 출제되고 있습니다.

문제 유형	세부 유형	출제 문항 수
핵심 정보	주제, 목적, 대상	3~6문항
특정 정보	상세 정보, 사실 확인	23~26문항
NOT	상세 정보 NOT, 사실 확인 NOT	3~5문항
추론	핵심 정보 추론, 특정 정보 추론	15~18문항
문맥	동의어, 화자 의도 파악, 문장 삽입	5~7문항

시험 PREVIEW

Questions 1-2 refer to the following job posting.

Bright Wave Systems (BWS) is looking for a technical editor with a university education to proofread manuals that have been translated from English to Portuguese. BWS is a large software developer that is planning to do business in Sao Paulo. We pay $25 per page.

In order to apply, please send an e-mail to hr@bws.com. In the message, include your résumé and two writing samples (one in English, one in Portuguese).

BWS is located in Chicago, but the work involved for this position may be performed from any part of the world.

1-2번은 다음 채용 공고에 관한 문제입니다.

Bright Wave Systems (BWS)는 영어에서 포르투갈 어로 번역된 안내서를 교정할 대졸 기술 편집자를 찾고 있습니다. BWS는 Sao Paulo에서 사업을 준비 중인 대형 소프트웨어 개발업체입니다. 장당 25달러를 지급합니다.

지원하시려면 hr@bws.com으로 이메일을 보내 주십시오. ◼메시지에 이력서와 두 개의 글 샘플(영어 1개, 포르투갈어 1개)을 포함해 주세요.

BWS는 Chicago에 있지만, ◼이 직무 관련 업무는 세계 어느 곳에서나 수행하실 수 있습니다.

1. 특정 정보(상세)

What is needed from applicants?

(A) Materials written in two languages
(B) Reference letters from former employers
(C) An official university transcript
(D) A bank account number

두 번째 단락에서 이력서와 두 개의 글 샘플을 포함하라(include your résumé and two writing samples)고 했으므로 (A)가 정답이에요.

+ Paraphrasing
your résumé and two writing samples → Materials,
English, Portuguese → two languages

2. 특정 정보(사실 확인)

What is indicated about the technical editor job?

(A) It requires occasional international travel.
(B) It can lead to a permanent position.
(C) It can be done remotely.
(D) It requires a one-year commitment.

세 번째 단락에서 이 직책에 관련된 일을 세계 어느 곳에서나 수행할 수 있다(the work involved for this position may be performed from any part of the world)고 했으므로 (C)가 정답이에요.

+ Paraphrasing
be performed from any part of the world → be done remotely

ⓐ 출제 POINT

1. 핵심 정보 – 지문의 앞부분에서 단서 포착하기

주제나 목적, 대상을 묻는 문제는 대개 지문의 첫머리에 단서가 제시되므로 도입부 내용을 잘 확인하여 이 내용을 포괄할 수 있는 보기를 고릅니다. 도입부에 단서가 보이지 않는다면 앞 단락에 언급된 내용을 중심으로 빠르게 훑어 내려가며 정답을 포착하세요.

2. 특정 정보 – 키워드 붙들기

상세 정보, 사실 확인 문제의 경우 핵심 단어 및 표현에 집중하여 질문에서 키워드를 파악하고 관련 내용이 언급된 부분을 지문에서 찾아 문제를 해결합니다.

3. NOT – 보기와 대조하기

질문과 보기에서 키워드를 찾아 표시한 후, 지문을 읽어가면서 해당 키워드가 등장할 때마다 보기와 대조하세요. 대조를 통해 틀린 보기를 소거하고, 남은 한 개의 보기를 정답으로 선택하세요.

4. 추론 – 미루어 짐작하되 상상하지 않기

특정 정보 유형과 비슷한 방식으로 접근하되, 특정 정보 유형처럼 단서가 직접적으로 드러나 있지 않기 때문에, 단서를 토대로 미루어 짐작할 수 있는 보기를 정답으로 골라야 합니다. 주어진 단서를 가능한 한 객관적으로 유추해야 합니다.

5. 문맥 – 앞뒤 문장의 연결성 고려하기

동의어 문제의 경우 주어진 단어를 지문에서 찾아 표시한 후에 해당 문장을 해석해서 문맥상 단어의 뜻을 파악하고, 그 뜻과 바꿔 쓸 수 있는 보기를 선택합니다. 화자 의도 파악 유형 역시 주어진 문장을 지문에서 찾아 표시한 후에 해당 문장의 앞뒤의 맥락을 토대로 화자가 왜 그렇게 말했는지를 적절하게 기술한 보기를 선택합니다. 문장 삽입 문제는 먼저 주어진 문장을 정확히 이해해 두어야 지문을 두세 번 읽지 않고 풀 수 있습니다.

ⓑ 학습 ADVICE

1. 나름의 기준 세우기

Part 7은 15개의 지문에 총 54문제가 출제되어 RC 전체 문항의 절반 이상을 차지합니다. 한 문제를 푸는 데 걸리는 시간도 평균 1분 내외로 다른 파트에 비해 많은 시간을 요구합니다. 특히 NOT 유형은 주어진 네 개의 보기를 지문의 내용과 일일이 대조하여 답을 골라야 하고, 화자 의도 파악이나 문장 삽입 유형은 지문의 일부, 심지어는 지문 전체의 맥락을 파악해야 할 때도 있어서 문제를 푸는 데 적게는 1분, 많게는 3분 이상도 걸립니다. '시간이 오래 걸리는 문제들을 위해 핵심 정보 유형과 특정 정보 유형의 문제들은 30초 이내에 풀자.'와 같은 나름의 기준을 세워 둘 필요가 있습니다.

2. 패러프레이징에 유념하기

Part 3&4와 마찬가지로 지문에 등장한 내용이 문제에서는 비슷한 의미의 다른 표현으로 제시되는, 즉 패러프레이징 되어 나오기 때문에 지문을 정확하게 해석할 수 있는 능력을 길러야 합니다.

3. 구어체 표현 익히기

Part 7에서 문자 메시지나 온라인 채팅은 난이도가 비교적 높지 않습니다. 그러나 구어체 표현이 많이 나오고 문자 그대로의 사전적인 의미가 아닌 문맥상 그 안에 담겨 있는 숨은 뜻을 찾는 화자 의도 파악 문제가 꼭 출제되기 때문에 평소 구어체 표현을 숙지하고 대화의 흐름을 파악하는 연습을 해야 합니다.

파트 7
문제 유형

1. 키워드란 무엇인가요?

키워드란 문장이나 글 안에 담겨 있는 핵심 내용을 파악하는 데 도움이 되는 역할을 하는 단어입니다. 문장이나 글을 읽을 때 키워드를 제대로 쏙쏙 찾아낼 수 있으면, 아무리 어렵거나 복잡한 글이라도 **빠르고 정확하게** 이해할 수 있습니다. 특히 Part 7에서는 문제를 읽고 키워드를 찾은 후 키워드를 중심으로 지문에서 해당 내용의 위치를 **빠르게** 찾아내야 하므로, 키워드 파악은 문제 해결의 가장 기본이라고 할 수 있습니다.

2. 키워드는 어떻게 파악하나요?

의문사와 내용어를 중심으로 키워드를 찾아보세요.

의문사	'누가, 언제, 어디서, 무엇을, 어떻게, 왜'의 육하원칙을 가리키는 단어로, who, when, where, what, how, why가 여기에 해당합니다.
내용어	의미를 담고 있는 단어로, 주로 명사, 동사 등의 단어가 내용어에 해당됩니다.

▶ 문제에서 키워드 파악하기

What is **included** as an **attachment**? 첨부 파일로 무엇이 포함되어 있나요?
　의문사　　　동사　　　　　명사

키워드 ▶ What, included, attachment ⋯▸ 첨부 파일에 포함된 것

▶ 지문에서 키워드 파악하기

The **attached file** **contains** the **message** you should **input** in the response.
　명사(구)　　　동사　　　명사　　　　　동사

첨부된 파일에는 회신에 입력해야 하는 메시지가 들어 있습니다.

키워드 ▶ attached file, contains, message, input ⋯▸ 첨부 파일에는 입력할 메시지가 포함되어 있습니다.

3. 패러프레이징이란 무엇인가요?

패러프레이징이란 같은 내용을 다른 단어와 표현으로 바꿔서 제시하는 것, 즉 간단히 말해서 '바꿔 표현하기'를 말합니다. 특히 Part 7은 패러프레이징 파트라 해도 과언이 아닐 정도로, 패러프레이징의 역할이 아주 중요합니다. 지문의 내용이 문제 또는 문제 보기로 패러프레이징 된 경우가 대부분이기 때문에, 패러프레이징을 제대로 포착해서 찾아내는 것이 문제 해결의 핵심입니다.

4. 패러프레이징은 어떻게 이루어지나요?

패러프레이징이 어떻게 이루어지는지 대표적인 유형 4가지를 예문과 함께 살펴봅시다.

▶ **동의어로 표현하기:** 비슷한 의미의 다른 표현으로 바꿔 표현합니다.

앞의 예문을 불러오면,

[지문] The attached file contains the message you should input in the response.
첨부된 파일에는 회신에 입력해야 하는 메시지가 들어 있습니다.

[문제] What is included as an attachment? 첨부 파일로 무엇이 포함되어 있나요?

[정답] **Some text to be entered** 입력할 일부 글

동의어를 이용하여 같은 색깔별로 패러프레이징 되었음을 알 수 있어요.

▶ **문장 구조 바꾸기:** 문장 구조를 다르게 바꿔 표현합니다.

[지문] **We were unable to deliver** your latest weekly issue of the *Rolling Planet* because the new mailing address you provided was incomplete.
제공해 주신 새 우편 주소가 불충분해서 주간지 Rolling Planet의 최신 호를 배송해 드리지 못했습니다.

[정답] **A delivery was not successful.** 배송이 성공적으로 이루어지지 않았습니다.

▶ **내용 일반화하기:** 구체적인 내용을 좀 더 일반적이고 포괄적인 내용으로 바꿔 표현합니다.

[지문] As a **cycling shop** owner, you are able to enter your customers in our free summer giveaway drawing. 자전거 가게 주인으로서, 귀하께서는 고객들을 하계 무료 경품 추첨에 참여시키실 수 있습니다.

[정답] He operates a **retail business**. 그는 소매업체를 운영한다.

▶ **요약·정리하기:** 길고 장황하게 설명된 내용을 간단하게 요약·정리해서 표현합니다.

[지문] Because **you have been a loyal participant and supporter of our expo over the years**, we are making an exception this time.
귀하께서는 수년에 걸쳐 저희 박람회의 충실한 참가 업체이자 후원사이셨기 때문에 이번에는 예외를 적용합니다.

[정답] **He regularly attends the expo.** 그는 정기적으로 박람회에 참가한다.

파트 7 문제 유형

BASE
58

핵심 정보

핵심 정보 문제는 글 전체의 핵심 내용을 묻는 문제 유형으로, 글의 주제, 글을 쓴 목적, 그리고 글을 읽었으면 하는 대상이 누구인지 묻는 문제가 해당됩니다.

▶ 핵심 정보 문제, 이렇게 생겼어요!

주제	**What** is the information **mainly about**?	안내문은 주로 무엇에 관한 것인가?
	What does the article **mainly discuss**?	기사에서 주로 논의하는 것은?
	What is the **main topic** of the letter?	편지의 주제는 무엇인가?
목적	**What** is the **purpose** of the memo?	회람의 목적은 무엇인가?
	Why was the e-mail **sent**?	이메일은 왜 발송되었는가?
	Why did Mr. Ryu **write** the letter?	Ryu 씨는 왜 편지를 썼는가?
대상	**For whom** is the notice **intended**?	공지는 누구를 대상으로 하는가?
	What is being **advertised**?	무엇이 광고되고 있는가?

▶ 핵심 정보 문제가 나오면, 다음을 명심하세요!

✓ 문제에 다음과 같은 표현이 있으면, 주제·목적·대상 문제라고 생각하세요.
  : mainly about, purpose, For whom ~ intended

✓ 문제 해결의 단서는 주로 지문의 첫 문장에 등장해요.
  : 주제·목적·대상에 대한 정보는 대부분 지문의 앞부분에 제시됩니다.
  : 지문에 제목이 있다면, 제목에서도 단서를 얻을 수 있습니다.

✓ 정답의 단서는 언제든지 패러프레이징 되어 나올 수 있다는 사실을 명심하세요.

▶ 핵심 정보 문제, 이렇게 패러프레이징 돼요!

We are excited to announce that Electric Avenue, the region's top electronics retailer, has relocated to a larger building to accommodate more products. **To celebrate, we will be** issuing all Store Loyalty members a $30 gift certificate.

이 지역 최고의 전자 제품 소매업체인 Electric Avenue가 더 많은 제품을 수용할 수 있도록 더 큰 건물로 이전했다는 점을 알려 드리게 되어 기쁩니다. **이를 축하하기 위해, 모든 Store Loyalty 회원분들께 30달러짜리 상품권을 발행해 드릴 것입니다.**

Q. What is the purpose of the e-mail?

(A) **To advertise** a promotional deal
(B) To describe a revised membership policy
(C) To announce a redesigned Web site
(D) To introduce an updated mobile application

이메일의 목적은 무엇인가?

(A) 판촉 행사를 광고하려고
(B) 개정된 회원 정책을 설명하려고
(C) 새롭게 디자인된 웹사이트를 공지하려고
(D) 업데이트된 모바일 애플리케이션을 소개하려고

▶ 핵심 정보 문제, 이렇게 접근하세요!

1단계 문제 읽고 키워드 확인하기
문제에서 의문사와 내용어를 확인하여 어떤 유형의 문제인지 파악하세요.

2단계 문제의 키워드에 해당하는 내용을 지문에서 찾기
문제의 키워드에 해당하는 핵심 정보는 주로 지문의 앞부분에 등장하며, 제목에서도 단서가 제시될 수 있어요.

3단계 찾은 내용과 동일한, 또는 패러프레이징 된 표현을 보기에서 고르기
지문에서 찾은 단서를 압축한 문장 또는 패러프레이징 된 표현을 문제의 보기에서 찾으세요.

To: staff@ssws.edu
From: douglasbennett@ssws.edu
Date: March 3
Subject: Out of Office Auto-Reply
Attachment: msg.doc

Dear Staff,

As you all know, our university will close during the upcoming spring vacation, so I'd like to refresh everyone's memory about our policy in regard to e-mail communication during the mid-semester break. As I've mentioned in staff meetings, you are under no obligation to read or respond to anything in your e-mail inbox during this period, but university guidelines do require you to set up an auto-reply message during your time away. To set this up, go to the File tab in your campus mail app and click on Info. Then, in the Automatic Response menu, enter the auto-reply—making sure to include your personal information. Please do this before leaving your office on the 17th.

Best,

Doug Bennett
SSWS President

수신: staff@ssws.edu
발신: douglasbennett@ssws.edu
날짜: 3월 3일
제목: 부재중 자동 회신
첨부 파일: msg.doc

직원 여러분께,

모두 아시다시피 우리 대학교는 다가오는 봄방학 동안 문을 닫을 것이기 때문에, 학기 중 휴교하는 동안의 이메일 통신 관련 정책에 대하여 여러분의 기억을 되살려 드리고자 합니다. 직원회의 때 말씀드린 것처럼 이 기간에 여러분은 이메일 수신함의 어떤 것도 읽거나 답장할 의무가 없지만, 학교 지침상 부재중인 기간에 자동 회신 메시지를 설정해 놓을 필요가 있습니다. 이것을 설정하려면 캠퍼스 메일 앱에서 '파일' 탭으로 가서 '정보'를 클릭하시기 바랍니다. 그리고 나서 '자동 회신' 메뉴에서 개인 정보를 반드시 포함하여 자동 회신을 입력하시면 됩니다. 17일 퇴근 전에 해주시기 바랍니다.

이만 줄입니다.

Doug Bennett
SSWS 총장

Q. What is the topic of the e-mail?

(A) A new university safety policy
(B) A process related to a vacation closure
(C) An upgraded e-mail system
(D) A revised guideline for an admission procedure

이메일의 주제는 무엇인가?

(A) 대학교의 새 안전 지침
(B) 방학으로 인한 휴교에 관련된 절차
(C) 업그레이드된 이메일 시스템
(D) 입학 절차에 대한 수정된 지침

1단계 문제 읽고 키워드 확인하기
이메일의 주제를 묻는 핵심 정보 문제입니다. 글의 앞부분에 정답의 단서가 제시될 가능성이 크겠죠?

2단계 문제의 키워드에 해당하는 내용을 지문에서 찾기
대학의 봄방학을 알리며, 휴교하는 동안 알고 있어야 할 이메일 통신 관련 정책을 이야기하고 있어요. 이메일을 읽거나 회신할 의무는 없으나, 자동 회신 메시지를 설정해 놓으라고 요구하네요. 여기까지 읽어 내려가면서 문제의 보기들을 슬쩍 봤을 때 해당 내용과 일치하는 보기가 보이나요? 그럼 됐어요!

3단계 찾은 내용과 동일한, 또는 패러프레이징 된 표현을 보기에서 고르기
단락 첫 번째 문장의 'our university will **close** during the upcoming spring **vacation**'에서 대학이 봄방학 기간에 문을 닫을 거라 말했고, 'I'd like to refresh everyone's memory about **our policy in regard to e-mail communication during the mid-semester break**'에서 이 휴교 기간의 이메일 통신 정책과 관련하여 알고 있어야 할 내용을 이야기해 주겠다고 했으니 이걸 한마디로 말하면 (B) 'A process related to a vacation closure'가 되는 것이죠.

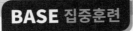
Questions 1-2 refer to the following e-mail.

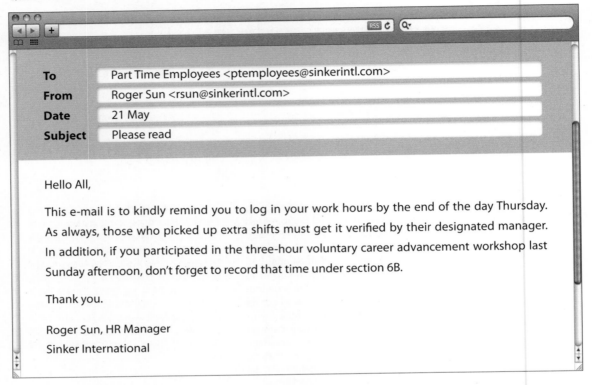

To	Part Time Employees <ptemployees@sinkerintl.com>
From	Roger Sun <rsun@sinkerintl.com>
Date	21 May
Subject	Please read

Hello All,

This e-mail is to kindly remind you to log in your work hours by the end of the day Thursday. As always, those who picked up extra shifts must get it verified by their designated manager. In addition, if you participated in the three-hour voluntary career advancement workshop last Sunday afternoon, don't forget to record that time under section 6B.

Thank you.

Roger Sun, HR Manager
Sinker International

1. Why was the e-mail sent?

(A) To introduce a new manager
(B) To give details about a volunteer position
(C) To announce transfer opportunities
(D) To point out a deadline

2. What is indicated about a training event?

(A) It is held every year.
(B) It was six hours long.
(C) It will be considered overtime.
(D) It was not mandatory.

Questions 3-5 refer to the following letter.

Midgard Airways

34 Frederiksberg, Adalen,
Region Sjaelland 1879

August 29

A message to our Frequent Fliers Club members:

Midgard Airways appreciates your continued loyalty. In our 20 years in business, we have provided innovative services to customers all over Scandinavia with some of the best perks on the market. Despite industry-wide challenges, we have kept track of what makes our brand special—customer satisfaction. In that spirit, I am proud to announce that we will be undergoing a merger with Tangerine Airlines.

How will this change the airline you have come to trust? In only one respect. Starting from January 1, we will be known as Tangerine Airlines North. You will still retain your rewards mileage, have access to member's lounges at the same airports, and receive the same seat upgrades. However, you will now have the entire network of Tangerine Airlines at your fingertips, including its access to a greater range of exciting destinations. Tangerine Airlines is Europe's fastest growing airline, with a track record of award-winning passenger service and timeliness.

To learn more about Tangerine Airlines, download the Tangerine Airlines app or call 1-800-555-8284. If you need to book a flight, please continue to use www.midgardairways.dk/bookings.

We are always happy to have you aboard.

Best,

Sven Svenson
Midgard Airlines President

3. What is the purpose of the letter?
   (A) To notify members about a corporate partnership
   (B) To show appreciation to long-term members
   (C) To let customers know about a new flight route
   (D) To announce changes to its online booking system

4. What is suggested about Tangerine Airlines?
   (A) It has operated for two decades.
   (B) It does not offer admissions to airport lounges.
   (C) It has more available flights than Midgard.
   (D) It will be revising its mileage system.

5. According to the letter, what should the recipients do to book a flight?
   (A) Download the Tangerine Airlines mobile application
   (B) Log on to the same Web site as before
   (C) Call Tangerine Airlines' toll-free number
   (D) Send a message to Midgard customer service

특정 정보

특정 정보 문제는 크게 지문에서 구체적인 정보를 찾는 상세 정보 문제와 지문의 내용을 바탕으로 맞는 정보를 찾는 사실 확인 문제로 구분할 수 있어요.

▶ 특정 정보 문제, 이렇게 생겼어요!

상세 정보	**Who** is Margaret Yeldon?	Margaret Yeldon은 누구인가?
	When did Mr. Ng visit Bello Ristorante?	Ng 씨는 언제 Bello Ristorante를 방문했는가?
	Where was Mr. Anderson's previous job?	Anderson 씨의 이전 직장은 어디였는가?
	What type of business is Wentworth Inc.?	Wentworth 사는 어떤 종류의 업체인가?
	How should candidates apply for the job?	지원자들은 일자리에 어떻게 지원해야 하는가?
	Why was Mr. Riddick contacted?	Riddick 씨는 왜 연락을 받았는가?
사실 확인	What is **true** about Mr. Riddick?	Riddick 씨에 관하여 사실인 것은?
	What is **mentioned** about the Arden Gallery?	Arden 미술관에 관하여 언급된 것은?
	What is **indicated** about the fitness events?	건강 행사들에 관하여 언급된 것은?
	What is **stated** about the phone numbers?	전화번호에 관하여 언급된 것은?

▶ 특정 정보 문제가 나오면, 다음을 명심하세요!

  ✓ 문제에 다음과 같은 표현이 있으면, 특정 정보 문제라고 생각하세요.
    : 상세 정보 – 의문사(who, when, where, what, how, why) + 키워드
    : 사실 확인 – true, mentioned, indicated, stated

  ✓ 문제 해결 단서는 문제의 키워드와 패러프레이징에 있어요.
    : 문제 키워드 → 지문 패러프레이징 → 보기 패러프레이징

▶ 특정 정보 문제, 이렇게 패러프레이징 돼요!

Thompson Heating and Air Conditioning

Providing energy-efficient heating and cooling systems for homes and businesses.

Q. What is mentioned about Thompson Heating and Air Conditioning?

  (A) It caters to residential and commercial customers.
  (B) It does most of its business through its Web site.
  (C) It has multiple shop locations.
  (D) It provides a lifetime warranty.

Thompson 냉난방

가정 및 기업을 위한 에너지 효율이 좋은 냉난방 시스템 제공

Thompson 냉난방에 관하여 언급된 것은?
(A) 주거용 및 상업용 고객들에게 서비스를 제공한다.
(B) 대부분의 거래를 웹사이트를 통해서 한다.
(C) 다수의 지점이 있다.
(D) 평생 품질보증을 제공한다.

▶ 특정 정보 문제, 이렇게 접근하세요!

1단계 문제 읽고 키워드 확인하기
문제에서 의문사와 내용어를 확인하여 어떤 유형의 문제인지 파악하세요.

2단계 문제의 키워드에 해당하는 내용을 지문에서 찾기
문제의 키워드를 그대로, 혹은 패러프레이징 된 표현을 지문에서 찾으세요.

3단계 찾은 내용과 동일한, 또는 패러프레이징 된 표현을 보기에서 고르기
지문에서 찾은 내용과 동일하거나 패러프레이징 된 표현을 문제의 보기에서 찾으세요.

The Wholesome Table

Cooking is one of life's great pleasures. Anyone with the right set of ingredients and 30 minutes of time can make something healthy and delicious. That's why *The Wholesome Table* offers easy-to-follow recipes and practical advice. Many of our subscribers have hardly spent any time in the kitchen, but by reading *The Wholesome Table*, they can develop the necessary skills to prepare dazzling meals for friends and family. Every month, we publish a variety of articles on how to bring the latest food trends to your kitchen, written by food critics, veteran dieticians, and top chefs. Our straightforward and user-friendly magazine also offers great ideas for planning menus and dinner parties like a professional.

Subscribe now and get your first three issues half off!

The Wholesome Table

요리는 삶에서 가장 즐거운 일들 중 하나입니다. 제대로 갖추어진 재료와 30분의 시간이 있는 사람이면 누구나 건강하고 맛있는 음식을 만들 수 있습니다. 그래서 〈The Wholesome Table〉은 따라 하기 쉬운 조리법과 실제적인 조언을 제공합니다. 저희의 많은 구독자들은 주방에서 거의 시간을 보내지 않지만 〈The Wholesome Table〉을 읽으며 친구와 가족을 위해 멋진 요리를 준비하는 데 필요한 능력을 개발할 수 있습니다. **저희는 매달 여러분의 주방에 최신 음식 트렌드를 반영하는 방법에 관해 음식 평론가와 베테랑 영양사, 최고의 요리사들이 집필한 다양한 기사를 발간합니다.** 직관적이고 사용자 편의에 맞춘 저희 잡지는 또한 전문가처럼 식사 메뉴와 저녁 파티를 계획하는 데 훌륭한 아이디어들을 제공합니다.

지금 구독하시고 처음 3권을 반값으로 구입하세요!

Q. According to the advertisement, what is featured in the magazine?

(A) Reviews of local eateries
(B) Recipes from subscribers
(C) Special discount coupons
(D) Articles by cooking experts

광고에 따르면, 잡지에 특별히 포함된 것은?

(A) 지역 식당 비평
(B) 구독자들의 조리법
(C) 특별 할인 쿠폰
(D) 요리 전문가들의 기사

1단계 문제 읽고 키워드 확인하기
'what, featured, in the magazine'이 키워드로, 잡지에 특별히 포함된 것을 묻는 상세 정보 문제네요. 'feature'는 우리가 잘 아는 '특징'이라는 뜻 외에도 잡지나 프로그램에 특별히 들어가는 특집 기사나 방송을 의미하기도 해요. 동사로도 쓰여 이 문제에서는 '이러한 기사나 방송을 특별히 포함하다'란 의미로 쓰였네요. 토익에 자주 등장하는 단어이니까 꼭 기억해두세요!

2단계 문제의 키워드에 해당하는 내용을 지문에서 찾기
키워드가 언급된 부분을 찾기 위해 읽어 내려오다 보니, 바로 이 문장에서 '잡지에 특별히 실린 것'에 부합하는 내용이 언급되고 있네요. 최신 음식 트렌드를 반영하는 방법에 대한 다양한 기사를 매월 발간한다면서 이 기사들이 음식 평론가, 베테랑 영양사, 최고의 요리사들에 의해 작성되는 거라고 강조하고 있어요. 이와 연결되는 보기가 있는지 볼까요?

3단계 찾은 내용과 동일한, 또는 패러프레이징 된 표현을 보기에서 고르기
'음식 평론가, 베테랑 영양사, 최고의 요리사'를 한마디로 '요리 전문가'라 할 수 있죠. 'food critics, veteran dieticians, and top chefs'가 'cooking experts'로 패러프레이징 되었네요. 따라서 (D)가 정답이에요.

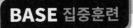
Questions 1-2 refer to the following online form.

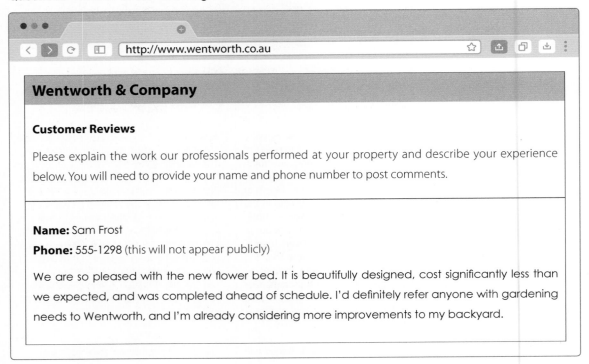

http://www.wentworth.co.au

Wentworth & Company

Customer Reviews

Please explain the work our professionals performed at your property and describe your experience below. You will need to provide your name and phone number to post comments.

Name: Sam Frost
Phone: 555-1298 (this will not appear publicly)

We are so pleased with the new flower bed. It is beautifully designed, cost significantly less than we expected, and was completed ahead of schedule. I'd definitely refer anyone with gardening needs to Wentworth, and I'm already considering more improvements to my backyard.

1. What type of business is Wentworth & Company?

(A) A home improvement store
(B) A landscaping company
(C) A flower shop
(D) An interior decorator

2. What is stated about phone numbers?

(A) They will be used to confirm a schedule.
(B) They are stored on the company Web site.
(C) They are required for a special discount.
(D) They will remain private.

Questions 3-5 refer to the following Web page.

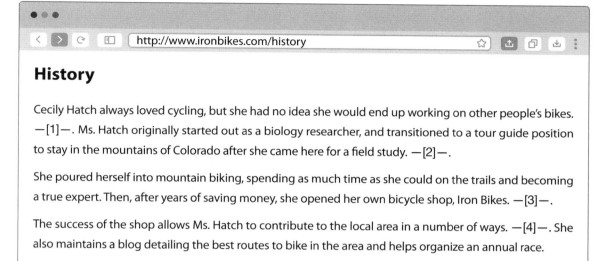

History

Cecily Hatch always loved cycling, but she had no idea she would end up working on other people's bikes. —[1]—. Ms. Hatch originally started out as a biology researcher, and transitioned to a tour guide position to stay in the mountains of Colorado after she came here for a field study. —[2]—.

She poured herself into mountain biking, spending as much time as she could on the trails and becoming a true expert. Then, after years of saving money, she opened her own bicycle shop, Iron Bikes. —[3]—.

The success of the shop allows Ms. Hatch to contribute to the local area in a number of ways. —[4]—. She also maintains a blog detailing the best routes to bike in the area and helps organize an annual race.

3. What was Ms. Hatch's first job?

(A) Book author
(B) Bicycle salesperson
(C) Tour guide
(D) Science researcher

4. What is true about Ms. Hatch?

(A) She was born in Colorado.
(B) She recently made a large donation.
(C) She owns a business.
(D) She will participate in a race.

5. In which of the positions marked [1], [2], [3], and [4] does the following sentence best belong?

"For instance, she offers free repairs on bikes to young aspiring cyclists."

(A) [1]
(B) [2]
(C) [3]
(D) [4]

NOT

NOT 문제는 문제에 NOT이 포함된 유형으로, 상세 정보나 사실 확인 문제처럼 특정 정보를 묻는 문제에 등장합니다.

▶ NOT 문제, 이렇게 생겼어요!

상세 정보 NOT	What is **NOT** a requirement of the position?	그 직책의 자격 요건이 아닌 것은?
	What is **NOT** included with an order of curry?	카레 주문에 포함되지 않는 것은?
	What is **NOT** offered to guests at Oracle Bay Almafi?	Oracle Bay Almafi 투숙객에게 제공되지 않는 것은?
사실 확인 NOT	What is **NOT** mentioned in the article?	기사에 언급되지 않은 것은?
	What is **NOT** stated about the event?	행사에 관하여 언급되지 않은 것은?
	What is **NOT** true about the "Tenderfresh Direct" initiative?	"Tenderfresh Direct" 계획에 관하여 사실이 아닌 것은?

▶ NOT 문제가 나오면, 다음을 명심하세요!

✓ 문제를 좀 더 쉽게 풀기 위해 <u>소거법</u>을 활용하세요.
  : 문제에 NOT이 있으면, 보기에서 맞는 정보를 하나씩 걸러내는 방법으로 정답을 찾으세요.

✓ 정답의 단서는 언제든지 패러프레이징 되어 나올 수 있다는 사실을 명심하세요.

▶ NOT 문제, 패러프레이징으로 소거법을 적용하세요!

Returning Items at CCNC

Starting 15 June, CCNC Department Stores will no longer offer cash refunds on purchases of under $100. We will still offer store credit on items (purchased at full price) returned with an original receipt, (→C) but this must be done within 14 days. (→A) Furthermore, any accessories included with the items must be included with the returned merchandise. (→D) Store credit will be issued on a CCNC store card at any of our locations. Exchanges may also be made for any item of equal or lesser value.

CCNC에서의 물건 반품

6월 15일부터 CCNC 백화점은 100달러 미만 구매에 대해 더 이상 현금 환불을 제공하지 않습니다. 당사는 여전히 **영수증 원본을 지참하고** 반품된 상품들(정가 구매한)에 대해 매장 적립금으로 제공해 드리지만, 이는 **14일 이내**에 이루어져야 합니다. 또한 **상품에 포함된 모든 부대용품은 반품 제품에 함께 포함되어야 합니다.** 매장 적립금은 전 매장에서 CCNC 백화점 카드로 발행됩니다. 또한 교환은 동일 또는 그에 못 미치는 금액의 상품에 대해 적용될 수 있습니다.

Q. What is NOT a requirement to receive store credit?

(A) The product has to be returned within a specific period of time.
(B) The product has to be returned at CCNC's main store.
(C) The product has to be returned with a receipt.
(D) The product has to be returned with all of its accessories.

매장 적립금을 받기 위한 요건이 아닌 것은?

(A) 상품이 일정 기간 내에 반품되어야 한다.
(B) 상품이 CCNC 본점에 반품되어야 한다.
(C) 상품이 영수증과 함께 반품되어야 한다.
(D) 상품이 모든 부대용품과 함께 반품되어야 한다.

▶ NOT 문제, 이렇게 접근하세요!

1단계 **문제 읽고 키워드 확인하기**
문제에서 의문사와 NOT, 그리고 키워드를 가지고 문제 유형과 지문에서 파악할 단서를 확인하세요.

2단계 **지문의 내용과 보기를 연결시키며 보기 소거하기**
문제의 키워드와 관련된 정보를 지문에서 찾으며, 지문과 맞지 않는 보기들을 소거하세요.

3단계 **소거법과 패러프레이징을 이용해 정답 찾기**
지문과 맞지 않는 보기들을 하나씩 소거해 가면서, 일치하지 않거나 언급되지 않은 내용을 정답으로 선택하세요.

February 19, 7 P.M.
Congress Theater

Join us for a special evening honoring the release of James White's stunning debut album *Where the Gophers Go*, which will be sold along with T-shirts and posters. (→C)

Aerostate Records is pleased to introduce the world to a thrilling new songwriter. After a brief concert, (→D) White will discuss his visit to Nashville and the country musicians who influenced him there.

Complimentary refreshments will be served (→B) by Tacqueria Moran.

Reserve your ticket at the Congress Theater box office or call 555-1818-1883.

Q. What is NOT mentioned about the event?
(A) Mr. White will sign autographs.
(B) Food will be free of charge.
(C) Copies of *Where the Gophers Go* will be sold.
(D) A performance will take place.

2월 19일 오후 7시
Congress 극장

티셔츠 및 포스터와 함께 판매되는 James White의 놀라운 데뷔 앨범 〈Where the Gophers Go〉 발매를 기념하는 특별한 저녁 행사에 함께하세요.

Aerostate Records는 멋진 새로운 작곡가를 세상에 소개하게 되어 기쁩니다. **짧은 콘서트 후에** White는 그가 Nashville을 방문했던 것과 그곳에서 그에게 영향을 준 컨트리 음악가들에 관하여 이야기할 것입니다.

Tacqueria Moran이 **무료로 다과를 제공할 것입니다.**

Congress 극장 매표소에서 표를 예약하거나 555-1818-1883으로 전화하십시오.

행사에 관하여 언급되지 않은 것은?
(A) White 씨가 사인할 것이다.
(B) 음식은 무료일 것이다.
(C) 〈Where the Gophers Go〉가 판매될 것이다.
(D) 공연이 열릴 것이다.

1단계 **문제 읽고 키워드 확인하기**
NOT mentioned, event가 키워드이고 사실 확인과 관련된 NOT 유형의 문제입니다. 보기와 지문의 단서를 연결시키면서 언급된 것을 소거하고 남은 하나를 정답으로 선택해야 합니다. 이때 단서는 보기에 패러프레이징 되어 나올 수 있다는 점을 유념하세요.

2단계 **지문의 내용과 보기를 연결시키며 보기 소거하기**
'debut album *Where the Gophers Go*, which will be sold along with T-shirts and posters'는 (C)와 부합하는 내용이네요. album이 copy로 패러프레이징 되었어요. → (C) 소거

'After a brief concert'는 (D)와 부합하는 내용이네요. concert가 performance로 패러프레이징 되었어요. → (D) 소거

'Complimentary refreshments will be served ~.'는 (B)와 부합하는 내용이에요. complimentary가 free of charge로 패러프레이징 되었어요. → (B) 소거

3단계 **소거법과 패러프레이징을 이용해 정답 찾기**
지문을 읽어 내려가며 지문의 내용과 부합하는 (C), (D), (B)를 소거할 수 있었다면 (A)가 정답으로 남게 돼요. NOT 유형은 다른 유형에 비해 많은 시간을 필요로 하므로 (A)가 정답이 확실한지 확인하는 시간은 아마 허락되지 않을 거예요. 세 개의 보기를 소거했다면 남은 보기를 바로 정답으로 체크하고 다음 문제로 넘어가야 해요.

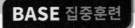
Questions 1-3 refer to the following property listing.

Luxury living with breathtaking views! This sumptuous unit, which was renovated late last year, has over 3,500 square feet of floor space split across two stories, a stunning 1,500-square-foot rooftop terrace, and 24-hour access to a state-of-the-art 2,500-square-foot gymnasium. —[1]—. The property is located right across the street from Emerald Shopping Mall, and less than 1,000 feet from the beach. —[2]—. The unit is fully furnished, with everything from designer couches to high-end end tables. —[3]—. Renting the unit requires a security deposit and a minimum 24-month lease. —[4]—. To inquire about the property, email Marcus Murray at mmurray@zdparadise.ag.

1. How large is the workout facility?

(A) 1,000 square feet
(B) 1,500 square feet
(C) 2,500 square feet
(D) 3,500 square feet

2. What is NOT mentioned as an advantage of the property?

(A) It comes with furniture.
(B) It has been remodeled recently.
(C) It is located near a shopping center.
(D) It is within walking distance of a school.

3. In which of the positions marked [1], [2], [3], and [4] does the following sentence best belong?

"Subject to availability, shorter-term leases may be available on request."

(A) [1]
(B) [2]
(C) [3]
(D) [4]

Technology Company Teams Up with Electronic Scooter Service

By Lorenzo Ballmer

Phoenix (7 AUGUST) — Starting next month, employees at Altraz, Inc.'s corporate headquarters will have the opportunity to use electric scooters. This is due to the new scooter-sharing service Altraz has set up with Zoot Scoot. Zoot Scoot is operated by Phoenix natives Liz Kraft and Jackie Brady. Altraz will be Zoot Scoot's largest client yet.

Zoot Scoot will be providing Altraz's headquarters with over 150 scooters, as well as safety equipment such as helmets, to help employees get around the 5 million square-foot campus. By using Zoot Scoot's application, users can locate and reserve the nearest scooters from their tablet PC or smartphone. Reservations are held for five minutes. During this time, users must find the scooter, and enter a four-digit code that the app generates. This will allow the user to access and ride the scooter. The best part is that these scooters are dockless, meaning they can be dropped off anywhere as long as it's within Altraz's grounds.

Kraft and Brady are certain that Altraz employees will make good use of the scooter service. "Having the option to use these scooters is great because the shuttle buses on campus only run at hourly intervals," mentioned Kraft. "Our scooters will also allow employees an opportunity to explore this beautiful campus," added Brady.

Complimentary use of the scooters is available to those with an Altraz e-mail account. The service will be available at the beginning of September.

4. Who are Ms. Kraft and Ms. Brady?
   (A) Altraz board members
   (B) Software engineers
   (C) Business partners
   (D) Scooter repair technicians

5. What is implied about the Altraz campus?
   (A) It is not scooter-friendly.
   (B) It is surrounded by nature.
   (C) It has a limited bus schedule.
   (D) It will construct a new facility next month.

6. What is NOT needed in order to participate in the scooter sharing service?
   (A) A custom code
   (B) A personal lock device
   (C) A mobile application
   (D) An Altraz e-mail account

추론

추론 문제는 지문에 주어진 정보를 근거로 하여, 직접 언급되지 않은 정보를 유추하는 문제 유형입니다.

▶ 추론 문제, 이렇게 생겼어요!

핵심 정보추론	Where would this memo **most likely** be found?	이 회람은 어디서 볼 수 있겠는가?
	For whom is the notice **most likely** intended?	이 공지는 누구를 대상으로 하겠는가?
특정 정보 추론	What is **implied** about the Sun King Suites?	Sun King Suites에 관하여 알 수 있는 것은?
	What is **suggested** about Mr. Petrov?	Petrov 씨에 관하여 알 수 있는 것은?
	What can be **inferred** about Gicada Corp.?	Gicada사에 관하여 알 수 있는 것은?
	Where **most likely** does Mr. Yeates work?	Yeates 씨는 어디에서 근무하겠는가?
	What is **probably** true about Ms. Chipman's order?	Chipman 씨의 주문에 관하여 무엇이 사실이겠는가?

▶ 추론 문제가 나오면, 다음을 명심하세요!

✓ 문제에 다음과 같은 표현이 있으면, 추론 문제라고 생각하세요.
: most likely, probably, suggest, imply, infer

✓ 문제 해결의 핵심은 함부로 상상하지 않는 것에 있어요.
: 지문에 주어진 단서를 근거로 논리적으로 유추하는 것이 문제 해결의 핵심 열쇠입니다. 핵심 정보 추론 문제는 지문 전체를, 특정 정보 추론 문제는 키워드 주위 문장을 단서로 삼아 정답을 유추해야 해요.

▶ 추론 문제, 이렇게 패러프레이징 돼요!

Review posted by Sarah Tolzien on November 4

I'd been having issues with my car's engine, so I took it to the Favre Auto and Body branch on 8th Avenue as I've had good experiences with them in the past. I dropped off my vehicle on Thursday evening, and they called to give me an estimate first thing on Friday morning. I was worried that there was a serious problem, but the skilled technician found an inexpensive solution. I was amazed that they told me I would be able to pick it up the following afternoon.

11월 4일 Sarah Tolzien이 게시한 후기

제 차의 엔진에 문제를 겪고 있었기 때문에 전에 좋은 경험을 했던, 8번가에 있는 Favre 정비소 지점으로 제 차를 가져갔습니다. 목요일 저녁에 제 차를 놓고 갔고, 금요일 아침에 바로 예상 비용을 알려주려고 전화하셨더군요. 심각한 문제가 있는 것인지 걱정했지만 능력 있는 기술자분이 비싸지 않은 해결책을 찾아내셨습니다. 다음 날 오후에 제 차를 가지러 갈 수 있다고 하셔서 놀랐어요.

Q. What is suggested about Favre Auto and Body?

(A) It was founded eight years ago.
(B) It has more than one location.
(C) It does not fix large vehicles.
(D) It is run by a family.

Favre 정비소에 대해 알 수 있는 것은?

(A) 8년 전에 설립되었다.
(B) 지점이 한 곳 이상이다.
(C) 대형 차량은 수리하지 않는다.
(D) 가족이 운영한다.

1단계 **문제 읽고 키워드 확인하기**
문제에서 의문사와 키워드를 확인하여 문제 유형과 지문에서 파악할 단서를 확인하세요.

2단계 **문제의 키워드에 해당하는 내용을 지문에서 찾기**
문제의 키워드와 관련된 정보를 지문에서 찾으세요.

3단계 **찾은 내용을 기반으로 유추 가능한 보기 고르기**
지문에서 찾은 내용을 기반으로, 패러프레이징을 고려하여 정답으로 유추할 수 있는 내용을 문제의 보기에서 선택하세요.

To : sbrees@emerycomp.com	수신 : sbrees@emerycomp.com
From : meiwan@helioelectronics.com	발신 : meiwan@helioelectronics.com
Date : July 18	날짜 : 7월 18일
Subject : Update	제목 : 업데이트

Dear Mr. Brees,

I regret to inform you that your order of XL9 laptops has been delayed due to an incident on our plant floor. One of our assembling machines broke down, and it took a while to resolve the issue. Your shipment has just been prepared, and it is being inspected right now. We will send it out first thing tomorrow morning, and you should be receiving it within the next week. Again, I'm sorry for the setback.

Best,

Mei Wan,
Customer Support, Helio Electronics

Brees 씨께,

귀하의 XL9 노트북 주문 처리가 저희 공장에서 발생한 사고로 인해 지연되었음을 알려드립니다. 저희 조립 기계 중 하나가 고장 나서, 문제를 해결하는 데 약간의 시간이 소요되었습니다. 귀하의 상품이 이제 막 준비되었고, 지금 점검 중입니다. 저희가 내일 아침 바로 배송하면 다음 주 중에 받게 되실 겁니다. 다시 한번 지연에 사과드립니다.

이만 줄이겠습니다.

Mei Wan,
고객 지원, Helio 전자

Q. Who most likely is Mr. Brees?

(A) A store supervisor
(B) A manufacturing plant worker
(C) A customer support associate
(D) A delivery driver

Brees 씨는 누구겠는가?

(A) 매장 관리자
(B) 제조 공장 직원
(C) 고객 지원 담당자
(D) 배송 기사

1단계 **문제 읽고 키워드 확인하기**
Who, most likely, Mr. Brees가 키워드이고, 추론 유형의 문제네요. Brees 씨가 이메일의 수신자인지, 발신자인지를 먼저 파악한 후 Brees 씨가 한 특정 행동이나 직업과 관련된 표현 등을 토대로 그의 정체를 유추해야 해요.

2단계 **문제의 키워드에 해당하는 내용을 지문에서 찾기**
Dear Mr. Brees를 토대로 Brees 씨가 이메일의 수신자임을 알 수 있기에 지문에 언급되는 you가 Brees 씨를 가리킨다는 것을 짐작할 수 있어요. 이를 바탕으로 지문을 읽으면, 첫 번째 문장의 'your order of XL9 laptops has been delayed'에서 Brees 씨가 XL9 노트북 컴퓨터를 주문했다는 사실을 알아차릴 수 있어요.

3단계 **찾은 내용을 기반으로 유추 가능한 보기 고르기**
그렇다면, 보기 중 노트북을 주문한 행동과 가장 관련이 있는 직업은 무엇일까요? (B)는 노트북의 생산자, (C)는 노트북 제조사의 고객 지원 담당자인 Mei Wan, (D)는 노트북의 배송 기사이므로 추론할 수 있는 Brees 씨의 정체는 (A) 매장 관리자일 가능성이 가장 높아요.

Questions 1-2 refer to the following voucher.

CCBS Center

Featuring: The Savanna Experience

50% off weekday admission

Redeem this voucher at the ticket counter to receive half off the price of admission. The voucher is only valid for one person, and may not be used in conjunction with other coupons or rate reductions. This offer also cannot be used on special visiting exhibits, including The World of Pandas or Alligator Gardens (see our Web site for more details).

Regular schedule: 10:30 A.M. – 7:00 P.M., daily

Fall schedule: (September 30 – November 5) 10:30 A.M. – 7:00 P.M., Mon – Sat

1. What most likely is the CCBS Center?

(A) A travel agency
(B) A zoo
(C) An art gallery
(D) A theater

2. What happens at the CCBS Center during the fall?

(A) It offers cheaper admission tickets.
(B) It is closed on one day of the week.
(C) It holds weekly special events.
(D) It shuts down some of its facilities.

Questions 3-5 refer to the following report.

Building Name and Age: Mineski Office Tower (25 years old)

Framing material: Steel

Address: 101 Park Way, Aberdeen

Owner: Gerald T. Mineski

Date: 1 April

Report filled out by: Michael Gabbard

Notes:
The building appears to be in good condition overall. Some minimal water pipe leakage detected on the 12th floor.

Tower feature	Grade	Grading Guide
Foundation	B	**A** Excellent Condition
Electrical System	B	**B** Good condition: Additional action not required
Plumbing	C	**C** Fair Condition: shows signs of wear
Insulation	B	**D** Poor Condition: requires urgent work
Windows and doors	A	**F** Unsafe: Penalties may be incurred
Parking Facilities	G	**G** Does not apply

3. What did Mr. Gabbard most likely do?

   (A) Conduct an inspection
   (B) Fix a machine
   (C) Approve a renovation project
   (D) Contact a contracting company

4. Which area of the building most likely requires some maintenance?

   (A) The foundation
   (B) The electrical system
   (C) The plumbing
   (D) The windows and doors

5. What is implied about the Mineski Tower?

   (A) It was remodeled in April.
   (B) It does not contain a garage.
   (C) It only has business tenants.
   (D) It is one of the newest buildings in Aberdeen.

BASE 62

문맥

문맥 문제는 지문 속에서 앞뒤 문장과의 연결 관계를 고려해 의미를 파악하는 문제 유형입니다. 문맥 속 단어의 의미를 파악하는 동의어 문제, 문맥 속 화자의 의도를 파악하는 의도 파악 문제, 그리고 문맥을 파악해 문장이 들어갈 적절한 자리를 고르는 문장 삽입 문제가 해당됩니다.

▶ 문맥 문제, 이렇게 생겼어요!

동의어	The word "exceptional" in paragraph 2, line 4, is closest in meaning to 두 번째 단락의 네 번째 줄의 단어 "exceptional"과 의미상 가장 가까운 것은
의도 파악	At 8:07 A.M., what does Mr. Sokolov most likely mean when he writes, "that's not good"? 오전 8시 7분, Sokolov 씨가 "그러면 안 되는데요"라고 할 때 그가 의미한 것은?
문장 삽입	In which of the positions marked [1], [2], [3], and [4] does the following sentence best belong? "At the moment, however, we can't say for sure when that will take place." [1], [2], [3], [4]로 표시된 곳 중에서 다음 문장이 들어갈 위치로 가장 적절한 곳은? "그러나 지금은 그 일이 언제 일어날지 확실히 말씀드릴 수 없습니다."

▶ 문맥 문제가 나오면, 다음을 명심하세요!

✓ 동의어 찾기, 화자 의도 파악하기, 문장 삽입하기 문제가 나오면, 문맥을 파악해서 풀어야 한다는 것을 기억하세요.

✓ 문제 해결 단서는 문맥, 그중에서도 특히 앞뒤 문장에 있어요.

  : 문제에 나온 표현만 따로 떼어놓고 보지 말고, 반드시 앞뒤 문장을 통해 내용상 흐름이 자연스러운지 확인하세요.

▶ 동의어 문제, 이렇게 접근하세요!

1단계 문제에 제시된 단어를 지문에서 확인하기
문제를 읽고, 문제에 제시된 단어가 지문의 어디에 나오는지 확인하고, 눈에 띄기 쉽게 표시해 두세요.

2단계 해당 단어가 문장 속에서 어떤 의미로 쓰였는지 파악하기
단어의 의미를 알기 힘들다면, 앞뒤 문장을 해석하여 단어의 뜻을 유추하거나 보기에 주어진 단어들을 대입하여 문맥에 어울리는지 비교해 보세요.

3단계 문맥상 적합한 의미를 보기에서 선택하기
문제로 주어진 단어는 여러 뜻을 가지고 있을 가능성이 높아요. 따라서 단순히 내가 알고 있는 뜻과 같은 단어가 보기에 있다고 해서 무작정 선택하지 말고, 반드시 문맥상 주어진 단어와 바꿔 쓸 수 있는 단어를 선택해야 해요.

FOR IMMEDIATE RELEASE
Contact: Marketa Varga (m.varga@spearco.com)

TBILISI, GEORGIA (7 September) — Montreal's Energie Moderne has agreed to work collaboratively with the Kutaisi-based company GOAI. The two firms will work together to build natural gas pipelines that will service the Black Sea region and beyond, bringing affordable energy to businesses and making it easy for residents to heat their homes. In Energie Moderne representative Marie Duvalier's words, "This project has the potential to improve the everyday lives of Georgia's people while also improving both companies' bottom lines." The firms previously joined forces to renovate an old power plant, providing energy to the citizens of Batumi. The successful results of that venture led them to their decision to enter a lengthier partnership. The joint enterprise will commence activities in October, when the companies start laying a pipeline in Baku.

즉시 배포용
연락처: Marketa Varga (m.varga@spearco.com)

TBILISI, GEORGIA, (9월 7일) — Montreal의 Energie Moderne은 Kutaisi에 본사를 둔 회사 GOAI와 협업하기로 합의했다. 두 회사는 흑해 지역과 그 너머 지역에 서비스를 제공하는 천연가스 파이프라인을 건설하기 위해 함께 작업할 것인데, 이는 사업체들에 저렴한 에너지를 제공하고 주민들이 집에 난방을 쉽게 할 수 있게 해줄 것이다. Energie Moderne의 대표인 Marie Duvalier는 말한다, "이 프로젝트는 두 회사의 수익을 향상시키는 동시에 조지아 사람들의 일상생활을 개선할 수 있는 가능성을 가지고 있습니다." 이 회사들은 이전에 오래된 발전소를 개조하려고 힘을 합쳐서, Batumi 시민들에게 에너지를 공급하였다. 그 사업의 성공적인 결과는 그들이 더 길어진 파트너십을 체결하는 결정으로 이어졌다. 이 합작 사업은 10월에 활동을 시작할 것인데, 이때 이 회사들은 Baku에 파이프라인을 놓기 시작한다.

Q. The word "service" in paragraph 1, line 5, is closest in meaning to
(A) supply
(B) fund
(C) inspect
(D) stock

첫 번째 단락의 다섯 번째 줄의 단어 "service"와 의미상 가장 가까운 것은
(A) 공급하다
(B) 자금을 대다
(C) 검사하다
(D) 비축하다

1단계 문제에 제시된 단어를 지문에서 확인하기
첫 번째 단락의 다섯 번째 줄에 있는 단어 service를 찾아서 해당 단어가 지문에서 어떤 의미로 쓰였는지 쉽게 파악할 수 있도록 동그라미나 밑줄 등으로 알아보기 쉽게 표시해 두세요.

2단계 해당 단어가 문장 속에서 어떤 의미로 쓰였는지 파악하기
해당 단어가 포함된 문장을 읽어 보니, 두 회사가 천연가스 파이프라인을 건설하기 위해 함께 일할 예정인데, 그 가스 파이프라인이 흑해 지역과 그 너머 지역에 서비스할 거라고 했으므로, 여기에서 service는 '(가스를) 공급한다'라는 의미로 쓰였다는 걸 알 수 있어요.

3단계 문맥상 적합한 의미를 보기에서 선택하기
문맥상 service가 '(가스를) 공급한다'라는 의미로 쓰였으므로 보기 중 service를 대체할 만한 단어는 '공급하다'라는 뜻의 (A) supply임을 알 수 있어요.

▶ 의도 파악 문제, 이렇게 접근하세요!

1단계 문제 읽고 키워드 확인하기
문제를 읽고, 문제에 제시된 화자의 말이 지문의 어디에 나오는지 확인하세요.

2단계 해당 표현의 앞뒤 문장에서 핵심 단서 파악하기
의도 파악 문제를 정확히 풀기 위해서는 대화 내용의 흐름을 제대로 따라갈 수 있어야 해요. 특히 해당 표현의 앞뒤 문장에는 정답의 핵심 단서가 제시되기 마련이에요.

3단계 문맥상 화자가 그렇게 말한 의도를 보기에서 선택하기
문맥상 문제에 제시된 화자의 말이 의도하는 내용과 일치하는 보기를 선택하세요.

Marcus Stockton (4:7 P.M.)
Nina, I just arrived at the office supply shop to get color ink for our printer. I know our old one was the ZX, but I don't remember what the new one is. I should have checked the cartridge before departing the office.

Nina Reyes (4:9 P.M.)
That would have been smart. I forget what it was, too.

Marcus Stockton (4:13 P.M.)
I suppose I can return the product if it's not the right one. But that'll just complicate the reimbursement process.

Nina Reyes (4:15 P.M.)
You know what? I'm driving to the office now. Just give me about 20 minutes, and I'll look in the trash can for the used cartridge.

Marcus Stockton (4:17 P.M.)
Perfect! That'd help a lot!

Marcus Stockton (오후 4시 7분)
Nina, 제가 방금 프린터용 컬러 잉크를 사러 사무용품점에 왔는데요. 예전 것은 ZX라는걸 아는데, 새것은 뭔지 기억이 안 나요. 제가 사무실을 나서기 전에 카트리지를 확인했어야 했어요.

Nina Reyes (오후 4시 9분)
그게 현명했을 거예요. 저도 그게 뭐였는지 잊었어요.

Marcus Stockton (오후 4시 13분)
맞는 상품이 아니면 반품할 수 있을 거예요. 하지만 다만 환급 과정이 복잡해질 거예요.

Nina Reyes (오후 4시 15분)
그러면요. 제가 지금 사무실로 운전해서 가는 중이거든요. 20분 정도만 주면, 사용했던 카트리지를 쓰레기통에서 찾아볼게요.

Marcus Stockton (오후 4시 17분)
좋아요! 큰 도움이 될 거예요!

Q. At 4:9 PM, what does Ms. Reyes imply when she writes, "That would have been smart"?
(A) Mr. Stockton should have purchased an item in bulk.
(B) An instruction manual should have been updated.
(C) A shop employee should have provided a reimbursement.
(D) Mr. Stockton should have looked at an item label.

오후 4시 9분에 Reyes 씨가 "그게 현명했을 거예요"라고 할 때, 그녀가 의미한 것은?
(A) Stockton 씨는 상품을 대량 구매했어야 했다.
(B) 사용 설명서가 업데이트됐어야 했다.
(C) 매장 직원이 환불해줬어야 했다.
(D) Stockton 씨는 상품 라벨을 살펴봤어야 했다.

1단계 문제 읽고 키워드 확인하기
오후 4시 9분에 화자가 "그게 현명했을 거예요"라고 말한 의도를 앞 문장 또는 뒤 문장을 통해서 확인해요.

2단계 해당 표현의 앞뒤 문장에서 핵심 단서 파악하기
해당 표현에 앞서 Stockton 씨가 예전 잉크 모델은 ZX로 알고 있는데, 새로 바뀐 건 모델명이 무엇인지 기억이 안 난다며, "사무실을 나서기 전에 카트리지를 확인했어야 했어요."라고 말하자, 이에 대해 Reyes 씨가 "그게 현명했을 거예요."라고 응답한 것이므로 카트리지를 확인하지 못한 것에 대한 Stockton 씨의 아쉬움에 동조한 표현임을 알 수 있어요.

3단계 문맥상 화자가 그렇게 말한 의도를 보기에서 선택하기
'Stockton 씨가 상품 라벨을 살펴봤어야 했다.'고 한 (D)가 Nina 씨가 말한 의도와 일치한다는 걸 알 수 있네요. 지문의 should have checked the cartridge가 should have looked at an item label로 패러프레이징 되었어요.

▶ 문장 삽입 문제, 이렇게 접근하세요!

1단계 문제에 제시된 문장을 읽고 문맥 단서 확인하기
지문을 읽기 전에, 문제에 제시된 문장의 내용을 파악하세요. 이때, 문맥의 단서로 활용할 만한 접속사나 접속 부사, 대명사 등이 해당 문장에 들어있는지 유념하며 읽어야 해요.

2단계 문장이 들어갈 자리에 유념하며 지문 읽기
지문에 표시된 [1], [2], [3], [4]의 위치와 그 앞뒤 문장 관계에 유념하며 지문을 읽으세요.

3단계 적합한 위치에 문장을 넣은 후, 문맥 확인하기
지문을 읽어 내려가며 어울리는 자리에 주어진 문장을 넣은 후, 앞뒤 문장 간의 연결이 자연스러운지 다시 한번 확인하세요.

Olympic gold medalist and reality TV star Anton Scafaru is joining the literary world with a new autobiography. *My Longest Run*, from Ostrich and Sons Publishing, features scenes from Scafaru's rise to stardom from his challenging childhood in Romania as well as training tips for building up and maintaining impressive fitness levels. —[1]—.

"People always ask me about how I became the athlete I am today," said Scafaru, "It wasn't easy, but the regimen I followed was simple. —[2]—. I want people to be inspired by my story, and I want to make it clear that, with enough hard work, anything is possible. —[3]—."

My Longest Run is sure to be popular among fitness enthusiasts around the world. It is set for release on 14 July. —[4]—.

Q. In which of the positions marked [1], [2], [3], and [4] does the following sentence best belong?

"That's why I included my eight rules for success to help others get similar results."

(A) [1]
(B) [2]
(C) [3]
(D) [4]

올림픽 금메달리스트이자 리얼리티 TV 스타인 Anton Scafaru가 신간 자서전으로 문학계에 발을 들여놓는다. Ostrich and Sons 출판사의 〈나의 가장 긴 경주〉는 Scafaru가 루마니아에서의 힘든 어린 시절을 딛고 인기 대열에 오른 과정뿐만 아니라 인상적인 건강 수준을 형성하고 유지하기 위한 훈련 팁도 담고 있다. —[1]—.

"사람들은 늘 제게 어떻게 지금의 저와 같은 선수가 되었는지를 묻곤 하죠."라고 Scafaru는 말했다. "쉽지는 않았지만 제가 따른 훈련 프로그램은 간단합니다. —[2]—. 저는 사람들이 제 이야기에 영감을 받았으면 좋겠고, 충분한 노력이 있다면 어떤 것이든 가능하다는 점을 분명히 알리고 싶어요. —[3]—."

〈나의 가장 긴 경주〉는 분명 세계의 운동 애호가 사이에서 인기 있을 것이다. 7월 14일에 출간될 예정이다. —[4]—.

[1], [2], [3], [4]로 표시된 곳 중에서 다음 문장이 들어갈 위치로 가장 적절한 곳은?

"그래서 다른 사람들도 비슷한 결과를 얻도록 돕기 위해 성공의 여덟 가지 규칙을 포함했죠."

(A) [1]
(B) [2]
(C) [3]
(D) [4]

1단계 문제에 제시된 문장을 읽고 문맥 단서 확인하기
문장이 'That's why I ~'로 시작하고 있다는 점에서, 이 저자가 성공의 여덟 가지 규칙을 포함하게 된 이유를 직접 언급한 문장이 앞에 와야 할 거라는 것을 짐작할 수 있어요.

2단계 문장이 들어갈 자리에 유념하며 지문 읽기
첫 번째 단락은 Anton Scafaru가 쓴 자서전의 출간 소식을 알리며, 책에 담긴 개략적인 주제를 열거하고 있어요. 그런데 이 단락은 제삼자가 저자에 관해 이야기하는 시점이기 때문에 주어진 문장이 이어지기에는 어색해 보여요. 두 번째 단락은 Anton Scafaru가 직접 말한 인터뷰 기사네요. 주어진 문장이 [2]번이나 [3]번에 들어가지 않을까 하는 생각이 들지 않나요?

3단계 적합한 위치에 문장을 넣은 후, 문맥 확인하기
두 번째 단락을 해석해 보면, 사람들이 어떻게 지금과 같은 선수가 되었는지 묻는데, 본인이 해온 훈련 프로그램은 간단하다며 자신의 이야기에 영감을 받았으면 좋겠고, 충분한 노력이 있다면 무엇이든 가능하다는 점을 알리고 싶다고 하므로 이 내용 전체가 주어진 문장의 이유가 되겠네요. 따라서 주어진 문장은 [3]번에 들어가야 적절해요.

Questions 1-2 refer to the following text message chain.

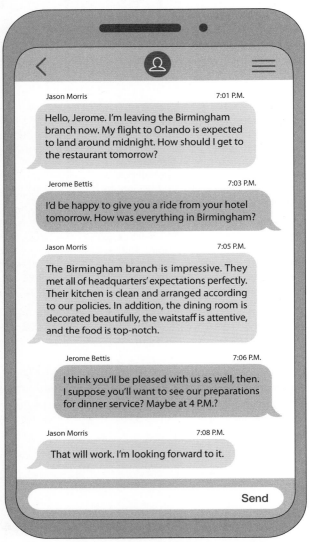

Jason Morris   7:01 P.M.

Hello, Jerome. I'm leaving the Birmingham branch now. My flight to Orlando is expected to land around midnight. How should I get to the restaurant tomorrow?

Jerome Bettis   7:03 P.M.

I'd be happy to give you a ride from your hotel tomorrow. How was everything in Birmingham?

Jason Morris   7:05 P.M.

The Birmingham branch is impressive. They met all of headquarters' expectations perfectly. Their kitchen is clean and arranged according to our policies. In addition, the dining room is decorated beautifully, the waitstaff is attentive, and the food is top-notch.

Jerome Bettis   7:06 P.M.

I think you'll be pleased with us as well, then. I suppose you'll want to see our preparations for dinner service? Maybe at 4 P.M.?

Jason Morris   7:08 P.M.

That will work. I'm looking forward to it.

Send

---

1. Why did Mr. Morris send a message to Mr. Bettis?

(A) To discuss a recent sales report
(B) To give details about a flight delay
(C) To organize an upcoming visit
(D) To review a job applicant

2. At 7:06 P.M., what does Mr. Bettis mean when he writes, "I think you'll be pleased with us as well, then"?

(A) Mr. Bettis has redecorated the dining room.
(B) The Orlando branch is following company guidelines.
(C) Mr. Morris will like a new dish on the menu.
(D) The Orlando branch is close to the airport.

Finding the Perfect Mix

SEATTLE (June 25)—After graduating from high school, Frank Maron moved to Aspen in hopes of becoming a pro climber. But while trying to save money by making his own trail mix, he discovered a passion for organic food. —[1]—. To follow this new pursuit, he enrolled at culinary school back home in Seattle and began selling a line of granola bars and trail mix under the brand name "Froggy's Fantastic Trail Bars" to a small group of local outdoor enthusiasts.

Nowadays, that tiny business has bloomed into a major food manufacturer with hundreds of employees and millions of dollars in yearly revenue. —[2]—. Much of this prosperity comes down to the efforts of Kachina Sweetwater, who began working with Mr. Maron seven years ago to head the e-commerce venture, Froggysfoods.com. In fact, Ms. Sweetwater herself convinced Mr. Maron to rebrand the business "Froggy's Foods" to match its online presence.

Mr. Maron says that fostering personal relationships with customers is vital. —[3]—. However, he acknowledges that digital commerce has its place. Froggy's Foods shows healthy earnings, which could exceed $50 million in revenue next year. And the majority of sales will be coming from overseas markets in the UK, Japan, and Brazil.

Froggy's Foods has employed new workers to keep pace. Along with its expanding Web development team, the firm has hired chefs to run a kitchen for in-house catering.

"We need to make sure that our team members eat well when working hard," explained Mr. Maron, "Making great nutrition available fuels great work." —[4]—.

Mr. Maron always tries to be cautious of market fluctuations, but it seems safe to say that for Froggy's Foods, the sky is the limit.

---

3. What is the purpose of the article?

(A) To discuss local health food producers
(B) To highlight the growth of a business
(C) To advertise a catering service
(D) To profile a successful athlete

4. What is indicated about Froggy's Foods?

(A) It previously had a different name.
(B) Its first location was in Aspen.
(C) Its online manager is an outdoor enthusiast.
(D) It has had steady sales in the last seven years.

5. The word "healthy" in paragraph 3, line 2, is closest in meaning to

(A) active
(B) normal
(C) strong
(D) fresh

6. In which of the positions marked [1], [2], [3], and [4] does the following sentence best belong?

"He remains convinced that brick-and-mortar stores are the best way to earn and keep their loyalty."

(A) [1]
(B) [2]
(C) [3]
(D) [4]

Questions 1-4 refer to the following article.

New Developments at WNT Studios

3 October—WNT Studios confirms that Johan Goldstein will be taking over as the leading executive producer for Monday night's hit TV show, *Only in My Dreams*. Mr. Goldstein has been a writer for the series for the past six years, but will now get the opportunity to run the show.

Only in My Dreams has received critical acclaim for its suspenseful storylines and amazing cast. The show has also won various awards since premiering 10 years ago.

Mr. Goldstein will replace the current executive producer, Beth Stone, who has held the position for the past three seasons. Beginning next week, she will be working on a new reality show series for WNT. With the series' season finale scheduled to broadcast in a few days, Mr. Goldstein will officially assume his new role in March.

Having spent his entire career in show business, Mr. Goldstein is familiar with what it takes to attract many viewers. He understands that the show is only as good as the team behind it. Therefore, he plans to incorporate ideas from the entire staff, from the interns to the actors.

"It is important to me that everyone feels like they are making an important contribution to the program," says Mr. Goldstein. "Although I'm the one making the final decision, I'm always open to fresh, new ideas."

---

1. What is true about *Only in My Dreams*?
   (A) It has been on TV for six years.
   (B) It is based on a historical figure.
   (C) It is broadcast in different languages.
   (D) It airs once a week.

2. The word "run" in paragraph 1, line 3, is closest in meaning to
   (A) check
   (B) manage
   (C) act
   (D) reach

3. When will Mr. Goldstein start working as a producer for *Only in My Dreams*?
   (A) In three days
   (B) In one week
   (C) Next month
   (D) Next year

4. What is indicated about Mr. Goldstein?
   (A) He will listen to opinions from employees.
   (B) He has been working at WNT since college.
   (C) He studied writing with Ms. Stone.
   (D) He wants to create a new show.

Questions 5-8 refer to the following e-mail.

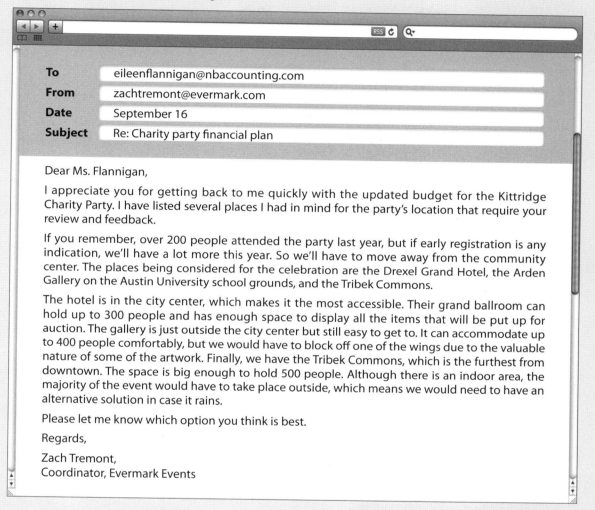

To eileenflannigan@nbaccounting.com

From zachtremont@evermark.com

Date September 16

Subject Re: Charity party financial plan

Dear Ms. Flannigan,

I appreciate you for getting back to me quickly with the updated budget for the Kittridge Charity Party. I have listed several places I had in mind for the party's location that require your review and feedback.

If you remember, over 200 people attended the party last year, but if early registration is any indication, we'll have a lot more this year. So we'll have to move away from the community center. The places being considered for the celebration are the Drexel Grand Hotel, the Arden Gallery on the Austin University school grounds, and the Tribek Commons.

The hotel is in the city center, which makes it the most accessible. Their grand ballroom can hold up to 300 people and has enough space to display all the items that will be put up for auction. The gallery is just outside the city center but still easy to get to. It can accommodate up to 400 people comfortably, but we would have to block off one of the wings due to the valuable nature of some of the artwork. Finally, we have the Tribek Commons, which is the furthest from downtown. The space is big enough to hold 500 people. Although there is an indoor area, the majority of the event would have to take place outside, which means we would need to have an alternative solution in case it rains.

Please let me know which option you think is best.

Regards,

Zach Tremont,
Coordinator, Evermark Events

5. Why was the e-mail written?

(A) To go over a budget proposal
(B) To give directions to an office
(C) To inquire about a guest list
(D) To discuss potential venues

6. What is mentioned about the Arden Gallery?

(A) A famous artist has recently contributed some items.
(B) It charges high rental prices.
(C) It is located in the city center.
(D) A section cannot be accessed during an event.

7. The word "display" in paragraph 3, line 2, is closest in meaning to

(A) extend
(B) show
(C) perform
(D) screen

8. What is suggested about the charity party?

(A) It is expected to have fewer than 200 attendees.
(B) It took place at Tribek Commons last year.
(C) It will donate its ticket sales to the community center.
(D) It will be held regardless of inclement weather.

Questions 9-12 refer to the following online chat discussion.

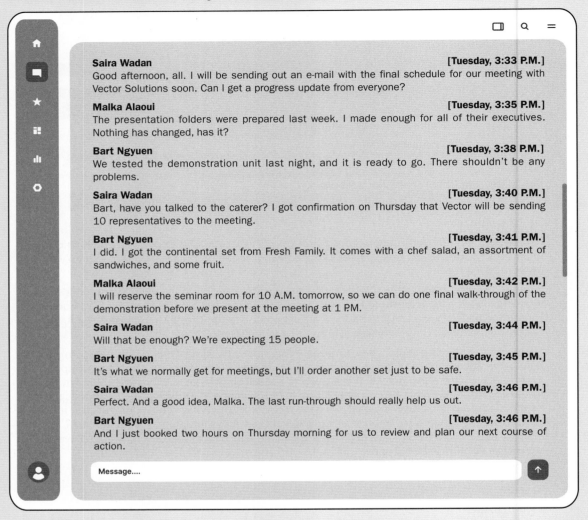

Saira Wadan [Tuesday, 3:33 P.M.]
Good afternoon, all. I will be sending out an e-mail with the final schedule for our meeting with Vector Solutions soon. Can I get a progress update from everyone?

Malka Alaoui [Tuesday, 3:35 P.M.]
The presentation folders were prepared last week. I made enough for all of their executives. Nothing has changed, has it?

Bart Ngyuen [Tuesday, 3:38 P.M.]
We tested the demonstration unit last night, and it is ready to go. There shouldn't be any problems.

Saira Wadan [Tuesday, 3:40 P.M.]
Bart, have you talked to the caterer? I got confirmation on Thursday that Vector will be sending 10 representatives to the meeting.

Bart Ngyuen [Tuesday, 3:41 P.M.]
I did. I got the continental set from Fresh Family. It comes with a chef salad, an assortment of sandwiches, and some fruit.

Malka Alaoui [Tuesday, 3:42 P.M.]
I will reserve the seminar room for 10 A.M. tomorrow, so we can do one final walk-through of the demonstration before we present at the meeting at 1 P.M.

Saira Wadan [Tuesday, 3:44 P.M.]
Will that be enough? We're expecting 15 people.

Bart Ngyuen [Tuesday, 3:45 P.M.]
It's what we normally get for meetings, but I'll order another set just to be safe.

Saira Wadan [Tuesday, 3:46 P.M.]
Perfect. And a good idea, Malka. The last run-through should really help us out.

Bart Ngyuen [Tuesday, 3:46 P.M.]
And I just booked two hours on Thursday morning for us to review and plan our next course of action.

Message....

9. What is the main purpose of the discussion?
(A) To finalize a restaurant location
(B) To analyze the feedback of a demonstration unit
(C) To discuss arrangements for a meeting
(D) To review a business trip itinerary

10. What will Ms. Alaoui most likely do next?
(A) Contact Fresh Family
(B) Print out some documents
(C) Visit a client
(D) Book a space

11. When will the meeting with Vector Solutions be held?
(A) On Monday morning
(B) On Wednesday afternoon
(C) On Thursday morning
(D) On Friday afternoon

12. At 3:44 P.M., what does Ms. Wadan suggest when she writes, "Will that be enough"?
(A) Mr. Ngyuen should order more food.
(B) A meeting area needs to be larger.
(C) The team is not ready to present.
(D) Ms. Alaoui needs to make more folders.

Questions 13-16 refer to the following memo.

TO: staff@tlc.com
FROM: Gerald Vern
DATE: 25 October
SUBJECT: Alfredo Cuaron

It is with great pleasure to announce that Alfredo Cuaron will be attending our monthly meeting on Wednesday, 4 November. He is the author of many popular books concerning financial advice. —[1]—. Several of his publications have even been on global best-seller lists, including his most recent work, *Choosing Wisely*. —[2]—.

Mr. Cuaron has graciously accepted our invitation to speak to us about his latest book, which he is currently on tour promoting. —[3]—. This book is broken into four parts, including how to determine which investments are worthy of your time and make calculated risks. Both are invaluable skills to learn, especially in our business.

Mr. Cuaron won't be arriving until 3 P.M. on Wednesday, which is when we usually hold our meetings. Therefore, we'll begin the meeting at 2, giving us plenty of time to discuss other administrative topics. —[4]—.

13. What is the subject of the memo?
    (A) A planned visit
    (B) A new publishing process
    (C) An employee promotion
    (D) A revised vacation policy

14. What is NOT indicated about *Choosing Wisely*?
    (A) It has readers across the world.
    (B) It examines how to calculate risks.
    (C) It is divided into four sections.
    (D) It was written in collaboration with Mr. Vern.

15. What does Mr. Vern mention about Wednesday's meeting?
    (A) It will be held outside of the office.
    (B) It will start ahead of schedule.
    (C) It will be attended by the finance director.
    (D) It will be postponed due to an urgent matter.

16. In which of the positions marked [1], [2], [3], and [4] does the following sentence best belong?

    "Mr. Cuaron will then give his presentation, which will last about an hour."

    (A) [1]
    (B) [2]
    (C) [3]
    (D) [4]

파트 7
지문 유형 1

이번 Chapter에서 다룰 지문들 중 지문의 전개 구조가 정형화된 광고에 대해 잠깐 살펴볼게요.

▶ 광고(advertisement) 지문의 일반적 구조

제품·서비스 광고	구인 광고
제품·서비스의 종류 및 특징, 업체 소개, 구매/이용 방법, 할인 기간/혜택을 중심으로 지문 전개	담당 업무, 자격 요건, 지원 방법을 중심으로 지문 전개

▶ 제품 광고

제품 소개
제목을 통해 의료용 의복에
대한 광고임을 알 수 있어요

업체 소개
15년의 업력을 밝히면서 의
료용 의복 전문 업체임을 강
조하고 있어요

제품의 종류/특징 및 할
인 혜택
업체가 제공하는 의복의 종
류와 특징, 그리고 신규 고객
과 단체 주문의 할인 혜택
을 안내하고 있어요

제품 구매 방법
제품을 취급하는 매장과 영
업시간 및 온라인 구매를 위
한 웹사이트 주소를 안내하
고 있어요

Stark Healthcare Apparel

We have been setting the standard for quality garments for healthcare workers for 15 years.

What you get with Stark:
• Garment tops and bottoms made with the finest materials for durability and comfort, available in a wide range of colors and styles
• Footwear that provides comfort and safety
• Custom logo and name stitching for your institution
• New customers receive 20% off their first purchase. Healthcare organizations ordering 15 or more garment sets for their employees can receive up to 25% off.

Stop by one of our two Glendale stores:
• 839 Niwok Road
• 1276 Risner Ave.

Open Monday through Friday
from 10 A.M. to 7 P.M.

Or visit our Web site at www.starkhca.com where we offer delivery every day of the week.

Stark 의료용 의복

저희는 15년 동안 의료 종사자들을 위해 양질의 의복에 대한 기준을 세워 왔습니다.

고객님이 Stark에게 받는 것은:
• 다양한 색상과 스타일로 이용할 수 있는 내구성 있고 편안한 가장 좋은 소재로 만든 상의와 하의
• 편안함과 안전성을 주는 신발
• 귀사를 위한 맞춤 로고 및 이름 박음질
• 신규 고객은 첫 구매 시 20% 할인을 받습니다. 15벌 이상의 직원용 의류 세트를 주문하는 의료 기관은 25%까지 할인을 받을 수 있습니다.

두 곳의 저희 Glendale 매장 중 한 곳을 방문하세요:
• 839 Niwok로
• 1276 Risner가

월요일부터 금요일까지 영업
오전 10시부터 오후 7시까지

또는 일주일 내내 배송을 제공하는 저희 웹사이트 www.starkhca.com을 방문하세요.

▶ 서비스 광고

서비스 소개와 할인 혜택
광고 지문의 주 제목과 부
제목을 통해 어떤 서비스를
광고하는지(주택 페인팅),
할인 혜택은 무엇인지(3월
한 달 동안 15% 할인)를
알 수 있어요.

광고의 목적과 업체 소개
새로운 계절을 맞이하며 프
로모션을 제공한다면서, 서
비스의 신뢰감을 높이기 위해
언론에 실린 업체의 위상을
언급하고 있어요.

서비스 이용 방법
서비스 이용을 위해 웹사이
트 방문이나 전화 상담을
안내하고 있어요.

서비스 특징
Fresh Look Painters가
제공하는 구체적인 서비스
항목을 열거하고 있어요.

Fresh Look Painters
During the month of March, enjoy 15% off
all home painting services!

With spring just around the corner, isn't it time to give your house a fresh appearance? To welcome the warm weather, we'll be offering a special promotion to all of our clients. We've consistently been ranked as the top painting professionals in the city according to the *Calverton Gazette*'s business questionnaire.

Feel free to visit our Web site at www.flpainters.co.uk to receive a free quote on your project or call our head office at (0115) 555-2350 and speak to a representative today!

Fresh Look Painters provides:
- interior and exterior work
- locally owned and operated services
- fully insured and guaranteed work
- experienced and professional employees

Fresh Look Painters
3월 한 달 동안 모든 주택 페인팅 서비스에서 15% 할인을 받으세요!

곧 다가올 봄을 맞아, 여러분의 집에 새로운 모습을 선사할 때가 아닐까요? 따뜻한 날씨를 환영하여, 저희는 모든 고객 여러분께 특별 프로모션을 제공해 드릴 예정입니다. 〈Calverton Gazette〉의 기업 설문에 따르면, 저희는 항상 시의 최고 페인팅 전문 업체로 이름을 올렸습니다.

저희 웹사이트 www.flpainters.co.uk를 방문하셔서 귀하의 프로젝트에 대한 무료 견적을 받아보시거나, 오늘 저희 본사에 (0115) 555-2350으로 전화해 주셔서 직원과 이야기를 나눠보세요!

Fresh Look Painters는 다음을 제공합니다:
- 내부 및 외부 작업
- 지역 소유 및 운영 서비스
- 전부 보장되는 보험 가입 및 보증된 작업
- 경험이 풍부한 전문 직원

▶ 구인 광고

구인 광고
제목에서 소셜 미디어 매
니저를 구하는 구인 광고
임을 알 수 있어요.

담당 업무
소셜 미디어 매니저가 하게
될 업무를 구체적으로 나열
하고 있어요.

자격 요건
해당 직책에 지원하기 위해
필요한 요건들을 안내하고
있어요.

지원 방법
지원을 위한 웹사이트 주소
와 올릴 서류 및 제출 기한
을 안내하고 있어요.

추가 정보
추가 정보를 위해 박물관에
방문하여 관람 안내자와
얘기 나누라고 하네요.

Social Media Manager Wanted

The Lorry-Irwin Museum of Natural History (LIMNH) has an opening for a talented and dedicated individual. The position involves promoting LIMNH on social network sites, organizing live events, and producing promotional media. To qualify, you must demonstrate a familiarity with video editing software and have at least three years of marketing experience at a past company. To apply, visit www.limnh.org/opportunities and post your CV and samples of your work along with your application form. Submissions will be accepted until December 16. For more information, visit the museum during our regular opening hours and speak with one of our tour guides.

소셜 미디어 관리자 구함

Lorry-Irwin 자연사 박물관(LIMNH)이 재능 있고 헌신적인 분을 위한 자리를 마련했습니다. 직책은 소셜 네트워크 사이트에 LIMNH를 홍보하고, 라이브 행사를 조직하며, 홍보 매체를 제작하는 일을 포함합니다. 자격 요건으로, 영상 편집 소프트웨어에 익숙함을 보여줘야 하며, 이전 회사에서 적어도 3년의 마케팅 경력이 있어야 합니다. 지원하시려면, www.limnh.org/opportunities에 들어오셔서 지원서와 함께 이력서 및 작업 샘플을 올려주세요. 제출물은 12월 16일까지 받습니다. 더 많은 정보를 원하시면, 정규 개장 시간에 박물관에 방문하셔서 저희 관람 안내자와 이야기하세요.

파트 7 지문 유형 1

BASE 63

광고 Advertisement

광고는 무언가를 홍보하는 글이에요. 광고는 크게 제품이나 서비스를 홍보하는 일반 광고와 사람을 모집하는 구인 광고로 나눌 수 있어요.

항상 문제 디렉션을 보고
지문 유형부터 파악하세요.

광고 대상 확인
농작물을 취급하는 곳임을
알 수 있어요.

세부 내용 확인
구체적인 서비스와 할인 정
보를 제시하고 있네요.

추가 정보 확인
서비스 장소를 안내하고 있
어요.

Questions 1-2 refer to the following advertisement.

Barry's Berries
Strawberries, blueberries, and raspberries

Enjoy berry picking for $5, or let us gather them
for you for $7.

Harvest Special:
All blueberry jams are 50% off.

Take the Next Exit: Exit 32B
94332 State Rd 31, Southport

---

1. What is Barry's Berries?
   (A) A grocery store
   (B) A bakery
   (C) A coffee shop
   (D) A farm

2. Where would the advertisement most likely be seen?
   (A) On a Web site
   (B) On a sign by the road
   (C) In a shopping mall
   (D) In a community newspaper

1-2번은 다음 광고에 관한 문제입니다.

Barry's Berries
딸기, 블루베리, 산딸기

1 5달러에 베리 따기를 즐겨보세요,
7달러를 내시면 저희가 대신 따 드립
니다.

수확 특별 상품:
모든 블루베리잼이 50% 할인합니다.

2 다음 출구로 나가십시오: 출구 32B
94332 State로 31, Southport

Barry's Berries는 무엇인가?
(A) 식료품점
(B) 제과점
(C) 커피숍
(D) 농장

이 광고는 어디서 볼 수 있겠는가?
(A) 웹사이트에서
(B) 도로 옆 표지판에서
(C) 쇼핑몰에서
(D) 지역 신문에서

*광고에는 주로 아파트, 사
무실 등 공간 임대, 신발,
가방 등 제품 판매 또는
할인 행사, 신규 매장 개
업, 호텔 등의 신규 서비스
또는 멤버십 등 제품·서비
스 광고와 특정 직무를 모집
하는 구인 광고 등이 등장
해요.

▶ 광고에 자주 등장하는 문제 유형

목적	What is the purpose of the advertisement? 광고의 목적은 무엇인가?
대상	What is being advertised? 무엇이 광고되고 있는가?
	For whom is the advertisement intended? 광고는 누구를 대상으로 하는가?
추론	Where would the advertisement most likely be seen? 광고는 어디서 볼 수 있겠는가?
세부 정보	What is a feature of the product? 제품의 특징은 무엇인가?
	What is a requirement for the job? 직무에 필요한 요건은 무엇인가?
	How can one apply for the position? 이 직책에 어떻게 지원할 수 있는가?

▶ 광고에 자주 등장하는 표현

광고 대상	Are you tired of ~? ~가 지겨우신가요?
	Do you need ~? ~가 필요하신가요?
	OO is looking for ~. OO에서 ~를 모집하고 있습니다.
	OO is accepting applications. OO에서 지원서를 받고 있습니다.
세부 내용	It includes ~. ~가 포함되어 있습니다.
	We provide ~. 저희는 ~를 제공해 드립니다.
	Candidates should have ~. 지원자는 ~가 있어야 합니다.
	~ is / are required / necessary. (학위, 경력 등의 조건)~이 있어야 합니다.
추가 정보	To learn about ~, ~에 대해 더 알아보시려면,
	To place an order, 주문하시려면,
	Those who are interested in the position ~ 이 직책에 관심 있는 분들은 ~
	Send your résumé to ~. ~로 당신의 이력서를 보내주세요.

▶ 광고에 자주 등장하는 어휘

제품/서비스 광고	look for 구하다, 찾다	ship 배송하다	complimentary 무료의
	discount 할인	refund 환불	satisfaction 만족
	offer 제공하다	include 들어있다	promotion 판촉 행사
	place an order 주문하다	reservation 예약	fee 요금
구인 광고	job opening 일자리	qualification 자격 요건	responsibility 직무, 맡은 일
	apply for ~ ~에 지원하다	candidate 후보자, 지원자	interested in ~에 관심 있는
	application 지원(서)	requirement 필수 요건	résumé 이력서
	job description 직무 설명	experience 경험, 경력	reference 추천서

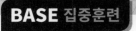

Questions 1-2 refer to the following advertisement.

Drury Furniture Career Night

8 January, 9 A.M. – 7 P.M.

14 Fairbanks, Edinburgh

Drury Furniture is opening a new store in Edinburgh this spring, and we need to find qualified staff for a number of positions. Our company prides itself on being a great place to work, and all positions feature competitive wages.

Join us for the evening, and listen to staff from our Aberdeen store, ask questions about company life, and participate in face-to-face consultations with our recruiting officers. No prior reservations are required, but please bring a copy of your CV.

---

1. Who is the advertisement intended for?

(A) Job seekers
(B) New Drury Furniture workers
(C) Recruiting officers
(D) Company executives

2. What is suggested about Drury Furniture?

(A) It is relocating its main office.
(B) It will have more than one branch.
(C) It has been in business for many years.
(D) It offers affordable furniture items.

Questions 3-5 refer to the following advertisement.

Steadman Auto

Berkshire's most trusted vehicle maintenance experts for over a decade

Our shop provides top-notch service, including both scheduled and emergency maintenance, for private individuals and corporations throughout Berkshire.

- Straightforward and honest customer service
- Estimates designed to save you more money long-term
- Yearly agreements covering regular tune-ups for multiple vehicles
- Knowledgeable and experienced staff
- Service available on any vehicle—you bring it in, we'll fix it

Set up a service appointment before January 31, and you'll get 20% off. Give us a call at 020-555-4201, Monday – Saturday, from 8 A.M. to 8 P.M.

Check out www.steadmanauto.com to see testimonials from our satisfied patrons and biographies of our trusted mechanics.

---

3. What is indicated about Steadman Auto?

   (A) It opened for business recently.
   (B) It offers the lowest rates in the area.
   (C) It sells used vehicles.
   (D) It has corporate clients.

4. According to the advertisement, what does the shop provide?

   (A) Weekly vouchers
   (B) On-site consultations
   (C) Annual contracts
   (D) Pick-up services

5. What is available on the Steadman Auto Web site?

   (A) Profiles of employees
   (B) A cost estimate calculator
   (C) Advice on home repairs
   (D) A list of car features

양식 Form

양식은 일상생활의 다양한 상황에서 접할 수 있는 여러 가지 서식을 의미합니다. 영수증, 설문지, 일정표 등 종류와 형태가 아주 다양하며, 양식의 종류에 따라 등장하는 표현도 달라집니다.

항상 문제 디렉션을 보고 지문 유형부터 파악하세요.

양식의 종류 확인
상점 리뷰를 남기는 양식임을 알 수 있어요.

세부 내용 확인
피드백을 작성한 시점과 장소 및 각 피드백 대상에 부여한 점수가 기재되어 있네요.

추가 정보 확인
고객의 개인 평가가 기술되어 있어요.

Questions 1-2 refer to the following form.

Silvio's
Feedback Form

Time: 04:25 P.M.
Date: 14 October
Location: Belden Avenue

Category	Rating (Out of 5)
Store cleanliness	4
Customer assistance	3
Variety of products	2
Organization of items	5

Additional Feedback:
It would be nice to see you include more listening booths where customers can preview albums before buying. I think you should also expand your classical section.

---

1. What most likely is Silvio's?

   (A) A supermarket
   (B) A printing center
   (C) A music store
   (D) A clothing retailer

2. How does the customer think Silvio's could be improved?

   (A) It should organize its products more effectively.
   (B) The employees should be friendlier.
   (C) It should be cleaned on a regular basis.
   (D) More merchandise should be offered.

1-2번은 다음 양식에 관한 문제입니다.

Silvio's
피드백 양식

시간: 오후 4시 25분
날짜: 10월 14일
장소: Beldener가

분류	평가 (5점 만점)
매장 청결도	4
고객 지원	3
제품 다양성	2
상품 정리	5

추가 의견:
[1]고객들이 구매 전에 앨범을 미리 볼 수 있는 청취 부스를 더 많이 넣었으면 좋았을 것 같습니다. [2]클래식 부문 또한 확장해야 할 것 같습니다.

Silvio's는 무엇이겠는가?

(A) 슈퍼마켓
(B) 인쇄 센터
(C) 음반 가게
(D) 의류 소매점

고객은 Silvio's를 어떻게 개선할 수 있다고 생각하는가?

(A) 제품을 보다 효과적으로 정리해야 한다.
(B) 직원들이 더 친절해야 한다.
(C) 정기적으로 청소해야 한다.
(D) 더 많은 상품이 제공되어야 한다.

*양식에는 주로 영수증, 송장, 카탈로그, 설문지, 후기, 티켓, 쿠폰, 전단, 일정표, 계약서, 초대장, 웹페이지 등이 등장해요.

▶ 양식에 자주 등장하는 문제 유형

목적	What is the purpose of the form? 양식의 목적은 무엇인가?
	Why is the survey written? 설문지는 왜 작성되었는가?
대상	Who is the recipient of the invoice? 송장의 수령자는 누구인가?
추론	What is suggested about the voucher? 쿠폰에 관하여 알 수 있는 것은?
세부 정보	What will happen if it rains? 비가 오면 무슨 일이 일어나는가?
	When will the event take place? 행사는 언제 열리는가?
	What is NOT indicated in the schedule? 일정표에 언급되지 않은 것은?

▶ 양식에 자주 등장하는 표현

목적 제시	This is to confirm ~. 이것은 ~을 확인하기 위한 것입니다.
	This form is for ~. 이 양식은 ~을 위한 것입니다.
	Rate your experience at OO. OO에서의 경험을 평가해 주세요.
	Please fill out this questionnaire. 이 설문지를 작성해 주시기 바랍니다.
세부 내용	Please check the following ~. 다음 ~를 확인해 주시기 바랍니다.
	Please provide the following information. ~ 다음 정보를 제공해 주시기 바랍니다.
	The following information includes ~. 다음 정보에는 ~가 들어 있습니다.
	You are invited to ~. 귀하를 ~로 초대합니다.
추가 정보/ 마무리	If you have a question regarding ~, ~에 관해 문의 사항이 있으시면,
	Please hand in this form. 이 양식을 제출해 주세요.
	Please confirm your attendance. 참석 여부를 확인해 주시기 바랍니다.
	Thank you for your business. 이용해 주셔서 감사합니다.

▶ 양식에 자주 등장하는 어휘

송장, 영수증	order 주문	purchase 구매	quantity 수량
	shipping 배송	subtotal 소계	invoice 송장
티켓/쿠폰	invite 초대하다	attend 참석하다	voucher 쿠폰, 할인권
	check 확인하다	valid 유효한	until ~까지
일정표	participant 참가자	contact 연락하다	itinerary 일정표
	event 행사	further information 추가 정보	postpone 연기하다
설문지	experience 경험	survey 설문 조사	fill out 작성하다
	rate 평가하다	questionnaire 설문지	comment 의견

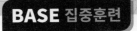

Questions 1-3 refer to the following form.

Domenica's
Rental Form

Customer: Alfred Jurgensen
Item: Darius Stanfield LTD Tuxedo
Price: $600
Alteration fee: none (see Notes)
Seller: Lynn Hughes
Designated to: Armando Black

Alteration Details

Lapel:	Wrist:
Collar: extend 1cm	Stomach:
Shoulder width:	Inseam:
Bicep:	Waist:
Sleeve Length:	Thigh:
Chest:	Outseam:

Notes: Employee error during the initial measuring session.

---

1. Who most likely is Lynn Hughes?

(A) A sales associate
(B) A professional tailor
(C) A store owner
(D) A computer technician

2. Where does the item NOT fit Alfred Jurgensen correctly?

(A) Around the neck
(B) On the arms
(C) On the legs
(D) Around the waist

3. Why is the alteration service free?

(A) A product had defects.
(B) A voucher was used.
(C) A worker made a mistake.
(D) A purchase was made online.

Questions 4-6 refer to the following agenda.

Agenda for the release of *Technology and Engineering in Korea: 15 Years of Innovation* by Jon Kim

Panel discussion featuring Mi-Yun Lee, EdH; Ho-Been Jung, M. Eng.; Shelby Willis, EdH

12:00 P.M.	Panelists arrive at the venue and are escorted to the waiting room for final preparations.
12:30 P.M.	Guests begin taking their seats in Conference Room A.
12:45 P.M.	Introductory speech by Dr. Ramona Nichols, author of *How Far We've Come: The Historic Economic Growth of South Korea*
1:15 P.M.	Mr. Grant Rivers, editor of Mr. Kim's book, will introduce each of the panelists.
1:30 P.M.	Panelists will discuss future technologies that will change the world and review Mr. Kim's book. The discussion will be conducted by Mr. Rivers.
2:00 P.M.	Discussion will open up to members in the audience, who will have an opportunity to ask questions to panel members and authors.
2:15 P.M.	Meet and greet with Mr. Kim.

4. Who contributed to Mr. Kim's book?
   (A) Ms. Nichols
   (B) Mr. Rivers
   (C) Ms. Lee
   (D) Mr. Jung

5. What is implied about the panel members?
   (A) They are knowledgeable about technology.
   (B) They recently earned their EdHs.
   (C) They all reside in Korea.
   (D) They have all invented well-known products.

6. When will the audience be able to ask questions of the panel members?
   (A) At 12:00 P.M.
   (B) At 1:15 P.M.
   (C) At 2:00 P.M.
   (D) At 2:15 P.M.

공고 Notice

공고는 다수의 사람들에게 중요한 정보, 소식 등을 알리는 글이에요. 공고는 크게 실생활에서 다양하게 접하는 일반 공고와 회사 내에서 볼 수 있는 사내 공고로 나눌 수 있어요.

항상 문제 디렉션을 보고
지문 유형부터 파악하세요.

공고 주제 확인
환불 정책이니까 상점에
서 낸 공고라는 걸 유추해
볼 수 있죠.

세부 내용 확인
구매에 만족하지 않을 경
우 취할 수 있는 방법을
알리면서, 주의 사항도
함께 언급하고 있네요.

추가 정보 확인
추가 정보를 얻을 수 있는
웹사이트 주소를 알려주고
있어요.

Questions 1-2 refer to the following notice.

Return Policy

If you're not satisfied with your purchase, you may request a refund or exchange at our customer service counter. Please note that Walter's Emporium does not offer refunds on discounted items.

For more information,
see www.waltemporium.com.

1. Where would the notice most likely appear?

(A) **On a sales receipt**
(B) On a price tag
(C) On a discount voucher
(D) On a Web site

*공고에는 주로 신규 프로그
램 안내, 보수 공사나 시스
템 점검 알림, 대중교통 운
행 시간 변경, 상점의 교
환·환불 규정 변경, 상품
가격 인상, 대회·워크숍
개최, 사내 신규 정책, 휴
일 근무 일정 변경 등이 등
장해요.

2. What is implied about Walter's Emporium?

(A) It sells most of its products online.
(B) It has multiple locations.
(C) It holds weekly sales events.
(D) **It issues refunds on some items.**

1-2번은 다음 공고에 관한 문제입니다.

환불 정책

[1]귀하의 구매에 만족하지 않으시다면, 저희 고객 서비스 카운터에서 환불이나 교환을 요청하실 수 있습니다. [2]Walter's Emporium은 할인된 상품에 대해서는 환불을 제공하지 않는다는 점을 유의해 주십시오.

더 많은 정보를 보시려면,
www.waltemporium.com을 참조하세요.

공고는 어디서 볼 수 있겠는가?

(A) 판매 영수증에서
(B) 가격표에서
(C) 할인 쿠폰에서
(D) 웹사이트에서

Walter's Emporium에 관하여 알 수 있는 것은?

(A) 대부분의 제품을 온라인으로 판매한다.
(B) 여러 곳에 있다.
(C) 매주 할인 행사를 연다.
(D) **일부 상품에 대해서 환불을 해준다.**

▶ 공고에 자주 등장하는 문제 유형

목적	What is the purpose of the notice? 이 공고의 목적은 무엇인가?
	Why was the notice written? 이 공고는 왜 작성되었는가?
대상	For whom is the notice intended? 공고는 누구를 대상으로 하는가?
추론	Where is the notice most likely posted? 공고는 어디에 게시되어 있겠는가?
상세 정보	According to the notice, what is NOT being offered? 공고에 따르면, 제공되지 않는 것은 무엇인가?
	What are visitors asked to do? 방문객은 무엇을 하도록 요청받는가?

▶ 공고에 자주 등장하는 표현

목적 제시	This notice is for ~. 이 공고는 ~를 위한 것입니다.
	OO has announced ~. OO에서 ~를 발표했습니다.
	OO has decided to ~. OO에서 ~를 하기로 결정했습니다.
	We are happy to announce ~. ~를 알려 드리게 되어 기쁩니다.
세부 내용	~ will be offered. ~이 제공될 것입니다.
	There will be changes to ~. ~에 변경 사항이 있을 것입니다.
	We request that ~. ~할 것을 요청 드립니다.
	Please make sure ~. 반드시 ~해 주시기 바랍니다.
추가 정보	For further information, 더 자세한 정보를 알아보시려면,
	If you have any questions, 문의 사항이 있으시면,
	To sign up for ~, ~에 등록하시려면.

▶ 공고에 자주 등장하는 어휘

일반 공고	change 변화	passenger 승객	entrance 출입구
	schedule 일정	tenant 세입자	cooperation 협조
	remain the same 변함없다	hours of operation 운영 시간	closure 폐쇄
	post 게시하다	repair 수리	construction 공사
사내 공고	training 교육, 연수	upcoming 곧 있을	request 요청하다
	hold a seminar 세미나를 열다	procedure 절차	attend 참석하다
	volunteer 자원자	run 진행되다	approve 승인하다
	provide 제공하다	workshop 워크숍	session (특정 활동) 시간

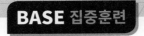
Questions 1-2 refer to the following notice.

NOTICE

Regarding Your Luggage: In order to properly claim your checked-in luggage, review the stub number on your ticket and check to see if it matches with the information on your baggage tag. It is recommended that you examine your luggage before exiting the airport. While our baggage handlers are mindful of your belongings, normal wear and tear such as small scratches, stains, and dents does occur. The airline assumes no liability for such cases. On the other hand, if there is noticeable damage to pull handles, wheels, or zippers caused by our staff, you may be eligible for reimbursement. Please go to your airline's baggage service agent to file a report. After assessing the damage, they will be able to provide you with further information.

1. Why are passengers asked to refer to a ticket stub?
   (A) To review the process for filing a claim
   (B) To go over common luggage restrictions
   (C) To locate the nearest baggage service agent
   (D) To verify their personal items

2. What type of damage will the airline reimburse a passenger for?
   (A) Discoloration
   (B) Some scratches
   (C) Some stains
   (D) A broken wheel

Questions 3-4 refer to the following notice.

Johnstone Mines, LLC

Sarah Mellenchon, President

Antoine Shaw, General Supervisor

It is a pleasure to have you with us here at Johnstone Mines. Our number one priority is providing a safe environment for everyone on site at all times. Please read the guidelines below, and do your best to follow them throughout your tour of the mine. Those who violate these guidelines will be escorted out. If you have any reservations concerning compliance, get in touch with the general supervisor.

DO:

- Wear a protective face mask at all times.
- Pay close attention to your tour guide's safety briefing.
- Use handrails wherever marked and proceed with caution.
- Tell someone right away if you require medical attention.

DO NOT:

- Bring any flammable materials into the mine.
- Wander into areas marked "off limits".
- Stray away from your tour group.

3. Who is this notice mostly likely intended for?

(A) Mine visitors
(B) Safety workers
(C) Medical professionals
(D) Equipment technicians

4. According to the notice, why should someone contact Mr. Shaw?

(A) To access a restricted area
(B) To apply for a position
(C) To ask about a policy
(D) To request a form

안내문 Information

안내문은 정보를 제공하는 목적의 글이에요. 안내문은 크게 제품이나 서비스 이용 관련 정보 등을 제공하는 일반 안내문과 회사 내 정책이나 제도 등에 관한 정보를 제공하는 사내 안내문으로 나눌 수 있어요.

항상 문제 다섯 개을 보고 지문 유형부터 파악하세요.

안내문의 종류와 목적 확인 한 축구클럽에서 제공하는 행사 취소 권리와 환불 방법을 안내하고 있어요.

추가 정보 확인 환불과 관련된 주의 사항을 안내하고 있어요.

Questions 1-2 refer to the following information.

The Piedmont Pelicans football club reserves the right to cancel any event due to inclement weather. In this case, attendees are eligible for a full refund. Please present your ticket, in person, to a staff member at our stadium ticket office.

Refunds cannot be given over the phone or through our Web site. Tickets bought from unauthorized dealers cannot be refunded.

1. Where would the information most likely appear?

   (A) On the Pelicans' homepage
   (B) On a map of Piedmont
   (C) On a product's price tag
   (D) On a souvenir shop receipt

2. How can customers refund a ticket?

   (A) By stopping by a stadium
   (B) By emailing a ticket office
   (C) By calling an unauthorized dealer
   (D) By checking out a Web site

*안내문에는 주로 제품 구매 시 제공되는 설치 및 사용 안내서, 서비스 관련 이용 안내, 사내 신규 제도 소개, 사내 중요 지침 안내 등이 등장해요.

1-2번은 다음 안내문에 관한 문제입니다.

❶Piedmont Pelicans 축구 클럽은 악천후로 인해 행사를 취소할 권리가 있습니다. 이 경우에 참가자는 전액 환불을 받을 수 있습니다. ❷티켓을 경기장 매표소 직원에게 직접 제출하세요.

전화나 웹사이트를 통해서는 환불될 수 없습니다. 무허가 판매상에게 구입한 티켓은 환불되지 않습니다.

안내문은 어디서 볼 수 있겠는가?

(A) Pelicans 홈페이지에서
(B) Piedmont 지도에서
(C) 상품 가격표에서
(D) 기념품 가게 영수증에서

고객은 티켓을 어떻게 환불할 수 있는가?

(A) 경기장에 들러서
(B) 매표소에 이메일을 보내서
(C) 무허가 판매상에게 전화를 해서
(D) 웹사이트를 확인해서

▶ 안내문에 자주 등장하는 문제 유형

목적	What is the main purpose of the information? 안내문의 주요 목적은 무엇인가?
	What is the information mainly about? 안내문은 주로 무엇에 관한 것인가?
추론	Where would the information most likely appear? 안내문은 어디서 볼 수 있겠는가?
	What is suggested about the company? 회사에 대해 알 수 있는 것은?
사실 확인	What is true about the parking lot? 주차장에 관하여 사실인 것은?
상세 정보	What are the employees encouraged to do? 직원들은 무엇을 하도록 권장되는가?
	How should customers pay for parking? 고객들은 주차비를 어떻게 지불해야 하는가?

▶ 안내문에 자주 등장하는 표현

도입/주제	Thank you for purchasing ~. ~를 구입해 주셔서 감사드립니다.
	Thank you for installing ~. ~를 설치해 주셔서 감사드립니다.
	If you are considering ~, ~를 고려하고 계신다면,
	This program is designed for ~. 이 프로그램은 ~를 위해 고안되었습니다.
세부 내용	Please note that ~. ~를 유의해 주시기 바랍니다.
	Please follow the steps below. 다음 절차를 따라 주세요.
	Please be reminded that ~. ~를 기억해 주시기 바랍니다.
	This class will teach you ~. 이 수업에서는 ~를 가르쳐 드립니다.
추가 정보/ 마무리	If you need any help, 도움이 필요하시면,
	Check out ~ on our Web site. 저희 웹사이트에서 ~를 확인해 주세요.
	For details, visit ~. 자세한 내용은 ~를 방문해 주세요.
	Please join us. 저희와 함께해 주세요.

▶ 안내문에 자주 등장하는 어휘

일반 안내문	manual 설명서	policy 정책, 방침	instructions 설명(서)
	set up 설치하다	upgrade 업그레이드	directions 사용법, 지침
	follow 따르다	up-to-date 최신의	ready 준비가 된
	step 단계	rule 규정	below 아래의
사내 안내문	headquarters 본사	reminder 상기시키는 것	workspace 작업 공간
	branch 지점, 지사	safety gear 안전 장비	details 세부 사항
	move 이사하다	post 게시하다	board 게시판
	relocate 이전하다	equipment 장비	break room 휴게실

해설서 p.90

Questions 1-2 refer to the following information.

New Year, New SBTA Improvements

The Montrose Light Rail Line, connecting Roseland and Downtown, will see additional service starting in January. Trains will arrive at each stop four times per hour rather than three times during weekday mornings and evenings. Saturday will receive twice hourly service, while Sunday and holiday schedule will remain unchanged, with hourly arrivals. These upgrades should provide greater convenience and help to forge closer links between the center of the city and the suburbs.

For a complete look at the updated Montrose Line schedule and all other routes, download the South Brook Metro App.

1. What is the main purpose of the information?

(A) To announce an upgrade to a scheduling app
(B) To announce an upcoming subway construction project
(C) To notify residents about a price increase
(D) To notify the public about alterations to a schedule

2. How frequently do the Montrose Line trains run on Sundays?

(A) Once per hour
(B) Twice per hour
(C) Three times per hour
(D) Four times per hour

Questions 3-5 refer to the following information.

We are excited to present the December Issue of our complimentary monthly paper, *Emerald Vistas*. The periodical provides insights into some of the destinations we sail to including detailed information about where to explore when you're in port, or even on your next holiday. In this edition, we count down our top 20 favorite museums and galleries.

We also preview several great new trails and must-see mountain trekking paths, tips for vacationing solo, and the conclusion of the last month's article on finding healthy dining options while traveling. We hope you enjoy *Emerald Vistas* and invite you to take this issue with you at the conclusion of your voyage.

3. Who most likely produces *Emerald Vistas*?
(A) A regional tourism office
(B) A cruise line
(C) A travel Web site
(D) A hotel chain

4. When was the original article about dining published?
(A) In October
(B) In November
(C) In December
(D) In January

5. What topic is NOT discussed in the current issue of *Emerald Vistas*?
(A) Places to hike
(B) Traveling by yourself
(C) Cultural attractions
(D) Admission discounts

Questions 1-3 refer to the following advertisement.

You're Already On Your Way With Australian Air

Sign up for our Frequent Flyer Rewards Program and start enjoying exclusive rewards today! Being a part of the program will entitle you to benefits including:

- Discounted seat upgrades
- Bonus Frequent Flyer Club Miles
- Charges waived on up to three checked suitcases
- Complimentary shuttle service to participating hotels
- Admittance to the Aussie Club at any of the nation's ten busiest airports

Club Amenities

- Fresh, free snacks and beverages 24/7
- Business Center, with private workspaces and personal desktop computers
- Charging points for mobile devices and high-speed Internet access
- Shower and sauna areas

Register online or in-person at any Australian Air boarding gate (up to 30 minutes prior to departure). Your perks will go into effect right away.

---

1. Who would most likely benefit from joining the Frequent Flyer Rewards program?

   (A) Passengers who fly with multiple pieces of luggage
   (B) People who purchase first-class tickets
   (C) Passengers who are health-conscious
   (D) People who live close to a busy airport

2. Where are the clubs located?

   (A) In well-trafficked airports
   (B) At regional transportation centers
   (C) On several continents
   (D) In Australia's international airports

3. What is one feature the clubs do NOT offer?

   (A) Shower facilities
   (B) Boarding pass printing
   (C) Device charging stations
   (D) Complimentary refreshments

Questions 4-6 refer to the following form.

Hidden Hills Maintenance Office Application Form
Darryl Evans, Manager
208-555-0184, darryl@hiddenhills.net

Apartment number: 22B

Resident Contact #: 208-555-2109

Type of Issue: Structural ☐ Electrical ☑ Plumbing ☐ Other ☐

Resident: Jeremy Ditka

Request Date: October 20

Summary of requested work: The dimmer switches in the living room are not working properly, and one of the outlets there is not producing any energy.

Other notes: I would appreciate some advance notice. Please send a text to the number listed above, so my roommate, Rashida Cortez, and I can be present when a repairperson comes. We recently purchased some pretty delicate HD audio equipment which is right in front of the faulty outlet. We would have to move it out of the way while the work takes place, so nothing gets damaged.

- -

For Hidden Hills Management:
(leave blank)

Review date: October 21

Authorized by: Darryl Evans

Designated to: George Martinez

Comments:

Look into the problem this evening after getting in touch with Mr. Ditka. If there is a complicated wiring problem that requires a specialist, call Karla Pope(208-555-3132) to schedule repairs.

4. What is the purpose of the form?
   (A) To arrange a delivery
   (B) To report an issue
   (C) To inquire about an apartment listing
   (D) To submit a rental payment

5. Who will first contact Mr. Ditka about his October 20 request?
   (A) Mr. Evans
   (B) Ms. Cortez
   (C) Mr. Martinez
   (D) Ms. Pope

6. Why does Mr. Ditka mention some audio equipment?
   (A) It is available for purchase.
   (B) It does not work properly.
   (C) It must be moved.
   (D) It will be upgraded soon.

Questions 7-10 refer to the following notice.

"Sound and Soul: A Celebration"
8 January
From 2 to 11 P.M.

The Waikato Regional Arts Centre is excited to present its winter music concert to be held Saturday at the refurbished St. Francis Pavilion in downtown Hamilton. Come hear great folk music—from the sweet melodies of popular modern acts to the traditional sounds of Maori percussion, from classic tunes to fresh new work—while enjoying a variety of affordable dishes provided by various restaurants.

Talented musicians from the city will perform all throughout the day. Attendees will also get a chance to take pictures with these artists. At 9 P.M., famous singer Rebecca Turei, will take the stage to give the final performance of the evening. Ms. Turei, a native of Hamilton, returned from her global tour just a week ago.

Everyone is welcome to attend the festival free of charge. Visitors can park in the lots between Howard Avenue and Cook Street. Just be aware that while lots A and C are free, lot B does charge a small fee.

For complete details, visit The Waikato Regional Arts Centre Web site, www.waikatoregionalarts. nz/january_calendar.

---

7. Why was the notice written?
   (A) To publicize a seasonal show
   (B) To promote a music course
   (C) To announce the expansion of a theater
   (D) To sell some old instruments

8. What is indicated about the performances?
   (A) They are only held in the afternoon.
   (B) They will be given to local residents.
   (C) They will be streamed on a Web site.
   (D) They are mainly sponsored by restaurants.

9. What is true about Ms. Turei?
   (A) She teaches percussion classes.
   (B) She recently traveled overseas.
   (C) She will retire soon.
   (D) She just purchased an office in Hamilton.

10. What is NOT suggested about the event?
   (A) There will be photo opportunities.
   (B) Food is available for purchase.
   (C) Gifts will be provided to attendees.
   (D) There are free parking areas.

Questions 11-14 refer to the following information.

Mulkey Cosmetics Announcement Boards

All of the company's announcement boards are moderated by the personnel team. They are responsible for monitoring information posted on the boards, taking down outdated content, and highlighting the most important details for employees to see.

The announcement board in the break room is to be used for displaying information that is pertinent to everyone at Mulkey, like essential news about the company.

The announcement boards in the conference rooms are to be used exclusively for information related to meeting schedules and spaces.

The event hall announcement board is intended for information that is of personal interest to employees. This board is mainly used for announcing events not related to the company, like birthday parties, sports competitions, and other social gatherings. Keep in mind that these kinds of notices need to be reviewed by Personnel before being posted. Employees must submit a draft of the notice at least two days in advance. Requests will take one business day to process.

All announcement boards are subject to regular inspections to make sure they are being used for their stated goals.

11. What is the purpose of the information?

(A) To explain features of a new Web site
(B) To provide details about an upcoming event
(C) To list some job responsibilities
(D) To describe a corporate policy

12. Where is essential company news most likely posted?

(A) In the break area
(B) In the conference rooms
(C) In the event hall
(D) In the personnel team's office

13. According to the information, why should staff contact the personnel team?

(A) To get approval for their postings
(B) To borrow some devices
(C) To schedule some interviews
(D) To obtain their employee badges

14. Why are the announcement boards inspected frequently?

(A) To check that the content is suitable
(B) To check that the dimensions are correct
(C) To check that there is no damage
(D) To check that they are in the proper location

CHAPTER 14

파트 7
지문 유형 2

이번 Chapter에서 다룰 지문들 중 지문의 전개 구조가 정형화된 편지·이메일에 대해 잠깐 살펴볼게요.

▶ **편지·이메일의 일반적 구조**

편지(letter)와 이메일(e-mail)은 Part 7에서 가장 많이 등장하는 지문 유형으로, 보낸 사람과 받는 사람의 정보 및 편지·이메일을 보낸 이유, 요청 사항, 동봉물 등을 중심으로 지문이 전개됩니다.

▶ **편지**

받는 사람
받는 사람의 이름과 주소가 기재되어 있어요.

편지를 보낸 이유
Fultz 씨가 시상 최종 후보자로 선정되었음을 알리기 위해 보냈다는 것을 알 수 있고, 선정 이유에 관해 설명하고 있어요.

세부 정보
시상 후보자들의 경선 과정에 대해 안내하고 있어요.

요청 사항
작품 설명을 위해 일정을 이메일로 보내 달라고 하면서, 동봉된 허가서를 작성하여 11월 30일까지 제출해 달라고 요청하고 있어요.

보낸 사람
보낸 사람의 이름, 소속, 직책이 기재되어 있어요.

동봉물
'Enclosure'는 편지와 함께 동봉물이 들어 있다는 의미예요. 위의 단락에 언급되어 있듯이 동봉물은 작품 샘플의 온라인 게시를 허용한다는 동의서임을 알 수 있어요.

---

15 November

Mr. Raymond Fultz
221 Felton Rd,
Ipswich IP2

Dear Mr. Fultz,

Congratulations! You have been nominated to be on the short list of candidates for this year's Suffolk Best Young Creators (SBYC) Prize. This distinction, which has been given for nine years now, is meant to recognize up-and-coming talent from a variety of creative fields. Your documentary about a beloved local art teacher and her sculpture garden was praised by members of the selection committee for its sophistication.

For the next phase of the contest, you will need to appear before the selection committee to discuss your work in person. The participant who most impresses our judges will win a prize of £5,000 to further their creative career.

To schedule your session before the judges, please send an e-mail to myronmills@suffolkcreatives.co.uk indicating your weekday availability. In this message, we'd also like you to include a brief biography outlining your background and the inspiration for your work. Furthermore, we ask you to fill out and return the enclosed form which will authorize us to show samples of your work online. Please submit this information to our office no later than 30 November.

Sincerely,

Dianne Shaw
SBYC Event Coordinator

ENCLOSURE

11월 15일

Raymond Fultz 씨
221 Felton로,
Ipswich IP2

Fultz 씨께,

축하드립니다! 귀하는 올해 Suffolk Best Young Creators(SBYC) 상의 최종 후보자로 선정되셨습니다. 올해로 9년째 주어지는 이 영예는 다양한 창작 분야의 전도유망한 재능 있는 사람들을 인정하기 위함입니다. 인기 많은 지역 미술 선생님과 그녀의 조각 정원에 관한 귀하의 다큐멘터리는 그 섬세함으로 선발 위원회 위원들에게 좋은 평가를 받았습니다.

콘테스트의 다음 단계로, 귀하는 선발 위원회 앞에서 귀하의 작품을 직접 설명해야 합니다. 심사 위원들에게 가장 깊은 인상을 남긴 참가자는 창작 커리어를 이어갈 5천 파운드의 상금을 타게 될 것입니다.

심사위원들 앞에서의 설명 일정을 잡으시려면, 평일 중 가능한 날짜를 myronmills@suffolkcreatives.co.uk로 이메일을 보내주세요. 또한, 이 메시지에 귀하의 배경을 간략히 설명하는 약력과 작품에 영감을 준 것에 대한 내용을 포함해 주셨으면 합니다. 더불어, 저희가 귀하의 작품 샘플을 온라인에 올리는 것을 허가하는 내용의 동봉된 양식을 작성하셔서 다시 보내 주세요. 이 정보를 늦어도 11월 30일까지 저희 사무실로 제출해 주세요.

진심으로,

Dianne Shaw
SBYC 행사 담당자

동봉물 재중

To: kheinrich@catlettbanking.com
From: cpschmitt@bcch.com
Date: April 1
Subject: Charity work
Attachment: Volunteerlist.doc

Dear Mr. Heinrich,

I want to extend my personal thanks for your continued support of Belleview City Children's Hospital (BCCH). Your generous financial contributions last year allowed us to buy six new vehicles and make much-needed repairs to the parking lot. In addition, the funds helped us add video game systems to our patients' rooms, making their stays much more pleasant.

This year, we have plans to expand our services. As of now, we're working on a project that involves a complete overhaul of the East Wing in order to open more rooms. The goal of this plan is to be able to accommodate 10 more patients by this December. However, this is by no means an easy or inexpensive undertaking. Without adequate funding, the project may not be done on time. That's why we would greatly appreciate a financial donation at this time.

However, as always, there are many other ways to help. We always need dedicated volunteers to spend time with patients and keep them company. I've attached a list of volunteer opportunities to this e-mail. In any case, your support is deeply appreciated. It is thanks to the kind help of local citizens like yourself that our hospital is able to continue its important work.

Best Regards,

Carl P. Schmitt
BCCH Vice President

수신: kheinrich@catlettbanking.com
발신: cpschmitt@bcch.com
날짜: 4월 1일
제목: 자선 활동
첨부: 자원봉사자목록.doc

Heinrich 씨께,

Belleview 시립 아동 병원(BCCH)을 지속해서 후원해 주시는 것에 대해 개인적으로 감사함을 전하고 싶습니다. 귀하가 작년에 해주신 후한 재정 기부 덕분에 새 차량 6대와 무척 필요했던 주차장 보수 공사를 할 수 있었습니다. 기금은 또한 저희가 환자들의 방에 비디오 게임 시스템을 설치하게 도와주었고 환자들이 병원에 머무는 동안 더 즐겁게 지낼 수 있게 해주었습니다.

올해 저희는 서비스 확장을 하려고 계획하고 있습니다. 현재 더 많은 병실을 만들기 위해 동쪽 병동을 완전히 수리하는 일을 포함한 프로젝트에 착수했습니다. 이 계획의 목표는 올해 12월까지 10명의 환자를 더 수용할 수 있도록 하는 것입니다. 그러나 이 일은 결코 쉽거나 비용이 적게 드는 일이 절대 아닙니다. 충분한 자금이 없다면, 이 프로젝트는 제시간에 끝나지 못할지도 모릅니다. 그래서 이 시점에 재정적 기부를 해주시면 정말로 감사하겠습니다.

그러나 항상 그랬듯이, 저희 병원을 도울 방법은 많습니다. 저희는 환자들과 시간을 보내고 함께 있어 줄 헌신적인 자원봉사자들이 항상 필요합니다. 이 이메일에 자원봉사 기회 목록을 첨부했습니다. 어떤 경우이든, 귀하의 지원에 무척 감사드립니다. 귀하와 같은 지역 주민의 친절한 도움 덕분에 우리 병원이 중요한 일을 계속할 수 있습니다.

감사드리며,

Carl P. Schmitt
BCCH 부회장

파트 7 지문 유형 2

BASE 67

편지 Letter · 이메일 E-mail

편지·이메일은 특정인에게 특정한 목적을 가지고 보내는 글이에요. 보낸 사람과 받는 사람이 명확하기 때문에, 이에 대한 정보가 포함된 것이 특징이에요.

항상 문제 디렉션을 보고 지문 유형부터 파악하세요.

기본 정보 확인
받는 사람, 보낸 사람, 보낸 날짜, 글의 제목이 제시되어 있어요.

발송 목적 확인
대개 첫 문장에서 메일을 보내는 목적을 얘기해요.

세부 내용 확인
글의 목적에 대한 구체적인 내용이나 요청 사항이 제시돼요.

Questions 1-2 refer to the following e-mail.

To : Our Valued Customers
From : fred@coolair.com
Date : November 14
Subject : Announcement

Cool Air has decided to thank our long-term customers by offering a special deal on trips throughout the month of January.

Book a flight to any domestic destination, and get a 40 percent discount on a second ticket for an accompanying friend or relative. Please enter promo code ICE40 when making an online reservation.

This offer cannot be used on Cool Air Plus tickets. It only applies to purchases made after November 14. It cannot be combined with other forms of discount.

1. Why was the e-mail sent?
   (A) To announce revisions to a route
   (B) To boost sales in January
   (C) To advertise to new customers
   (D) To publicize a Cool Air Plus service

2. What is true about the special deal?
   (A) It is only available to adults.
   (B) It will be applied to purchases before November 14.
   (C) It is open to two people going on a trip together.
   (D) It includes international flights.

1-2번은 다음 이메일에 관한 문제입니다.

수신 : 저희의 소중한 고객님께
발신 : fred@coolair.com
날짜 : 11월 14일
제목 : 공지

■1 Cool Air에서는 저희의 오랜 고객분들께 1월 한 달 내내 특별한 여행 혜택을 제공함으로써 감사를 표하고자 합니다.

■2 국내 어디든 항공권을 예약하시고, 동행하는 친구나 친지의 두 번째 항공권에 대해 40% 할인을 받으세요. 온라인으로 예약하실 때, 할인 코드 ICE40을 입력하십시오.

이 혜택은 Cool Air Plus 티켓에는 사용될 수 없습니다. 11월 14일 이후 구매에 대해서만 적용됩니다. 다른 할인 혜택과 함께 적용될 수 없습니다.

이메일은 왜 발송되었는가?
(A) 경로 변경을 알리려고
(B) 1월에 판매를 증대시키려고
(C) 신규 고객에게 광고하려고
(D) Cool Air Plus 서비스를 홍보하려고

특별 할인에 대하여 사실인 것은?
(A) 성인에게만 해당한다.
(B) 11월 14일 이전 구매에 적용될 것이다.
(C) 함께 여행하는 두 사람이 이용할 수 있다.
(D) 국제선을 포함한다.

*편지·이메일에는 주로 상품 주문, 배송 및 환불 문의, 예약 확인, 고객 항의, 부동산 임대 등의 일상 관련 내용과 면접 일정 안내, 승진 축하, 학회 참석 등의 업무 관련 내용이 등장해요.

▶ 편지·이메일에 자주 등장하는 문제 유형

목적	Why was the letter written? 편지는 왜 작성되었는가?
	What is the purpose of the e-mail? 이메일의 목적은 무엇인가?
대상	Who is the e-mail intended for? 이메일은 누구를 대상으로 하는가?
추론	What can be inferred about Ms. Cho? Cho 씨에 관하여 알 수 있는 것은?
사실 확인	What does Mr. Sierra mention about his schedule? 자신의 일정에 관해 Sierra 씨가 언급하는 것은?
상세 정보	What will Ms. Jonas receive? Jonas 씨는 무엇을 받을 것인가?
	What is included in the letter? 편지에 첨부된 것은 무엇인가?

▶ 편지·이메일에 자주 등장하는 표현

도입/목적	I am writing this e-mail to ~. ~하려고 이메일을 드립니다.
	I'd like to inform you that ~. ~에 대해 알려 드리고자 합니다.
	I am sorry to tell you that ~. ~를 알려 드리게 되어 유감입니다.
	OO has decided to ~. OO에서 ~하고자 합니다.
세부 내용	Please ~. ~해 주세요.
	I'd like to make a change. 변경하고 싶습니다.
	Make sure to ~. 꼭 ~해 주세요.
	I understand that ~. ~인 거로 알고 있는데요.
추가 정보/ 마무리	I have attached ~. ~를 첨부해 드립니다.
	Enclosed is ~. 동봉된 것은 ~입니다.
	Please reply to the letter. 편지에 회신 부탁드립니다.
	We look forward to ~. ~를 고대하고 있습니다.

▶ 편지·이메일에 자주 등장하는 어휘

일상 내용	recent 최근의	apology 사과	inconvenience 불편
	delivery 배송	subscription 구독	recommend 추천하다
	delay 지연	unavailable 이용할 수 없는	charge (요금을) 부과하다
	option 선택 사항	behind schedule 예정보다 늦게	for your reference 참고하시도록
업무 내용	inquiry 문의	task 일, 과업	correct 맞게 고치다
	revise 수정하다	discuss 논의하다	contain 포함하다
	promotion 승진	as soon as possible 가급적 빨리	go over 검토하다
	accept 수락하다	notice 알아차리다	complete 완료하다

Questions 1-3 refer to the following letter.

> Alice Kaling
> 315 Jumeira St
> Dubai 9440
>
> March 4
>
> Manal Omar
> 4090 Jebel Ali Rd
> Dubai 9445
>
> Dear Mr. Omar,
>
> I am writing to verify that Talal Salim held the position of Account Director at our advertising firm, Express Yourself, for the past six years.
>
> Mr. Salim played an important role in our company's expansion. Some of his responsibilities included solving our client's business problems, coordinating advertisements, and creating sales materials. He also helped us secure some of our biggest clients. He was central to our company's success. In addition to his countless duties, he also recruited the majority of our talented staff members. He has an uncanny ability to not only realize someone's potential, but also to get the best out of them. It is no surprise that they all look up to him.
>
> If there's anything else I can answer regarding Mr. Salim, please contact me at 971-353-5253.
>
> Regards,
>
> *Alice Kaling*
> Alice Kaling
> Creative Director

1. Who most likely is Ms. Kaling?
   (A) An independent contractor
   (B) A potential job candidate
   (C) Mr. Salim's previous manager
   (D) Mr. Salim's former mentor

2. The word "central" in paragraph 2, line 3, is closest in meaning to
   (A) basic
   (B) primary
   (C) middle
   (D) important

3. What is indicated about Mr. Salim?
   (A) He directed television advertisements.
   (B) He received a job offer from Ms. Kaling.
   (C) He was involved in a hiring process.
   (D) He started his career at Express Yourself.

Questions 4-6 refer to the following e-mail.

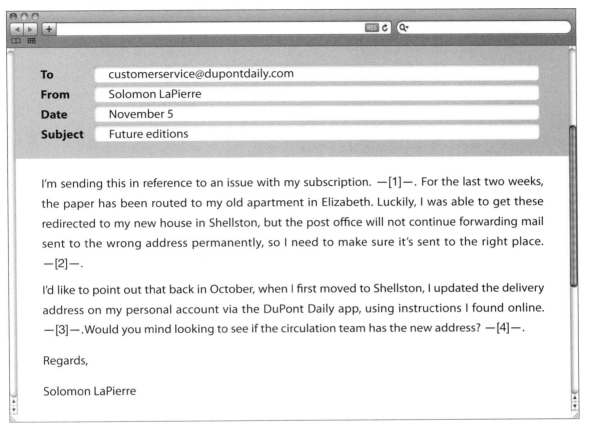

To customerservice@dupontdaily.com

From Solomon LaPierre

Date November 5

Subject Future editions

I'm sending this in reference to an issue with my subscription. —[1]—. For the last two weeks, the paper has been routed to my old apartment in Elizabeth. Luckily, I was able to get these redirected to my new house in Shellston, but the post office will not continue forwarding mail sent to the wrong address permanently, so I need to make sure it's sent to the right place. —[2]—.

I'd like to point out that back in October, when I first moved to Shellston, I updated the delivery address on my personal account via the DuPont Daily app, using instructions I found online. —[3]—.Would you mind looking to see if the circulation team has the new address? —[4]—.

Regards,

Solomon LaPierre

4. What is the main purpose of the e-mail?

(A) To reset a log-in password
(B) To change a subscription plan
(C) To explain a delivery issue
(D) To give feedback on an app

5. Why did Mr. LaPierre use the DuPont Daily app?

(A) To update contact information
(B) To receive a subscription discount
(C) To read local news articles
(D) To ask for previous editions

6. In which of the positions marked [1], [2], [3], and [4] does the following sentence best belong?

"It's possible, though, that I made a mistake."

(A) [1]
(B) [2]
(C) [3]
(D) [4]

대화문 Text message chain·Online chat discussion

대화문은 2명 혹은 그 이상의 사람들이 문자 메시지나 온라인 채팅으로 주고받은 대화 글이에요. 급히 처리해야 할 내용이나 요청 사항 등이 주로 등장해요.

항상 문제 디렉션을 보고 지문 유형부터 파악하세요.

도입
문제 제기 및 용건을 제시해요.

용건 확인
현재 상황을 설명하고, 제안이나 해결책을 제시해요.

마무리
용건에 대한 답변이나 이후 계획을 알려줘요.

Questions 1-2 refer to the following text message chain.

Barbara Searle [8:04 A.M.]
Justin, the Internet keeps getting disconnected. I tried calling IT, but no one picked up. Do you know where everyone is?

Justin Sokolov [8:07 A.M.]
Oh, that's not good! I'm planning to have a video call with the CEO of GloboTech in just a few minutes. Why don't you text Gus Johnson, the IT manager, directly? He usually responds pretty quickly.

Barbara Searle [8:10 A.M.]
We're in luck. Gus just got back to me, and he is on his way up to help now.

1. Why did Ms. Searle contact Mr. Sokolov?
   (A) To confirm the location of a conference
   (B) To check the status of some employees
   (C) To inquire about new video equipment
   (D) To request a deadline extension

2. At 8:07 A.M., what does Mr. Sokolov most likely mean when he writes, "**that's not good**"?
   (A) He is worried about a technical issue.
   (B) He does not know Mr. Johnson's mobile number.
   (C) He will have to cancel a client meeting.
   (D) He forgot to mention a scheduling conflict.

1-2번은 다음 문자 메시지에 관한 문제입니다.

Barbara Searle [오전 8:04]
Justin, 1️⃣인터넷 연결이 계속 끊겨요. IT 부서에 전화하려고 했지만 아무도 받지 않더군요. 다들 어디 있는지 아세요?

Justin Sokolov [오전 8:07]
2️⃣아, 그러면 안 되는데! 몇 분 뒤에 GloboTech의 CEO와 화상 통화를 할 계획이거든요. IT 관리자인 Gus Johnson에게 직접 문자를 보내지 그러세요? 보통 상당히 빠르게 답장을 하거든요.

Barbara Searle [오전 8:10]
우리가 운이 좋네요. Gus가 방금 답을 했고, 지금 도와주러 오고 있어요.

Searle 씨는 왜 Sokolov 씨에게 연락했는가?
(A) 콘퍼런스 장소를 확인하기 위해
(B) 일부 직원들의 상황을 확인하려고
(C) 새 영상 장비에 관해 물으려고
(D) 마감일 연장을 요청하려고

오전 8시 7분에, Sokolov 씨가 "그러면 안 되는데"라고 할 때 그가 의미한 것은?
(A) 기술적 문제를 걱정하고 있다.
(B) Johnson 씨의 핸드폰 번호를 모른다.
(C) 고객과의 회의를 취소해야만 한다.
(D) 일정이 겹친다고 언급하는 것을 잊었다.

*대화문에는 주로 물품 구입 요청, 행사 초대, 정보 공유 등 일상 관련 대화와 사람/물품 작업 요청, 회의 준비 도움 요청, 업무 일정 논의 등 업무 관련 대화가 등장해요.

▶ 대화문에 자주 등장하는 문제 유형

주제	What are the writers mainly discussing? 화자들은 주로 무엇을 논의하는가?
사실 확인	What is mentioned about Mr. Lee? Lee 씨에 관하여 언급된 것은?
상세 정보	Why did Mr. Lee contact Mr. Ahn? Lee 씨는 왜 Ahn 씨에게 연락했는가?
	What does Ms. Lee ask Ms. Gu to do? Lee 씨는 Gu 씨에게 무엇을 해달라고 요청하는가?
추론	Who most likely is Mr. Lee? Lee 씨는 누구겠는가?
화자 의도 파악	At 3:23 P.M., what does Mr. Hughs mean when he writes, "You bet"? 오후 3시 23분에, Hughs 씨가 "물론이지"라고 할 때 그가 의미한 것은?

▶ 대화문에 자주 등장하는 표현

도입	Are you still at ~? 아직 ~에 있으세요?
	Do you need anything? 필요한 거 있으세요?
	I forgot to bring ~. 제가 ~를 깜박하고 안 가져왔어요.
	I might be late for ~. 제가 ~에 늦을 것 같아요.
용건/요청	I'd like you to ~. ~해 주셨으면 합니다.
	Do you think you could ~? ~해 주실 수 있으실까요?
	Can you please ~? ~해 줄 수 있어요?
	I need you to ~. ~를 해 주셨으면 해요.
마무리	That sounds good. 좋습니다.
	Let me know how it goes. 진행 상황을 저에게 알려 주세요.
	See you there! 거기서 봐요!
	Sure, no problem. 네, 알았어요.

▶ 대화문에 자주 등장하는 어휘

대화문	be late to work 회사에 늦다	pick up ~를 찾아오다, 태우러 가다	visit 방문하다
	run late 늦어지다	bring 가져오다	finally 드디어
	instead 대신에	document 문서	get it done 끝내다
	change 변경하다	concern 걱정하다	leave 떠나다, 놓고 오다
	still 아직도	actually 사실은	file 파일, 서류철
	necessary 필요한	possible 가능한	ready 준비가 된
	wait in line 줄 서 있다	stop by 들르다	proposal 제안서
	arrive 도착하다	need 필요하다	finish 끝내다

Questions 1-2 refer to the following text message chain.

Winslow, Lisa   12:17 P.M.

Please send more employees to the warehouse as soon as you can.

Jensen, Oliver   12:19 P.M.

Everything OK?

Winslow, Lisa   12:20 P.M.

The shipment of furniture just got here. We need to empty the trucks by 4 P.M.

Jensen, Oliver   12:22 P.M.

You can't be serious. I specifically said Thursday.

Winslow, Lisa   12:24 P.M.

Right.

Jensen, Oliver   12:26 P.M.

Alright. Simon is on his way now. I'll see if I can get ahold of Lan.

Send

1. What problem is being discussed?

(A) A package arrived damaged.
(B) A warehouse is being closed down early.
(C) A shipment has to be unloaded.
(D) A delivery truck went to the wrong location.

2. At 12:22 P.M., what does Mr. Jensen most likely mean when he writes, "You can't be serious"?

(A) He thinks Ms. Winslow has a serious personality.
(B) He is frustrated that his directions were not followed.
(C) He is worried that Lan cannot be reached.
(D) He does not think Ms. Winslow ordered enough furniture.

Questions 3-6 refer to the following online chat discussion.

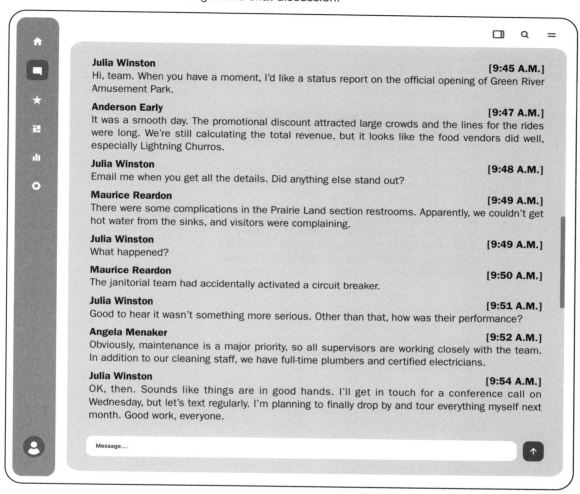

Julia Winston [9:45 A.M.]
Hi, team. When you have a moment, I'd like a status report on the official opening of Green River Amusement Park.

Anderson Early [9:47 A.M.]
It was a smooth day. The promotional discount attracted large crowds and the lines for the rides were long. We're still calculating the total revenue, but it looks like the food vendors did well, especially Lightning Churros.

Julia Winston [9:48 A.M.]
Email me when you get all the details. Did anything else stand out?

Maurice Reardon [9:49 A.M.]
There were some complications in the Prairie Land section restrooms. Apparently, we couldn't get hot water from the sinks, and visitors were complaining.

Julia Winston [9:49 A.M.]
What happened?

Maurice Reardon [9:50 A.M.]
The janitorial team had accidentally activated a circuit breaker.

Julia Winston [9:51 A.M.]
Good to hear it wasn't something more serious. Other than that, how was their performance?

Angela Menaker [9:52 A.M.]
Obviously, maintenance is a major priority, so all supervisors are working closely with the team. In addition to our cleaning staff, we have full-time plumbers and certified electricians.

Julia Winston [9:54 A.M.]
OK, then. Sounds like things are in good hands. I'll get in touch for a conference call on Wednesday, but let's text regularly. I'm planning to finally drop by and tour everything myself next month. Good work, everyone.

Message....

3. Who most likely is Ms. Winston?

(A) An electrician
(B) An accountant
(C) A corporate representative
(D) A maintenance staff

4. At 9:48 A.M., what does Ms. Winston mean when she writes, "Email me when you get all the details"?

(A) She is interested in some sales data.
(B) She needs to review a list of job candidates.
(C) She is worried that profits have decreased.
(D) She wants to know more about promotion.

5. What problem is mentioned in the discussion?

(A) Some plumbing did not function properly.
(B) Queues were longer than expected.
(C) A report was not completed on time.
(D) The maintenance team is understaffed.

6. What is implied about the Green River Amusement Park?

(A) It is in need of repairs in some sections.
(B) Ms. Winston has not seen it in person.
(C) It does not open on Wednesdays.
(D) Mr. Early is the head of its HR Department.

회람 Memo

회람은 주로 회사에서 직원에게 사내의 새로운 소식이나 변경 사항 등을 알리는 목적의 글이에요. 군더더기 없이 핵심 내용을 전달한다는 특징이 있어요.

항상 문제 디렉션을 보고
지문 유형부터 파악하세요.

기본 정보 확인
수신자, 발신자 및 회람
의 제목이 제시돼요.

목적 확인
회람을 게시한 목적이 언급돼요.

세부 내용 확인
구체적인 내용이 언급돼요.

Questions 1-2 refer to the following memo.

To: Skyline Contractors Construction Supervisors
From: The Management Team
Date: April 25
Subject: Update

It is a pleasure to share with you that last quarter's profits were our strongest in over five years, and according to the upcoming April 30 issue of *Constructor's Monthly*, we are now ranked third in the state in terms of revenue. We would like to take a moment to express our appreciation for the tremendous effort and talent of our tireless staff.

As a token of our gratitude, we are planning to offer pay raises to all employees, starting with their May 30 paychecks. Construction supervisors are not to inform employees until the regularly-scheduled monthly meeting on May 10. Thank you for your dedication.

1. What is indicated about Skyline Contractors?

   (A) It was previously ranked second in revenue.
   (B) It was founded more than five years ago.
   (C) It distributes *Constructor's Monthly*.
   (D) It will be changing its payroll date.

2. When will the construction supervisors mention employee pay raises?

   (A) On April 25
   (B) On April 30
   (C) On May 10
   (D) On May 30

1-2번은 다음 회람에 관한 문제입니다.

수신: Skyline Contractors 공사 감독관
발신: 관리부
날짜: 4월 25일
제목: 업데이트

①지난 분기 수익이 5년 중 최고였다는 소식을 여러분과 함께 나누게 되어 기쁘며, 곧 나올 〈월간 건설사〉 4월 30일 호에 따르면, 저희가 이제 주에서 수익 순위 3위에 올랐습니다. 저희는 지칠 줄 모르는 직원 여러분의 엄청난 노력과 자질에 감사를 표하고 싶습니다.

②감사의 표시로, 전 직원에게 5월 30일 자 급여부터 급여 인상을 제공할 계획입니다. 공사 감독관분들은 5월 10일에 있을 정기 월간 회의 때까지 직원들에게 알리지 않아야 합니다. 귀하의 헌신에 감사드립니다.

Skyline Contractors에 관하여 언급된 것은?
(A) 예전에 수익 순위 2위에 올랐다.
(B) 설립된 지 5년이 넘었다.
(C) 〈월간 건설사〉를 배포한다.
(D) 급여일을 바꿀 것이다.

공사 감독관들은 언제 직원 급여 인상을 언급할 것인가?
(A) 4월 25일에
(B) 4월 30일에
(C) 5월 10일에
(D) 5월 30일에

*회람에는 주로 인사 변동 사항 공지, 추가 근무 알림, 신규 시스템 안내, 회사 정책 소개, 시설 이용 보수 공사 관련 안내 등이 등장해요.

▶ 회람에 자주 등장하는 문제 유형

목적	What is the memo mainly about? 회람은 주로 무엇에 관한 것인가?
	What is the purpose of the memo? 회람의 목적은 무엇인가?
사실 확인	What is indicated about the company? 회사에 관하여 언급된 것은?
상세 정보	Who is leaving the company? 누가 회사를 떠나는가?
	What are staff members invited about? 직원들은 무엇을 하도록 안내받는가?
	What program is offered every Thursday? 매주 목요일에는 어떤 프로그램이 제공되는가?
	What will take place on March 1? 3월 1일에 무슨 일이 있을 것인가?

▶ 회람에 자주 등장하는 표현

목적/주제	I'd like to inform you that ~. ~를 알려 드립니다.
	There will be ~. ~가 있을 예정입니다.
	Please be informed that ~. ~를 알려 드립니다.
	All employees should be aware that ~. 전 직원은 ~에 유의하셔야 합니다.
세부 내용	It is important for you to know ~. ~를 알고 계셔야 합니다.
	You will need to ~. ~해 주셔야 합니다.
	Staff members will be required to ~. 직원들은 ~해야 합니다.
	We will be installing ~. ~를 설치할 예정입니다.
추가 정보/마무리	If you have any questions or concerns, 문의나 우려 사항이 있으시면,
	Please contact ~. ~로 연락하시기 바랍니다.
	Thank you in advance for ~. ~에 미리 감사의 말씀 드립니다.
	We apologize in advance for any inconvenience. 불편을 끼치는 것에 미리 사과드립니다.

▶ 회람에 자주 등장하는 어휘

인사/제도 관련 회람	department 부서	join 합류하다	affect 영향을 미치다
	policy 정책, 방침	retire 은퇴하다	no longer 더 이상 ~아닌
	supervisor 상사, 감독관	regarding ~에 관하여	memorandum 회람
	vacation 휴가	transfer 이전, 이동	performance 성과
행사/시설 관련 회람	security 보안	renovation 보수	take place 일어나다, 발생하다
	install 설치하다	maintenance 유지 보수	conference room 회의실
	temporarily 임시로	update 업데이트	access 입장, 접근
	management team 관리팀	participation 참여	allow 허용하다

Questions 1-3 refer to the following memo.

To: Staff
From: Jeanette Park
Date: Wednesday, 22 August, 13:04
Subject: Upgrade

Good afternoon everyone,

I'm writing to inform you all that Valve Appliance's Web site has been upgraded to include a firewall.

The purpose of this is to ensure the safety of our customers' data. Now, we can have peace of mind knowing all of our customers' information is secure. Once a customer enters their credentials to access our site, a padlock icon will appear next to the link, indicating that the information is encrypted.

Please note that the site will take slower to load. While it shouldn't affect the overall user experience, it is something that we are aware of and monitoring.

I'll be updating the security section on our employee Web page with full details soon.

Please let me know if you run into any issues.

1. Why was the memo sent?
   (A) To announce a change to a Web site
   (B) To notify employees of a malfunctioning machine
   (C) To introduce the IT Department's new manager
   (D) To report on sales of some merchandise

2. What is true about the company's Web site?
   (A) Its user interface has been simplified.
   (B) Its encryption services are no longer available.
   (C) It requires login credentials.
   (D) It can only be accessed on certain browsers.

3. What will Ms. Park update soon?
   (A) An online section that provides information on security
   (B) An old customer database
   (C) A payment processing service
   (D) A firewall feature frequently used by company workers

Questions 4-7 refer to the following memo.

To: Client Services Representatives
Date: 10 September
Subject: Monthly Meeting

Earlier this month we distributed our annual client questionnaire. The results were mostly positive. Almost everyone appreciated the attention to detail our representatives showed. They were happy about the convenience of filing with us, saying we were effective in explaining the details of the tax code. They also thought we did a good job of finding deductions to save them money.

One area for improvement is the low number of customer recommendations. We seldom heard that they used our services through word of mouth. It seems that most respondents were either regular customers, who come back year after year or those who have seen our billboards around the city. It is apparent we have not done enough to encourage recommendations.

Accordingly, I would like us to discuss this issue in full at our Monday meeting. I plan to introduce some research findings that should help improve our results. I think it would be beneficial if you could also think of an inventive way to boost our recommendation numbers. Email me your idea, and I will bring them up on Monday. I would like to hear from everyone on this.

Best,

Marquise Mayo

4. Where most likely does Mr. Mayo work?
   (A) At an accounting firm
   (B) At a marketing research group
   (C) At a software development company
   (D) At an advertising agency

5. What information did Mr. Mayo review?
   (A) Sales revenue
   (B) Rate adjustments
   (C) Office locations
   (D) Customer feedback

6. What problem does Mr. Mayo discuss?
   (A) The company is lacking new customers.
   (B) Customer service reviews were poor.
   (C) There is a shortage of client representatives.
   (D) Few customers referred others to the company.

7. What does Mr. Mayo ask the staff members to do?
   (A) Indicate their availability
   (B) Send a proposed solution
   (C) Recommend a service provider
   (D) Fill out an online questionnaire

기사 Article

기사는 지역사회나 국가 등에서 발생하는 다양한 소식을 전달하는 글이에요. 뉴스거리가 될 수 있는 글은 모두 기사화될 수 있기 때문에, 기사로 나올 수 있는 주제는 매우 다양하다는 특징이 있어요.

항상 문제 디렉션을 보고 지문 유형부터 파악하세요.

제목 확인
기사의 주제를 함축적으로 제시해요.

주제 확인
기사의 주요 내용 또는 목적과 정보의 출처를 제시해요.

세부 내용 확인
기사의 주요 내용에 대한 상세 정보가 언급돼요.

Questions 1-2 refer to the following article.

Anders Automotives Arrives in India

The automobile company Anders opened its very first dealership in India this morning and were greeted by a throng of enthusiasts hoping to be the first to drive off the lot with the first Anders car.

Located in Mumbai, the dealership not only sells cars but also accessories compatible with other makes and models. When the company was first founded in 2010, it only sold car parts and accessories at its now flagship store in Berlin. After a few years, the company opened a factory in Munich to manufacture their own exclusive line of cars. In addition to its original products, Anders Automotives now sells vehicles across 20 countries and has plans to open its newest dealership in Argentina later this year.

1. What is the purpose of the article?
   (A) To announce a new car model
   (B) To discuss the growth of a business
   (C) To profile a famous mechanic
   (D) To analyze quarterly sales in Mumbai

2. What is indicated about Anders Automotives?
   (A) It produces the vehicles it sells.
   (B) It sells cars from other manufacturers.
   (C) It sells used cars.
   (D) It produces electric automobiles.

*기사에는 주로 축제 개최, 환경 등 지역사회 소식이나 기업 인수 합병, 규모 확장 등의 경제 관련 내용이 등장해요.

1-2번은 다음 기사에 관한 문제입니다.

Anders Automotives, 인도에 진출하다

1 자동차 회사 Anders는 오늘 아침 인도에서 최초의 대리점을 개장하였고, 첫 번째 Anders 차를 몰고 차고지를 빠져나오는 첫 번째 사람이 되고 싶어 하는 수많은 팬들의 환영을 받았습니다.

Mumbai에 위치한 대리점은 자동차뿐만 아니라, 다른 제조사 및 모델과 호환되는 액세서리 또한 판매합니다. 회사가 2010년 처음 설립되었을 때에는 현재 Berlin에 있는 본점에서 차량 부품과 액세서리만을 판매했습니다. 몇 년 후, **2** 회사는 자사 전용 자동차 라인을 생산하기 위해 Munich에 공장을 열었습니다. 초기 상품들과 더불어, Anders Automotives는 이제 20개국에 자동차를 판매하고, 올해 하반기에는 아르헨티나에서 신규 대리점을 오픈할 계획입니다.

기사의 목적은 무엇인가?
(A) 신규 자동차 모델을 발표하기 위해
(B) 사업체의 성장을 이야기하기 위해
(C) 유명한 정비공에 대해 설명하기 위해
(D) Mumbai의 분기별 매출을 분석하기 위해

Anders Automotives에 관하여 언급된 것은?
(A) 판매하는 차량을 생산한다.
(B) 다른 제조사의 자동차를 판매한다.
(C) 중고차를 판매한다.
(D) 전기차를 생산한다.

▶ 기사에 자주 등장하는 문제 유형

목적	What is the purpose of the article? 기사의 목적은 무엇인가?
	What is the main subject of the article? 기사의 주제는 무엇인가?
사실 확인	What is true of all applicants who get hired? 채용된 모든 지원자에 관하여 사실인 것은?
	What is NOT indicated about Mr. Stein? Stein 씨에 관하여 언급되지 않은 것은?
상세 정보	According to the article, when will the Dudos be available? 기사에 따르면, Dudos는 언제 이용할 수 있을 것인가?
	What does the company plan to do? 회사는 무엇을 할 계획인가?
추론	What will probably be under construction in May? 5월에 무엇이 공사 중이겠는가?

▶ 기사에 자주 등장하는 표현

주제/출처	At a press conference, OO announced that ~. 기자회견에서 OO이 ~를 발표했다.
	OO plans on ~. OO는 ~를 할 계획이다.
	OO will host ~. OO에서 ~를 개최할 것이다.
	OO opened ~. OO가 ~를 개장했다.
세부 내용	It will expand ~. ~를 확장할 것이다.
	Its new service will allow ~. 새로운 서비스로 ~하게 될 것이다.
	The work will be performed ~. 작업은 ~하게 수행될 것이다.
	The staff is asked to ~. 직원은 ~하도록 요청받는다.

▶ 기사에 자주 등장하는 어휘

지역사회 기사	growing 증가하는	plan 계획하다	increasingly 점점
	organize 조직하다	available 이용 가능한	resident 주민
	host 주최하다	region 지역	community 지역사회
	annual 연례의	rise 오르다	protect 보호하다
기업 관련 기사	expansion 확장	reveal 드러내다	expand 확장하다
	location 장소, 지점	last 지속하다	business 사업
	confirm 확정하다	facility 시설	press conference 기자회견
	open 개장하다	productivity 생산성	announce 발표하다

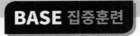

Questions 1-3 refer to the following article.

Dublin (2 December) – The City Council has voted unanimously to upgrade the information boards at bus stops in the downtown area. The new information boards will use digital displays to give passengers real-time information on bus schedules and expected times of arrival.

Regular bus riders embraced the council's decision, with some saying that this should have been done years ago. "I almost never look at the information boards. They're always inaccurate and don't account for traffic delays," said Kacey Keenum, a commuter who has used the Dublin bus system for the last decade. She added, "I read about the news online, and I must say that it's long overdue!"

The current information boards have proven costly and unsightly. Frequent schedule changes and degradation due to weather require constant maintenance. The new solar-powered signs promise to eliminate these issues.

Installation, which will start next month, should be complete by November and cost this city €3.6 million.

Dublin's bus system has grown since its official consolidation in 1987. It is now more lively than ever, with an estimated 140 million annual riders, but has a reputation for delays.

---

1. Why was the article written?

(A) To explain improvements at some bus stops

(B) To report on the purchase of new buses

(C) To announce plans for a longer bus route

(D) To describe a revised bus pass policy

2. What does Ms. Keenum think about the plans?

(A) She is concerned that the project will be delayed.

(B) She waited a while for some changes.

(C) She feels more workers should be hired.

(D) She believes the budget is limited.

3. The word "lively" in paragraph 5, line 1, is closest in meaning to

(A) refreshing

(B) bright

(C) enjoyable

(D) crowded

Questions 4-7 refer to the following article.

BANGKOK (4 October)–Southeast Asia's position in consumer electronic goods has been steadily growing over the last few years. In large part, this has been driven by online sales, which allow people to buy directly from manufacturers, without the markup of a traditional retailer regardless of where they are located.

The success of this online model has allowed Southeast Asian electronics makers to become a major force in the market, with local companies having a larger presence around the world. E-commerce sites such as Tech Direct and TigerExpress make it possible to buy Southeast Asian-made electronics not just locally but in markets like the United States and Germany as well. —[1]—.

According to Anut Wattanamongkol, CEO of Citrus MicroSystems, the region's largest maker of computers, "Southeast Asian hardware is finally getting the attention it deserves." He adds, "Our engineers used to have to find work abroad because there weren't many opportunities here. That's changed to the point where now we're starting to bring in workers from other countries." —[2]—.

Despite success on a global level, Mr. Wattanamongkol emphasizes the unique advantages of producing items in his native city, Chiang Mai. —[3]—. The region's combination of low-priced components and a creative workforce has attracted the attention of many companies.

"More towns in Thailand and across Southeast Asia are becoming magnets for entrepreneurs and centers for innovation. We have an exciting future ahead of us," explains Mr. Wattanamongkol. —[4]—.

4. What is the main topic of the article?

   (A) The merger of two major electronics companies
   (B) The recent expansion of the electronics industry in Southeast Asia
   (C) The success of a new e-commerce Web site
   (D) The features of the latest computer models

5. What is suggested about Citrus MicroSystems?

   (A) It will appoint a new CEO next month.
   (B) It was the first electronics maker in Thailand.
   (C) It manufactures devices in Chiang Mai.
   (D) It recently moved its headquarters.

6. What is implied about Tech Direct and TigerExpress?

   (A) They sell to customers around the globe.
   (B) They specialize in mobile phones.
   (C) They are negotiating a business partnership.
   (D) They import products from the United States and Germany.

7. In which of the positions marked [1], [2], [3], and [4] does the following sentence best belong?

   "The city is home to three manufacturing plants, with another one currently under construction."

   (A) [1]
   (B) [2]
   (C) [3]
   (D) [4]

다중 지문

다중 지문은 서로 연관된 두 개 또는 세 개의 지문이 함께 제시되는 유형이에요. 두 개의 지문이 제시되는 유형을 '이중 지문', 세 개의 지문이 제시되는 유형을 '삼중 지문'이라 불러요. 다중 지문 유형은 한 세트당 다섯 문제가 출제되며, 이중 지문은 176~185번에서 2세트(10문항), 삼중 지문은 186~200번에서 3세트(15문항)가 고정되어 출제되어요.

▶ 다중 지문이 나오면, 다음을 명심하세요!

✓ PART 7의 여러 지문 유형 중 이메일이 가장 대표적인 의사소통 수단이기 때문에 대부분 두 개의 지문 중 한 개에는 이메일이 등장하며, 보낸 사람과 받는 사람의 이름, 신분 및 두 사람의 관계를 기반으로 한 다양한 문제가 출제됩니다. 따라서 이메일뿐만 아니라 보낸 사람과 받는 사람이 언급되는 편지나 회람, 또는 대화문 등이 등장한다면 이 둘의 정체와 관계를 반드시 확인해야 합니다.

✓ 다중 지문에서만 출제되는 문제가 있는데, 이를 '연계 유형' 문제라고 합니다. 문제의 단서가 한 지문에서만 등장하지 않고, 둘 또는 세 개의 지문에 등장하는 정보를 모두 고려해서 풀어야 하는, 문제가 세트당 1문제 이상은 꼭 등장합니다. 이러한 연계 유형 문제를 좀 더 쉽게 풀기 위해서는 다음 핵심 풀이 전략을 꼭 기억해 두어야 해요.

▶ 다중 지문에만 등장하는 연계 유형 문제, 이렇게 접근하세요!

1단계 질문의 키워드를 확인하여 먼저 봐야 할 지문 결정
질문에 등장하는 이름, 회사 등의 고유 명사나 날짜, 장소 등을 키워드로 삼아 이들이 언급된 지문을 먼저 확인하세요.

2단계 첫 번째 단서와 연관된 정보를 다른 지문에서 찾기
먼저 봐야 할 지문에서 질문의 키워드가 언급된 단서를 포착한 후, 다른 지문에서 이와 연관성이 있는 정보를 찾으세요.

3단계 찾은 단서들을 종합하여 보기와 연결
둘 이상의 단서들을 종합하여 이와 내용이 일치하는 보기를 답으로 선택하세요.

---

http://www.berkshirestate.com/news

Berkshire State			
NEWS	ABOUT	CAREERS	HELP

Berkshire State is proud to announce that our newest design, the Comfort Pro, will debut on the California Express' newest route from San Diego to San Francisco, which is set to launch in the near future. Since the beginning of May, our team of designers has been working with California Express to create the safest and most comfortable seat that we've ever made. As with all of our items, it is made entirely of eco-friendly materials. Many industry professionals have praised the Comfort Pro's prototype, which received nominations for the prestigious Global Innovative Award in April.

http://www.berkshirestate.com/news

Berkshire State			
새 소식	소개	활동	지원

Berkshire State는 우리의 최신 디자인인 Comfort Pro가 San Diego에서 출발하여 San Francisco로 가는 California Express의 최신 노선에 선보일 것을 발표하게 되어 자부심을 느끼며, 이는 조만간 개시할 예정입니다. 5월 초부터 저희 디자이너팀은 우리가 만들어 온 것 중 가장 안전하고 편안한 좌석을 만들기 위해 California Express와 협력하여 왔습니다. 저희의 모든 제품과 마찬가지로, 이는 완전히 친환경 재료로 만들어졌습니다. 많은 업계 전문가들은 Comfort Pro의 시제품을 높이 평가하였는데, 이 시제품은 4월에 있을 명망 있는 글로벌 혁신상에 후보 추천을 받았습니다.

To: Yasmine Banks <ybanks@berkshirestate.com>
From: Jeremy Clay <jclay@californiaexpress.com>
Date: October 4
Subject: Update

Dear Yasmine,

I want to thank you for how fast your team produced results after we had a group of customers test our product three weeks ago. The revisions you made to the original design were just what we needed, especially the fold-down tray. The fabric on the seats was also a great choice. Being stain resistant is a big benefit as many travelers eat and drink in our trains.

And a quick update: our new line from San Diego to San Francisco will begin running in early November. I'll email the finalized details soon, so you can upload the information to your site.

Thanks for your hard work.

Jeremy Clay

수신: Yasmine Banks <ybanks@berkshirestate.com>
발신: Jeremy Clay <jclay@californiaexpress.com>
날짜: 10월 4일
제목: 업데이트

Yasmine 씨께,

3주 전에 고객단이 저희 제품을 테스트한 후 귀사의 팀이 얼마나 빨리 결과를 만들어 냈는지에 대해 감사드리고 싶습니다. 귀사가 원래의 디자인에서 변경했던 것은 바로 저희가 필요했던 것인데, 특히 접이식 트레이가 그것이었습니다. 좌석의 천 또한 훌륭한 선택이었습니다. 많은 여행객들이 기차 안에서 먹고 마시기 때문에 얼룩에 강한 것은 큰 이점입니다.

그리고 최신 정보로는 San Diego에서 San Francisco로 가는 새로운 노선이 11월 초에 운영될 예정이라는 것입니다. 확정된 세부 정보를 곧 이메일로 보내드릴 테니, 이 정보를 귀사의 사이트에 올리실 수 있습니다.

노고에 감사드립니다.

Jeremy Clay

Q. When will the Comfort Pro come into regular use?

(A) In April
(B) In May
(C) In October
(D) In November

Comfort Pro는 언제 정기적으로 사용될 것인가?

(A) 4월에
(B) 5월에
(C) 10월에
(D) 11월에

 보낸 사람과 받는 사람 파악

이메일 주소 확인

발신자: Jeremy Clay <jclay@californiaexpress.com>: California Express 소속
수신자: Yasmine Banks <ybanks@berkshirestate.com>: Berkshire State 소속
→ 첫 번째 지문은 그 안에 등장한 URL과 회사명을 봤을 때, Yasmine Banks가 속한 회사의 웹 페이지임을 알 수 있어요.

본문 확인

첫 번째 단락에서, 발신자 Jeremy Clay는 철도 관계자(Being stain resistant is a big benefit as many travelers eat and drink in our trains.)이며, 수신자 Yasmine Banks는 디자인팀 관계자(The revisions you made to the original design were just what we needed)임을 알 수 있어요.

1단계 질문의 키워드를 확인하여 먼저 봐야 할 지문을 결정하기
질문의 키워드 'Comfort Pro'가 언급된 첫 번째 지문 [웹 페이지]에 Comfort Pro가 등장합니다. 최신 디자인인 'Comfort Pro'를 California Express의 최신 노선에 선보일 거라고 하네요.

2단계 첫 번째 지문과 연관된 정보를 다른 지문에서 찾기
첫 번째 지문에 등장한 the California Express' newest route from San Diego to San Francisco가 our new line from San Diego to San Francisco로 패러프레이징 되어 다시 언급되었고, 이 노선이 11월 초에 운영될 예정이라고 하네요.

3단계 찾은 단서들을 종합하여 보기와 연결시키기
첫 번째 지문에서 'Comfort Pro'를 California Express의 최신 노선에 선보일 거라고 했는데, 이 노선이 11월 초에 운영될 거라고 했으므로, Comfort Pro의 사용 시점이 11월임을 알 수 있어요. 시간, 장소, 사람을 묻는 문제는 지문에 여러 시간, 장소, 사람을 등장시켜서 혼동을 주기도 해요. 이 문제에서도 여러 시점 (April: 글로벌 혁신상이 개최될 시점, May: Berkshire State의 디자인팀이 California Express와 협업하기 시작한 시점, October: 이메일을 보낸 시점)이 등장한 것을 알 수 있어요.

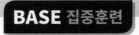

Questions 1-5 refer to the following e-mail and form.

To	Ricky Davenport
From	Isa Ramzcek
Date	22 August
Subject	Travel Expenses
Attachment	Expense_form; Receipts_Ramzcek

Dear Mr. Davenport,

It is unfortunate that we haven't been able to set a face-to-face meeting yet. My first three weeks here at Grantland Consulting have been hectic.

I've just returned from a business trip, and I heard travel expense forms must be submitted to the Finance Department. From what was told to me, the company completely pays for all costs regarding transportation, accommodations, and necessary equipment while food is covered at a fixed rate of $60 per day.

Attached, you will find a report that details the expenditures from my trip. The total for the equipment purchases includes the USB stick I needed for a presentation. In addition, I have scanned and attached copies of the original receipts.

Do not hesitate to contact me if you find any discrepancies.

Regards,

Isa Ramzcek, Marketing Department

Grantland Consulting Travel Expense Form

In order to receive reimbursement for all travel expenses, please fill out this form, and submit it to the Finance Department along with all applicable receipts. After review, the amount to be compensated will be included in the following month's paycheck.

Employee name: Isa Ramzcek
Reason for travel: Client meeting with Jackel Bros Tools in Houston, Texas

Description	Dates			
	16 August	17 August	18 August	19 August
Transportation	$155.00	$25.00	$10.00	$155.00
Accommodation	$100.00	$100.00	$100.00	–
Food	$55.60	$59.10	$42.50	$62.75
Equipment	–	$70.00	–	–
Total	$310.60	$254.10	$152.50	$217.75

1. Why did Ms. Ramzcek send the e-mail?

   (A) To verify a process
   (B) To accept a job position
   (C) To cancel a car reservation
   (D) To schedule a meeting

2. What does Ms. Ramzcek indicate about herself?

   (A) She uses tools by the Jackel Bros.
   (B) She recently started working at a company.
   (C) She upgraded her hotel room last night.
   (D) She travels to Texas once a month.

3. What is likely true about Mr. Davenport?

   (A) He is Ms. Ramzcek's manager.
   (B) He is a client of Ms. Ramzcek's.
   (C) He is a member of the finance team.
   (D) He created a travel itinerary.

4. In the e-mail, the word "fixed" in paragraph 2, line 4, is closest in meaning to

   (A) repaired
   (B) level
   (C) set
   (D) nailed

5. For which day will Ms. Ramzcek NOT be fully reimbursed?

   (A) August 16
   (B) August 17
   (C) August 18
   (D) August 19

Questions 6-10 refer to the following memo, telephone message, and e-mail.

TO: Main Branch Staff Members
FROM: Piers Gordon, Director of Administration
DATE: 8 May
SUBJECT: Friday Hours

Starting this Friday afternoon, the EyeZone Co. will be installing surveillance cameras throughout the building. These cameras will be running 24/7 and will provide high-definition video. It is the company's duty to ensure that employees feel comfortable and secure at all times. With these cameras, we will be able to monitor the workplace for any potential threats, dangers, or disruptions.

Our office will be closing at 1 P.M. on Friday, 15 May, to give the EyeZone team freedom to work without causing any distractions. If all goes according to our plans, the installation should be completed by 4 P.M. Sunday afternoon.

As a precaution, we ask that you clear all papers off your desks, put them into your filing cabinets, and lock them. In addition, please make sure that your computers are password protected. Failure to do so will result in an official warning on your employee record.

TELEPHONE MESSAGE

FOR: Piers Gordon
DATE: Thursday, 14 May
TIME: 12:22 P.M.

FROM: Liz Resnick
COMPANY: EyeZone Co.
PHONE NUMBER: (415) 555-1947

☑ **Called** ☐ **Returned Your Call** ☐ **Please Call Back** ☐ **Will Call Again**

Memo:

Our lead installation expert had an emergency and will not be available until Saturday morning. Unfortunately, we won't be able to start your project until then. This should not cause a major delay and should only set us back by a few hours. Let me know if this causes any issues.

TAKEN BY: Morton Lyons

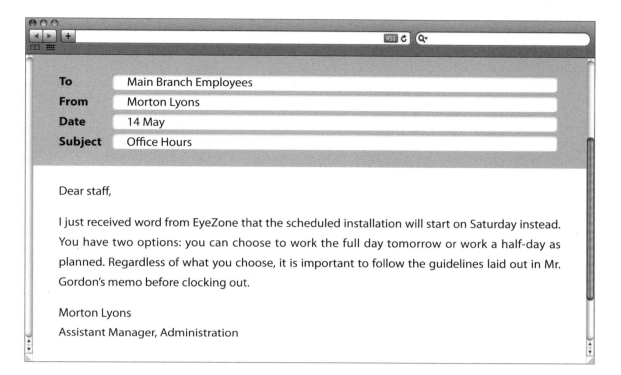

To Main Branch Employees

From Morton Lyons

Date 14 May

Subject Office Hours

Dear staff,

I just received word from EyeZone that the scheduled installation will start on Saturday instead. You have two options: you can choose to work the full day tomorrow or work a half-day as planned. Regardless of what you choose, it is important to follow the guidelines laid out in Mr. Gordon's memo before clocking out.

Morton Lyons

Assistant Manager, Administration

6. According to the memo, why will the office close temporarily?

(A) Cameras will be set up.
(B) Training videos will be filmed.
(C) Inspections will take place.
(D) Storage cabinets will be replaced.

7. What company duty does Mr. Lyons mention in the memo?

(A) Improving productivity
(B) Encouraging diversity
(C) Ensuring safety
(D) Handling complaints

8. Why did Ms. Resnick call Mr. Gordon?

(A) To postpone an appointment
(B) To update the status of a shipment
(C) To ask for directions to a location
(D) To seek assistance for a project

9. What is the new estimated time for project completion?

(A) Saturday afternoon
(B) Saturday evening
(C) Sunday morning
(D) Sunday evening

10. What does Mr. Lyons remind employees to do?

(A) Delete information from their computers
(B) Write formal reports for their records
(C) Clock out on their mobile devices
(D) Place documents in secure locations

Questions 1-4 refer to the following letter.

Hoosier Water Corporation
234 Innovation Blvd
Carmel, IN 46033

February 8

Chester Spicoli
Spicoli & Son Ristorante
801 Dondo Avenue
Carmel, IN 47408

Dear Mr. Spicoli,

Starting in March, Hoosier Water will raise rates for commercial water usage to $3.67 per centum cubic foot (CCF). —[1]—. This increase is necessary due to a newly instituted state tax and will come into effect during the next billing period.

Businesses may enroll in the Green Choice Program with a lowered rate of $3.25 per CCF. —[2]—. This program requires that your business possess a water efficiency certificate. To apply, send us an e-mail at gcp@hoosierwatercorp.org or call us at 574-555-3838. Note, if water use while enrolled exceeds certain levels, you may incur additional overage penalties.

To find out if your business qualifies for the Green Choice Program or to schedule a certification inspection, contact us at the phone number listed above. —[3]—.

We thank you in advance for you understanding and appreciate your many years of loyalty. —[4]—.

Best,

Jessica Pryzbylewski
President

---

1. Why was the letter written?

(A) To describe a new online service
(B) To announce a cost adjustment
(C) To inform businesses about an installation schedule
(D) To remind a client about a late payment

2. What can Mr. Spicoli do to receive a discount?

(A) Join a special program
(B) Order a certain product
(C) Select a new water provider
(D) Take a survey

3. What is suggested about Mr. Spicoli?

(A) He has been a Hoosier Water client for a long time.
(B) He is a former employee of Hoosier Water Corporation.
(C) He recently reduced his business' water use.
(D) He paid $3.25 per CCF in the month of February.

4. In which of the positions marked [1], [2], [3], and [4] does the following sentence best belong?

"You can reach us during the weekdays between the hours of 8 A.M. and 6 P.M."

(A) [1]
(B) [2]
(C) [3]
(D) [4]

Questions 5-8 refer to the following online chat discussion.

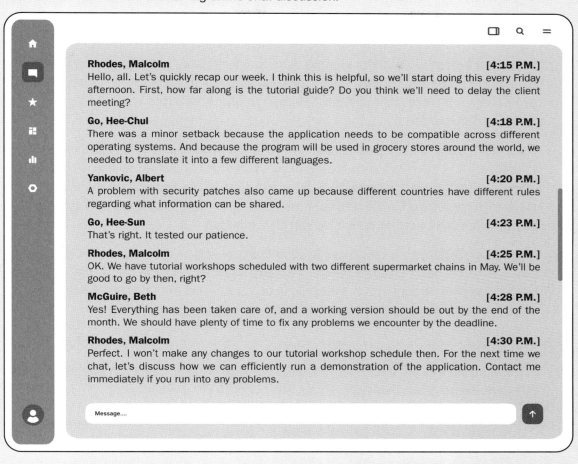

Rhodes, Malcolm [4:15 P.M.]
Hello, all. Let's quickly recap our week. I think this is helpful, so we'll start doing this every Friday afternoon. First, how far along is the tutorial guide? Do you think we'll need to delay the client meeting?

Go, Hee-Chul [4:18 P.M.]
There was a minor setback because the application needs to be compatible across different operating systems. And because the program will be used in grocery stores around the world, we needed to translate it into a few different languages.

Yankovic, Albert [4:20 P.M.]
A problem with security patches also came up because different countries have different rules regarding what information can be shared.

Go, Hee-Sun [4:23 P.M.]
That's right. It tested our patience.

Rhodes, Malcolm [4:25 P.M.]
OK. We have tutorial workshops scheduled with two different supermarket chains in May. We'll be good to go by then, right?

McGuire, Beth [4:28 P.M.]
Yes! Everything has been taken care of, and a working version should be out by the end of the month. We should have plenty of time to fix any problems we encounter by the deadline.

Rhodes, Malcolm [4:30 P.M.]
Perfect. I won't make any changes to our tutorial workshop schedule then. For the next time we chat, let's discuss how we can efficiently run a demonstration of the application. Contact me immediately if you run into any problems.

Message....

5. Who most likely are the participants in the discussion?

   (A) Supermarket owners
   (B) Software engineers
   (C) Store cashiers
   (D) Security guards

6. What caused a delay?

   (A) System compatibility issues
   (B) A scheduling conflict
   (C) A temporary business closure
   (D) Multiple client inquiries

7. At 4:23 P.M., what does Ms. Go most likely mean when she writes, "It tested our patience"?

   (A) A team has still not discovered the cause of a problem.
   (B) Some regulations have made a task challenging.
   (C) An exam took a long time to complete.
   (D) Some equipment did not arrive on schedule.

8. What does Mr. Rhodes recommend the participants do when they next have a discussion?

   (A) Review the logistics of some training
   (B) Set up a product testing date
   (C) Finalize prices of some merchandise
   (D) Come up with names for an application

Questions 9-12 refer to the following memo.

To: Health Rite Stores Employees
From: Yolanda Taylor
Date: 30 December

I am excited to announce that this year has been our strongest one yet. Thanks to our quality products, low prices, and fantastic sales staff, demand for our health supplements has never been higher. –[1]–. Accordingly, we plan to open a number of new locations in the Auckland area in the next quarter.

Even though none of these are set to open until February, we have already put together much of the team. –[2]–. Still, there are a number of important positions that we need to fill. The HR team has posted these at www.healthrite.nz/opportunities. Current employees are invited to look through these openings and print out a paper application if you are interested in applying. You may then submit a completed form to your store manager. –[3]–.

Healthrite is reaching new milestones in other areas as well. –[4]–. In a nationwide poll conducted by the Better Business Bureau, we were named the "Most Trusted Brand" in the health supplement industry. This is something to be proud of and proof that our dedication is being rewarded. Thank you so much everyone. This has truly been a team effort.

9. What is the memo mainly about?

(A) The acquisition of a competitor
(B) The remodeling of some stores
(C) A business expansion
(D) An increase in recruitment

10. What are staff invited to do?

(A) Read some online information
(B) Participate in an employee questionnaire
(C) Sign up to volunteer for a charity
(D) Attend an awards ceremony

11. What is one achievement Ms. Taylor mentions?

(A) A rise in foreign investment
(B) An unexpected award nomination
(C) A product's successful launch
(D) A favorable national survey

12. In which of the positions marked [1], [2], [3], and [4] does the following sentence best belong?

"Nine out of the ten Auckland stores have management staff in place."

(A) [1]
(B) [2]
(C) [3]
(D) [4]

Oahu Observer

HONOLULU (July 22) — The Four Points Mall in Honolulu will be undergoing major renovations — and getting a new name, too. –[1]–. The Four Points Mall will soon be known as the Cosgood Galleria, Honolulu. Cosgood Enterprises, the retail property management chain headquartered in Geneva, Switzerland, has announced a multimillion dollar plan to modernize the mall. The ambitious makeover will feature a new east wing, as well as a high-end dining experience at the Cosgood Grill. According to industry insiders, chef Rachel Gillis, who hosts the popular television series *Hottest Eats*, has agreed to head up its kitchen. –[2]–. Other new options will include a Greek restaurant, an artisanal salad bar, and a chic brunch spot.

Since it started operating 20 years ago, Cosgood Enterprises has been a leading light in luxury retail management around the globe. –[3]–. The Honolulu mall will be the company's first in Oahu.

Cosgood Gallerias can now be found in Canada, Brazil, Argentina, and Mexico. In addition to their signature Cosgood brand, they operate properties under the names Sunset Services and Sylvester's as well.

The remodeling in Honolulu will require a large team of construction workers from the local community. –[4]–. Cosgood representatives say the renovation should be complete within 18 months. The Vice President, Tabatha O'Brien, is confident that it will be well worth the wait.

Mark Kahale, Contributor

13. What is the purpose of the article?
    (A) To report the construction of a building
    (B) To discuss changing retail trends
    (C) To announce changes at a property
    (D) To profile a famous restaurant chain

14. What is indicated about Cosgood Grill?
    (A) It will be located in the east wing.
    (B) It will be Cosgood Galleria's only dining option.
    (C) It will only offer breakfast and lunch service.
    (D) It will be run by a celebrity.

15. Where is the main office of Cosgood Enterprises?
    (A) In Canada
    (B) In the United States
    (C) In Switzerland
    (D) In Argentina

16. In which of the positions marked [1], [2], [3], and [4] does the following sentence best belong?

    "Many more employees are expected to be hired on as store staff when the galleria opens."

    (A) [1]
    (B) [2]
    (C) [3]
    (D) [4]

Questions 17-21 refer to the following e-mail and instructions.

To   Chaaya Anand

From   Yoshi Nakamuro, World Venturing

Date   September 15

Subject   Travel Itinerary for Home Appliance Expo

Attachment Flight info.pdf

Dear Ms. Anand,

As you've requested, I have booked you a round-trip flight to Madrid. You will be departing from Stockholm on September 2 and returning on September 6. This aligns perfectly with the expo scheduled for September 3–5. I have attached your flight information to this e-mail.

To answer your question regarding the products you plan on demonstrating, the multi-cookers and microwaves can be checked as baggage. My associate at Uppsala Air has informed me that there is a 100 euro surcharge for each additional piece of checked in baggage. If you choose to pay these fees 24 hours prior to departure, you will be eligible to use the express bag drop service. Please note that the airline has a weight and size limit for excess baggage, so make sure your items fit these requirements. If you tell me how many items you plan to bring, I can process the payment right away.

Regards,

Yoshi Nakamura
World Venturing

Uppsala Air

Directions for using the Express Bag Drop Service

For quick and efficient service, please read these directions before arrival at the airport.

1. Retrieve your boarding pass from one of our self check-in counters located in section G.
2. Follow the signs to the express bag drop counter to measure and weigh your bags. Please have your passport and boarding pass ready.
3. After inspection, our representative will tag your bag and issue a corresponding ticket. You will be able to go through security check without stopping.

*Express bag drop service is only available in Stockholm, Gothenburg, and Barcelona.

17. According to the e-mail, why is Ms. Anand likely going to Madrid?

    (A) To market her company's products
    (B) To oversee a company acquisition
    (C) To participate in a cooking competition
    (D) To visit a client's office for a sales meeting

18. What is true about Ms. Anand's excess baggage?

    (A) It exceeds the size limit.
    (B) It will be collected by Mr. Nakamura.
    (C) It consists of kitchen appliances.
    (D) It was purchased at an industry expo.

19. What does Mr. Nakamura offer to do for Ms. Anand?

    (A) Settle a charge
    (B) Book an airport van
    (C) Measure some items
    (D) Reserve an accommodation

20. What is indicated about a boarding pass?

    (A) It must be issued by an airline representative.
    (B) It has to be printed ahead of time.
    (C) It must be shown at a drop-off counter.
    (D) It is attached to Mr. Nakamura's e-mail.

21. What is suggested about Ms. Anand regarding her return flight?

    (A) Ms. Anand will get help from Mr. Nakamura's associate.
    (B) Ms. Anand will need to purchase her own return ticket.
    (C) Ms. Anand will not be able to revise her travel plans.
    (D) Ms. Anand will not be able to use an express drop service.

Questions 22-26 refer to the following e-mails and article.

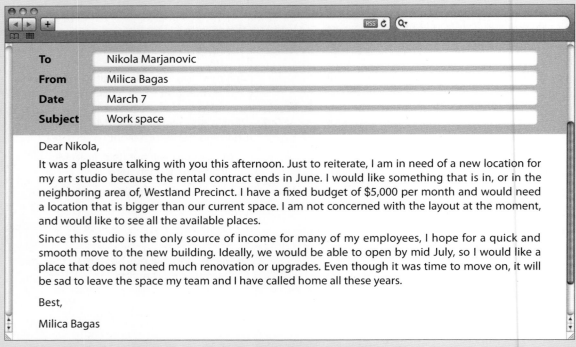

To	Nikola Marjanovic
From	Milica Bagas
Date	March 7
Subject	Work space

Dear Nikola,

It was a pleasure talking with you this afternoon. Just to reiterate, I am in need of a new location for my art studio because the rental contract ends in June. I would like something that is in, or in the neighboring area of, Westland Precinct. I have a fixed budget of $5,000 per month and would need a location that is bigger than our current space. I am not concerned with the layout at the moment, and would like to see all the available places.

Since this studio is the only source of income for many of my employees, I hope for a quick and smooth move to the new building. Ideally, we would be able to open by mid July, so I would like a place that does not need much renovation or upgrades. Even though it was time to move on, it will be sad to leave the space my team and I have called home all these years.

Best,

Milica Bagas

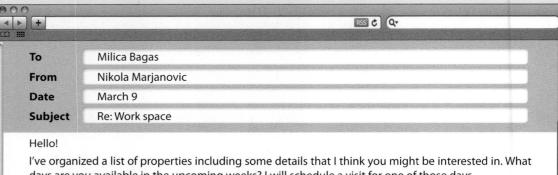

To	Milica Bagas
From	Nikola Marjanovic
Date	March 9
Subject	Re: Work space

Hello!

I've organized a list of properties including some details that I think you might be interested in. What days are you available in the upcoming weeks? I will schedule a visit for one of those days.

1. Location: 926 Lock Street
   - $5,200/month
   - 500 feet from the nearest subway and easily visible from the road. The largest of the properties with plenty of space for all your needs.

2. Location: 1733 Canyon Road
   - $4,800/month
   - Central location, next to Fenwick Park with ample parking space. Can accommodate an open layout or a segmented plan. It is handicap accessible, although the wheelchair ramp needs repairing.

3. Location: 33rd Avenue
   - $4,500/month
   - Can be easily reached by public transportation. Close to Hillstate Department Store. Four large rooms with plenty of storage areas. Natural lighting and dual entry and exit points.

Regards,

Nikola Marjanovic

Creative Factory has a new Home

By Angela Donskoi

AURORA (July 15) — The popular art studio Creative Factory, which outgrew its original location at Trafalgar Road and 2nd, has settled into its new residence at 1733 Canyon Road. It had its grand opening last Saturday.

Every piece of art at Creative Factory is created in-house, and 50 percent of the proceeds go towards local art programs. If you are looking for some fun activities, treat yourself to one of the many classes that the studio holds. I recently participated in the ceramics class and had an amazing time.

Some of you may know how difficult it was to enroll for one of these classes, but this new space has double the number of classrooms of their old location. In addition, you can sell the artwork you made in class by displaying it in their gallery.

Go visit Creative Factory's new space situated in the downtown shopping district. It is wheelchair-friendly. The gallery will be kept running from 10 A.M. to 10 P.M., every day. For a schedule of their classes, check out their Web site at www.creativefactory.com/classes.

22. Who most likely is Mr. Marjanovic?

(A) A graphic designer
(B) A landscaping artist
(C) A financial investor
(D) A real estate agent

23. What is indicated about Ms. Bagas?
(A) She hired some new instructors.
(B) Her budget was exceeded by 200 dollars.
(C) Her artwork is on display at the gallery.
(D) She was able to reopen on schedule.

24. What is indicated about Creative Factory?

(A) It fixed an access ramp.
(B) It donates all of its profits.
(C) Its gallery will be renovated.
(D) Its weekend hours vary.

25. How is the new art studio different from the original?

(A) It has a larger capacity.
(B) It is adjacent to a popular park.
(C) It teaches a wider variety of courses.
(D) It no longer offers ceramics classes.

26. In the article, the word "running" in paragraph 4, line 2, is closest in meaning to

(A) operating
(B) competing
(C) overseeing
(D) handling

ACTUAL TEST

ACTUAL TEST

READING TEST

In the Reading test, you will read a variety of texts and answer several different types of reading comprehension questions. The entire Reading test will last 75 minutes. There are three parts, and directions are given for each part. You are encouraged to answer as many questions as possible within the time allowed.

You must mark your answers on the separate answer sheet. Do not write your answers in the test book.

PART 5

Directions: A word or phrase is missing in each of the sentences below. Four answer choices are given below each sentence. Select the best answer to complete the sentence. Then mark the letter (A), (B), (C), or (D) on your answer sheet.

101. The main warehouse in Toronto manages the ------- of merchandise to all store locations.

   (A) distributive
   (B) distribute
   (C) distribution
   (D) distributes

102. Processed fuel is typically ------- in one of the facilities north of the city.

   (A) storing
   (B) storage
   (C) store
   (D) stored

103. Come to the Breverton Job Fair in order to seize ------- chance to start a new career.

   (A) yourself
   (B) yours
   (C) your
   (D) you

104. Mr. Guillemot and Ms. Hyunh are in ------- about the need to hire more interns.

   (A) application
   (B) agreement
   (C) offer
   (D) fulfillment

105. ------- his temporary move to Prague, Mr. Grant signed a six-month apartment lease.

   (A) For
   (B) From
   (C) In
   (D) About

106. Pheaux Leather ------- adjusted its advertising campaign following the sudden market shift.

   (A) quickly
   (B) quicken
   (C) quick
   (D) quickest

107. Despite the early -------, the art exhibition was an acclaimed event.

   (A) critic
   (B) criticism
   (C) critical
   (D) criticize

108. That photocopier model has been -------, but the company continues to produce the toner cartridges necessary.

   (A) sustained
   (B) supported
   (C) deferred
   (D) discontinued

109. Mr. Harker uploaded the articles online ------- after the editorial team completed the newest issue.

(A) highly
(B) newly
(C) firmly
(D) immediately

110. Visit the Panacea Health Insurance Web site for ------- descriptions of our various specialized insurance plans.

(A) completely
(B) completing
(C) complete
(D) completes

111. Ms. Sculley is ------- to give the sales presentation on Thursday at 11 A.M.

(A) available
(B) possible
(C) potential
(D) convenient

112. Cerulean Resort and Casino plans to expand its facilities ------- guest numbers continue to rise.

(A) although
(B) for
(C) yet
(D) if

113. After a 15 percent rise in shipping fees, Folger Tech chose to search for a new steel -------.

(A) locator
(B) officer
(C) opener
(D) supplier

114. The manufacturing plant in Toronto reported that production figures reached its ------- rate ever in the last week of September.

(A) highness
(B) highest
(C) higher
(D) high

115. Ms. Kane will be away on business this Friday but will ------- be reachable on her company phone.

(A) still
(B) closely
(C) quite
(D) almost

116. Noise at the construction site has to be maintained ------- the legal limit in order to avoid being fined.

(A) along
(B) inside
(C) throughout
(D) within

117. The coal shipment was processed at 4 P.M. yesterday and is ------- to be delivered by 2 P.M. this afternoon.

(A) continued
(B) expected
(C) included
(D) explained

118. The most recent inspection was conducted just last weekend, ------- it is too early to visit the site again.

(A) so
(B) when
(C) lastly
(D) since

119. Personnel are advised to send official contract documents through a reliable courier service or to deliver the paperwork -------.

(A) themselves
(B) their own
(C) them
(D) theirs

120. The attached file lists the ------- inspection dates for the next six months.

(A) anticipation
(B) anticipate
(C) anticipated
(D) anticipating

GO ON TO THE NEXT PAGE

121. IK Flight has demonstrated outstanding ------- in its design of drone aircraft.

(A) creative
(B) creatively
(C) creation
(D) creativity

122. The break room's water dispenser will be out of order until ------- notice.

(A) continuing
(B) further
(C) limited
(D) extra

123. The store's sales have increased ------- the apartment complex filled up with tenants.

(A) completely
(B) quickly
(C) that
(D) as

124. The research and development team's additional funds allow it ------- equipment as needed.

(A) to purchase
(B) purchasing
(C) purchases
(D) purchase

125. The Sherwood Electronics fitness tracker that ------- earlier this month has received much critical acclaim.

(A) launches
(B) launching
(C) was launched
(D) to launch

126. Full-time staff members are qualified to earn a ------- salary if they pass a skill certification program.

(A) finalized
(B) higher
(C) frequent
(D) possible

127. Ms. Naifeh has been asked to ------- her December budget so that it also covers the catering fees for the party.

(A) revise
(B) accept
(C) assist
(D) learn

128. Staff who routinely work more than 30 hours of overtime ------- month must prepare an additional time card.

(A) each
(B) first
(C) half
(D) extra

129. In order for the research laboratory to run -------, we should upgrade the testing instruments.

(A) subjectively
(B) effectively
(C) needlessly
(D) consistently

130. Mike Carter will continue to shadow a mentor ------- his internship period ends.

(A) besides
(B) whereas
(C) until
(D) by

PART 6

Directions: Read the texts that follow. A word, phrase, or sentence is missing in some of the sentences. Four answer choices are given below each of these sentences. Select the best answer to complete the text. Then mark the letter (A), (B), (C), or (D) on your answer sheet.

Questions 131-134 refer to the following e-mail.

To: All Staff
From: Donna Biederman
Date: November 29
Subject: Site Updates

Dear Mr. Reale,

This is a reminder that the time has come for the Cybersecurity team to ------- regular software updates. -------. The site will be down from Tuesday at 8 P.M. until 8 A.M. Wednesday. **131.** **132.** Note that access to the app will also be affected. Because of this, several services will be temporarily unavailable. ------- this routine update, you will not be able to post on the site or **133.** use the company messenger system. In anticipation of this, staff members should arrange their schedules to make sure to get critical tasks done beforehand. We ------- any trouble resulting **134.** from this.

131. (A) perform
(B) improve
(C) submit
(D) remove

132. (A) Please include information on the times when you will be available.
(B) If you would like an upgraded version, notify your department head.
(C) IT will send an e-mail out the night before.
(D) The process will get underway tomorrow night.

133. (A) Until
(B) Completely
(C) Throughout
(D) Once

134. (A) regrettably
(B) regretting
(C) regretted
(D) regret

GO ON TO THE NEXT PAGE

Questions 135-138 refer to the following information.

North-Northwest Airways (NNWA) has become Alberta's top airline in the last decade and keeps growing. In spite of the -------- competition from other carriers, NNWA has held onto its
135.
loyal customers thanks to its speed and competitive pricing. The airline -------- a major role in
136.
Alberta's current economic boom. 10 years ago, it began offering flights to northern parts of the province, including High Prairie and Conklin. These new connections allowed firms in remote areas to provide their services to -------- across Alberta. --------. These new routes promise to
137.   **138.**
bring even more prosperity.

135. (A) occasional
(B) mandated
(C) rising
(D) precise

136. (A) will have played
(B) has played
(C) playing
(D) to play

137. (A) issues
(B) results
(C) trips
(D) markets

138. (A) Few airlines flew to this part of the province previously.
(B) NNWA also plans to add several new flights starting next summer.
(C) The province's economy set records for growth last year.
(D) High Prairie Airport is expected to reopen soon.

Questions 139-142 refer to the following article.

(17 November) Officials at pharmaceutical manufacturer Phalanx yesterday revealed their choice of new company president: Carly Zhao. She ------- Jackson Hayes, who left to found
139.
a start-up. "Everyone at Phalanx is very appreciative of what Mr. Hayes accomplished here and we wish him good fortune in his ------- endeavor," said Holly Schmidt, the chairperson of
140.
Phalanx's executive board. Ms. Zhao is an industry veteran who served as CEO at Total Foods for over 15 years. -------, she worked as a manager in the advertising industry. "Ms. Zhao's
141.
marketing abilities, along with her long track record of proven leadership, give her the ideal background to guide our firm to great success in the years to come," stated Ms. Schmidt. " -------."
142.

139. (A) could have replaced
(B) has been replaced
(C) was replacing
(D) replaces

140. (A) forward
(B) safe
(C) rising
(D) next

141. (A) Instead
(B) Previously
(C) Accordingly
(D) Still

142. (A) The advertising campaign was regarded as a success.
(B) We are fortunate to have her stepping into this role.
(C) We are confident we will find a suitable replacement.
(D) The meeting is scheduled to take place next week.

GO ON TO THE NEXT PAGE

Questions 143-146 refer to the following e-mail.

To: staff@finnegantech.edu
From: Tanya Cole
Date: March 1
Subject: Earthquake Drill

Hello everyone,

We ------- that the quarterly earthquake drill will be conducted before the end of the month.
143.

-------. Accordingly, I want to remind everyone to be prepared for an evacuation at any time
144.
and to refresh your memory with the appropriate protocols.

To start with, make sure that all moveable items are secured. For example, check to see if
books and folders on shelves are firmly in place. -------, important documents should be stored
145.
in a safe area. Lastly, remember that the space ------- your desk should have enough room for
146.
you to use as cover.

If you have any concerns or suggestions, please drop by my office in the administration
building when you have time.

Thanks,

Tanya Cole
HR Manager

---

143. (A) have informed
(B) have been informed
(C) having been informed
(D) are informing

144. (A) As usual, the facilities management
team will not give advance notice.
(B) This timeline should be sufficient for
you to complete your assignment.
(C) Just like last year, the event will be in
the main conference room.
(D) Drills will not be given if the payment is
not received on time.

145. (A) Furthermore
(B) In truth
(C) In that case
(D) Still

146. (A) beyond
(B) despite
(C) except
(D) under

PART 7

Directions: In this part, you will read a selection of texts, such as magazine and newspaper articles, letters, and instant messages. Each text or set of texts is followed by several questions. Select the best answer for each question and mark the letter (A), (B), (C), or (D) on your answer sheet.

Questions 147-148 refer to the following notice.

Lunch Seminar Series

Agents: Are you in your first year with Powell Realty? Are your open house events empty? Are you struggling with your paperwork? Are you having difficulty closing deals? If so, you won't want to miss our summer lunch seminar series, where top brokers Stacy Dyatlov and Anthony Bryan will give you tips on marketing ideas, organizational skills, and negotiation strategies that helped them succeed in the business. We'll provide you with training materials and writing utensils, so don't worry about bringing a notebook or pen. Since food will not be provided, don't forget to pack something. Call the HR Department at extension #745 to sign up while seats are still available.

147. What are participants advised to bring to the meeting?

(A) Some paperwork
(B) A pen and notebook
(C) Some food
(D) Training materials

148. Who would most likely find the event helpful?

(A) People interested in buying property
(B) Senior real estate agents
(C) Inexperienced salespeople
(D) Recently hired Powell Realty HR staff

Earlwin University of Pensacolsa: Lunch Lecture Series

Welcoming Kenneth Stevenson, BSP Industries "Robotics in the Workplace"

Saturday, July 1
Goedert Hall
404 Campus Avenue
Monsanto, Pennsylvania 15233
12:00 P.M. - 2:30 P.M.

$12 admission
Meal catered by D'Angelo's

Please sign up by June 30. A limited number of spaces are available.

149. What is the topic of the event?

(A) Industrial waste
(B) Solar power
(C) Electric vehicles
(D) Robot technology

150. What is stated about the event?

(A) Seating is limited.
(B) Entry is free.
(C) It is held on a monthly basis.
(D) It is held on a weekday.

Questions 151-152 refer to the following online chat discussion.

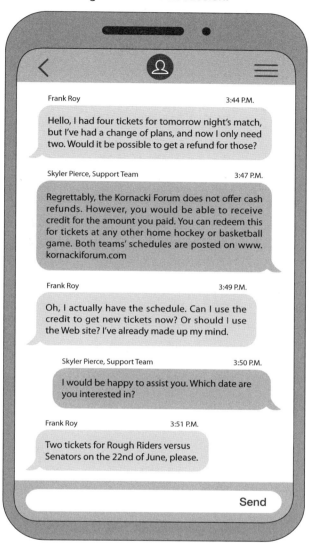

Frank Roy   3:44 P.M.

Hello, I had four tickets for tomorrow night's match, but I've had a change of plans, and now I only need two. Would it be possible to get a refund for those?

Skyler Pierce, Support Team   3:47 P.M.

Regrettably, the Kornacki Forum does not offer cash refunds. However, you would be able to receive credit for the amount you paid. You can redeem this for tickets at any other home hockey or basketball game. Both teams' schedules are posted on www.kornackiforum.com

Frank Roy   3:49 P.M.

Oh, I actually have the schedule. Can I use the credit to get new tickets now? Or should I use the Web site? I've already made up my mind.

Skyler Pierce, Support Team   3:50 P.M.

I would be happy to assist you. Which date are you interested in?

Frank Roy   3:51 P.M.

Two tickets for Rough Riders versus Senators on the 22nd of June, please.

Send

151. What most likely is the Kornacki Forum?

(A) An opera house
(B) A theater company
(C) A sports team
(D) An athletics venue

152. At 3:50 P.M., what does Mr. Pierce mean when he writes, "I would be happy to assist you"?

(A) He will provide a refund.
(B) He will forward a schedule.
(C) He can make a booking.
(D) He can send an Internet link.

GO ON TO THE NEXT PAGE

Questions 153-154 refer to the following e-mail.

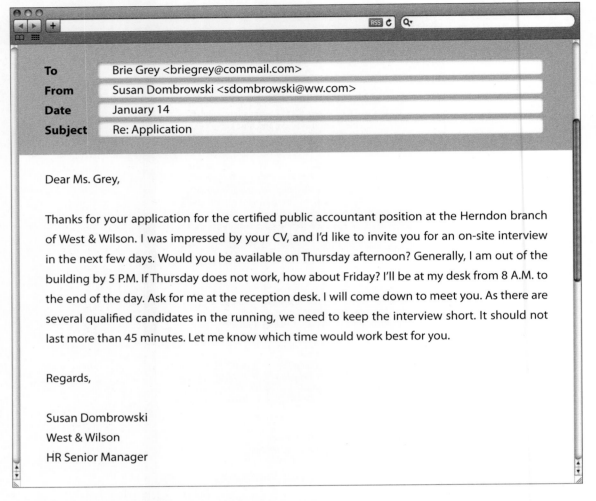

To	Brie Grey <briegrey@commail.com>
From	Susan Dombrowski <sdombrowski@ww.com>
Date	January 14
Subject	Re: Application

Dear Ms. Grey,

Thanks for your application for the certified public accountant position at the Herndon branch of West & Wilson. I was impressed by your CV, and I'd like to invite you for an on-site interview in the next few days. Would you be available on Thursday afternoon? Generally, I am out of the building by 5 P.M. If Thursday does not work, how about Friday? I'll be at my desk from 8 A.M. to the end of the day. Ask for me at the reception desk. I will come down to meet you. As there are several qualified candidates in the running, we need to keep the interview short. It should not last more than 45 minutes. Let me know which time would work best for you.

Regards,

Susan Dombrowski
West & Wilson
HR Senior Manager

153. What is probably true about Ms. Grey?

(A) She is a licensed accountant.
(B) She recently earned a professional certificate.
(C) She plans to move to Herndon.
(D) She is the most qualified candidate for the job.

154. When is Ms. Dombrowski most likely NOT available for an interview?

(A) Thursday at 2:20 P.M.
(B) Thursday at 4:45 P.M.
(C) Friday at 8:30 A.M.
(D) Friday at 5:10 P.M.

Questions 155-157 refer to the following schedule.

8th Annual DLB Leadership Convention
Grand Diamond Hotel, Prague—30 April-2 May

Tickets for the conference include all events on the agenda.

Monday Agenda

2:00 P.M.   Arrival Mixer

3:00 P.M.   Opening Remarks: 3 Keys to Teaching Persuasive Techniques
            by Vera Ahn

4:00 P.M.   How to Generate Client Demand Using the Latest Software
            by Ivan Sokolov

5:00 P.M.   Learning to Sell Relationships, Not Products
            by Janette Jardin

6:00 P.M.   Dinner

7:30 P.M.   Think Outside the Box: Creative Ways to Pitch Your Product
            by Christopher Thomas

8:45 P.M.   Take a cruise down the Vltava River to the National Technical Museum where
            you can experience the most innovative technology Prague has to offer with Dr.
            Tomas Novak of Charles University.

---

155. For whom is the convention most likely intended?

(A) Professors
(B) Salespeople
(C) Event planners
(D) HR employees

156. Whose presentation will most likely discuss the technology?

(A) Ms. Ahn
(B) Mr. Sokolov
(C) Ms. Jardin
(D) Mr. Thomas

157. What is included with the purchase of the conference tickets?

(A) A hotel room
(B) A breakfast voucher
(C) A teambuilding workshop
(D) A boat tour

GO ON TO THE NEXT PAGE

Questions 158-160 refer to the following letter.

Dominguez Logistics Services
701 US 491
Gallup, New Mexico 87301

Cassandra Fowler
13111 Cooks Mine Road
Twin Lakes, New Mexico 86515

April 24

Dear Ms. Fowler,

—[1]—. Welcome to the Dominguez Logistics team. Before we begin your orientation, we will first need some more medical paperwork concerning your eyesight. —[2]—.

On the road, our top priority is the safety of yourself and your cargo. To operate a truck in a safe manner, you will have to scan the road for potential hazards and identify them before they become a threat. For this reason, we need you to undergo a thorough examination to verify your vision is up to the task. To schedule, please call or send a message to (505) 555-1969. —[3]—. The exam will be conducted at a clinic Dominguez Logistics partners with at no cost. —[4]—. Please provide your supervisor with the ophthalmologist's report as soon as you can, so we can get your first route set up.

I look forward to working together.

Thanks,

Michael Hayes
Dominguez Logistics Services

158. Who most likely is Ms. Fowler?

(A) An administrator
(B) A driver
(C) An eye doctor
(D) A laboratory technician

159. What is Ms. Fowler asked to do by phone?

(A) Pay a fee for a test
(B) Schedule an assignment
(C) Scan some documents
(D) Make an appointment

160. In which of the positions marked [1], [2], [3], and [4] does the following sentence best belong?

"That is why there is one more detail for you to take care of before you can officially start working for us."

(A) [1]
(B) [2]
(C) [3]
(D) [4]

Questions 161-163 refer to the following post.

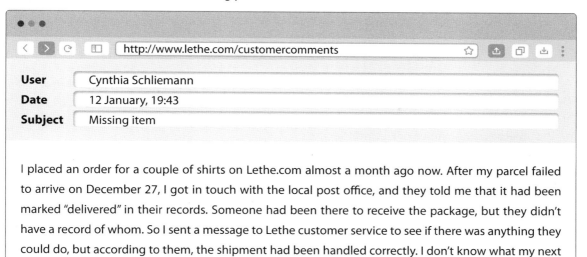

http://www.lethe.com/customercomments

User	Cynthia Schliemann
Date	12 January, 19:43
Subject	Missing item

I placed an order for a couple of shirts on Lethe.com almost a month ago now. After my parcel failed to arrive on December 27, I got in touch with the local post office, and they told me that it had been marked "delivered" in their records. Someone had been there to receive the package, but they didn't have a record of whom. So I sent a message to Lethe customer service to see if there was anything they could do, but according to them, the shipment had been handled correctly. I don't know what my next move is, but I'd appreciate suggestions. I even asked my building's security guard if he saw anything, and I've considered knocking on the neighbors' doors. Maybe I should just give up, but I'd really love to settle this issue.

161. Which of the following has Ms. Schliemann NOT done?

(A) Contacted building security
(B) Communicated with Lethe.com
(C) Called the postal service
(D) Checked with her neighbors

162. What is the main purpose of the post?

(A) To point out a delay
(B) To make a request for a refund
(C) To review a product
(D) To seek a recommendation

163. In paragraph 1, line 8, the word "settle" is closest in meaning to

(A) negotiate
(B) determine
(C) achieve
(D) resolve

GO ON TO THE NEXT PAGE

Questions 164-167 refer to the following e-mail.

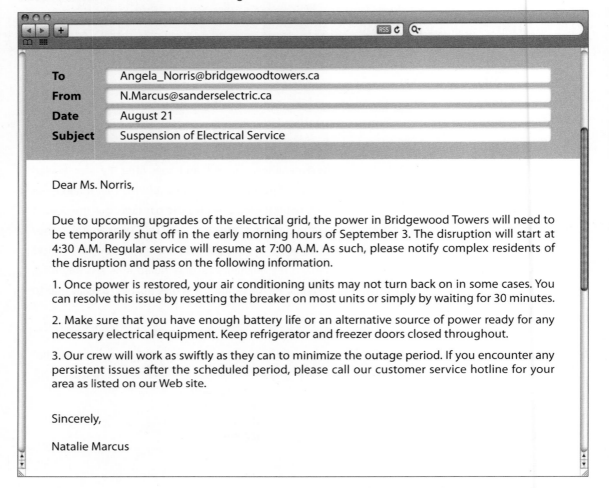

To	Angela_Norris@bridgewoodtowers.ca
From	N.Marcus@sanderselectric.ca
Date	August 21
Subject	Suspension of Electrical Service

Dear Ms. Norris,

Due to upcoming upgrades of the electrical grid, the power in Bridgewood Towers will need to be temporarily shut off in the early morning hours of September 3. The disruption will start at 4:30 A.M. Regular service will resume at 7:00 A.M. As such, please notify complex residents of the disruption and pass on the following information.

1. Once power is restored, your air conditioning units may not turn back on in some cases. You can resolve this issue by resetting the breaker on most units or simply by waiting for 30 minutes.

2. Make sure that you have enough battery life or an alternative source of power ready for any necessary electrical equipment. Keep refrigerator and freezer doors closed throughout.

3. Our crew will work as swiftly as they can to minimize the outage period. If you encounter any persistent issues after the scheduled period, please call our customer service hotline for your area as listed on our Web site.

Sincerely,

Natalie Marcus

164. According to the e-mail, when can tenants expect to have power again?

(A) 2:00 P.M.
(B) 4:30 A.M.
(C) 7:00 A.M.
(D) 11:30 P.M.

165. Who most likely is Ms. Norris?

(A) A property manager
(B) An electrician
(C) A customer service agent
(D) An air conditioning repairperson

166. What potential issue does Ms. Marcus mention?

(A) There might be damage to air conditioning units.
(B) There might be an extended power outage.
(C) There could be future service interruptions.
(D) There could be issues with cooling systems.

167. What is indicated about the tenants of Bridgewood Towers?

(A) They have reported persistent problems.
(B) They should call a special number for complaints.
(C) They have a meeting scheduled for September 3.
(D) They should use backup generators.

GO ON TO THE NEXT PAGE

AUGUSTA (July 11) — Wronken, the home furnishing giant, plans to begin construction on its newest location in Augusta this September. —[1]—. Most of the chain's 60 plus stores are on the West Coast, so this represents a shift in the company's approach. But as the company's Chief of Operations in North America, Chandler Simmons, says, "Our chic furniture and home decorations are a perfect match for people's tastes here. Augusta has one of the fastest-growing and best-educated populations of young professionals, and that's our target audience."

—[2]—. The location will include a cafeteria featuring a number of local restaurants. "This will be the first store with a wide range of dining options, and I think our customers are going to be excited about it," stated Sam Foster, one of the company's top marketing executives. —[3]—.

Foster explained that a recent company study supported the plan. "Customers without access to a satisfying meal spend about 25 percent less time in the store. It's all about setting the customers at ease—giving them options, making them happy, so they feel better about making those big purchases that drive the bottom line." —[4]—.

168. What will happen in September?

    (A) A new line of furniture will be launched.
    (B) A new retail location will be opened.
    (C) A west coast office will relocate.
    (D) A building project will start.

169. According to the article, why is Augusta a suitable location for Wronken?

    (A) Few of its competitors have stores in the area.
    (B) It has a large number of well-educated people looking for jobs.
    (C) It has a fast-growing population of people over 60.
    (D) The company's products will appeal to young professionals.

170. What does Wronken's market research indicate?

    (A) Store cafeterias make customers more loyal.
    (B) Shoppers who feel full shop for longer.
    (C) Customers would rather eat local cuisine.
    (D) The company's app drives in-store sales.

171. In which of the positions marked [1], [2], [3], and [4] does the following sentence best belong?

"The Augusta store will feature an amenity not found elsewhere in the chain."

    (A) [1]
    (B) [2]
    (C) [3]
    (D) [4]

GO ON TO THE NEXT PAGE

Questions 172-175 refer to the following online chat discussion.

Dillon Satoranksky [10:04 A.M.]
The Valparaiso manufacturing plant just made a request for machinery repairs.

John Ferrell [10:05 A.M.]
Is it something we need to deal with right away? They're scheduled for service every other Thursday, and we sent someone last week.

Hernan Ehrenreich [10:08 A.M.]
I was actually there on Tuesday because of some faulty metal stamping tools.

John Ferrell [10:09 A.M.]
Hernan, you're at the Quillota facility, right? Would you be able to make it over Valparaiso afterward if necessary?

Dillon Satoransky [10:10 A.M.]
The request has the comment: "requires immediate attention."

Hernan Ehrenreich [10:10 A.M.]
The whole assembly line has stopped then?

Dillon Satoransky [10:11 A.M.]
That seems to be the case.

Hernan Ehrenreich [10:12 A.M.]
Alright. I'll be there within half an hour.

John Ferrell [10:12 A.M.]
Someone should call Marta Garcia in Valparaiso to let her know we're coming.

Dillon Satoransky [10:13 A.M.]
I'm on it.

Message....

172. What is the purpose of the online chat discussion?

(A) To report on a plant's output
(B) To select a new machine model
(C) To discuss an urgent situation
(D) To review a revised assembly line process

173. How often does a maintenance worker visit the Valparaiso factory?

(A) Biweekly
(B) Once a month
(C) Quarterly
(D) Twice a year

174. At 10:11 A.M., what does Ms. Satoransky most likely mean when she writes, "That seems to be the case"?

(A) Mr. Ehrenreich's assumption was right.
(B) Two branches are located near each other.
(C) Mr. Ferrell must reschedule a meeting.
(D) She thinks some tools are outdated.

175. What will Mr. Ehrenreich most likely do next?

(A) Contact the Quillota plant
(B) Order some equipment
(C) Go to the Valparaiso factory
(D) Provide a facility tour

GO ON TO THE NEXT PAGE

Questions 176-180 refer to the following e-mail and invoice.

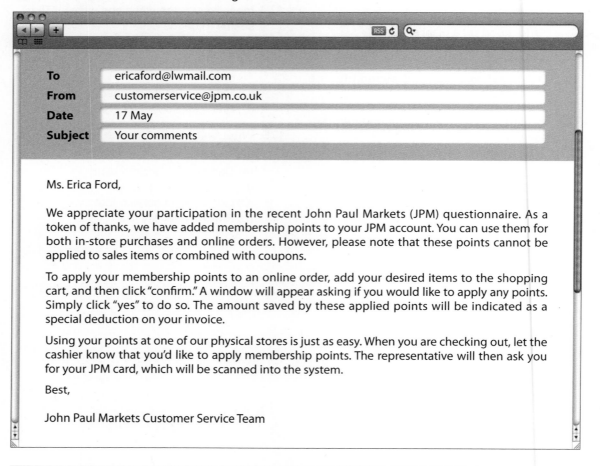

To	ericaford@lwmail.com
From	customerservice@jpm.co.uk
Date	17 May
Subject	Your comments

Ms. Erica Ford,

We appreciate your participation in the recent John Paul Markets (JPM) questionnaire. As a token of thanks, we have added membership points to your JPM account. You can use them for both in-store purchases and online orders. However, please note that these points cannot be applied to sales items or combined with coupons.

To apply your membership points to an online order, add your desired items to the shopping cart, and then click "confirm." A window will appear asking if you would like to apply any points. Simply click "yes" to do so. The amount saved by these applied points will be indicated as a special deduction on your invoice.

Using your points at one of our physical stores is just as easy. When you are checking out, let the cashier know that you'd like to apply membership points. The representative will then ask you for your JPM card, which will be scanned into the system.

Best,

John Paul Markets Customer Service Team

John Paul Markets Web Shopping Invoice

Order Number: WNDU7171944

Order Date: 23 June, 7:31 P.M.

Item	Quantity	Price	Discount
Organic Green Pesto Sauce	2	£6.50	-£1.25 (Summer Savings)
Jennifer Honey Greek Yogurt	6	£15.00	-£2.50 (Weekly Sale)
Chicken Lemon Kale Sausage	0.5kg	£8.15	None
Morel Mushrooms	0.25kg	£45.00	-£20.00 (Special Deduction)

Subtotal: £50.90

Delivery: £4.99

Total: £55.89

176. According to the e-mail, how did Ms. Ford earn membership points?

(A) She provided some feedback.
(B) She spent over a specific amount.
(C) She exchanged a defective product.
(D) She entered a local competition.

177. In the e-mail, the word "token" paragraph 1, line 2, is closest in meaning to

(A) coin
(B) sign
(C) clue
(D) sample

178. How can customers apply their JPM membership points at a physical location?

(A) By presenting a store card
(B) By using a mobile application
(C) By visiting the Customer Service Desk
(D) By inputting a telephone number

179. According to the invoice, what is true about Ms. Ford?

(A) She made her order in the morning.
(B) She paid over £5 for delivery.
(C) She bought one item at the original price.
(D) She mainly purchased meat products.

180. Which item did Ms. Ford most likely order using membership points?

(A) The sauce
(B) The yogurt
(C) The sausage
(D) The mushrooms

GO ON TO THE NEXT PAGE

Questions 181-185 refer to the following e-mail and schedule.

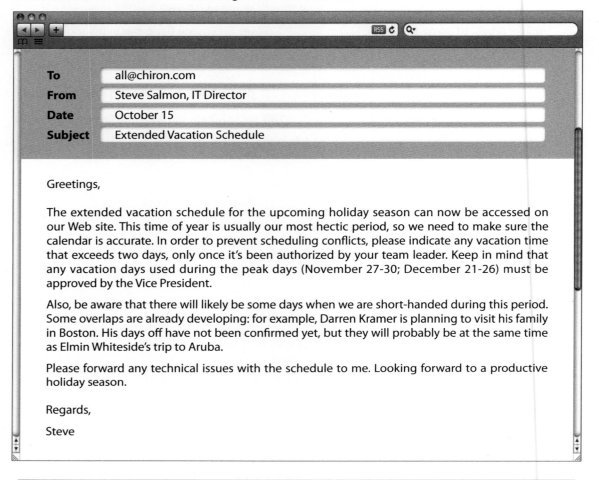

To   all@chiron.com

From   Steve Salmon, IT Director

Date   October 15

Subject   Extended Vacation Schedule

Greetings,

The extended vacation schedule for the upcoming holiday season can now be accessed on our Web site. This time of year is usually our most hectic period, so we need to make sure the calendar is accurate. In order to prevent scheduling conflicts, please indicate any vacation time that exceeds two days, only once it's been authorized by your team leader. Keep in mind that any vacation days used during the peak days (November 27-30; December 21-26) must be approved by the Vice President.

Also, be aware that there will likely be some days when we are short-handed during this period. Some overlaps are already developing: for example, Darren Kramer is planning to visit his family in Boston. His days off have not been confirmed yet, but they will probably be at the same time as Elmin Whiteside's trip to Aruba.

Please forward any technical issues with the schedule to me. Looking forward to a productive holiday season.

Regards,

Steve

Chiron Logistics Solutions Extended Vacation Schedule (November-December)

Requests for time off during peak business days need to be sent to Tobin Norwood.

This schedule is meant to track planned days off. If you have any questions about how to submit your vacation day request, please contact Michael Dieng, the personnel manager.

Date(s)	Employee	Reason for time off
November 14-16	DeAndre Jackson	Attending wedding in Maryland
November 20-23	Elmin Whiteside	Vacationing in Aruba
November 24-30	Jayden Ayton	Celebrating parents' anniversary in Indiana
December 20-26	Freida Doncic	Trip to Orlando with family

*The schedule will be updated as more vacation dates are confirmed.

181. Why was the e-mail sent?

(A) To indicate the posting of an online file
(B) To introduce a new executive
(C) To invite staff to an annual celebration
(D) To report on the results of a holiday sale

182. Why most likely are Mr. Kramer's vacation dates NOT included in the schedule?

(A) The schedule only includes vacation time exceeding five days.
(B) He submitted his vacation day request late.
(C) The schedule only shows confirmed time off.
(D) He is still on a temporary contract.

183. Why are employees asked to contact Mr. Dieng?

(A) To book a flight
(B) To ask for time off on a peak day
(C) To inquire about a procedure
(D) To update a timetable

184. What is Mr. Norwood's job title?

(A) IT Director
(B) Team Leader
(C) Vice President
(D) Personnel Manager

185. When will Mr. Kramer most likely be on vacation?

(A) November 14-16
(B) November 20-23
(C) November 24-30
(D) December 20-26

GO ON TO THE NEXT PAGE

Things To Do in Stockholm

Frisk Park, located just outside the city limits of Stockholm, is now available to the public. The beauty of the park lies in not only the majestic scenery it provides but also its ability to tackle air pollution from the neighboring factories.

Throughout the park, visitors can find a number of eco-friendly sculptures designed by Molly Kay, an award-winning American artist. Working collaboratively with Anik Sharma of Sharma Landscapers, the two of them created a park with both practical and aesthetic features.

In addition to the various sculptures, the park employs horticulturists that maintain a variety of plants, trees, and flowers, which helps reduce the air toxins produced by local plants.

The multipurpose park meets the goals of both Ms. Kay and Mr. Sharma by offering an attractive outdoor area that also cuts down air pollution.

The park offers an escape away from the busy city life featuring recreational facilities as well as dining tables.

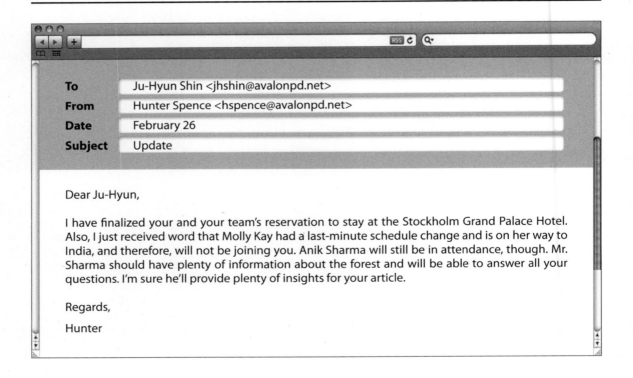

To	Ju-Hyun Shin <jhshin@avalonpd.net>
From	Hunter Spence <hspence@avalonpd.net>
Date	February 26
Subject	Update

Dear Ju-Hyun,

I have finalized your and your team's reservation to stay at the Stockholm Grand Palace Hotel. Also, I just received word that Molly Kay had a last-minute schedule change and is on her way to India, and therefore, will not be joining you. Anik Sharma will still be in attendance, though. Mr. Sharma should have plenty of information about the forest and will be able to answer all your questions. I'm sure he'll provide plenty of insights for your article.

Regards,

Hunter

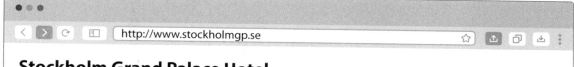

Stockholm Grand Palace Hotel

Located in central Stockholm, the Grand Palace Hotel is ideal for all visitors. Just last month, the hotel upgraded its facilities to include a state-of-the-art spa, business center, and fitness room. Wireless internet is available throughout the hotel and is free to all guests. The outdoor swimming pool will open in May.

Book a room with us during the month of March and receive a voucher to our critically acclaimed restaurant.

186. Why was the article written?

(A) To describe new manufacturing methods
(B) To highlight a park opening
(C) To promote multiple tourist sites
(D) To advertise a museum exhibit

187. According to the article, how has air pollution been lowered by Frisk Park?

(A) By installing special devices
(B) By providing free bike rentals
(C) By limiting parking spaces
(D) By growing numerous plants

188. According to the e-mail, who will Ms. Shin meet?

(A) A horticulture specialist
(B) A landscape architect
(C) A factory owner
(D) A news reporter

189. What is indicated about Ms. Shin?

(A) She previously worked in Stockholm.
(B) She requested a revision to her itinerary.
(C) She will stay at a recently remodeled hotel.
(D) She will travel to India next.

190. What does the Web page indicate about the hotel?

(A) It is offering a monthly promotion.
(B) It is located just outside of Stockholm.
(C) It arranges bus shuttle services.
(D) It mainly caters to families.

GO ON TO THE NEXT PAGE

Questions 191-195 refer to the following Web page, pass, and e-mail.

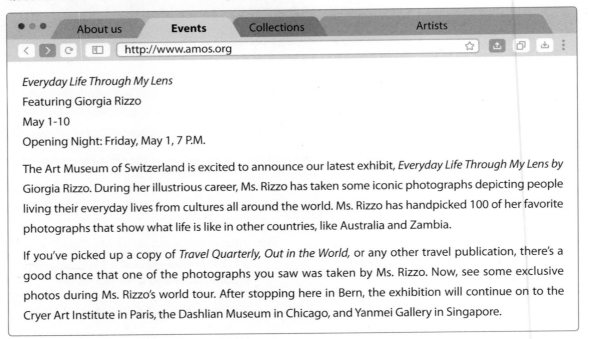

About us | **Events** | Collections | Artists

http://www.amos.org

Everyday Life Through My Lens
Featuring Giorgia Rizzo
May 1-10
Opening Night: Friday, May 1, 7 P.M.

The Art Museum of Switzerland is excited to announce our latest exhibit, *Everyday Life Through My Lens by* Giorgia Rizzo. During her illustrious career, Ms. Rizzo has taken some iconic photographs depicting people living their everyday lives from cultures all around the world. Ms. Rizzo has handpicked 100 of her favorite photographs that show what life is like in other countries, like Australia and Zambia.

If you've picked up a copy of *Travel Quarterly, Out in the World,* or any other travel publication, there's a good chance that one of the photographs you saw was taken by Ms. Rizzo. Now, see some exclusive photos during Ms. Rizzo's world tour. After stopping here in Bern, the exhibition will continue on to the Cryer Art Institute in Paris, the Dashlian Museum in Chicago, and Yanmei Gallery in Singapore.

GENERAL
ADMISSION PASS

June 7, 6 P.M.

An Evening With: Giorgia Rizzo
Everyday Life Through My Lens

The Dashlian Museum is proud to host Giorgia Rizzo as she describes photographs from her latest exhibit, answers questions, and shares what she has learned about different cultures and lifestyles.

Visitors are asked to enter through the South Lobby as the North Lobby is currently under construction. Outside food and beverages are not allowed.

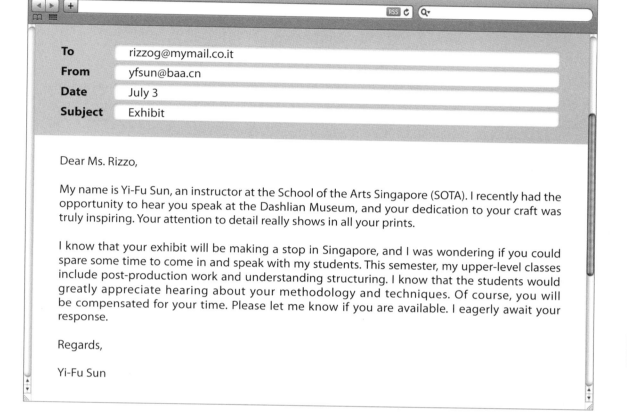

To: rizzog@mymail.co.it
From: yfsun@baa.cn
Date: July 3
Subject: Exhibit

Dear Ms. Rizzo,

My name is Yi-Fu Sun, an instructor at the School of the Arts Singapore (SOTA). I recently had the opportunity to hear you speak at the Dashlian Museum, and your dedication to your craft was truly inspiring. Your attention to detail really shows in all your prints.

I know that your exhibit will be making a stop in Singapore, and I was wondering if you could spare some time to come in and speak with my students. This semester, my upper-level classes include post-production work and understanding structuring. I know that the students would greatly appreciate hearing about your methodology and techniques. Of course, you will be compensated for your time. Please let me know if you are available. I eagerly await your response.

Regards,

Yi-Fu Sun

191. What does the Web page suggest about Ms. Rizzo?

(A) She recently received a prize.
(B) Her work has been published in periodicals.
(C) She is an instructor at the School of The Arts Singapore.
(D) Her office is located in Switzerland.

192. What are pass holders at the Dashlian Museum asked to do?

(A) Wear an ID badge
(B) Use a specific entrance
(C) Prepare some questions
(D) Store their belongings

193. Where did Mr. Sun attend Ms. Rizzo's talk?

(A) In Bern
(B) In Paris
(C) In Chicago
(D) In Singapore

194. What does Mr. Sun ask Ms. Rizzo to do?

(A) Give a guest lecture
(B) Attend a special exhibit
(C) Sign some paperwork
(D) Inspect some merchandise

195. In what subject area do Mr. Sun and Ms. Rizzo share some expertise?

(A) Travel and hospitality
(B) Acrobatics
(C) Photography
(D) Museum management

GO ON TO THE NEXT PAGE

Questions 196-200 refer to the following order form, guideline information, and e-mail.

Ace Custom Signs
Invoice Report

Date of Order: 25 November		**Invoice #:** 89545		
Name of Customer: Jackie Chipman		**Delivery Address:** 3581 Ferguson St., Boston, MA 02110		

Product Description	No. of Units	Notes	Price per Unit	Total
Vinyl Lettering	10	36" x 18" Lettering in the "Junction" font	$2.00	$20.00
Neon Sign	1		$360.00	$360.00
		Installation	$100.00	$100.00
Banner	1	48" x 96" "Grand Re-Opening" sign	$215.00	$215.00

Subtotal:	$695.00
Member Appreciation Coupon Code: ACS15 (15% off)	-$104.25
Tax (8%):	$47.26
Shipping and Handling:	$125.00
Total:	$763.01

Ace Custom Signs
Cancellation and Return Guidelines

1. All personalized works are custom made, and therefore, not eligible for a refund. Furthermore, these works will take more time to ship.

2. To ensure full satisfaction and guarantee, all lighted signs will include an installation fee. Ace Custom Signs will cover any damages during installation.

3. Adjustment or cancellation requests may be made over four days after receipt of order, as long as it has not been sent out. However, a $30 restocking fee will be deducted from the reimbursement amount since the merchandise was already transported from our warehouse.

4. Requests for returns or exchanges must be made within seven business days of receiving your order. Customers are responsible for the $60 re-delivery fee. In the event that a product was damaged while being transported to the customer, the charge will be removed. In addition, custom items cannot be returned unless damaged during delivery.

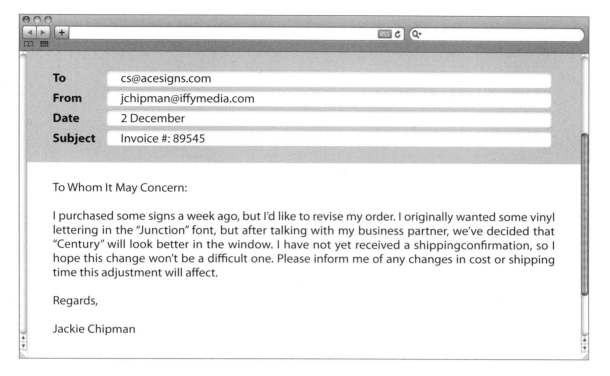

To: cs@acesigns.com
From: jchipman@iffymedia.com
Date: 2 December
Subject: Invoice #: 89545

To Whom It May Concern:

I purchased some signs a week ago, but I'd like to revise my order. I originally wanted some vinyl lettering in the "Junction" font, but after talking with my business partner, we've decided that "Century" will look better in the window. I have not yet received a shippingconfirmation, so I hope this change won't be a difficult one. Please inform me of any changes in cost or shipping time this adjustment will affect.

Regards,

Jackie Chipman

196. What is indicated about Ace Custom Signs?

(A) It offers a membership program.
(B) It is moving to a new location.
(C) It is holding a grand reopening sale.
(D) It is based in Boston.

197. Why most likely was Ms. Chipman charged for installation?

(A) Her banner is larger than normal.
(B) Her poster needs to be framed.
(C) She is unavailable on delivery date.
(D) She purchased a product with lights.

198. When will the $60 redelivery fee be removed?

(A) When a product is custom-made
(B) When a product is damaged in transit
(C) When only one product is being replaced
(D) When multiple products are being exchanged

199. What did Ms. Chipman's business partner probably suggest doing?

(A) Modifying the design of some text
(B) Expediting a shipment
(C) Changing the size of some signs
(D) Inquiring about a corporate discount

200. What is probably true about Ms. Chipman's order?

(A) It will be delivered in four days.
(B) It will include a restocking charge.
(C) It will be exchanged on December 9.
(D) It will be processed in two days.

Stop! This is the end of the test. If you finish before time is called, you may go back to Part 5, 6, and 7 and check your work.

ANSWER SHEET

파고다 토익 입문서 RC – ACTUAL TEST

READING (Part V-VII)

NO.	ANSWER A B C D	NO.	ANSWER A B C D	NO.	ANSWER A B C D	NO.	ANSWER A B C D	NO.	ANSWER A B C D
101	Ⓐ Ⓑ Ⓒ Ⓓ	121	Ⓐ Ⓑ Ⓒ Ⓓ	141	Ⓐ Ⓑ Ⓒ Ⓓ	161	Ⓐ Ⓑ Ⓒ Ⓓ	181	Ⓐ Ⓑ Ⓒ Ⓓ
102	Ⓐ Ⓑ Ⓒ Ⓓ	122	Ⓐ Ⓑ Ⓒ Ⓓ	142	Ⓐ Ⓑ Ⓒ Ⓓ	162	Ⓐ Ⓑ Ⓒ Ⓓ	182	Ⓐ Ⓑ Ⓒ Ⓓ
103	Ⓐ Ⓑ Ⓒ Ⓓ	123	Ⓐ Ⓑ Ⓒ Ⓓ	143	Ⓐ Ⓑ Ⓒ Ⓓ	163	Ⓐ Ⓑ Ⓒ Ⓓ	183	Ⓐ Ⓑ Ⓒ Ⓓ
104	Ⓐ Ⓑ Ⓒ Ⓓ	124	Ⓐ Ⓑ Ⓒ Ⓓ	144	Ⓐ Ⓑ Ⓒ Ⓓ	164	Ⓐ Ⓑ Ⓒ Ⓓ	184	Ⓐ Ⓑ Ⓒ Ⓓ
105	Ⓐ Ⓑ Ⓒ Ⓓ	125	Ⓐ Ⓑ Ⓒ Ⓓ	145	Ⓐ Ⓑ Ⓒ Ⓓ	165	Ⓐ Ⓑ Ⓒ Ⓓ	185	Ⓐ Ⓑ Ⓒ Ⓓ
106	Ⓐ Ⓑ Ⓒ Ⓓ	126	Ⓐ Ⓑ Ⓒ Ⓓ	146	Ⓐ Ⓑ Ⓒ Ⓓ	166	Ⓐ Ⓑ Ⓒ Ⓓ	186	Ⓐ Ⓑ Ⓒ Ⓓ
107	Ⓐ Ⓑ Ⓒ Ⓓ	127	Ⓐ Ⓑ Ⓒ Ⓓ	147	Ⓐ Ⓑ Ⓒ Ⓓ	167	Ⓐ Ⓑ Ⓒ Ⓓ	187	Ⓐ Ⓑ Ⓒ Ⓓ
108	Ⓐ Ⓑ Ⓒ Ⓓ	128	Ⓐ Ⓑ Ⓒ Ⓓ	148	Ⓐ Ⓑ Ⓒ Ⓓ	168	Ⓐ Ⓑ Ⓒ Ⓓ	188	Ⓐ Ⓑ Ⓒ Ⓓ
109	Ⓐ Ⓑ Ⓒ Ⓓ	129	Ⓐ Ⓑ Ⓒ Ⓓ	149	Ⓐ Ⓑ Ⓒ Ⓓ	169	Ⓐ Ⓑ Ⓒ Ⓓ	189	Ⓐ Ⓑ Ⓒ Ⓓ
110	Ⓐ Ⓑ Ⓒ Ⓓ	130	Ⓐ Ⓑ Ⓒ Ⓓ	150	Ⓐ Ⓑ Ⓒ Ⓓ	170	Ⓐ Ⓑ Ⓒ Ⓓ	190	Ⓐ Ⓑ Ⓒ Ⓓ
111	Ⓐ Ⓑ Ⓒ Ⓓ	131	Ⓐ Ⓑ Ⓒ Ⓓ	151	Ⓐ Ⓑ Ⓒ Ⓓ	171	Ⓐ Ⓑ Ⓒ Ⓓ	191	Ⓐ Ⓑ Ⓒ Ⓓ
112	Ⓐ Ⓑ Ⓒ Ⓓ	132	Ⓐ Ⓑ Ⓒ Ⓓ	152	Ⓐ Ⓑ Ⓒ Ⓓ	172	Ⓐ Ⓑ Ⓒ Ⓓ	192	Ⓐ Ⓑ Ⓒ Ⓓ
113	Ⓐ Ⓑ Ⓒ Ⓓ	133	Ⓐ Ⓑ Ⓒ Ⓓ	153	Ⓐ Ⓑ Ⓒ Ⓓ	173	Ⓐ Ⓑ Ⓒ Ⓓ	193	Ⓐ Ⓑ Ⓒ Ⓓ
114	Ⓐ Ⓑ Ⓒ Ⓓ	134	Ⓐ Ⓑ Ⓒ Ⓓ	154	Ⓐ Ⓑ Ⓒ Ⓓ	174	Ⓐ Ⓑ Ⓒ Ⓓ	194	Ⓐ Ⓑ Ⓒ Ⓓ
115	Ⓐ Ⓑ Ⓒ Ⓓ	135	Ⓐ Ⓑ Ⓒ Ⓓ	155	Ⓐ Ⓑ Ⓒ Ⓓ	175	Ⓐ Ⓑ Ⓒ Ⓓ	195	Ⓐ Ⓑ Ⓒ Ⓓ
116	Ⓐ Ⓑ Ⓒ Ⓓ	136	Ⓐ Ⓑ Ⓒ Ⓓ	156	Ⓐ Ⓑ Ⓒ Ⓓ	176	Ⓐ Ⓑ Ⓒ Ⓓ	196	Ⓐ Ⓑ Ⓒ Ⓓ
117	Ⓐ Ⓑ Ⓒ Ⓓ	137	Ⓐ Ⓑ Ⓒ Ⓓ	157	Ⓐ Ⓑ Ⓒ Ⓓ	177	Ⓐ Ⓑ Ⓒ Ⓓ	197	Ⓐ Ⓑ Ⓒ Ⓓ
118	Ⓐ Ⓑ Ⓒ Ⓓ	138	Ⓐ Ⓑ Ⓒ Ⓓ	158	Ⓐ Ⓑ Ⓒ Ⓓ	178	Ⓐ Ⓑ Ⓒ Ⓓ	198	Ⓐ Ⓑ Ⓒ Ⓓ
119	Ⓐ Ⓑ Ⓒ Ⓓ	139	Ⓐ Ⓑ Ⓒ Ⓓ	159	Ⓐ Ⓑ Ⓒ Ⓓ	179	Ⓐ Ⓑ Ⓒ Ⓓ	199	Ⓐ Ⓑ Ⓒ Ⓓ
120	Ⓐ Ⓑ Ⓒ Ⓓ	140	Ⓐ Ⓑ Ⓒ Ⓓ	160	Ⓐ Ⓑ Ⓒ Ⓓ	180	Ⓐ Ⓑ Ⓒ Ⓓ	200	Ⓐ Ⓑ Ⓒ Ⓓ

ANSWER SHEET

파고다 토익 RC

입문서 | 해설서

PART 5

CHAPTER 01 문장 성분

BASE 집중훈련

본서 p.27

A.
1. organization, 그 단체는 20명의 자원봉사자들로 구성되어 있다.
2. variety, 체육관에 있는 운동 장비의 다양함이 인상적이다.
3. proposal, 공사에 대한 제안서가 경영진에 의해 승인되었다.
4. Sending, 감사 편지를 보내는 것은 매우 권장되는 관행이다.
5. details, CEO는 구조 조정의 세부 사항들이 곧 발표될 거라고 말했다.

B.
1. (B), 우리 부서는 시설의 안전 장비를 감시하는 일을 맡고 있다.
2. (C), 그 구역에 있는 건물들의 최대 높이는 30미터이다.
3. (B), 지역 관리직 지원자들은 3월 31일까지 이메일로 공지를 받을 것이다.

A.

1. 주어 자리

The **organization** is composed of 20 volunteers.
그 단체는 20명의 자원봉사자들로 구성되어 있다.

해설 is가 문장의 동사이므로 괄호는 문장의 주어 자리다. 주어 자리에는 명사가 와야 하므로 organization이 정답이다.

어휘 organization 단체, 조직 | be composed of ~로 구성되어 있다 | volunteer 자원봉사자; 자원하다

2. 주어 자리

The **variety** of exercise equipment at the gym is impressive.
체육관에 있는 운동 장비의 다양함이 인상적이다.

해설 is가 문장의 동사이므로 그 앞이 문장의 주어부에 해당한다. 괄호 뒤 of exercise equipment는 수식어이므로 괄호는 문장의 주어 자리다. 주어 자리에는 명사가 와야 하므로 variety가 정답이다.

어휘 variety 다양함 | exercise equipment 운동 장비 | gym 체육관 | impressive 인상적인

3. 주어 자리

The **proposal** for construction was approved by the management.
공사에 대한 제안서가 경영진에 의해 승인되었다.

해설 was approved가 문장의 동사이므로 그 앞이 문장의 주어부에 해당한다. 괄호 뒤 for construction은 수식어이므로 괄호는 문장의 주어 자리다. 주어 자리에는 명사가 와야 하므로 proposal이 정답이다.

어휘 proposal 제안(서) | approve 승인하다 | management 경영(진)

4. 주어 자리

Sending thank-you letters is a highly recommended practice.
감사 편지를 보내는 것은 매우 권장되는 관행이다.

해설 is가 문장의 동사이므로 그 앞이 문장의 주어부에 해당한다. 괄호 뒤

thank-you letters는 명사구이므로 괄호는 이 명사구를 목적어로 삼으면서 주어 역할도 할 수 있는 동명사 자리이므로 Sending이 정답이다.

어휘 thank-you letter 감사 편지 | highly 매우, 대단히 | practice 관행, 관습

5. 명사절의 주어 자리

The CEO said that **details** of the restructuring would be announced soon.
CEO는 구조 조정의 세부 사항들이 곧 발표될 거라고 말했다.

해설 The CEO는 주어, said는 동사, that 이하는 said의 목적어에 해당하는 명사절이다. 절에는 또 다른 주어와 동사가 필요한데, that절의 동사는 would be announced이고, 괄호 뒤 of the restructuring은 수식어이므로 괄호는 that절의 주어 자리다. 주어 자리에는 명사가 와야 하므로 details가 정답이다.

어휘 details 세부 사항, 정보 | restructuring 구조 조정 | announce 발표하다

B.

1. 주어 자리

Our **department** is in charge of monitoring safety equipment in the facility.
우리 부서는 시설의 안전 장비를 감시하는 일을 맡고 있다.

해설 빈칸은 소유격 대명사 Our의 수식을 받고, 뒤에 동사 is가 있으므로 문장의 주어인 명사 자리다. 따라서 명사 (B) department가 정답이다.

어휘 in charge of ~을 맡은 | monitor 감시하다, 추적 관찰하다 | safety equipment 안전 장비 | facility 시설

2. 주어 자리

The maximum **height** of the district's buildings is 30 meters.
그 구역에 있는 건물들의 최대 높이는 30미터이다.

해설 빈칸은 앞뒤로 The maximum과 of the district's buildings의 수식을 받는 주어 자리다. 문맥상 '구역에 있는 건물들의 최대 높이는 30미터'라는 의미가 자연스러우므로 명사 (C) height가 정답이다.

어휘 maximum 최고의, 최대: 최고, 최대 | district 구역, 지역

3. 주어 자리/어휘-명사

Applicants for the regional management position will receive e-mail notices by March 31.
지역 관리직 지원자들은 3월 31일까지 이메일로 공지를 받을 것이다.

해설 빈칸은 문장의 주어인 명사 자리이므로 (D)는 소거한다. 문맥상 '지원자들이 이메일 공지를 받는다'라는 의미가 자연스러우므로 빈칸에는 사람 명사가 필요하다. 따라서 (B) Applicants가 정답이다.

어휘 regional 지역의 | management 경영[운영/관리] (진) | notice 알림, 공지

BASE 집중훈련

본서 p.29

A.
1. delivered, Jones 씨는 개회식에서 연설을 했다.
2. complimented, Northern Light의 CEO는 Winter 씨의 기사를 칭찬했다.
3. hesitate, 어떠한 비평적인 의견이라도 제시하는 것을 주저하지 마세요.

4. creates, 우리 부서의 관리자는 직원들을 위해 좋은 환경을 만든다.
5. will hire, 국내 수요가 더 늘어나서, 회사들은 더 많은 근로자들을 고용할 것이다.

B.
1. (B), Rico's Deli의 새로운 샌드위치는 피클, 감자튀김, 음료와 함께 제공된다.
2. (D), 보증서 정보는 사용 설명서의 마지막 장에서 찾아볼 수 있다.
3. (C), 계약서에는 차량 임대와 기본 충돌 보험이 포함된다.

A.

1. 동사 자리

Ms. Jones **delivered** a speech at the opening ceremony.
Jones 씨는 개회식에서 연설을 했다.

해설 Ms. Jones가 문장의 주어이므로 그 뒤의 delivered가 문장의 동사에 해당한다. 동사의 과거형이 쓰인 문장이다.

어휘 deliver (연설 등을) 하다 ∣ speech 연설 ∣ opening ceremony 개회식

2. 동사 자리

The CEO of Northern Light **complimented** Mr. Winter on his article.
Northern Light의 CEO는 Winter 씨의 기사를 칭찬했다.

해설 주어인 The CEO가 of Northern Light의 수식을 받고 있다. 문장에 동사가 없으므로 괄호가 동사 자리다. 따라서 동사의 과거형인 complimented가 정답이다.

어휘 compliment 칭찬하다 ∣ article 기사

3. 동사 자리

Please do not **hesitate** to offer any critical opinions.
어떠한 비평적인 의견이라도 제시하는 것을 주저하지 마세요.

해설 빈칸 앞에 주어가 될 만한 명사가 없고 Please가 있는 것으로 미루어 보아, 주어 없이 동사원형으로 시작하는 명령문임을 알 수 있다. 앞에 부정형 조동사 do not이 있으므로 동사원형인 hesitate가 정답이다.

어휘 hesitate 주저하다 ∣ offer 제공하다 ∣ critical 비판적인 ∣ opinion 의견

4. 동사 자리

The supervisor in our department **creates** a good environment for the employees.
우리 부서의 관리자는 직원들을 위해 좋은 환경을 만든다.

해설 The supervisor가 문장의 주어이며, in our department는 주어를 수식하는 수식어이므로 그 뒤의 creates가 문장의 동사에 해당한다. 동사 자리에 동사의 현재형이 쓰인 문장이다.

어휘 supervisor 관리자, 감독관 ∣ department 부서 ∣ create 만들다, 창조하다 ∣ environment 환경

5. 동사 자리

Because domestic demand grows stronger, companies **will hire** more workers.
국내 수요가 더 늘어나서, 회사들은 더 많은 근로자들을 고용할 것이다.

해설 주절에 해당하는 companies ~ more workers에 동사가 없으므로 괄호는 동사가 들어갈 자리다. 따라서 [조동사+동사원형]인 will hire가 정답이다.

어휘 domestic 국내의 ∣ demand 수요, 요구 ∣ grow 커지다, 늘어나다 ∣ hire 고용하다

B.

1. 동사 자리

The new sandwich at Rico's Deli **is served** with a pickle, some chips, and a beverage.
Rico's Deli의 새로운 샌드위치는 피클, 감자튀김, 음료와 함께 제공된다.

해설 The new sandwich가 문장의 주어에 해당하며 그 뒤로 동사가 보이지 않으므로 빈칸은 동사 자리다. 따라서 (B) is served가 정답이다. 명사인 (A), (C)와 to부정사인 (D)는 동사 자리에 올 수 없다.

어휘 chip 감자튀김, (감자)칩 ∣ beverage 음료

2. 동사 자리

The warranty information **can be found** in the last page of the instruction manual.
보증서 정보는 사용 설명서의 마지막 장에서 찾아볼 수 있다.

해설 The warranty information이 문장의 주어에 해당하며 그 뒤로 동사가 보이지 않으므로 빈칸은 동사 자리다. 보기 중 동사 형태가 (C)와 (D) 두 개인데, 동사 자리에 원형인 be가 오려면 명령문으로 쓰이거나 반드시 앞에 조동사를 동반해야 하므로 (D) can be found가 정답이다. 동명사나 현재분사 형태인 (A)와 to부정사인 (B)는 동사 자리에 올 수 없다.

어휘 warranty (품질)보증서 ∣ instruction manual 사용 설명서

3. 어휘-동사

The contract **covers** the lease of the vehicles and basic collision insurance.
계약서에는 차량 임대와 기본 충돌 보험이 포함된다.

해설 빈칸은 문장의 동사 자리로, 보기 모두 의미가 다른 동사로 구성되어 있으므로 문맥상 어울리는 동사를 골라야 한다. 계약서가 차량 임대와 기본 충돌 보험을 포함한다는 의미가 자연스러우므로 '포함시키다'라는 의미의 (C) covers가 정답이다.

어휘 contract 계약(서) ∣ lease 임대차 계약 ∣ vehicle 차량 ∣ collision 충돌 ∣ insurance 보험

BASE 집중훈련 본서 p.31

A.
1. investment, 우리는 해외 투자가 더 필요하다.
2. experience, 그 지원자는 관광업에서 많은 경험을 가지고 있다.
3. photographs, 전시회에서 사진을 찍는 것은 허용되지 않는다.
4. award, Itawa 전자는 2년 연속해서 상을 받았다.
5. that, Best 출판사는 직원들을 10퍼센트 늘리겠다고 어제 말했다.

B.
1. (B), Granite 사는 Tarner 보험사와의 사업 계약을 연장할 것이다.
2. (A), Kazama 씨는 어디서나 Kazama 스포츠용품을 보기를 바란다.
3. (C), Terre 조경은 잠재 고객들에게 무료 비용 견적을 제공한다.

A.

1. 목적어 자리

We need more foreign **investment**.
우리는 해외 투자가 더 필요하다.

해설 We가 주어, need가 동사이므로 괄호는 목적어 자리다. 목적어 자리에는 명사가 와야 하므로 investment가 정답이다. more와 foreign은 각각 명사 investment를 수식하는 형용사이다.

어휘 foreign 해외의, 외국의 | investment 투자

2. 목적어 자리

The candidate has a lot of **experience** in tourism.
그 지원자는 관광업에서 많은 경험을 가지고 있다.

해설 The candidate가 주어, has가 동사이므로 괄호는 목적어 자리다. 목적어 자리에는 명사가 와야 하므로 experience가 정답이다. a lot of는 명사 experience를 수식하는 형용사이다.

어휘 candidate 지원자, 후보자 | a lot of 많은 | experience 경험; 경험하다 | tourism 관광업

3. 동명사의 목적어 자리

Taking **photographs** at the exhibition is not allowed.
전시회에서 사진을 찍는 것은 허용되지 않는다.

해설 Taking이 동명사 주어, is not allowed가 동사이므로 괄호는 동명사의 목적어 자리다. 목적어 자리에는 명사가 와야 하므로 photographs가 정답이다.

어휘 take a photograph 사진을 찍다, 촬영하다 | exhibition 전시(회) | allow 허용하다, 받아들이다

4. 목적어 자리

Itawa Electronics has won an **award** for the second consecutive year.
Itawa 전자는 2년 연속해서 상을 받았다.

해설 Itawa Electronics가 주어, has won이 동사이므로 괄호는 목적어 자리다. 목적어 자리에는 명사가 와야 하므로 award가 정답이다.

어휘 win an award 수상하다 | consecutive 연이은 | for the second consecutive year 2년 연속으로

5. 목적어를 이끄는 명사절 접속사

Best Publishing said yesterday **that** it would increase its staff by 10 percent.
Best 출판사는 직원들을 10퍼센트 늘리겠다고 어제 말했다.

해설 Best Publishing이 주어이고 said가 동사인데, 괄호 뒤에 주어 it, 동사 would increase를 가진 또 다른 문장이 이어지고 있으므로 이 문장 전체가 said의 목적어에 해당하는 명사절이다. 괄호에는 명사절을 이끄는 접속사가 필요하고 명사절 접속사는 that이므로 that이 정답이다.

어휘 increase 증가시키다 | staff 직원

B.

1. 목적어 자리

Granite Ltd. will extend its business **agreement** with Tarner Insurance.
Granite 사는 Tarner 보험사와의 사업 계약을 연장할 것이다.

해설 Granite Ltd.가 주어, will extend가 동사이므로 빈칸은 목적어 자리다. 목적어 자리에는 명사가 와야 하며, 보기 중 명사는 agreement 뿐이므로 (B)가 정답이다. 빈칸 앞의 business는 agreement와 결합하여 '사업 계약'이라는 뜻의 복합명사를 이룬다.

어휘 extend 연장하다 | agreement 계약(서)

2. to부정사의 목적어 자리

Ms. Kazama hopes to **see** Kazama sports goods everywhere.
Kazama 씨는 어디서나 Kazama 스포츠용품을 보기를 바란다.

해설 Kazama 씨가 주어, hopes가 동사인데, hope는 to부정사를 목적어로 취하는 대표적인 동사이다. 따라서 빈칸은 'to + 동사원형'의 to부정사를 완성하는 동사원형이 들어갈 자리이므로 (A)가 정답이다. Kazama sports goods는 동사 see의 목적어에 해당한다.

어휘 hope to ~하기를 바라다 | sports goods 스포츠용품 | everywhere 모든 곳에, 어디나

3. 간접 목적어 자리/어휘-명사

Terre Landscaping offers potential **clients** free cost estimates.
Terre 조경은 잠재 고객들에게 무료 비용 견적을 제공한다.

해설 빈칸은 문장의 목적어 자리로, 보기 모두 의미는 각기 다르지만 목적어 자리에 들어갈 수 있는 명사들로 구성되어 있으므로 문맥상 어울리는 명사를 골라야 한다. Terre 조경이 잠재 고객들에게 무료 비용 견적을 제공한다는 의미가 자연스러우므로 '고객'이라는 뜻의 (C)가 정답이다.

어휘 landscaping 조경 | potential 잠재적인, 잠재력이 있는 | free 무료의 | cost estimate 비용 견적(서)

BASE 집중훈련

본서 p.33

A.

1. employee, Han 씨는 믿을 만한 직원이다.
2. important, 고객 만족을 제공하는 것은 중요하다.
3. expensive, 그 광고 비용은 장기적으로 보면 비싼 듯하다.
4. interesting, 위원회는 그 사업 제안이 흥미롭다고 생각했다.
5. director, 경영진은 지난달 Irving 씨를 Tokyo 지사의 책임자로 임명했다.

B.

1. (B), Morris 가는 비상 도로 보수 작업으로 인해 진입할 수 없다.
2. (D), 요리를 신선하면서도 알맞은 가격으로 유지하기 위해, Texas BBQ는 재료를 위해 현지 농장과 비공개 계약을 맺는다.
3. (A), 개업 행사의 참석은 필수는 아니지만 매우 권장된다.

A.

1. 주격 보어(명사) 자리

Mr. Han is a reliable **employee**.
Han 씨는 믿을 만한 직원이다.

해설 Han 씨가 주어이고, is가 주격 보어를 취하는 동사이므로 괄호는 주격 보어 자리다. 주격 보어 자리에 명사가 들어가면 주어와 동격을 이루고 형용사가 들어가면 주어를 서술하는 역할을 하는데, 괄호 안의 단어가 모두 명사이므로 주어와 동격이 되는 명사를 골라야 한다. 의미상 'Mr. Han = employee'이므로 employee가 정답이다.

어휘 reliable 믿을 만한, 신뢰할 수 있는

2. 주격 보어(형용사) 자리

To provide customer satisfaction is **important**.
고객 만족을 제공하는 것은 중요하다.

해설   To provide customer satisfaction이 to부정사 형태의 주어이고, is 가 주격 보어를 취하는 동사이므로 괄호는 주격 보어 자리다. 주격 보어 자리에 명사가 들어가면 주어와 동격을 이루고 형용사가 들어가면 주어를 서술하는 역할을 하는데, 의미상 '고객 만족을 제공하는 것은 중요하다'라고 하여 주어를 서술해주는 형용사가 들어가야 적절하므로 important가 정답이다.

어휘   customer satisfaction 고객 만족

---

3. 주격 보어(형용사) 자리

The advertising cost seems **expensive** in the long run.
그 광고 비용은 장기적으로 보면 비싼 듯하다.

해설   The advertising cost가 주어이고, seems가 주격 보어를 취하는 동사이므로 괄호는 주격 보어 자리다. 주격 보어 자리에는 주어와 동격을 이루는 명사나 주어를 서술하는 형용사가 들어갈 수 있으므로 expensive가 정답이다.

어휘   advertising cost 광고비 | seem ~인 것 같다 | in the long run 장기적으로 (보면)

---

4. 목적격 보어(형용사) 자리

The committee found the business proposal **interesting**.
위원회는 그 사업 제안이 흥미롭다고 생각했다.

해설   The committee가 주어, found는 find의 과거형으로 목적격 보어를 취할 수 있는 동사이다. business proposal이 목적어이므로 괄호는 목적격 보어 자리다. 목적격 보어 자리에 명사가 들어가면 목적어와 동격을 이루고 형용사가 들어가면 목적어를 서술하는 역할을 하는데, 의미상 '사업 제안이 흥미롭다'라고 하여 목적어를 서술해 주는 형용사가 들어가야 적절하므로 interesting이 정답이다.

어휘   committee 위원회 | find ~를 …라고 생각하다 | business proposal 사업 제안(서)

---

5. 목적격 보어(명사) 자리

The management appointed Ms. Irving **director** of the Tokyo office last month.
경영진은 지난달 Irving 씨를 Tokyo 지사의 책임자로 임명했다.

해설   The management가 주어, appointed는 appoint의 과거형으로 목적격 보어를 취할 수 있는 동사이다. Ms. Irving이 목적어이므로 괄호는 목적격 보어 자리다. 목적격 보어 자리에 명사가 들어가면 목적어와 동격을 이루고 형용사가 들어가면 목적어를 서술하는 역할을 하는데, 의미상 'Ms. Irving = director'이므로 director가 정답이다.

어휘   management 경영(진) | appoint ~를 …로 임명하다 | director 책임자, 이사

B.

1. 주격 보어(형용사) 자리

Morris Street is not **accessible** due to emergency road repairs.
Morris 가는 비상 도로 보수 작업으로 인해 진입할 수 없다.

해설   Morris Street가 주어, is가 주격 보어를 취하는 동사이므로 빈칸은 주격 보어 자리다. 주격 보어 자리에는 주어와 동격을 이루는 명사나 주어를 서술하는 형용사가 올 수 있으므로 (C) accessibly, (D) accessing은 먼저 소개한다. 의미상 'Morris Street가 접근 가능하다'라고 하여 주어를 서술하는 형용사가 들어가야 적절하므로 (B) accessible이 정답이다.

어휘   accessible 접근할 수 있는, 이용 가능한 | due to ~ 때문에 | emergency 비상 | repairs 보수 작업

---

2. 목적격 보어(형용사) 자리

To keep its dishes fresh and **affordable**, Texas BBQ makes private contracts with local farms for its ingredients.
요리를 신선하면서도 알맞은 가격으로 유지하기 위해, Texas BBQ는 재료를 위해 현지 농장과 비공개 계약을 맺는다.

해설   keep이 목적격 보어를 취할 수 있는 동사이고, its dishes가 목적어이므로 빈칸은 목적격 보어 자리다. 의미상 '요리를 신선하고 알맞은 가격으로 유지하다'라고 하여 목적어를 서술하는 형용사가 들어가야 적절하므로 (D) affordable이 정답이다. 참고로, 빈칸 앞의 등위 접속사 and는 앞뒤로 동일한 문장 성분을 연결하므로 형용사 fresh도 빈칸의 품사를 알려주는 단서가 된다.

어휘   dish 요리 | private 비공개의, 사적인 | contract 계약(서) | ingredient 재료

---

3. 주격 보어(형용사) 자리

Attendance at the grand opening event is not **mandatory**, but it is highly advised.
개업 행사의 참석은 필수는 아니지만 매우 권장된다.

해설   빈칸은 문장의 주격 보어 자리로, 보기 모두 의미는 각기 다르지만 보어 자리에 들어갈 수 있는 형용사들로 구성되어 있으므로 문맥상 어울리는 형용사를 골라야 한다. 개업 행사의 참석이 필수는 아니지만 매우 권장된다는 의미로 연결되어야 자연스러우므로 '필수의, 의무적인'이라는 뜻의 (A) mandatory가 정답이다.

어휘   attendance 참석, 참석자 수 | grand opening 개장, 개점 | highly advised 매우 권장되는

BASE 집중훈련   본서 p.35

A.
1. promptly, Altamont 카페는 매일 아침 7시 정각에 문을 연다.
2. opens, Mable 시티 투어의 현장 발권 시스템은 평일에만 개방된다.
3. equally, Hestia 식당의 요리사들에게는 적절한 준비와 신선한 재료가 똑같이 중요하다.
4. during, Kazuya의 직원 매뉴얼은 회의 중에 반드시 모든 전자 기기를 꺼야 한다고 명시한다.
5. equipment, 우리는 목록에 있는 공급업체들에서 의자나 모니터 등의 사무기기를 주문할 수 있다.

B.
1. (B), 제출된 각 기사는 최소 2명의 선임 편집자에 의해 주의 깊게 읽혀야 한다.
2. (B), Freezer Fare 사의 인사 담당 이사는 신입 직원들을 위한 오리엔테이션 프로그램을 준비한다.
3. (D), Citronar 음료 회사는 무료 시음을 제공하여 고객 피드백을 모으는 새로운 전략을 도입했다.

A.

1. 수식어(부사) 자리

The Altamont Café opens **promptly** at 7 o'clock every morning.
Altamont 카페는 매일 아침 7시 정각에 문을 연다.

해설   '매일 아침 7시에 문을 연다'라는 문장으로 The Altamont Café가 주어, opens가 자동사로 괄호 안의 단어가 없어도 완벽한 문장이므로 괄호는 수식어 자리다. 의미상 '7시 정각에'라는 뜻으로 전치사구 at 7 o'clock을 수식하는 부사가 들어가야 적절하므로 promptly가 정답이다. 'promptly at + 시각'을 관용 표현으로 외워두자.

어휘 promptly 정확히 제시간에

---

2. 동사 자리

The onsite ticketing system for Mable City Tours **opens** on weekdays only.

Mable 시티 투어의 현장 발권 시스템은 평일에만 개방된다.

해설 The onsite ticketing system이 주어인데, 그 뒤로 동사 없이 전치사구만 연결되어 있으므로 괄호는 동사 자리다. 따라서 동사 opens가 정답이다. 이처럼 동사 자리를 묻는 문제 중에서 주어와 동사 사이에 전치사구 for Mable City Tours와 같은 수식어가 들어가서 동사를 쉽게 파악할 수 없게 하는 문제가 자주 출제되고 있으니 주의한다.

어휘 onsite 현장의 | ticketing 발권 | open 열다, 개방되다 | weekday 평일

---

3. 수식어(부사) 자리

Proper preparation and fresh ingredients are **equally** important to Hestia Restaurant's cooking staff.

Hestia 식당의 요리사들에게는 적절한 준비와 신선한 재료가 똑같이 중요하다.

해설 '적절한 준비와 신선한 재료가 중요하다'라는 의미로 괄호 안의 단어가 없어도 완벽한 문장이므로 괄호는 수식어 자리이며, 형용사 important를 수식하는 품사는 부사이므로 equally가 정답이다. enough는 형용사와 부사 역할을 모두 할 수 있지만, enough가 부사로 쓰일 때는 항상 형용사 뒤에 오므로 이 문제에서는 답이 될 수 없다.

어휘 proper 적절한 | preparation 준비 | ingredient 재료 | equally 똑같이

---

4. 수식어(전치사) 자리

Kazuya's employee manual states that all electronic devices must be switched off **during** meetings.

Kazuya의 직원 수칙은 회의 중에 반드시 모든 전자 기기를 꺼야 한다고 명시한다.

해설 Kazuya's employee manual이 주어, states가 동사이며 that절이 목적어로 온 구조로, that절도 주어 all electronic devices와 동사 must be switched off를 모두 갖춘 완벽한 문장이므로 그 뒤에는 수식어가 온다고 판단할 수 있다. 이때 명사를 이끌어 수식어구를 완성하는 품사는 전치사이므로 during이 정답이다.

어휘 employee manual 직원 수칙 | state 명시하다 | electronic device 전자기기 | switch ~ off (~의 스위치를) 끄다 | during ~ 동안, ~ 하는 중에

---

5. 목적어 자리

We may order office **equipment** such as chairs and monitors from the suppliers on the list.

우리는 목록에 있는 공급업체들에서 의자나 모니터 등의 사무기기를 주문할 수 있다.

해설 We가 주어, may order가 동사이며, 괄호 뒤의 such as chairs and monitors from the suppliers on the list는 긴 수식어구이다. 따라서 괄호에는 앞의 명사 office와 함께 어울릴 수 있는 목적어가 필요하므로 '사무기기'라는 뜻의 복합명사를 완성하는 명사 equipment가 정답이다.

어휘 order 주문하다 | office equipment 사무기기 | such as ~와 같이, 예를 들어 | supplier 공급업체

B.

1. 수식어(부사) 자리

Each submitted article must be read **carefully** by at least two senior editors.

제출된 각 기사는 최소 2명의 선임 편집자에 의해 주의 깊게 읽혀야 한다.

해설 빈칸을 빼고 봤을 때 '제출된 각 기사는 최소 2명의 선임 편집자에 의해 읽혀야 한다'라는 의미로 주어와 동사를 갖춘 완벽한 문장이다. 따라서 빈칸은 문장에서 없어도 되는 수식어 자리로 판단할 수 있으며, 의미상 동사 be read '읽혀지다'를 수식할 수 있는 품사인 부사가 적절하므로 (B) carefully가 정답이다.

어휘 each 각각의 | submitted 제출된 | article 기사 | at least 적어도, 최소한 | senior editor 선임 편집자

---

2. 주어 자리

The human resources **director** for Freezer Fare Corp. organizes the orientation programs for new employees.

Freezer Fare 사의 인사 책임자는 신입 직원들을 위한 오리엔테이션 프로그램을 준비한다.

해설 빈칸은 앞의 human resources와 함께 복합명사를 이루어 주어 역할을 해야 하는 자리로, '인사 책임자'라는 의미가 적절하므로 '책임자, 이사'라는 뜻의 명사 (B) director가 정답이다. organizes가 동사, the orientation programs가 목적어이며, 주어와 동사 사이의 for Freezer Fare Corp.은 주어를 수식하는 전치사구이다.

어휘 human resources director 인사 책임자 | organize 준비하다, 조직하다

---

3. 목적어 자리/어휘-명사

Citronar Beverages Ltd. introduced a new **strategy** for gathering customer feedback by providing free samples.

Citronar 음료 회사는 무료 시음을 제공하여 고객 피드백을 모으는 새로운 전략을 도입했다.

해설 빈칸은 문장의 목적어 자리로, 보기 모두 의미는 각기 다르지만 목적어 자리에 들어갈 수 있는 명사들로 구성되어 있으므로 문맥상 어울리는 명사를 골라야 한다. Citronar 음료 회사가 무료 시음을 제공하여 고객 피드백을 모으기 위한 전략을 도입했다는 의미가 자연스러우므로 for gathering customer feedback by providing free samples의 수식을 받기에 적절한 명사는 '전략'이라는 뜻의 (D) strategy이다.

어휘 introduce 도입하다, 소개하다 | gather 모으다 | customer feedback 고객 피드백

본서 p.36

BASE 확장

체크 체크
1. There (is) a box on a counter. 카운터 위에 상자 한 개가 있다.
2. There (are) plates in a sink. 싱크대 안에 접시들이 있다.
3. There (are) many tourists on a bus. 버스에 많은 관광객들이 있다.

체크 체크
1. Self-checkout machines are convenient.
   셀프 계산대는 편리하다.
2. Young consumers prefer brand-name products.
   젊은 소비자들은 유명 상표가 붙은 제품을 선호한다.
3. We must consider the proposal only a draft.
   우리는 그 제안서를 초안으로만 고려해야 한다.

BASE 실전훈련

본서 p.38

1. (B)   **2.** (D)   **3.** (A)   **4.** (D)   **5.** (C)   **6.** (C)
7. (B)   **8.** (B)   **9.** (B)   **10.** (D)   **11.** (C)   **12.** (A)

1. 명사절의 주어

The Darwin Ecology Fund believes that continued **collaboration** between scientists and corporations is vital.
Darwin 생태 기금은 과학자들과 기업들 간의 지속적인 협력이 중요하다고 믿습니다.

해설 빈칸은 문장의 목적어인 that절 내 주어 자리이므로 명사 (B) collaboration이 정답이다.

어휘 ecology 생태(학) | fund 자금, 기금 | continued 계속된, 지속된 | corporation 기업 | vital 필수적인, 중요한

2. 동사 자리

The modifications to the initial laptop design **represent** an increase in memory and power capacity.
초기 노트북 디자인의 변경은 메모리와 전력 용량의 증가를 나타낸다.

해설 빈칸은 주어 modifications와 목적어 an increase 사이에 오는 동사 자리이다. 주어가 복수명사이므로 복수 동사 (D) represent가 정답이다.

어휘 modification 수정, 변경 | initial 처음의, 초기의 | represent 나타내다; 대표하다 | increase 증가; 증가하다 | capacity 용량, 수용력, 능력

3. 주어 자리

The major **objective** of the research is to measure resident satisfaction in the area.
그 연구의 주된 목표는 이 지역에서 주민 만족도를 측정하는 것이다.

해설 빈칸은 전치사구 of the research의 수식을 받는 문장의 주어 자리로, 보기 중 주어 자리에 들어갈 수 있는 명사 (A) objective가 정답이다.

어휘 major 주된, 주요한 | objective 목표 | measure 측정하다 | resident satisfaction 주민 만족

4. 목적어 자리/어휘-명사

In January, the city orchestra will perform many new musical **arrangements**.
1월에 시립 오케스트라는 새로운 음악 편곡을 많이 연주할 것이다.

해설 빈칸은 동사 will perform의 목적어 자리다. many new musical의 수식을 받고 있으므로 문맥상 '많은 새로운 음악 편곡을 연주할 것이다'라는 의미가 되어야 자연스럽다. 따라서 (D) arrangements가 정답이다. arranger는 '편곡자, 준비하는 사람'을, arrangement는 '편곡, 준비'를 의미한다.

어휘 orchestra 오케스트라 | perform 연주하다, 공연하다 | musical 음악의

5. 명사절의 주어/어휘-명사

Sylvia Boyard has mentioned that **creativity** is the most important characteristic for real estate developers.
Sylvia Boyard는 창의성이 부동산 개발업자가 가져야 할 가장 중요한 특성이라고 말했다.

해설 빈칸은 that절 내 문장의 주어 자리다. 문맥상 '창의성은 부동산 개발업자가 가져야 할 중요한 특성'이라는 의미가 자연스러우므로 (C)

creativity가 정답이다. 명사 creativity는 '창의성'을, creation은 '창조, 창작'을 의미한다.

어휘 mention 언급하다, 말하다 | characteristic 특징, 특질 | real estate developer 부동산 개발업자

6. there 구문의 주어 자리

There has been remarkable **growth** in the medical industry over the last five years.
지난 5년 동안 의료 산업에 엄청난 성장이 있었다.

해설 '~이 있다'라는 의미의 There 구문으로, There 구문은 「There + be 동사 + 주어」의 어순을 가진다. 빈칸은 주어에 해당하는 명사 자리이므로 (C) growth가 정답이다.

어휘 remarkable 엄청난, 주목할 만한 | growth 성장 | medical industry 의료 산업

7. 주격 보어(형용사) 자리

After a discussion with the board of directors, the CFO appeared **agreeable** to the revised annual budget report.
이사진과의 논의 뒤, CFO는 수정된 연간 예산 보고서에 동의하는 것처럼 보였다.

해설 빈칸 앞의 동사 appeared는 주어의 상태를 설명하는 주격 보어를 취하는 동사로, 문맥상 'CFO가 동의하는 것처럼 보였다'라는 의미가 자연스러우므로 형용사 (B) agreeable이 정답이다.

어휘 discussion 논의, 토론 | board of directors 이사진 | appear ~처럼 보이다 | agreeable 선뜻 동의하는 | revised 수정된 | annual 연간의 | budget report 예산 보고서

8. 주어 자리/어휘-명사

The updated **edition** of the user manual will include a list of authorized repair shops.
사용자 매뉴얼 개정본에는 공인 수리점 목록이 포함될 것이다.

해설 빈칸은 동사 will include의 주어 자리다. 문맥상 '사용자 매뉴얼 개정본에는 수리점 목록이 포함될 것이다'라는 의미가 되어야 자연스러우므로 (B) edition이 정답이다.

어휘 updated 개정된, 업데이트된 | edition 판, 호 | user manual 사용자 매뉴얼 | include 포함하다 | list 목록, 명단 | authorized 공인된 | repair shop 수리점

9-12번은 다음 공지에 관한 문제입니다.

고객님께,

배송 중에 제품이 긁히거나 찌그러졌습니까? 그렇다면, 즉시 고객님 지역의 Global Parcel Service (GPS) 지사로 **⁹가져가십시오**. 보상을 받으려면, 소포 **¹⁰수령인**이 소포 수령 1주일 이내에 피해에 대한 보고서를 제출해야 합니다. **¹¹반드시 피해 양식에 완전히 요약해서 작성해 주세요.** GPS 직원이 모든 청구를 신중히 살펴볼 것입니다. GPS는 선적하기 전에 손상된 물건에 대해서는 환불을 **¹²제공하지 않는다**는 점에 주의해주세요. 또한 GPS는 포장 불량이나 정상적인 마모 및 찢김으로 인한 손상에 대해서는 책임이 없습니다.

어휘
scratch 긁다 | dent 찌그러뜨리다, 움푹 들어가게 하다 | compensation 보상 | package 상자, 소포 | recipient 받는 사람, 수령인 | turn in 제출하다 | damage 손상, 피해 | parcel 소포 | look over 살펴보다, 검토하다 | note that ~라는 점 주의하세요 | property 재산, 소유물 | liable for ~에 대한 책임이 있는 | packing 포장 | wear 마모, 닳음 | tear 찢김, 구멍

9. 동사 자리

해설 해당 문장에 주어가 없고 빈칸 뒤에 본동사가 없으므로 해당 자리는 명령문의 동사 자리임을 알 수 있다. 따라서 동사원형 (B) take가 정답이다.

10. 주어 자리

해설 빈칸은 문장의 주어 자리로, 보기 중 명사 (C) receipts와 (D) recipients가 들어갈 수 있는데, 소포 수령인이 보고서를 제출해야 한다는 의미이므로 package와 함께 '소포 수령인'이라는 의미를 완성하는 사람 명사 (D) recipients가 정답이다.

11. 문장 선택

(A) Global Parcel Service는 고객님의 소포가 48시간 이내에 도착할 것을 보증합니다.
(B) GPS 본사는 시내 Main가에 있습니다.
(C) 반드시 피해 양식에 완전히 요약해서 작성해 주세요.
(D) 저희 고객 서비스 센터는 이번 주에 보수 공사를 위해 문을 닫을 예정입니다.

해설 빈칸 앞 문장을 살펴보면, 피해에 대한 보고서를 작성해야 한다고 했으므로 피해 양식에 요약해서 작성해 달라는 내용이 뒤따르는 것이 자연스럽다. 따라서 (C)가 정답이다.

12. 동사 자리

해설 빈칸은 that절의 동사 자리이며 앞에 조동사 cannot이 있으므로 그 뒤에는 반드시 동사원형이 와야 한다. 따라서 (A) offer가 정답이다.

CHAPTER 02 명사와 대명사

BASE 집중훈련

A.
1. medicines, 연구원들은 제약 회사들이 신약을 개발하도록 돕는다.
2. renovation, 도서관의 수리가 7월에 완료될 예정이다.
3. confusion, 본사 직원들의 역할에 대해 약간의 혼동이 있는 듯하다.
4. supervisor, 당신의 관리자가 당신에게 지정된 주차 구역을 알려줄 것이다.
5. authorization, 웹사이트 디자이너들은 승인 없이 어떤 것도 바꿔서는 안 된다.

B.
1. (D), Phan 씨의 결단력은 예산안을 검토할 때 귀중한 특성이다.
2. (A), Montrose 계정에 접속하려면 유효한 암호를 입력하십시오.
3. (C), DO6 프린터는 고객 평가 부문에서 단 하나의 불만도 받지 않았다.

A.

1. 형용사 뒤 명사 자리

Researchers help drug companies develop new **medicines**.
연구원들은 제약 회사들이 신약을 개발하도록 돕는다.

해설 medical은 형용사, medicines는 명사로, 괄호는 형용사 new의 수식을 받는 명사 자리이므로 medicines가 정답이다.

어휘 drug company 제약 회사 | develop 개발하다 | medicine 약, 약물

2. 정관사 뒤 명사 자리

The **renovation** of the library is scheduled to be completed in July.
도서관의 수리가 7월에 완료될 예정이다.

해설 renovation은 명사, renovate는 동사로, 괄호는 정관사 뒤 명사 자리이므로 renovation이 정답이다.

어휘 renovation 수리 | be scheduled to ~할 예정이다 | complete 완료하다

3. 형용사 뒤 명사 자리

There seems to be some **confusion** about the roles of staff at the main office.
본사 직원들의 역할에 대해 약간의 혼동이 있는 듯하다.

해설 confusion은 명사, confused는 동사 confuse의 과거형 또는 과거분사로, 괄호는 형용사 some의 수식을 받는 명사 자리이므로 confusion이 정답이다.

어휘 role 역할 | main office 본사

4. 소유격 뒤 명사 자리/어휘-명사

Your **supervisor** will inform you of the designated parking area.
당신의 관리자가 당신에게 지정된 주차 구역을 알려줄 것이다.

해설 supervision은 '감독'을 뜻하는 추상명사, supervisor는 '감독관'을 뜻하는 사람 명사로, 괄호는 소유격 대명사의 수식을 받는 명사 자리이고, 의미상 당신에게 알려줄 주체는 사람이므로 supervisor가 정답이다.

어휘 inform 알리다 | designated 지정된 | parking area 주차 구역

5. 전치사 뒤 명사 자리

Web site designers should not alter anything without **authorization**.
웹사이트 디자이너들은 승인 없이 어떤 것도 바꿔서는 안 된다.

해설 authorized는 동사 authorize의 과거형 또는 과거분사, authorization은 명사로, 괄호는 전치사 without의 목적어로서 명사 자리이므로 authorization이 정답이다.

어휘 alter 고치다, 변경하다 | authorization 승인

B.

1. 소유격 뒤 명사 자리

Ms. Phan's **decisiveness** is a valuable trait when reviewing budget proposals.
Phan 씨의 결단력은 예산안을 검토할 때 귀중한 특성이다.

해설 빈칸은 소유격 Ms. Phan's의 한정을 받는 명사 자리이므로 (D) decisiveness가 정답이다.

어휘 valuable 소중한, 가치 있는 | trait (성격 상의) 특성 | review 검토하다 | budget proposal 예산안

2. 전치사 뒤 명사 자리

Please enter a valid password for **access** to your Montrose account.
Montrose 계정에 접속하려면 유효한 암호를 입력하십시오.

해설 빈칸은 전치사 for의 목적어 자리이므로 (A) access가 정답이다.

어휘 enter 입력하다 | valid 유효한 | password 암호, 비밀번호 | access 접속; 접속하다 | account 계정

3. 형용사 뒤 명사 자리

The DO6 printer has not gotten a single **complaint** in the customer review section.

DO6 프린터는 고객 평가 부문에서 단 하나의 불만도 받지 않았다.

해설 빈칸은 부정관사 a와 형용사 single의 수식을 받는 명사 자리이므로 (C) complaint가 정답이다.

어휘 single 단 하나의 I complaint 불평, 불만

BASE 집중훈련
본서 p.45

A.

1. assistant, 우리는 신제품을 개발하기 위해 새로운 연구 보조원을 고용할 것이다.
2. the, 그 점원은 물건을 안전하게 포장하고 그것들을 조심해서 다루도록 요구받았다.
3. equipment, 우리는 당신의 연설을 위해 몇 대의 시청각 장비를 제공할 것이다.
4. access, 웹사이트 무료 이용이 구독료에 포함되어 있습니다.
5. assistance, 임시 근로자들은 도움을 받기 위해 그들의 관리자를 만나도록 권유받는다.

B.

1. (B), 〈Downhill Dream〉은 2명의 우승 스키 선수들의 3년 간의 협력 기간 동안 집필되었다.
2. (C), Hilden 전자는 개봉된 상품에 대해 환불을 제공하지 않는다.
3. (D), Galbraith 실험실의 선임 기술자들만이 무균실에 들어갈 수 있는 허가를 받는다.

A.

1. a [n] + 가산명사 단수

We will hire a new research **assistant** to develop our new product.

우리는 신제품을 개발하기 위해 새로운 연구 보조원을 고용할 것이다.

해설 assistant는 가산 단수명사, assistants는 가산 복수명사로, 괄호는 명사 research와 복합명사를 이루어 문장의 목적어 자리에 들어갈 명사 자리인데, 앞에 부정관사 a가 있으므로 가산 단수명사가 들어가야 한다. 따라서 assistant가 정답이다.

어휘 hire 고용하다 I assistant 보조원 I develop 개발하다

---

2. the + 가산명사 단/복수, 불가산명사

The clerk was asked to pack **the** items securely and take care of them.

그 점원은 물건을 안전하게 포장하고 그것들을 조심해서 다루도록 요구받았다.

해설 a는 부정관사, the는 정관사로, 괄호 뒤의 items가 복수로 쓰였으므로 가산 단수/복수, 불가산명사에 구애 없이 쓸 수 있는 the가 정답이다. 부정관사 뒤에는 항상 가산 단수명사만 올 수 있다.

어휘 clerk 점원 I be asked to ~하도록 요구 받다 I pack 포장하다 I securely 안전하게 I take care of ~을 다루다

---

3. 불가산명사

We will provide some audiovisual **equipment** for your talk.

우리는 당신의 연설을 위해 몇 대의 시청각 장비를 제공할 것입니다.

해설 '장비'를 뜻하는 equipment는 셀 수 없는 명사, 즉 불가산명사이기 때문에 복수형으로 쓸 수 없다. 따라서 equipment가 정답이다.

어휘 audiovisual equipment 시청각 장비 I talk 담화, 연설

---

4. 불가산명사

Free **access** to our Web site is included with a subscription fee.

웹사이트 무료 이용이 구독료에 포함되어 있습니다.

해설 '접근, 이용'이라는 뜻의 access는 셀 수 없는 명사, 즉 불가산명사이기 때문에 복수형으로 쓸 수 없으며, 이를 모르더라도 주어와 동사의 수가 일치되어야 한다는 점에서 동사가 is이므로 주어 자리인 괄호에는 단수나 불가산명사가 들어가야 한다. 따라서 access가 정답이다.

어휘 be included with ~가 포함되다 I subscription fee 구독료

---

5. 어휘-명사/불가산명사

Temporary workers are encouraged to see their supervisors for **assistance**.

임시 근로자들은 도움을 받기 위해 그들의 관리자를 만나도록 권유받는다.

해설 괄호는 전치사의 목적어 자리이며 assistant는 '보조원'을 뜻하는 사람 명사로서 단수로 쓰였고, assistance는 '도움, 지원'을 뜻하는 불가산명사인데, 사람 명사와 같은 가산명사는 단수로 쓸 때 앞에 항상 관사나 소유격 등이 와야 한다는 점에서 앞에 아무것도 붙지 않았으므로 불가산명사 assistance가 정답이다.

어휘 temporary 임시의, 일시적인 I be encouraged to ~하도록 권유받다 I supervisor 감독관, 관리자

B.

1. a [n] + 가산명사 단수

Downhill Dream was written during a three-year **collaboration** between two champion skiers.

〈Downhill Dream〉은 2명의 우승 스키 선수들의 3년 간의 협력 기간 동안 집필되었다.

해설 전명구「during a three-year -------」에서 빈칸은 전치사의 목적어 자리로, 명사 (B) collaboration과 (C) collaborations 중에서 답을 고를 수 있는데, 앞에 가산 단수명사를 취하는 부정관사가 보이므로 (B) collaboration이 정답이다.

어휘 during ~동안 I champion 대회 우승자

---

2. 가산명사 복수

Hilden Electronics does not provide **refunds** for opened products.

Hilden 전자는 개봉된 상품에 대해 환불을 제공하지 않는다.

해설 빈칸은 동사 provide의 목적어 자리로, 명사 (C) refunds와 (D) refund 중에서 답을 고를 수 있는데, refund는 대표적인 가산명사이므로 단수로 쓸 때는 앞에 항상 관사나 소유격 등을 동반해야 하고, 그렇지 않으면 복수형으로 써야 한다. 빈칸 앞에 관사나 소유격 등의 한정사가 보이지 않으므로 복수형인 (C) refunds가 정답이다.

어휘 provide 제공하다 I refund 환불 I opened 개봉된

3. 불가산명사

Only senior technicians at Galbraith Labs have **permission** to enter the clean rooms.

Galbraith 실험실의 선임 기술자들만이 무균실에 들어갈 수 있는 허가를 받는다.

해설 빈칸은 동사 have의 목적어 자리로, 명사 (C) permit, (D) permission 중에서 답을 고를 수 있는데, permit은 '허가증'을 뜻하는 가산명사이며, permission은 '허가 (행위)'를 뜻하는 불가산명사임을 알고 있어야 답을 정확히 고를 수 있다. 빈칸 앞에 가산 단수형에 붙는 관사, 소유격 등의 한정사가 없다는 점에서 불가산명사가 들어갈 자리라는 것을 알 수 있으므로 (D) permission이 정답이다.

어휘 technician 기술자 | enter 들어가다, 입장하다 | clean room 무균실

BASE 집중훈련

A.

1. their, 그들의 서비스 계약이 종료되면, Caldecot 그룹은 다른 공급업체로 바꿀 것이다.

2. its, Altamont Inn은 편리한 곳에 위치해 있으며 자체 카페를 운영한다.

3. our, 우리 해안가를 아름답게 유지하기 위해서 재활용 가능한 쓰레기는 반드시 적절한 쓰레기통에 버려 주세요.

4. ours, 모든 부서는 보고서를 제출하도록 요청 받았고, 우리는 이미 우리의 것을 끝냈다.

5. himself, Henson 씨가 아팠기 때문에, Brown 씨가 회의에 혼자 참석해야 했다.

B.

1. (D), Braddock 씨가 Taipei에 있는 동안, Lau 씨가 그녀의 프로젝트 대부분을 지휘할 것이다.

2. (C), 많은 영세 사업주들은 체인점이 인기 있으면 그들 가게들의 수입이 줄어들 것이라고 걱정한다.

3. (D), 후보자들은 면접 보기를 기다리는 동안 자신들끼리 말하지 말아달라고 요청받는다.

A.

1. 소유격 대명사 자리

When **their** service contract ends, Caldecot Group will switch to a different supplier.

그들의 서비스 계약이 종료되면, Caldecot 그룹은 다른 공급업체로 바꿀 것이다.

해설 service contract가 부사절의 주어, ends가 부사절의 동사이며, 괄호가 복합명사인 service contract 앞에 위치해 있으므로 명사를 수식하는 소유격 대명사 their가 정답이다.

어휘 service contract 서비스 계약 | end 끝나다 | switch to ~로 바꾸다 | supplier 공급업체

---

2. 소유격 대명사 자리/명사-대명사 일치

The Altamont Inn is conveniently located and has **its** own café.

Altamont Inn은 편리한 곳에 위치해 있으며 자체 카페를 운영한다.

해설 괄호는 명사 café 앞에서 이를 수식하는 소유격 대명사 자리인데, its와 our가 모두 소유격이므로 어떤 명사를 대신하는 것인지 해석해봐야 한다. 문맥상 Altamont Inn이 café를 가지고 있다는 의미이며, Altamont Inn은 3인칭 단수이므로 its가 정답이다. 참고로, own은

「소유격 + own + 명사」의 형태를 취하여 명사의 소유 의미를 강조하며, '~만의 명사'로 해석한다.

어휘 conveniently located 편리한 곳에 위치해 있는

---

3. 소유격 대명사 자리

To keep **our** beach beautiful, be sure to put your recyclable trash in the proper bins.

우리 해안가를 아름답게 유지하기 위해서 재활용 가능한 쓰레기는 반드시 적절한 쓰레기통에 버려 주세요.

해설 「keep + 목적어 + 목적격 보어」 구조로 괄호는 명사 beach를 수식하는 자리이므로 소유격 대명사 our가 정답이다.

어휘 be sure to 반드시 ~하다 | recyclable 재활용할 수 있는 | trash 쓰레기 | proper 적절한 | bin 쓰레기통

---

4. 소유대명사 자리

Every department was asked to submit a report, and we already finished **ours**.

모든 부서는 보고서를 제출하도록 요청 받았고, 우리는 이미 우리의 것을 끝냈다.

해설 and 뒤의 절에서 we가 주어, finished가 동사이므로 괄호는 목적어 자리다. 목적격 대명사 us와 소유대명사 ours가 모두 목적어 자리에 들어갈 수 있으므로 문맥을 확인해야 한다. 앞 문장에서 모든 부서가 보고서를 제출하도록 요구 받았다는 내용이므로 and 이하는 우리는 이미 우리의 보고서(our report)를 끝냈다는 문맥이 나와야 한다. '소유격 대명사 + 명사 = 소유대명사'이므로 ours가 정답이다. 또한, 주어와 목적어가 동일하다면 목적어 자리에는 재귀대명사를 써야 해서 형태상 ourselves가 맞지만, 우리가 우리 스스로를 끝냈다는 의미는 맞지 않으므로 재귀대명사 역시 답이 될 수 없다.

어휘 be asked to ~하도록 요구 받다 | submit 제출하다 | already 이미, 벌써

---

5. 재귀대명사 자리

Since Ms. Henson was sick, Mr. Brown had to participate in the conference by **himself**.

Henson 씨가 아팠기 때문에, Brown 씨가 회의에 혼자 참석해야 했다.

해설 by 뒤에 목적격 대명사와 재귀대명사가 있다면, '그에 의해(by him)'가 맞는지, 재귀대명사 관용 표현인 '혼자서(by himself)'가 맞는지 해석해봐야 한다. Brown 씨가 혼자서 회의에 참석해야 했다는 의미가 적절하므로 '혼자서'라는 뜻의 관용 표현을 완성하는 재귀대명사 himself가 정답이다.

어휘 participate in ~에 참석하다 | conference 회의, 학회

B.

1. 소유격 대명사 자리

While Ms. Braddock is in Taipei, Mr. Lau will be directing most of **her** projects.

Braddock 씨가 Taipei에 있는 동안, Lau 씨가 그녀의 프로젝트 대부분을 지휘할 것이다.

해설 전치사 of 이하에서 「전치사 + 명사」 형태의 전명구를 완성하는 자리로, 빈칸은 명사 projects를 수식하는 자리이므로 소유격 대명사 (D) her가 정답이다.

어휘 direct 지휘하다, 총괄하다

10　파고다 토익 입문서 RC

2. 소유대명사 자리

Many small business owners worry that if the chain store is popular, **theirs** will lose revenue.

많은 영세 사업주들은 체인점이 인기 있으면 그들 가게들의 수입이 줄어들 것이라고 걱정한다.

해설 빈칸 뒤에 동사 will lose가 연결되어 있으므로 빈칸은 주어 자리이며, 앞 문장의 내용을 고려해 볼 때, 빈칸에는 '영세 사업주들의 가게들(small business owners' stores = their stores)'의 의미를 나타내는 소유대명사가 들어가야 하므로 (C) theirs가 정답이다.

어휘 owner 소유주, 주인 I worry 걱정하다 I lose 잃다, 줄다 I revenue 수입

3. 재귀대명사(재귀 용법) 자리

Candidates are requested not to speak among **themselves** while waiting to be interviewed.

후보자들은 면접 보기를 기다리는 동안 자신들끼리 말하지 말아달라고 요청받는다.

해설 빈칸은 전치사 among의 목적어 자리이므로 일단 (C) their는 소거한다. 문맥상 '후보자들이 자기들끼리 말하지 말아달라고 요청받는다'라는 의미가 적절하므로 빈칸에 들어갈 대명사는 문장의 주어인 Candidates를 대신해야 한다. 따라서 재귀대명사 (D) themselves가 정답이다.

어휘 candidate 후보자, 지원자 I be requested to ~하도록 요청받다

BASE 집중훈련
본서 p.49

A.
1. These, 이것들은 작년 사업 거래 서류의 사본들이다.
2. these, 우리는 우리 제품의 맛이 좋다는 것을 보장하기 위해 이 실험들을 사용한다.
3. promotions, 고객들은 한 달 간의 기념 기간 동안 이러한 특별 홍보 혜택을 이용하도록 권유받는다.
4. that, 내 컴퓨터 화면이 내 동료들의 그것보다 훨씬 더 크다.
5. Those, 그 직책에 지원하는 사람들은 지원서와 함께 이력서를 제출해야 합니다.

B.
1. (C), 당신의 컴퓨터에 있는 회계 소프트웨어가 내 것에 있는 그것보다 더 안전하다.
2. (B), 할인을 받으시려면 Hyakuman 서점의 판매원에게 이 쿠폰을 주십시오.
3. (B), 시설을 방문할 수 없는 사람들을 위한 특별 모임이 있을 것이다.

A.

1. 지시대명사 단수 vs. 복수

These are duplicates of documents from last year's business deals.

이것들은 작년 사업 거래 서류의 사본들이다.

해설 괄호 안의 This와 These는 지시대명사로, This '이것'은 단수이며, These '이것들'은 복수인데, 괄호 뒤의 동사 are와 괄호 안의 지시대명사가 가리키는 명사 duplicates가 복수이므로 These가 정답이다.

어휘 duplicate 사본 I document 서류 I deal 거래

2. 지시형용사 단수 vs. 복수

We use **these** trials to make sure our products taste great.

우리는 우리 제품의 맛이 좋다는 것을 보장하기 위해 이 실험들을 사용한다.

해설 괄호 안의 this와 these는 뒤의 명사 trials를 수식하는 지시형용사이며, 명사가 복수 trials이므로 these가 정답이다.

어휘 trial 실험 I make sure (that) ~ 반드시 ~하다 I taste 맛이 ~하다

3. these + 복수명사

Customers are invited to take advantage of these special **promotions** during our anniversary month.

고객들은 한 달 간의 기념 기간 동안 이러한 특별 홍보 혜택을 이용하도록 권유받는다.

해설 괄호 앞에서 이 괄호에 들어갈 명사를 수식하는 these가 지시형용사 복수형이므로 이에 수를 일치시켜 복수명사인 promotions가 정답이다.

어휘 be invited to ~하도록 권유받다 I take advantage of ~을 활용하다 I anniversary 기념일

4. 지시대명사 단수 vs. 복수

My computer monitor is much bigger than **that** of my coworkers.

내 컴퓨터 화면이 내 동료들의 그것보다 훨씬 더 크다.

해설 괄호 안의 that과 those는 앞서 언급한 명사를 가리킬 때도 사용하는데, 가리키는 명사가 단수이면 that, 복수이면 those를 써야 한다. 해석을 해보면 '내 컴퓨터 모니터가 내 동료들의 컴퓨터 모니터보다 훨씬 더 크다'라는 의미이므로 가리키는 명사가 computer monitor이며 단수로 쓰였으므로 that이 정답이다.

어휘 coworker 동료

5. 지시대명사 관용 표현

Those who apply for the position should submit their résumé with the application.

그 직책에 지원하는 사람들은 지원서와 함께 이력서를 제출해야 합니다.

해설 those who는 '~하는 사람들'이라는 뜻의 관용 표현으로 괄호 뒤에 who가 있으므로 Those가 정답이다.

어휘 apply for ~에 지원하다 I position 자리, 직책 I submit 제출하다 I résumé 이력서 I application 지원(서)

B.

1. 지시대명사 단수 vs. 복수

The accounting software of your computer is more secure than **that** of mine.

당신의 컴퓨터에 있는 회계 소프트웨어가 내 것에 있는 그것보다 더 안전하다.

해설 빈칸 뒤에 of mine이라는 전치사구가 연결되어 있는데, 일반적으로 (A) they, (B) them과 같은 인칭대명사는 뒤에 수식어를 동반할 수 없으므로 답에서 제외시킨다. 지시대명사 (C) that, (D) those 중에서 답을 고르려면 이 지시대명사가 가리키는 명사가 무엇인지를 해석해야 하는데, 당신의 컴퓨터의 회계 소프트웨어가 내 컴퓨터의 회계 소프트웨어보다 더 안전하다는 의미이므로 빈칸에 들어갈 지시대명사는 단수로 쓰인 명사 accounting software를 대신하고 있다. 따라서 (C) that이 정답이다. 참고로 mine은 소유대명사로서 문맥상 my computer를 대신한다.

어휘 secure 안전한

2. 지시형용사 단수 vs. 복수

Provide **this** coupon to a sales associate at any Hyakuman Bookstore to receive a discount.
할인을 받으려면 Hyakuman 서점의 판매원에게 이 쿠폰을 주십시오.

해설 이 쿠폰을 판매사원에게 주라는 의미로, 수식 받는 명사 coupon이 단수이므로 지시형용사의 단수형인 (B) this가 정답이다.

어휘 coupon 쿠폰, 할인권 | sales associate 판매원, 영업사원 | discount 할인

---

3. 지시대명사 관용 표현

There will be a special meeting for those **who** are unable to visit the facility.
시설을 방문할 수 없는 사람들을 위한 특별 모임이 있을 것이다.

해설 빈칸 뒤에 주어가 빠진 불완전한 문장이 나오므로, 빈칸은 those를 선행사로 하는 주격 관계대명사 자리다. 문맥상 '시설을 방문할 수 없는 사람들'이라는 의미가 되어야 자연스러우므로 those가 가리키는 대상이 불특정 다수의 사람들임을 알 수 있다. 따라서 (B) who가 정답이다. 지시대명사 those는 'those + who', 'those + 전치사구', 'those + 분사구'의 형태로 쓰여 '~하는 사람들[것들]'이란 의미로 쓰인다. 관용 표현 those who를 한 덩어리로 외워 두었다면 쉽게 풀 수 있는 문제다.

어휘 unable to ~할 수 없는 | facility 시설

BASE 집중훈련   본서 p.51

A.
1. each, 5개의 서류를 돌려보내기 전에 잊지 말고 그들 각각에 서명해 주세요.
2. both, Candelaria Press와 Marionette Fiction은 서로 매우 다른 책들을 출간하지만, 둘 다 수익성이 좋은 출판사들이다.
3. everything, 퇴근하시기 전에 반드시 모든 걸 회의실 밖으로 치워주세요.
4. another, 그 은행은 한 계좌에서 다른 계좌로 돈을 이체하는 것에 대해 새로운 수수료를 도입할 것이다.
5. others, 관리직 후보자들은 다른 사람들을 이끄는 결단력을 보여줘야 한다.

B.
1. (A), 그 가죽 재킷들은 봄까지 할인하는 유일한 재킷들이다.
2. (B), Park 씨는 협상팀에 있는 모든 사람에게 계약 제안서를 보냈다.
3. (B), 기념일 축하 행사는 법률 사무소 직원을 포함하여 회사의 직원 모두를 위한 것이다.

A.

1. 부정대명사 자리

Please remember to sign **each** of the five documents before returning them.
5개의 서류를 돌려보내기 전에 잊지 말고 그들 각각에 서명해 주세요.

해설 괄호부터 documents까지가 동사 sign의 목적어 자리이므로 목적어 자리에 들어갈 수 있는 품사가 필요한데, '다섯 개의 서류 모두에(every)', '다섯 개의 서류 각각에(each)'처럼 해석으로만 접근하면 모두 답이 될 것 같다. 하지만 every는 명사를 수식하는 한정사의 기능만 가지고 있으므로 목적어 자리에 들어갈 수 없다. each는 every와 마찬가지로 명사를 수식하는 한정사이면서도, '각각'이라는 뜻의 부정대명사의 역할도 하므로 each가 정답이다.

어휘 remember 기억하다 | sign 서명하다 | document 서류 | return 돌려보내다, 반환하다

---

2. 어휘-부정대명사

Although Candelaria Press and Marionette Fiction print very different books, **both** are profitable publishing companies.
Candelaria Press와 Marionette Fiction은 서로 매우 다른 책들을 출간하지만, 둘 다 수익성이 좋은 출판사들이다.

해설 괄호는 주절의 주어 자리이며, both와 some 모두 부정대명사이므로 주어 자리에 들어갈 수 있어 해석을 해봐야 한다. 앞에서 Candelaria Press와 Marionette Fiction이 매우 다른 책을 출간한다고 했으니, Although의 의미를 살려 '그렇기는 하지만, 둘 다 수익을 많이 내는 출판사들이다'로 연결되어야 자연스럽다. 따라서 '둘 다'의 의미를 갖는 both가 정답이다.

어휘 print 출간하다, 발행하다 | profitable 수익성 있는 | publishing company 출판사

---

3. 어휘-부정대명사

Make sure you clear **everything** out of the meeting room before you leave.
퇴근하시기 전에 반드시 모든 걸 회의실 밖으로 치워주세요.

해설 괄호는 동사 clear의 목적어 자리이며, everything과 something 모두 부정대명사이므로 목적어 자리에 들어갈 수 있어 해석을 해봐야 한다. 떠나기 전에 모든 것을 회의실 밖으로 치우라는 의미가 적절하므로 '모든 것, 모두'라는 뜻의 everything이 정답이다.

어휘 make sure (that) ~ 반드시 ~하다 | leave 떠나다

---

4. 부정대명사 용법

The bank will introduce a new fee for transferring money from one account to **another**.
그 은행은 한 계좌에서 다른 계좌로 돈을 이체하는 것에 대해 새로운 수수료를 도입할 것이다.

해설 괄호는 전치사 to의 목적어 자리이며, another와 the other 모두 부정대명사이므로 목적어 자리에 들어갈 수 있어 해석을 해봐야 한다. 전치사 for 이하를 보면, 돈을 한 계좌에서 다른 계좌로 이체한다는 내용인데, 계좌가 몇 개인지 알 수 없을 때는 불특정 다수로 보는 것이 옳다. 따라서 '다른 계좌'는 하나(one)를 제외한 나머지들 중 다른 어떤 하나를 의미하므로 another가 정답이다. 이처럼 불특정 다수 중에서 하나와 다른 하나를 나타낼 때는 'one ~ another' 표현을 사용하며, 둘 중에서 하나와 나머지 하나를 나타낼 때 'one ~ the other' 표현을 사용한다.

어휘 introduce 도입하다, 소개하다 | transfer 이체하다 | account 계좌

---

5. 부정대명사 용법

Candidates for the managerial position must show initiative to lead **others**.
관리직 후보자들은 다른 사람들을 이끄는 결단력을 보여줘야 한다.

해설 괄호는 동사 lead의 목적어 자리이며, the other와 others 모두 부정대명사이므로 목적어 자리에 들어갈 수 있어 해석을 해봐야 한다. 관리직 후보자들이 다른 사람들을 이끌기 위해 결단력을 보여줘야 한다는 내용인데, the other는 전체 수가 두 개인 경우 '나머지 하나'를 뜻하기 때문에 의미상 어색하다. 따라서 후보자를 제외한 나머지 불특정 다수를 나타내어 '다른 사람들'이란 뜻으로 쓰이는 others가 정답이다.

어휘 candidate 후보자, 지원자 | managerial position 관리직 | initiative 결단력, 주도권 | lead 이끌다

B.

1. 부정대명사 자리

The leather jackets are the only **ones** on sale until spring.

그 가죽 재킷들은 봄까지 할인하는 유일한 재킷들이다.

해설 빈칸은 the only의 수식을 받는 명사 자리다. 문맥상 '그 가죽 자켓들은 할인하는 유일한 자켓들'이라는 의미가 자연스러우므로 앞서 언급된 명사 jackets를 가리키는 부정대명사 (A) ones가 정답이다. 부정대명사 one(s)은 문장 내 '앞서 언급된 명사와 같은 종류나 성격의 것'을 나타낸다는 점을 기억해 두자.

어휘 leather 가죽 | on sale 할인 중인

2. 부정대명사 자리

Ms. Park sent the contract proposal to **everyone** on the negotiating team.

Park 씨는 협상팀에 있는 모든 사람에게 계약 제안서를 보냈다.

해설 빈칸은 전치사 to의 목적어 역할을 하는 명사 자리다. 문맥상 '협상팀에 있는 모든 사람에게 계약 제안서를 보냈다'라는 의미가 자연스러우므로 (B) everyone이 정답이다. (A) themselves와 같은 재귀대명사는 목적어 자리에서 행위의 주체(보통 주어에 해당)와 같은 경우에 쓸 수 있다는 점에 주의한다.

어휘 contract 계약(서) | proposal 제안(서) | negotiating team 협상팀

3. 부정대명사 자리

The anniversary celebration is for **all** of the firm's employees, including legal assistants.

기념일 축하 행사는 법률 사무소 직원을 포함하여 회사의 직원 모두를 위한 것이다.

해설 빈칸은 전치사 for의 목적어 역할을 하는 명사 자리다. 보기 중 명사 역할을 할 수 있는 것은 대명사 all뿐임을 고려할 때, 문맥상 '회사의 직원 모두를 위한 것이다'란 의미를 완성하므로 (B) all이 정답이다.

어휘 anniversary 기념일 | celebration 축하 | firm 회사 | including ~를 포함하여 | legal assistant 법률 사무소 직원

BASE 확장
본서 p.52

체크 체크

1. Customer satisfaction is our most important priority.
고객 만족이 우리에게 가장 중요한 우선 사항이다.

2. The baggage allowance for an international flight is 20kg per passenger. 국제선의 수하물 허용치는 승객 당 20kg이다.

3. Check the expiration date on the product before buying it. 제품을 구매하기 전에 그 제품에 있는 만료일을 확인하세요.

체크 체크

1. This plant is very easy to grow. **It** needs little water.
이 식물은 매우 쉽게 자란다. 그것은 물을 거의 필요로 하지 않는다.

2. My coworkers and I planted some trees for a charity. Some other volunteers helped **us**. 내 동료들과 나는 한 자선단체를 위해 나무 몇 그루를 심었다. 다른 몇몇 자원봉사자들이 우리를 도왔다.

3. Julie is a volunteer at the community center. She enjoys **her** work. Julie는 지역 문화 회관의 자원봉사자이다. 그녀는 그녀의 일을 즐긴다.

BASE 실전훈련
본서 p.54

1. (B) **2.** (D) **3.** (C) **4.** (B) **5.** (D) **6.** (C)
7. (D) **8.** (C) **9.** (B) **10.** (A) **11.** (D) **12.** (A)

1. 소유격 대명사 자리

The cleaning crew members have been quite mindful of **our** safety regulations.

청소부 직원들은 우리의 안전 규정을 상당히 유념해 주었다.

해설 빈칸은 복합명사 safety regulations를 수식하는 자리이므로 인칭대명사의 소유격 (B) our가 정답이다.

어휘 cleaning 청소 | crew 팀, 조 | quite 꽤, 상당히 | mindful of ~을 유념하는[의식하는] | safety regulations 안전 규정

2. 주격 대명사 자리

If **you** have any questions regarding your purchase, please contact our Customer Service Department via our company Web site.

구매 관련 문의 사항이 있으시면, 저희 회사 웹사이트를 통해 고객 서비스 부서로 연락해 주세요.

해설 빈칸은 If 종속절 내의 주어 자리다. 문맥상 '당신이 문의 사항을 가지고 있다면'이라는 의미이므로 주격 인칭대명사 (D) you가 정답이다.

어휘 regarding ~에 관하여 | purchase 구매(품) | contact 연락하다 | via ~을 통하여

3. 재귀대명사 관용 표현

Dr. Meriwether will see patients by **himself** while his colleague is at the medical conference in Houston.

동료가 Houston에서 열리는 의학 학회에 있는 동안, Meriwether 의사가 혼자서 환자들을 진료할 것이다.

해설 빈칸은 전치사 by의 목적어 자리다. 문맥상 전치사 by와 함께 쓰여 '혼자서'라는 뜻의 재귀대명사 관용 표현 by oneself가 적절하므로 (C) himself가 정답이다.

어휘 see a patient 환자를 진료하다 | while ~하는 동안 | colleague 동료 | conference 학회

4. 목적격 대명사 자리/명사-대명사

The IT crew is in charge of setting up the latest programs as soon as developers request **them**.

IT팀은 개발자들이 그것들을 요청하는 대로 최신 프로그램을 설치하는 일을 담당한다.

해설 빈칸은 as soon as 종속절 내 동사 request의 목적어 자리다. 주절과 종속절의 관계를 고려할 때, 문맥상 '최신 프로그램을 요청하자마자 그것들을 설치하는 일을 맡는다'라는 의미이므로 the latest programs를 가리키는 목적격 대명사 (B) them이 정답이다. 인칭대명사 문제는 해석을 해서 빈칸에 들어갈 대상을 파악한 후, 해당 위치에 맞는 대명사의 형태를 보기에서 찾는다.

어휘 crew (함께 일하는) 팀, 작업반 | in charge of ~을 담당하는 | set up 설치하다 | latest 최신의 | developer 개발자 | request 요청하다

5. 지시대명사 관용 표현

Ms. Bogen sold more products than **those** who have more sales experience.

Bogen 씨는 영업 경력이 더 많은 사람들보다 더 많은 제품을 팔았다.

해설 those who는 '~하는 사람들'이라는 뜻의 관용 표현으로 괄호 뒤에 who가 있으므로 (D) those가 정답이다. 대명사 문제에서 빈칸 뒤에 who ~, 전치사구, 형용사구가 있을 때 보기에 those나 anyone이 있다면 이들을 넣어서 '~하는 사람들'의 의미로 적합한지 확인해보고 바로 정답으로 선택하면 된다.

어휘 sales 영업 | experience 경험, 경력

---

6. 소유대명사 자리

Even though the department collaborated to develop the mobile application, the user interface design is primarily **mine**.

부서에서 모바일 앱을 개발하는 데 협력했지만, 사용자 인터페이스 디자인은 대부분 내 것이다.

해설 빈칸은 be동사 뒤의 주격 보어 자리다. 종속접속사 Even though로 연결된 두 절의 관계를 고려할 때, '비록 부서 전체가 앱 개발에 함께 했지만, 사용자 인터페이스 디자인은 주로 내 것(= my design)'이라는 의미이므로 소유대명사 (C) mine이 정답이다.

어휘 collaborate 협력하다 | develop 개발하다 | mobile application 모바일 앱 | user interface 사용자 인터페이스 | primarily 주로

---

7. 어휘-부정대명사

The chefs will evaluate all of the produce suppliers' bids and select **one** that suits their menu.

요리사들은 모든 농산물 공급업체들의 입찰을 평가하고 나서 자신들의 메뉴에 잘 맞는 한 곳을 선정할 것이다.

해설 빈칸은 동사 select의 목적어 자리다. 빈칸을 선행사로 하는 that 주격 관계사절 안의 동사가 3인칭 단수형 suits이므로, 빈칸에도 단수 (대)명사가 들어가야 한다. 접속사 and로 연결된 두 문장의 관계를 고려할 때, 문맥상 '모든 입찰을 평가하고, 메뉴에 맞는 한 곳을 선택할 것'이라는 의미가 자연스러우므로 (D) one이 정답이다. 부정대명사 one은 '불특정한 하나'를, another는 '앞에서 언급하지 않는 또 다른 하나'를, some은 '불특정한 복수'를 가리킬 때 사용된다.

어휘 chef 요리사 | evaluate 평가하다 | produce 농산물 | supplier 공급업체 | bid 입찰 | select 선택하다 | suit ~에게 맞다

---

8. 재귀대명사(강조 용법)/명사-대명사 일치

Marie Clarice's new documentary features aircrafts designed and constructed by the pilots **themselves**.

Marie Clarice의 새로운 다큐멘터리는 조종사들이 직접 설계하고 제작한 항공기에 대한 내용을 다룬다.

해설 빈칸은 문장 끝에 들어갈 재귀대명사 자리로, 문맥상 '조종사들이 직접 만든 항공기'라는 의미가 자연스러우므로 '조종사 자신들'을 가리키는 재귀대명사 (C) themselves가 정답이다. 재귀대명사의 강조 용법은 주어나 목적어를 강조할 때, 강조하는 말 바로 뒤나 문장 끝에 온다는 점을 기억해 두자.

어휘 feature ~의 특징을 이루다, ~을 다루다 | aircraft 항공기 | design 설계하다 | construct 건설하다, 만들다 | pilot 조종사

9-12번은 다음 편지에 관한 문제입니다.

Mckenna 자동차 수리점
90221 S. Peascod Street
Windsor Sl4

고객님께,

저희 회사는 4년 전에 개업한 이후로 오일 교체, 타이어 교체, 튠업과 같은 정기 자동차 정비 서비스에 대해 동일한 낮은 가격을 제공해 온 것에 대해 자랑스럽게 여깁니다. 유감스럽게도, 인상된 인건비와 재료비로 인해 저희는 1월 1일❾부로 이러한 서비스들에 대한 가격 인상을 시행할 수밖에 없습니다. 저희는 가격을 낮추기 위해 최선을 다했습니다. ❿하지만, 고품질 서비스를 제공하는 것이 저희의 최우선 사항입니다. 저희의 검증된 전문가들이 고객님의 차가 앞으로도 오랫동안 순조롭게 작동할 수 있도록 하기 위해 여기에 있습니다. ⓫저희는 그들의 전문 기술이 장기적으로 고객님의 돈을 절약해줄 것이라고 확신합니다. 언제나처럼, 고객님의 ⓬지지에 감사드리며 계속해서 고객님께 뛰어난 서비스를 제공할 수 있기를 바랍니다.

행복을 빌며,

CJ Mckenna

어휘
proud 자랑스러운 | regular 정기적인 | maintenance (건물, 기계 등을 정기적으로 점검, 보수하는) 유지, 정비 | rotation 순환, 교대, 교체 | tune-up 튠업(엔진 등의 철저한 조정) | unfortunately 유감스럽게도 | labor 노동 | material 재료 | priority 우선 사항 | proven 증명된, 검증된 | professional 전문가 | run 달리다, 작동하다 | smoothly 부드럽게, 순조롭게 | expertise 전문 지식, 전문 기술 | grateful 고마워 하는

---

9. 어휘-형용사

해설 문맥상 '1월 1일부로 이러한 서비스에 대한 가격을 인상한다'라는 내용이 되어야 자연스러우며, effective는 '효과적인'이란 의미 외에도 시점을 나타내는 부사구 앞에 쓰여 그 시점부터 '시행되는, 발효되는'이란 의미를 가지므로 (B) effective가 정답이다.

---

10. 어휘-접속부사

해설 앞 문장의 '가격을 낮추기 위해 노력했다'라는 내용과 빈칸 뒷부분의 '고품질 서비스 제공이 최우선 사항'이라는 내용을 고려할 때, 역접 관계를 연결하는 접속부사 (A) However가 정답이다.

---

11. 문장 선택

(A) 안타깝게도, 저희는 급격한 고객 감소를 경험했습니다.
(B) 저희가 사용하는 모든 장비는 최첨단 재료로 만들어졌습니다.
(C) 경쟁사들은 이미 가격을 인상했습니다.
(D) 저희는 그들의 전문 기술이 장기적으로 고객님의 돈을 절약해 줄 것이라고 확신합니다.

해설 빈칸 앞 문장의 당사의 전문가들이 자동차를 앞으로도 오랫동안 잘 유지시켜주기 위해 여기에 있다는 내용을 고려할 때, 문맥상 '그들의 (proven professionals) 전문 기술이 장기적으로 고객님의 돈을 절약해 줄 것을 우리는 확신한다'라는 내용으로 이어져야 자연스러우므로 (D)가 정답이다.

---

12. 명사 자리/불가산명사

해설 빈칸은 전치사의 목적어 역할을 하며 소유격의 수식을 받는 명사 자리다. 문맥상 귀하의 지지에 감사한다는 내용이 되어야 자연스러우므로, 불가산명사일 때 '지지, 지원'의 의미인 support의 단수형 (A) support가 정답이다.

CHAPTER 03 형용사와 부사

BASE 집중훈련

본서 p.59

A.

1. complete, 이 이메일은 고객님의 사흘 간의 괌 여행을 위한 완벽한 여행 일정표를 포함하고 있습니다.

2. Temporary, PDS 주식회사의 임시직이 회사 웹사이트에 게시될 것이다.

3. available, 고객 서비스 담당자들이 귀하의 전화를 받을 수 있습니다.

4. busy, 엄청난 주문 쇄도가 배송부를 바쁘게 했다.

5. interested, 워크숍 참석에 관심이 있는 분들은 누구나 Murray 씨에게 연락하시면 됩니다.

B.

1. (A), Albemarle 사는 항상 자사의 모든 제품을 나열한 카탈로그를 잠재 고객들에게 보낸다.

2. (C), 회계 부서는 고객 금융 정보를 높은 수준으로 보호한다.

3. (D), 사무실 리모델링을 예정대로 완료하는 것은 어렵겠지만 불가능하지는 않을 것이다.

A.

1. 명사 수식 형용사 자리

The e-mail includes a **complete** itinerary for your three-day trip to Guam.

이 이메일은 고객님의 사흘 간의 괌 여행을 위한 완벽한 여행 일정표를 포함하고 있습니다.

해설 괄호는 뒤에 있는 명사 itinerary를 수식하는 형용사 자리일 수도 있고, itinerary와 복합명사를 이루는 명사 자리일 수도 있는데, 의미상 '완벽한 여행 일정표'가 자연스러우므로 형용사 complete가 정답이다.

어휘 include 포함하다 | complete 완벽한; 완료하다 | itinerary 여행 일정표

2. 명사 수식 형용사 자리

Temporary positions at PDS Corporation will be posted on the company's Web site.

PDS 주식회사의 임시직이 회사 웹사이트에 게시될 것이다.

해설 괄호는 뒤에 있는 명사 positions를 수식하는 자리이므로 명사를 수식하는 형용사 Temporary가 정답이다.

어휘 temporary 임시의, 일시적인 | position 자리, 직책 | post 게시하다

3. 주격 보어(형용사) 자리

Customer service representatives are **available** to answer your calls.

고객 서비스 담당자들이 귀하의 전화를 받을 수 있습니다.

해설 괄호는 be동사 뒤의 주격 보어 자리로, 주어와 동격을 이루는 명사가 올 수도 있고 주어를 서술하는 형용사가 올 수도 있는데, '고객 서비스 담당자들이 전화 응대를 할 수 있다'라는 의미가 자연스러우므로 형용사 available이 정답이다.

어휘 customer service 고객 서비스 | representative 담당자, 대표 | available 이용할 수 있는, 시간이 있는

4. 목적격 보어(형용사) 자리

The huge influx of orders has kept the Shipping Department **busy**.

엄청난 주문 쇄도가 배송부를 바쁘게 했다.

해설 괄호 앞의 동사 keep은 목적어를 취하는 타동사로 쓰여 '~을 보관하다, ~을 계속 가지고 있다'를 의미하기도 하지만, 「keep + 목적어 + 목적격 보어」 구조를 이끌어 '~을 …한 상태로 유지하다'를 의미하기도 한다. 따라서 괄호에는 단순히 동사를 수식하는 부사가 올 수도 있고, 목적격 보어로 형용사가 올 수도 있기 때문에 해석을 해봐야 한다. 엄청난 주문 쇄도가 배송부를 바쁜 상태로 유지하게 했다, 즉 배송부를 계속 바쁘게 했다는 의미가 자연스러우므로 목적어를 서술하는 목적격 보어 자리임을 알 수 있다. 따라서 형용사 busy가 정답이다.

어휘 huge 엄청난 | influx 유입, 쇄도 | order 주문(서); 주문하다

5. 부정대명사 수식 형용사 자리

Anyone **interested** in attending the workshop should contact Mr. Murray.

워크숍 참석에 관심이 있는 분들은 누구나 Murray 씨에게 연락하시면 됩니다.

해설 본래 형용사는 대명사를 수식할 수 없지만, -one, -body, -thing으로 끝나는 부정대명사는 뒤에서 형용사구나 주격 관계대명사의 수식을 받을 수 있다. 괄호가 Anyone 뒤에 위치해 있으므로 이를 수식해 줄 수 있는 형용사 interested가 정답이다.

어휘 interested in ~에 관심이 있는 | attend 참석하다 | contact 연락하다

B.

1. 명사 수식 형용사 자리

Albemarle Ltd. always sends catalogs listing all of its products to **prospective** clients.

Albemarle 사는 항상 자사의 모든 제품을 나열한 카탈로그를 잠재 고객들에게 보낸다.

해설 빈칸은 전치사 to의 목적어인 명사 clients를 수식하는 형용사 자리이면서 clients와 복합명사를 이루는 명사 자리이므로 (A) prospective가 정답이다.

어휘 catalog 목록, 카탈로그 | prospective 유망한, 장래의 | client 고객

2. 주격 보어(형용사) 자리

The Accounting Department is highly **protective** of customers' financial information.

회계 부서는 고객 금융 정보를 높은 수준으로 보호한다.

해설 빈칸은 be동사 뒤의 주격 보어 자리이면서 부사 highly의 수식을 받는 자리이므로 이 둘을 모두 충족시키는 형용사가 와야 한다. 따라서 (C) protective가 정답이다.

어휘 Accounting Department 회계부 | highly 매우, 대단히 | be protective of ~을 보호하다 | financial information 금융 정보

3. 주격 보어 자리/어휘-형용사

Completing the office remodeling on schedule will be **challenging**, but not impossible.

사무실 리모델링을 예정대로 완료하는 것은 어렵겠지만 불가능하지는 않을 것이다.

해설 be동사 뒤 주격 보어 자리에 들어갈 의미상 알맞은 형용사를 고르는 문제이다. 서로 대비되는 내용을 연결하는 등위 접속사 but의 쓰임을 고려해 볼 때 '사무실 리모델링을 예정대로 완료하는 것은 어렵겠지만, 불가능하지는 않을 것이다'라는 의미가 되어야 자연스럽다. 따라서 (D) challenging이 정답이다.

어휘 complete 완료하다 | remodeling 수리, 리모델링 | on schedule 예정대로 | challenging 어려운, 도전적인 | impossible 불가능한

BASE 집중훈련

본서 p.61

A.

1. **considerable**, 상당한 노력의 결과로 사업이 빨리 확장되었다.
2. **favorite**, 여러분은 이제 여러분이 매우 좋아하는 모든 빵을 쇼핑센터 바로 옆에서 찾으실 수 있습니다.
3. **sensitive**, 업그레이드된 소프트웨어는 민감한 회사 데이터가 안전하게 보관되도록 보장해 줄 것이다.
4. **proposal**, 이사회는 지점들을 개조하자는 제안을 승인했다.
5. **objectives**, 그 회사의 마케팅 목표들 중 하나는 젊은 고객들을 겨냥하는 것이다.

B.

1. **(A)**, Harkins 씨가 퇴직하면, 그녀의 업무를 맡을, 광고 분야에 비슷한 경력이 있는 사람을 채용하는 게 쉽지 않을 것이다.
2. **(B)**, Dunfield Acres는 주민들이 시내 최고의 콘도에서 살고 있다는 것을 확신할 수 있도록 임대료를 책정한다.
3. **(C)**, Thornton 씨는 고객들의 불만을 철저하고 굉장히 전문적으로 처리했다.

A.

1. 혼동하기 쉬운 형용사

The business has expanded quickly as a result of **considerable** effort.
상당한 노력의 결과로 사업이 빨리 확장되었다.

해설 형용사 considerate는 보통 전치사 of를 동반하여 '~에 사려 깊은'이라는 뜻이며, considerable은 '상당한, 많은'을 의미한다. 따라서 의미상 명사 effort를 수식하기에 알맞은 형용사는 considerable이다.

어휘 expand 확장되다, 확대되다 | as a result of ~의 결과로 | effort 노력

2. 혼동하기 쉬운 형용사

You can now find all of your **favorite** bread right next to the shopping center.
여러분은 이제 여러분이 매우 좋아하는 모든 빵을 쇼핑센터 바로 옆에서 찾으실 수 있습니다.

해설 형용사 favorite는 '매우 좋아하는', favorable은 '호의적인'이라는 뜻으로, 의미상 명사 bread를 수식하기에 알맞은 형용사는 favorite이다.

어휘 right 바로 | next to ~옆에

3. 혼동하기 쉬운 형용사

The upgraded software will ensure that **sensitive** company data is stored securely.
업그레이드된 소프트웨어는 민감한 회사 데이터가 안전하게 보관되도록 보장해 줄 것이다.

해설 형용사 sensitive는 '민감한', sensible은 '합리적인'이라는 뜻으로, 의미상 복합명사 company data를 수식하기에 알맞은 형용사는 sensitive이다.

어휘 ensure 보장하다 | store 보관하다 | securely 안전하게

4. 혼동하기 쉬운 명사

The board of directors approved the **proposal** to renovate the branch offices.
이사회는 지점들을 개조하자는 제안을 승인했다.

해설 괄호는 정관사 the의 한정을 받는 명사 자리인데, 얼핏 보면 proposal이 형용사형 어미(-al)를 지녀 형용사로 혼동하기 쉽지만 엄연히 '제안(서)'를 의미하는 명사이다. 따라서 proposal이 정답이다. propose는 '제안하다'라는 의미의 동사이고, 형용사는 proposed '제안된'이다.

어휘 board of directors 이사회 | approve 승인하다 | renovate 수리하다, 개조하다 | branch office 지사, 지점

5. 형용사와 명사 둘 다 쓰이는 단어

One of the company's marketing **objectives** is targeting younger customers.
그 회사의 마케팅 목표들 중 하나는 젊은 고객들을 겨냥하는 것이다.

해설 괄호는 소유격 company's의 수식을 받으면서 marketing과 복합명사를 이루는 명사 자리이다. 얼핏 보면 objective가 형용사형 어미(-ive)를 지녀 형용사로만 알고 있기 쉬운데, '객관적인'이라는 뜻의 형용사 외에도 '목표'라는 뜻의 명사로도 쓰인다. object 역시 '반대하다'라는 뜻의 동사 외에, '물건, 물체'를 뜻하는 명사이기도 하지만 의미상 objectives가 정답이다.

어휘 target 목표로 삼다, 겨냥하다

B.

1. 혼동하기 쉬운 형용사

When Ms. Harkins retires, it will not be easy to hire someone with **comparable** experience in advertising to take care of her responsibilities.
Harkins 씨가 퇴직하면, 그녀의 업무를 맡을, 광고 분야에 비슷한 경력이 있는 사람을 채용하는 게 쉽지 않을 것이다.

해설 빈칸은 명사 experience를 수식하는 형용사 자리이다. 보기 중 일반 형용사는 '비슷한, 비교할 만한'이라는 뜻의 comparable과 '비교의, 상대적인'이라는 뜻의 comparative이다. 문맥상 'Harkins 씨가 은퇴하면, 광고 분야에서 그녀의 경력에 상당하는 사람을 고용하기 쉽지 않을 것이다'라는 의미가 자연스러우므로 (A) comparable이 정답이다.

어휘 retire 은퇴하다 | hire 고용하다 | experience 경험, 경력 | take care of ~을 다루다 | responsibility 책무, 직무

2. 혼동하기 쉬운 형용사

Dunfield Acres sets its rental rates so that residents can feel **confident** that they are living in the best condos in the city.
Dunfield Acres는 주민들이 시내 최고의 콘도에서 살고 있다는 것을 확신할 수 있도록 임대료를 책정한다.

해설 빈칸 앞의 동사 feel은 주격 보어를 취하는 2형식 동사이므로 빈칸은 형용사 자리이며, 보기 중 형용사는 '자신감 있는'이라는 뜻의 confident와 '기밀의, 비밀의'라는 뜻의 confidential 그리고 '신뢰를 나타내는'이라는 뜻의 confiding이다. 문맥상 '주민들'이 시내 최고의 콘도에 살고 있다는 것을 확신할 수 있도록 임대료를 책정한다'라는 의미가 자연스러우므로 (B) confident가 정답이다. 참고로, 형용사 confident는 that 명사절을 이끌며, 'that 이하를 확신하는'으로 해석할 수 있다.

어휘 set 정하다 | rental rate 임대료 | resident 주민

3. 혼동하기 쉬운 명사

Mr. Thornton handled his customers' complaints thoroughly and with great **professionalism**.
Thornton 씨는 고객들의 불만을 철저하고 굉장히 전문적으로 처리했다.

해설 빈칸은 전치사 with의 목적어 역할을 하는 명사 자리다. 보기 중 명사는 profession '직업', professional '전문가', professionalism '전문성'인데, 빈칸을 수식하는 형용사 great 앞에 관사나 소유격 등의 한정사가 보이지 않으므로 빈칸은 불가산명사 또는 복수 가산명사 자리다. 문맥상 '대단한 전문성을 가지고 고객 불만을 처리했다'라는 의미가 자연스러우므로 불가산명사 (C) professionalism이 정답이다. 참고로, professional은 형용사형 어미(-al)를 지니지만, 형용사 '전문적인' 외에 명사 '전문가'로도 자주 쓰인다는 점을 기억해 두자.

어휘 handle 다루다, 처리하다 | complaint 불만, 불평 | thoroughly 철저하게

BASE 집중훈련
본서 p.63

A.
1. store, ClubMart는 첫 지점에서 수익이 나면, 결국 또 다른 지점을 열 것이다.
2. a few, 내일 우리 메일 서버는 정기 유지 보수로 인해 몇 시간 동안 차단될 것이다.
3. services, 우리 회사는 기업주들에게 다양한 법률 서비스를 제공합니다.
4. much, 신설된 지하철 노선에도 불구하고, 교통 체증에 개선이 별로 없었다.
5. all, 생산 관리자는 Louisville 공장의 모든 기계 장치를 점검하는 일을 책임지고 있다.

B.
1. (C), 많은 야간 근무 청소부들은 간식을 먹은 후 짧은 낮잠 시간을 갖는 편이다.
2. (D), Vanger 씨는 개업식에 참석하고 싶었지만, 그날 아침에 다른 할 일들이 있었다.
3. (D), 판촉 행사에 관한 모든 문의는 고객 서비스부로 이메일을 보내주세요.

A.

1. another + 가산 단수명사/불가산명사

ClubMart will eventually open another **store**, once the first location becomes profitable.
ClubMart는 첫 지점에서 수익이 나면, 결국 또 다른 지점을 열 것이다.

해설 수량형용사 another는 뒤에 가산 단수명사를 취한다. 따라서 가산 단수명사 store가 정답이다.

어휘 eventually 결국 | once 일단 ~하면, ~하자마자 | location 지점 | profitable 수익성 있는

2. a few + 가산 복수명사

Our mail server will be shut down for routine maintenance for **a few** hours tomorrow.
내일 우리 메일 서버는 정기 유지 보수로 인해 몇 시간 동안 차단될 것이다.

해설 수량형용사 a few는 뒤에 가산 복수명사를 취하며, little은 뒤에 불가산명사를 취한다. 괄호 뒤의 명사 hours가 가산 명사 복수형으로 쓰였으므로 a few가 정답이다.

어휘 shut ~ down ~을 차단하다[폐쇄하다] | routine maintenance 정기 유지 보수

---

3. a variety of + 가산 복수명사

Our company offers a variety of legal **services** to business owners.
우리 회사는 기업주들에게 다양한 법률 서비스를 제공합니다.

해설 a variety of는 뒤에 가산 복수명사를 취하는 수량형용사이므로 services가 정답이다.

어휘 a variety of 다양한 | legal service 법률 서비스 | business owner 기업주

---

4. much + 불가산명사

There has not been **much** improvement in traffic congestion despite the new subway line.
신설된 지하철 노선에도 불구하고, 교통 체증에 개선이 별로 없었다.

해설 수량형용사 many는 뒤에 가산 복수명사를 취하며, much는 뒤에 불가산명사를 취한다. 괄호 뒤의 명사 improvement가 가산명사인지, 불가산명사인지를 모르더라도 -(e)s가 붙지 않은 단수 형태로 쓰였으므로 much를 정답으로 고를 수 있다. improvement는 '개선, 향상'을 의미하는 불가산명사이다.

어휘 traffic congestion 교통 체증 | despite ~에도 불구하고 | subway line 지하철 노선

---

5. all + 가산 복수명사/불가산명사

The production manager is in charge of inspecting **all** machinery at the Louisville plant.
생산 관리자는 Louisville 공장의 모든 기계 장치를 점검하는 일을 책임지고 있다.

해설 수량형용사 several은 뒤에 가산 복수명사를 취하며, all은 뒤에 가산 복수명사 또는 불가산명사를 취할 수 있다. 괄호 뒤의 명사 machinery는 대표적인 불가산명사이므로 불가산명사를 수식할 수 있는 all이 정답이다.

어휘 production 생산 | in charge of ~을 책임지는 | inspect 점검하다 | machinery 기계 | plant 공장

B.

1. many + 가산 복수명사

Many night-shift cleaners tend to take short naps after they eat their snacks.
많은 야간 근무 청소부들은 간식을 먹은 후 짧은 낮잠 시간을 갖는 편이다.

해설 빈칸은 문장의 주어인 가산 복수명사 cleaners를 수식하는 자리다. 문맥상 '많은 청소부들이 낮잠 시간을 갖는 편이다'라는 의미가 되어야 자연스러우므로 (C) Many가 정답이다. 수량형용사 (A), (B)는 뒤에 가산 단수명사만을 취하며 (D)는 뒤에 불가산명사만을 취한다.

어휘 night-shift 야간 근무 | tend to ~하는 편이다, ~하는 경향이 있다 | nap 낮잠 | snack 간식

---

2. other + 가산 복수명사/불가산명사

Mr. Vanger wished to be present at the grand opening, but he had other **obligations** that morning.
Vanger 씨는 개업식에 참석하고 싶었지만, 그날 아침에 다른 할 일들이 있었다.

해설 빈칸은 동사 had의 목적어인 명사 자리이며 수량형용사 other의 수식을 받고 있다. other는 뒤에 가산 복수명사 또는 불가산명사를 취하므로 가산 복수명사인 (D) obligations가 정답이다.

어휘 wish 바라다 | present 참석한 | grand opening 개장, 개점

3. any + 가산 단/복수명사/불가산명사

Please email **any** inquiries about promotional events to Customer Service.

판촉 행사에 관한 모든 문의는 고객 서비스부로 이메일을 보내주세요.

해설 빈칸은 가산 복수명사 inquiries를 수식하는 자리이므로 뒤에 어떤 명사든 취할 수 있는 (D) any가 정답이다.

어휘 inquiry 문의 | promotional 홍보의, 판촉의

BASE 집중훈련

본서 p.65

A.

1. generally, 안전 장비는 일반적으로 건설 현장에서 필수이지만, 예외가 있을 수도 있다.

2. regionally, 1월에 Bakers Twelve는 지역으로 확장하여 많은 소도시에 더 많은 취업 기회를 창출할 것이다.

3. exceptionally, 우리 컴퓨터 시스템이 최근 들어 유난히 느려졌다.

4. forward, 모든 수상자들은 방 앞 쪽으로 나오셔야 합니다.

5. nearly, West로에 있는 그 건물은 거의 40년 동안이나 버려져 있다.

B.

1. (D), 모든 지원자 이력서들은 면접 전에 채용 위원회에 의해 대대적으로 검토될 것이다.

2. (B), Bishop 씨가 그 문제를 가장 창의적으로 해결한 입사 지원자였다.

3. (B), 관리직을 시작하길 간절히 바랐던 Gutierrez 씨는 승진한 직후 직원 회의를 열었다.

A.

1. 동사 수식 부사 자리

Protective gear is **generally** required at construction sites, but some exceptions may be made.

안전 장비는 일반적으로 건설 현장에서 필수이지만, 예외가 있을 수도 있다.

해설 괄호는 수동태 동사(is required) 사이를 뚫고 들어온 동사 수식 부사 자리이므로 generally가 정답이다. 이처럼 부사는 수동태 「be동사 + 과거분사」나 진행시제 「be동사 + 현재분사」 사이로 들어와 동사를 수식할 수 있다.

어휘 protective gear 안전 장비 | be required 요구되다, 필수이다 | generally 일반적으로 | construction site 건설 현장 | make an exception 예외로 하다

---

2. 동사 수식 부사 자리

In January, Bakers Twelve will expand **regionally**, creating more job opportunities in many towns.

1월에 Bakers Twelve는 지역으로 확장하여 많은 소도시에 더 많은 취업 기회를 창출할 것이다.

해설 괄호는 동사 expand를 수식하는 부사 자리이므로 regionally가 정답이다. expand는 목적어를 동반하는 타동사뿐만 아니라, 목적어가 필요 없는 자동사로도 쓸 수 있다.

어휘 expand 확장하다 | regionally 지역으로 | create 만들다, 창출하다 | job opportunity 취업 기회

---

3. 형용사 수식 부사 자리

Our computer system has been **exceptionally** slow lately.

우리 컴퓨터 시스템이 최근 들어 유난히 느려졌다.

해설 괄호는 형용사 보어 slow를 수식하는 부사 자리이므로 exceptionally가 정답이다.

어휘 exceptionally 유난히, 예외적으로 | lately 최근에

---

4. 동사 수식 부사 자리

All award recipients should move **forward** to the front of the room.

모든 수상자들은 방 앞쪽으로 나오셔야 합니다.

해설 괄호는 동사 move를 수식하는 부사 자리이므로 forward가 정답이다. forward는 '~을 전달하다'라는 뜻의 타동사이기도 하지만 '앞으로'라는 뜻의 부사로도 쓰인다. 참고로, 동사 move는 '~을 옮기다'라는 뜻의 타동사뿐만 아니라, '움직이다, 이동하다'라는 뜻의 자동사로도 쓰이므로 문맥에 따라 뒤에 목적어 없이 부사가 올 수 있다.

어휘 award 상 | recipient 수령인 | front 앞쪽

---

5. 형용사 수식 부사 자리

The building on West Drive has been abandoned for **nearly** 40 years.

West로에 있는 그 건물은 거의 40년 동안이나 버려져 있다.

해설 괄호는 수 형용사 40을 수식하는 부사 자리이므로 nearly가 정답이다.

어휘 abandon 버리다, 포기하다 | nearly 거의

B.

1. 동사 수식 부사 자리

All applicant résumés will be **extensively** examined by the hiring committee before the interviews.

모든 지원자 이력서들은 면접 전에 채용 위원회에 의해 대대적으로 검토될 것이다.

해설 빈칸은 수동태 동사 be examined 사이를 뚫고 들어온 동사 수식 부사 자리이므로 (D) extensively가 정답이다.

어휘 applicant 지원자 | résumé 이력서 | examine 검토하다 | hiring committee 채용 위원회

---

2. 동사 수식 부사 자리

Ms. Bishop was the job applicant who solved the question most **creatively**.

Bishop 씨가 그 문제를 가장 창의적으로 해결한 입사 지원자였다.

해설 빈칸은 완전한 문장 맨 뒤에서 동사 solved를 수식하는 부사 자리이므로 (B) creatively가 정답이다. 참고로, 부사 앞에 최상급 most가 오면 정관사 the가 생략될 수 있다.

어휘 applicant 지원자 | solve 해결하다 | creatively 창의적으로

---

3. 전명구 수식 부사 자리

Eager to start her managerial position, Ms. Gutierrez held a staff meeting **immediately** after receiving her promotion.

관리직을 시작하길 간절히 바랐던 Gutierrez 씨는 승진한 직후 직원 회의를 열었다.

해설 빈칸은 완전한 절(Ms. Gutierrez held a staff meeting)과 전치사 after 사이의 부사 자리이므로 (B) immediately가 정답이다. immediately after는 '~한 직후'를 의미하는 부사적 관용 표현으로, 시험에 자주 출제되므로 하나의 단어처럼 기억해 두자.

어휘 eager to ~하기를 간절히 바라는 | managerial position 관리직 | hold 열다, 개최하다 | promotion 승진

BASE 집중훈련

본서 p.67

A.
1. soon, Jawexo 기업은 곧 그 프로젝트를 놓고 Bertron 사와 제휴할 것이다.

2. once, 회사 농구팀은 연습을 위해 일주일에 한 번 만난다.

3. usually, 회계사들은 보통 납세 기간에 극도로 바쁘다.

4. hardly, Kennison 씨가 매니저가 되고 난 이후로는, 거의 아무런 문제도 없었다.

5. just, Newford Jazz 쇼는 표가 판매에 들어가기 시작한 지 단 이틀 만에 매진되었다.

B.
1. (C), 수많은 설문 조사에서 최근 더 많은 다국적 기업들이 그 어느 때보다 더 직원 참여 프로그램에 참가하고 있다는 것을 보여준다.

2. (A), 오늘 아침 세션 후, 협상가들은 여전히 합병 협약을 마무리 짓는 것에 지난 금요일보다 전혀 더 가까워지지 않았다.

3. (B), 6월까지 Leyte 지역 인근의 해산물 양식장은 거의 전년도 9월까지 생산한 만큼의 새우를 생산했다.

A.
1. 시간 부사

Jawexo Corporation will **soon** partner with Bertron, Inc. on the project.

Jawexo 기업은 곧 그 프로젝트를 놓고 Bertron 사와 제휴할 것이다.

해설 괄호 앞에 미래 시제 조동사인 will이 보이므로 미래 시제와 어울리는 시간 부사 soon이 정답이다. currently는 주로 현재 시제와 어울려 쓰인다.

어휘 soon 곧, 이내 | partner 제휴하다, 파트너가 되다

2. 빈도 부사

The company basketball team meets for practice **once** a week.

회사 농구팀은 연습을 위해 일주일에 한 번 만난다.

해설 once a week는 '일주일에 한 번'이라는 뜻으로 '회사 농구팀이 일주일에 한 번 만난다'라는 의미를 완성하므로 빈도 부사 once가 정답이다.

어휘 practice 연습, 훈련 | once 한 번

3. 빈도 부사

Accountants are **usually** extremely busy during tax season.

회계사들은 보통 납세 기간에 극도로 바쁘다.

해설 문장이 일반적인 사실을 나타내는 현재 시제로 쓰였으므로 현재 시제와 어울리는 빈도 부사 usually가 정답이다. recently는 주로 과거 시제나 현재 완료 시제와 어울려 쓰인다.

어휘 accountant 회계사 | usually 보통 | extremely 극도로 | tax season 납세 기간

4. 부정 부사

Ever since Ms. Kennison became the manager, there have **hardly** been any problems.

Kennison 씨가 매니저가 되고 난 이후로는, 거의 아무런 문제도 없었다.

해설 'Kennison 씨가 매니저가 된 이후로 줄곧, 거의 아무런 문제도 없었다'라는 의미가 자연스러우므로 '거의 ~않는'이라는 뜻을 지녀 부정문을 만드는 부정 부사 hardly가 정답이다.

어휘 ever since ~이후로 줄곧

5. 숫자 수식 부사

The Newford Jazz Show was sold out **just** two days after tickets went on sale.

Newford Jazz 쇼는 표가 판매에 들어가기 시작한 지 단 이틀 만에 매진되었다.

해설 '표가 판매에 들어간 지 단 이틀 만에 매진되었다'라는 의미가 자연스러우므로 숫자 two 앞에 쓰여 '단지, 딱'이란 뜻의 just가 정답이다. '곧, 얼마 안 되어'라는 뜻의 shortly는 주로 미래 시제와 어울려 쓰인다.

어휘 be sold out 매진되다 | go on sale 판매에 들어가다, 판매가 시작되다

B.
1. lately + 현재완료 시제

Numerous surveys show that, lately, more multinational corporations **have been participating** in employee engagement programs than ever before.

수많은 설문 조사에서 최근 더 많은 다국적 기업들이 그 어느 때보다 더 직원 참여 프로그램에 참가하고 있다는 것을 보여준다.

해설 빈칸은 문장의 목적어인 that 명사절의 동사 자리다. that절 안에 현재 완료 시제와 어울리는 부사 lately가 보이므로 현재 완료 진행 시제인 (C) have been participating이 정답이다.

어휘 numerous 수많은 | survey 설문 조사 | multinational corporation 다국적 기업 | participate in ~에 참가하다 | engagement 참여 | than ever before 과거 어느 때보다 더

2. 어휘-부사

After this morning's session, the negotiators were **still** no closer to finalizing the merger agreement than they were on Friday.

오늘 아침 세션 후, 협상가들은 여전히 합병 협약을 마무리 짓는 것에 지난 금요일보다 전혀 더 가까워지지 않았다.

해설 빈칸은 주격 보어인 형용사 closer를 수식하는 부사 자리다. 문맥상 '오늘 아침 세션 후에도 여전히 합병 협약 마무리에 금요일보다 전혀 더 가까워지지 않았다'라는 의미가 되어야 자연스러우므로 (A) still이 정답이다.

어휘 session 세션, (특정 활동을 위한) 시간 | negotiator 협상가, 교섭자 | finalize 마무리 짓다 | merger 합병 | agreement 계약(서), 합의, 협약

3. 숫자 수식 부사

By June, seafood farms around Leyte District cultivated **nearly** as many shrimp as they had cultivated by September of the preceding year.

6월까지 Leyte 지역 인근의 해산물 양식장은 거의 전년도 9월까지 생산한 만큼의 새우를 생산했다.

해설 빈칸은 원급 비교 구문 as ~ as 앞에 위치해 있으며, '거의 전년도 9월까지 생산한 만큼의 새우'라는 의미가 자연스러우므로 (B) nearly가 정답이다. nearly/almost '거의', about/around/approximately '대략', just '단지, 딱', only '오직' 등의 부사 뒤에는 주로 수치나 양을 나타내는 표현이 온다는 점을 기억해 두자.

어휘 seafood 해산물 | farm 농장 | cultivate 일구다, 경작하다, 구축하다 | shrimp 새우 | preceding 앞선, 이전의

해설서 **19**

PART 5 CHAPTER 03

BASE 집중훈련

본서 p.69

A.

1. hard, 마케팅 팀은 이번 달 제품 출시가 순조롭게 진행되도록 열심히 일해왔다.

2. late, 요리사는 휴일에 식당을 늦게까지 열기로 결정했다.

3. nearly, 어제 있었던 기금 마련 행사에서 모금된 금액은 작년 행사 때와 거의 동일했다.

4. shortly, 그 회사의 보험금 청구 요청이 조사가 끝난 후에 곧 해결될 것이다.

5. yearly, 부서장은 부서의 연간 예산을 계속 파악하고 있다.

B.

1. (D), Ranger 투자사의 중개인은 귀하의 포트폴리오가 확실히 수익을 낼 수 있도록 귀하와 긴밀하게 협력할 것입니다.

2. (D), 텔레비전 뉴스 기자들은 글로벌 리더들의 이름이 또렷하게 발음되는지 확실히 하기 위해 각 방송 전 연습하도록 권고된다.

3. (C), 높은 고도에서의 예측할 수 없는 날씨 때문에, 적절한 하이킹 복장이 매우 권장된다.

A.

1. 혼동하기 쉬운 부사
The marketing team has been working **hard** to make this month's product launch go smoothly.
마케팅 팀은 이번 달 제품 출시가 순조롭게 진행되도록 열심히 일해왔다.

해설 괄호는 동사 has been working을 수식하는 부사 자리다. 부사 hard는 '열심히', hardly는 '거의 ~않다'란 뜻으로, 문맥상 '제품 출시가 순조롭게 진행되도록 열심히 일해왔다'라는 의미가 자연스러우므로 hard가 정답이다.

어휘 product launch 제품 출시 | smoothly 부드럽게, 순조롭게

2. 혼동하기 쉬운 부사
The chef decided to keep the restaurant open **late** for the holidays.
요리사는 휴일에 식당을 늦게까지 열기로 결정했다.

해설 괄호는 to부정사 내 동사구 전체를 수식하는 부사 자리다. 부사 late는 '늦게', lately는 '최근에'란 뜻으로, 문맥상 '휴일에 식당 문을 늦게까지 열어 두기로 했다'라는 의미가 자연스러우므로 late가 정답이다.

어휘 chef 요리사 | decide to ~하기로 결정하다

3. 혼동하기 쉬운 부사
The amount raised at yesterday's fundraising event was **nearly** equal to last year's.
어제 있었던 기금 마련 행사에서 모금된 금액은 작년 행사 때와 거의 동일했다.

해설 괄호는 형용사 equal을 수식하는 부사 자리다. 부사 near는 '가까이', nearly는 '거의'란 뜻으로, 문맥상 '어제 행사에서 모금된 금액이 작년과 거의 동일했다'라는 의미가 자연스러우므로 nearly가 정답이다.

어휘 raise 모으다, 조성하다 | fundraising event 기금 마련 행사 | equal to ~와 동일한

4. 혼동하기 쉬운 부사
The company's insurance claim will be settled **shortly** after the completion of the investigation.
그 회사의 보험금 청구 요청이 조사가 끝난 후에 곧 해결될 것이다.

해설 괄호는 뒤의 전치사구를 수식하는 부사 자리다. 부사 short는 '짧게', shortly는 '곧'이란 뜻으로, 문맥상 '조사가 끝난 후에 곧 보험금 청구 요청이 해결될 것이다'란 의미가 자연스러우므로 shortly가 정답이다.

어휘 insurance claim 보험금 청구 요청 | settle 해결하다 | shortly after ~한 직후에 | investigation 조사

5. 부사처럼 생긴 형용사
The director keeps track of the department's **yearly** budget.
부서장은 부서의 연간 예산을 계속 파악하고 있다.

해설 소유격 department's 뒤에는 명사(구)가 와야 하므로 괄호는 명사 budget을 수식하는 형용사 자리인데, 괄호 안의 두 단어 모두 어미가 -ly인 부사 형태라 혼동하기 쉽다. 하지만 annually는 형용사 annual의 부사 형태로 '매년'이라는 뜻인데 반해, yearly는 명사 year에 -ly가 붙은 형용사이므로 yearly가 정답이다.

어휘 keep track of ~을 계속 파악하다 | yearly 매년의 | budget 예산

B.

1. 혼동하기 쉬운 부사
A Ranger Investment broker will work **closely** with you to make sure that your portfolio is profitable.
Ranger 투자사의 중개인은 귀하의 포트폴리오가 확실히 수익을 낼 수 있도록 귀하와 긴밀하게 협력할 것입니다.

해설 빈칸은 동사 will work를 수식하는 부사 자리로, 보기 중 부사 (B) close는 '가까이', (D) closely는 '밀접하게, 긴밀하게'란 뜻이므로 해석을 통해 알맞은 부사를 골라야 한다. '귀하와 긴밀하게 협력할 것이다'라는 의미가 자연스러우므로 (D) closely가 정답이다.

어휘 investment 투자 | broker 중개인 | make sure that ~ 반드시 ~하다 | portfolio 포트폴리오 | profitable 수익성 있는

2. 혼동하기 쉬운 부사
Television news reporters are advised to practice before each broadcast to make sure that names of global leaders are pronounced **clearly**.
텔레비전 뉴스 기자들은 글로벌 리더들의 이름이 또렷하게 발음되는지 확실히 하기 위해 각 방송 전 연습하도록 권장된다.

해설 빈칸은 수동태 동사 are pronounced를 수식하는 부사 자리로, 보기 중 부사 (C) clear는 '~에서 떨어져', (D) clearly는 '또렷하게, 분명히, 알기 쉽게'란 뜻이므로 해석을 통해 알맞은 부사를 골라야 한다. '이름이 또렷하게 발음되는지'라는 의미가 자연스러우므로 (D) clearly가 정답이다.

어휘 be advised to ~하도록 권장되다 | broadcast 방송 | pronounce 발음하다

3. 혼동하기 쉬운 부사
Due to the unpredictable weather at high altitudes, suitable hiking clothing is **highly** advised.
높은 고도에서의 예측할 수 없는 날씨 때문에, 적절한 하이킹 복장이 매우 권장된다.

해설 빈칸은 수동태 동사 is advised를 수식하는 부사 자리로, '예측할 수 없는 날씨 때문에, 적절한 하이킹 복장이 매우 권장된다'라는 의미가 자연스러우므로 (C) highly가 정답이다. 부사 high는 '(위로) 높게', highly는 '매우'를 뜻한다.

어휘 unpredictable 예측할 수 없는 | altitude 고도 | suitable 적절한 | be advised to ~하도록 권장되다

BASE 확장

본서 p.70

체크 체크
1. She had a few slices of cake. 그녀는 케이크 몇 조각을 먹었다.
2. I got little sleep last night. 나는 어젯밤 잠을 거의 못 잤다.
3. Few people use film cameras nowadays. 요즘에는 필름 카메라를 사용하는 사람이 거의 없다.

체크 체크
1. Our restaurant offers various dishes made from local ingredients. Moreover, our chef has been internationally acclaimed. 저희 레스토랑은 현지 재료로 만든 다양한 요리를 제공합니다. 게다가 저희 주방장은 세계적으로 인정받았습니다.
2. The shipment will not be ready until 6 P.M. Therefore, we will begin loading them tomorrow morning. 배송품은 오후 6시까지는 준비되지 않을 것이다. 따라서 우리는 그것들을 내일 아침에 싣기 시작할 것이다.
3. Many people doubted us. Nevertheless, after being in business for two years, we have seen much success. 많은 사람들이 우리에 대해 확신하지 못했다. 그럼에도 불구하고 업계에서 2년이 지난 후, 우리는 크게 성공했다.

BASE 실전훈련

본서 p.72

1. (D) **2.** (A) **3.** (B) **4.** (B) **5.** (B) **6.** (B)
7. (C) **8.** (A) **9.** (D) **10.** (A) **11.** (C) **12.** (B)

1. 어휘-형용사/부사처럼 생긴 형용사
Graber Resources is unique among other mining companies for its environmentally **friendly** practices.
Graber Resources는 환경 친화적인 관행으로 광업 회사들 가운데 독특하다.

해설 빈칸은 명사 practices를 수식하면서, 빈칸 앞 부사 environmentally와도 잘 어울릴 수 있는 형용사 자리다. environmentally friendly는 '환경 친화적인'이라는 의미로 함께 자주 쓰이는 표현이므로 기억해 두자. 따라서 (D) friendly가 정답이다. friendly는 형태상 부사로 생각하기 쉽지만 '친근한, 친숙한'이라는 뜻의 형용사임에 주의한다.

어휘 resource 자원 | mining company 광업 회사 | environmentally 환경적으로 | practice 실천, 관행

2. 형용사 자리
Mr. Kim made it completely **clear** that all purchase orders need his authorization.
Kim 씨는 모든 구매 주문에 그의 승인이 필요하다는 점을 완전히 명확하게 했다.

해설 빈칸은 5형식 문장 구조의 목적격 보어 자리로, 부사 completely의 수식을 받는 형용사가 필요하므로 (A) clear가 정답이다.

어휘 completely 완전히 | purchase 구매 | order 주문 | authorization 승인

3. any + 가산 단/복수명사/불가산명사
Use promotional code OFF15 to buy **any** athletic clothing or equipment at a 15 percent discount.
어떤 운동복이나 장비든지 15% 할인된 가격에 구입하려면 프로모션 코드 OFF15를 사용하십시오.

해설 빈칸은 clothing, equipment란 불가산명사와 어울리는 수량형용사 자리다. 문맥상 '어떤 의류나 장비든지 할인된 가격에 구입하려면'이라는 의미가 되어야 자연스러우므로 (B) any가 정답이다. (A) few와 (C) several은 가산 복수명사를, (D) single은 가산 단수명사를 뒤에 취하는 데 비해, (B) any는 뒤에 가산 단수/복수명사, 불가산명사를 모두 취하는 게 가능하다는 것을 기억해 두자.

어휘 promotional 홍보용의, 판촉의 | athletic clothing 운동복 | equipment 장비

4. 접속부사
At least three quarters of the executive board must sign the agreement; **or**, it will not be valid.
적어도 이사회의 3/4이 합의서에 서명해야만 한다, 그렇지 않으면 그것도 유효하지 않을 것이다.

해설 빈칸은 두 개의 문장을 연결해 주는 접속사 또는 접속부사 자리로, 문맥상 '최소 3/4이 합의서에 서명을 해야 한다, 그렇지 않으면 유효하지 않을 것이다'라는 의미이므로 '그렇지 않으면, 안 그러면'이라는 뜻의 접속부사 (B) or가 정답이다. 접속부사는 문장 사이에서 연결어 역할을 하며, 콤마(,) 및 접속사 and 또는 세미콜론(;)과 함께 사용된다. 〈문장1. 접속부사, 문장2.〉, 〈문장1; 접속부사, 문장2.〉, 〈문장1 and 접속부사, 문장2.〉

어휘 at least 적어도 | quarter 4분의 1 | executive board 이사회, 집행위원회 | sign 서명하다 | agreement 협정, 합의(서) | valid 유효한

5. 부사적 관용 표현
The server is projected to be inaccessible for **no more than** 30 minutes.
최대 30분 동안 서버에 접근하기 어려울 것이라 예상된다.

해설 빈칸 뒤의 수 30을 수식할 부사 자리다. no more than은 수사 앞에서 '겨우, 고작 ~밖에, ~일 뿐'이란 의미로 '단지 30분 동안 서버에 접속할 수 없다'라는 것이 문맥상 적절하므로 (B) no more than이 정답이다. (A) so much는 불가산명사 앞에 와야 하며, (C) very few는 개수가 적다는 뜻이고, (D) as far as는 '(거리, 범위, 정도가) ~까지'란 뜻으로 빈칸에 들어가기에 의미가 어색하다.

어휘 server (컴퓨터의) 서버 | project 예상하다 | inaccessible 접근하기 어려운

6. 동사 수식 부사 자리
The technology firm installed a robotic system that can **reliably** retrieve products from anywhere in the immense warehouse.
기술 회사는 거대한 창고의 어느 곳에서나 제품을 확실하게 회수할 수 있는 자동 기계식 시스템을 설치했다.

해설 빈칸은 조동사와 동사원형 사이에서 동사를 수식하는 부사 자리이므로 (B) reliably가 정답이다.

어휘 install 설치하다 | robotic 로봇식의, 자동 기계 장치로 된 | retrieve 되찾다, 회수하다 | immense 거대한

7. 어휘-부사
The length and slope of Snowmass Mountain's ski runs vary **considerably**.
Snowmass 산의 스키 활주로의 길이와 경사는 상당히 다양하다.

해설 빈칸은 자동사 vary를 수식하는 부사 자리다. 문맥상 '스키 활주로의 길이와 경사는 상당히 다양하다'라는 의미가 자연스러우므로 (C) considerably가 정답이다.

어휘 length 길이 | slope 경사 | ski run 스키 활주로 | vary 다르다, 다양하다

8. 동사 수식 부사 자리

The sales associate knows very **little** about automotive parts, so she will contact a coworker with more experience.

영업 사원은 자동차 부품에 대해 아는 것이 거의 없어서, 경험이 더 많은 동료에게 연락할 것이다.

해설 빈칸은 부사 very의 수식을 받는 자리다. 접속사 so로 연결된 두 문장의 관계를 고려할 때, 문맥상 '자동차 부품에 대해 아는 것이 거의 없어서 동료에게 연락할 것이다'라는 내용으로 연결되어야 자연스러우므로 부정의 의미를 담고 있으며 동사를 수식하는 부사 (A) little이 정답이다. little은 부사일 때는 '거의 ~않다'란 뜻으로, 수량형용사일 때는 '거의 없다'란 뜻으로 쓰인다.

어휘 sales associate 영업 사원 | automotive 자동차의 | contact 연락하다 | coworker 동료 | experience 경험

9-12번은 다음 웹 페이지에 관한 문제입니다.

상업 부지를 개조하는 것은 ⑨복잡해 보일 수 있지만, Spruce Designworks가 그 경험을 신속하고 힘들지 않도록 도와드립니다. 식당, 호텔, 혹은 고급 상점을 업그레이드하시든, 전문가로 구성된 저희 팀은 귀하의 리모델링을 효과적으로 ⑩관리할 경험과 기술, 헌신을 갖추고 있습니다.

저희 직원들이 귀하의 사업체에 대한 꿈이 반드시 현실이 될 수 있게 귀하와 긴밀하게 상의할 것입니다. ⑪마찬가지로, 저희는 고품질의 훌륭한 결과물을 내는 납품 업체 및 협력 업체들과만 함께 일하기 위해 최선의 노력을 다합니다. ⑫저희 웹사이트는 제휴 업체들에 대한 자세한 정보를 제공합니다.

어휘
renovate 개조하다 | commercial 상업의 | location 위치, 장소 | swift 신속한 | painless 힘들이지 않는 | boutique shop 부티크샵, 고급 상점 | expert 전문가 | dedication 헌신, 전념 | effectively 효과적으로 | consult with ~와 상의하다 | closely 밀접하게 | go out of one's way 최선을 다해 노력하다 | supplier 납품 업체 | subcontractor 협력 업체 | track record 실적 | high quality 고품질 | result 결과

---

9. 주격 보어 (형용사) 자리

해설 빈칸은 동사 seem의 보어 자리다. 주어가 동명사구 Renovating a commercial location이므로 문맥상 '개조하는 것은 복잡해 보일 수 있다'라는 의미가 되어야 자연스럽다. 따라서 형용사 (D) complicated가 정답이다. 주격 보어를 필요로 하는 대표적인 2형식 동사들은 appear, be, prove, remain, seem 등이며, 주격 보어 자리에는 주어와 의미상 동격을 이루는 명사 또는 주어에 대해 보충 설명하는 형용사가 올 수 있다.

10. 동사 자리

해설 빈칸은 to와 명사구 사이의 자리다. 빈칸은 앞에 나열된 명사들을 뒤에서 수식하는 to부정사구를 완성하는 동사 자리로 to 뒤에는 동사원형이 와야 하므로 (A) manage가 정답이다.

11. 어휘-접속부사

해설 빈칸 뒤에 콤마가 있으므로 빈칸은 두 문장을 연결하는 접속부사 자리다. 빈칸 앞 문장의 '저희 직원들이 귀하와 긴밀하게 상의할 것'이라는 내용과 빈칸 뒤 문장의 '저희는 고품질의 훌륭한 결과물을 내는 납품 업체 및 협력 업체들과만 함께 일하기 위해 노력한다'라는 내용이 서로 대칭을 이루고 있으므로 '마찬가지로'라는 뜻의 (C)가 정답이다.

12. 문장 선택

(A) 리모델링 과정은 6주에서 8주 정도 소요됩니다.
(B) **저희 웹사이트는 제휴 업체들에 대한 자세한 정보를 제공합니다.**
(C) 저희는 현대적인 주방 공간 설립을 전문으로 합니다.
(D) 저희는 귀하의 프로젝트의 모든 단계를 자체적으로 처리하게 되어 자랑스럽게 생각합니다.

해설 빈칸 앞 문장의 '저희는 고품질의 훌륭한 결과물을 내는 납품 업체 및 협력 업체들과만 함께 하기 위해 최선의 노력을 다합니다'라는 내용을 고려할 때, 문맥상 '웹사이트에서 제휴 업체들에 대한 더 자세한 내용을 볼 수 있다'라는 내용이 이어져야 자연스러우므로 (B)가 정답이다.

CHAPTER 04 동사와 수 일치

BASE 집중훈련

A.
1. precisely, 주주 총회는 정확히 오전 10시에 시작될 것이다.
2. expensive, 판매 직원들은 FC Motors의 최신 모델이 너무 비싸다고 말한다.
3. discuss, 이사회는 예산을 논의하기 위해 내일 모일 것이다.
4. information, 당신이 프로젝트에 관한 정보를 제게 보내주기로 했었어요.
5. tentative, 행사 일정은 잠정적인 것으로 간주되며 변경될 수 있다.

B.
1. (C), 모든 직원들은 기업 행사에 참석할 때 책임감 있게 행동하도록 요구된다.
2. (B), 수석 건축가는 새로운 주차장을 짓는 것이 현재의 구조물을 수리하는 것보다 더 경제적일 것이라고 말했다.
3. (B), 귀하의 전단에 잘못된 설계 템플릿을 사용한 것에 대해 사과드리며 월요일에 교체물을 배송할 것입니다.

A.

1. 1형식 자동사 + 부사

The stockholders' meeting will begin **precisely** at 10 A.M.

주주 총회는 정확히 오전 10시에 시작될 것이다.

해설 동사 begin은 자동사이자 타동사이다. 문맥상 '주주 총회가 정확히 (precisely) 오전 10시에 시작될 것이다'란 의미가 자연스러우므로 부사 precisely가 정답이다.

어휘 stockholders' meeting 주주 총회 | precisely 정확히

---

2. 2형식 자동사 + 보어

Sales personnel say that FC Motors' latest model is too **expensive**.

판매 직원들은 FC Motors의 최신 모델이 너무 비싸다고 말한다.

해설 괄호는 주격 보어를 취하는 be동사 뒤에 있으므로 주어와 동격을 이루는 명사 또는 주어를 서술하는 형용사가 들어가야 한다. 따라서 형용사 expensive가 정답이다.

어휘 sales personnel 판매 직원 | latest 최신의 | too 너무 | expensive 비싼, 돈이 많이 드는

---

3. **3형식 타동사 + 목적어**

The executive board will convene tomorrow to **discuss** the budget.
이사회는 예산을 논의하기 위해 내일 모일 것이다.

해설 동사 discuss는 목적어를 바로 취하는 대표적인 3형식 타동사이므로 discuss가 정답이다. '~에 대해 논의하다'로 해석된다고 해서 discuss about을 선택하지 않도록 주의해야 한다.

어휘 executive board 이사회 | convene 모이다, 회합하다 | discuss 논의하다 | budget 예산

---

4. **4형식 수여동사 + 2개의 목적어**

You were going to send me some **information** about the project.
당신이 프로젝트에 관한 정보를 제게 보내주기로 했었어요.

해설 동사 send는 두 개의 목적어, 즉 사람 목적어와 사물 목적어를 취하는 대표적인 4형식 동사로, 사람 목적어 me 뒤에 사물 목적어로 명사가 와야 한다. 따라서 information이 정답이다.

어휘 was[were] going to ~하기로 했었다 | send 보내다 | information 정보

---

5. **5형식 동사의 수동태**

The schedule of the events is considered **tentative** and subject to change.
행사 일정은 잠정적인 것으로 간주되며 변경될 수 있다.

해설 동사 consider는 「consider + 목적어 + 목적격 보어」 구조를 취하여 '~를 …라고 간주하다'라는 뜻을 갖는 대표적인 5형식 동사이다. 이 문장은 능동태 문장인 'consider the schedule of the events + 목적격 보어'에서 이 목적어가 주어 자리로 가면서 수동태 문장인 'The schedule of the events is considered + 목적격 보어'로 쓰인 것이다. 따라서 괄호에는 목적어를 서술하는 형용사가 나와야 하므로 tentative가 정답이다.

어휘 tentative 잠정적인 | be subject to ~의 대상이다, ~되기 쉽다

B.

1. **1형식 자동사 + 부사**

All employees are required to behave **responsibly** when they are attending corporate functions.
모든 직원들은 기업 행사에 참석할 때 책임감 있게 행동하도록 요구된다.

해설 동사 behave는 목적어 없이 완전한 문장을 완성할 수 있는 자동사이므로 빈칸은 동사 수식 부사 자리다. 해석을 해봐도 '책임감(responsibility)을 행동하다'가 아니라, '책임감 있게(responsibly) 행동하다'가 자연스러우므로 (C) responsibly가 정답이다.

어휘 be required to ~하도록 요구되다 | behave 행동하다 | responsibly 책임감 있게 | attend 참석하다 | corporate function 기업 행사

---

2. **2형식 자동사 + 보어**

The head architect stated that building a new garage would be more **economical** than fixing the current structure.
수석 건축가는 새로운 주차장을 짓는 것이 현재의 구조물을 수리하는 것보다 더 경제적일 것이라고 말했다.

해설 빈칸은 be동사 뒤의 주격 보어 자리로, 주어와 동격을 이루는 명사 또는 주어를 서술하는 형용사가 들어갈 수 있는데, 문맥상 '새로운 주차장을 짓는 것이 더 경제적일 것이다'라는 의미가 자연스러우므로 형용사 (B) economical이 정답이다.

어휘 head 장, 책임자 | architect 건축가 | state 말하다, 진술하다 | garage 주차장, 차고 | fix 수리하다, 고치다 | current 현재의 | structure 구조물, 건축물

---

3. **3형식 타동사 + 목적어**

We apologize for using the incorrect design template for your flyers and will deliver **replacements** on Monday.
귀하의 전단에 잘못된 설계 템플릿을 사용한 것에 대해 사과드리며 월요일에 교체물을 배송할 것입니다.

해설 빈칸은 타동사 deliver의 목적어 자리다. 목적어 자리에는 명사가 필요하며, 문맥상 '잘못된 템플릿을 사용한 것에 사과드리며, 교체물을 배송하겠다'라는 의미가 자연스러우므로 명사 (B) replacements가 정답이다.

어휘 apologize for ~에 대해 사과하다 | incorrect 잘못된, 부정확한 | template 템플릿, 견본 | flyer 전단 | deliver 배달하다

BASE 집중훈련   본서 p.79

A.

1. be carried, 그 수리 공사가 다음 달에 수행되기로 예정되어 있다.
2. respond, Tarley 은행의 컨설턴트들은 잠재적인 합병 건에 관한 질문에 응답할 것이다.
3. with, 관리자들은 모든 직원들과 효율적으로 교류할 수 있는 능력을 지녀야 한다.
4. participate, 워크숍에 참가기길 원하는 사람들은 신청서를 제출해야 한다.
5. consists, Everdale 아파트 건물은 43개의 다양한 크기의 세대들로 구성되어 있다.

B.

1. (C), 부대표는 보안 카메라 녹화에 대한 법원 명령을 따랐다.
2. (A), Takeshi 씨는 자신이 예약하려고 고려 중인 호텔의 사진을 더 요청했다.
3. (D), 고객 후기 및 불만은 호텔 총지배인에게 전달된다.

A.

1. **구동사의 수동태**

The renovation is scheduled to **be carried** out next month.
그 수리 공사가 다음 달에 수행되기로 예정되어 있다.

해설 carry out은 '수행하다'라는 뜻으로 타동사 역할을 하는 대표적인 구동사이다. 즉, carry out이 하나의 동사처럼 같이 다니면서 뒤에 목적어를 동반하는데, 괄호 뒤에 목적어 없이 부사구에 해당하는 next month만 있다는 것은 수동태로 써야 함을 말해주는 것이다. 따라서 수동형 「be + p.p.」인 be carried가 정답이다.

어휘 renovation 수리 | be scheduled to ~하기로 예정되다

---

2. **구동사의 전치사**

Consultants for Tarley Bank will **respond** to questions regarding the potential merger transactions.
Tarley 은행의 컨설턴트들은 잠재적인 합병 건에 관한 질문에 응답할 것이다.

해설 괄호 안에 있는 두 동사는 의미상 둘 다 가능해 보이지만, respond는 목적어 없이 문장을 완성할 수 있는 자동사이며, answer는 목적어를 필요로 하는 타동사이다. 괄호 뒤에 목적어 없이 전치사 to가 연결되어

있다는 점에서 respond가 정답이다. 'respond to = answer'이기 때문에 answer가 답이 되려면 전치사 to가 빠져야 한다.

어휘 regarding ~에 관한 | potential 잠재적인 | merger 합병 | transaction 거래

3. 구동사의 전치사

Managers must have the ability to interact effectively **with** all staff members.
관리자들은 모든 직원들과 효율적으로 교류할 수 있는 능력을 지녀야 한다.

해설 interact는 '교류하다, 소통하다'라는 뜻의 자동사로 뒤에 명사가 올 때 전치사가 필요한데, 이때 항상 따라다니는 전치사가 with이다. interact with '~와 교류하다[소통하다]'를 하나의 단어처럼 기억해 두자.

어휘 ability to ~하는 능력 | effectively 효율적으로

4. 구동사의 전치사

Those who wish to **participate** in the workshop need to submit a registration form.
워크숍에 참가하길 원하는 사람들은 신청서를 제출해야 한다.

해설 괄호 안에 있는 두 동사 모두 '~에 참가하다'라는 의미이지만 participate는 목적어 없이 문장을 완성하는 자동사이며, attend는 목적어가 필요한 타동사이다. 또한, participate는 뒤에 명사를 이끌 때 전치사 in을 동반하는데, 괄호 바로 뒤에 전치사 in이 연결되어 있으므로 participate가 정답이다. participate in '~에 참가하다'를 하나의 단어처럼 기억해 두자.

어휘 those who ~하는 사람들 | wish to ~하기를 바라다 | submit 제출하다 | registration form 신청서

5. 구동사의 전치사

The Everdale Apartment Building **consists** of 43 units of various sizes.
Everdale 아파트 건물은 43개의 다양한 크기의 세대들로 구성되어 있다.

해설 괄호 안에 있는 두 동사 모두 '구성하다'라는 의미를 갖지만 consist는 목적어가 필요 없는 자동사이고, compose는 목적어가 필요한 타동사이다. 괄호 바로 뒤에 전치사 of가 연결되어 있으므로 자동사 consists가 정답이다. consist는 뒤에 명사를 이끌 때 전치사 of를 동반한다. consist of '~로 구성되다'를 하나의 단어처럼 기억해 두자.

어휘 unit (아파트 등 공동주택 내의) 한 가구, 세대 | various 다양한

B.

1. 구동사의 전치사

The vice president **complied** with the court order for the security camera recordings.
부대표는 보안 카메라 녹화에 대한 법원 명령을 따랐다.

해설 빈칸은 전치사 with와 어울리는 자동사 자리다. comply with가 '~를 따르다, 준수하다'를 의미한다는 것을 고려할 때, 문맥상 '법원 명령을 따랐다(준수했다)'라는 의미를 완성하므로 (C) complied가 정답이다.

어휘 vice president 부대표, 부사장 | court order 법원 명령 | security 보안 | recording 녹화

2. 어휘-동사

Ms. Takeshi **requested** more pictures of the hotel she is thinking of reserving.
Takeshi 씨는 자신이 예약하려고 고려 중인 호텔의 사진을 더 요청했다.

해설 빈칸은 뒤에 목적어를 가지는 타동사 자리다. 문맥상 '더 많은 사진들을 요청했다'라는 의미가 자연스러운데 ask가 '요청하다'의 의미로 쓰이려면 전치사 for를 동반해야 한다. 'ask for = request'이므로 (A) requested가 정답이다.

어휘 think of ~을 고려하다 | reserve 예약하다

3. 어휘-구동사

Guest reviews and complaints are **passed on** to the hotel's general manager.
고객 후기 및 불만은 호텔 총지배인에게 전달된다.

해설 빈칸은 수동태 동사 'be p.p.'를 완성하는 과거분사 자리다. 빈칸 뒤에 전치사 to가 있음을 고려할 때, pass on to '~로 전하다, 옮기다'의 구동사를 완성하는 (C) passed on이 정답이다.

어휘 guest 고객, 손님 | review 후기 | complaint 불만, 불평

BASE 집중훈련

본서 p.81

A.
1. helps, 세입자 보험은 종종 피해를 입은 부동산 문제를 처리하는 임차인들을 돕는다.
2. rollercoaster, 새 롤러코스터는 탑승자를 거의 200피트 높이까지 들어 올린다.
3. required, 우리는 더 큰 저장 시설 외에 상품을 추적하기 위한 더 효율적인 프로그램 또한 필요했다.
4. reduces, 최근의 한 연구는 다양한 자전거 대여 프로그램들을 제공하는 것이 시내 공기 오염을 줄여준다는 것을 밝혀냈다.
5. needs, 서버에 접속하기 위해 각 태블릿은 현재 회사 애플리케이션으로 업데이트되어야 한다.

B.
1. (B), VS-7 복사기는 이용 가능한 어떤 복사기보다도 더 빠르게 컬러 페이지를 인쇄할 것을 약속한다.
2. (B), Verdant 전자는 온라인 광고에 집중함으로써 사업비를 낮췄다.
3. (C), 자재의 양이 프로젝트를 끝내기에 충분한지가 주된 우려 사항이다.

A.

1. 주어-동사의 수 일치

Renter's insurance **helps** tenants who sometimes deal with damaged property.
세입자 보험은 종종 피해를 입은 부동산 문제를 처리하는 임차인들을 돕는다.

해설 Renter's insurance가 주어로 단수이므로 괄호에 들어갈 동사 역시 수를 일치시켜 단수로 써야 한다. 따라서 단수 동사 helps가 정답이다.

어휘 rental 세입자, 임차인 | insurance 보험 | tenant 세입자, 임차인 | deal with ~을 다루다[처리하다] | damaged 피해를 입은 | property 부동산

2. 주어-동사의 수 일치

The new **rollercoaster** lifts riders to a height of nearly 200 feet.
새 롤러코스터는 탑승자를 거의 200피트 높이까지 들어 올린다.

해설 동사 lifts가 단수로 쓰였으므로 괄호에 들어갈 주어 역시 수를 일치시켜 단수로 써야 한다. 따라서 단수 주어 rollercoaster가 정답이다.

어휘 lift 들어 올리다 | rider 탑승자 | height 높이 | nearly 거의

3. 주어-동사의 수 일치

Besides a larger storage facility, we also **required** a more efficient program for tracking merchandise.
우리는 더 큰 저장 시설 외에 상품을 추적하기 위한 더 효율적인 프로그램 또한 필요했다.

해설 대명사 주어 we는 1인칭 복수이므로 동사 역시 수를 일치시켜 복수를 써야 하는데, 괄호에는 단수 동사 현재형인 requires와 동사의 과거형 required뿐이다. 단수 동사는 수 일치에 어긋나기 때문에 주어가 단수이든 복수이든 상관없이 쓸 수 있는 동사의 과거형 required가 정답이다.

어휘 besides ~외에도 | storage facility 저장 시설 | efficient 효율적인 | track ~을 추적하다 | merchandise 상품

4. 주어-동사의 수 일치

A recent study revealed that offering a variety of bicycle rental programs **reduces** air pollution in the city.
최근의 한 연구는 다양한 자전거 대여 프로그램들을 제공하는 것이 시내 공기 오염을 줄여준다는 것을 밝혀냈다.

해설 A recent study가 문장의 주어, revealed가 본동사이며, that 명사절이 revealed의 목적어로 쓰인 구조로, that절 역시 주어와 동사를 갖춘 완전한 문장이 필요한데, that절의 주어가 동명사구 offering a variety of bicycle rental programs '다양한 자전거 대여 프로그램들을 제공하는 것'이다. 동명사구 주어는 단수 취급하기 때문에 괄호에 들어갈 that 절의 동사 역시 수를 일치시켜 단수를 써야 한다. 따라서 reduces가 정답이다.

어휘 recent 최근의 | study 연구 | reveal 밝히다, 드러내다 | a variety of 다양한 | reduce 줄이다, 감소시키다 | air pollution 공기 오염

5. 주어-동사의 수 일치

Each tablet **needs** to be updated with the current company application to access the server.
서버에 접속하기 위해 각 태블릿은 현재 회사 애플리케이션으로 업데이트되어야 한다.

해설 [수량형용사+단수 가산명사] 형태인 주어 Each tablet이 단수이므로 괄호에 들어갈 동사 역시 단수로 써야 한다. 따라서 needs가 정답이다.

어휘 current 현재의 | application 애플리케이션, 응용 프로그램 | access 접속하다

B.

1. 동사 자리/주어-동사의 수 일치

The VS-7 copier **promises** to print color pages more quickly than any available copier.
VS-7 복사기는 이용 가능한 어떤 복사기보다도 더 빠르게 컬러 페이지를 인쇄할 것을 약속한다.

해설 빈칸은 문장의 동사 자리이므로 (C), (D)를 소거하고 나면, 동사의 복수형인 (A) promise와 단수형인 (B) promises가 남는데, 주어 copier가 단수이므로 빈칸에 들어갈 동사 역시 단수를 써야 한다. 따라서 (B) promises가 정답이다.

어휘 copier 복사기 | print 인쇄하다 | available 이용할 수 있는

2. 동사 자리/주어-동사의 수 일치

Verdant Electronics **lowered** business expenses by focusing on online advertising.
Verdant 전자는 온라인 광고에 집중함으로써 사업비를 낮췄다.

해설 빈칸은 주어와 목적어 사이에 위치해 있으므로 능동태 문장의 동사 자리이다. 동사 자리에 들어갈 수 없는 (A) lowering, (D) to lower를 소거하고 나면, 동사의 과거형인 (B) lowered와 복수 동사 현재형인 (C) lower가 남는데, 주어 Verdant Electronics의 형태가 -s로 끝났다고 해서 복수 동사를 고르면 안 된다. 고유명사는 언제나 단수 취급한다는 것을 꼭 기억해야 한다. 따라서 주어가 단수이든 복수이든 상관없이 쓸 수 있는 동사의 과거형 (B) lowered가 정답이다.

어휘 business expense 사업비 | focus on ~에 집중하다

3. 주어-동사의 수 일치

Whether the amount of materials is sufficient to complete the project **is** the main concern.
자재의 양이 프로젝트를 끝내기에 충분한지가 주된 우려 사항이다.

해설 문장 맨 앞에 있는 Whether는 '~인지 (아닌지)'라는 뜻의 명사절 접속사로서 완전한 문장을 이끌어 문장에서 주어, 목적어, 보어 역할을 하는데, Whether로 문장이 시작했다는 건 whether 명사절이 문장의 주어로 쓰였음을 보여주는 것이다. 따라서 문장 구조를 파악하면 Whether부터 빈칸 앞까지 문장의 주어에 해당하므로 빈칸은 동사가 들어갈 자리이다. 명사절 주어는 단수 취급하기 때문에 빈칸에 들어갈 동사 역시 수를 일치시켜 단수를 써야 한다. 따라서 (C) is가 정답이다.

어휘 material 자재, 자료 | sufficient 충분한 | complete 끝내다, 완료하다 | concern 걱정, 염려, 관심사

A.

1. 주어-동사의 수 일치

Most doctors at Grant Hospital **accept** only patients with appointments.
Grant 병원 의사 대부분이 예약 환자들만 받는다.

해설 주어가 Most doctors로 복수이므로 괄호에 들어갈 동사 역시 수를 일치시켜 복수를 써야 하므로 복수형인 accept가 정답이다. at Grant Hospital은 주어와 동사 사이에 들어간 수식어이므로 괄호 바로 앞에 Grant Hospital이 있다고 해서 이를 주어로 잘못 보고 단수 동사를 고르는 실수를 하면 안 된다.

어휘 patient 환자 | appointment 예약, 약속

2. 주어-동사의 수 일치

Everest Airlines **offers** exclusive discounts for members of its frequent flyer program.

Everest 항공사는 단골 승객을 위한 프로그램의 회원에게 전용 할인을 제공한다.

해설 Everest Airlines가 주어인데, 끝이 -(e)s로 끝난다고 해서 복수로 판단하고 복수 동사를 고르면 안 된다. 고유명사는 형태에 상관없이 언제나 단수 취급하기 때문에 동사는 단수형을 써야 한다는 점에 주의해야 한다. 따라서 단수형인 offers가 정답이다.

어휘 exclusive 독점적인, 전용의 | frequent flyer (비행기의) 단골 고객

3. 주어-동사의 수 일치

Rothar Inc. and Hemidal Corp. **have** formed a two-year business alliance to increase their market share.

Rothar 사와 Hemidal 사는 시장 점유율을 높이기 위해 2년 간의 기업 연합을 맺었다.

해설 고유명사는 언제나 단수 취급하지만 지금처럼 A and B의 형태로 and가 두 개의 독립된 회사를 연결하고 있다면 복수이므로 괄호에 들어갈 동사 역시 복수를 써야 한다. 따라서 복수형인 have가 정답이다.

어휘 form 맺다, 형성하다 | alliance 연합, 동맹 | increase 높이다, 증가시키다 | market share 시장 점유율

4. 주어-동사의 수 일치

Some company **directors** choose to implement visible management approach.

몇몇 회사의 이사들은 뚜렷한 경영 접근법을 실행하기로 결정한다.

해설 수량형용사 some 뒤에는 가산 복수명사 또는 불가산명사가 오며 director는 '이사, 책임자'라는 뜻의 사람 명사, 즉 셀 수 있는 명사이므로 복수형인 directors가 정답이다. 괄호 뒤의 동사가 복수형 choose라는 점도 주어를 복수로 써야 한다는 것을 말해준다.

어휘 choose to ~하기로 결정하다 | implement 실행하다, 이행하다 | visible 뚜렷한, 가시적인 | management 경영, 관리 | approach 접근(법)

5. 주어-동사의 수 일치

Gulf Services **has** established an impressive reputation for exceeding customer expectations.

Gulf Services는 고객의 기대를 뛰어넘는 것으로 인상적인 명성을 확고히 했다.

해설 Gulf Services가 주어인데, 끝이 -(e)s로 끝난다고 해서 복수로 판단하고 복수 동사를 고르면 안 된다. 고유명사는 형태에 상관없이 언제나 단수 취급하기 때문에 동사는 단수형을 써야 한다는 점에 주의해야 한다. 따라서 단수형인 has가 정답이다.

어휘 establish 확고히 하다 | impressive 인상적인 | reputation 명성 | exceed 넘다, 넘어서다 | expectation 예상, 기대

B.
1. 명사 자리/주어-동사의 수 일치

All employee **concerns** are reviewed in a careful manner.

모든 직원들의 관심사들은 신중하게 검토된다.

해설 빈칸은 명사 employee와 함께 복합명사를 이루는 문장의 주어 자리다. 빈칸 뒤의 동사가 복수형 are이므로 주어도 수를 일치시켜 복수명사를 써야 한다. 따라서 (A) concerns가 정답이다.

어휘 review 검토하다 | in a careful manner 신중하게, 주의 깊게

2. 동사 자리/주어-동사의 수 일치

Clampett and Sons **announced** that it will no longer represent McKenzie and Company in court.

Clampett and Sons는 더 이상 법정에서 McKenzie and Company를 대변하지 않을 것이라고 발표했다.

해설 빈칸은 주어와 목적어 that 명사절 사이에 위치한 문장의 동사 자리다. 주어가 Clampett and Sons라는 업체명으로, 고유명사는 단수 취급한다는 점에서 단수 동사를 써야 하는데, 보기 중 동사는 동사의 과거형인 (C) announced뿐이다. 따라서 주어가 단수이든 복수이든 상관없이 쓸 수 있는 동사의 과거형 (C) announced가 정답이다.

어휘 no longer 더 이상 ~않는 | represent 대표하다, 대신하다 | court 법정, 법원

3. 동사 자리/주어-동사의 수 일치

Most seaside resorts near Sydney are open all year, but some **operate** only in winter and spring.

Sydney 근처에 있는 대부분의 해변 리조트들은 일년 내내 문을 열지만, 일부는 겨울과 봄에만 운영한다.

해설 등위 접속사 but이 두 개의 절을 연결하고 있는 문장으로, 빈칸 앞의 some은 수량형용사로 가산 복수명사 또는 불가산명사를 이어줄 수 있다는 점에서 (C) operating이나 (D) operation을 답으로 생각하기 쉽지만, 빈칸에 명사가 들어가면 but 이하는 동사가 없는 틀린 문장이 된다. some은 형용사뿐만 아니라, '일부, 몇몇'을 뜻하는 부정대명사의 역할도 하며 문맥상 some resorts를 줄여 쓴 형태로 볼 수 있다. 따라서 some은 여기서 복수의 의미를 가지므로 이에 수를 일치시켜 빈칸 역시 복수 동사를 써야 한다. 따라서 (B) operate가 정답이다.

어휘 seaside 해변 | all year 일년 내내 | operate 운영하다

BASE 집중훈련

A.
1. advertise, PRM 마케팅의 직원들은 다양한 소셜 미디어 사이트에 전략적으로 광고한다.
2. are, Strand 여행사 직원들은 고객과 친밀한 관계를 구축하도록 훈련받는다.
3. packages, 창고에서 발송된 소포는 어느 것이든 송장을 포함하도록 요구된다.
4. were, 우아하게 아치를 이루는 창문들은 Wrightson 박물관의 리모델링 동안 훼손되지 않고 남아 있었다.
5. will be constructed, 모든 하중 지지 담들은 철근이 보강된 콘크리트로 건설될 것이다.

B.
1. (C), Rapa 리조트의 온라인 예약 시스템에서는 대부분의 주요 신용 카드를 받는다.
2. (C), Georgetown의 주택가 도로의 최대 제한 속도가 시속 30킬로미터로 줄어들었다.
3. (C), 직원들 중 누구도 Feng 씨가 5월에 대만 사무실로 전근할 의도가 있다는 것을 알지 못했다.

A.
1. 주어-동사의 수 일치

PRM Marketing agents strategically **advertise** on different social media sites.

26 파고다 토익 입문서 RC

PRM 마케팅의 직원들은 다양한 소셜 미디어 사이트에 전략적으로 광고한다.

해설 주어 PRM Marketing agents와 괄호에 들어갈 동사 사이에 동사를 수식하는 부사 strategically가 끼어 들어간 형태이다. 주어가 복수이므로 복수형인 advertise가 정답이다.

어휘 strategically 전략적으로 | advertise 광고하다 | different 다양한, 다른

2. 주어-동사의 수 일치

Employees at Strand Travel Agency **are** trained to build friendly relationships with clients.
Strand 여행사 직원들은 고객과 친밀한 관계를 구축하도록 훈련받는다.

해설 주어 Employees와 괄호에 들어갈 동사 사이에 주어를 수식하는 전치사구 at Strand Travel Agency가 끼어 들어간 형태로, 단수인 Strand Travel Agency를 주어로 착각하지 않도록 주의한다. 주어는 Employees로 복수이므로 복수형인 are가 정답이다.

어휘 build a relationship with ~와 관계를 구축하다 | friendly 친밀한, 우호적인 | client 고객

3. 주어-동사의 수 일치

Any **packages** shipped from the warehouse are required to contain an invoice.
창고에서 발송된 소포는 어느 것이든 송장을 포함하도록 요구된다.

해설 괄호에 들어갈 주어와 동사 are 사이에 주어를 수식하는 분사구 shipped from the warehouse가 끼어 들어간 형태이다. 동사가 복수형 are이므로 복수명사인 packages가 정답이다.

어휘 package 소포 | ship 발송하다 | warehouse 창고 | be required to ~하도록 요구되다 | contain 포함하다 | invoice 송장

4. 주어-동사의 수 일치

The windows which arch gracefully **were** left untouched during the remodeling of the Wrightson Museum.
우아하게 아치를 이루는 창문들은 Wrightson 박물관의 리모델링 동안 훼손되지 않고 남아 있었다.

해설 주어 The windows와 괄호에 들어갈 동사 사이에 주어를 수식하는 형용사절 which arch gracefully가 끼어 들어간 형태로, arch를 주어로 착각하고 단수 동사를 고르지 않도록 주의한다. 주어는 The windows로 복수이므로 복수형인 were가 정답이다.

어휘 arch 아치형을 이루다 | gracefully 우아하게 | be left untouched 훼손되지 않은 채로 남아 있다 | remodeling 수리, 개조 | museum 박물관

5. 동사 자리/주어-동사의 수 일치

All of the load-bearing walls **will be constructed** of steel-reinforced concrete.
모든 하중 지지 담들은 철근이 보강된 콘크리트로 건설될 것이다.

해설 부정대명사 All은 부분을 나타낼 때 가산 복수명사와 불가산명사를 모두 취할 수 있기 때문에 of 뒤에 오는 명사에 수를 일치시킨다. All of 뒤에 오는 명사가 복수 walls이므로 동사 역시 복수형을 써야 하는데, 괄호에는 수동태 단수형인 is constructed와 수동태 미래형인 will be constructed뿐이다. 따라서 단수이든 복수이든 상관없이 쓸 수 있는 동사의 미래형 will be constructed가 정답이다.

어휘 load-bearing wall 하중 지지 담(하중을 견디게 만든 담) | construct 건설하다 | steel-reinforced 철근이 보강된

B.
1. 동사 자리/주어-동사의 수 일치

The online reservation system for Rapa Resort **accepts** most major credit cards.
Rapa 리조트의 온라인 예약 시스템에서는 대부분의 주요 신용카드를 받는다.

해설 빈칸은 주어와 목적어 사이에 위치한 문장의 동사 자리다. 주어는 The online reservation system으로 단수이므로 단수 동사 (C) accepts가 정답이다.

어휘 reservation 예약 | resort 리조트 | major 주요한 | credit card 신용카드

2. 동사 자리/주어-동사의 수 일치

The maximum speed limit on residential streets in Georgetown **has been reduced** to 30 kilometers per hour.
Georgetown의 주택가 도로의 최대 제한 속도가 시속 30킬로미터로 줄어들었다.

해설 긴 수식어 on residential streets in Georgetown을 걷어내면 주어가 The maximum speed limit로 단수이므로 빈칸에 들어갈 동사는 단수여야 한다. 따라서 (C) has been reduced가 정답이다.

어휘 maximum 최대의, 최고의 | speed limit 제한 속도 | residential 주택지의 | per hour 시간당

3. 동사 자리

None of the employees **knew** that Ms. Feng intended to transfer to the Taiwan office in May.
직원들 중 누구도 Feng 씨가 5월에 대만 사무실로 전근할 의도가 있다는 것을 알지 못했다.

해설 빈칸은 주어 None of the employees와 목적어인 that 명사절 사이에 위치한 문장의 동사 자리이며, 보기 중 동사는 know의 과거형인 (C) knew뿐이다. 참고로, 부정대명사 none이 「none of the + 명사」 형태의 주어인 경우, none of the 뒤의 명사가 단수 대명사나 불가산 명사일 때 동사는 단수 동사를 쓰지만, none of the 뒤의 명사가 복수일 때, 동사는 단수를 써도 되고 복수를 써도 된다. '부정대명사 of the 명사' 주어의 예외 사항이니 참고로 알아두자.

어휘 intend 의도하다 | transfer to ~로 전근하다

BASE 확장
본서 p.86

체크 체크

1. Ms. Fuller will **discuss about** (→ **discuss**) the marketing proposal next Friday. Fuller 씨는 다음 주 금요일에 마케팅 제안서에 대해 논의할 것이다.
2. You **have reached** the automated service line of Solar Bank. (O) Solar 은행의 자동화 고객 상담 서비스에 연결되었습니다.
3. Please **contact with** (→ **contact**) our customer service for technical assistance. 기술 지원이 필요하시면 저희 고객 서비스에 연락 주십시오.

체크 체크

1. A large amount of money **is** needed. 많은 돈이 필요하다.
2. The number of products **increases** every year. 제품의 수가 매년 증가하고 있다.
3. A number of people **volunteer** each year for environmental projects. 많은 사람들이 매년 환경 프로젝트에 지원한다.

BASE 실전훈련

본서 p.88

1. (B)	**2.** (A)	**3.** (C)	**4.** (D)	**5.** (D)	**6.** (B)
7. (C)	**8.** (B)	**9.** (C)	**10.** (D)	**11.** (C)	**12.** (B)

1. 명사 자리/주어-동사의 수 일치

The ceremony's musical **presentation** was sponsored in part by the Groening Corporation.
그 식의 음악 공연이 Groening 사에 의해 일부 후원되었다.

해설 빈칸 앞의 형용사 musical의 수식을 받으면서 주어 역할을 할 수 있는 명사 자리다. 빈칸 뒤의 동사가 단수이므로 단수형인 (B) presentation이 정답이다.

어휘 ceremony 식, 의식 | presentation 공연, 상영, 발표 | sponsor 후원하다 | in part 일부는

2. 명사 자리/주어-동사의 동격

Park Building Services has been the top **supplier** of construction materials for the last four years.
Park Building Services는 지난 4년 동안 최고의 건설 자재 공급업체였다.

해설 빈칸 앞에 한정사 the가 있으므로 빈칸은 명사 자리이며, 동사가 주격 보어를 취하는 be동사이므로 주어와 동격을 이룰 수 있는 명사가 들어가야 한다. 해석을 해봤을 때, 'Park Building Services가 최고의 공급업체였다'라는 의미이므로 '공급업체'를 뜻하는 (A) supplier가 정답이다.

어휘 construction materials 건설 자재 | last 지난

3. 1형식 자동자 + 부사 자리

The technician advised us to progress **cautiously** as we upgrade our operating systems.
기술자는 우리에게 운영 시스템을 업그레이드할 때 주의해서 진행하라고 권고했다.

해설 빈칸 앞의 동사 progress는 '진행하다'라는 뜻의 자동사이기 때문에 빈칸은 목적어로서의 명사가 아닌 동사를 수식하는 부사가 들어가야 한다. 해석을 해봐도 '주의(caution)를 진행하다'가 아니라 '주의해서 (cautiously) 진행하다'이므로 (C) cautiously가 정답이다.

어휘 technician 기술자 | advise 조언하다 | progress 진행하다 | upgrade 업그레이드하다 | operating system 운영 시스템

4. 어휘-동사

Staff members who did not **attend** the trade show last weekend may view Ms. Riker's speech on the company Web site.
지난주말 무역 박람회에 참석하지 않은 직원들은 회사 웹사이트에서 Riker 씨의 연설을 볼 수 있다.

해설 동사 어휘 문제로 목적어 the trade show와 어울리는 타동사는 '~에 참석하다'가 가장 적합하므로 (D) attend가 정답이다.

어휘 trade show 무역 박람회 | speech 연설

5. 주어-동사의 수 일치

Many clients we spoke to **were pleased** with Yamagato's Landscaping Services.
우리와 이야기를 나누었던 많은 고객들은 Yamagato 조경 서비스에 만족해했다.

해설 Many clients는 문장의 주어이고, we spoke to는 주어를 수식하는 형용사절이므로 빈칸은 동사 자리다. please는 '~를 기쁘게 하다'라는 뜻의 타동사이기 때문에 (A) please, (B) pleased가 답이 되려면 빈칸 뒤에 목적어가 필요한데, 목적어 없이 전치사구가 연결되어 있으므로 답에서 제외시킨다. be pleased with는 '~에 기뻐하다'라는 뜻의 관용 표현이며, 주어가 복수 clients이므로 복수형인 (D) were pleased가 정답이다.

어휘 client 고객 | speak to ~와 이야기하다 | landscaping 조경

6. 2형식 자동사-보어

Mr. Lee's real estate presentation should prove **instructive** to people who are inexperienced in the industry.
Lee 씨의 부동산 프레젠테이션은 업계 경험이 없는 사람들에게 유익하다는 것을 입증해야 한다.

해설 빈칸은 동사 prove의 주격 보어 자리이므로 주어와 동격을 이루는 명사나 주어를 서술하는 형용사가 들어가야 한다. 문맥상 '발표가 사람들에게 유익하다는 것을 입증해야 한다'라는 의미가 자연스러우므로 '유익한'이라는 뜻의 (B)가 정답이다. 주격 보어를 필요로 하는 대표적인 2형식 동사에는 appear, be, prove, remain, seem 등이 있다.

어휘 real estate 부동산 | presentation 발표, 프레젠테이션 | inexperienced 경험이 없는 [부족한] | industry 업계, 산업

7. 구동사의 전치사

This year, a lack of demand for apartments **resulted** in a reduction in overall property prices.
올해 아파트 수요 부족이 전반적인 부동산 가격 하락을 초래했다.

해설 해석을 해보면 '아파트 수요 부족이 부동산 가격 하락을 초래했다'라는 의미가 자연스러우므로 빈칸 뒤 전치사 in을 동반하여 '~을 초래하다'라는 의미를 갖는 구동사 (C) resulted가 정답이다. (A) caused도 같은 의미이기는 하지만 (A)는 목적어를 취하는 타동사이므로 답이 될 수 없다.

어휘 lack 부족 | demand 수요 | result in (결과를) 가져오다, 초래하다 | overall 전체의, 전반적인 | property 부동산

8. 주어-동사의 수 일치

The number of trains from Shanghai to Beijing usually **increases** by nearly 30 percent between December and February.
Shanghai에서 Beijing까지 운행하는 열차의 수는 보통 12월과 2월 사이에 거의 30퍼센트 증가한다.

해설 수식어인 from Shanghai to Beijing을 걷어내면, 문장의 주어가 The number of trains임을 쉽게 알 수 있는데, 'the number of + 복수명사'의 주 명사는 number로 단수이기 때문에 빈칸에 올 동사 역시 단수로 수를 일치시켜야 한다. 따라서 (B) increases가 정답이다. 참고로 주어가 단수이든 복수이든 상관없이 쓸 수 있는 동사의 과거형 increased는 현재 시제를 나타내는 부사 usually와 같이 쓸 수 없어 답이 되지 않는다.

어휘 nearly 거의

9-12번은 다음 회람에 관한 문제입니다.

수신: 전원
발신: Foster McCluster
날짜: 3월 15일
회신: 고객 접대

⁹지출을 줄이기 위해, 이사회에서는 고객 접대 지침을 개정하기로 결정했습니다. 새 규칙은 4월 2일에 ¹⁰시행될 것입니다. 그날부터, 외부에서의 식사나 그 외 고객 접대에 50달러 이내로 지출할 예정인 직원은 그렇게 하기 적어도 48시간 전에 미리 부서장에게 서면 요청서를 제출해야 합니다. ¹¹이 금액을 초과하는 요청은 회계부장의 승인이 필요합니다.

새로운 지침에 대한 ¹²어떤 문의나 우려 사항이 있으시면 인사부로 연락하시기 바랍니다.

어휘

reduce 줄이다 | board 이사회 | decide 결정하다 | revise 개정하다 | guideline 지침서 | client entertainment 고객 접대 | rule 규칙 | employee 직원 | dine out 외식하다 | file 제출하다 | written request 서면 요청서 | at least 적어도 | in advance 사전에 | concern 우려 사항 | direct 향하다, 보내다

9. 명사 자리
해설 빈칸은 to부정사 reduce의 목적어 역할을 하는 명사 자리다. 주절과의 관계를 고려할 때, 문맥상 '지출을 줄이기 위해 고객 접대 지침을 개정하기로 결정했다'라는 의미가 자연스러우므로 (C) spending이 정답이다.

10. 어휘-동사
해설 빈칸은 주어 The new rules에 대한 미래 시제 수동태 동사를 완성하는 과거분사 자리다. 빈칸 앞 문장의 '임원진은 지침을 개정하기로 결정했다'라는 내용을 고려할 때, 문맥상 '새로운 규칙은 4월 2일에 시행될 것이다'라는 내용으로 이어져야 자연스러우므로 (D) implemented가 정답이다.

11. 문장 선택
(A) 그 정책이 충분하지 않았다는 것이 이사회의 주목을 받게 되었습니다.
(B) 함께 외식을 하는 것은 잠재 고객들과의 끈끈한 관계를 형성하는 효과적인 방법입니다.
(C) 이 금액을 초과하는 요청은 회계부장의 승인이 필요합니다.
(D) 가이드라인은 4월에 있을 다음 이사회 회의 전까지 발표될 예정입니다.

해설 빈칸 앞 문장의 '외부에서의 식사나 그 외 고객 접대에 50달러 이내로 지출할 예정인 직원은 부서장에게 서면 요청서를 제출해야 한다'라는 내용을 고려할 때, '이 금액을 초과하는 요청은 회계부장의 승인이 필요하다'라는 내용으로 이어져야 자연스러우므로 (C)가 정답이다.

12. 어휘-형용사
해설 빈칸은 문장의 주어인 명사구 questions or concerns를 수식하는 자리다. 문맥상 '새로운 지침에 대한 문의나 우려 사항이 있으면 무엇이든 인사부로 연락하라'라는 내용이 자연스러우므로 (B) Any가 정답이다.

CHAPTER 05 동사의 태와 시제

BASE 집중훈련
본서 p.93

A.
1. signed, 그 계약서는 CEO에 의해 서명되어야 한다.
2. be reviewed, 귀하의 이력서가 당사의 채용관들에 의해 검토될 것입니다.
3. was built, 그 도서관은 거의 100년 전에 지어졌다.
4. been closed, 국립 미술관은 완벽한 보수 공사를 위해 2년 간 문을 닫았다.
5. proceed, Helcan 산업은 Tessman 자동차 회사를 인수하기 위해 협상을 진행할 것이라고 발표했다.

B.
1. (D), 운영 이사는 모든 공장 근로자들에게 새 기계들이 금요일에 조립될 것이라고 알렸다.
2. (A), Paul Koshi의 최신 단편 소설 모음집은 Bruce Parker에 의해 삽화가 넣어질 것이다.
3. (B), 연구원들이 휴가 성수기를 예상하고 있기 때문에, Sommer Sports는 자외선 차단 제품의 평상시 재고 목록을 두 배로 늘렸다.

A.
1. 동사의 태
The contract must be **signed** by the CEO.
그 계약서는 CEO에 의해 서명되어야 한다.

해설 괄호 뒤에 목적어 없이 전명구 by the CEO가 연결되어 있다는 점에서 수동태를 써야 함을 짐작할 수 있고, 해석을 해봐도 주어 The contract는 서명을 하는 주체가 아니라, '서명되는' 대상이므로 be동사 뒤에 수동태를 완성하는 과거분사가 나와야 한다. 따라서 signed가 정답이다.

어휘 contract 계약(서) | sign 서명하다 | CEO 최고경영자(Chief Executive Officer)

2. 동사의 태
Your résumé will **be reviewed** by our recruiters.
귀하의 이력서가 당사의 채용관들에 의해 검토될 것입니다.

해설 괄호 뒤에 목적어 없이 전명구 by our recruiters가 연결되어 있다는 점에서 수동태를 써야 함을 짐작할 수 있고, 해석을 해봐도 주어 Your résumé는 검토를 하는 주체가 아니라, '검토되는' 대상이므로 미래 시제의 수동태 will be p.p.를 완성하는 be reviewed가 정답이다.

어휘 résumé 이력서 | review 검토하다 | recruiter 채용관

3. 동사의 태
The library **was built** almost 100 years ago.
그 도서관은 거의 100년 전에 지어졌다.

해설 괄호 뒤에 목적어 없이 부사구 almost 100 years ago가 연결되어 있다는 점에서 수동태를 써야 함을 짐작할 수 있고, 해석을 해봐도 주어 The library는 짓는 주체가 아니라, '지어지는' 대상이므로 과거 시제의 수동태 was/were p.p.인 was built가 정답이다.

어휘 build 짓다, 건설하다 | almost 거의

4. 동사의 태
The National Art Museum has **been closed** for 2 years for a complete renovation.
국립 미술관은 완벽한 보수 공사를 위해 2년 간 문을 닫았다.

PART 5 CHAPTER 05

해설 괄호 뒤에 목적어 없이 전명구 for 2 years가 연결되어 있다는 점에서 수동태를 써야 함을 짐작할 수 있고, 해석을 해봐도 주어 The National Art Museum(국립 미술관)은 문을 닫는 주체가 아니라, '닫히는' 대상이므로 현재 완료 시제의 수동태 has been p.p.를 완성하는 been closed가 정답이다.

어휘 complete 완벽한; 완료하다, 작성하다 | renovation 수리, 보수 공사

5. 동사의 태
Helcan Industries announced that it will **proceed** with negotiations to acquire Tessman Auto.
Helcan 산업은 Tessman 자동차 회사를 인수하기 위해 협상을 진행할 것이라고 발표했다.

해설 괄호 뒤에 목적어 없이 전명구 with negotiations가 연결되어 있어서 수동태를 써야 할 것으로 판단하기 쉽지만, '진행하다'라는 뜻의 proceed는 대표적인 자동사이다. 자동사는 목적어 없이 쓰는 동사이기 때문에 수동태 문장으로도 바꿀 수 없다. 따라서 proceed가 정답이다.

어휘 announce 발표하다 | proceed 진행하다 | negotiation 협상 | acquire 인수하다

B.
1. 동사의 태
The operations director has informed all factory workers that the new machines **will be assembled** on Friday.
운영 이사는 모든 공장 근로자들에게 새 기계들이 금요일에 조립될 것이라고 알렸다.

해설 문장의 본동사인 informed의 목적어로 that절이 연결된 구조다. 빈칸은 that절의 동사 자리이며 빈칸 뒤에 목적어 없이 전명구 on Friday가 연결되어 있으므로 수동태를 예상할 수 있고, 문맥상 주어인 새 기계들은 조립되는 대상이므로 보기 중 수동태인 (D) will be assembled가 정답이다.

어휘 operations director 운영 이사 | inform ~에게 알리다 | assemble 조립하다

2. 동사의 태
Paul Koshi's newest collection of short stories is being **illustrated** by Bruce Parker.
Paul Koshi의 최신 단편 소설 모음집은 Bruce Parker에 의해 삽화가 넣어질 것이다.

해설 빈칸 앞에 is being이 온 것으로 보아 빈칸은 현재 진행 수동태 be being p.p.를 완성하는 과거분사가 들어갈 자리이므로 (A) illustrated가 정답이다. 참고로, 현재 진행 시제는 현재 진행 중인 동작을 의미하기도 하지만, 가까운 미래의 예정된 계획을 나타내기도 하므로 문맥에 따라 현재 진행을 나타내는 '~ 중이다, ~하고 있다'로 해석하거나, 예정된 계획을 나타내는 '~할 것이다, ~할 계획이다'로 해석하면 된다.

어휘 newest 최신의 | collection 모음, 수집품, 모음집 | short story 단편 소설

3. 동사의 태
Because researchers **predict** a busy vacation season, Sommer Sports has doubled its usual inventory of sun protection products.
연구원들이 휴가 성수기를 예상하고 있기 때문에, Sommer Sports는 자외선 차단 제품의 평상시 재고 목록을 두 배로 늘렸다.

해설 빈칸은 접속사 Because가 이끄는 부사절의 동사 자리이며, 빈칸 뒤에 목적어로 명사구 a busy vacation season이 연결되어 있다는 점에서 능동태 문장임을 알 수 있으므로 능동형인 (B) predict가 정답이다.

어휘 researcher 연구원 | double 두 배가 되다 | usual 평상시의 | inventory 재고(품), 물품 목록 | sun protection 자외선 차단

BASE 집중훈련   본서 p.95

A.
1. been sent, 그 고객이 오늘 배달원에 의해 송장을 받았다.
2. is considered, James Danford는 그 시대의 가장 영향력 있는 작가들 중 한 명으로 여겨진다.
3. advised, 환자들은 이 약을 개봉 후에는 서늘하고 건조한 장소에 보관하라고 권고받는다.
4. is expected, Munn 씨는 오후 6시까지 싱가포르 공장 견학에서 돌아올 예정이다.
5. to observe, 이용객들은 도서관 규칙을 준수하도록 요구받는다.

B.
1. (C), 국제 학회의 초대장이 작년에 공지에 응답했던 직원들 모두에게 보내졌다.
2. (D), 〈Turning Dreams into Reality〉의 공동 저자들이 〈Imaginative Writers Society〉 대회에서 그들의 창의적인 이야기로 대상을 수상했다.
3. (B), 회계팀 직원들은 금융 문제를 고객들과 비공개로 다루도록 상기 받는다.

A.
1. 4형식 동사의 수동태
The client has **been sent** the invoices today by courier.
그 고객이 오늘 배달원에 의해 송장을 받았다.

해설 괄호 뒤의 명사 the invoices를 목적어로 생각해서 능동태 동사 sent를 고르면 안 된다. send는 두 개의 목적어를 취하는 대표적인 4형식 동사로, 수동태로 써도 뒤에 목적어가 남아 있기 때문에 주의가 필요하다. 해석을 했을 때 '고객이 배달원에 의해 송장을 받는다'라는 뜻이기 때문에 현재 완료 시제의 수동태 has been p.p.를 완성하는 been sent가 정답이다.

어휘 client 고객 | invoice 송장 | courier 배달원

2. 5형식 동사의 수동태
James Danford **is considered** one of the most influential writers of his time.
James Danford는 그 시대의 가장 영향력 있는 작가들 중 한 명으로 여겨진다.

해설 괄호 뒤의 명사구 one of the most influential writers of his time을 목적어로 생각하여 능동태 동사 considers를 고르면 안 된다. consider는 「consider + 목적어 + 목적격 보어」의 구조를 취하는 대표적인 5형식 동사로, 수동태로 썼을 때 목적어가 주어 자리로 가면서 뒤에 목적격 보어가 남는데, 이때 보어가 지금처럼 명사인 경우 목적어로 착각하기 쉬우므로 주의해야 한다. 문맥상 'James Danford = one of the most influential writers of his time'이기 때문에 목적어가 주어 자리로 간 수동태임을 알 수 있으므로 is considered가 정답이다.

어휘 influential 영향력 있는 | writer 작가 | time 시대

3. 목적격 보어로 to부정사를 취하는 동사의 수동태
Patients are **advised** to store this medicine in a cool, dry place after opening the bottle.

환자들은 이 약을 개봉 후에는 서늘하고 건조한 장소에 보관하라고 권고받는다.

해설 동사 advise는「advise + 목적어 + 목적격 보어」의 구조를 갖는 5형식 동사이며, 목적격 보어로 to부정사를 취한다. 따라서 괄호 뒤에 to부정사가 바로 연결되어 있다는 것은 목적어 Patients가 주어 자리로 가면서 advise가 수동태로 쓰였음을 말해주는 것이므로 수동태 be p.p.를 완성하는 과거분사 advised가 정답이다. be advised to do는 '~하도록 권고받다'의 의미로 하나의 표현으로 기억해 두자.

어휘 patient 환자 I store 보관하다 I medicine 약(품) I bottle 병

---

4. 목적격 보어로 to부정사를 취하는 동사의 수동태

Ms. Munn **is expected** to arrive from her tour of the Singapore facility by 6:00 P.M.
Munn 씨는 오후 6시까지 싱가포르 공장 견학에서 돌아올 예정이다.

해설 동사 expect는「expect + 목적어 + 목적격 보어」의 구조를 갖는 5형식 동사이며, 목적격 보어로 to부정사를 취한다. 따라서 괄호 뒤에 to부정사가 바로 연결되어 있다는 것은 목적어 Ms. Munn이 주어 자리로 가면서 expect가 수동태로 쓰였음을 말해주는 것이므로 수동형인 is expected가 정답이다. be expected to do는 '~할 예정이다, ~할 것으로 예상되다'의 뜻으로 하나의 표현으로 기억해 두자.

어휘 arrive 도착하다 I facility 시설, 공장

---

5. 목적격 보어로 to부정사를 취하는 동사의 수동태

Patrons are asked **to observe** the rules of the library.
이용객들은 도서관 규칙을 준수하도록 요구받는다.

해설 동사 ask는「ask + 목적어 + 목적격 보어」의 구조를 갖는 5형식 동사이며, 목적격 보어로 to부정사를 취한다. 따라서 괄호 앞의 수동형 are asked를 보고 to observe를 답으로 고를 수 있어야 한다. be asked to do는 '~하도록 요구되다'의 뜻으로 하나의 표현으로 기억해 두자.

어휘 patron 이용객, 손님 I observe 준수하다 I rule 규칙

B.

1. 전치사

Invitations for the International Conference were sent **to** all of the staff who responded to the announcement last year.
국제 학회의 초대장이 작년에 공지에 응답했던 직원들 모두에게 보내졌다.

해설 빈칸 앞의 동사 send는「send + 사람 목적어(A) + 사물 목적어(B)」형태로 두 개의 목적어를 취하는 4형식 동사이고 4형식 동사의 수동태는「A + be p.p. + B」또는「B + be p.p. + 전치사 + A」와 같이 두 가지 형태가 가능하다. 본 문장은 주어가 사물 Invitations인 점에서 후자에 해당하며, 문맥상 '초대장이 모든 직원들에게 보내졌다'라는 의미로 '~에게'의 대상을 나타내는 전치사가 필요한데, 동사 send는 주로「B be p.p. to A」와 같이 전치사 to를 동반한다. 따라서 (C) to가 정답이다.

어휘 invitation 초대(장) I respond to ~에게 응답하다 I announcement 공지, 안내

---

2. 4형식 동사의 수동태

The co-authors of *Turning Dreams into Reality* **were awarded** the grand prize in the *Imaginative Writers Society* contest for their creative story.
〈Turning Dreams into Reality〉의 공동 저자들이 〈Imaginative Writers Society〉 대회에서 그들의 창의적인 이야기로 대상을 수상했다.

해설 빈칸은 동사 자리로, 먼저 능동태 동사인 (B) have awarded, (C) awarded를 넣고 해석해 봤을 때 '공동 저자들이 대상을 수여했다'라는 어색한 의미가 되는데, 동사 award는「award + 사람 목적어(A) + 사물 목적어(B)」와 같이 두 개의 목적어를 취하는 4형식 동사이다. 4형식 동사의 수동태는「A + be p.p. + B」또는「B + be p.p. + 전치사 + A」와 같이 두 가지 형태가 가능하다. 본 문장은 주어가 사람 co-authors인 점에서 전자에 해당하며, 문맥상 '공동 저자들이 대상을 수여받았다'라는 의미이므로 (D) were awarded가 정답이다.

어휘 co-author 공동 저자 I award 수여하다 I grand prize 대상 I contest 경연, 대회 I creative 창의적인

---

3. 목적격 보어로 to부정사를 취하는 동사의 수동태

The accounting personnel are reminded **to address** financial matters with clients in private.
회계팀 직원들은 금융 문제를 고객들과 비공개로 다루도록 상기 받는다.

해설 동사 remind는「remind + 목적어 + 목적격 보어」의 구조를 갖는 5형식 동사이며, 목적격 보어로 to부정사를 취한다. 따라서 빈칸 앞의 수동형 are reminded를 보고 to address를 답으로 고를 수 있어야 한다. 따라서 (B) to address가 정답이다. be reminded to do는 '~하도록 상기 받다'의 뜻으로 하나의 표현으로 기억해 두자.

어휘 accounting 회계 I personnel 인원, 직원들 I financial matter 금융 문제 I client 고객 I in private 비공개로

BASE 집중훈련 본서 p.97

A.
1. with, 모든 아파트는 소화기를 갖추고 있다.
2. in, 여러 많은 부서들이 새로운 직원 안내서를 작성하는 데 직접적으로 관여했다.
3. to, Paris에 살았던 Snead 씨는 프랑스 음식에 익숙하다.
4. about, 분석가들은 기술 부문에서 늘어나는 파산에 대해 걱정하고 있다.
5. for, Best Price 사무용품은 제품의 품질로 유명하다.

B.
1. (D), 상환 양식에 기재된 각 물건은 반드시 실제 영수증이 동반되어야 합니다.
2. (B), 그 의자들은 재활용된 자재들로 만들어지고, 그로 인해 경제적인 운송이 가능하도록 가볍게 만들어진다.
3. (A), 5B 택시 회사의 택시 기사들은 분기별로 그들의 유지 보수 비용에 대해 상환 받는다.

A.

1. 수동태 관용 표현

Every apartment is equipped **with** a fire extinguisher.
모든 아파트는 소화기를 갖추고 있다.

해설 be equipped with는 '~을 갖추다'라는 뜻의 수동태 관용 표현으로 수동태 be equipped는 전치사 with를 동반한다. 따라서 with가 정답이다.

어휘 fire extinguisher 소화기

---

2. 수동태 관용 표현

Many different departments were directly involved **in** composing the new employee handbook.

여러 많은 부서들이 새로운 직원 안내서를 작성하는 데 직접적으로 관여했다.

해설 be involved in은 '~에 관련되다, ~에 참여하다'라는 뜻의 수동태 관용 표현으로 수동태 be involved는 전치사 in을 동반한다. 따라서 in이 이 정답이다.

어휘 department 부서 | directly 직접 | compose 작성하다, 구성하다 | employee handbook 직원 안내서

3. 수동태 관용 표현

Having lived in Paris, Ms. Snead is accustomed **to** French cuisine.
Paris에 살았던 Snead 씨는 프랑스 음식에 익숙하다.

해설 be accustomed to는 '~에 익숙하다'라는 뜻의 수동태 관용 표현으로 수동태 be accustomed는 전치사 to를 동반한다. 따라서 to가 정답이다.

어휘 cuisine 요리(법)

4. 수동태 관용 표현

Analysts are worried **about** the increasing number of bankruptcies in the technology sector.
분석가들은 기술 부문에서 늘어나는 파산에 대해 걱정하고 있다.

해설 be worried about은 '~에 대해 걱정하다'라는 뜻의 수동태 관용 표현으로 수동태 be worried는 전치사 about을 동반한다. 따라서 about이 정답이다.

어휘 analyst 분석가 | bankruptcy 파산 | technology sector 기술 부문

5. 수동태 관용 표현

Best Price Office Supplies is known **for** the quality of its products.
Best Price 사무용품은 제품의 품질로 유명하다.

해설 be known for는 '~으로 유명하다'라는 뜻의 수동태 관용 표현으로 수동태 be known은 전치사 for나 as를 동반한다. 따라서 for가 정답이다.

어휘 quality 품질

B.

1. 수동태 관용 표현

Each item listed on the reimbursement form must be accompanied **by** the actual receipt.
상환 양식에 기재된 각 물건은 반드시 실제 영수증이 동반되어야 합니다.

해설 be accompanied by는 '~을 동반하다'라는 뜻의 수동태 관용 표현으로 수동태 be accompanied는 전치사 by나 with를 동반한다. 따라서 (D) by가 정답이다.

어휘 reimbursement form 상환 양식 | actual 실제의 | receipt 영수증

2. 수동태 관용 표현

The chairs are made **of** recycled materials, which make them lightweight for economical shipping.
그 의자들은 재활용된 자재들로 만들어지고, 그로 인해 경제적인 운송이 가능하도록 가볍게 만들어진다.

해설 be made of는 '~으로 만들어지다'라는 뜻의 수동태 관용 표현이며, '의자들은 재활용된 자재들로 만들어진다'라는 의미가 자연스러우므로 (B) of가 정답이다.

어휘 recycled 재활용된 | material 자재, 재료 | economical 경제적인 | shipping 운송, 배송

3. 수동태 관용 표현

Taxi drivers for 5B Taxi Co. are **reimbursed** for their maintenance costs on a quarterly basis.
5B 택시 회사의 택시 기사들은 분기별로 그들의 유지 보수 비용에 대해 상환 받는다.

해설 빈칸은 be동사의 뒷자리이며, 빈칸 뒤에 목적어 없이 전치사 for가 연결되어 있고, be reimbursed for는 '~에 대해 상환 받다'라는 뜻의 수동태 관용 표현이므로 수동태를 완성하는 과거분사 (A) reimbursed가 정답이다.

어휘 maintenance 유지 보수 | cost 비용 | on a quarterly basis 분기별로

BASE 집중훈련 본서 p.99

A.

1. strive, Zutech의 디자이너들은 자기 일에 대한 기대치를 뛰어넘기 위해 항상 고군분투한다.
2. often, 유망 고객에게 상품을 시연하는 것은 종종 판매 계약으로 이어진다.
3. made, 2년 전 Freeman 씨는 공공 도서관을 짓는 데 상당한 기부금을 냈다.
4. last, Chang 씨가 지난달 Tokyo 사무소 책임자로 임명되었다.
5. will improve, 한 분석가는 주택 시장이 곧 개선될 것이라고 밝혔다.

B.

1. (A), Watson 씨는 농산물 수송품이 배송될 때, 그것을 받도록 허가 받았다.
2. (B), 작년에 운송 계약을 갱신하는 것이 유리했지만, CEO는 다시 그렇게 하기를 거절했다.
3. (B), Marder GmbH는 내년부터 직원 근무시간을 주당 40시간으로 줄일 것이라고 밝혔다.

A.

1. 현재 시제와 어울리는 시간 표현

The designers at Zutech always **strive** to exceed expectations with their work.
Zutech의 디자이너들은 자기 일에 대한 기대치를 뛰어넘기 위해 항상 고군분투한다.

해설 '언제나, 항상'이라는 뜻의 always는 현재 시제와 어울려 쓰이는 시간 부사이므로 현재 시제 strive가 정답이다.

어휘 strive to ~하려고 고군분투하다 | exceed 넘어서다, 초과하다 | expectation 기대(치)

2. 현재 시제와 어울리는 시간 표현

Product demonstrations with prospective clients **often** lead to sales contracts.
유망 고객에게 상품을 시연하는 것은 종종 판매 계약으로 이어진다.

해설 문장의 동사는 '~을 야기하다, ~로 이어지다'라는 뜻의 lead to로 현재 시제로 쓰였다는 점에서 현재 시제와 어울리는 시간 부사 often이 정답이다. already는 과거 시제나 현재 완료 시제와 어울려 쓰인다.

어휘 product demonstration 제품 시연 | prospective client 유망 고객 | sales contract 판매 계약

3. 과거 시제와 어울리는 시간 표현

Two years ago, Mr. Freeman **made** a substantial donation for building a public library.

2년 전 Freeman 씨는 공공 도서관을 짓는 데 상당한 기부금을 냈다.

해설 Two years ago의 「시간+ago」는 과거 시제와 어울리는 시간 표현이므로 과거 시제 made가 정답이다.

어휘 make a donation 기부하다 | substantial 상당한 | public library 공공 도서관

4. 과거 시제와 어울리는 시간 표현

Ms. Chang was appointed as director of the Tokyo office **last** month.

Chang 씨는 지난달 Tokyo 사무소 책임자로 임명되었다.

해설 문장의 동사는 was appointed로 과거 시제로 쓰였으므로 시간 부사구 역시 과거를 나타내야 한다. 따라서 과거 시제와 어울리는 시간 표현인 'last+시점'을 완성하는 last가 정답이다.

어휘 appoint 임명하다 | director 책임자, 이사 | last 지난

5. 미래 시제와 어울리는 시간 표현

An analyst revealed that the housing market **will improve** soon.

한 분석가는 주택 시장이 곧 개선될 것이라고 밝혔다.

해설 '곧, 이내'라는 뜻의 soon은 미래 시제와 어울려 쓰이는 시간 부사이므로 미래 시제 will improve가 정답이다.

어휘 analyst 분석가 | reveal 드러내다, 밝히다 | housing market 주택 시장 | improve 개선하다

B.

1. 동사의 태

Mr. Watson is permitted to accept the produce shipment, when it **is delivered**.

Watson 씨는 농산물 수송품이 배송될 때, 그것을 받도록 허가받았다.

해설 빈칸은 when 종속절 내 주어 it의 동사 자리다. 주절과의 관계를 통해 대명사 it이 가리키는 대상을 문맥을 통해 파악하면 the produce shipment라는 것을 알 수 있으며, 주어가 사물이므로 '배송되는' 대상이다. 따라서 수동태 동사인 (A) is delivered가 정답이다.

어휘 permit 허가하다 | accept 수락하다 | produce 농산물 | shipment 수송(품)

2. 동사의 시제

It **was** advantageous to renew the shipping deal last year, but the CEO has declined doing so again.

작년에 운송 계약을 갱신하는 것이 유리했지만, CEO는 다시 그렇게 하기를 거절했다.

해설 빈칸은 가주어 It과 주격 보어 advantageous 사이의 be동사 자리다. 시간 부사구 last year가 있음을 고려할 때, 문맥상 '작년에 운송 계약을 갱신하는 것이 유리했지만'이라는 의미가 되어야 자연스러우므로 과거 시제인 (B) was가 정답이다.

어휘 advantageous 유리한 | renew 갱신하다 | shipping deal 배송 계약 | decline -ing ~하는 것을 거절하다

3. 동사의 시제와 태

Marder GmbH has disclosed that it **will reduce** employee working hours to 40 hours per week starting next year.

Marder GmbH는 내년부터 직원 근무시간을 주당 40시간으로 줄일 것이라고 밝혔다.

해설 동사 has disclosed의 목적어로서 that절이 온 구조로, 빈칸은 that 절 내 주어 it과 목적어 employee working hours 사이의 동사 자리다. that절에 미래 시점을 나타내는 표현 starting next year가 있고, 빈칸 뒤에 목적어 employee working hours가 있으므로 능동태 미래 시제인 (B) will reduce가 정답이다.

어휘 disclose 밝히다, 폭로하다 | working hour 근무시간 | per ~당 | starting +시점 ~부터

BASE 집중훈련
본서 p.101

A.

1. is, 브랜드 노출을 늘리기 위해, Tineka Jewelry는 지금 온라인으로 광고하고 있다.
2. currently, 유명 화가인 Felix Hammond의 미술 작품이 현재 Silva 갤러리에 전시 중이다.
3. will be holding, 회사는 내일 퇴직하는 직원들을 기념하는 행사를 열 것이다.
4. was planning, Lee 씨는 지난주말에 London에 가려고 했지만 비행기가 모두 예약이 되어 있었다.
5. tend, 많은 소비자들은 요즈음 환경 친화적인 제품들을 선호하는 경향이 있다.

B.

1. (C), Bellwood 전자는 결함이 있는 EGF-100 세탁기를 자발적으로 회수할 것이다.
2. (C), 행정 보조원이 막 퇴근하려는 순간 사무용품 상자가 배송되었다.
3. (D), 이사회는 Cunningham 씨를 CEO로 임명할지, 아니면 회사 외부에서 채용할지를 논의 중이다.

A.

1. 현재 시제와 어울리는 시간 표현

To increase brand exposure, Tineka Jewelry **is** now advertising online.

브랜드 노출을 늘리기 위해, Tineka Jewelry는 지금 온라인으로 광고하고 있다.

해설 시간 표현 now를 통해 현재를 나타내고 있음을 알 수 있으므로 현재 진행 시제 is/are+-ing로 써야 한다. 따라서 is가 정답이다.

어휘 increase 늘리다, 증가시키다 | exposure 노출 | advertise 광고하다

2. 현재 시제와 어울리는 시간 표현

The renowned painter Felix Hammond's works of art are **currently** on display at Silva Gallery.

유명 화가인 Felix Hammond의 미술 작품이 현재 Silva 갤러리에 전시 중이다.

해설 동사가 현재형 are이므로 현재나 현재 진행 시제와 어울려 쓰이는 시간 부사가 들어가야 한다. 따라서 currently가 정답이다. recently는 과거나 현재 완료 시제와 어울리는 시간 부사이다.

어휘 renowned 유명한 | painter 화가 | work of art 미술 작품 | on display 전시 중인

3. 미래 시제와 어울리는 시간 표현

The company **will be holding** an event to honor retiring employees tomorrow.
회사는 내일 퇴직하는 직원들을 기념하는 행사를 열 것이다.

해설 문장 끝에 미래와 어울려 쓰이는 시간 부사 tomorrow가 있으므로 괄호에는 미래를 나타내는 동사가 들어가야 한다. 따라서 미래 진행 시제인 will be holding이 정답이다.

어휘 hold 열다, 개최하다 | honor 기리다, 기념하다 | retiring employee 은퇴 직원

4. 과거 시제와 어울리는 시간 표현

Ms. Lee **was planning** to go to London last weekend, but the flight was fully booked.
Lee 씨는 지난주말에 London에 가려고 했지만 비행기가 모두 예약이 되어 있었다.

해설 문장에 과거와 어울려 쓰이는 시간 표현 last weekend(지난 주말에)가 있으므로 괄호에는 과거를 나타내는 동사가 들어가야 한다. 따라서 과거 진행 시제인 was planning이 정답이다.

어휘 plan to ~할 계획이다 | flight 비행기 | fully 모두, 완전히 | book 예약하다

5. 현재 시제와 어울리는 시간 표현

Many consumers these days **tend** to prefer environment-friendly products.
많은 소비자들이 요즘은 환경 친화적인 제품들을 선호하는 경향이 있다.

해설 문장에 현재와 어울려 쓰이는 시간 표현 these days가 있으므로 괄호에는 현재를 나타내는 동사가 들어가야 한다. 따라서 현재 시제인 tend가 정답이다.

어휘 consumer 소비자 | tend to ~하는 경향이 있다 | prefer 선호하다 | environment-friendly 친환경적인, 환경 친화적인

B.

1. 동사의 시제와 태

Bellwood Electronics will voluntarily **be recalling** its faulty EGF-100 washing machines.
Bellwood 전자는 결함이 있는 EGF-100 세탁기를 자발적으로 회수할 것이다.

해설 빈칸 앞의 부사 voluntarily를 괄호로 묶으면 빈칸은 조동사 will의 뒷자리임을 알 수 있으므로 빈칸에는 동사원형이 들어가야 한다. 따라서 (A) recalling, (B) recalled를 먼저 답에서 제외시킨다. 나머지 보기 중 (C)는 「be+-ing」형태의 진행 시제 능동이며, (D)는 「be+-ed」형태의 수동태인데, 빈칸 뒤에 목적어로서 명사구 its faulty EGF-100 washing machines가 연결되므로 능동의 진행 시제인 (C) be recalling이 정답이다.

어휘 voluntarily 자발적으로 | faulty 결함이 있는 | washing machine 세탁기

2. 동사의 시제

A box of office stationery was delivered just as the administrative assistant **was leaving** for the day.
행정 보조원이 막 퇴근하려는 순간 사무용품 상자가 배송되었다.

해설 빈칸은 '~할 때'라는 뜻의 접속사 as가 이끄는 부사절의 동사 자리다. 주절의 시제가 과거 was delivered이며, 문맥상 '퇴근하려고 할 때 상자가 배송되었다'라는 의미가 자연스러우므로 과거 진행 시제인 (C) was leaving이 정답이다.

어휘 office stationery 사무용품 | just as 주어+동사 막 ~하려고 할 때 | administrative assistant 행정 보조원 | leave for the day 퇴근하다

3. 진행 시제를 완성하는 분사

The board of directors is **debating** whether to appoint Mr. Cunningham as CEO or to recruit from outside the company.
이사회는 Cunningham 씨를 CEO로 임명할지, 아니면 회사의 외부에서 채용할지를 논의 중이다.

해설 빈칸은 be동사와 목적어로서의 「whether+to부정사」 명사구 사이에 위치하므로, 현재 진행 시제 be+-ing의 능동태 문장을 완성하는 현재분사 (D) debating이 정답이다.

어휘 board of directors 이사회 | debate 논의하다 | appoint 임명하다 | recruit 채용하다

BASE 집중훈련 본서 p.103

A.
1. have decreased, 종이 책의 매출이 지난 10년간 감소했다.
2. was, 나는 20년 전에 이 회사가 설립되었을 때부터 여기에 있어 왔다.
3. arrived, 공식 대표단이 회의장에 도착했을 즈음에는 연설이 이미 시작된 상태였다.
4. will have, 관리자는 다음 주까지 공장 안전 규정을 철저히 검토할 것이다.
5. had, Dunham 씨는 그녀의 부모님이 방문할 거라고 예상하지 못했지만 그들을 반갑게 맞이했다.

B.
1. (D), Zhang's Boutique는 20년 전 문을 연 이후 여러 번 이전했다.
2. (B), 회계부에서 예산안을 받았지만, CEO는 아직 그 프로젝트를 승인하지 않았다.
3. (A), Orrin 씨는 최종 매출 보고서를 보지 않았음에도, 최근 온라인 프로모션 결과에 만족해했다.

A.

1. 현재완료 시제와 어울리는 시간 표현

Sales of paper books **have decreased** over the past decade.
종이 책의 매출이 지난 10년간 감소했다.

해설 문장에 쓰인 「over the past+기간」은 현재 완료 시제와 어울려 쓰이는 시간 표현이므로 현재 완료 시제인 have decreased가 정답이다.

어휘 sales 매출액, 판매량 | decrease 감소하다 | past 지난 | decade 10년

2. 현재완료+since+과거

I've been here since this company **was** founded 20 years ago.
나는 20년 전에 이 회사가 설립되었을 때부터 여기에 있어 왔다.

해설 괄호는 '~이래로'라는 뜻의 접속사 since가 이끄는 부사절의 동사 자리다. since절에 쓰인 「시간+ago」는 과거 시제와 어울려 쓰이는 시간 표현이므로 과거 시제인 was가 정답이다.

어휘 found 설립하다

3. 과거와 과거완료의 시제 일치

When the official delegation **arrived** at the conference hall, the speech had already started.

공식 대표단이 회의장에 도착했을 즈음에는 연설이 이미 시작된 상태였다.

해설 괄호는 '~할 때'라는 뜻의 접속사 When이 이끄는 부사절의 동사 자리로, 해석을 해봤을 때 '대표단이 회의장에 도착했을 때, 연설이 이미 시작했다'라는 의미로 도착한 시점은 연설이 시작된 이후이고, 주절 the speech had already started의 시제가 과거 완료 'had p.p.'로 쓰였으므로 대표단이 도착한 시점은 과거 시제로 써야 옳다. 따라서 arrived가 정답이다.

어휘 official 공식적인 | delegation 대표단 | conference hall 회의장 | speech 연설

4. 미래완료 시제와 어울리는 시간 표현

The supervisor **will have** thoroughly reviewed the factory's safety procedures by next week.

관리자는 다음 주까지 공장 안전 규정을 철저히 검토할 것이다.

해설 문장에 쓰인 「by next+시간」은 미래와 어울려 쓰이는 시간 표현이며, 문맥상 '다음 주까지는 안전 규정의 검토가 다 끝날 것이다'라는 의미이므로 미래 완료 시제 「will have p.p.」를 완성하는 will have가 정답이다.

어휘 supervisor 관리자, 감독관 | thoroughly 완전히, 철저히 | review 검토하다 | safety procedures 안전 규정

5. 과거와 과거완료의 시제 일체

Ms. Dunham welcomed her parents even though she **had** not been expecting them to visit.

Dunham 씨는 그녀의 부모님이 방문할 거라고 예상하지 못했지만 그들을 반갑게 맞이했다.

해설 괄호는 '비록 ~이긴 하지만'이라는 뜻의 접속사 even though가 이끄는 부사절의 동사 자리로, 해석을 해봤을 때 'Dunham 씨가 부모님의 방문을 예상하지 못했지만 그들을 반갑게 맞이했다'라는 의미로 부모님을 맞이한 시점을 과거 welcomed로 썼으므로 그들이 방문할 거라고 예상하지 못한 시점은 그 이전으로 표현하는 것이 적절하다. 따라서 과거 완료 시제 'had p.p.'를 완성하는 had가 정답이다.

어휘 welcome 맞이하다, 환영하다 | parents 부모 | expect 예상하다, 기대하다

B.

1. 현재완료+since+과거

Zhang's Boutique **has relocated** multiple times since it opened 20 years ago.

Zhang's Boutique는 20년 전 문을 연 이후 여러 번 이전했다.

해설 '~한 이래로'라는 뜻의 접속사 since가 이끄는 부사절에는 과거 시제가 오며, 주절에는 현재 완료 시제가 오는 패턴을 취한다. 주어+동사(현재 완료 시제) since+주어+동사(과거 시제)의 패턴을 기억해 두자. 문맥상으로도 '20년 전 문을 연 이후로, (과거부터 지금까지) 여러 번 이전했다'라는 의미이므로 현재 완료 시제인 (D) has relocated가 정답이다. since가 이끄는 시제를 기억하면 쉽게 풀 수 있는 문제다.

어휘 multiple times 여러 번

2. 현재완료 시제와 어울리는 부사

The budget proposal has been received by Accounting, but the CEO has not **yet** approved the project.

회계부에서 예산안을 받았지만, CEO는 아직 그 프로젝트를 승인하지 않았다.

해설 문맥상 가장 어울리는 부사를 고르는 문제다. 빈칸 앞의 부정어 not과 함께 '아직 ~하지 않았다'라는 의미를 갖는 (B) yet이 정답이다. '아직'이라는 뜻의 부사 yet은 현재 완료 시제와 어울려 쓰이는 부사로 기억해 두자.

어휘 budget proposal 예산안 | approve 승인하다

3. 과거와 과거완료의 시제 일치

Although she **had not seen** the complete sales report, Ms. Orrin was still satisfied with the results of the recent online promotion.

Orrin 씨는 최종 매출 보고서를 보지 않았음에도, 최근 온라인 프로모션 결과에 만족해했다.

해설 빈칸은 '비록 ~이긴 하지만'이라는 뜻의 접속사 Although 부사절 내 동사 자리다. 빈칸 뒤에 목적어에 해당하는 명사구가 있으므로 수동형인 (B) was not seen, (C) is not seen은 답이 될 수 없고, 주절의 시제가 과거이므로 과거 완료 시제인 (A) had not seen이 정답이다.

어휘 complete 완벽한, 최종의 | sales report 매출 보고서 | satisfied with ~에 만족해하는

BASE 확장
본서 p.104

체크 체크

1. (D), 고객 만족에 대한 설문 조사가 중요한 것으로 여겨졌다.

2. (B), IT 팀은 그 소프트웨어 교육이 매우 유용하다는 걸 알게 되었다.

체크 체크

1-1. 나는 Paris에서 살았었다.

1-2. 나는 Paris에서 살아왔다.

2-1. 나는 지난달에 그 영화를 보았다.

2-2. 나는 전에 그 영화를 본 적이 있다.

BASE 실전훈련
본서 p.106

1. (B) **2.** (D) **3.** (A) **4.** (A) **5.** (D) **6.** (D)
7. (C) **8.** (D) **9.** (A) **10.** (B) **11.** (A) **12.** (C)

1. 동사의 태

Profits from the sale of Chamonix Outerwear were equally **divided** between the president's four children.

Chamonix Outerwear의 판매 수익은 대표의 4명의 자녀 사이에 동등하게 분배되었다.

해설 빈칸은 be동사 뒤이고 빈칸 뒤에 목적어가 뒤따라오지 않았으므로 수동태를 완성하는 과거분사 (B) divided가 정답이다.

어휘 profit 수익 | equally 공평하게, 동등하게

2. 수동태 뒤 부사 자리

All kitchen employees are advised that ingredients should be checked **carefully** for spoilage.

모든 주방 직원들은 음식 재료가 부패하지 않았는지 세심하게 점검되어야 한다고 당부 받는다.

해설 빈칸은 수동태 동사 should be checked와 for 전명구 사이에 위치해 있으며, 빈칸이 없어도 문장이 완벽하므로 동사 should be checked를 수식하는 부사 (D) carefully가 정답이다.

어휘 employee 직원, 종업원 | be advised that ~하도록 당부 받다 | ingredient 재료, 성분 | check 점검하다, 살피다 | spoilage 부패, 손상

3. 동사의 태

At Edo Medical School, two semesters of hospital internship **are required** for certification as a registered nurse.
Edo 의대에서는 두 학기의 병원 인턴십이 공인 간호사 자격을 위해 요구된다.

해설 빈칸은 주어 two semesters에 대한 동사 자리다. 빈칸 뒤에 목적어가 없음을 고려할 때 수동태 동사임을 알 수 있으며, 문맥상 '두 학기의 인턴십이 요구된다'라는 의미가 되어야 자연스러우므로 (A) are required가 정답이다. 타동사는 반드시 목적어를 필요로 하므로, 빈칸 뒤 목적어에 해당하는 명사(구)가 없다면 수동태 동사 자리임을 파악해야 한다.

어휘 Medical School 의과대학 | semester 학기 | internship 인턴십 | certification 증명 | registered 공인된, 등록한

4. 동사의 시제

The night manager position **has become** available and can be applied for by emailing Ms. Kim in HR.
야간 관리자 직무가 지원 가능해졌고 인사부 Kim 씨에게 이메일을 보내 지원할 수 있습니다.

해설 빈칸은 주어 뒤의 동사 자리다. 접속사 and로 연결된 두 문장의 관계를 고려할 때, 문맥상 '관리자 직무가 지원 가능한 상태가 되었고, 이메일을 보내 지원할 수 있다'라는 의미가 되어야 자연스러우므로 현재 완료 시제인 (A) has become이 정답이다.

어휘 position 일자리, 직위 | available 이용 가능한 | apply for ~에 지원하다

5. 부사 자리

Although Mr. Lukova started working at Rigoletto Custom Tailors in April, he was **already** promoted to head tailor by June.
Lukova 씨는 4월에 Rigoletto Custom Tailors에서 근무하기 시작했지만, 6월에 이미 수석 재단사로 승진했다.

해설 빈칸은 수동태 동사인 was promoted 사이를 뚫고 들어온, 동사를 수식하는 부사 자리이므로 (D) already가 정답이다. 전치사 (A) through, (C) along은 명사구를 이끌며, 부사절 접속사 (B) while은 두 절을 연결한다.

어휘 custom 주문 제작의 | be promoted to ~로 승진하다 | head tailor 수석 재단사

6. 동사 자리/주어-동사 수 일치

Delapore College **will celebrate** the opening of its brand-new science hall on Monday, August 28.
Delapore 대학은 8월 28일 월요일에 새로운 과학관 개관을 축하할 것이다.

해설 빈칸은 주어 Delapore College와 목적어 the opening of its brand-new science hall 사이에 들어갈 동사 자리이므로 동사 자리에 들어갈 수 없는 (A) celebrating, (B) celebration은 소거하며, 주어 Delapore Collage가 3인칭 단수이므로 수 일치에 어긋나는 (C) celebrate 역시 답이 될 수 없다. 따라서 미래 시제인 (D) will celebrate가 정답이다.

어휘 opening 개장 | brand-new 새로운

7. 동사의 시제

The seminar organizers **sent** out dozens of invitations, but only a few guest speakers have answered back.
세미나 주최자들은 수십 개의 초대장을 발송했지만, 겨우 몇 명의 연사들만이 답변을 보내왔다.

해설 빈칸은 주어와 목적어 사이의 동사 자리다. 접속사 but으로 연결된 문장이 현재 완료 시제임을 고려할 때, 문맥상 '초대장을 발송했지만, (현재까지) 소수만 답변을 보내왔다'라는 의미로 이어져야 문맥상 자연스러우므로 과거 시제 동사인 (C) sent가 정답이다.

어휘 organizer 주최자, 조직자 | dozens of 수십 개의 | invitation 초대장 | guest speaker 연사 | answer 답하다

8. 동사의 태/과거와 과거완료의 시제 일치

Ms. Delain **had urged** all personnel to attend last month's management meeting even though only supervisors were obligated to be present.
Delain 씨는 오직 관리자들만 참석할 의무가 있었음에도 모든 직원들에게 지난달 경영진 회의에 참석하라고 촉구했다.

해설 빈칸은 주어 뒤의 동사 자리이므로, 동사가 아닌 (B) having urged와 빈칸 뒤에 목적어가 있으므로 수동태인 (C) was urged는 답에서 제외시킨다. 접속사 even though가 이끄는 부사절에 과거 시제 were obligated가 있고, 문맥상 Delain 씨가 직원들에게 촉구한 것을 더 이전의 일로 보는 것이 자연스러우므로 과거 완료 시제인 (D) had urged가 정답이다. 과거 완료 시제 had p.p.는 과거의 시점보다 더 이전의 시점을 나타내므로 비교 대상인 과거 시제와 함께 쓰여야 한다는 점을 기억해 두자.

어휘 personnel 직원들 | management 경영(진) | supervisor 감독관, 관리자 | obligated to ~할 의무가 있는 | present 참석한

9-12번은 다음 초대장에 관한 문제입니다.

Mishawaka 상공회의소에서 이번 주 금요일인 7월 16일 오후 4시부터 11시까지 열릴 제10회 연례 야외 음악축제를 알려드리게 되어 기쁩니다. 공연은 주민 센터 거리 맞은편인, 최근 확장된 Riverfront 공원에서 **⁹개최될 것입니다.**

¹⁰현지 지역 사회 전반의 예술 및 음악 프로그램들을 지원하러 들러주세요. 다양한 노점들에서 제공하는 음식을 드시면서, Mishawaka의 매우 **¹¹다양한** 예술가들이 선보이는 공연들을 관람해 보세요. 또한, 모든 연령대가 즐길 수 있는 게임 및 기타 오락 행사들이 있을 것입니다. **¹²축제는 오후 10시 45분에 불꽃놀이로 막을 내릴 것입니다.**

어휘
Chamber of Commerce 상공회의소 | yearly 연간의, 연례의 | outdoor 야외의 | recently 최근에 | expand 확장하다 | stop by 들르다 | support 지원하다 | put on 공연하다 | vendor 노점상

9. 동사의 시제와 태

해설 빈칸은 사물 명사 The performances를 주어로 하는 수동태 동사 자리다. 앞 문장의 '이번 주 금요일에 열릴 야외 음악축제를 알려드리게 되어 기쁘다'라는 내용을 고려할 때, 미래의 일에 대한 소개가 이어질 것이므로 미래 시제 수동태 (A) will be held가 정답이다.

10. 형용사 자리

해설 빈칸은 명사 community를 수식하는 자리다. 문맥상 '현지 커뮤니티 전반의 예술 및 음악 프로그램들'이라는 의미가 자연스러우므로 형용사 (B) local이 정답이다.

11. 어휘-명사

해설 빈칸은 a great과 of 사이의 명사 자리로, 「a great diversity of」의 표현을 완성하는 (A) diversity가 정답이다.

12. 문장 선택

(A) 관심 있는 예술가들은 Mishawaka 상공회의소에 전화해야 합니다.
(B) 주민 센터 소장이 곧 새로 임명될 예정입니다.
(C) 축제는 오후 10시 45분에 불꽃놀이로 막을 내릴 것입니다.
(D) 새로운 Riverfront 공원의 운영 시간은 오전 6시부터 오후 9시까지입니다.

해설 빈칸 앞 문장에서 '다양한 예술가들이 선보이는 공연을 관람하라'는 내용과 '모든 연령대가 즐길 수 있는 게임 및 기타 오락 행사들도 있을 것이다'라는 내용을 고려할 때, 축제에서 열리는 행사를 소개하는 내용으로 이어져야 자연스러우므로 '축제는 불꽃놀이로 막을 내릴 것이다'라는 내용의 (C)가 정답이다.

CHAPTER 06 조동사와 to부정사

본서 p.111

BASE 집중훈련

A.

1. will, 프로젝트 매니저는 자신의 팀이 기한을 맞출 것이라고 확신한다.
2. can be, 모든 여행 서류는 귀하의 여행사 직원으로부터 받을 수 있습니다.
3. finish, 그 프로젝트는 일정보다 앞서 있고, 예산 이하로 끝낼 수도 있다.
4. have, Lee 의사는 너무 유명해서, 환자들이 예약을 위해 한 달 넘게 대기해야 한다.
5. going to, Blake 교수는 디지털 마케팅의 현재 동향에 대해 이야기할 것이다.

B.

1. (C), Chez Marseille 고객들은 테이블 예약을 취소할 때 최소 24시간 전에 미리 알려 줘야 한다.
2. (A), Ruyter 박사는 개회사는 할 수 없지만 대신 수요일에 폐회사를 할 것이다.
3. (B), 승객들은 몹시 더운 날씨로 인한 버스 서비스의 잦은 지연을 예상해야 한다.

A.

1. 문맥에 어울리는 조동사

The project manager is confident that his team **will** meet the deadline.
프로젝트 매니저는 자신의 팀이 기한을 맞출 것이라고 확신한다.

해설 문맥상 알맞은 조동사를 고르는 문제로, '팀이 기한을 맞출 것이라고 확신한다'라는 의미가 적절하므로 미래를 나타내는 조동사 will이 정답이다.

어휘 confident 확신하는 | meet 맞추다, 충족시키다 | deadline 기한, 마감일

2. 문맥에 어울리는 조동사

All travel documents **can be** obtained from your travel agent.
모든 여행 서류는 귀하의 여행사 직원으로부터 받을 수 있습니다.

해설 괄호 안에 조동사 have가 들어가면 뒤의 과거분사 obtained와 결합

하여 현재 완료 시제 능동태를 완성하는데, obtained 뒤에 목적어가 없을 뿐만 아니라 의미상으로도 서류는 무언가를 얻을 수 있는 주체가 될 수 없으므로 어색한 문장이 된다. 따라서 '가능성'을 의미하는 조동사 can의 수동형 can be를 사용하여 '모든 여행 서류가 직원으로부터 얻어질 수 있다'라는 의미를 완성하는 것이 적절하다. 따라서 can be가 정답이다.

어휘 document 서류, 문서 | obtain 얻다, 달성하다 | agent 대리인

3. 어휘-동사

The project is ahead of schedule, and it may also **finish** under budget.
그 프로젝트는 일정보다 앞서 있고, 예산 이하로 끝낼 수도 있다.

해설 and 앞의 문장은 '프로젝트가 일정보다 빨리 진행된다'라는 의미이고, and 뒤의 문장은 '추측'의 의미를 전달하는 조동사 may가 사용되었으므로 '그 프로젝트가 예산보다 비용이 적게 들고 완료될 수 있다'라는 의미를 완성하는 것이 적절하다. 따라서 자동사와 타동사가 모두 가능한 finish가 정답이다. exceed는 '넘다, 초과하다'라는 뜻의 타동사이므로 목적어가 필요하며 의미상으로도 괄호에 들어가기에 어색하다.

어휘 ahead of schedule 일정보다 앞선 | under budget 예산 이하로

4. 조동사처럼 쓰이는 표현

Dr. Lee is so famous that his patients **have** to wait over a month for an appointment with him.
Lee 의사는 너무 유명해서, 환자들이 예약을 위해 한 달 넘게 대기해야 한다.

해설 문맥상 'Lee 의사가 너무 유명해서 그의 환자들이 한 달 넘게 대기해야 한다'라는 의미가 적절하므로 '~해야 한다'라는 의미의 조동사 have to를 완성하는 have가 정답이다. able을 넣었을 때 '환자들이 한 달 이상 기다릴 수 있다'도 그럴 듯해 보이지만, able은 형용사이므로 앞에 be동사가 있어야 비로소 동사구를 이룰 수 있다. 따라서 able이 답이 되려면 괄호 앞에 be동사 are가 있어야 한다.

어휘 famous 유명한 | patient 환자 | appointment (진료 등의) 예약

5. 조동사처럼 쓰이는 표현

Professor Blake is **going to** talk about current trends in digital marketing.
Blake 교수는 디지털 마케팅의 현재 동향에 대해 이야기할 것이다.

해설 괄호 안의 going to와 will은 미래를 나타내는 조동사로서 유사한 의미를 갖는다. 하지만 괄호 앞에 be동사가 있으므로 그 뒤에 조동사 will은 쓸 수 없다. 따라서 「be going to + 동사원형」을 완성하는 going to가 정답이다. 괄호 앞에 is가 없다면 will이 답이 되는 문제이다.

어휘 current 현재의 | trend 동향, 추세

B.

1. 문맥에 어울리는 조동사

Chez Marseille's patrons **must** give at least 24 hours' notice when canceling a table reservation.
Chez Marseille 고객들은 테이블 예약을 취소할 때 최소 24시간 전에 미리 알려 줘야 한다.

해설 빈칸은 문맥상 알맞은 조동사가 들어갈 자리로, '고객들이 예약을 취소할 때 적어도 24시간 전에는 고지를 해야 한다'라는 의미가 적절하므로 '의무'를 나타내는 조동사 (C) must가 정답이다.

어휘 patron 손님, 고객 | give notice 통지하다, 기별하다 | reservation 예약

2. be able to + 동사원형

Doctor Ruyter will not be able to **present** the opening speech but will instead give the closing one on Wednesday.

Ruyter 박사는 개회사는 할 수 없지만 대신 수요일에 폐회사를 할 것이다.

해설 be able to는 뒤에 동사원형을 취하여 '~할 수 있다'라는 뜻으로 조동사 can과 같은 의미를 갖는다. 따라서 빈칸은 동사원형인 (A) present가 정답이다.

어휘 opening speech 개회사 | instead 그 대신 | closing speech 폐회사

---

3. 어휘-동사

Passengers should **anticipate** frequent delays in bus service caused by the unusually hot weather.

승객들은 몹시 더운 날씨로 인한 버스 서비스의 잦은 지연을 예상해야 한다.

해설 빈칸 앞의 should는 '~해야 한다'라는 의미를 갖는 조동사로서 문맥상 적절한 동사를 골라야 한다. '몹시 더운 날씨로 인해 버스 서비스의 잦은 지연을 예상해야 한다'라는 의미가 자연스러우므로 '예상하다'라는 뜻의 동사 (B) anticipate가 정답이다.

어휘 passenger 승객 | frequent 잦은, 빈번한 | delay 지연 | unusually 몹시, 대단히

BASE 집중훈련   본서 p.113

A.

1. affect, 직원 혜택의 변경은 오직 정규직 직원들에게만 영향을 줄 것이다.

2. accommodate, 최근의 수리 덕분에, 그 식당은 이제 200명까지 손님을 수용할 수 있게 되었다.

3. be submitted, 경비 보고서는 해당 월의 마지막 날에 제출되어야 한다.

4. be distributed, 직원 급여 정보는 권한이 없는 직원에게 배포되어서는 안 된다.

5. have, Fuller 씨는 그 요금을 지불할 필요가 없다고 주장한다.

B.

1. (A), BTS 금융은 봄에 또 다른 회계법인과 합병할 것이다.

2. (D), 폭풍이 예상보다 더 심해지지 않으면, Bonn 씨의 기차는 예정대로 출발할 것이다.

3. (C), 만약 세 명의 건축가가 추가로 고용된다면, 현재 직원들은 휴일 동안 일할 필요가 없을 것이다.

A.

1. 조동사 뒤 동사 형태

The change in employee benefits will only **affect** full-time staff members.

직원 혜택의 변경은 오직 정규직 직원들에게만 영향을 줄 것이다.

해설 괄호 앞의 부사 only를 가리면 괄호는 조동사 will 뒤의 동사원형 자리임을 알 수 있으므로 affect가 정답이다.

어휘 benefit 혜택, 이득 | affect ~에 영향을 끼치다 | full-time 정규직의

---

2. 조동사 뒤 동사 형태

Thanks to the recent renovation, the restaurant can now **accommodate** up to 200 diners.

최근의 수리 덕분에, 그 레스토랑은 이제 200명까지 손님을 수용할 수 있게 되었다.

해설 괄호 앞의 부사 now를 가리면 괄호는 조동사 can 뒤의 동사원형 자리임을 알 수 있으므로 accommodate가 정답이다.

어휘 thanks to ~덕분에 | recent 최근의 | renovation 수리, 보수 공사 | accommodate 수용하다 | up to 최대 ~의 | diner (식당) 손님, 식사하는 사람

---

3. 조동사 뒤 동사 형태

Expense reports must **be submitted** on the last day of the month.

경비 보고서는 해당 월의 마지막 날에 제출되어야 한다.

해설 괄호는 조동사 must 뒤의 동사원형 자리이므로 해석 없이도 be submitted를 고를 수 있어야 한다.

어휘 expense report 경비 보고서 | submit 제출하다

---

4. 동사의 태

Staff salary information should not **be distributed** to unauthorized personnel.

직원 급여 정보는 권한이 없는 직원에게 배포되어서는 안 된다.

해설 괄호는 조동사 should 뒤의 동사원형 자리로, 빈칸 뒤에 목적어로서 명사가 보이지 않고, 해석해 봐도 급여 정보는 배포하는 주체가 아니라 배포되는 대상이므로 수동형인 be distributed가 정답이다.

어휘 salary information 급여 정보 | distribute 배포하다 | unauthorized 권한이 없는, 허가 받지 않은 | personnel 인원, 직원들

---

5. 조동사 뒤 동사 형태

Mr. Fuller claims that he shouldn't **have** to pay for the charges.

Fuller 씨는 그 요금을 지불할 필요가 없다고 주장한다.

해설 괄호는 조동사 shouldn't 뒤의 동사원형 자리이므로 have가 정답이다. 조동사에 not이 붙어 있어도 조동사 뒤에는 언제나 동사원형이 오며, not have to는 '~할 필요가 없는'을 의미한다는 것을 기억해 두자.

어휘 claim 주장하다 | pay for 대금을 지불하다 | charge 요금

B.

1. 조동사 뒤 동사 형태

BTS Financial will **merge** with another accounting firm in the spring.

BTS 금융은 봄에 또 다른 회계법인과 합병할 것이다.

해설 빈칸은 조동사 will 뒤의 동사원형 자리이므로 (A) merge가 정답이다.

어휘 merge 합병하다 | accounting firm 회계법인 | spring 봄

---

2. 조동사 자리

Ms. Bonn's train **should** leave as scheduled unless the storm gets worse than expected.

폭풍이 예상보다 더 심해지지 않으면, Bonn 씨의 기차는 예정대로 출발할 것이다.

해설 빈칸은 의미상 알맞은 조동사가 들어갈 자리로, 빈칸 뒤에 동사원형 leave가 있는 것으로 보아 뒤에 과거분사를 취하여 완료 시제 'have/has p.p.'를 완성하는 (A) has나, 뒤에 현재분사를 취하여 진행 시제 'be + -ing'를 이루거나, 과거분사를 취하여 수동태 'be p.p.'를 이루는 (B) is, (C) will be는 빈칸에 들어갈 수 없다. 따라서 (D) should

가 정답이다. should는 '의무(~해야 한다)'나 '추측(~일 것이다)'을 나타내며 '폭풍이 예상보다 더 심해지지 않으면, Bonn 씨의 기차는 예정대로 출발할 것이다'라는 의미가 자연스러우므로 should는 여기서 추측의 의미로 쓰였다.

어휘 as scheduled 예정대로 | unless 만일 ~하지 않으면 | get worse 심해지다 | than expected 예상보다

---

3. 어휘-조동사

If three extra architects were employed, current personnel would not **have to** work over the holidays.
만약 세 명의 건축가가 추가로 고용된다면, 현재 직원들은 휴일 동안 일할 필요가 없을 것이다.

해설 세 명의 건축가가 추가로 고용되면, 현재 직원들이 휴일에 일할 필요가 없을 거라는 내용으로 빈칸 앞의 would not과 함께 '~할 필요가 없을 것이다'라는 의미를 완성하는 (C) have to가 정답이다. not have to는 '~할 필요가 없는'이란 의미이며, 조동사 would은 if절이 과거일 때, 주절에 조동사 will의 과거형 would를 쓰는 '가정법 과거' 구문이 쓰인 것이다.

어휘 extra 추가의 | architect 건축가 | employ 고용하다 | current 현재의 | personnel 인원, 직원들

BASE 집중훈련
본서 p.115

A.
1. get, 특별 할인을 받기 위해, 주문 시 이 광고를 꼭 언급하시기를 바랍니다.
2. to determine, 이 회의의 목적은 시상식에 가장 적합한 장소를 결정하는 것이다.
3. to start, 우리는 다음 주 Klein 씨의 방문에 대비해 준비를 시작해야 한다.
4. to lose, 제조사는 만약 품질이 향상되지 않을 경우 고객을 잃기 쉽다.
5. to be, 저희는 집안 인테리어가 우아하면서 현대적이길 원합니다.

B.
1. (A), 페이지를 늘리지 않고 사진을 몇 장 추가할 수 있을 만큼 기념일에 대한 내용을 짧게 줄여야 하는 걸 기억하세요.
2. (D), Baukauf GmbH의 지사장은 매장 재고 시스템을 업데이트할 때가 되었다고 결정했다.
3. (D), 저희 상품 목록은 주방용품부터 가정용 장식용품에 이르는 상품들까지 포함하기 위해 수정되었습니다.

A.

1. 동사 자리

To **get** the special discount, make sure to mention this advertisement when ordering.
특별 할인을 받기 위해, 주문 시 이 광고를 꼭 언급하시기를 바랍니다.

해설 괄호 앞의 To는 전치사 to로 볼 수도 있고, to부정사의 to로도 볼 수 있는데, 전치사 to라면 뒤에는 전치사의 목적어로서 명사(구)가 연결되고, to부정사의 to라면 동사원형이 와야 한다. 그런데, to가 문장 맨 앞에 위치해 있는 것으로 보아 문장 전체를 수식하는 부사 역할의 to부정사로 판단할 수 있고, 해석을 해봤을 때 '특별 할인을 받기 위해, ~'라는 의미가 자연스러우므로 괄호에는 to부정사를 완성하는 동사원형이 들어가야 한다. 따라서 get이 정답이다.

어휘 make sure to 반드시 ~하다 | mention 언급하다 | order 주문하다

---

2. to부정사

The purpose of this meeting is **to determine** the best venue for the awards ceremony.
이 회의의 목적은 시상식에 가장 적합한 장소를 결정하는 것이다.

해설 is 뒤에 들어갈 determine의 알맞은 형태를 골라야 하는데, 수동태를 완성하는 과거분사 determined를 쓰게 되면 타동사인 determine의 수동형 뒤에 목적어 the best venue가 연결되어 틀린 문장이 된다. to부정사는 명사 역할을 하여 문장의 주어, 목적어, 보어 자리에 올 수 있으며, '이 회의의 목적(The purpose of this meeting) = 가장 적합한 장소를 결정하는 것(to determine the best venue)'을 완성하는 주격 보어로서 to determine이 정답이다.

어휘 purpose 목적 | determine 결정하다 | venue 장소 | awards ceremony 시상식

---

3. to부정사

We need **to start** making arrangements for Mr. Klein's visit next week.
우리는 다음 주 Klein 씨의 방문에 대비해 준비를 시작해야 한다.

해설 need는 '~을 필요로 하다'라는 뜻의 타동사로 괄호는 목적어가 필요한 자리이며, to부정사가 명사 역할을 하여 목적어 자리에 온 것으로 need to start는 '시작하는 것이 필요하다 = 시작해야 한다'를 의미한다. 따라서 to start가 정답이다. need는 to부정사를 목적어로 취하는 동사이기도 하며, start 또한 목적어로 to부정사를 취하거나 동명사를 취할 수 있다.

어휘 make an arrangement 준비하다

---

4. to부정사

The manufacturer is liable **to lose** customers if quality does not improve.
제조사는 만약 품질이 향상되지 않을 경우 고객을 잃기 쉽다.

해설 형용사 보어 liable 뒤에 연결되어야 할 형태를 묻는 문제이다. 만약 형용사 liable의 수식을 받는 명사 자리로 판단하고 명사 loss가 들어간다면 의미도 매우 어색하고 뒤에 오는 어구를 연결할 방법이 없다. 괄호는 형용사 liable을 수식하는 부사 역할의 to부정사가 들어갈 자리로, to lose가 정답이다. liable to do는 '~하기 쉬운'이란 의미이다.

어휘 manufacturer 제조사 | quality 품질 | improve 개선되다

---

5. to부정사

We would like the interior of our house **to be** both elegant and modern.
저희는 집안 인테리어가 우아하면서 현대적이길 원합니다.

해설 '원하다'라는 뜻의 동사적 표현 would like는 to부정사를 목적어로 취할 수도 있고, 목적격 보어로 취할 수도 있다. 따라서 목적어 the interior of our house 뒤에 목적격 보어로 to부정사가 연결된 형태로 판단할 수 있으며, 괄호 뒤의 형용사구 elegant and modern을 연결하기 위해 be동사가 필요하므로 to be가 정답이다.

어휘 interior 인테리어, 실내장식 | elegant 우아한 | modern 현대적인

B.

1. 동사 자리

Remember to **shorten** the story about the anniversary until some photographs can be added without taking up more pages.

페이지를 늘리지 않고 사진을 몇 장 추가할 수 있을 만큼 기념일에 대한 내용을 짧게 줄여야 하는 걸 기억하세요.

해설 빈칸은 동사 Remember의 목적어로서 to부정사가 연결된 형태이며 to부정사의 to 뒤에는 동사원형이 오므로 (A) shorten이 정답이다.

어휘 anniversary 기념일 | add 추가하다 | without ~없이 | take up 차지하다

---

2. to부정사의 형용사 역할

The regional director for Baukauf GmbH has decided that it is time **to update** the store inventory system.
Baukauf GmbH의 지사장은 매장 재고 시스템을 업데이트할 때가 되었다고 결정했다.

해설 빈칸은 동사 decided의 목적어로서 that 명사절이 연결된 형태로 that절 안에 이미 동사 is가 존재하므로, 빈칸은 준동사 자리. 빈칸 앞 명사가 time임을 고려할 때, 'time to do'라는 관용 표현을 완성하는, to부정사가 형용사 역할을 한 (D) to update가 정답이다.

어휘 regional 지역의 | inventory 재고

---

3. to부정사의 부사 역할

Our catalog of products has been modified **to include** items ranging from kitchenware to home decorating supplies.
저희 상품 목록은 주방용품부터 가정용 장식용품에 이르는 상품들까지 포함하기 위해 수정되었습니다.

해설 빈칸은 수동태 문장과 명사구를 연결하는 자리. 빈칸 뒤에 이어지는 명사구를 목적어로 취하면서 앞의 동사 has been modified를 수식할 수 있는, to부정사가 부사 역할을 한 (D) to include가 정답이다.

어휘 catalog 목록, 카탈로그 | modify 수정하다 | range from A to B 범위가 A에서 B에 이르다 | kitchenware 주방용품 | decorating supplies 가정용 장식용품

BASE 집중훈련

본서 p.117

A.
1. is, 일일 주문 목록을 편집하는 것이 점원의 업무 중 하나이다.
2. prepare, 사람들은 은퇴할 때를 대비해서 일찍 저축을 시작해야 한다.
3. cooperatively, 두 회사는 곧 있을 합병 후에 직원들이 협력해서 일하기를 기대한다.
4. to register, 콘퍼런스 부스를 사전에 등록하는 것이 권고됩니다.
5. for, 금융 회사들은 힘든 경제 상황에서 번창하기 어렵다.

B.
1. (B), 콘퍼런스의 목표는 시즌이 끝나기 전에 우리가 이뤄야 할 목표를 구체적으로 정의하는 것입니다.
2. (C), Turner 씨의 평가는 그녀가 10% 표준 연봉 인상을 받을 만큼 충분히 좋다.
3. (B), Mathews 씨는 새로운 프로젝트 제안서의 초안을 작성할 때 동료들에게 의견을 구하는 것이 유익하다고 믿는다.

A.

1. to부정사 주어 + 단수 동사

To compile a list of daily orders **is** one of the duties of a clerk.
일일 주문 목록을 편집하는 것이 점원의 업무 중 하나이다.

해설 to부정사가 명사 역할로 주어 자리에 오면 항상 3인칭 단수로 취급하는데, 이 문장의 주어가 To compile 이므로 단수 동사 is가 정답이다.

어휘 compile 편집하다 | daily 매일의 | order 주문 | duty 직무, 직책 | clerk 점원

---

2. to부정사의 부사 역할

People should begin saving money early to **prepare** for when they retire from the workforce.
사람들은 은퇴할 때를 대비해서 일찍 저축을 시작해야 한다.

해설 괄호 앞의 to를 전치사 to로 보면 명사 preparation을, to부정사의 to로 보면 동사원형 prepare를 답으로 고를 수 있는 문제로 해석을 해보는 것이 좋다. '사람들이 직장에서 은퇴할 때를 대비해서 저축을 시작해야 한다'라는 의미가 적절하므로 to부정사의 부사적 용법을 완성하는 동사원형 prepare가 정답이다.

어휘 saving money 저축 | retire from ~에서 은퇴하다 | the workforce 직업전선

---

3. 부사의 수식을 받는 to부정사

Both companies expect employees to work **cooperatively** after the upcoming merger.
두 회사는 곧 있을 합병 후에 직원들이 협력해서 일하기를 기대한다.

해설 괄호 앞의 to부정사 to work를 수식하기에 알맞은 품사를 골라야 하는데, work는 '일하다'라는 뜻의 대표적인 자동사이며, to부정사는 부사의 수식을 받으므로 cooperatively가 정답이다.

어휘 expect 기대하다, 예상하다 | work cooperatively 협력해서 일하다 | upcoming 다가오는, 곧 있을 | merger 합병

---

4. 가주어-진주어 구문의 to부정사

It is advisable **to register** in advance for a booth at the conference.
콘퍼런스 부스를 사전에 등록하는 것이 권고됩니다.

해설 문장이 It is로 시작된다면, '가주어-진주어' 구문을 의심해보고 가주어 It 뒤에 진주어가 to부정사나 that절의 형태를 가지므로 to부정사나 that절이 있는지, 진주어를 It 자리에 넣었을 때 의미가 통하는지를 확인해야 한다. 문장이 It is로 시작되므로 to register를 주어로 가져와서 해석했을 때 '미리 등록하는 것이 권장된다'라는 의미를 완성하므로 to register가 정답이다.

어휘 advisable 권할 만한, 바람직한 | register 등록하다 | in advance 미리 | conference 학회, 콘퍼런스

---

5. to부정사의 의미상 주어

It is hard **for** financial companies to flourish in a tough economic climate.
금융 회사들은 힘든 경제 상황에서 번창하기 어렵다.

해설 It is로 시작하는 '가주어-진주어' 구문에서 진주어의 의미상 주어, 즉 누가 진주어를 한 주체인지를 밝히려면 진주어 앞에 「for + 명사」 또는 「for + 목적격 대명사」를 쓴다. 문장의 진주어가 to flourish이며, 번창하는 주체로 financial companies가 앞에 와 있으므로 의미상 주어를 이끄는 전치사 for가 정답이다.

어휘 hard 어려운, 힘든 | financial company 금융회사 | flourish 번창하다 | touch 거친, 힘든 | economic climate 경제 기류[상황]

B.

1. to부정사 수식 부사 자리

The goal of the conference is to define **specifically**

---

what targets we need to achieve before the end of the season.

콘퍼런스의 목표는 시즌이 끝나기 전에 우리가 이뤄야 할 목표를 구체적으로 정의하는 것입니다.

해설 빈칸은 to부정사 to define과 define의 목적어인 what 명사절 사이에 위치해 있으므로 to부정사를 수식하는 부사 자리다. 따라서 (B) specifically가 정답이다.

어휘 goal 목표 | define 정의하다 | specifically 구체적으로 | target 목표 | achieve 이루다, 달성하다

---

2. to부정사의 의미상 주어

Ms. Turner's evaluations are positive enough **for** her to receive the standard 10 percent annual raise.

Turner 씨의 평가는 그녀가 10% 표준 연봉 인상을 받을 만큼 충분히 좋다.

해설 빈칸 뒤에 to부정사 to receive가 있는데, 바로 앞에 명사나 목적격 대명사가 있다면 to부정사의 의미상 주어로 의심해봐야 한다. 해석을 해봐도 '그녀가 받는 것이 긍정적이다'라는 자연스러운 의미를 완성하며, 의미상 주어를 이끄는 전치사는 for를 쓰므로 (C) for가 정답이다. 참고로, enough는 형용사와 부사가 가능한데, 형용사로 쓰일 때는 명사 앞에, 부사로 쓰일 때는 '충분히'의 의미로 형용사 뒤에 위치한다는 점을 기억해 두자.

어휘 evaluation 평가 | positive 긍정적인 | enough 충분히 | standard 표준 | annual raise 연봉 인상

---

3. 어휘-동사

Mr. Mathews believes it is beneficial to **consult** his coworkers for comments when drafting a new project proposal.

Mathews 씨는 새로운 프로젝트 제안서의 초안을 작성할 때 동료들에게 의견을 구하는 것이 유익하다고 믿는다.

해설 동사 believes의 목적어로 '가주어-진주어'절이 연결된 문장으로, 진주어인 to 이하를 주어로 하여 의미가 통하는지 확인해야 한다. '의견을 위해 동료들과 상의하는 것이 유익하다'라는 의미가 자연스러우므로 '상의하다'라는 뜻의 (B) consult가 정답이다.

어휘 beneficial 유익한, 이로운 | consult 상의하다 | coworker 동료 | comment 의견 | draft 초안을 작성하다 | proposal 제안(서)

BASE 집중훈련
본서 p.119

A.
1. to revise, 긴 논의 후에, Lim 씨는 연간 예산을 수정하기로 결정했다.
2. likely, 연구에 따르면, 오후 10시 전에 잠드는 사람들은 건강할 가능성이 더 크다.
3. to attend, 당신의 학회 참석 계획을 확인하기 위해 이 메시지에 회신해 주시길 바랍니다.
4. ready, 우리는 이번 6월에 새로운 노트북 컴퓨터 라인을 소개할 준비가 되어 있다.
5. to handle, 귀하가 사업에 집중할 수 있게 데이터 처리를 저희에게 맡겨 주십시오.

B.
1. (A), Grande 섬유는 내년 말까지 말레이시아 북부에 의류 공장을 5개 더 설립할 생각이다.

---

2. (D), Havisham 미술관은 로비를 벗어나 카메라를 사용하는 것을 허용하지 않는다.
3. (D), Silver 컨벤션 홀 새 단장은 3개월 후에 완료될 것으로 예상된다.

A.

1. to부정사를 목적어로 취하는 동사

After a lengthy discussion, Mr. Lim decided **to revise** the annual budget.

긴 논의 후에, Lim 씨는 연간 예산을 수정하기로 결정했다.

해설 동사 decided는 목적어로 to부정사를 취하므로 to revise가 정답이다. 명사 목적어로 revision이 들어가게 되면 괄호 뒤의 명사구 the annual budget을 연결할 방법이 없다. to revise가 들어가고 revise의 목적어로 the annual budget이 연결된 형태이다.

어휘 lengthy 긴, 장황한 | annual budget 연간 예산

---

2. to부정사를 취하는 형용사

According to research, those who sleep before 10 P.M. are more **likely** to be healthy.

연구에 따르면, 오후 10시 전에 잠드는 사람들은 건강할 가능성이 더 크다.

해설 괄호는 be동사 are 뒤에 형용사 보어가 들어갈 자리이며, 괄호 뒤의 to부정사의 수식을 받을 수 있어야 한다. 형용사 likely는 to부정사를 취하는 형용사로 be likely to do는 '~할 것 같다'라는 의미이다. 따라서 likely가 정답이다.

어휘 according to ~에 따르면 | healthy 건강한

---

3. to부정사를 취하는 명사

Please reply to this message to confirm your plan **to attend** the conference.

당신의 학회 참석 계획을 확인하기 위해 이 메시지에 회신해 주시길 바랍니다.

해설 명사 plan은 전치사 for를 취하거나 to부정사의 수식을 받을 수 있는데, 괄호 뒤의 명사구 the conference를 연결하려면 이를 목적어로 취할 수 있는 to부정사가 들어가야 하므로 to attend가 정답이다.

어휘 reply to ~에 답변한다, 답장을 보내다 | confirm 확인해주다 | conference 학회, 콘퍼런스

---

4. to부정사를 취하는 형용사

We are **ready** to introduce our new line of laptop computers this June.

우리는 이번 6월에 새로운 노트북 컴퓨터 라인을 소개할 준비가 되어 있다.

해설 괄호는 be동사 are 뒤에 형용사 보어가 들어갈 자리이며, 괄호 뒤의 to부정사의 수식을 받을 수 있어야 한다. 형용사 ready는 to부정사를 취하는 형용사로 be ready to do는 '~할 준비가 되다'라는 의미이다. 따라서 ready가 정답이다.

어휘 introduce 소개하다, 도입하다

---

5. to부정사를 목적격 보어로 취하는 동사

Allow us **to handle** your data processing so that you can concentrate on your business.

귀하가 사업에 집중할 수 있게 데이터 처리를 저희에게 맡겨 주십시오.

해설 동사원형 Allow로 시작하는 명령문으로, allow는 목적격 보어로 to부정사를 취하는 동사이므로 to handle이 정답이다.

어휘 allow 허락하다 | handle 다루다, 처리하다 | processing 처리 | so that ~하도록, ~하기 위해 | concentrate on ~에 집중하다

B.

1. to부정사를 목적어로 취하는 동사
Grande Textiles **intends** to set up five more clothing factories in northern Malaysia by the end of next year.
Grande 섬유는 내년 말까지 말레이시아 북부에 의류 공장을 5개 더 설립할 생각이다.

해설 빈칸은 to부정사 to set up을 목적어로 취하는 동사 자리다. 문맥상 '내년까지 공장을 더 설립할 생각이다'라는 의미가 되어야 자연스러우므로 '생각하다, 의도하다'라는 뜻의 (A) intends가 정답이다.

어휘 intend to ~할 생각이다 | set up 세우다, 설치하다 | clothing 옷, 의류

2. to부정사를 목적격 보어로 취하는 동사
The Havisham Art Museum does not **allow** cameras to be used outside of the lobby.
Havisham 미술관은 로비를 벗어나 카메라를 사용하는 것을 허용하지 않는다.

해설 빈칸은 문장의 동사 자리다. 빈칸 뒤에 목적어 cameras와 to부정사 to be used가 있으므로 빈칸은 to부정사를 목적격 보어로 취할 수 있는 동사가 들어가야 하며, 문맥상 '카메라가 로비를 벗어나 사용되는 것을 허용하지 않는다'라는 의미가 되어야 자연스러우므로 '허용하다, 허락하다'라는 뜻의 (D) allow가 정답이다.

어휘 outside of ~ 밖으로, ~을 벗어나

3. to부정사를 목적격 보어로 취하는 동사
The Silver Convention Hall redecorations are **expected** to be completed in three months.
Silver 컨벤션 홀 새 단장은 3개월 후에 완료될 것으로 예상된다.

해설 빈칸은 be동사 are와 to부정사 to be completed 사이의 수동태를 완성하는 과거분사 자리다. 수동태 문장에서 to부정사를 바로 취하는 동사는 목적어가 주어 자리로 가고, 남은 to부정사가 목적격 보어에 해당하므로 목적격 보어로 to부정사를 취하는 동사를 골라야 한다. 동사 expect가 그에 해당하며 be expected to do는 '~할 것으로 예상되다'라는 뜻이므로 (D) expected가 정답이다.

어휘 redecoration 다시 꾸밈, 새 단장 | complete 완료하다

BASE 확장
본서 p.120

체크 체크
1. 새 본사 건물의 공사 작업이 시작되었을 텐데요.
2. Reno 씨는 신규 고객의 청구를 처리하기 위해 추가 서식을 주문했어야 했다.
3. 경비 보고서는 이달 마지막 날에 틀림없이 제출되었을 것이다.

체크 체크
1. 감정의 원인, Sanatoria's 레스토랑이 5번가에 두 번째 지점을 개점한다는 것을 알리게 되어 기쁩니다.
2. 목적, 저희는 서비스를 개선하기 위해 고객들과의 모든 전화 통화를 녹음합니다.
3. 결과, 텔레비전 광고가 너무 감정을 자극해서 시청자들 중 일부는 실제로 눈물을 흘렸다.

BASE 실전훈련
본서 p.122

1. (B)	2. (A)	3. (D)	4. (B)	5. (B)	6. (B)
7. (C)	8. (C)	9. (C)	10. (D)	11. (B)	12. (C)

1. 조동사 + 동사원형
Readers can easily **relate** to the students in the popular comic strip *Dunwich High*.
독자들은 인기 만화 〈Dunwich High〉에 나오는 학생들에게 쉽게 공감할 수 있다.

해설 빈칸은 조동사 can 뒤의 동사원형 자리이므로 relate to라는 동사구를 완성하는 (B) relate가 정답이다.

어휘 reader 독자 | easily 쉽게 | popular 인기 있는 | comic strip 만화

2. 어휘-동사
The exclusive offer on Koffer.com is expected to **bring** many first time customers to the Web site.
Koffer.com에서 제공하는 독점 할인은 많은 첫 고객들을 웹사이트로 끌어올 것으로 기대된다.

해설 빈칸은 to부정사구를 완성하는 동사 자리다. 문맥상 '웹사이트에서의 독점 할인은 많은 첫 고객들을 웹사이트로 끌어올 것으로 예상된다'라는 의미가 되어야 자연스러우므로 (A) bring이 정답이다.

어휘 exclusive 독점적인 | offer 제공, 할인 | expect 기대하다, 예상하다

3. to부정사의 관용 표현
A customer service representative will contact you this afternoon **in order to** confirm your order.
고객 서비스 담당자가 귀하의 주문을 확정하기 위해 오늘 오후 전화드릴 것입니다.

해설 빈칸은 완전한 문장과 동사구를 연결하는 자리다. 빈칸 앞에서 「주어+동사+목적어」를 갖춘 완전한 문장이 있으므로 빈칸 뒤에 오는 동사 confirm을 부사로 만들어줄 수 있는 to부정사의 부사적 표현인 in order to가 들어가야 적절하다. 따라서 (D) in order to가 정답이다. 하나의 문장에는 하나의 동사만 올 수 있다. 적절한 연결사 없이 한 문장에 한 개 이상의 동사가 올 수 없으며, 나머지 동사는 문장에서 수식어 역할을 하는 준동사(to부정사, 분사 등)의 형태로 변형되어야 한다.

어휘 representative 대리인, 대표자 | contact 연락하다 | confirm 확인하다, 확정하다 | order 주문

4. 조동사 관용 표현
If she had received the project requirements sooner, Ms. Alter **could have begun** the application design as early as March.
Alter 씨가 프로젝트 요건을 더 빨리 받았더라면, 그녀는 이르면 3월에 응용 프로그램 설계를 시작할 수 있었을 것이다.

해설 빈칸은 주절의 동사 자리다. If 종속절의 시제가 had received로 과거 완료이므로, 주절은 가정법 과거 완료 시제의 문장을 완성하는 (B) could have begun이 정답이다. 가정법 과거 완료 시제의 문장 구조는 「If 주어1 + had p.p., 주어2 + 조동사의 과거형 + have p.p.」이다. '~할 수도 있었는데 하지 못했다'라는 의미를 갖는 could have p.p.를 하나의 단어처럼 기억해 두자.

어휘 requirement 요건 | sooner 더 빨리(soon의 비교급) | application 응용 프로그램, 애플리케이션 | as early as ~만큼 일찍

42 파고다 토익 입문서 RC

5. 어휘-동사

Abkhazia Airlines altered its dining policies to **limit** meals to long distance international flights.

Abkhazia 항공은 식사 제공을 장거리 국제선에 한정하도록 식사 규정을 변경했다.

해설 빈칸은 to부정사구를 완성하는 동사 자리다. 주절과의 내용 관계를 고려할 때, '식사 제공을 장거리 국제선으로 제한하도록 식사 규정을 변경했다'라는 의미가 되어야 문맥상 자연스러우므로 'limit A to B'의 구문을 완성하는 (B) limit가 정답이다.

어휘 alter 바꾸다 | dining policy 식사 규정 | meal 식사 | long distance 장거리 | international flight 국제선

6. 어휘-부사

The sealed donation box in the lobby allows visitors to make contributions **anonymously**.

로비에 있는 봉인된 기부함은 방문객들이 익명으로 기부할 수 있도록 한다.

해설 빈칸은 to부정사구 to make contributions를 수식하는 부사 자리다. 문맥상 '익명으로 기부할 수 있도록'이라는 의미가 되어야 자연스러우므로 (B) anonymously가 정답이다.

어휘 seal 봉인하다 | donation 기부 | allow 허용하다, 가능하게 하다 | make contributions 기부하다

7. to부정사를 취하는 형용사

Restaurants and supermarkets are **eligible** to dispose of their food waste through the government's recycling program.

레스토랑과 슈퍼마켓은 정부의 재활용 프로그램을 통해 음식물 쓰레기를 처리할 수 있는 자격이 있다.

해설 빈칸은 be동사 뒤의 주격 보어 자리다. 빈칸 뒤에 to부정사가 있음을 고려할 때, 문맥상 '레스토랑과 슈퍼마켓은 정부 프로그램을 통해 음식물 쓰레기를 처리할 수 있다'라는 의미의 be eligible to do의 표현을 완성하는 (C) eligible이 정답이다.

어휘 dispose of ~을 처리하다 | government 정부 | recycling 재활용

8. to부정사의 부사 역할

Accounting team members are advised to use only company PCs **to avoid** viruses and other security issues.

회계팀원들은 바이러스 및 기타 보안 문제를 피하기 위해 회사 PC만 사용할 것을 권장받는다.

해설 빈칸은 명사구를 완전한 문장에 연결하는 자리다. 문맥상 '바이러스 및 기타 보안 문제를 피하기 위해 회사 PC만을 사용할 것을 권장받다'라는 의미가 자연스러우므로, 부사구를 만들어주는 to부정사 (C) to avoid가 정답이다. to부정사는 문장에서 명사(주어, 목적어, 보어), 형용사, 부사 역할을 할 수 있다는 점을 꼭 기억해 두어야 한다.

어휘 accounting 회계 | advise 권장하다 | virus 바이러스 | security 보안 | issue 문제

9-12번은 다음 기사에 관한 문제입니다.

MILWAUKEE (4월 8일) — McNally 제약 회사는 월요일에 **⑨공개될** 예정인, 브라질에 신규 공장 건설을 기대하는 회사의 계획에 대한 직원들의 우려를 불식시키기를 바라고 있다. 회사의 Milwaukee 본부 내 다수의 정보원을 통해 이사회에서 조심스럽게 발표 시기를 잡고 있음을 확인했다. **⑩경영진은 변화가 기존 직원들에게 득이 될 것이라는 메시지를 전하고 싶어 한다.**

브라질에 **⑪처음 진출하는** 것이기는 하지만, 이 사업이 McNally 제약 회사의 최초 해외 시설을 의미하는 것은 아니다. 몇몇 정보원에 따르면, 회사는 지난 수년간 용기 작업을 남미로 옮기려고 했었다. 차기 공장 부지가 정해지지 않았지만, 회사 내 한 소식통은 McNally 제약 회사가 Recife 지역에 관심을 갖고 있다고 알렸다. "그곳 직원들은 잘 교육되어 있고, 그곳의 에너지 비용은 낮습니다. 이러한 특성들은 시장이 변동하는 이러한 시기에 McNally 제약 회사를 앞으로 나아가게 하는 데 있어 **⑫중요한** 것으로 보입니다."

어휘

pharmaceuticals 제약 회사 | reassure 안심시키다 | concern 걱정, 우려 | regarding ~에 관하여 | anticipate 기대하다, 예상하다 | plan 계획 | expect 예상하다 | multiple 다수의 | source 정보원 | headquarters 본사, 본부 | confirm 확인해 주다, 확정하다 | board 이사회 | carefully 신중히, 조심스럽게 | time 시간을 맞추다 | announcement 발표, 공지 | venture 사업상의 모험 | represent 해당하다, 대표하다 | overseas 해외의 | facility 시설 | presence 존재 | bottle 병에 담다 | operation 활동, 작업, 운용 | decade 10년 | interest 흥미, 관심 | location 장소, 위치 | disciplined 훈련 받은, 규율에 잘 따르는 | cost 비용 | characteristic 특징, 특질 | move forward 전진하다 | period 시기, 기간 | fluctuating 변동이 있는, 동요하는

9. 준동사의 태

해설 빈칸은 which 주격 관계사절 내의 수동태 동사와 전명구 사이의 준동사 자리다. which 주격 관계사절의 선행사가 사물 명사 the company's anticipated plan이므로, '월요일에 공개될 예정인 회사의 계획'이라는 의미를 완성하는 to부정사의 수동형 (C) to be revealed가 정답이다.

10. 문장 선택

(A) 회사의 브라질 첫 공장은 바로 작년에 문을 열었다.
(B) 그 공장의 위치는 배송망과 가깝기 때문에 선택되었다.
(C) 숙련되고 저비용인 현지 노동력은 회사가 비용을 절감할 수 있게 해줄 것이다.
(D) 경영진은 (발표를 통해) 변화가 기존 직원들에게 득이 될 것이라는 메시지를 전하고 싶어 한다.

해설 빈칸 앞 문장의 '이사회에서 조심스럽게 발표 시기를 잡고 있다'라는 내용을 고려할 때, 문맥상 '경영진은 (발표를 통해) 변화가 기존 직원들에게 득이 될 것이라는 메시지를 전하고 싶어 한다'라는 내용으로 이어지는 것이 자연스러우므로 (D)가 정답이다.

11. 어휘-동사

해설 빈칸은 조동사 뒤의 동사원형 자리다. 접속사 though로 연결된 두 절의 관계를 고려할 때, 문맥상 '브라질에 진출하는 것이기는 하지만, 이 사업이 McNally 제약 회사의 최초 해외 시설을 의미하는 것은 아니다'라는 의미로 이어져야 자연스러우므로 (B) launch가 정답이다.

12. 어휘-형용사

해설 빈칸은 전치사 as의 목적어 자리에 들어갈 형용사 자리다. 빈칸 앞 문장의 '그곳 직원들은 잘 교육되어 있고, 그곳의 에너지 비용은 낮다'라는 내용을 고려할 때, 문맥상 '이러한 특성들이 회사가 앞으로 나아가게 하는 데 있어 중요해 보인다'라는 의미가 되어야 자연스러우므로 (C) critical이 정답이다.

CHAPTER 07 동명사와 분사

A.

1. 주어 자리에 오는 동명사
Providing staff with opportunities for personal development can improve employee retention.
직원들에게 자기 계발 기회를 제공하는 것은 직원 유지를 향상시킬 수 있다.

해설 동명사는 명사처럼 문장의 주어 자리에 올 수 있다. 괄호 뒤의 어구 staff with opportunities for personal development를 이끌어 문장의 주어 역할을 해야 하므로 동명사 Providing이 정답이다.

어휘 provide A[사람] with B[사물] A에게 B를 제공하다 | opportunity 기회 | personal development 자기 계발 | improve 향상시키다, 개선하다 | retention 보유, 유지

2. 목적어 자리에 오는 동명사
We need to start **making** arrangements for Mr. Klein's visit next week.
우리는 다음 주 Klein 씨의 방문에 대비해 준비를 시작해야 한다.

해설 동명사는 명사처럼 문장의 목적어 자리에 올 수 있다. 괄호는 동사 start의 목적어 자리이면서, 동시에 괄호 뒤의 명사 arrangements를 목적어로 취할 수 있어야 하므로 동명사 making이 정답이다.

어휘 make an arrangement 준비하다 | visit 방문; 방문하다

3. 부사의 수식을 받는 동명사
Accurately **entering** the research data into the program is very important.
프로그램에 조사 자료를 정확하게 입력하는 것이 매우 중요하다.

해설 동명사는 부사의 수식을 받는다. 괄호 뒤의 명사구 the research data into the program을 이끌어 문장의 주어 역할을 해야 하며, 앞의 부사 Accurately의 수식을 받는 자리이므로 동명사 entering이 정답이다.

어휘 accurately 정확하게 | enter 입력하다

4. 전치사의 목적어 자리에 오는 동명사
The employee award program boosts morale by **rewarding** staff for hard work.
직원 표창 프로그램은 직원들에게 열심히 일한 것에 대해 보상함으로써 사기를 진작한다.

해설 동명사는 전치사 뒤에 전치사의 목적어로 올 수 있다. 괄호 뒤의 명사 staff를 목적어로 취하면서 전치사 by의 목적어 역할을 할 수 있어야 하므로 동명사 rewarding이 정답이다.

어휘 award 상 | boost 북돋우다, 신장시키다 | morale 사기 | reward 보상하다 | hard work 노고

5. 동명사 주어 + 단수 동사
Offering incentives to employees **helps** boost a company's productivity.
직원들에게 인센티브를 지급하는 것은 회사의 생산성을 향상시키는 데 도움이 된다.

해설 동명사 주어는 3인칭 단수 취급한다. 문장의 주어가 동명사 Offering이며, 동명사 주어는 단수 취급하므로 단수 동사 helps가 정답이다.

어휘 incentive 인센티브 | boost 북돋우다, 신장시키다 | productivity 생산성

B.

1. 전치사의 목적어 자리에 오는 동명사
Guests are recommended to read the activity liability agreement thoroughly before **signing** it.
고객은 서명하기 전에 활동 책임 협약을 꼼꼼히 읽어볼 것이 권장된다.

해설 빈칸은 전치사 before의 목적어 자리인 동시에, 빈칸 뒤 대명사 it을 목적어로 취할 수 있어야 하므로 동명사 (C) signing이 정답이다.

어휘 guest 고객, 손님 | activity 활동 | liability (법적) 책임 | agreement 협약, 계약 | thoroughly 꼼꼼히, 철저히

2. 'by + 동명사' 관용 표현
JPK Corporation is planning to grow **by** building several plants in Europe.
JPK 기업은 유럽에 공장을 몇 개 지어서 규모를 키우려고 계획 중이다.

해설 빈칸은 동명사구 building several plants in Europe을 목적어로 하는 전치사 자리다. 문맥상 '공장을 지어서 규모를 키울 계획 중이다'라는 의미가 되어야 자연스러우므로, '수단, 방법'의 의미를 전달하는 (C) by가 정답이다. 관용 표현 by + -ing를 기억해 두자.

어휘 corporation 기업, 법인 | plan to ~할 계획이다 | plant 공장

3. 동사 수식 부사 자리
Observing the dense forestry outside his window **continually** inspires Edgar Pohler to write.
창 밖의 울창한 숲을 관찰하는 것은 Edgar Pohler가 글을 쓸 수 있도록 계속해서 영감을 준다.

해설 빈칸은 동명사구 주어 Observing the dense forestry outside his window와 동사 inspires 사이의 동사 수식 부사 자리이므로 (D) continually가 정답이다.

어휘 observe 관찰하다 | dense 빽빽한, 울창한 | forestry 삼림지 | inspire 영감을 주다

BASE 집중훈련

본서 p.129

A.

1. making, 동물들의 서식지를 방해하지 않도록 큰소리를 내지 말아 주세요.

2. asking, 우리는 당신에게 명확하지 않은 어떠한 것이라도 질문하기를 권장한다.

3. hire, 우리는 하루 종일 도시 여기저기를 운전해 줄 택시를 고용할 계획이다.

4. providing, Erica Group은 노숙자들에게 음식과 장소들을 무료로 제공하는 일에 헌신하고 있다.

5. arriving, 사무실에 도착하자마자 그 세부 사항들을 해결하겠습니다.

B.

1. (A), 빡빡한 일정에도 불구하고, Dusit 출판사는 이미 새 디자인 설명서의 인쇄를 끝마쳤다.

2. (B), Young Dental은 경험 많은 현지 치과 의사와 대학생들 간의 일대일 멘토링을 연결해 주는 데 전념하는 비영리기관이다.

3. (D), 그 인턴사원은 자신의 새로운 업무 일정에 적응하느라 곤란을 겪었지만, 가까스로 대처해냈다.

A.

1. 동명사를 목적어로 취하는 동사

Please avoid **making** loud noises so as not to disturb the animals' habitats.

동물들의 서식지를 방해하지 않도록 큰소리를 내지 말아 주세요.

해설 avoid는 동명사를 목적어로 취하는 동사이므로 making이 정답이다.

어휘 loud (소리가) 큰, 시끄러운 | noise 소음 | so as not to ~하지 않도록 | disturb 방해하다 | habitat 서식지

2. 동명사를 목적어로 취하는 동사

We recommend **asking** questions about anything that isn't clear to you.

우리는 당신에게 명확하지 않은 어떠한 것이라도 질문하기를 권장한다.

해설 recommend는 동명사를 목적어로 취하는 동사이므로 asking이 정답이다.

어휘 ask 묻다, 요구하다 | clear 명확한

3. to부정사를 목적어로 취하는 동사

We plan to **hire** a cab to drive us around the city all day.

우리는 하루 종일 도시 여기저기를 운전해 줄 택시를 고용할 계획이다.

해설 plan은 to부정사를 목적어로 취하는 동사이므로 괄호 앞의 to는 to부정사의 to로서 동사원형이 이어져야 한다. 따라서 hire가 정답이다.

어휘 hire 고용하다 | cab 택시

4. 동명사 관용 표현

Erica Group is dedicated to **providing** food and places for homeless people at no cost.

Erica Group은 노숙자들에게 음식과 장소들을 무료로 제공하는 일에 헌신하고 있다.

해설 be dedicated to의 to는 전치사이므로 뒤에는 전치사의 목적어인 명사(구)나 동명사(구)가 와야 한다. 따라서 동명사 providing이 정답이다.

어휘 homeless people 노숙자 | at no cost 무료로

5. 동명사 관용 표현

I would be happy to resolve the details upon **arriving** at the office.

사무실에 도착하자마자 그 세부 사항들을 해결하겠습니다.

해설 전치사 upon 뒤에는 전치사의 목적어인 명사(구)나 동명사(구)가 와야 하므로 동명사 arriving이 정답이다. upon은 뒤에 동명사를 이끌어 '~하자마자'의 의미를 갖는다는 점을 기억해 두자.

어휘 resolve 해결하다 | detail 세부 사항

B.

1. 동명사를 목적어로 취하는 동사

Despite its tight schedule, Dusit Publishing has already finished **printing** the new design manual.

빡빡한 일정에도 불구하고, Dusit 출판사는 이미 새 디자인 설명서의 인쇄를 끝마쳤다.

해설 finish는 동명사를 목적어로 취하는 동사이므로 동명사 (A) printing이 정답이다.

어휘 despite ~에도 불구하고 | tight 빡빡한 | already 이미, 벌써 | manual 설명서

2. 동명사 관용 표현

Young Dental is a non-profit organization that is committed to **arranging** one-on-one mentoring between experienced local dentists and university students.

Young Dental은 경험 많은 현지 치과 의사와 대학생들 간의 일대일 멘토링을 연결해 주는 데 전념하는 비영리 기관이다.

해설 be committed to의 to는 전치사이므로 뒤에는 전치사의 목적어인 명사(구)나 동명사(구)가 와야 한다. 따라서 동명사 (B) arranging이 정답이다.

어휘 non-profit 비영리의 | organization 단체, 기관 | one-on-one 일대일의 | mentoring 멘토링 | experienced 경험 많은 | dentist 치과 의사

3. 동명사 관용 표현

The intern had trouble **adjusting** to her new work schedule, but she managed to cope.

그 인턴사원은 자신의 새로운 업무 일정에 적응하느라 곤란을 겪었지만, 가까스로 대처해냈다.

해설 have trouble ~ing는 '~하는 데 곤란을 겪다'라는 뜻의 관용 표현이므로 동명사 (D) adjusting이 정답이다.

어휘 work schedule 업무 일정 | manage to 가까스로[겨우] ~하다

BASE 집중훈련

본서 p.131

A.

1. supplying, 우리 회사는 지역 병원에 의료기기를 공급하기 시작했다.

2. developing, 그 세미나는 직장 동료와 더 친밀한 유대감을 발전시키는 것에 중점을 둘 것이다.

3. to offer, 박물관은 가까운 미래에 학생 할인을 계속해서 제공할 것이다.

4. to take, 개인 소지품을 잊지 말고 가져가세요.

5. working, McMaster 씨는 프로젝터가 작동을 멈췄을 때 발표를 해야 했다.

PART 5 CHAPTER 07

해설서 **45**

A.

1. 동명사와 to부정사를 모두 취할 수 있는 동사
Our company started **supplying** medical equipment to the local hospital.
우리 회사는 지역 병원에 의료기기를 공급하기 시작했다.

해설 괄호는 동사 started의 목적어 자리인데, 괄호 뒤의 명사구 medical equipment to the local hospital을 이끌 수 있어야 하므로 명사 supply는 들어갈 수 없다. start는 목적어로 명사와 to부정사를 모두 취할 수 있는 동사이므로 동명사 supplying이 정답이다.

어휘 medical equipment 의료기기 | local 지역의

2. 전치사의 목적어 자리에 오는 동명사
The seminar will focus on **developing** closer bonds with coworkers.
그 세미나는 직장 동료와 더 친밀한 유대감을 발전시키는 것에 중점을 둘 것이다.

해설 괄호 안의 to부정사와 동명사 모두 목적어 closer bonds with coworkers를 취할 수 있지만, 괄호는 전치사 on의 목적어 자리이므로 전치사 뒤에 올 수 있는 동명사 developing이 정답이다.

어휘 focus on ~에 중점을 두다 | bond 유대감 | coworker 동료

3. 동명사와 to부정사를 모두 취할 수 있는 동사
The museum will continue **to offer** student discounts for the foreseeable future.
박물관은 가까운 미래에 학생 할인을 계속해서 제공할 것이다.

해설 괄호는 동사 continue의 목적어 자리인데, 괄호 뒤의 명사구 student discounts를 이끌 수 있어야 하므로 명사 offers는 들어갈 수 없다. continue는 목적어로 동명사와 to부정사를 모두 취할 수 있는 동사이므로 to offer가 정답이다.

어휘 museum 박물관 | for[in] the foreseeable future 가까운 미래에

4. 목적어로 동명사와 to부정사를 취할 때 의미 차이가 있는 동사
Don't forget **to take** your personal belongings with you.
개인 소지품을 잊지 말고 가져가세요.

해설 동사 forget은 목적어로 to부정사와 동명사를 모두 취할 수 있지만 의미가 달라진다. to부정사를 취하면 '(미래에 ~할 것을) 잊다'라는 의미이고, 동명사를 취하면 '(과거에 ~했던 것을) 잊다'라는 의미인데, 문맥상 '(이따가) 개인 소지품을 가져가는 것을 잊지 말라'라는 의미가 적절하므로 to take가 정답이다.

어휘 personal belongings 개인 소지품

5. 목적어로 동명사와 to부정사를 취할 때 의미 차이가 있는 동사
Ms. McMaster had to give her presentation when the projector stopped **working**.

McMaster 씨는 프로젝터가 작동을 멈췄을 때 발표를 해야 했다.

해설 동사 stop은 목적어로 to부정사와 동명사를 모두 취할 수 있지만 의미가 달라진다. to부정사를 취하면 '(~하려고) 멈추다'라는 의미이고, 동명사를 취하면 '(~하던 것을) 멈추다'라는 의미인데, 문맥상 '프로젝터가 작동하던 것이 멈췄고 그때 발표를 해야 했다'라는 의미가 적절하므로 working이 정답이다.

어휘 give a presentation 발표하다

B.

1. 전치사의 목적어 자리에 오는 동명사
Micronesia Freight Company is changing its policies to lower fuel costs by **lightening** shipment loads.
Micronesia 화물 운송 회사는 선적 화물을 가볍게 함으로써 연료비를 낮추기 위해 정책을 바꾸고 있다.

해설 빈칸은 전치사 by의 목적어 자리다. 빈칸 뒤 목적어인 명사구 shipment loads가 있으므로 목적어를 취하면서 전치사의 목적어 역할도 할 수 있는 동명사 (C) lightening이 정답이다.

어휘 freight 화물, 화물 운송 | policy 정책 | lower 낮추다 | fuel 연료 | shipment 수송, 선적물 | load 짐, 화물(양)

2. 동명사와 to부정사를 모두 취할 수 있는 동사
Many students begin **searching** for a job before they graduate from university.
많은 학생들은 대학을 졸업하기 전에 직업을 찾기 시작한다.

해설 빈칸은 동사 begin의 목적어 자리로 명사가 필요한데, 빈칸 뒤의 전치사구 for a job도 이끌 수 있어야 하므로 동명사 (B) searching이 정답이다.

어휘 graduate from ~를 졸업하다

3. 목적어로 동명사와 to부정사를 취할 때 의미 차이가 있는 동사
Ms. Howard forgot **to renew** her magazine subscription which had expired a few months ago.
Howard 씨는 몇 달 전에 만료되었던 잡지 구독을 갱신하는 것을 잊어버렸다.

해설 동사 forget은 목적어로 to부정사와 동명사를 모두 취할 수 있지만 의미가 달라진다. to부정사를 취하면 '(미래에 ~할 것을) 잊다'라는 의미이고, 동명사를 취하면 '(과거에 ~했던 것을) 잊다'라는 의미인데, 문맥상 '몇 달 전에 만료되었던 잡지 구독을 갱신하는 것을 잊어버렸다'라는 의미가 적절하므로 (C) to renew가 정답이다.

어휘 subscription 구독 | expire 만료되다

BASE 집중훈련
본서 p.133

A.

1. located, 지하철역이 근처에 위치해 있다.
2. reduced, 해외 방문객들의 부족으로, 많은 지역 여행사들이 매출액 감소를 겪고 있다.
3. rewarding, 당신이 이 일이 매우 보람 있다는 걸 알기 바랍니다.
4. showing, Lee 씨는 그의 데이터 분석 결과들을 보여주는 차트를 만들었다.
5. written, 히트 영화 〈Martin Family〉는 원래 Tomas Stein이 쓴 소설이었다.

B.
1. (A), 떠나는 세입자들은 아파트 관리사무실에 열쇠 전부를 반납해야 한다.
2. (A), 한정된 부동산으로 인해 홍콩의 아파트 임대료는 비싸다.
3. (B), 호텔에 짐을 가지고 오는 방문객들에게 도움을 주는 것은 짐꾼의 책무이다.

A.

1. 보어 자리에 오는 분사
The subway station is **located** nearby.
지하철역이 근처에 위치해 있다.

해설 형용사 역할을 하는 분사는 보어 자리에 올 수 있다. 괄호는 be동사 is 뒤의 보어 자리로, location이 들어가면 명사 보어로 주어와 동격을 이루어야 하는데 동격이 아니므로 주어를 보충 설명해 주는 형용사 보어인 located가 정답이다.

어휘 subway station 지하철역 | located (~에) 위치한 | nearby 인근에, 가까운 곳에

2. 명사를 수식하는 분사
Due to the lack of international visitors, many local tour companies are experiencing **reduced** sales.
해외 방문객들의 부족으로, 많은 지역 여행사들이 매출액 감소를 겪고 있다.

해설 형용사 역할을 하는 분사는 명사 앞뒤에서 명사를 수식할 수 있다. 괄호는 명사 sales와 복합명사를 이루는 명사 또는 sales를 수식하는 형용사 자리인데, 명사 reduction이 들어가면 복합명사로서 의미가 어색하므로 형용사이자 과거분사인 reduced가 정답이다.

어휘 due to ~ 때문에 | lack 부족 | international 국제적인 | experience 겪다, 경험하다 | reduced 감소된, 줄어든 | sales 매출(액), 판매량

3. 보어 자리에 오는 분사
We hope you find this work very **rewarding**.
당신이 이 일이 매우 보람 있다는 걸 알기 바랍니다.

해설 형용사 역할을 하는 분사는 보어 자리에 올 수 있다. 괄호는 동사 find의 목적격 보어 자리로, reward가 들어가면 명사 보어로 목적어와 동격을 이루어야 하는데 동격이 아니므로 목적어를 보충 설명해 주는 형용사이자 현재분사 보어인 rewarding이 정답이다.

어휘 rewarding 보람 있는, 수익이 많이 나는

4. 목적어를 취하는 현재분사
Mr. Lee created a chart **showing** the results of his data analysis.
Lee 씨는 그의 데이터 분석 결과들을 보여주는 차트를 만들었다.

해설 현재분사는 명사를 뒤에서 수식할 때, 목적어를 가질 수 있다. 괄호는 뒤에 목적어로서 명사구 the results of his data analysis를 이끌면서 앞의 명사 chart를 수식하는 자리이므로 현재분사 showing이 정답이다.

어휘 create 만들다, 창조하다 | result 결과 | data analysis 데이터 분석

5. 수식어를 취하는 과거분사
The hit movie, *Martin Family*, was originally a novel **written** by Tomas Stein.
히트 영화 〈Martin Family〉는 원래 Tomas Stein이 쓴 소설이었다.

해설 분사는 동사의 성질을 가지고 있어서 부사나 전치사구의 수식을 받는다. 괄호는 뒤의 전치사구 by Tomas Stein의 수식을 받으면서 앞의

명사 novel을 수식하는 자리이므로 과거분사 written이 정답이다.

어휘 originally 원래, 본래 | novel 소설

B.

1. 명사를 수식하는 분사
Departing tenants must return all of their keys to the Apartment Management Office.
떠나는 세입자들은 아파트 관리사무실에 열쇠 전부를 반납해야 한다.

해설 빈칸은 주어인 명사 tenants를 수식하는 자리다. 문맥상 '떠나는 세입자들은 열쇠 전부를 반납해야 한다'라는 의미가 되어야 자연스러우므로 현재분사 (A) Departing이 정답이다. depart와 같이 목적어를 취할 수 없는 자동사는 과거분사 형태(p.p.)로 명사를 수식할 수 없고, 항상 현재분사 형태(동사원형 + -ing)로 수식해야 한다.

어휘 tenant 세입자 | return 반납하다 | management 관리, 운영

2. 명사를 수식하는 분사
The rental rates for apartments in Hong Kong are expensive because of the **limited** availability of real estate.
한정된 부동산으로 인해 홍콩의 아파트 임대료는 비싸다.

해설 빈칸은 관사 the와 명사 availability 사이에서 명사를 수식하는 형용사 자리이므로 과거분사 (A) limited가 정답이다. 분사는 형용사처럼 명사를 앞에서 수식할 수 있다.

어휘 rental rate 임대료 | expensive 비싼 | availability 이용 가능성 | real estate 부동산 (중개업)

3. 분사의 수식을 받는 명사 자리/어휘-명사
It is the porter's responsibility to provide assistance to **visitors** bringing luggage into the hotel.
호텔에 짐을 가지고 오는 방문객들에게 도움을 주는 것은 짐꾼의 책무이다.

해설 빈칸은 전치사 to의 목적어 역할을 하면서 현재분사 bringing의 수식을 받는 명사 자리다. 문맥상 '짐을 가져오는 방문객들에게 도움을 주다'라는 의미가 적절하므로 사람 명사인 (B) visitors가 정답이다.

어휘 porter 짐꾼, 문지기 | responsibility 책임 | assistance 도움 | luggage 짐

BASE 집중훈련

본서 p.135

A.
1. attached, 첨부된 파일은 프로젝트의 범위를 상세히 다룬다.
2. reviewing, Kelly 씨는 공상과학소설을 논평한 경험이 있다.
3. outlined, 직원들은 기기를 다룰 때 안내 책자에 기술된 규칙을 따라야 한다.
4. disappointing, 실망스러운 판매 실적을 고려해 볼 때, Blimpty Juice는 몇몇 지점들을 폐쇄하게 될 것이다.
5. interested, 많은 사람들이 집을 구입하는 데 관심이 있는 것이 분명하다.

B.
1. (C), 제안된 지하철 확장은 외진 지역들을 수도의 지하철 시스템과 연결하기 위해 계획되었다.
2. (B), 마케팅 이사직의 남은 지원자들은 금요일까지 연락을 받을 것이다.
3. (C), 방문객들은 기념 파티를 위해 마련된 꽃 장식에 감명받았다.

A.

1. 수동의 의미를 갖는 과거분사

The **attached** file details the scope of the project.
첨부된 파일은 프로젝트의 범위를 상세히 다룬다.

해설 괄호는 명사 file을 수식하는 자리로, 명사와 분사의 관계가 수동(파일은 첨부되는 대상)이므로 과거분사 attached가 정답이다.

어휘 attached 첨부된 | detail ~을 상세히 다루다 | scope 범위

2. 목적어가 있는 현재분사

Ms. Kelly has experience **reviewing** science fiction novels.
Kelly 씨는 공상과학소설을 논평한 경험이 있다.

해설 괄호는 명사 experience를 뒤에서 수식하는 자리로, 괄호 뒤에 목적어로서 명사구 science fiction novels가 연결되어 있다는 점에서 목적어를 취할 수 있는 현재분사 reviewing이 정답이다.

어휘 experience 경험, 경력 | review 논평하다 | science fiction novel 공상과학소설

3. 목적어가 없는 과거분사

Employees must follow the rules **outlined** in the handbook when handling machinery.
직원들은 기기를 다룰 때 안내 책자에 기술된 규칙을 따라야 한다.

해설 괄호는 명사 rules를 뒤에서 수식하는 자리로, outline은 '~을 기술하다'라는 뜻의 타동사인데 괄호 뒤에 목적어 없이 전치사구만이 연결되어 있다는 점에서 과거분사 outlined가 정답이다.

어휘 follow 따르다 | rule 규칙 | handbook 안내 책자 | handle 다루다, 취급하다 | machinery 기기, 장치

4. 감정동사의 분사

Given the **disappointing** sales figures, Blimpty Juice will be closing several branches.
실망스러운 판매 실적을 고려해 볼 때, Blimpty Juice는 몇몇 지점들을 폐쇄하게 될 것이다.

해설 괄호는 복합명사 sales figures를 수식하는 자리인데, disappoint는 '실망스럽게 하다'라는 뜻의 감정동사이다. 감정동사는 사람을 수식할 때는 과거분사로, 사물을 수식할 때는 현재분사로 바꿔 쓰므로 disappointing이 정답이다.

어휘 given ~을 고려해 볼 때 | disappointing 실망스러운 | sales figures 판매 실적, 매출액 | close 폐쇄하다 | branch 지점, 지사

5. 감정동사의 분사

It is apparent that many people are **interested** in purchasing the house.
많은 사람들이 집을 구입하는 데 관심이 있는 것이 분명하다.

해설 괄호는 주어 many people을 보충 설명하는 형용사 보어 자리로, interest는 '흥미를 끌다'라는 뜻의 감정동사이다. 감정동사는 사람을 수식할 때는 과거분사로, 사물을 수식할 때는 현재분사로 바꿔 쓰므로 interested가 정답이다.

어휘 apparent 분명한 | purchase 구매하다

B.

1. 수동의 의미를 갖는 과거분사

The **proposed** subway expansion is intended to connect outlying communities to the capital's metro system.
제안된 지하철 확장은 외진 지역들을 수도의 지하철 시스템과 연결하기 위해 계획되었다.

해설 빈칸은 복합명사 subway expansion을 수식하는 형용사 자리다. 보기의 과거분사와 현재분사 중 명사와 분사의 의미 관계가 수동(제안된 지하철 확장)이므로 과거분사 (C) proposed가 정답이다.

어휘 be intended to ~하도록 계획되다[의도되다] | connect 연결하다 | outlying 외딴, 외진 | community 지역 사회 | capital 수도 | metro system 지하철 시스템

2. 자동사의 분사 형태

The **remaining** applicants for the marketing director job will be notified by Friday.
마케팅 이사직의 남은 지원자들은 금요일까지 연락을 받을 것이다.

해설 빈칸은 명사 applicants를 수식하는 형용사 자리다. '남아 있다'라는 뜻의 remain은 자동사이므로 명사를 수식할 때는 항상 현재분사의 형태로 쓴다. 따라서 (B) remaining이 정답이다.

어휘 applicant 지원자 | notify 알리다, 통보하다

3. 감정동사의 분사

Visitors were **impressed** with the floral arrangements for the anniversary party.
방문객들은 기념 파티를 위해 마련된 꽃 장식에 감명받았다.

해설 빈칸은 주어 Visitors를 보충 설명하는 형용사 보어 자리로, impress는 '깊은 인상을 주다, 감명을 주다'라는 뜻의 감정동사이다. 감정 동사는 사람을 수식할 때는 과거분사로, 사물을 수식할 때는 현재분사로 바꿔 쓰므로 (C) impressed가 정답이다.

어휘 visitor 방문객 | floral arrangement 꽃 장식 | anniversary party 기념 파티

BASE 집중훈련 본서 p.137

A.

1. receiving, Cooper 씨는 다른 일자리 제의를 받고 자신의 자리에서 사임했다.
2. Approved, 정부의 승인을 받은 그 법안은 법률이 될 것이다.
3. evaluating, 관리자는 직원들을 평가할 때 객관적이어야 한다.
4. explaining, 그 기사는 그녀가 어떻게 성공을 거두었는지를 설명하며, 한 사업가의 프로필을 안내하고 있다.
5. Graduating, Haxbeu 요리학교를 졸업한 Michelle Lewis는 프랑스 요리사로서의 직업을 계속해 나갔다.

B.

1. (C), 지역의 계속되는 기반 시설 프로젝트를 언급한 Cairns 주지사는 대중에게 그것이 만족스러울 것이라고 확인했다.
2. (B), 150여 년 전에 설립된 Fulda 대학에는 국내에서 가장 오래된 법대가 있다.
3. (B), 일단 접수되면, 제출작은 더 이상 다른 출판물에 제공될 수 없다.

A.

1. 분사구문의 현재분사 vs. 과거분사

Ms. Cooper resigned from her position after **receiving** another job offer.
Cooper 씨는 다른 일자리 제의를 받고 자신의 자리에서 사임했다.

해설 접속사가 남아 있는 분사구문으로, 분사의 형태를 묻는 문제다. 괄호 뒤에 목적어로서 명사구 another job offer가 연결되어 있다는 점에서 '능동'의 현재분사 receiving이 정답이다.

어휘 resign 사임하다 | position 자리, 직책 | job offer 일자리 제의

2. 분사구문의 현재분사 vs. 과거분사

Approved by the government, the bill will become a law.
정부의 승인을 받은 그 법안은 법률이 될 것이다.

해설 「분사구문, 주절」의 구조로 괄호 뒤에 목적어 없이 전치사구 by the government가 연결되어 있다는 점에서 '수동'의 과거분사 Approved가 정답이다.

어휘 approve 승인하다 | government 정부 | bill 법안 | law 법, 법률

3. 분사구문의 현재분사 vs. 과거분사

Managers should be objective when **evaluating** their workers.
관리자는 직원들을 평가할 때 객관적이어야 한다.

해설 접속사가 남아 있는 분사구문으로, 분사의 형태를 묻는 문제다. 괄호 뒤에 목적어로서 명사구 their workers가 연결되어 있다는 점에서 '능동'의 현재분사 evaluating이 정답이다.

어휘 objective 객관적인 | evaluate 평가하다

4. 분사구문의 현재분사 vs. 과거분사

The article profiles a business owner, **explaining** how she achieved success.
그 기사는 그녀가 어떻게 성공을 거두었는지를 설명하며, 한 사업가의 프로필을 안내하고 있다.

해설 「주절, 분사구문」의 구조로 괄호 뒤에 목적어로서 명사절 how she achieved success가 연결되고 있다는 점에서 '능동'의 현재분사 explaining이 정답이다.

어휘 article 기사 | profile 프로필을 알려 주다 | business owner 경영주, 사업주 | achieve 성취하다, 달성하다

5. 자동사의 분사 형태

Graduating from Haxbeu Cooking School, Michelle Lewis pursued a career as a French chef.
Haxbeu 요리학교를 졸업한 Michelle Lewis는 프랑스 요리사로서의 직업을 계속해 나갔다.

해설 「분사구문, 주절」구조로 괄호 뒤에 목적어 없이 전치사구 from Haxbeu Cooking School이 연결되어 있어 수동의 과거분사를 생각하기 쉬우나, '졸업하다'라는 뜻의 graduate는 자동사이므로 분사로 바꿔 쓸 때 항상 현재분사를 쓴다. 따라서 Graduating이 정답이다.

어휘 graduate from ~를 졸업하다 | pursue 추구하다, 계속하다 | career 직업, 사회생활 | chef 요리사

B.

1. 자동사의 분사 형태

Commenting on the area's continuing infrastructure project, Governor Cairns assured the public that it would be satisfactory.
지역의 계속되는 기반 시설 프로젝트를 언급한 Cairns 주지사는 대중에게 그것이 만족스러울 것이라고 확언했다.

해설 「분사구문, 주절」 구조로 괄호 뒤에 목적어 없이 전치사구 on the area's continuing infrastructure project가 연결되어 있어 수동의 과거분사를 생각하기 쉬우나, '논평하다'라는 뜻의 comment는 자동사이므로 분사로 바꿔 쓸 때 항상 현재분사를 쓴다. 따라서 (C) Commenting이 정답이다.

어휘 comment on ~에 대해 논평하다 | infrastructure 기반 시설 | governor 주지사 | assure 장담하다, 확인하다 | public 대중 | satisfactory 만족스러운

2. 어휘-형용사

Founded over 150 years ago, Fulda College contains the **oldest** law school in the country.
150여년 전에 설립된 Fulda 대학에는 국내에서 가장 오래된 법대가 있다.

해설 「분사구문, 주절」 구조로 분사구문이 주절의 주어를 수식하듯이 해석하면 '150여년 전에 설립된 Fulda College'이므로 '이 대학에 국내에서 가장 오래된 법대가 있다'라고 연결되어야 자연스럽다. 따라서 (B) oldest가 정답이다.

어휘 found 설립하다 | contain 포함하다 | law school 법대, 로스쿨

3. 분사구문의 접속사

Once received, submissions can no longer be offered to other publications.
일단 접수되면, 제출작은 더 이상 다른 출판물에 제공될 수 없다.

해설 빈칸 뒤에 과거분사가 연결된 형태로, 보기의 구성으로 미루어 알맞은 연결어를 고르는 문제이니 '접속사가 남아 있는 분사구문'을 떠올릴 수 있어야 한다. 분사구문은 부사절의 주어가 주절의 주어와 동일해서 생략된 형태이기 때문에 주절의 주어를 불러와 해석을 해보면 '일단 제출작이 접수되면, 그것들은 더 이상 다른 출판물에 제공될 수 없다'라는 의미가 적절하므로 '일단 ~하면'의 의미를 갖는 접속사 (B) Once가 정답이다. (C) Also는 부사이므로 주절과의 연결 기능이 없으며 (D) Upon은 전치사이므로 뒤에는 목적어로서 명사(구)가 연결되어야 한다.

어휘 submission 제출(물) | no longer 더 이상 ~않은 | publication 출판(물)

BASE 확장
본서 p.138

체크 체크
1. This e-mail is intended solely for the **use** of the senders.
이 이메일은 오로지 발신자의 사용을 위한 것입니다.
2. Check the exact cost of the item before **using** the corporate card. 법인카드를 사용하기 전에 물건의 정확한 비용을 확인하세요.
3. We provide disposable containers for convenient **use**.
우리는 편리하게 사용할 수 있는 일회용 용기들을 제공한다.

체크 체크
1. 현재 진행 시제의 현재분사, 이사회는 건설 프로젝트에 대한 전체 보고서를 기대하고 있다.
2. 동명사 목적어, 의사들은 전반적인 건강을 검사하기 위해 매년 검진을 받을 것을 권장한다.
3. 명사 수식 현재분사, 수업에 대한 증가하는 수요로 인해, 학교에서는 더 많은 강사들을 고용해야 한다.

1. (B)	2. (B)	3. (B)	4. (C)	5. (C)	6. (A)
7. (B)	8. (A)	9. (D)	10. (D)	11. (A)	12. (C)

1. 어휘-전치사

Yukon Bush Airline pilots are required to undergo annual evaluations **in addition to** renewing their federal licenses.

Yukon Bush 항공 조종사들은 연방정부 면허를 갱신하는 것뿐만 아니라 연례 평가를 받도록 요구된다.

해설 빈칸은 동명사구 renewing their federal licenses를 목적어로 취하는 전치사 자리다. 문맥상 '연방정부 면허를 갱신하는 것'과 '연례 평가를 받는 것'이 나열되어야 자연스러우므로 '~뿐만 아니라'라는 뜻의 전치사 (B) in addition to가 정답이다.

어휘 undergo 겪다, 받다 | annual 연례의 | evaluation 평가 | renew 갱신하다 | federal 연방정부의 | license 면허증

2. 동명사의 목적어 자리

The CEO of Premier Furniture commended Mr. Phan for increasing **production** in the Vietnam plant.

Premier 가구의 CEO는 Phan 씨가 베트남 공장에서 생산을 늘린 것에 대해 칭찬했다.

해설 빈칸은 동명사 increasing의 목적어 역할을 하는 명사 자리이므로 (B) production이 정답이다.

어휘 furniture 가구 | commend 칭찬하다 | plant 공장

3. 전치사의 목적어 자리에 오는 동명사

Since **switching** transportation companies, STP Inc. reports a 10 percent increase in customer satisfaction.

운송 회사를 바꾼 후로, STP사는 고객 만족도가 10% 증가했다고 보고한다.

해설 빈칸은 접속사 Since가 남아 있는 분사구문을 완성하는 분사 자리다. 빈칸 뒤에 명사구가 있으므로 목적어를 취할 수 있는 현재분사 (B) switching이 정답이다.

어휘 transportation 교통, 운송 | report 알리다, 보고하다 | customer satisfaction 고객 만족(도)

4. 어휘-동명사

As Ms. Fontana's personal secretary, Mr. Tombach is responsible for **briefing** her on the daily meeting schedule.

Fontana 씨의 개인 비서로서, Tombach 씨는 그녀에게 매일 회의 일정을 알려주는 일을 담당하고 있다.

해설 빈칸은 전치사 for의 목적어인 동명사 자리다. 문두의 As 전명구와 주절의 관계를 고려할 때, 'Tombach 씨는 Fontana 씨의 비서로서 그녀에게 회의 일정을 알려주는 일을 담당한다'라는 의미가 되어야 문맥상 자연스러우므로 'brief A on B (A에게 B에 대해 알려주다)'라는 표현을 완성하는 (C) briefing이 정답이다.

어휘 personal secretary 개인 비서 | responsible for ~에 책임이 있는 | daily 매일의 | schedule 일정

5. 자동사의 분사 형태

Ms. Meyer helps **emerging** businesses by developing financial plans for them.

Meyer 씨는 재무계획서를 작성해줌으로써 신규 사업체들을 돕는다.

해설 빈칸은 명사 businesses를 수식하는 형용사 자리이므로 보기 중 형용사 역할을 할 수 있는 과거분사 (B) emerged와 현재분사 (C) emerging이 정답 후보인데, '부상하다, 생겨나다'라는 뜻의 emerge는 자동사이기 때문에 분사로 바꿔 쓸 때 항상 현재분사를 쓴다. 따라서 (C) emerging이 정답이다.

어휘 emerging 부상하는 | business (사)업체 | financial plan 재무계획서

6. 목적어가 없는 과거분사

The labor costs **shown** in the invoice are not final, as the exact amount will be based on how long the work actually takes.

정확한 액수는 작업이 실제 얼마나 오래 걸리는지를 기반으로 할 것이기 때문에, 청구서에 보여지는 인건비는 최종이 아니다.

해설 문장에 주어 The labor costs와 동사 are가 존재하므로 빈칸은 준동사 자리다. 빈칸은 주어인 명사구 The labor costs를 뒤에서 수식하는 분사 자리로, 문맥상 '청구서에 보여지는 인건비'라는 의미가 되어야 자연스러우므로 '수동'의 의미를 갖는 과거분사 (A) shown이 정답이다. 빈칸 뒤에 목적어 없이 전치사구 in the invoice가 연결되어 있다는 점도 과거분사가 들어가야 함을 말해준다.

어휘 labor cost 인건비 | invoice 송장, 청구서 | final 최종적인 | exact 정확한 | amount 양, 액수 | base ~에 기반(근거)를 두다

7. 분사구문의 현재분사 vs. 과거분사

When recently **polled**, assembly workers at Shrankhaus Furnishings said that break time is the issue that needs to be resolved.

최근 여론 조사했을 때, Shrankhaus 가구의 조립라인 직원들은 휴식 시간이 해결되어야 할 문제라고 말했다.

해설 빈칸은 When 종속절에 위치해 있으며, 부사 recently의 수식을 받는 자리로, 주절과의 관계를 고려할 때 When 분사구문을 완성하는 분사가 필요하다. '조립라인 직원들이 최근 여론 조사를 받았을 때'라는 의미가 되어야 문맥상 자연스러우므로 '수동'의 의미를 전달하는 과거분사 (B) polled가 정답이다. 분사구문은 주절과 종속절의 주어가 동일한 경우, 종속절의 '접속사+주어'를 생략하고 동사를 분사로 전환한 형태로, 종속절의 의미를 명확하게 살려주고 싶은 경우 접속사를 남겨둘 수 있다.

어휘 assembly (가구 등의) 조립 | furnishing 가구, 비품 | break time 휴식 시간 | resolve 해결하다

8. 분사구문의 접속사

Moravian Inc. plans to increase production **while** lowering consumption of non-renewable energy.

Moravian사는 재생 불가능한 에너지 소비를 줄이면서 생산을 늘릴 계획이다.

해설 빈칸은 완전한 문장과 -ing 구문을 연결하는 자리다. 문맥상 '재생 불가능한 에너지 소비를 줄이면서 생산을 늘릴 계획이다'라는 의미로 연결되어야 자연스러우므로, '~하는 동안에, ~하면서'라는 의미를 갖는 부사절 접속사 (A) while이 정답이다. while 분사구문이 적용된 문장으로, 종속절과 주절의 주어가 동일하여 while 절의 주어가 생략되고, 의미상 주어와 능동 관계인 동사 lower가 현재분사 lowering으로 바뀐 형태이다. 이때 while도 생략 가능하지만 종속절의 의미를 명확하게 나타내고 싶을 때는 접속사를 그대로 둘 수 있다.

어휘 plan 계획하다 | production 생산 | lower 낮추다 | consumption 소비 | non-renewable 재생이 안 되는

9-12번은 다음 이메일에 관한 문제입니다.

수신: 사무 직원들
발신: Anthony Nagel
날짜: 8월 2일
제목: 스탠딩 데스크

안녕하세요,

Pierce 금융이 다음 주에 Juggernaut 브랜드의 스탠딩 데스크를 설치할 예정임을 여러분께 알려드리게 되어 기쁩니다. 내일 임원용으로 첫 책상들이 들어올 것입니다. ⁹**다른** 모든 직원들은 설치 날짜를 경영진에게서 통보 받을 것입니다. 여러분은 여러분 공간을 정돈하고 돌아다니는 물건들이 없도록 하는 것을 ¹⁰**제외하고** 다른 어떤 것도 하실 필요가 없습니다. 관리팀이 여러분의 모든 소지품을 새로운 환경으로 ¹¹**옮기는 것을** 처리할 것입니다. 책상은 여러분이 여러 가지 다른 높이에서 작업할 수 있도록 해줄 것이며 인체 공학적 특성을 극대화하도록 설계되어 있습니다. 또한 완전히 사용자 요구에 맞춰질 수 있으며 전자식으로 조절될 수 있습니다. ¹²**질문이나 우려 사항이 있으시면 저에게 직접 답장 바랍니다.**

Best,
Anthony Nagle

어휘
standing desk 앉지 않고 서서 일하는 책상 | inform 알려주다 | install 설치하다 | senior management 고위 경영진 | tidy 단정한, 정돈된 | free of ~가 없는 | loose 풀린, 마음대로 돌아다니는 | object 물건 | maintenance 유지 | take care of 돌보다, 처리하다 | belongings 소지품 | set-up 구성, 설정 | allow 허용하다 | height 높이 | maximize 극대화하다 | ergonomics 인체 공학 | customizable 주문에 따라 만들 수 있는 | adjust 조절하다 | electronically 전자적으로 | concern 우려 | directly 직접

9. 어휘-한정사
해설 빈칸 앞 문장의 '첫 책상들은 내일 임원용으로 들어올 것입니다'라는 내용을 고려할 때, 문맥상 '다른 모든 직원들은 설치 날짜를 경영진에게서 통보 받을 것입니다'라는 내용으로 이어져야 자연스러우므로 (D) other가 정답이다.

10. 어휘-접속사
해설 문맥상 '여러분은 여러분 공간을 정돈하고 돌아다니는 물건들이 없도록 하는 것을 제외하고 다른 어떤 것도 하실 필요가 없습니다'라는 내용이 되어야 자연스러우므로 (D) except가 정답이다. 두 개의 to부정사가 등위 접속사 또는 except, than 등으로 연결되는 경우 두 번째 부정사는 to를 생략하고 원형부정사의 형태로 사용된다.

11. 전치사의 목적어 자리에 오는 동명사
해설 빈칸은 전치사 of의 목적어 역할을 하면서 명사구 all your belongings를 목적어로 취하는 동명사 자리이므로 (A) moving이 정답이다.

12. 문장 선택
(A) Pierce 금융의 새 사무실 이전이 주요 업그레이드가 될 것입니다.
(B) 결과적으로, 우리는 원하지 않는 모든 항목을 당신이 폐기할 것을 요청합니다.
(C) 질문이나 우려 사항이 있으시면 저에게 직접 답장 바랍니다.
(D) Juggernaut는 사무용 가구 산업에서 리더로 여겨집니다.

해설 빈칸 앞 부분의 스탠딩 데스크가 회사에 설치될 것이라는 계획과 이 계획의 일정과 지침에 대한 내용을 고려할 때, 문맥상 이에 대한 질문이나 우려 사항이 있으면 연락해 달라는 내용으로 이어져야 자연스러우므로 (C)가 정답이다.

CHAPTER 08 전치사와 접속사

BASE 집중훈련 본서 p.145

A.
1. permission, 사진작가의 허가 없이 이 사진들을 사용하는 것은 불법이다.
2. her, 당신이 Sarah Hunter와 많이 닮아서 그녀와 친척이라고 생각했다.
3. for, Justin Harper는 뛰어난 디자인 작품으로 많은 상들을 받았다.
4. construction, 시는 도서관 건축을 감독하도록 Trang 씨를 지명했다.
5. after, 다과가 강연 후에 제공될 것이다.

B.
1. (C), 5월 10일부터 호텔 투숙객들은 매 숙박 후 만족도 조사 설문지를 작성하도록 요청 받을 것이다.
2. (B), St. Michael's 병원은 보수되는 동안 문을 닫을 것이지만, 3월 15일에 정상 영업 상태로 돌아올 것이다.
3. (D), 환경 보호부에서 30년 근무한 후, Hanin 씨는 4월 5일 CFO 자리에서 물러날 것이다.

A.
1. 전치사의 목적어 자리
It is illegal to use any of these images without **permission** from the photographer.
사진작가의 허가 없이 이 사진들을 사용하는 것은 불법이다.

해설 전치사 without 뒤에는 명사(구)나 대명사, 동명사(구)가 와야 하므로 명사인 permission이 정답이다.

어휘 illegal 불법의 | permission 허가 | photographer 사진작가

2. 전치사의 목적어 자리
You look a lot like Sarah Hunter, so we thought you were related to **her**.
당신이 Sarah Hunter와 많이 닮아서 그녀와 친척이라고 생각했다.

해설 전치사 to 뒤에는 명사(구)나 대명사, 동명사(구) 등의 명사 상당 어구가 오는데, 전치사의 목적어 자리이기 때문에 목적격 대명사가 들어가야 한다. 따라서 her가 정답이다.

어휘 look like ~와 닮다 | a lot 많이 | related to ~와 친척인

3. 명사구를 이끄는 전치사
Justin Harper received numerous awards **for** his excellent design work.
Justin Harper는 뛰어난 디자인 작품으로 많은 상들을 받았다.

해설 괄호 뒤에 명사구 his excellent design work가 연결되어 있으므로 명사(구)를 목적어로 취할 수 있는 전치사 for가 정답이다. 여기서 for는 이유 '~으로, ~해서'를 나타낸다. because는 이유를 나타내는 부사절 접속사로 뒤에 주어와 동사를 갖춘 완전한 절이 연결된다.

어휘 numerous 많은 | award 상 | excellent 뛰어난 | work 작품

4. 전치사구의 수식을 받는 명사 자리
The city has designated Ms. Trang to oversee the **construction** of the library.
시는 도서관 건축을 감독하도록 Trang 씨를 지명했다.

PART 5 CHAPTER 08

해설 괄호는 타동사 oversee의 목적어 자리이면서 전치사구 of the library 의 수식을 받는 명사가 들어가야 한다. 따라서 construction이 정답이다.

어휘 designate 지명하다, 지정하다 | oversee 감독하다 | construction 건설, 공사

5. 명사구를 이끄는 전치사

Refreshments will be served **after** the lecture.
다과가 강연 후에 제공될 것이다.

해설 괄호 뒤에 명사 the lecture가 연결되어 있으므로 명사(구)를 목적어로 취할 수 있는 전치사 after가 정답이다. later는 '나중에'라는 뜻의 부사이므로 명사(구)를 이끌 수 없다.

어휘 refreshments 다과 | serve (음식 등을) 제공하다 | lecture 강연

B.

1. 명사구를 이끄는 전치사

Starting May 10, hotel guests will be requested to fill out a satisfaction survey **after** each stay.
5월 10일부터 호텔 투숙객들은 매 숙박 후 만족도 조사 설문지를 작성하도록 요청 받을 것이다.

해설 빈칸은 each stay '매 숙박'이라는 명사구를 목적어로 하는 전치사 자리다. 문맥상 '매 숙박 후 만족도 조사 설문지를 작성하도록 요청을 받을 것이다'라는 의미가 되어야 자연스러우므로 (C) after가 정답이다.

어휘 request 요청하다 | fill out (서식을) 기입하다, 작성하다 | satisfaction 만족(감) | stay 숙박, 머무름; 머무르다

2. 명사구를 이끄는 전치사

St. Michael's Hospital will be closed **during** the renovation but will return to its full operational status on March 15.
St. Michael's 병원은 보수되는 동안 문을 닫을 것이지만, 3월 15일에 정상 영업 상태로 돌아올 것이다.

해설 빈칸은 명사 the renovation을 목적어로 하는 전치사 자리다. 문맥상 '보수되는 동안 문을 닫을 것이다'라는 의미가 자연스러우므로 (B) during이 정답이다.

어휘 renovation 보수, 개조 | return 돌아오다 | operational 운영상의 | status 상황, 상태

3. 전치사의 목적어 자리

After three decades of **service** with the Department of Environmental Protection, Ms. Hanin will be stepping down as CFO on April 5.
환경 보호부에서 30년 근무한 후, Hanin 씨는 4월 5일 CFO 자리에서 물러날 것이다.

해설 빈칸은 전치사 of의 목적어 자리이므로 명사 (D) service가 정답이다. 전치사는 명사(구), 동명사(구), 명사절 등의 명사 형태만을 목적어로 취할 수 있다는 점을 기억해 두자.

어휘 decade 10년 | environmental 환경의 | protection 보호 | step down as ~에서 물러나다[내려오다]

BASE 집중훈련 본서 p.147

A.
1. on, 현재의 주민들은 일요일에 이사갈 예정이다.
2. until, Ronka 공구점의 무료 배송 서비스는 7월 10일까지 이어진다.
3. before, 결혼식 리허설은 실제 식 전날에 열릴 것이다.
4. during, 보수 공사 동안 직원들은 사무실 출입이 허용되지 않을 것이다.
5. throughout, 새 연극을 위한 오디션이 이번 주 내내 열릴 것이다.

B.
1. (D), Demeter 정원용품은 5년간 유효한 품질 보증서가 있다.
2. (A), 승객은 본토행 페리에 탑승하기 전에 본인 차량의 무게를 재야 한다.
3. (D), 데뷔 앨범의 전 세계적인 성공 후, 가수 Paz Rivera는 자신의 모든 콘서트장에서 열정적인 팬들의 환영을 받았다.

A.

1. 시점 전치사 on

The current residents are moving out **on** Sunday.
현재의 주민들은 일요일에 이사갈 예정이다.

해설 괄호 안의 전치사는 둘 다 '~에'라는 뜻으로 시간을 나타내는 말 앞에 쓰일 수 있지만, in 뒤에는 월, 계절, 연도 등 큰 단위의 시간 명사가 오고, on 뒤에는 요일, 날짜 등의 짧은 단위의 시간 명사가 온다. 따라서 on이 정답이다.

어휘 current 현재의 | resident 주민 | move out 이사 나가다

2. 시점 전치사 until

Ronka Hardware Store's free shipping offer extends **until** July 10.
Ronka 공구점의 무료 배송 서비스는 7월 10일까지 이어진다.

해설 괄호 안의 전치사는 둘 다 시간 명사(구) 앞에서 '~까지'라는 뜻으로 쓰이지만, by는 동작의 '완료'에 초점을 두고, until은 동작의 '계속'되는 상태를 보여준다. 문장의 동사가 extend로 '무료 배송 서비스가 7월 10일까지 연장된다'라는 의미를 나타내므로 배송 서비스가 계속되는 상태를 나타내는 until이 정답이다.

어휘 hardware store 철물점, 공구점 | free shipping offer 무료 배송 서비스 | extend 연장되다

3. 시점 전치사 before

The wedding rehearsal will be held one day **before** the actual ceremony.
결혼식 리허설은 실제 식 전날에 열릴 것이다.

해설 before는 '~전에', after는 '~후에'라는 뜻으로, 괄호 앞뒤에 있는 어구의 시간상 전후 관계를 살펴야 한다. 문맥상 '결혼식 리허설이 실제 식 전날에 열린다'라는 의미가 적절하므로 before가 정답이다.

어휘 wedding rehearsal 결혼식 리허설 | hold 열다, 개최하다 | one day before ~하기 하루 전에 | actual 실제의 | ceremony 식

4. 기간 전치사 during

Employees will not be permitted to enter the office **during** renovations.
보수 공사 동안 직원들은 사무실 출입이 허용되지 않을 것이다.

해설 　괄호 안의 기간 전치사는 둘 다 '~동안'이라는 뜻을 갖지만, for 뒤에는 주로 숫자를 동반한 구체적인 기간이 오고, during 뒤에는 특정한 행사나 사건을 나타내는 명사가 온다. 괄호 뒤에 '보수 공사'라는 뜻의 특정한 사건을 의미하는 명사가 나오므로 during이 정답이다.

어휘 　permit 허가하다 | enter 입장하다, 들어가다 | renovation 수리, 보수

5. 기간 전치사 throughout

The audition for the new play will take place **throughout** the week.
새 연극을 위한 오디션이 이번 주 내내 열릴 것이다.

해설 　시간 전치사 at은 뒤에 특정 시각이나 짧은 단위의 시간 명사가 오며, throughout은 뒤에 기간을 나타내는 명사(구)를 취한다. 괄호 뒤에 '한 주'를 의미하는 기간 명사가 나오므로 throughout이 정답이다.

어휘 　audition 오디션 | play 연극 | take place 열리다, 개최되다

B.

1. 기간 전치사 for

Demeter's gardening tools have a warranty that is valid **for** five years.
Demeter 정원용품은 5년간 유효한 품질 보증서가 있다.

해설 　빈칸 뒤에 기간을 나타내는 표현인 five years가 있으며, 문맥상 '5년간 유효한 품질 보증서'라는 의미가 자연스러우므로 (D) for가 정답이다.

어휘 　gardening tool 정원용 기구, 원예 도구 | warranty 품질 보증서 | valid 유효한

2. 시점 전치사 before

Passengers are required to have their vehicles weighed **before** boarding the ferry for the mainland.
승객은 본토행 페리에 탑승하기 전에 본인 차량의 무게를 재야 한다.

해설 　빈칸은 주절과 동명사구 boarding the ferry for the mainland를 연결하는 전치사 자리다. 문맥상 '페리에 탑승하기 전에 차량 무게를 재야 한다'라는 의미가 자연스러우므로 (A) before가 정답이다.

어휘 　passenger 승객 | require 요구하다 | vehicle 탈것, 차량 | weigh 무게를 재다 | board 탑승하다 | ferry 페리, 연락선 | mainland 본토

3. 시점 전치사 following

Following the worldwide success of her debut album, singer Paz Rivera was greeted by passionate fans at all of her concert venues.
데뷔 앨범의 전 세계적인 성공 후, 가수 Paz Rivera는 자신의 모든 콘서트장에서 열정적인 팬들의 환영을 받았다.

해설 　빈칸은 명사구 the worldwide success를 목적어로 취하는 전치사 자리다. 문맥상 '데뷔 앨범의 전 세계적인 성공 후, 가수 Paz Rivera는 팬들의 환영을 받았다'라는 의미가 자연스러우므로 (D) Following가 정답이다.

어휘 　worldwide 전 세계적인 | debut 데뷔 | greet 맞다, 환영하다 | passionate 열정적인 | venue 장소

BASE 집중훈련

본서 p.149

A.

1. at, Hermes 씨가 그의 이번 주말 Oracle 호텔 예약을 확인하기 위해 전화했다.

2. around, Chellor 공원을 찾는 방문객들은 호수 주위를 걷는 여유로운 산책을 즐긴다.

3. behind, 케이블을 기계 뒤편에 있는 구멍에 꽂으세요.

4. out of, Alice는 사무실에 없지만, 잠시 후에 돌아올 것이다.

5. between, 경영진과 직원들 간의 개방된 의사소통은 기업의 성장에 있어서 중요하다.

B.

1. (D), Lincoln 극장의 앙코르 공연 티켓 전부가 휴일 판매에 들어간 지 3시간 만에 매진되었다.

2. (A), GF 리조트는 Nevada 주 전역에 몇몇 카지노용 잠정 부지를 선정했다.

3. (A), Marlene Frischman은 유럽 지역 영업 이사직 후보자들 중 한 명이다.

A.

1. 장소 전치사 at

Mr. Hermes called to confirm his reservation **at** the Oracle Hotel for next weekend.
Hermes 씨가 그의 이번 주말 Oracle 호텔 예약을 확인하기 위해 전화했다.

해설 　장소 전치사 at 뒤에는 특정 지점이나 구체적인 장소가 오고, on은 '~ 위에[표면에]'라는 뜻이다. 문맥상 'Oracle 호텔에서의 예약을 확인한다'라는 의미가 자연스러우므로 at이 정답이다.

어휘 　call 전화하다, 부르다 | confirm 확인해주다 | reservation 예약 | weekend 주말

2. 장소 전치사 around

Visitors to Chellor Park can enjoy a leisurely walk **around** the lake.
Chellor 공원을 찾는 방문객들은 호수 주위를 걷는 여유로운 산책을 즐긴다.

해설 　위치 전치사 around는 '~ 주위에[주변에]'라는 뜻이며, under는 '~ 아래에[밑에]'라는 뜻이다. 문맥상 '호수 주위를 산책하는 걸 즐긴다'라는 의미가 자연스러우므로 around가 정답이다.

어휘 　visitor 방문객 | enjoy 즐기다 | leisurely 여유로운, 한가한 | walk 산책 | lake 호수

3. 위치 전치사 behind

Insert the cable into the slot **behind** the machine.
케이블을 기계 뒤편에 있는 구멍에 꽂으세요.

해설 　방향 전치사 toward는 '~을 향해서'라는 뜻의 방향을 나타내며, behind는 '~뒤에'라는 뜻의 위치를 나타내는 전치사이다. 문맥상 '기계 뒤에 있는 구멍에 케이블을 꽂아라'라는 의미가 자연스러우므로 behind가 정답이다.

어휘 　insert 꽂다, 삽입하다 | slot 구멍

4. 방향 전치사 out of

Alice is **out of** the office, but she will be back in a moment.
Alice는 사무실에 없지만, 잠시 후에 돌아올 것이다.

해설 방향 전치사 into는 '~ 안으로'라는 뜻이며, out of는 '~ (안에서) 밖으로'라는 뜻이다. 문맥상 'Alice가 사무실 밖에 있지만, 즉 사무실에 없지만 곧 돌아올 것이다'라는 의미가 자연스러우므로 out of가 정답이다.

어휘 be back 돌아오다 | in a moment 잠시 후에

5. 위치 전치사 between A and B
Open communication **between** management and employees is important for the company's growth.
경영진과 직원들 간의 개방된 의사소통은 기업의 성장에 있어서 중요하다.

해설 괄호 안의 전치사는 둘 다 '~ 사이에'라는 뜻으로 쓰이지만, between은 '둘' 사이를 의미하며, among은 '셋 이상'의 사이를 의미한다. 괄호 뒤의 개체가 둘을 나타내는 A and B(management and employees)로 연결되므로 between이 정답이다.

어휘 open 개방된 | communication 의사소통 | management 경영(진) | growth 성장

B.
1. 방향 전치사 into
All tickets to the encore performance at the Lincoln Theater were sold out just three hours **into** the holiday sale.
Lincoln 극장의 앙코르 공연 티켓 전부가 휴일 판매에 들어간 지 3시간 만에 매진되었다.

해설 빈칸은 명사구 the holiday sale을 목적어로 하는 전치사 자리다. 빈칸 앞의 표현 just three hours를 고려할 때, '판매에 들어간 지 3시간 만에'라는 의미가 자연스러우므로 (D) into가 정답이다.

어휘 encore 앙코르 | performance 공연 | sold out 매진된 | holiday 휴일 | sale 판매

2. 장소 전치사 throughout
GF Resorts has selected several potential sites for casinos **throughout** the state of Nevada.
GF 리조트는 Nevada 주 전역에 몇몇 카지노용 잠정 부지를 선정했다.

해설 빈칸은 장소를 나타내는 명사구 the state of Nevada를 목적어로 하는 전치사 자리다. 문맥상 'Nevada 주 전역[곳곳]에서 카지노용 부지를 선정했다'라는 의미가 자연스러우므로 (A) throughout이 정답이다.

어휘 select 선택하다 | several 몇몇의 | potential 잠재적인 | site 장소, 부지 | casino 카지노

3. 위치 전치사 among + 복수명사
Marlene Frischman is **among** the candidates for the Director of European Operations position.
Marlene Frischman은 유럽 지역 영업 이사직 후보자들 중 한 명이다.

해설 빈칸은 명사 the candidates를 목적어로 하는 전치사 자리다. 전치사 among은 복수명사와 함께 쓰일 수 있음을 고려할 때, 'Marlene Frischman은 후보자들 중 한 명이다'라는 의미가 되어야 자연스러우므로 (A) among이 정답이다.

어휘 candidate 후보자 | position 자리, 직책

BASE 집중훈련
본서 p.151

A.
1. with, 요리사 Boyle은 적절한 도구를 사용하면 요리가 얼마나 쉬워질 수 있는지 시연할 것이다.

2. due, Clemens 박사는 긴급한 용무로 수요일부터 금요일까지 시간을 낼 수 없다.

3. regarding, Falkor 씨가 분실된 소포와 관련된 문제를 처리할 것입니다.

4. without, 저자들의 서면 허가 없이는 어떤 기사도 복제할 수 없다.

5. except, 새로운 복장 규정 변경은 인턴들을 제외하고 전 직원에게 영향을 미칠 것이다.

B.
1. (B), Monroe 극장은 토요일에 있을 특별한 음악 공연을 위해 문을 열 것이다.

2. (B), Park 씨는 지난 목요일 마케팅 팀과의 만남을 즐겼다.

3. (C), Chu Hei Cosmetics Group은 포장을 좀 더 눈에 띄게 만들어서 시장 점유율을 높였다.

A.
1. 수단 전치사 with
Chef Boyle will demonstrate just how easy cooking can be **with** the proper tools.
요리사 Boyle은 적절한 도구를 사용하면 요리가 얼마나 쉬워질 수 있는지 시연할 것이다.

해설 문맥상 '적절한 도구를 사용하면 요리가 얼마나 쉬워질 수 있는지 시연할 것이다'라는 의미가 적절하므로 수단의 전치사 with가 정답이다.

어휘 demonstrate 시연하다, 보여주다 | cooking 요리 | proper 적절한 | tool 도구, 기구

2. 이유 전치사 due to
Dr. Clemens is unavailable from Wednesday to Friday **due** to urgent business.
Clemens 박사는 긴급한 용무로 수요일부터 금요일까지 시간을 낼 수 없다.

해설 문맥상 '긴급한 용무 때문에 수요일부터 금요일까지 시간을 낼 수 없다'라는 의미가 적절하므로 괄호 뒤의 to와 함께 이유를 나타내는 전치사 due to를 완성하는 due가 정답이다. prior to는 '~이전에'라는 의미로 before와 의미가 같은 시간 전치사이다.

어휘 unavailable 시간이 안 되는 | urgent 긴급한 | business 일, 용무

3. 주제 전치사 regarding
Ms. Falkor will handle the matter **regarding** the missing package.
Falkor 씨가 분실된 소포와 관련된 문제를 처리할 것입니다.

해설 문맥상 '분실된 소포에 관한 문제를 처리할 것이다'라는 의미가 적절하므로 '~에 관하여'라는 의미의 전치사 regarding이 정답이다.

어휘 handle 다루다, 처리하다 | matter 문제, 사안 | missing 잃어버린, 분실된 | package 소포

4. 제외 전치사 without
You may not reproduce any articles **without** written permission from the authors.
저자들의 서면 허가가 없이는 어떤 기사도 복제할 수 없다.

해설 문맥상 '저자들의 서면 허가 없이는 어떤 기사도 복제하면 안 된다'라는 의미가 적절하므로 '~없이'라는 의미의 전치사 without이 정답이다. without (written) permission은 '(서면) 허가 없이는'이라는 뜻으로 자주 쓰는 표현이니 하나의 단어처럼 암기해 두자.

어휘 reproduce 복사하다, 다시 만들어 내다 | article 기사 | author 저자

5. 제외 전치사 except
The new dress code change will affect all employees **except** for the interns.
새로운 복장 규정 변경은 인턴들을 제외하고 전 직원에게 영향을 미칠 것이다.

해설 문맥상 '새로운 복장 규정 변경이 인턴들을 제외하고 전 직원에게 영향을 줄 것이다'라는 의미가 적절하므로 괄호 뒤의 for와 함께 '~을 제외하고'라는 의미의 전치사 except for를 완성하는 except가 정답이다. 이때 for는 생략이 가능하여 except만 쓸 수도 있다는 점을 참고해 두자. as for는 '~에 관하여'라는 의미로 about과 같은 의미의 구전치사다.

어휘 dress code 복장 규정 | change 변경, 변화 | affect ~에 영향을 미치다

B.
1. 목적 전치사 for
Monroe Theater will be open **for** a special musical performance on Saturday.
Monroe 극장은 토요일에 있을 특별한 음악 공연을 위해 문을 열 것이다.

해설 빈칸은 명사구 a special musical performance를 목적어로 하는 전치사 자리다. 문맥상 '특별한 음악 공연을 위해 문을 열 것이다'라는 내용이 자연스러우므로 목적을 나타내는 전치사 (B) for가 정답이다.

어휘 theater 극장 | performance 공연

2. 동반 전치사 with
Mr. Park enjoyed meeting **with** the marketing team last Thursday.
Park 씨는 지난 목요일 마케팅 팀과의 만남을 즐겼다.

해설 빈칸은 명사구 the marketing team을 목적어로 하는 전치사 자리다. 문맥상 '마케팅 팀과의 만남을 즐겼다'라는 의미가 자연스러우므로 동사 meet와 함께 'meet with'를 완성하는 (B) with가 정답이다.

어휘 enjoy 즐기다

3. 수단 전치사 by
The Chu Hei Cosmetics Group managed to increase its market share **by** making its packaging more attractive.
Chu Hei Cosmetics Group은 포장을 좀 더 눈에 띄게 만들어서 시장 점유율을 높였다.

해설 빈칸은 동명사구 making its packaging more attractive를 목적어로 하는 전치사 자리다. 빈칸 앞 문장의 내용을 고려할 때, 문맥상 빈칸 뒤 내용이 '수단, 방법'의 의미를 전달해야 자연스러우므로 「by -ing」의 표현을 완성하는 (C) by가 정답이다.

어휘 cosmetics 화장품 | manage to (어떻게든) ~하다[해내다] | market share 시장 점유율 | packaging 포장(재) | attractive 매력적인, 마음을 끄는

BASE 집중훈련 본서 p.153

A.
1. or, 정기 지하철 통근자들은 월간 패스 또는 일회권을 구매할 수 있다.
2. and, 결함이 있는 상품을 돌려보내주시면, 저희가 무료로 교체품을 제공해 드리겠습니다.
3. for, 그 거래는 완료될 수 없었는데, 왜냐하면 신용카드가 만료되었기 때문이다.
4. both, 정부는 스포츠 경기와 음악 공연 둘 다를 위한 경기장을 지을 계획이다.
5. as well as, 사무실 확장은 거대 자본 투자뿐 아니라 신중한 계획을 필요로 했다.

B.
1. (B), Yeung 씨가 월요일 학회에 참석할 것이기 때문에, 대신 영업부는 화요일에 모일 것이다.
2. (B), Carter 씨도 Romanova 씨도 다 예산 보고서에 대한 이메일에 답장을 하지 않았다.
3. (B), Zhang 씨나 그의 동료 중 한 명이 예약을 하기 위해 오늘 호텔에 전화할 것이다.

A.
1. 등위 접속사 or
Regular subway commuters can buy a monthly pass **or** a single journey ticket.
정기 지하철 통근자들은 월간 패스 또는 일회권을 구매할 수 있다.

해설 문맥상 '정기 지하철 통근자들은 월간 패스 또는 일회권을 구매할 수 있다'라는 의미가 적절하므로 '선택'의 의미를 갖는 등위 접속사 or가 정답이다. 등위 접속사 or가 목적어 자리에 온 두 개의 명사구 a monthly pass와 a single journey ticket을 이어준 구조다.

어휘 regular 정기적인 | subway 지하철 | commuter 통근자 | monthly pass 월간 패스, 월 정기권 | single journey 편도 여행

2. 등위 접속사 and
Send back your defective merchandise, **and** we will provide a replacement free of charge.
결함이 있는 상품을 돌려보내주시면, 저희가 무료로 교체품을 제공해 드리겠습니다.

해설 문맥상 '결함 있는 상품을 돌려보내면, 교체품을 무료로 제공할 것이다'라는 의미가 적절하므로 '순접'의 의미를 갖는 등위 접속사 and가 정답이다. 등위 접속사 and가 두 개의 절 Send back your defective merchandise와 we will provide a replacement free of charge를 이어준 구조다.

어휘 send back 돌려보내다 | defective 결함이 있는 | merchandise 상품 | provide 제공하다 | replacement 교체품 | free of charge 무료로

3. 등위 접속사 for
The transaction couldn't be completed, **for** the credit card has expired.
그 거래는 완료될 수 없었는데, 왜냐하면 신용카드가 만료되었기 때문이다.

해설 문맥상 '거래가 완료될 수 없었는데, 신용카드가 만료되었기 때문이다'라는 의미가 적절하므로 '이유'를 나타내는 등위 접속사 for가 정답이다. '그래서'라는 뜻의 등위 접속사 so도 '이유'를 나타내는 등위 접속사이지만, so가 「원인, so 결과」의 어순을 갖는 데 반해, for는 「결과, for 원인」의 어순을 취하기 때문에 '결과(거래가 완료될 수 없었

다) → 원인(신용카드가 만료되었다)'의 구조를 갖는 이 문장에서는 for가 답으로 적절하다.

어휘 transaction 거래 | complete 완료하다 | credit card 신용카드 | expire 만료되다

---

4. 상관 접속사 both A and B
The government plans to build a stadium that is for **both** sports games and music performances.
정부는 스포츠 경기와 음악 공연 둘 다를 위한 경기장을 지을 계획이다.

해설 괄호 뒤의 어구가 「A and B」의 구조를 취하므로 상관 접속사 「both A and B」 구문을 완성하는 both가 정답이다.

어휘 government 정부 | plan to ~할 계획이다 | build 짓다, 구축하다 | stadium 경기장 | performance 공연

---

5. 상관 접속사 B as well as A
The office expansion required careful planning **as well as** a large capital investment.
사무실 확장은 거대 자본 투자뿐 아니라 신중한 계획을 필요로 했다.

해설 괄호 앞뒤가 「B as well as A」의 구조를 취하여 '거대 자본 투자뿐 아니라 신중한 계획을 필요로 했다'라는 의미를 완성하므로 상관 접속사 as well as가 정답이다. but also가 답이 되려면 이와 상관 어구를 이루는 not only가 들어가 'not only a large capital investment but (also) careful planning'처럼 써야 같은 의미를 전달한다.

어휘 expansion 확장, 확대 | require 요구하다, 필요로 하다 | careful 신중한, 주의 깊은 | planning 계획, 기획 | capital investment 자본 투자

B.
1. 등위 접속사 so
Ms. Yeung will be attending a conference on Monday, **so** the Sales Department will meet on Tuesday instead.
Yeung 씨가 월요일 학회에 참석할 것이기 때문에, 대신 영업부는 화요일에 모일 것이다.

해설 빈칸 앞뒤로 두 개의 절이 연결되어 있으므로 두 절을 연결해 줄 수 없는 부사 (A) even과 (D) still은 답에서 제외시킨다. 등위 접속사 (B) so와 부사절 접속사 (C) until 중에서 문맥상 'Yeung 씨가 월요일 학회에 참석할 것이어서 영업부는 대신 화요일에 만날 것이다'라는 의미가 자연스러우므로 「원인, so 결과」의 구조를 완성하는 등위 접속사 (B) so가 정답이다.

어휘 attend 참석하다 | conference 학회 | Sales Department 영업부 | instead 그 대신

---

2. 상관 접속사 neither A nor B
Neither Ms. Carter nor Ms. Romanova replied to the email about the budget report.
Carter 씨도 Romanova 씨도 예산 보고서에 대한 이메일에 답장을 하지 않았다.

해설 빈칸 뒤의 어구가 「A nor B」의 구조이므로 상관 접속사 「neither A nor B (A도 B도 아닌)」 구문을 완성하는 (B) Neither가 정답이다.

어휘 reply to ~에 답하다 | budget report 예산 보고서

---

3. 상관 접속사 either A or B
Either Mr. Zhang **or** one of his coworkers will call the hotel today to make the reservations.

Zhang 씨나 그의 동료 중 한 명이 예약을 하기 위해 오늘 호텔에 전화할 것이다.

해설 빈칸 앞에 Either가 보이므로 상관 접속사 「either A or B(A나 B 둘 중 하나)」 구문을 완성하는 (B) or가 정답이다.

어휘 coworker 동료 | make a reservation 예약하다

BASE 집중훈련
본서 p.155

A.
1. quick, Marden 씨는 신속하고 현명한 결정을 하는 능력을 가지고 있다.
2. optional, 재활용 프로그램 참여는 환영하지만 전적으로 선택적이다.
3. write, 설문지를 모두 작성하고 의견은 마지막 박스에 적어 주세요.
4. but, 그 공장은 현재 건설 중이지만 곧 운영될 것이다.
5. knew, Le 씨도 Nguyen 씨도 최근까지 금융 투자에 대해 별로 많이 알지 못했다.

B.
1. (B), HH 병원은 오후 6시에 환자 접수를 중단하지만, 이미 명단에 있는 사람들은 치료를 받을 것이다.
2. (B), Kimita 컴퓨터 게임은 하기 힘들면서도 재미있다.
3. (B), AMV 오토바이의 법적 보증은 2년 또는 20만 킬로미터 중 하나가 먼저 도달하면 만료된다.

A.
1. 형용사 and 형용사
Mr. Marden has the ability to make **quick** and smart decisions.
Marden 씨는 신속하고 현명한 결정을 하는 능력을 가지고 있다.

해설 등위 접속사 and는 같은 문장 성분을 연결한다. and 뒤의 smart가 형용사이므로 괄호에도 형용사 quick이 들어가야 한다. quick and smart가 명사 decisions를 수식하는 구조다.

어휘 ability to ~할 능력 | quick 빠른, 신속한 | smart 현명한 | decision 결정

---

2. 형용사 and 형용사
Participation in the recycling program is welcome but completely **optional**.
재활용 프로그램 참여는 환영하지만 전적으로 선택적이다.

해설 등위 접속사 but은 같은 문장 성분을 연결한다. but 앞의 welcome이 형용사이므로 but 뒤에도 부사 completely의 수식을 받는 형용사 optional이 정답이다. welcome but optional이 주어를 보충 설명해 주는 보어 자리에 들어간 구조다.

어휘 participation 참여 | recycling 재활용 | welcome 환영하는 | completely 완전히, 전적으로 | optional 선택적인

---

3. 명령문 and 명령문
Please fill out the questionnaire completely and **write** any comments in the last box.
설문지를 모두 작성하고 의견은 마지막 박스에 적어 주세요.

해설 등위 접속사 and는 같은 문장 성분을 연결한다. and 앞이 명령문 fill out the questionnaire completely이므로 and 뒤에도 명령문을 완성하는 동사원형 write가 들어가야 한다. 두 개의 절 모두 Please와 연결된 구조다.

어휘 fill out 작성하다 | questionnaire 설문지 | completely 모두, 완전히 | comment 의견, 논평 | last 마지막의

4. 동사구 but 동사구

The factory is under construction **but** will be operational soon.

그 공장은 현재 건설 중이지만 곧 운영될 것이다.

해설 괄호 안의 however는 접속부사이며, but은 등위 접속사이다. 괄호 앞뒤로 주어 The factory에 연결된 동사구 is under construction, will be operational soon이 보이므로 두 개의 구를 대등하게 연결해 줄 수 있는 등위 접속사 but이 정답이다. however는 두 개의 완전한 문장을 이어줄 수는 있으나 지금처럼 동일한 어구 The factory를 생략할 수도 없고, 접속사가 아닌 '부사'이기 때문에 접속사처럼 쓰려면 'The factory is under construction; however, it will be operational soon.'처럼 접속부사 앞뒤에 세미콜론과 콤마 같은 접속사 기능의 부호를 찍어주고 주어 it도 써줘야 한다.

어휘 under construction 공사 중인 | operational 사용할 준비가 갖춰진, 운영할 준비가 된 | soon 곧, 이내

5. 상관 접속사의 수 일치

Neither Ms. Le nor Mr. Nguyen **knew** much about financial investments until recently.

Le 씨도 Nguyen 씨도 다 최근까지 금융 투자에 대해 별로 많이 알지 못했다.

해설 괄호 앞에 상관 접속사 「Neither A nor B」 구문이 있는데, 상관 접속사 구문이 주어 자리에 올 때 동사는 nor 뒤의 B에 수를 일치시킨다. 따라서 nor 뒤의 Mr. Nguyen이 단수이므로 현재 동사를 쓰려면 know가 아니라 knows로 수를 일치시켜야 하므로 수 일치에 관계없는 과거 동사 knew가 정답이다.

어휘 financial investment 금융 투자 | until recently 최근까지

B.

1. 절 but 절

HH Clinic stops accepting patients at 6 P.M., **but** those already on the list will be treated.

HH 병원은 오후 6시에 환자 접수를 중단하지만, 이미 명단에 있는 사람들은 치료를 받을 것이다.

해설 빈칸은 두 개의 완전한 문장 사이에 들어갈 접속사 자리다. 문맥상 '6시에 환자 접수를 멈추지만, 이미 명단에 있는 사람들은 치료받을 것이다'라는 의미로 이어져야 자연스러우므로 '역접(하지만, 그러나)'의 접속사 (B) but이 정답이다.

어휘 clinic 병원 | accept 받다, 수용하다 | patient 환자 | already 이미, 벌써 | list 목록 | treat 치료하다, 취급하다

2. both 형용사 and 형용사

Kimita Computer Games are **both** challenging and entertaining to play.

Kimita 컴퓨터 게임은 하기 힘들면서도 재미있다.

해설 빈칸은 be동사와 주격 보어인 형용사구 사이의 자리다. 빈칸 뒤의 두 형용사 challenging, entertaining을 연결하는 접속사 and가 있음을 고려할 때, 「both A and B」라는 상관 접속사 구문을 완성하는 (B) both가 정답이다.

어휘 challenging 힘든 | entertaining 즐거운 | play (게임 등을) 하다, 놀다

3. 명사구 or 명사구

The legal guarantee for the AMV motorcycle expires after two years **or** 200,000 kilometers, whichever is reached first.

AMV 오토바이의 법적 보증은 2년 또는 20만 킬로미터 중 하나가 먼저 도달하면 만료된다.

해설 빈칸은 두 개의 명사구 two years, 200,000 kilometers를 대등하게 이어주는 자리다. '2년 또는 20만 킬로미터 중 하나가 먼저 도달하면'이라는 의미가 자연스러우므로 등위 접속사 (B) or가 정답이다.

어휘 legal 법적인 | guarantee 보증 | motorcycle 오토바이 | expire 만료되다 | reach 이르다, 도달하다

BASE 집중훈련 본서 p.157

A.

1. whether, 참가자들은 신제품이 제대로 작동하는지 판단할 것이다.

2. that, 이사회는 직원들이 현장 운동 수업을 이용하기를 바란다.

3. if, Taehan 금융은 신제품이 시장성이 있는지를 알아내기 위해 설문조사를 실시했다.

4. when, 고객들은 우리의 프리미엄 GTE 요금제에 가입하면 더 빠른 인터넷 연결 속도를 얻을 수 있다.

5. who, 마지막 시험을 통과한 인턴들만이 정규직에 지원할 자격이 될 것이다.

B.

1. (A), Elliot 씨는 건물 안에 화물용 엘리베이터가 있는지 여부를 묻기 위해 고객에게 연락했다.

2. (D), 설치가 끝날 때까지 로비 좌측에 있는 엘리베이터만 이용 가능합니다.

3. (A), 환불 받길 원하는 소비자들은 제품 구매일로부터 30일 이내에 제품을 반품해야 합니다.

A.

1. 명사절 접속사 whether

Participants will judge **whether** the new product works well.

참가자들은 신제품이 제대로 작동하는지 판단할 것이다.

해설 동사 judge의 목적어로 완전한 절 the new product works well이 연결되어 있으므로, 절을 이끌어 문장에서 명사 역할(주어, 목적어, 보어)을 할 수 있는 명사절 접속사 whether가 정답이다. whether 명사절이 judge의 목적어로 온 구조다.

어휘 participant 참가자 | judge 판단하다 | new product 신제품 | work 작동하다

2. 명사절 접속사 that

The board hopes **that** employees take advantage of the on-site fitness classes.

이사회는 직원들이 현장 운동 수업을 이용하기를 바란다.

해설 동사 hopes의 목적어로 완전한 절 employees take advantage of the on-site fitness classes가 연결되어 있으므로, 절을 이끌어 문장에서 명사 역할(주어, 목적어, 보어)을 할 수 있는 명사절 접속사 that이 정답이다. that 명사절이 hopes의 목적어로 온 구조다.

어휘 board 이사회 | take advantage of ~을 이용하다 | on-site 현장의 | fitness class 운동 수업

3. 명사절 접속사 if

Taehan Financial conducted a survey to find out **if** a new product is marketable.

Taehan 금융은 신제품이 시장성이 있는지를 알아내기 위해 설문 조사를 실시했다.

해설 구동사 find out의 목적어로 완전한 절 a new product is marketable이 연결되어 있으므로, 절을 이끌어 문장에서 명사 역할(주어, 목적어, 보어)을 할 수 있는 명사절 접속사 if가 정답이다. if는 부사절 접속사와 명사절 접속사로 모두 쓰일 수 있는데, 부사절 접속사로 쓰일 때는 '가정'의 의미를 나타내며, 명사절 접속사로 쓰일 때는 '~인지'의 뜻으로 동사의 목적어로만 쓸 수 있다. 명사절 접속사 what 은 뒤에 주어나 목적어가 빠진 불완전한 절을 이끈다.

어휘 conduct 수행하다, 실시하다 | survey 설문(조사) | find out 알아내다 | new product 신제품 | marketable 시장성이 있는

4. 부사절 접속사 when

Customers can get faster Internet connection speed **when** they sign up for our premium GTE plan.

고객들은 우리의 프리미엄 GTE 요금제에 가입하면 더 빠른 인터넷 연결 속도를 얻을 수 있다.

해설 괄호 앞뒤로 두 개의 완전한 절이 있다는 점에서 괄호 뒤는 부사절 접속사에 연결되어 부사절[종속절]의 기능을 해야 '주절+종속절'의 완전한 문장을 구성할 수 있다. 따라서 부사절 접속사 when이 정답이다.

어휘 customer 고객 | connection 연결 | sign up for ~에 가입하다 | plan 요금제

5. 형용사절 접속사 who

Only those interns **who** pass the final exam will be eligible to apply for a permanent position.

마지막 시험을 통과한 인턴들만이 정규직에 지원할 자격이 될 것이다.

해설 괄호 앞에는 명사 interns가 있고, 괄호 뒤에는 주어가 빠진 불완전한 절 pass the final exam이 연결되어 있다. 문장의 주어는 those interns이고, 본동사는 will be이기 때문에 괄호부터 exam까지는 명사 interns를 뒤에서 수식하는 형용사절로 판단해야 한다. 따라서 불완전한 절을 이끌어 앞의 명사[선행사]를 수식할 수 있는 형용사절 접속사[관계대명사] who가 정답이다. are가 들어가면 앞의 주어 those interns의 동사로 연결될 수는 있겠지만 문장에 접속사 없이 동사가 두 개(are, will be)가 들어갈 수는 없기 때문에 오답이다.

어휘 pass 통과하다 | be eligible to ~할 자격이 있다 | apply for ~에 지원하다 | permanent position 정규직

B.

1. 명사절 접속사 whether

Ms. Elliot contacted the customer to ask **whether** there is a freight elevator in their building.

Elliot 씨는 건물 안에 화물용 엘리베이터가 있는지 여부를 묻기 위해 고객에게 연락했다.

해설 빈칸은 동사 ask와 완전한 절 there is a freight elevator in their building 사이에 위치해 있으므로 빈칸 이하를 ask의 목적어인 명사절로 만들어 주는 명사절 접속사 (A) whether가 정답이다.

어휘 contact 연락하다 | freight 화물

2. 부사절 접속사 until

Until the installation is finished, only the elevators on the left side of the lobby will be usable.

설치가 끝날 때까지 로비 좌측에 있는 엘리베이터만 이용 가능합니다.

해설 빈칸은 콤마로 이어진 두 개의 완전한 절을 연결하는 부사절 접속사 자리이므로 (D) Until이 정답이다. 등위 접속사 (A) Yet는 앞에 아무런 문장 없이 문장 맨 앞에 올 수 없으며, 전치사 (B) Despite, (C) During은 절을 이어줄 수 없다.

어휘 installation 설치 | usable 이용할 수 있는

3. 형용사절 접속사 who

Consumers **who** wish to receive a refund must return the product within 30 days of the product purchase date.

환불 받길 원하는 소비자들은 제품 구매일로부터 30일 이내에 제품을 반품해야 합니다.

해설 빈칸 앞에는 명사 Consumers, 빈칸 뒤에는 주어가 빠진 불완전한 절 wish to receive a refund가 연결되어 있고, 문장의 주어는 Consumers, 본동사는 must return이므로 빈칸부터 refund까지는 앞의 명사 Consumers를 수식하는 형용사절이다. 따라서 불완전한 절을 이끌어 앞의 명사[선행사]를 수식할 수 있는 형용사절 접속사[관계대명사] (A) who가 정답이다.

어휘 refund 환불 | return 돌려주다 | purchase 구매

BASE 확장   본서 p.158

체크 체크

1. 목적, Timo 자동차는 최신 모델을 위한 홍보 캠페인을 시작했다.
2. 기간, 치열해진 경쟁 때문에 회사의 수익이 3분기 동안 떨어졌다.
3. 이유, 새로운 스마트폰 모델은 뛰어난 성능으로 유명하다.

체크 체크

1. I hired Mike **for** he seems like a very dependable person. 저는 Mike를 고용했습니다, 왜냐하면 그가 매우 믿을 수 있는 사람인 것 같아서 입니다.
2. Please follow the instructions carefully, **so** the printer is installed properly. 설명서를 주의해서 따라와 주세요, 그래야 프린터가 제대로 설치됩니다.
3. We had to shorten our presentation **because** it was too long. 발표가 너무 길어서 우리는 그걸 줄여야 했다.

BASE 실전훈련   본서 p.160

1. (D)	2. (D)	3. (B)	4. (A)	5. (C)	6. (A)
7. (A)	8. (B)	9. (B)	10. (A)	11. (D)	12. (B)

1. 기간 전치사 within

Defective products must be returned **within** three weeks of the date of purchase.

결함이 있는 상품은 구입일 3주 이내에 반품되어야 한다.

해설 빈칸은 명사구 three weeks of the date of purchase를 목적어로 취하는 전치사 자리다. 목적어 자리에 기간을 나타내는 명사가 있음을 고려할 때, '구입일 3주 이내에 반품되어야 한다'라는 의미가 자연스러우므로 (D) within이 정답이다. within은 '기간'을 나타내는 표현을, until은 '시점'을 나타내는 표현을 목적어로 취한다는 점에 주의하자.

어휘 defective 결함이 있는 | return 반납하다, 돌려보내다 | purchase 구입, 구매: 구입하다

---

2. 이유 전치사 for

The department manager is grateful **for** the consistent hard work and dedication of the team members.

부서장은 부서원들의 끊임없는 노고와 헌신에 고마워한다.

해설 빈칸은 명사구 the consistent hard work and dedication of the team members를 목적어로 취하는 전치사 자리이므로 be grateful for의 「형용사 + 전치사」 구조의 관용 표현을 완성하는 (D) for가 정답이다. 전치사구가 형용사 grateful을 뒤에서 수식하는 구조이며, 이때의 전치사 for는 '이유(~으로, ~해서)'를 의미한다.

어휘 department 부서 | grateful 감사하는 | consistent 일관된, 변함없는 | hard work 노고 | dedication 헌신

---

3. 방향 전치사 toward

Our personal trainers help students work **toward** a certain fitness goal, such as preparing for a marathon.

저희 개인 트레이너는 학생들이 마라톤을 준비하는 것처럼 어떤 운동 목표를 향해 노력하도록 돕습니다.

해설 빈칸은 명사구 a certain fitness goal을 목적어로 취하는 전치사 자리다. 문맥상 '학생들이 어떤 운동 목표를 향해 노력하도록 돕는다'라는 의미가 자연스러우므로 (B) toward가 정답이다.

어휘 personal trainer 개인 트레이너 | certain 어떤, 무슨, 확실한 | fitness 운동, 신체 단련, 피트니스 | goal 목표 | prepare for ~을 준비하다 | marathon 마라톤

---

4. 기간 전치사 during

Team members often share the latest data and information **during** the shift change.

팀원들은 근무 교대 동안 종종 최신 데이터와 정보를 공유한다.

해설 빈칸은 명사구 the shift change를 목적어로 취하는 전치사 자리다. 문맥상 '근무 교대 동안'이라는 의미가 자연스러우므로 (A) during이 정답이다. 전치사 during은 「during + 기간 명사」의 형태로, between은 「between A and B(A와 B 사이)」의 형태로 사용된다.

어휘 share 공유하다 | latest 최신의, 최근의 | data 데이터 | information 정보

---

5. 주제 전치사 concerning

The guidelines **concerning** traveling expenses are located on page 53 of the employee manual.

출장비에 관한 지침은 직원 안내서 53쪽에 있다.

해설 빈칸은 명사구 traveling expenses를 목적어로 취하면서 앞에 온 명사구 The guidelines를 수식하는 전치사 자리다. 문맥상 '출장비에 관한 지침'이라는 의미가 자연스러우므로 (C) concerning이 정답이다.

어휘 guideline 가이드라인, 지침 | expense 비용 | locate 두다

---

6. 위치 전치사 between A and B

The subway trains are fully packed on weekday mornings **between** 7:00 A.M. and 9:00 A.M.

지하철은 평일 오전 7시에서 9시 사이에 완전히 꽉 차있다.

해설 빈칸은 등위 접속사 and로 병렬된 시간 명사구 7:00 A.M. and 9:00 A.M.을 목적어로 하는 전치사 자리다. 「between A and B」는 'A와 B 사이에'를 의미하므로 (A) between이 정답이다.

어휘 fully 완전히 | packed 가득 찬

---

7. 상관 접속사 either A or B

Inquiries about order shipments should be transferred to **either** Ms. Howell or Mr. Chang in the Distribution Department.

주문 발송에 대한 문의는 유통부서의 Howell 씨나 Chang 씨에게 전달되어야 한다.

해설 상관 접속사 「either A or B」 구문은 'A나 B 둘 중 하나'를 의미하며, 문맥상 'Howell 씨나 Chang 씨 둘 중 한 명에게 문의 사항이 전달되어야 한다'라는 의미를 완성하는 것이 자연스러우므로 (A) either가 정답이다.

어휘 inquiry 문의 | shipment 발송, 선적 | transfer 옮기다, 전환하다 | distribution 유통

---

8. 상관 접속사 B as well as A

Visitors praise Kingstown Casino's luxurious suites **as well as** its fantastic restaurants.

방문객들은 Kingstown 카지노의 환상적인 레스토랑뿐만 아니라 호화로운 스위트룸에 찬사를 보낸다.

해설 빈칸은 두 개의 명사구 luxurious suites와 its fantastic restaurants를 의미나 구조적으로 병렬하는 상관 접속사 자리다. 문맥상 '환상적인 레스토랑뿐만 아니라 호화로운 스위트룸'이라는 내용이 자연스러우므로 (B) as well as가 정답이다.

어휘 praise 칭찬하다; 칭찬 | luxurious 호화로운 | suite (호텔 등의) 스위트룸

9-12번은 다음 광고에 관한 문제입니다.

〈The New Amsterdam Times〉는 스마트 기기용 신규 Breaking News 애플리케이션에 관하여 알려드리고자 합니다. 이 프로그램은 최신 세계 사건들에 대한 상을 받은 적이 있는 신문의 보도를 ⑨보충해 줍니다. 앉아서 신문을 읽을 시간이 없을 때 이동하면서 사용하세요. ⑩이 프로그램은 최신 보도들을 제공합니다. 또한 당신이 스마트 기기들로 바로 개인 맞춤형 뉴스 알림을 받아보시려면 앱에서 당신이 선호하는 것들을 목록으로 나열할 수 있습니다. 오늘 Breaking News 앱을 설치하셔서 주요 사건들과 논평에 대한 최신 정보를 받아보시거나 ⑫또는 인근 가판대에서 신문을 구입하세요.

어휘
breaking news 속보 | application 애플리케이션, 응용 프로그램 | device 장치, 기기 | supplement 보충하다 | award-winning 상을 받은 적이 있는 | coverage (신문, 잡지의) 보도, 방송 | the latest 최신의 | event 사건 | on the go 움직이는, 분주한 | up-to-the-date 최신의 | list 나열하다, 열거하다 | preference 선호 | app 앱, 어플 | customized 개인 맞춤형의 | alert 알림, 경보 | updated 최신의 | key 핵심적인, 주요한 | commentary 실황 방송, 논평 | install 설치하다 | pick up 얻다, 사다 | stand 가판대, 좌판

---

9. 어휘-동사

해설 빈칸은 주어인 The program과 목적어 the ~ coverage 사이의 동사 자리다. 문맥상 The program은 Breaking News application을 가리키며, '프로그램이 신문의 보도 내용을 보충해 준다'라는 내용이 자연스러우므로 (B) supplements가 정답이다.

---

10. 문장 선택

(A) 이 프로그램은 최신 보도들을 제공합니다.
(B) 우리는 여러 도시에 지사를 두고 있습니다.
(C) 우리 신문은 전 세계적으로 유명합니다.
(D) 프리미엄 패키지는 처음 석 달간은 무료입니다.

해설 빈칸 앞 부분의 '애플리케이션 프로그램이 신문의 보도를 보충해주며 신문을 읽을 시간이 없을 때 이용하라'라는 내용을 고려할 때, '이 프

로그램이 최신 보도를 제공해 준다'라는 내용으로 이어져야 자연스러우므로 (A)가 정답이다.

11. 동사 수식 부사 자리
해설 빈칸은 to부정사구 내에서 to부정사의 목적어 alerts와 전치사구 on your smart device 사이의 수식어 자리이므로 부사 (D) directly가 정답이다.

12. 등위 접속사 or
해설 빈칸 뒤의 동사 pick up과 본동사인 Stay를 병렬시킬 수 있는 등위 접속사 자리다. 문맥상 '최신 뉴스를 앱으로 받아보거나 신문을 구입해서 보라'라는 내용으로 이어져야 자연스러우므로 (B) or이 정답이다.

CHAPTER 09 명사절 접속사와 부사절 접속사

BASE 집중훈련
본서 p.165

A.
1. That, 이전 모델이 현재의 것보다 훨씬 더 인기가 많다는 것이 놀랍다.
2. whether, 최근 여론 조사는 그 정치 후보자의 인기가 증가했는지를 보여준다.
3. that, 일부 고객들은 식당의 주차 공간이 너무 제한적이라고 불평했다.
4. that, 귀하의 출품작이 저희 대회의 우승작임을 알려 드리게 되어 기쁩니다.
5. whether, Moore 제약은 이 약품을 개발할 것인지에 관하여 곧 논의할 것이다.

B.
1. (D), 인턴과 하청업자들에게도 연말 보너스가 지급되는지 확인해 주세요.
2. (B), 필수 자재 부족으로 인해 귀하의 주문을 이행하지 못했음을 알려 드립니다.
3. (A), 손님들에 대한 감사로, 부지배인 Meghan O'Malley는 그들이 숙박하는 동안 무료 식사를 받을 것을 제안했다.

A.
1. 명사절 접속사 that
That the previous model is significantly more popular than the current one is surprising.
이전 모델이 현재의 것보다 훨씬 더 인기가 많다는 것이 놀랍다.

해설 명사절 접속사 that은 완전한 문장을 이끌어 문장에서 주어, 목적어, 보어 역할을 한다. 괄호 뒤에 주어와 동사를 갖춘 완전한 문장이 있고, 그 뒤로 본동사 is가 연결되므로 is의 주어로서 완전한 문장을 이끄는 명사절 접속사 That이 정답이다. If도 명사절 접속사로 쓰이지만 주어 자리에는 올 수 없다는 점을 기억해 두자.

어휘 previous 이전의 | significantly (비교급 앞에서) 훨씬 | current 현재의 | surprising 놀라운

2. 명사절 접속사 whether
A recent poll indicates **whether** the political candidate's popularity has increased.
최근 여론 조사는 그 정치 후보자의 인기가 증가했는지를 보여준다.

해설 명사절 접속사 whether는 완전한 문장을 이끌어 문장에서 주어, 목적어, 보어 역할을 한다. 본동사 indicates 뒤에 주어와 동사를 갖춘 완전한 문장이 있으므로 완전한 문장을 이끌어 indicates의 목적어 역할을 할 수 있는 명사절 접속사 whether가 정답이다.

어휘 recent 최근의 | poll 여론 조사 | indicate 가리키다, 나타내다 | political candidate 정치 후보자 | popularity 인기 | increase 늘다, 증가하다

3. 명사절 접속사 that
Some customers have complained **that** the restaurant's parking is too limited.
일부 고객들은 식당의 주차 공간이 너무 제한적이라고 불평했다.

해설 괄호 안의 보기 둘 다 뒤에 완전한 문장을 이끌어 본동사 complained의 목적어 역할을 할 수 있는데, that은 '~하는 것, ~인 것'의 의미이고, whether는 '~인지 (아닌지)'의 의미이므로 의미상 알맞은 답을 골라야 한다. '식당의 주차 공간이 너무 제한적이라는 것을 불평했다'라는 의미가 자연스러우므로 that이 정답이다.

어휘 complain 불평하다 | parking 주차(장) | limited 제한된

4. 명사절 접속사 that
I'm pleased to inform you **that** your entry is the winner of our competition.
귀하의 출품작이 저희 대회의 우승작임을 알려 드리게 되어 기쁩니다.

해설 전치사 뒤에는 명사(구)가 연결되며 명사절 접속사 뒤에는 완전한 문장이 연결되는데, 괄호 뒤에 주어와 동사를 갖춘 완전한 문장이 있으므로 완전한 문장을 이끌어 본동사 inform의 목적어 역할을 할 수 있는 명사절 접속사 that이 정답이다. 참고로, 동사 inform은 「inform + 사람 + of 명사(구)」 또는 「inform + 사람 + that 명사절」의 패턴을 취한다는 점을 기억해 두자.

어휘 be pleased to ~하게 되어 기쁘다 | inform 알리다 | entry 출품작 | winner 우승작, 우승자 | competition 대회

5. 명사절 접속사 whether
Moore Pharmaceuticals will soon talk about **whether** they will develop this medicine.
Moore 제약은 이 약품을 개발할 것인지에 관하여 곧 논의할 것이다.

해설 괄호 안의 보기 둘 다 뒤에 완전한 문장을 이끌어 문장에서 명사처럼 주어, 목적어, 보어 역할을 할 수 있는 명사절 접속사이며, 의미도 '~인지 (아닌지)'로 동일하지만, 전치사 뒤에는 if를 쓸 수 없으므로 whether가 정답이다.

어휘 pharmaceuticals 제약 회사 | soon 곧, 이내 | develop 개발하다 | medicine 약

B.
1. 명사절 접속사 whether
Please **confirm** whether the year-end bonuses will also be given to interns and contractors.
인턴과 하청업자들에게도 연말 보너스가 지급되는지 확인해 주세요.

해설 Please로 시작하는 명령문 뒤에는 동사원형이 와야 하며, 빈칸 뒤에는 완전한 문장을 이끌어 목적어 역할을 하는 명사절 접속사 whether가 와 있으므로 능동태 동사원형인 (D) confirm이 정답이다.

어휘 whether ~인지 (아닌지) | year-end 연말의 | bonus 보너스, 상여금 | intern 인턴 | contractor 하청업자

2. 명사절 접속사 that
Please be advised **that** we were unable to fill your order because of a shortage of the necessary materials.
필수 자재 부족으로 인해 귀하의 주문을 이행하지 못했음을 알려 드립니다.

해설 　빈칸은 수동태 동사구 be advised와 절을 연결하는 자리다. 먼저 이 문제를 이해하기 위해서는 동사 advise 뒤에 오는 형태를 알아 두어야 한다. advise는 「advise+사람+to부정사」, 「advise+사람+that 명사절」의 패턴을 취하기 때문에 사람 목적어가 주어 자리로 가면서 수동태 be advised를 취한 구조임을 알 수 있으며, 그 뒤로는 to부정사나 that절이 연결되어야 한다. 그런데 빈칸 뒤에 주어와 동사를 갖춘 완전한 문장이 있으므로 (B) that이 정답이다. (A) whether 역시 명사절 접속사이지만 의미상 어울리지 않으며, (C) of와 (D) to는 전치사이기 때문에 연결사 없이는 뒤에 절이 올 수 없다.

어휘 　advise 권고하다 | fill 충족시키다, (주문대로) 이행하다 | order 주문 | shortage 부족한 | necessary 필요한 | material 자재, 재료

---

3. 명사절 접속사 that의 생략

As a thank you to guests, assistant manager Meghan O'Malley suggested **they** receive a free meal with their stay.
손님들에 대한 감사로, 부지배인 Meghan O'Malley는 그들이 숙박하는 동안 무료 식사를 받을 것을 제안했다.

해설 　빈칸은 두 개의 동사 사이의 자리다. 빈칸 앞의 동사가 suggested임을 고려할 때, 「suggest+(that)+주어+(should)+동사원형」의 형태를 완성하는 주격 대명사 (A) they가 정답이다. 동사의 목적어 자리에 오는 명사절 접속사 that은 생략할 수 있으므로 that이 생략되어 주어가 바로 연결되는 구조다.

어휘 　thank you 감사 | suggest 제안하다 | free meal 무료 식사 | stay 숙박, 머무름

BASE 집중훈련
본서 p.167

A.
1. the leak is, Kindle 씨는 새는 곳이 어디인지를 가리켰다.
2. why, 건물을 사겠다는 우리의 제안을 그들이 왜 거절했는지 궁금하다.
3. how, 오늘 워크숍은 직원들이 시간을 더욱 효율적으로 사용할 수 있는 방법에 중점을 둘 것이다.
4. what, 최근 조사는 젊은 소비자들이 무엇을 선호하는지를 보여준다.
5. when, 겨울 신상품들을 위한 천을 언제 주문해야 하는지 알려주세요.

B.
1. (A), Medina 씨는 대학 캠퍼스 어디에서 채용 박람회가 열리는지를 표시하지 못했다.
2. (B), Scully 씨는 누가 처음에 사무용품 주문을 넣었는지에 대해 잘 몰랐다.
3. (C), Palmieri 씨는 우리에게 투자 계정 3개 중 어떤 것이 가장 수익이 좋은지 자신에게 말해 달라고 요청했다.

A.
1. 의문사절의 어순

Mr. Kindle pointed out where **the leak is**.
Kindle 씨는 새는 곳이 어디인지를 가리켰다.

해설 　의문사가 문장에서 명사절을 이끄는 접속사로 쓰일 때 의문사 뒤는 「주어+동사」의 평서문 어순으로 온다. 따라서 the leak is가 정답이다.

어휘 　point out 가리키다, 지적하다 | leak 새는 곳, 누수

---

2. 의문사 why

We wonder **why** they rejected our offer to buy the building.

건물을 사겠다는 우리의 제안을 그들이 왜 거절했는지 궁금하다.

해설 　의문사가 문장에서 명사절 접속사 역할을 할 때, why, when, where, how는 부사처럼 쓰여 뒤에 완전한 문장을 이끌고, who, what, which는 대명사처럼 주어나 목적어로 쓰여 뒤에 불완전한 문장을 이끈다. 괄호 뒤에 주어와 동사, 목적어를 모두 갖춘 완전한 문장이 있으므로 why가 정답이다.

어휘 　wonder 궁금해하다 | reject 거절하다 | offer 제의, 제안

---

3. 의문사 how

Today's workshop will focus on **how** employees can use their time more effectively.
오늘 워크숍은 직원들이 시간을 더욱 효율적으로 사용할 수 있는 방법에 중점을 둘 것이다.

해설 　의문사가 문장에서 명사절 접속사 역할을 할 때, how, when, where, why는 부사처럼 쓰여 뒤에 완전한 문장을 이끌고, what, which, who는 대명사처럼 쓰여 뒤에 불완전한 문장을 이끈다. 괄호 뒤에 주어와 동사, 목적어를 모두 갖춘 완전한 문장이 있으므로 how가 정답이다.

어휘 　focus on ~에 중점을 두다 | effectively 효율적으로

---

4. 의문사 what

A recent survey indicates **what** young consumers prefer.
최근 조사는 젊은 소비자들이 무엇을 선호하는지를 보여준다.

해설 　괄호 안의 명사절 접속사 that은 뒤에 완전한 문장을 이끌고, 의문사 what은 그 자신이 명사절 접속사인 동시에 뒤에 오는 절의 주어나 목적어 역할을 하므로 주어나 목적어가 빠진 불완전한 문장이 온다. 괄호 뒤에 주어와 동사만 있고, prefer의 목적어가 보이지 않으므로 의문사 what이 동사의 목적어로 쓰였음을 알아챌 수 있어야 한다. 따라서 what이 정답이다.

어휘 　recent 최근의 | survey 설문(조사) | indicate 가리키다, 나타내다 | consumer 소비자 | prefer 선호하다

---

5. 의문사 when

Please inform me **when** I should order the fabric for the winter collection.
겨울 신상품들을 위한 천을 언제 주문해야 하는지 알려주세요.

해설 　의문사가 문장에서 명사절 접속사 역할을 할 때, when, where, how, why는 부사처럼 쓰여 뒤에 완전한 문장을 이끌고, who, what, which는 대명사처럼 쓰여 뒤에 불완전한 문장을 이끈다. 괄호 뒤에 주어와 동사, 목적어를 모두 갖춘 완전한 문장이 있으므로 when이 정답이다.

어휘 　inform 알리다 | order 주문하다 | fabric 천 | collection 신상품, 컬렉션

B.
1. 의문사 where

Ms. Medina failed to indicate **where** on the university campus the job fair will be held.
Medina 씨는 대학 캠퍼스 어디에서 채용 박람회가 열리는지를 표시하지 못했다.

해설 　빈칸은 동사 indicate의 목적어 역할을 하면서 빈칸 뒤의 '(on the university campus) the job fair will be held'라는 완전한 절을 이어주는 명사절 접속사 자리다. 보기 중 뒤에 완전한 문장을 이끄는 의문사는 (A) where, (D) why이며, 문맥상 '(대학 캠퍼스) 어디에서 채용 박람회가 열리는지를 표시하지 못했다'라는 의미이므로 (A) where가 정답이다.

2. 의문사 who

Ms. Scully was uncertain **who** had placed the original office supply order.
Scully 씨는 누가 처음에 사무용품 주문을 넣었는지에 대해 잘 몰랐다.

해설 빈칸은 형용사 uncertain과 동사 had placed 사이의 자리다. uncertain 뒤에서 명사절을 이끄는 접속사 역할을 하는 동시에, 동사 had placed 의 주어 역할을 할 수 있는 의문사 (B) who가 정답이다. uncertain은 「it is uncertain+whether/의문사 명사절」의 구조를 취하는 형용사임을 참고해 두자.

어휘 uncertain 불분명한, 잘 모르는 I place an order 주문을 하다, 넣다 I original 원래의, 본래의 I office supply 사무용품

3. 의문사 which

Ms. Palmieri asked us to tell her **which** of the three investment accounts was most profitable.
Palmieri 씨는 우리에게 투자 계정 3개 중 어떤 것이 가장 수익이 좋은지 자신에게 말해 달라고 요청했다.

해설 빈칸은 4형식 동사 tell의 직접 목적어 자리다. 빈칸 뒤에 「주어(-------- of the three investment accounts)+동사(was)」의 완전한 문장이 이어지므로 빈칸은 명사절 접속사 자리다. 빈칸 뒤의 주어가 '------- of the three investment accounts'임을 고려할 때, '투자 계정 3개 중 어떤 것'이라는 의미가 되어야 자연스러우므로 (C) which가 정답이다. 참고로, 동사 tell은 4형식 동사로, 「tell+간접 목적어[사람]+직접 목적어[사물]」의 구조를 취한다.

어휘 investment 투자 I account 계좌, 계정 I profitable 수익성이 있는

BASE 집중훈련

본서 p.169

A.
1. that, 모든 고객 파일들이 안전한 장소에 보관되는 것이 중요하다.
2. reduce, 경기 침체에서 살아남기 위해, FC Supplies는 비용을 줄이는 것이 필수적이다.
3. critical, 모든 근로자들은 최신 안전 교육에 참석하는 것이 매우 중요하다.
4. be reduced, Taylor 씨는 질병으로 인해 자신의 업무량을 줄여달라고 요청했다.
5. advises, 경영진은 주차장 보수 공사 동안 전 직원들에게 대중교통을 이용하라고 권고한다.

B.
1. (A), Cuomo 박사는 종양을 제거하기 위해 환자가 수술을 받아야 한다고 권했다.
2. (C), 국제 화상 회의 동안 참가자들은 영어로만 말하는 것이 의무적이다.
3. (D), Benoit 씨는 대학 직원들에게 곧 있을 교육 세션에 수요일까지 등록하라고 요청한다.

A.
1. should가 생략된 that 명사절

It is important **that** all client files be stored in a secure place.
모든 고객 파일들이 안전한 장소에 보관되는 것이 중요하다.

해설 주어가 'It is ~'로 시작하는 '가주어-진주어' 구문으로 괄호 뒤에 주어와 동사를 갖춘 완전한 문장이 있으므로 명사절 접속사 that이 정답이다. 이성적 판단을 나타내는 형용사 뒤에 that 명사절이 연결될 때는 should가 생략된 동사원형이 오므로 that절의 동사 be stored 앞에 should가 생략된 형태로 이해하면 된다.

어휘 store 보관하다, 저장하다 I secure 안전한

2. should가 생략된 that 명사절

To survive the recession, it is vital that FC Supplies **reduce** costs.
경기 침체에서 살아남기 위해, FC Supplies는 비용을 줄이는 것이 필수적이다.

해설 주절이 「it is vital that ~」으로 시작하는 '가주어-진주어' 구문으로 이성적 판단을 나타내는 형용사 뒤에 that 명사절이 연결될 때는 should가 생략된 동사원형이 오므로 reduce가 정답이다.

어휘 survive 살아남다, 생존하다 I recession 경기 침체 I vital 필수적인 I reduce 줄이다 I cost 비용

3. 이성적 판단의 형용사

It is **critical** that all workers attend the updated safety training.
모든 근로자들은 최신 안전 교육에 참석하는 것이 매우 중요하다.

해설 문장이 「It is ~ that」으로 연결된 '가주어-진주어' 구문이며, that절의 동사가 원형인 점을 고려할 때 괄호에는 이성적 판단을 나타내는 형용사가 들어가야 함을 알 수 있으므로 critical이 정답이다. possible은 '가능한, 있을 수 있는'의 뜻으로 문맥상으로도 들어가기에 어색하다.

어휘 critical 매우 중요한 I attend 참석하다 I safety training 안전 교육

4. should가 생략된 that 명사절/동사의 태

Ms. Taylor requested that her workload **be reduced** due to her medical condition.
Taylor 씨는 질병으로 인해 자신의 업무량을 줄여달라고 요청했다.

해설 '요청'을 의미하는 동사 requested 뒤에 목적어로 that 명사절이 온 구조다. 이때 that절의 동사는 should가 생략된 동사원형이 온다. 괄호의 보기 모두 동사원형의 형태로, reduce는 능동의 동사원형, be reduced는 수동의 동사원형이므로 괄호 뒤의 목적어의 유무, 또는 해석을 통해 태를 결정한다. 업무량은 감소하는 주체가 아닌, 감소되는 대상이며 괄호 뒤에 목적어 없이 전치사구가 연결되므로 수동의 동사원형인 be reduced가 정답이다.

어휘 request 요청하다 I workload 업무량 I reduce 줄이다, 감소시키다 I due to ~때문에 I medical condition 질병

5. 제안, 요청, 주장, 충고 동사

Management **advises** that all staff use public transit during the renovation of the parking lot.
경영진은 주차장 보수 공사 동안 전 직원들에게 대중교통을 이용하라고 권고한다.

해설 괄호에 들어갈 동사의 목적어로 that 명사절이 연결된 구조다. that절의 동사가 원형인 점을 고려할 때 괄호에는 '제안(propose, suggest, recommend), 요청(ask, request, require), 주장(insist), 충고(advise)'를 나타내는 동사가 들어가야 한다. 따라서 advises가 정답이다.

어휘 management 경영(진) I advise 권고하다, 충고하다 I public transit 대중교통 I renovation 수리, 보수 공사 I parking lot 주차장

B.

1. should가 생략된 that 명사절/동사의 태
Dr. Cuomo recommended that the patient **undergo** an operation to remove the growth.
Cuomo 박사는 종양을 제거하기 위해 환자가 수술을 받아야 한다고 권했다.

해설 '제안'을 의미하는 동사 recommended 뒤에 목적어로 that 명사절이 온 구조다. 이때 that절에는 should가 생략된 동사원형이 오므로 능동의 (A) undergo와 수동의 (B) be undergone이 정답 후보로 가능한데, 빈칸 뒤에 목적어 an operation이 있으므로 (A) undergo가 정답이다.

어휘 recommend 권장하다 | patient 환자 | undergo an operation 수술을 받다 | remove 제거하다 | growth 종양, 혹

---

2. 가주어 it – 진주어 that 구문
It is mandatory **that** attendees speak only English during the international teleconference.
국제 화상 회의 동안 참가자들은 영어로만 말하는 것이 의무적이다.

해설 빈칸 뒤에 주어와 동사를 갖춘 완전한 문장이 있으므로 완전한 문장을 이끌 수 있는 명사절 접속사 (A) whether, (C) that이 정답 후보인데, 빈칸 앞이 It is mandatory로 시작하므로 '가주어-진주어' 구문을 완성하는 (C) that이 정답이다. (A) whether는 빈칸에 들어가기에 의미상 어색하다.

어휘 mandatory 의무적인 | attendee 참가자, 참석자 | international 국제적인 | teleconference 화상 회의

---

3. 요청 동사/should가 생략된 that 명사절
Ms. Benoit **requests** that university employees register for the upcoming training seminars by Wednesday.
Benoit 씨는 대학 직원들에게 곧 있을 교육 세션에 수요일까지 등록하라고 요청했다.

해설 빈칸은 that 명사절을 목적어로 취하는 동사 자리이므로 (D) requests가 정답이다. '요청' 동사인 requests 뒤에 that절의 동사로 should가 생략된 동사원형 register가 온 점도 참고해 두자.

어휘 register for ~에 등록하다 | upcoming 다가오는, 곧 있을

BASE 집중훈련
본서 p.171

A.
1. since, 나는 20년 전에 이 회사가 설립된 이후로 여기에 계속 있었다.
2. until, 이 보고서는 내가 재무팀에서 통계 자료를 받을 때까지 완료되지 않을 것이다.
3. unless, 지출 보고서는 영수증이 첨부되지 않는 경우 승인되지 않을 것이다.
4. As long as, 올바른 도구를 가지고 있는 한, 30분 이내에 가구를 조립할 수 있습니다.
5. acquires, Morgan Books가 이번 달에 Hollows Press를 인수한 후, 많은 부서들이 구조 조정이 될 것이다.

B.
1. (C), Chen 씨는 CFO의 확인을 받자마자 계약서를 스캔하여 건축가에게 보냈다.
2. (A), Baek 씨가 일단 7월 20일에 몽골에서 돌아오면 팀은 일간 회의를 재개할 것이다.
3. (A), 출장 중이지 않으면, Yamato 씨는 연구·개발팀을 주 2회 방문한다.

A.

1. 시간 부사절 접속사 since
I've been here **since** this company was founded 20 years ago.
나는 20년 전에 이 회사가 설립된 이후로 여기에 계속 있었다.

해설 괄호는 두 개의 완전한 문장(I've been here this company was founded 20 years ago)을 이어주는 부사절 접속사 자리다. 문맥상 '회사가 20년 전에 설립된 이후로 여기에 계속 있었다'라는 의미가 자연스러우므로 since가 정답이다. 접속사 since가 '시간'을 의미할 때 since 부사절은 과거 시제 was founded를, 주절은 현재 완료 시제 have been을 취한다는 점을 꼭 기억해 두자.

어휘 found 설립하다

---

2. 시간 부사절 접속사 until
This report won't be complete **until** I receive the statistics from the Finance Department.
이 보고서는 내가 재무팀에서 통계 자료를 받을 때까지 완료되지 않을 것이다.

해설 괄호는 두 개의 완전한 문장(This report won't be complete I receive the statistics from the Finance Department)을 이어주는 부사절 접속사 자리다. 문맥상 '통계 자료를 받을 때까지 보고서가 완료되지 않을 것이다'라는 의미가 자연스러우므로 '~까지'라는 뜻의 until이 정답이다. 「not A until B」는 'B가 될 때까지 A하지 않다, B가 되어서야 비로소 A하다'라는 뜻이다.

어휘 report 보고서 | complete 완료된, 완성된 | statistics 통계 (자료)

---

3. 조건 부사절 접속사 unless
Expense reports will not be approved **unless** they are accompanied by receipts.
지출 보고서는 영수증이 첨부되지 않는 경우 승인되지 않을 것이다.

해설 괄호는 두 개의 완전한 문장(Expense reports will not be approved/they are accompanied by receipts)을 이어주는 부사절 접속사 자리다. 문맥상 '영수증이 첨부되지 않으면 지출 보고서가 승인되지 않을 것이다'라는 의미가 자연스러우므로 '만약 ~하지 않는다면(= if not)'이라는 뜻의 unless가 정답이다.

어휘 expense report 지출 보고서 | approve 승인하다 | be accompanied by ~을 동반하다 | receipt 영수증

---

4. 조건 부사절 접속사 as long as
As long as you have the right tools, you can assemble the furniture in less than 30 minutes.
올바른 도구를 가지고 있는 한, 30분 이내에 가구를 조립할 수 있습니다.

해설 괄호는 두 개의 완전한 문장을 이어주는 부사절 접속사 자리다. 문맥상 '올바른 도구를 가지고 있는 한, 30분 이내에 가구를 조립할 수 있다'라는 의미가 자연스러우므로 '~하는 한'이라는 뜻의 As long as가 정답이다.

어휘 tool 도구 | assemble 조립하다 | less than ~ 이내로, ~보다 적은

---

5. 시간/조건 부사절의 시제 일치
After Morgan Books **acquires** Hollows Press, many departments will be restructured.
Morgan Books가 이번 달에 Hollows Press를 인수한 후, 많은 부서들이 구조 조정이 될 것이다.

해설 'Morgan Books가 Hollows Press를 인수한 후에 많은 부서들이 구조 조정이 될 것이다'라는 내용으로, 시간/조건의 부사절은 현재가 미래를 대신하므로 미래를 나타내는 내용이더라도 미래 시제 대신, 현재 시제를 쓴다. 따라서 acquires가 정답이다.

어휘 acquire 인수하다 | department 부서 | restructure 구조 조정을 하다

B.

1. 시간 부사절 접속사 as soon as

As soon as Mr. Chen received the CFO's confirmation, he scanned the contract and sent it to the architect.
Chen 씨는 CFO의 확인을 받자마자 계약서를 스캔하여 건축가에게 보냈다.

해설 빈칸은 두 개의 문장을 연결하는 부사절 접속사 자리다. 문맥상 '확인을 받자마자, 계약서를 보냈다'라는 의미가 되어야 자연스러우므로 '~하자마자'라는 뜻의 (C) As soon as가 정답이다. 「------- 문장, 문장」의 구조에서 빈칸은 부사절 접속사 자리다.

어휘 confirmation 확인 | scan (스캐너로) 스캔하다 | contract 계약(서) | architect 건축가

2. 시간 부사절 접속사 once

The team will resume its daily meetings **once** Mr. Baek comes back from Mongolia on July 20.
Baek 씨가 일단 7월 20일에 몽골에서 돌아오면 팀은 일간 회의를 재개할 것이다.

해설 빈칸 앞뒤로 완전한 두 개의 문장이 연결되어 있으므로 빈칸은 부사절 접속사 자리인데, 보기 중 부사절 접속사인 (A) once, (D) untill 중에서 문맥상 'Baek 씨가 몽골에서 돌아오면 일간 회의를 재개할 것이다'라는 의미가 자연스러우므로 (A) once가 정답이다.

어휘 resume 재개하다 | daily 매일의

3. 조건 부사절 접속사 unless

Unless she is away on business, Ms. Yamato visits the R&D team twice per week.
출장 중이지 않으면, Yamato 씨는 연구·개발팀을 주 2회 방문한다.

해설 「------- 문장, 문장」의 구조로 빈칸은 부사절 접속사 자리이며, 문맥상 'Yamato 씨가 출장 중이 아니라면, 연구·개발팀을 주 2회 방문한다'라는 의미가 자연스러우므로 (A) Unless가 정답이다. (B) Yet은 등위 접속사로 앞에 아무런 내용 없이 문장 맨 앞에 쓸 수 없으며, (D) During은 전치사이므로 절이 아닌 명사(구)를 이끈다. (C) Whereas는 '~인 반면에'라는 뜻의 부사절 접속사로 문맥상 어울리지 않는다.

어휘 be away 떠나 있다, 출장 중이다 | on business 업무차 | twice 두 번

A.

1. 이유 부사절 접속사 since

Since there were no rooms available at the Grand Hotel, we stayed at Amonte Inn instead.
Grand 호텔에 이용 가능한 객실이 없었기 때문에, 우리는 그 대신 Amonte 호텔에 머물렀다.

해설 괄호는 두 개의 완전한 문장인 there were no rooms available at the Grand Hotel과 we stayed at Amonte Inn instead를 이어주는 부사절 접속사 자리다. 문맥상 'Grand 호텔에 방이 없었기 때문에, 그 대신 Amonte 호텔에 머물렀다'라는 의미가 자연스러우므로 '~ 때문에'이라는 뜻의 Since가 정답이다.

어휘 available 이용 가능한 | stay 머무르다 | instead 그 대신

2. 목적 부사절 접속사 so that

Keynote speakers must speak loudly **so** that they can be heard by everyone in the auditorium.
기조 연설자들은 강당 안의 모든 사람들에게 그들의 말이 들리도록 크게 말해야 한다.

해설 괄호는 두 개의 완전한 문장인 Keynote speakers must speak loudly와 they can be heard by everyone in the auditorium을 이어주는 부사절 접속사 자리다. 문맥상 '모든 사람들이 들을 수 있도록 크게 말해야 한다'라는 의미가 자연스러우므로 '~하도록, ~하기 위해'라는 뜻의 부사절 접속사 so that을 완성하는 so가 정답이다.

어휘 keynote speaker 기조 연설자 | loudly 큰 소리로 | auditorium 강당

3. 양보 부사절 접속사 although

Although customer service experience would be helpful, it is not a requirement for the advertised position.
고객 서비스 경력이 유용하겠지만, 광고된 직책의 요건은 아니다.

해설 괄호는 두 개의 완전한 문장 customer service experience would be helpful과 it is not a requirement for the advertised position을 이어주는 부사절 접속사 자리다. 문맥상 '고객 서비스 경력이 도움이 되기는 하지만, 필수 요건은 아니다'라는 의미가 자연스러우므로 '비록 ~이긴 하지만'이라는 뜻의 Although가 정답이다.

어휘 customer service 고객 서비스 | experience 경험, 경력 | helpful 도움이 되는, 유용한 | requirement 요건 | position 자리, 직책

4. 양보 부사절 접속사 even though

Professor Jorah recognized his former students **even** though he had not seen them in decades.
Jorah 교수는 수십 년간 예전 제자들을 보지 못했지만 그들을 알아보았다.

해설 괄호는 두 개의 완전한 문장인 Professor Jorah recognized his former students와 he had not seen them in decades를 이어주는 부사절 접속사 자리다. 문맥상 'Jorah 교수가 수십 년간 예전 제자들을 못 봤지만 그들을 알아봤다'라는 의미가 자연스러우므로 '비록 ~이긴 하지만'이라는 뜻의 부사절 접속사 even though를 완성하는 even이 정답이다. as though는 '마치 ~인 것처럼(= as if)'이라는 뜻의 부사절 접속사다.

어휘 recognize 알다, 알아보다 | former 이전의 | in decades 수십 년간

---

5. 이유 부사절 접속사 as

The festival has been postponed **as** it will heavily snow tomorrow.
내일 눈이 많이 내릴 거라서 축제가 연기되었다.

해설 괄호는 두 개의 완전한 문장인 The festival has been postponed와 it will heavily snow tomorrow를 이어주는 부사절 접속사 자리다. 문맥상 '내일 눈이 많이 내릴 거라서 축제가 연기되었다'라는 의미가 자연스러우므로 '~여서, ~때문에'라는 뜻의 as가 정답이다. 부사절 접속사 as는 '~할 때, ~하면서'라는 뜻의 '시간'을 나타내기도 하지만, 이 문제에서처럼 '이유'를 나타내는 접속사로도 많이 쓰이므로 두 개의 서로 다른 뜻을 꼭 기억해 두고 문맥에 맞게 자유자재로 적용할 수 있어야 한다.

어휘 festival 축제 | postpone 연기하다 | heavily 심하게, 크게

B.

1. 이유 부사절 접속사 because

Because she is currently in Japan, Ms. Tran is unable to meet with her other clients.
Tran 씨는 현재 일본에 있기 때문에 다른 고객들을 만날 수 없다.

해설 빈칸은 두 개의 완전한 문장인 she is currently in Japan과 Ms. Tran is unable to meet with her other clients를 이어주는 부사절 접속사 자리이며, 문맥상 'Tran 씨가 현재 일본에 있어서, 다른 고객들을 만날 수 없다'라는 의미가 자연스러우므로 '~ 때문에'라는 뜻의 (B) Because가 정답이다.

어휘 currently 현재 | be unable to ~할 수 없다 | client 고객

---

2. 목적 부사절 접속사 so that

Mr. Park agreed to lead the intern orientation **so that** Ms. Kowalski could speak at the convention.
Park 씨는 Kowalski 씨가 컨벤션에서 발표를 할 수 있도록 인턴 오리엔테이션을 진행하는 데 동의했다.

해설 빈칸은 두 개의 완전한 문장인 Mr. Park agreed to lead the intern orientation과 Ms. Kowalski could speak at the convention을 이어주는 부사절 접속사 자리이며, 문맥상 'Kowalski 씨가 컨벤션에서 발표할 수 있도록 Park 씨가 오리엔테이션을 진행하는 데 동의했다'라는 의미가 자연스러우므로 '~하도록, ~하기 위해'라는 뜻의 (D) so that이 정답이다.

어휘 agree to ~하는 데 동의하다 | convention 대회, 컨벤션

---

3. 양보 부사절 접속사 even if

Even if it does not snow today, outdoor activities will be canceled for all local schools.
비록 오늘 눈이 내리지 않더라도, 모든 현지 학교들의 야외 활동은 취소될 것이다.

해설 빈칸은 두 개의 완전한 문장인 it does not snow today와 outdoor activities will be canceled for all local schools를 이어주는 부사절 접속사 자리이며, 문맥상 '비록 오늘 눈이 내리지 않더라도, 야외 활동이 취소될 것이다'라는 의미가 자연스러우므로 '비록 ~일지라도'라는 뜻의 (D) Even if가 정답이다.

어휘 outdoor activities 야외 활동 | cancel 취소하다

BASE 집중훈련

본서 p.175

A.

1. because of, 배송 지연으로 인해 그 책 사인회의 일정이 내일로 변경될 것이다.

2. although, Merrick 씨는 방금 자신의 업적으로 국가에서 주는 상을 받았지만 겸손했다.

3. while, 보안 담당자들은 근무 중에 개인 전화기 사용을 삼가야 한다.

4. before, 퇴근하기 전에 꼭 모든 것을 회의실 밖으로 치우도록 하세요.

5. after, 수리 작업이 끝나면 그 복사기는 아주 잘 작동할 것이다.

B.

1. (B), 고객들이 종종 긴 대기 시간에 대해 불평하기 때문에, 슈퍼마켓은 이제 셀프 계산대를 제공한다.

2. (C), 리더십 세미나에 등록하는 것이 필수는 아니지만, 인사팀은 모든 관리자에게 참석하기를 권장한다.

3. (A), Goritz 의료 센터의 접수 직원들은 방문객들이 건물에 들어올 때 항상 미소를 짓는다.

A.

1. 이유 접속사 vs. 전치사

The book signing will be rescheduled for tomorrow **because of** a delay in shipping.
배송 지연으로 인해 그 책 사인회의 일정이 내일로 변경될 것이다.

해설 괄호의 since는 이유를 나타내는 부사절 접속사이며, because of는 이유를 나타내는 전치사이다. 둘 다 비슷한 의미를 전달하기 때문에 괄호 뒤에 완전한 문장이 연결되어 있으면 부사절 접속사, 명사(구)가 연결되어 있으면 전치사를 고르면 된다. 괄호 뒤에 명사구 a delay가 있으므로 because of가 정답이다.

어휘 book signing 책 사인회 | reschedule 일정을 변경하다 | delay 지연 | shipping 배송

---

2. 양보 접속사 vs. 전치사

Ms. Merrick was modest **although** she had just received a national award for her achievements.
Merrick 씨는 방금 자신의 업적으로 국가에서 주는 상을 받았지만 겸손했다.

해설 괄호의 although는 양보를 나타내는 부사절 접속사이며, despite는 양보를 나타내는 전치사이다. 둘 다 비슷한 의미를 전달하기 때문에 괄호 뒤에 완전한 문장이 연결되어 있으면 부사절 접속사, 명사(구)가 연결되어 있으면 전치사를 고르면 된다. 괄호 뒤에 완전한 문장이 있으므로 although가 정답이다.

어휘 modest 겸손한 | national award 국가에서 주는 상 | achievement 업적, 달성

PART 5 CHAPTER 09

3. 기간 접속사 vs. 전치사

Security officers should refrain from using their personal phones **while** on duty.

보안 담당자들은 근무 중에 개인 전화기 사용을 삼가야 한다.

해설 괄호의 while은 기간을 나타내는 부사절 접속사이며, during은 기간을 나타내는 전치사이다. 둘 다 비슷한 의미를 전달하기 때문에 괄호 뒤에 완전한 문장이 연결되어 있으면 부사절 접속사, 명사(구)가 연결되어 있으면 전치사를 고르면 되는데, 전치사구 on duty가 있어서 헷갈리기 쉽다. 이는 원래 「부사절 접속사+they are on duty」의 문장에서 주절의 주어와 같은 they(= Security officers)가 be동사와 함께 생략된 분사구문이 적용된 문장이며, 명확한 의미를 전달하기 위해 부사절 접속사를 남겨 놓은 것이므로 while이 정답이다.

어휘 security officer 보안 담당자 | refrain from ~을 삼가다 | on duty 근무 중에

4. 시점 접속사 vs. 전치사

Make sure you clear everything out of the meeting room **before** you leave.

퇴근하기 전에 꼭 모든 것을 회의실 밖으로 치우도록 하세요.

해설 괄호의 before는 부사절 접속사와 전치사의 기능을 모두 가지고 있으며, prior to는 전치사의 기능만을 한다. 괄호 뒤에 주어와 동사를 갖춘 절 you leave가 있다는 점에서 prior to는 들어갈 수 없다. 따라서 before가 정답이다.

어휘 make sure+주어+동사 반드시 ~하다 | out of ~ 밖으로

5. 시점 접속사 vs. 전치사

The photocopier should be fully functional **after** repairs are made.

수리 작업이 끝나면 그 복사기는 아주 잘 작동할 것이다.

해설 연결어로서 괄호의 following은 전치사의 기능만 가지고 있으며, after는 전치사와 부사절 접속사의 기능을 모두 가지고 있다. 괄호 뒤에 주어와 동사를 갖춘 절인 repairs are made가 있다는 점에서 following은 들어갈 수 없다. 따라서 after가 정답이다.

어휘 photocopier 복사기 | fully 모두, 완전히 | functional 가동되는 | make a repair 수리하다

B.

1. 이유 접속사 vs. 전치사

Since customers often complain about the long wait times, the supermarket now offers self-checkout machines.

고객들이 종종 긴 대기 시간에 대해 불평하기 때문에, 슈퍼마켓은 이제 셀프 계산대를 제공한다.

해설 빈칸은 두 개의 완전한 문장인 customers often complain about the long wait times와 the supermarket now offers self-checkout machines를 이어주는 부사절 접속사 자리이며, 문맥상 '고객들이 긴 대기 시간에 대해 불평하기 때문에, 셀프 계산대를 제공한다'라는 의미가 자연스러우므로 '~ 때문에'라는 뜻의 부사절 접속사 (B) Since가 정답이다. (A) Due to도 이유를 나타내기는 하지만 전치사이므로 절을 이끌 수 없다.

어휘 complain 불평하다 | wait times 대기 시간 | self-checkout machine 셀프 계산대

2. 양보 접속사 vs. 전치사

Although signing up for the leadership seminar is not mandatory, HR advises attending it to all supervisors.

리더십 세미나에 등록하는 것이 필수는 아니지만, 인사팀은 모든 관리자에게 참석하기를 권장한다.

해설 빈칸은 두 개의 완전한 문장인 signing up for the leadership seminar is not mandatory와 HR advises attending it to all supervisors를 이어주는 부사절 접속사 자리이며, 문맥상 '세미나에 등록하는 것이 필수는 아니지만, 인사팀은 참석을 권장한다'라는 의미가 자연스러우므로 '비록 ~이긴 하지만'이라는 뜻의 부사절 접속사 (C) Although가 정답이다. 빈칸 뒤의 주어인 signing up for가 동명사구 형태라서 Although와 비슷한 의미를 전달하는 전치사를 선택하기 쉽지만 signing up은 단순히 동명사구가 아니라 동명사 주어로 쓰여 동사 is를 취하고 있는 절이므로 문장 구조를 잘 살펴야 한다.

어휘 sign up for ~에 등록하다 | mandatory 의무적인, 필수의 | HR 인사팀 (= Human Resources) | advise 권고하다 | supervisor 관리자, 감독관

3. 접속사와 전치사 기능을 모두 갖는 as

The receptionists at the Goritz Medical Center always smile **as** visitors enter the building.

Goritz 의료 센터의 접수 직원들은 방문객들이 건물에 들어올 때 항상 미소를 짓는다.

해설 빈칸은 두 개의 완전한 문장인 The receptionists at the Goritz Medical Center always smile과 visitors enter the building을 이어주는 부사절 접속사 자리인데, 보기 중 접속사로 쓰일 수 있는 것은 (A)뿐이다. as는 전치사로 쓰일 때는 '자격'을 나타내지만, 접속사로 쓰일 때는 '이유'를 의미하거나, 이 문제에서 쓰인 것처럼 '시간'을 의미하기도 한다. 따라서 (A) as가 정답이다.

어휘 receptionist 접수 직원 | enter 들어가다[오다]

BASE 확장   본서 p.176

체크 체크

1. I didn't know (whether Ms. Smith would come or not).,
명사절, 나는 Smith 씨가 올지 안 올지 몰랐다.

2. The game will be continued (whether it rains or not).,
부사절, 비가 오든 안 오든, 경기는 계속될 것이다.

3. (If you return the item within 30 days of purchase), you can get a full refund., 부사절, 구매 후 30일 이내에 반품하면, 전액 환불 받을 수 있습니다.

체크 체크

1. Mecno researchers use special instruments when they conduct their experiments. Mecno 연구원들은 실험을 할 때 특별한 기구를 사용한다.

2. Our company surveys customers frequently, taking customer feedback seriously. 우리 회사는 고객의 피드백을 진지하게 받아들여서 고객들에게 자주 설문 조사를 한다.

3. Renovated last year, Tronheim Hotel has become an increasingly popular venue. 작년에 개조한 이후로 Tronheim 호텔은 점점 인기 있는 장소가 되었다.

BASE 실전훈련

본서 p.178

1. (C) **2.** (C) **3.** (A) **4.** (B) **5.** (D) **6.** (A)
7. (B) **8.** (A) **9.** (C) **10.** (D) **11.** (B) **12.** (B)

1. 시간 부사절 접속사 until

The factory manager notified the assembly workers that **until** the urgent order was filled, they had to work on weekends.

공장 매니저는 조립 라인 직원들에게 긴급 주문이 처리될 때까지 주말에 일해야 한다고 알렸다.

해설 빈칸은 that 명사절 내 두 개의 문장인 the urgent order was filled 와 they had to work on weekends를 연결하는 부사절 접속사 자리다. 두 문장의 관계를 고려할 때, 문맥상 '긴급 주문이 처리될 때까지, 주말 근무를 해야 한다'라는 의미로 이어져야 자연스러우므로 (C) until이 정답이다.

어휘 factory 공장 | notify 알리다, 통지하다 | assembly 조립 | urgent 긴급한 | order 주문 | fill 충족시키다, 이행하다

2. 어휘-동사

Worker safety regulations **state** that all personnel must be issued hard hats when they enter any construction site.

근로자 안전 규정은 모든 직원이 어떤 건설 현장에든 들어갈 때 반드시 안전모를 지급받아야 한다고 명시하고 있다.

해설 빈칸은 주어와 목적어인 that 명사절 사이의 동사 자리다. 문맥상 '근로자 안전 규정은 모든 직원이 어떤 건설 현장에든 들어갈 때 반드시 안전모를 지급받아야 한다고 명시한다'라는 의미가 되어야 자연스러우므로 (C) state가 정답이다.

어휘 regulation 규정 | issue 발급[지급]하다 | hard hat 안전모 | enter 들어가다

3. 시간 부사절 접속사 when

When interest in the seminar series did not meet expectations, it was quickly cancelled.

세미나 시리즈에 대한 관심이 기대에 미치지 못하자, 재빨리 취소되었다.

해설 빈칸은 두 개의 문장(interest in the seminar series did not meet expectations/it was quickly cancelled)을 연결하는 접속사 자리다. 문맥상 '세미나에 대한 관심이 기대에 미치지 못했을 때 취소되었다'라는 의미로 이어져야 자연스러우므로 (A) When이 정답이다.

어휘 interest 관심 | meet expectations 기대를 충족하다 | quickly 빨리 | cancel 취소하다

4. 시간 부사절 접속사 while

Mr. Folter will process any budget requests **while** Ms. Chen is on leave.

Chen 씨가 휴가 중인 동안에는 Folter 씨가 어떤 예산 요청이든 처리할 것이다.

해설 빈칸은 두 문장(Mr. Folter will process any budget requests/Ms. Chen is on leave)을 연결하는 접속사 자리이므로 주절과 종속절을 연결해 주는 부사절 접속사 (B) while이 정답이다.

어휘 process 처리하다 | budget 예산 | request 요청; 요청하다 | on leave 휴가로, 휴가 중인

5. 구전치사 depending on

The package courier may arrive as early as 3 o'clock **depending on** how heavy traffic is.

교통량이 어떠한지에 따라 택배 배달 직원이 빠르면 3시에 도착할 수도 있다.

해설 빈칸은 완전한 문장인 'The package courier may arrive as early as 3 o'clock.'과 의문사 명사절인 'how heavy traffic is' 사이를 연결하는 자리이므로 '~에 따라, ~에 의존하여'라는 뜻의 구전치사 (D) depending on이 정답이다.

어휘 package 택배 | courier 배달원 | arrive 도착하다 | heavy traffic 교통량

6. 의문사 where

Where a guest's suite is located in a hotel often influences whether the guest feels that their stay was enjoyable.

객실이 호텔 내 어디에 위치해 있는가는 고객이 자신들의 숙박이 즐거웠다고 느끼는지에 종종 영향을 미친다.

해설 「------ + 완전한 문장(a guest's suite is located in a hotel) + 동사(influences) + 명사절 목적어(whether the guest feels ~)」 구조로, 빈칸은 「------ a guest's suite is located in a hotel」을 전체 문장의 주어로 만들어 줄 수 있는 명사절 접속사 자리다. 문맥상 '객실이 호텔 내 어디에 위치해 있는가'라는 의미가 되어야 자연스러우므로 의문사 (A) Where가 정답이다. 의문사 where, when, how, why는 「의문사 + 완전한 문장」 구조로 명사절을 이끌어 문장에서 주어, 목적어, 보어 자리에 올 수 있다.

어휘 suite 스위트룸 | locate (특정 위치에) 두다 | influence 영향을 주다 | stay 방문 | enjoyable 즐거운

7. 조건 부사절 접속사 once

The lounge area of the building will be cleaned **once** the workers remove the furniture.

건물 휴게실 구역은 작업자들이 일단 가구를 치우면 청소될 것이다.

해설 빈칸은 두 개의 절(The lounge area of the building will be cleaned/the workers remove the furniture)을 연결하는 부사절 접속사 자리인데, 보기 중 접속사는 (B) once뿐이다. 해석을 해봐도 '작업자들이 일단 가구를 치우면, 라운지 구역이 청소될 것이다'라는 의미이므로 '일단 ~하면'이라는 뜻의 (B) once가 정답이다.

어휘 lounge 휴게실, 라운지 | area 구역 | remove 치우다 | furniture 가구

8. 대조 부사절 접속사 whereas

Whereas marketing campaigns raise public interest in a product, it is not the only factor motivating sales.

마케팅 캠페인은 상품에 대한 대중의 관심을 불러일으키긴 하지만, 판매를 촉진하는 유일한 요인은 아니다.

해설 빈칸은 두 개의 절(marketing campaigns raise public interest in a product/it is not the only factor motivating sales)을 이어주는 부사절 접속사 자리인데, 보기 중 접속사는 (A) Whereas뿐이다. 해석을 해봐도 '마케팅 캠페인이 상품에 대한 대중의 관심을 불러일으키긴 하지만, 판매 촉진의 유일한 요인은 아니다'라는 의미이므로 대조를 의미하는 (A) Whereas가 정답이다. (B) Primarily, (C) Besides, (D) Additionally는 모두 부사이기 때문에 절과 절을 연결하는 기능이 없다.

어휘 raise 불러일으키다, 자아내다 | public 대중의, 공공의 | interest 흥미 | factor 요소, 요인 | motivate 동기를 부여하다 | sale 판매

9-12번은 다음 회람에 관한 문제입니다.

수신: Kinzie 회계부서 전 직원
날짜: 1월 16일
제목: 로비 재건

모두 알고 계신 것처럼, 저희 건물 로비의 원목 바닥이 🔟**좋지 않은** 상태입니다. 고객들이 외관에 대해 불만을 제기했다고 여러분 중 몇 분이 말씀해 주셨습니다. 이에 월요일 오후 2시부터 약 일주일 동안 개선 작업을 위해 로비가 🔟**폐쇄될 것입니다.** 이 변화로 입구가 훨씬 더 고급스럽고 인상적일 것입니다.

로비가 폐쇄되는 🔟**동안,** 직원 여러분과 고객들 모두 7번가에 있는 후문을 이용해 사무실을 이용할 수 있습니다. 🔟**건물 전체 사무실이 개방되어 있을 것입니다.**

어휘

accounting 회계 | reconstruction 복원, 재건 | aware 알고 있는 | hardwood 원목 | mention 언급하다 | complain 불평하다 | accordingly 그에 따라서 | improvement 개선, 향상 | entrance 입구 | upscale 고급의, 평균 이상의 | impressive 인상적인 | alike 둘 다, 똑같이 | access 들어가다, 이용하다

9. 어휘-형용사

해설 빈칸은 명사 condition을 수식하는 형용사 자리다. 빈칸 뒤 문장의 '고객들이 외관에 대해 불만을 제기했다'라는 내용을 고려할 때, 문맥상 '로비 바닥이 좋지 않은 상태'라는 내용이 들어가야 자연스러우므로 (C) poor가 정답이다.

10. 동사의 시제와 태

해설 빈칸은 주어 the lobby의 동사 자리다. 문두에 '월요일 오후 2시부터'라는 내용이 있으므로, '일주일간 로비가 폐쇄될 것이다'라는 미래 시제 수동태 동사구문을 완성하는 (D) will be shut가 정답이다.

11. 접속사 자리

해설 빈칸은 두 개의 절(the lobby is closed, staff members and clients alike may access the office)을 연결하는 부사절 접속사 자리이므로 (B) While이 정답이다. (A) During은 While과 의미는 비슷하지만 전치사이기 때문에 뒤에 명사(구)를 이끌며, (C) On occasion, (D) Simultaneously는 부사이기 때문에 두 절을 연결하는 기능이 없다.

12. 문장 선택

(A) 바닥재는 40년 전에 설치되었습니다.
(B) 건물 전체 사무실이 개방되어 있을 것입니다.
(C) 경영진은 보수 공사를 허가하는 것을 고려하고 있습니다.
(D) 고객이 그 계약자들을 추천했습니다.

해설 빈칸 앞 문장의 '로비가 폐쇄되는 동안, 직원과 고객 모두 후문을 이용할 수 있다'라는 내용을 고려할 때, 보수 공사 동안 사무실 이용 방법을 안내하는 내용이 이어져야 문맥상 자연스러우므로 (B)가 정답이다.

CHAPTER 10 형용사절 접속사와 비교 구문

BASE 집중훈련
본서 p.183

A.

1. who, 내일 영업 교육 세션에 참석하길 희망하는 사람들은 Carrick 씨에게 알려야 한다.

2. which, Gordon 박사는 스마트폰으로 이용할 수 있는 교통 상황 애플리케이션을 개발했다.

3. that, PuraSky 화장품은 환경적으로 안전한 것으로 분류된 재료만을 사용한다.

4. who, 우리는 지역 사업 개발에 공헌한 뛰어난 분들을 표창하고자 합니다.

5. whose, 귀하의 사업적 필요를 충족시킬 수 있는 서비스를 제공하는 회사 명단을 동봉하였으니 확인해 주세요.

B.

1. (C), 오찬은 연례 자선 모금 운동에 기부한 모든 사람들에게 감사를 표하기 위해 열릴 것입니다.

2. (B), 미얀마에서 가장 발전된 도시인 Yangon에 최근 건설된 건물은 Haechi의 남아시아 본사 역할을 하게 될 것입니다.

3. (A), 작년에 승진한 법률 보조원들은 다음 달부터 특정 변호사들에게 배정될 것입니다.

A.

1. 관계대명사 자리

Those **who** wish to attend the sales training session tomorrow should inform Mr. Carrick.
내일 영업 교육 세션에 참석하길 희망하는 사람들은 Carrick 씨에게 알려야 한다.

해설 Those가 주어, should inform이 본동사, 괄호부터 tomorrow까지는 주어 Those를 수식하는 형용사절로 판단해야 하므로 형용사절을 이끄는 주격 관계대명사 who가 정답이다. 주격 관계대명사절은 주어가 빠진 채 동사 wish로 시작하는 불완전한 절로 이루어져 있으며, Those who ~는 '~하는 사람들'이라는 관용 표현으로 기억해 두자.

어휘 attend 참석하다 | inform 알리다

2. 사물 선행사+which

Dr. Gordon has developed a traffic status application **which** is accessible via smartphones.
Gordon 박사는 스마트폰으로 이용할 수 있는 교통 상황 애플리케이션을 개발했다.

해설 괄호 앞이 주어와 동사, 목적어를 모두 갖춘 완전한 절로 이루어져 있으므로 괄호 이하는 명사 application을 수식하는 형용사절이다. 괄호 뒤의 구조를 봤을 때 주어가 빠진 채 동사 is로 시작하고 수식받는 명사인 선행사가 사물 application이므로 사물 선행사를 수식하는 주격 관계대명사 which가 정답이다.

어휘 develop 개발하다 | traffic status application 교통 상황 애플리케이션 | accessible 이용할 수 있는, 접근할 수 있는 | via ~을 통해, ~을 경유하여

3. 사람/사물 선행사+that

PuraSky Cosmetics only uses ingredients **that** are classified as environmentally safe.
PuraSky 화장품은 환경적으로 안전한 것으로 분류된 재료만을 사용한다.

해설 괄호 앞이 주어와 동사, 목적어를 모두 갖춘 완전한 절로 이루어져 있

으로 괄호 이하는 명사 ingredients를 수식하는 형용사절이다. 괄호 뒤의 구조를 봤을 때 주어가 빠진 채 동사 are classified로 시작하고 수식받는 명사인 선행사가 사물 ingredients이므로 사람/사물을 가리지 않고 주격 관계대명사 자리에 들어갈 수 있는 that이 정답이다.

어휘 ingredient 재료 | classify 분류하다 | environmentally 환경적으로 | safe 안전한

---

4. 관계대명사의 격

We would like to recognize exceptional individuals **who** made contributions to local business development.
우리는 지역 사업 개발에 공헌한 뛰어난 분들을 표창하고자 합니다.

해설 괄호 앞이 주어와 동사, 목적어를 모두 갖춘 완전한 절로 이루어져 있으므로 괄호 이하는 명사 individuals를 수식하는 형용사절이다. 괄호 뒤의 구조를 봤을 때 주어가 빠진 채 동사 made로 시작하는 주격 관계대명사절이므로 주격 관계대명사 who가 정답이다. whom은 목적격 관계대명사로, 뒤에는 목적어가 빠진 문장이 와야 한다.

어휘 recognize 기리다, 표창하다 | individual 개인 | make a contribution 기여하다 | local 지역의

---

5. 관계대명사의 격

Please find enclosed a list of companies **whose** services can meet your business needs.
귀하의 사업적 필요를 충족시킬 수 있는 서비스를 제공하는 회사 명단을 동봉하였으니 확인해 주세요.

해설 괄호 앞이 명령문으로 시작하는 완전한 절이므로 괄호 이하는 명사 companies를 수식하는 형용사절이다. 괄호 뒤의 구조를 봤을 때, 「명사(services) + 동사(can meet) + 목적어(your business needs)」로 완전한 문장처럼 보이므로 소유격 관계대명사 whose가 정답이다. 선행사 companies는 원래 명사 services를 꾸며주는 수식어로서 두 문장을 이어주기 위해 「접속사 + 소유격 대명사」 역할을 하는 소유격 관계대명사 whose를 쓴 구조다. 명령문 'Please find enclosed a list of companies'는 원래, 'Please find a list of companies enclosed'의 「주어 + 동사 + 목적어 + 목적격 보어」의 구조였으나 '동봉된' 사실을 강조하기 위해 목적격 보어를 목적어 앞으로 뺀 도치 문장이니 참고해 두자.

어휘 enclosed 동봉된 | list 목록, 명단 | meet 충족시키다, 부응하다 | needs 요구, 필요

B.

1. 관계대명사 자리

A luncheon will take place to thank all **who** donated to the annual charity drive.
오찬은 연례 자선 모금 운동에 기부한 모든 사람들에게 감사를 표하기 위해 열릴 것이다.

해설 빈칸은 부정대명사 all과, 주어가 빠져 동사 donated로 시작하는 불완전한 문장을 연결하는 자리다. '기부한 모든 사람들에게'라는 의미가 되어야 하므로 all을 선행사로 하는 주격 관계대명사 (C) who가 정답이다.

어휘 luncheon 오찬 | take place 개최되다, 일어나다 | donate 기부하다 | annual 연례의, 연간의 | charity drive 자선 모금 운동

---

2. 관계대명사 자리

The recently constructed building in Yangon, **which** is Myanmar's most developed city, will serve as Haechi's South Asian headquarters.
미얀마에서 가장 발전된 도시인 Yangon에 최근 건설된 건물은 Haechi의 남아시아 본사 역할을 하게 될 것이다.

해설 빈칸은 명사 Yangon을 수식하는 형용사절을 이끄는 관계사 자리다. 선행사가 사물 Yangon이고, 빈칸 뒤에는 주어가 빠진 불완전한 절이 있으므로, 「선행사 + 주격 관계대명사 + 동사」의 형태를 완성하는 관계대명사 (B) which가 정답이다. (A) where는 관계 부사로 뒤에 완전한 문장이 와야 한다.

어휘 construct 건설하다 | developed 발전된 | serve 수행하다

---

3. 주격 관계절의 구조

The legal assistants who earned **promotions** last year will be assigned to specific attorneys starting next month.
작년에 승진한 법률 보조원들은 다음 달부터 특정 변호사들에게 배정될 것이다.

해설 빈칸은 주격 관계대명사절 내 동사 earned의 목적어 자리이므로 명사 (A) promotions가 정답이다.

어휘 legal assistant 법률 보조원 | earn a promotion 승진하다 | assign 배치하다, 할당하다 | specific 특정한 | attorney 변호사

BASE 집중훈련

본서 p.185

A.

1. whose, 우리 기관은 기술 발전에 기여한 연구를 수행한 직원들에게 감사를 표합니다.
2. they, 고객 서비스 센터는 그들이 겪을 수 있는 모든 기술적 문제들을 지원한다.
3. was, Redfield에 상업 발전이 있었는데, 이곳은 이전에 주거 지역이었다.
4. works, 몇몇 창의적인 건축가들이 전통적인 사고 방식에 도전하는 작품들을 제출했다.
5. what, H-Drinks의 새로운 병 모양은 그들이 전에 사용했던 것과는 다르다.

B.

1. (B), Sandra Benitez 선장은 섬에 거주하는 50명의 주민들에게 보급품을 수송한다.
2. (C), Parisienne 씨는 그래픽 디자이너로서 그녀가 하는 일을 즐기지만, 회사 내에서 지도자 역할을 원한다.
3. (A), 귀하의 컨벤션 출입증에는 대중교통 칩이 들어 있는데, 이걸로 Copenhagen에서 모든 대중교통을 이용하실 수 있을 것입니다.

A.

1. 소유격 관계대명사

Our organization honors employees **whose** research has contributed to technological advances.
우리 기관은 기술 발전에 기여한 연구를 수행한 직원들에게 감사를 표합니다.

해설 괄호에 주어진 보기들을 고려할 때에 맞는 관계대명사를 고르는 문제인데, 괄호 뒤의 구조가 완전한 문장으로 보이므로 소유격 관계대명사 whose가 정답이다. 해석을 해봐도 선행사 employees가 명사 research를 꾸며주는 수식어로 적절하면 소유격 관계대명사, 선행사 employees가 관계대명사절의 목적어로 적절하면 목적격 관계대명사인데, '우리 기관이 감사를 표하려는 직원들의 연구가 기술 발전에 기여했다'라는 의미가 적절하므로 whose를 답으로 골라야 한다.

어휘 organization 기관 | honor 감사를 표하다 | contribute to ~에 기여하다 | advance 진보, 발전

2. 목적격 관계대명사

The customer service center provides support for any technical issues **they** may experience.
고객 서비스 센터는 그들이 겪을 수 있는 모든 기술적 문제들을 지원한다.

해설 괄호 앞이 주어와 동사, 목적어를 모두 갖춘 완전한 절로 이루어져 있는데, 접속사 등의 연결어 없이 주어도 없고 목적어도 없는 동사 may experience가 연결되어 있으므로 괄호가 주어가 되어 목적격 관계대명사가 생략되어 있는 구조로 봐야 한다. 목적격 관계대명사는 종종 생략되어 위의 문장처럼 선행사 뒤에 목적어가 빠진 채 주어와 타동사로만 이루어진 불완전한 절이 온다. 따라서 괄호는 주어에 해당하는 주격 대명사 they가 정답이다.

어휘 support 지원 | technical issue 기술적 문제 | experience 겪다, 경험하다

3. 선행사와 동사의 수 일치

There has been commercial development in Redfield, which **was** formerly a residential area.
Redfield에 상업 발전이 있었는데, 이곳은 이전에 주거 지역이었다.

해설 괄호는 주격 관계대명사절의 동사가 들어갈 자리인데, 이 동사는 선행사와 수를 일치시켜야 한다. 선행사는 지역명인 Redfield로 단수이므로 단수 동사 was가 정답이다.

어휘 commercial 상업적인 | formerly 이전에 | residential area 주거 지역

4. 선행사와 동사의 수 일치

Some creative architects submitted **works** that challenge traditional ways of thinking.
몇몇 창의적인 건축가들이 전통적인 사고 방식에 도전하는 작품들을 제출했다.

해설 괄호 뒤에 주격 관계대명사절인 that challenge traditional ways of thinking이 있는 것으로 미루어 빈칸은 관계대명사절의 수식을 받는 선행사가 들어갈 자리인데, 관계대명사절의 동사 challenge가 복수로 쓰인 것으로 미루어 선행사 역시 수를 일치시켜 복수로 써야 한다. 따라서 works가 정답이다.

어휘 creative 창의적인 | architect 건축가 | submit 제출하다 | work 작품 | challenge 도전하다; 도전 | traditional 전통적인 | ways of thinking 사고 방식

5. 관계대명사 what

The new bottle shape from H-Drinks is different from **what** they used before.
H-Drinks의 새로운 병 모양은 그들이 전에 사용했던 것과는 다르다.

해설 괄호 뒤에 목적어가 빠진 불완전한 절이 연결되어 있다고 바로 목적격 관계대명사 that을 고르면 안 된다. 목적격 관계대명사가 답이 되려면 괄호 앞에 전치사 from의 목적어이자 관계대명사절의 선행사가 있어야 하는데 선행사가 보이지 않으므로 이때는 선행사를 포함한 관계대명사 what(=the thing which[that])을 써야 한다. what은 선행사를 포함하고 있는 관계대명사이며, '~하는 것'으로 해석하므로 '그들이 전에 사용했던 것과는 다르다'라는 의미의 자연스러운 문장을 완성한다.

어휘 bottle 병 | shape 모양

B.

1. 주격 관계대명사

Captain Sandra Benitez transports supplies to 50 residents **who** live on the island.
Sandra Benitez 선장은 섬에 거주하는 50명의 주민들에게 보급품을 수송한다.

해설 빈칸 앞에 주어와 동사, 목적어를 모두 갖춘 완전한 절이 있으며, 빈칸 뒤에 바로 동사가 이어져 있음을 고려할 때, 빈칸은 두 문장을 연결하는 관계대명사 자리다. 빈칸 앞에 사람 명사 residents를 수식하며 주어가 빠진 불완전한 절을 이끄는 주격 관계대명사 (B) who가 정답이다.

어휘 captain 선장, 기장 | transport 수송하다 | supply 보급품 | resident 주민 | live 살다, 거주하다 | island 섬

2. 목적격 관계대명사

Ms. Parisienne enjoys the work **she** does as a graphic designer, but wants a leadership role in the company.
Parisienne 씨는 그래픽 디자이너로서 그녀가 하는 일을 즐기지만, 회사 내에서 지도자 역할을 원한다.

해설 빈칸은 주절의 목적어 the work를 수식하는 관계대명사절 내 주어 자리다. 문맥상 'Parisienne 씨는 그래픽 디자이너로서 그녀가 하는 일을 즐긴다'라는 의미가 되어야 자연스러우므로 빈칸부터 designer까지가 목적격 관계대명사절이며, 목적격 관계대명사가 생략된 문장으로 판단할 수 있다. 따라서 빈칸은 관계사대명사절의 주어 자리로서 Ms. Parisienne을 가리키는 주격 대명사 (C) she가 정답이다.

어휘 graphic designer 그래픽 디자이너 | leadership 리더십, 지도자직 | role 역할

3. 사물 선행사 + 주격 관계대명사 which

Enclosed with your convention ID card is a mass transit chip, **which** will allow you to use any public transportation in Copenhagen.
귀하의 컨벤션 출입증에는 대중교통 칩이 들어 있는데, 이걸로 Copenhagen에서 모든 대중교통을 이용하실 수 있을 것입니다.

해설 빈칸 앞에는 콤마가, 뒤에는 주어가 없는 불완전한 절이 와 있음을 고려할 때, 빈칸은 두 문장을 연결하는 관계대명사 자리다. 이때 선행사가 사람이면 who, 사물이면 which를 쓰는데, 선행사가 사물인 a mass transit chip이므로 주격 관계대명사 (A) which가 정답이다. 괄호 앞의 문장은 주어와 보어가 도치된 것으로 원래는 'A mass transit chip is enclosed with your convention ID card'였으나 '동봉된' 사실을 강조하기 위해 맨 앞으로 빼면서 주어와 be동사가 도치된 문장이니 참고해 두자.

어휘 enclose 동봉하다 | mass transit 대중교통 | chip 전자 칩 | allow 허용하다 | public transportation 대중교통

BASE 집중훈련
본서 p.187

A.
1. carefully, 귀하의 부서의 예산을 가능한 한 주의 깊게 관리해 주세요.
2. exciting, 그 여행 가이드는 모든 여행을 가능한 한 재미있게 만들려고 노력했다.
3. lower, Boyle Prints는 경쟁사보다 더 낮은 가격에 서비스를 제공한다.
4. most, Steward 씨는 LX사의 설계 제안서를 가장 많이 지지했다.
5. in, Chuck Bell 박사는 태양에너지 분야에서 가장 유명한 연구원들 중 한 명이다.

B.
1. (D), 지하철 6호선은 Follows 씨가 전에 본 것만큼 느렸다.
2. (D), 설문 조사에서는 대학생들이 다른 그룹 방문자들보다 더 자주 도서관에 책을 늦게 반납했다는 것을 보여줬다.
3. (A), 3월에 Amber 통신은 사상 최고의 분기별 순수익을 달성했다.

A.

1. 동사 수식 비교 구문

Please monitor your division's budget as **carefully** as possible.

귀하의 부서의 예산을 가능한 한 주의 깊게 관리해 주세요.

해설 원급 비교 구문 'as ~ as' 사이에 들어갈 품사를 결정하는 문제로, 이때는 as, as가 없다고 생각하고 괄호가 어떤 자리인지 확인하면 된다. 문맥상 '부서의 예산을 주의 깊게 관리해 달'고 하여 일반동사 monitor를 수식하는 자리임을 알 수 있으므로 부사 carefully가 정답이다.

어휘 monitor 추적 관찰하다, 감시[관리]하다 | budget 예산 | as ~ as possible 가능한 한 ~한[하게]

2. 목적격 보어 자리의 비교 구문

The tour guide tried to make every trip as **exciting** as possible.

그 여행 가이드는 모든 여행을 가능한 한 재미있게 만들려고 노력했다.

해설 원급 비교 구문 'as ~ as' 사이에 들어갈 품사를 결정하는 문제로, 이때는 as, as가 없다고 생각하고 괄호가 어떤 자리인지 확인하면 된다. 해석을 해보면 '여행 가이드는 모든 여행을 재미있게 만들려고 노력했다'라서 부사를 써야 할 것 같지만, 앞 단원에서 배웠던 make 동사에 대해 상기해보자. make는 목적어만 취하는 3형식 타동사이기도 하지만, 「make + 목적어 + 목적격 보어」처럼 5형식 동사로도 쓰이므로, 괄호는 목적격 보어로서 형용사가 들어가야 할 자리이다. 따라서 exciting이 정답이다.

어휘 tour guide 여행 가이드 | try to ~하려고 노력하다 | as ~ as possible 가능한 한 ~한[하게]

3. 비교급 비교 구문

Boyle Prints provides its services for **lower** prices than its competition.

Boyle Prints는 경쟁사보다 더 낮은 가격에 서비스를 제공한다.

해설 괄호 뒤에 than이 있는 것으로 보아 괄호는 비교급 비교 구문을 완성하는 형용사의 비교급이 들어가야 한다. 따라서 형용사 low의 비교급인 lower가 정답이다.

어휘 competition 경쟁(업체)

4. 최상급 비교 구문

Mr. Steward favored LX, Inc.'s design proposal the **most**.

Steward 씨는 LX사의 설계 제안서를 가장 많이 지지했다.

해설 괄호에 비교급을 써야 할지 최상급을 써야 할지 결정해야 하는데, 일반적으로 정관사 the나 소유격 뒤에는 최상급을 쓴다. 따라서 부사 much의 최상급인 the most가 정답이다.

어휘 favor 지지하다, 편들다 | proposal 제안(서)

5. 최상급 + in 장소/분야

Dr. Chuck Bell is one of the most well-known researchers **in** the field of solar energy.

Chuck Bell 박사는 태양에너지 분야에서 가장 유명한 연구원들 중 한 명이다.

해설 괄호 앞은 최상급 비교 구문이 쓰여 Chuck Bell이 가장 유명한 연구원들 중 한 명이란 내용인데, 최상급에서 뒤의 수식어 자리에는 비교의 범위를 나타내기 위해 「of/among + 복수명사」나, 「in + 장소/분야(단수명사)」가 연결될 때가 많다. 따라서 '분야'란 뜻의 명사 field와 함께 쓰는 전치사로서 in이 정답이다.

어휘 well-known 유명한 | researcher 연구원 | solar energy 태양에너지

B.

1. be동사 뒤 비교 구문

Subway Line 6 was as **slow** as Ms. Follows had ever seen it.

지하철 6호선은 Follows 씨가 전에 본 것만큼 느렸다.

해설 빈칸은 be동사 뒤 문장의 보어인 형용사 자리다. 빈칸 앞뒤에 as가 있음을 고려할 때, 「as ~ as」의 원급 비교 구문을 완성하는 원급 형용사 (D) slow가 정답이다.

어휘 ever 일전에

2. 비교급 비교 구문

The survey showed that university students returned books to the library late **more frequently** than visitors in any other groups.

설문 조사에서는 대학생들이 다른 어떤 그룹의 방문자들보다 더 자주 도서관에 책을 늦게 반납했다는 것을 보여줬다.

해설 빈칸은 동사구 returned books to the library late 전체를 수식하는 부사 자리다. 빈칸 뒤에 than이 있음을 고려할 때, 빈칸은 비교급 비교 구문을 완성하는 (D) more frequently가 정답이다.

어휘 survey 설문 조사 | show 보여주다 | return 반납하다 | late 늦게 | visitor 방문객

3. 최상급 비교 구문

In March, Amber Telecommunications reached its **highest** quarterly net income ever.

3월에 Amber 통신은 사상 최고의 분기별 순수익을 달성했다.

해설 빈칸은 명사구를 수식하는 형용사 자리다. 빈칸 앞에 최상급 앞에 오는 소유격 대명사 its가 있으며, 문장 뒤에도 최상급 강조 부사 ever가 있으므로 최상급 형용사 (A) highest가 정답이다. 최상급의 의미를 더욱 살려주는 최상급 강조 부사로 even, ever, simply, single, by far가 있음을 참고해 두자.

어휘 telecommunication 전기통신 | reach 이르다, 도달하다 | quarterly 분기별의 | net income 순이익

BASE 확장

본서 p.188

체크 체크

1. 주격 관계대명사 that, 오전 10시 이후에 출발하는 비행기에서는 조식이 제공되지 않습니다.
2. 명사절 접속사 that, 소비자들은 그 헤드폰이 쓰기 편하다는 데 동의한다.
3. 목적격 관계대명사 that, 공사로 인해 발생할 불편에 대해 사과 드립니다.

체크 체크

1. no, 도서관은 한 달 이상 지난 품목들에 대해 단지 10달러만 부과했다.
2. largest, Riverdale 도서관은 전국에서 가장 큰 규모로 도서들을 소장하고 있다.
3. at, 매니저는 팀원들에게 지출 보고서를 늦어도 이번 주 금요일까지 제출하라고 상기시켰다.

BASE 실전훈련

본서 p.190

1. (A) **2.** (D) **3.** (A) **4.** (C) **5.** (C) **6.** (B)
7. (D) **8.** (A) **9.** (A) **10.** (C) **11.** (A) **12.** (A)

1. 사람 선행사+who

Ms. Jakobsson, **who** is relocating here from our Reykjavik office, will give a short speech at Monday's meeting.

Reykjavik 사무실에서 여기로 이동하는 Jakobsson 씨는 월요일 회의에서 짧은 연설을 할 것이다.

해설 완전한 문장 속 콤마(,) 사이로 또 다른 문장이 삽입된 구조다. 삽입된 문장이 주어가 없는 불완전한 형태임을 고려할 때, 빈칸은 사람 명사 Ms. Jakobsson을 선행사로 하는 주격 관계대명사 자리이므로 (A) who가 정답이다.

어휘 relocate 이동[이전]하다 | give a speech 연설을 하다

2. 형용사 보어 자리

The board of directors is reviewing many reorganization strategies to choose the one that would be most **effective**.

이사회에서는 가장 효과적일 것을 선택하기 위해 수많은 조직 개편 전략들을 검토 중이다.

해설 빈칸은 that 주격 관계대명사절 내 be동사 뒤의 보어 자리다. 빈칸은 most와 함께 최상급 비교 표현을 이루는 형용사 (D) effective가 정답이다. 해석을 해봐도 '(수많은 조직 개편 전략들 중) 가장 효과적일 하나의 것을 선택하기 위해'라는 의미가 되어야 자연스럽다.

어휘 board of directors 이사회 | review 검토하다 | reorganization 조직 개편 | strategy 전략 | choose 선택하다

3. 관계대명사 자리

Miguel Bougainvillea developed an accounting program **that** he used while working as his corporation's financial manager.

Miguel Bougainvillea는 회사 재정 관리자로 일할 때 자신이 사용한 회계 프로그램을 개발했다.

해설 빈칸은 앞뒤의 두 문장을 연결해 주는 연결사 자리다. 빈칸 뒤의 문장에서 동사 used가 목적어를 필요로 하는 타동사임을 고려할 때, 빈칸은 an accounting program을 선행사로 하여 수식해 주는 목적격 관계대명사 자리이므로 (A) that이 정답이다. 목적격 관계대명사는 완전한 문장과 목적어가 빠진 불완전한 문장을 연결하는 역할을 하며, 문장 내에서 생략 가능하다.

어휘 develop 개발하다 | accounting 회계 | corporation 기업 | financial 재정의, 금융의

4. 어휘-형용사

Grander is seeking a certified accountant, whose **primary** responsibility will be to document the company's financial transactions.

Grander는 공인회계사를 찾고 있는데, 주된 업무는 회사의 금융 거래를 기록하는 일이 될 것이다.

해설 빈칸은 명사 responsibility를 수식하는 자리다. 관계대명사 whose로 이어진 두 절의 관계를 고려할 때, '공인회계사의 주된 업무는 회사

의 금융 거래를 기록하는 일'이라는 의미가 되어야 문맥상 자연스러우므로 (C) primary가 정답이다.

어휘 seek 찾다, 구하다 | certified 공인된 | accountant 회계사 | responsibility 업무, 책임 | document 기록하다 | financial 금융의 | transaction 거래

5. 원급 비교 구문

Installing the new climate control system could take **as** much as a month.

새로운 온도 조절 장치 설치는 최대 한 달 정도 걸릴 수 있다.

해설 빈칸은 동사 take와 목적어 a month 사이에서, much as와 함께 목적어를 수식하는 원급 비교 표현으로 「as much as」를 완성하는 (C) as가 정답이다. 「as much[many] as」는 수를 나타내는 표현을 앞에서 수식하며 그 수나 양을 강조하는 역할을 한다.

어휘 install 설치하다 | climate control system 온도 조절 장치

6. 비교급 형용사 수식/부사 자리

Now that our production facility has been rewired, our power usage is **considerably** lower.

우리 생산 시설의 배선이 교체되었더니, 전력 사용량이 상당히 더 낮다.

해설 빈칸은 비교급 형용사인 lower를 수식하는 부사 자리이므로 (B) considerably가 정답이다. 비교급 형용사가 쓰인 것으로 미루어 lower 뒤에는 문맥상 'than before'가 생략된 문장임을 알 수 있다.

어휘 production 생산 | facility 시설 | rewire 배선을 바꾸다 | power 전력 | usage 사용량 | lower 더 낮은

7. 비교급 형용사

Panter Inc. has developed a training program that helps its staff become **more productive**.

Panter사는 직원들이 좀 더 생산적이 되도록 도와주는 교육 프로그램을 개발했다.

해설 빈칸은 주격 관계대명사절의 동사 become의 보어 자리다. 동사 become의 주체가 its staff이므로, 문맥상 '직원들이 더 생산적이 되도록 도와주는 교육 프로그램'이라는 의미를 완성하는 비교급 형용사 (D) more productive가 정답이다.

어휘 develop 개발하다 | training program 교육 프로그램 | staff 직원

8. 명사 수식/형용사 자리

Public transportation was a **large** concern when Olympian Corporation selected a site for the new convention center.

대중교통은 Olympian 기업이 신규 컨벤션 센터용 부지를 선정할 때 큰 관심사였다.

해설 빈칸은 명사 concern을 수식하는 자리다. 빈칸 앞에 관사 a가 있으며, 문맥상 '대중교통이 큰 관심사였다'라는 의미가 자연스러우므로 원급 형용사 (A) large가 정답이다. (C) largest와 같은 최상급 형용사는 부정관사 a와 함께 올 수 없고, 정관사 the 또는 소유격을 동반한다.

어휘 public transportation 대중교통 | concern 걱정, 관심사 | corporation 기업, 회사 | select 선정하다 | site 장소, 부지

9-12번은 다음 편지에 관한 문제입니다.

Kelly Mercury
1985 Ida Street
Wayne, Wyoming 82007

Mercury 씨께,

Byrnes 국립 동물원(BNZ)에 주신 200달러의 기부금에 대해 감사를 표하고 싶습니다. **⑨저희는 귀하와 같은 후원자들 덕분에 시설을 유지할 수 있습니다.** 개인적인 기부가 저희가 수십 년 동안 운영을 지속할 수 있도록 해주었습니다. 미래의 **⑩세대**가 즐길 수 있도록 이 동물원을 계속 개방하는 데 힘쓸 것입니다.

저는 방문객들과 동물들을 위한 더 나은 환경을 제공하기 위해 **⑪만들어진** 몇 가지 중요한 계획들에 대해 상세히 설명한 소책자를 동봉했습니다. 귀하가 언젠가 이러한 계획들 중 하나에 **⑫기금을 내는 것**을 고려해 보시길 바랍니다. 저희는 그 돈을 유용하게 사용할 것입니다.

감사합니다.

John Kim
BNZ 부대표

동봉물 재중

어휘

extend appreciation for ~에 대한 감사를 표하다 | contribution 기부, 기증 | maintain 유지하다 | facility 시설 | donation 기부 | enable 가능하게 하다 | in operation 운용 중인 | strive 애쓰다, 노력하다 | enclose 동봉하다 | booklet 소책자 | detail 상세히 설명하다 | initiative 계획 | environment 환경 | put A to good use A를 유용하게 사용하다

9. 문장 선택

(A) 저희는 귀하와 같은 후원자들 덕분에 시설을 유지할 수 있습니다.
(B) 우리 동물원은 지역 연구원들에게 특별 보조금을 제공합니다.
(C) 봉사 활동 목록이 아래에 포함되어 있습니다.
(D) 저는 귀하가 머지않아 우리 동물원을 다시 방문해 주기를 바랍니다.

해설 빈칸 앞 문장의 200달러의 기부에 대해 감사하다는 내용을 고려할 때, 후원자들 덕분에 시설을 유지할 수 있다는 내용이 이어져야 자연스러우므로 (A)가 정답이다.

10. 어휘-명사

해설 빈칸 앞 문장의 '개인 기부들로 수십 년간 운영해올 수 있었다'라는 내용을 고려할 때, '앞으로의 세대들도 즐길 수 있도록 노력하겠다'라는 내용으로 이어져야 자연스러우므로 (C) generations가 정답이다.

11. 과거분사 자리

해설 문장에 본동사 have enclosed와 목적어 booklet을 수식하는 that 주격 관계대명사절의 동사 details가 모두 있으므로 빈칸은 뒤에 구를 이끌며 명사 initiatives를 뒤에서 수식하는 자리다. 문맥상 '더 나은 환경을 제공하기 위해 만들어진 계획'이라는 의미가 되어야 자연스러우므로 과거분사 (A) created가 정답이다.

12. 어휘-동명사

해설 빈칸 뒤 문장의 '돈을 유용하게 사용할 것이다'라는 내용을 고려할 때, '이러한 계획들 중 하나에 기금(자금)을 내는 것을 고려해 달라'라고 요청하는 내용이 앞에 들어가야 자연스러우므로 (A) funding이 정답이다.

PART 6

CHAPTER 11 파트 6 문제 유형

BASE 집중훈련
본서 p.199

1. (A) **2.** (C) **3.** (C) **4.** (A)

1-4번은 다음 이메일에 관한 문제입니다.

수신: mreale@rto.org
발신: dbain@bainconsultants.com
날짜: 3월 10일
제목: 웹사이트 검토

Reale 씨께,

아래 내용은 Rosario 관광 기구 웹사이트의 검토를 완료하고 나서 저희의 첫 피드백입니다.

우선, 이 웹사이트는 그렇게 **①효과적**이지 않습니다. 저희는 구성 방식을 수정하고 관광객들과 관련된 더 많은 세부 내용들을 포함하는 것을 제안 드립니다. 또한 저희는 사이트 전체에 **②걸쳐** 많은 단어들이 철자가 잘못 쓰였다는 것을 발견했습니다.

저희는 또한 Rosario를 홍보하기 위해 게시한 사진들을 보충할 것을 권해 드립니다. **③몇 장의 사진들을 그냥 보여주는 것만으로는 많은 방문객들을 끌어모으기 어려울 것입니다.** 따라서 저희는 도시 전역의 인기 장소들을 선보이는 전문적으로 디자인된 비디오들을 만들어 올리는 것을 제안 드립니다. **④덧붙여,** 시민들과 관광객들이 Rosario에 대한 개인적인 기록이나 사진을 올릴 수 있는 온라인 섹션을 포함시키는 것도 좋은 아이디어일 것 같습니다.

저희의 추천에 관하여 결정을 내리시면 저희에게 알려 주세요.

진심으로,

Darryl Bain
Bain 상담가

어휘

following 다음의 | initial 초기의, 처음의 | review 평가, 검토 | tourism 관광업 | organization 단체, 조직 | to begin with 우선 | modify 수정하다 | format 포맷, 구성 방식 | details 세부 사항 | relevant to ~와 관련된 | spell 철자를 쓰다 | incorrectly 부정확하게 | supplement 보충하다 | promote 홍보하다 | professionally 전문적으로, 전문가에 의해 | showcase 선보이다, 공개하다 | recording 녹화, 기록 | regarding ~에 관하여 | recommendation 추천 | consultant 상담가, 컨설턴트

1. 형용사 자리

해설 빈칸은 be동사 뒤 문장의 주격 보어 자리다. 주격 보어는 주로 형용사나 명사가 오는데 문맥상 '웹사이트가 그렇게 효과적이지 않다'라는 내용이 자연스러우므로 '효과적인'이란 뜻의 형용사 (A) effective가 정답이다.

+ Key point

1. 'as ~ as'의 원급 비교 구문 사이에 올 품사를 결정할 때는 'as ~ as' 구조를 소거한 후 앞에 오는 구조를 기준으로 빈칸에 올 품사를 결정한다.
2. 주격 보어 자리에는 명사 또는 형용사가 올 수 있으며, 주어와의 의미 관계 및 관사 여부를 고려하여 보어 자리에 올 품사를 결정한다.

2. 어휘-전치사

해설 빈칸은 the site를 목적어로 하는 전치사 자리다. 문맥상 '사이트 전체에 걸쳐 많은 단어들이 철자가 잘못되었다'라는 의미가 되어야 자연스러우므로 (C) throughout이 정답이다.

+ Key word

many words were spelled incorrectly throughout the site

3. 문장 선택

(A) 중요한 이미지를 저장하는 간단한 방법이 있습니다.
(B) 모든 사진은 게시되기 전에 제가 승인해야 합니다.
(C) 몇 장의 사진들을 그냥 보여주는 것만으로는 많은 방문객들을 끌어 모으기 어려울 것입니다.
(D) 일부 사진이 제거되었거나 교체되었습니다.

해설 빈칸 앞 문장의 '홍보 사진들을 보충할 것을 권한다'라는 내용을 고려할 때, '몇 장의 사진만 보여준다고 방문객들을 끌어모으기 힘들다'라는 내용이 이어져야 자연스러우므로 (C)가 정답이다.

+ Key word

We would also recommend supplementing the images ~. It will be difficult to draw many visitors by just displaying some pictures.

4. 어휘-접속부사

해설 빈칸 앞부분의 '전문적으로 디자인된 홍보 비디오들을 웹사이트에 게시하라'라는 내용과 빈칸 뒷부분의 '관광객들이 직접 기록이나 사진을 올릴 수 있는 섹션도 포함시키라'라는 내용을 고려할 때, 추천하는 내용을 추가적으로 제시하고 있으므로 부가의 의미를 갖는 접속부사 (A) In addition이 정답이다.

+ Key word

we suggest creating and posting professionally designed videos ~, In addition, it would ~ to include an online section ~.

BASE 집중훈련

1. (A) **2.** (B) **3.** (A) **4.** (C)

1-4번은 다음 웹 페이지에 관한 문제입니다.

www.yeovilsculpturesociety.co.uk

Yeovil 조각협회(YSS)는 우리 지역의 조각 예술을 **❶발전시키기 위해** 수업을 제공하고 경연대회를 개최합니다. 이곳 Yeovil에서 만들어진 조각품들은 전국적으로 유명해졌습니다. **❷그것들** 중 많은 것들이 전국의 박물관에 전시되어 있습니다. 아마 여러분도 아시듯이, YSS는 전국 최대 규모의 연례 조각 박람회를 개최하며, 이는 매년 10월에 열립니다. 매우 명망 있는 조각품 수상 대회는 박람회 기간 동안 열립니다. **❸전 세계의 재능 있는 예술가들이 대회에 참여하기 위해 방문합니다.** Farah Kimberly는 작년 **❹우승자**였습니다. 목재와 스테인리스 스틸로 만들어진 〈자유〉라는 이름의 뛰어난 그녀의 작품은 11명의 심사위원 중 9명으로부터 가장 높은 점수를 받아 1위를 차지했습니다.

어휘

sculpture 조각품 | put on 공연하다, 개최하다 | contest 대회 | nationally 전국적으로 | aware 알고 있는, 인지하는 | fair 박람회 | take place 열리다 |

---

prestigious 명망 있는 | laureate 수상자 | competition 경쟁, 대회 | striking 눈에 띄는 | piece 작품 | stainless steel 스테인리스 스틸 | entitle 제목을 붙이다 | freedom 자유 | win first place 1위를 차지하다 | score 점수 | judge 심사위원, 심판

1. to부정사 자리

해설 문장의 동사인 offers와 puts on이 이미 존재하므로, 빈칸은 준동사 자리다. 문맥상 '조각 예술을 발전시키기 위해 수업들을 제공하고 경연대회를 개최한다'라는 내용이 되어야 자연스러우므로 부사적 용법의 to부정사 구문을 완성하는 (A) to advance가 정답이다.

2. 대명사 자리

해설 빈칸은 전치사 of의 목적어 자리다. 빈칸 앞 문장의 '조각품들이 전국적으로 유명해졌다'라는 내용을 고려할 때, 이 '조각들 중 많은 것들이 전시되어 있다'라는 내용으로 이어져야 자연스러우므로 '조각품들'을 가리키는 목적격 대명사 (B) them이 정답이다.

+ Key word

Sculptures ~ have become famous nationally. Many of them are displayed in museums around the country.

3. 문장 선택

(A) 전 세계의 재능 있는 예술가들이 대회에 참여하기 위해 방문합니다.
(B) 그것은 올해 그림 그리기 대회까지 확대될 것입니다.
(C) 숙소는 저희 웹사이트에서 예약할 수 있습니다.
(D) Sheryl Ford 미대 교수가 조각의 역사에 대해 강연할 예정입니다.

해설 빈칸 앞 문장의 '매우 명망 있는 조각품 수상 대회는 박람회 기간 동안 열립니다.'라는 내용을 고려할 때, '이 대회에 참가하기 위해 전 세계의 재능 있는 예술가들이 방문한다'라는 내용으로 이어져야 자연스러우므로 (A)가 정답이다.

+ Key word

The highly prestigious Sculpture Laureate Competition takes place during the fair. Talented artists from all over the world come to compete.

4. 어휘-명사

해설 빈칸은 주어인 Farah Kimberly를 보충 설명하는 문장의 주격 보어 자리다. 빈칸 뒤 문장의 '그녀의 작품이 1위를 차지했다'라는 내용을 고려할 때, 문맥상 'Farah Kimberly는 작년 우승자였습니다'라는 내용이 들어가야 자연스러우므로 (C) champion이 정답이다.

+ Key word

Farah Kimberly was last year's champion. Her striking piece ~ won first place ~.

BASE 집중훈련

1. (C) **2.** (B) **3.** (D) **4.** (B)

1-4번은 다음 언론 보도에 관한 문제입니다.

Jim Kang의 새로운 스키부츠용 백팩

유명한 유럽 디자이너인 Jim Kang은 새로운 라인의 스키 신발용 백팩을 선보였는데, 이는 부츠 및 다른 액세서리를 모두 **❶보호하기 위해** 개발되었습니다. Kang은 이틀 이상의 하이킹용으로 **❷특별히** 만들어진 자신의 Explorer 시리즈 가방으로 여가 장비 산업에 기여하면서 유명해졌습니다.

74 파고다 토익 입문서 RC

3그것들은 창의적인 공간 활용으로 인지도를 얻었다. "가방 안에서 부츠가 다른 물건들에 닿지 않게 하는 건 힘들어요, 하지만 그건 꼭 필요한 물건이지요."라고 Kang 씨가 말했다. "사실, 대부분의 스키어들이 어떤 상황에서도 준비될 수 있도록 여분의 **4**신발을 가져오고 싶어해요."

어휘
boot 부츠 | ready 준비가 된, 이용할 수 있는 | backpack 배낭, 백팩 | well-known 유명한 | unveil 밝히다, 발표하다 | footwear 신발(류) | develop 개발하다 | accessory 액세서리 | contribution 기여, 공헌, 이바지 | recreational 레크리에이션의, 오락의, 여가의 | equipment 장비 | industry 산업 | multi 다수의, 복수의 | hiking 하이킹, 도보여행 | adventure 모험(심) | rub (표면이) 쓸리다, 문지르다 | necessity 필수품 | skier 스키 타는 사람 | additional 추가적인 | ensure 보장하다 | situation 상황

1. to부정사 자리

해설 빈칸은 동사 developed와 명사구를 연결하는 자리다. 문장 내 동사가 이미 존재하므로, 목적어를 취할 수 있는 준동사인 to부정사 (C) to guard가 정답이다.

+ Key word
Jim Kang, ~, has unveiled a new line of **backpacks for ski footwear developed to guard both boots and other accessories.**

2. 어휘-부사

해설 빈칸은 동사와 전명구 사이의 부사 자리다. 문맥상 '이틀 이상의 하이킹을 위해 특별히 만들어진 가방'이라는 의미가 되어야 자연스러우므로 (B) specifically가 정답이다.

+ Key word
Kang became famous for his contribution to the recreational equipment industry ~ **bags created specifically for multi-day hiking adventures.**

3. 문장 선택

(A) Kang 씨의 배낭은 캐나다에서 매우 잘 팔린다.
(B) 그는 이것이 회사의 가장 중요한 원칙이라고 말한다.
(C) 그의 모든 장비는 친환경 소재를 사용하여 제조된다.
(D) 그것들은 창의적인 공간 활용으로 인지도를 얻었다.

해설 빈칸 앞 문장의 Kang이 하이킹용 가방으로 여가 장비 산업에 기여하면서 유명해졌다는 내용을 고려할 때, 그 이유에 해당하는 '그의 가방이 창의적인 공간 활용으로 인지도를 얻었다'라는 내용으로 이어져야 자연스러우므로 (D)가 정답이다.

+ Key word
Kang became famous for ~ **bags created specifically for multi-day hiking adventures. They gained recognition for their creative use of space.**

4. 어휘-명사

해설 빈칸은 형용사 additional의 수식을 받는 명사 자리다. 빈칸 앞 문장의 '부츠가 가방 안에서 다른 물건들에 닿지 않게 하는 건 힘들지만 꼭 필요한 물건'이라는 내용을 고려할 때, 부츠와 관련된 이야기로 이어져야 자연스러우므로, '실은 대부분의 스키어들이 여분의 신발 한 켤레를 챙겨오고 싶어 한다'라는 내용의 (B) pairs가 정답이다.

+ Key word
"It can be **hard to stop your boots from rubbing against the other items in your bag, ~ "Actually, most skiers want to bring additional pairs ~."**

BASE 실전훈련

본서 p.204

1. (B) **2.** (C) **3.** (B) **4.** (C) **5.** (B) **6.** (D)
7. (A) **8.** (C) **9.** (B) **10.** (D) **11.** (A) **12.** (A)
13. (C) **14.** (A) **15.** (B) **16.** (C)

1-4번은 다음 제품 설명에 관한 문제입니다.

Artux Premium의 획기적인 사이클링 바람막이 긴 팔 셔츠는 메리노 울로 제작되어, 일 년 내내 편안함을 선사합니다. **1**이 기능성 원단은 땀을 없애주어 건조한 상태를 유지시켜 줍니다. **2**소매에 있는 특수 반사 패널은 당신이 야간에 안전할 수 있게 추가 가시거리를 제공해 줍니다. 또한 저희 트레이드마크인 지퍼로 여닫는 통풍 시스템은 당신에게 딱 맞는 놀라운 맞춤형 온도를 제공합니다. 셔츠는 여유 있는 핏을 감안 **3**한 신축성 있는 디자인으로 되어 있습니다. 모든 주문은 구입일로부터 하루 이내에 Newbury 창고에서 **4**출고됩니다. 모든 구매는 저희의 2주 만족 보장에 의해 보증됩니다.

어휘
revolutionary 획기적인 | sleeve 소매 | cycling 자전거 타기, 사이클링 | merino wool 메리노 울[양모] | comfort 편안, 안락 | functional 기능적인, 실용적인 | fabric 직물, 천 | sweat 땀 | reflective 빛을 반사하는 | panel (옷의 일부를 이루는) 천 조각 | additional 추가의 | visibility 가시성 | trademark 트레이드마크, (등록) 상표 | zip 지퍼를 잠그다 | venting 통풍, 환기 | incredible 믿을 수 없는, 놀라운 | degree 정도, (온도 단위의) 도 | temperature 온도 | customization 주문에 따라 만듦, 사용자 정의 | jersey 셔츠 | flexible 신축성이 있는, 유연한 | allow for ~를 감안하다 | roomy 널찍한 | fit (옷이) ~하게 맞는 것 | warehouse 창고 | purchase date 구입일 | back 지지하다, 후원하다 | satisfaction 만족 | guarantee 품질 보증, 보장

1. 문장 선택

(A) 플리스로 안을 댄 칼라는 우리의 트레이드마크 공정을 사용하여 만들어집니다.
(B) 이 기능성 원단은 땀을 없애 주어 건조한 상태를 유지시켜 줍니다.
(C) 우리의 특별한 디자인은 날씨에 상관없이 당신의 발을 따뜻하게 해줄 것입니다.
(D) 튼튼한 폴리에스테르 침낭은 영하의 기온에 대해서 (기능을) 인증을 받았습니다.

해설 빈칸 앞 문장의 '사이클링 셔츠가 편안함을 제공하는 메리노 울로 만들어졌다'라는 내용을 고려할 때, 해당 원단의 기능에 대한 추가 설명으로 이어져야 자연스러우므로 (B)가 정답이다.

+ Key word
The revolutionary Windstopper long sleeve cycling shirt ~, providing comfort ~. This functional fabric keeps sweat away and the user dry.

2. 어휘-명사

해설 빈칸은 문장의 주어 reflective panels를 뒤에서 수식하는 전명구 내 전치사 on의 목적어 자리다. 앞 문장들에서 사이클링 셔츠에 대해 설명하고 있음을 고려할 때, 문맥상 '소매에 있는 반사 패널은 야간에 가시거리를 제공해 준다'라는 셔츠에 대한 설명으로 이어져야 자연스러우므로 (C) sleeves가 정답이다.

+ Key word
The revolutionary Windstopper long sleeve cycling shirt ~, providing comfort all throughout the year. **This functional fabric keeps sweat away and the user dry. Special reflective panels on the sleeves offer additional visibility at night to keep you safe.**

3. 관계대명사 자리

해설 빈칸은 완전한 문장과 주어가 빠진 불완전한 문장 사이의 자리다. 앞 문장의 목적어인 명사구 a flexible design을 선행사로 하는 주격 관계절의 관계대명사 자리이므로 (B) that이 정답이다.

➕ Key point
주격 관계대명사 앞에는 명사, 뒤에는 동사가 온다.

4. 동사의 시제와 태

해설 빈칸은 주어 Every order에 대한 동사 자리다. 주어가 사물 명사임을 고려할 때 주문이 발송된다는 의미를 전달하는 수동태 문장이 되어야 자연스러우며, 제품 및 주문에 대한 설명을 제공하는 글의 특성을 고려할 때, 문맥상 '모든 주문은 구입일로부터 하루 이내에 창고에서 출고될 것'이라는 의미가 되어야 자연스러우므로 미래 시제 수동태 (C) will be sent가 정답이다.

➕ Key word
Every order will be sent from our Newbury warehouse within one day of the purchase date. All purchases **are backed** by our two-week satisfaction guarantee.

5-8번은 다음 광고에 관한 문제입니다.

TG Airways는 Swift Rewards 카드로 여행을 더 매력적이게 만들어 줍니다!

TG Airways는 이용자가 일상에서 사용하며 포인트를 쌓을 수 있는 새로운 리워즈 신용카드를 제공해 드리게 되어 기쁩니다. 당신이 Paris에 있는 레스토랑에서 식사를 할 때도, 혹은 동네 슈퍼에서 장을 볼 때에도, 어느 쪽이든 당신의 다음번 여행을 위해 적립하게 됩니다. 왜 겨우 몇 군데 장소에서만 사용 가능한 포인트를 제공하는 카드에 ⑤만족하시나요? TG Swift Rewards 카드는 TG 항공 마일리지로 적립해 드리⑥지만, 이는 수천 개의 참여 업체에서 호텔 객실 및 렌터카를 예약하는 데에도 사용될 수 있습니다. 이는 자주 여행하는 ⑦사람들에게 더할 나위 없는 선택입니다. 지금 TG Swift Rewards 카드를 신청하시고, 최초 60일 동안 더블 포인트를 적립하세요. ⑧이 혜택은 한정된 시간 동안만 유효하니, 오늘 참여하세요.

어휘
appealing 매력적인 | reward 보상(금) | allow 허용하다 | accrue 누적하다 | purchase 구매, 구입 | pick up ~를 사다 | grocery 식료품 | save up for ~를 위해 저축하다 | earn 얻다, 받다 | airline 항공사 | book 예약하다 | rental car 렌터카 | participate 참여하다 | location 장소, 위치 | individual 개인 | frequently 자주 | sign up for ~을 신청하다, 등록하다

5. 동사 자리

해설 빈칸은 의문사와 전치사 사이의 자리다. 문맥상 '왜 겨우 몇 군데에서만 사용 가능한 포인트를 주는 카드에 만족하시나요?'라는 내용이 되어야 자연스러우므로, 'Why (do you) settle for ~' 의문문에서 「의문문 조동사+주어」가 생략된 구조를 완성하는 동사원형 (B) settle이 정답이다.

6. 어휘-접속사

해설 빈칸은 두 개의 문장을 연결하는 접속사 자리다. 문맥상 '항공 마일리지로 적립해 주지만, 그 마일리지는 호텔 및 렌터카 예약에 사용될 수 있다'라는 내용으로 연결되어야 자연스러우므로 (D) While이 정답이다.

➕ Key point
1. '------ 문장1, 문장2'의 구조에서 빈칸은 부사절 접속사 자리다.
2. 접속사 while은 '~하는 동안(동시 동작), ~반면(대조), ~이긴 하지만(양보)'의 의미를 갖는다.

7. 복수형 지시형용사 자리

해설 빈칸은 복수명사 individuals를 수식하는 자리이므로 수식하는 대상

과 수 일치를 이루는 복수형의 지시형용사 (A) those가 정답이다.

➕ Key point
지시 형용사/대명사 those는 'those (명사) who~'의 형태로 쓰여 불특정 다수를 지칭하며, '~한 사람들'이라고 해석된다.

8. 문장 선택

(A) 포인트는 당신의 출생지 내에서만 교환할 수 있을 것입니다.
(B) 그러나 6개월 후에는 초기 금리가 인상될 것입니다.
(C) 이 혜택은 한정된 시간 동안만 유효하니, 오늘 참여하세요.
(D) 다시 한번 말하자면, 추천된 각 신규 고객에 대해 귀하의 계정에 리워드 마일리지가 적용될 것입니다.

해설 빈칸 앞 문장의 '지금 카드를 신청하고 최초 60일 동안 더블 포인트를 적립하라'라는 내용을 고려할 때, 문맥상 '이 혜택은 한정된 시간 동안만 유효하니 오늘 참여하라'라는 내용으로 이어져야 자연스러우므로 (C)가 정답이다.

➕ Key point
Sign up for the TG Swift Rewards card now, and earn double points for your first 60 days. This offer is good for a limited time only, so join us today.

9-12번은 다음 편지에 관한 문제입니다.

Bold Lanes 볼링
22211 Memorial Highway
Winnipeg, MB R3B 1M3
연락처: 204 555-9991

Darren Ward, Partner
Lawrence & Lawrence 법률회사
1 Portsmouth Way
Winnipeg, MB R3B 7A2

Ward 씨께,

저희 Bold Lanes 볼링에서 귀하 회사의 시즌 모임을 주최하는 것에 관심을 가져 주셔서 감사드립니다. 저는 귀하께서 보내주신 문의에 답변을 드리게 되어 ⑨기쁩니다.

볼링장은 일요일부터 목요일까지 개별 행사를 목적으로 예약될 수 있습니다. 대여료에는 신발, 볼링공, 신청곡 목록 및 전체 ⑩센터의 독점 이용권이 포함됩니다. 50명 이하 단체인 경우, 총액은 700달러가 될 것입니다. ⑪추가 비용을 내시면 강습을 받을 수 있습니다. 또한, 저희 시설 내 레스토랑에서는 메뉴에 있는 모든 항목에 대해 20%를 할인해 드릴 것입니다. ⑫하지만 음식 준비를 개별적으로 하고 싶으시면, 저희 관리자에게 알려 주세요.

날짜를 정하시면, 저희가 예약 과정을 진행할 수 있도록 저에게 전화해 주시기 바랍니다.

안부를 담아,

Sadie Leithauser, 매니저

어휘
appreciate 고마워하다, 인정하다 | host 주최하다 | firm 회사 | seasonal 계절적인 | get-together 모임 | inquiry 문의 | bowling alley 볼링장 | reserve 예약하다 | rental fee 대여료 | cover 포함시키다, 가리다 | customize 개별맞춤으로 하다, 주문 제작하다 | exclusive 독점적인, 전용의 | access 이용, 접근 | entire 전체의

9. 주격 보어 자리

해설 빈칸은 주어 I에 대한 주격 보어 자리다. 문맥상 '저는 답변을 드리게 되어 기쁩니다'라는 의미가 되어야 자연스러우므로 수동의 의미를 전달하는 과거분사 (B) pleased가 정답이다.

+ Key point
> 1. 주격 보어 자리에는 주어와 의미상 동격을 이루는 명사나, 주어의 상태를 서술하는 형용사가 올 수 있다.
> 2. 현재분사는 능동으로 '~한 상태를 유발시키는'의 의미를, 과거분사는 수동으로 '~한 상태를 당한'의 의미를 갖는다.

10. 어휘-명사

해설 빈칸은 our entire의 수식을 받는 명사 자리다. 문맥상 '대여료는 센터 전체 독점 이용권을 포함한다'라는 의미가 자연스러우므로 (D) center가 정답이다.

+ Key point
> **Rental fees cover** shoes, bowling balls, customized music playlist, and **exclusive access to our entire center**.

11. 문장 선택

> **(A) 추가 비용을 내시면 강습을 받을 수 있습니다.**
> (B) 볼링은 놀라울 정도로 경쟁이 치열한 활동입니다.
> (C) 생일 파티를 위한 공간도 예약할 수 있습니다.
> (D) 볼링장은 Supersavers 매장 맞은편에 있습니다.

해설 빈칸 뒤 문장과 접속부사 Also로 연결되어 있음을 고려할 때, 뒤 문장의 '시설 내 레스토랑 이용 시 할인 제공'이라는 내용과 같은 맥락으로 '볼링장 시설 이용 금액'에 대해 안내하는 내용이 들어가야 자연스러우므로 '추가 비용을 내면 (볼링) 강습을 받을 수 있다'라는 내용의 (A)가 정답이다.

+ Key word
> **Tutorials can be provided for an additional fee. Also, our onsite restaurant will take 20 percent off of any menu item**.

12. 어휘-접속부사

해설 빈칸 앞 문장의 '시설 내 레스토랑은 모든 메뉴에 할인을 제공할 것'이라는 내용과 빈칸 뒷부분의 '음식 준비를 직접 하고 싶다면'이라는 내용이 있으므로, 서로 반대되는 내용을 연결하는 접속부사 (A) However가 정답이다.

+ Key point
> Also, **our onsite restaurant will take 20 percent off of any menu item. However, if you wish to make your own food arrangements**, ~ .

13-16번은 다음 기사에 관한 문제입니다.

NEWCASTLE (4월 4일) — Newcastle 시의회는 전기 스쿠터를 시 중심부로 되돌리는 계획을 승인했다. 전기 스쿠터는 주차 공간 부족으로 인도를 막고 보행자들에게 불편을 끼친다는 이유로 2년 전 금지되었다. 게다가 이용자들은 도로를 이용하라고 ¹³요구받았는데, 이는 운전자들뿐만 아니라 그들에게도 위험한 상황을 만들어냈다.

새로운 계획 하에서는 스쿠터 차선이 추가되고 스쿠터 정거장들이 시내 20곳에 ¹⁴전략적으로 배치될 것이다. 그 계획의 한 가지 목표는 건강에 해로운 배기가스를 줄이는 것이다. "¹⁵게다가 저는 전 연령대의 방문객들에게 저희의 활기찬 도시 중심지를 둘러볼 방법을 제공한다는 점에서 이 아이디어가 좋습니다,"라고 Clara Morales 시 행정 담당자가 기자회견 후에 말했다. ¹⁶그녀는 6월까지 스쿠터 차선과 정거장이 제대로 운영되는 것을 보길 바란다.

어휘
city council 시의회 | approve 승인하다 | initiative 계획 | bring back ~를 다시 가져오다 | centre 중심 | ban 금지하다 | lack 부족 | cause 유발하다 | block 막다 |

inconvenience 불편 | pedestrian 보행자 | dangerous 위험한 | situation 상황 | motorist 운전자 | lane 길, 차선 | station 정거장, 역 | emission 배출, 배기가스 | explore 탐험하다, 답사하다 | vibrant 활기찬 | press conference 기자회견

13. 동사의 시제와 태

해설 빈칸은 주어 users에 대한 동사 자리다. 빈칸 뒤 바로 to부정사가 있음을 고려할 때, 동사 require의 수동태 형태인 'be required to V'의 형태가 되어야 하며, In addition으로 연결된 빈칸 앞 문장에서 2년 전 전기 스쿠터가 금지된 이유에 대해 설명하고 있으므로 과거 시제 수동태인 (C) were required가 정답이다.

+ Key point
to부정사를 목적격 보어로 취하는 동사 require의 5형식 문장 구조는 다음과 같다.
[능동태] 주어 require 명사 to부정사 '주어가 명사에게 ~할 것을 요구하다'
[수동태] 명사 be required to부정사 (by 주어) '명사는 (주어에 의해) ~할 것을 요구 받다'

14. 부사 자리

해설 빈칸은 수동태 동사구문과 전명구 사이의 부사 자리이므로 (A) strategically가 정답이다.

+ Key point
3형식 동사의 수동태 뒤에는 부사 또는 전치사구와 같은 수식어구가 올 수 있다.

15. 어휘-접속 부사

해설 빈칸 앞 문장의 '계획의 한 가지 목표는 건강에 해로운 배기가스를 줄이는 것'이라는 내용과 빈칸 뒷부분의 '방문객들에게 도시를 둘러볼 수 있는 방법을 제공한다'라는 점에서 이 계획이 좋다'라고 말한 내용을 고려할 때, 계획이 가져올 장점을 추가로 제시하고 있으므로 앞 내용에 대한 부연 설명을 제공하는 접속부사 (B) Moreover가 정답이다.

+ Key point
> **One goal of the plan is to decrease unhealthy emissions. "Moreover, I love the idea of providing a way for visitors of all ages to explore our vibrant city centre,"**

16. 문장 선택

> (A) Shefield는 거리에서 스쿠터를 운전하는 데 특별한 훈련을 요구하는 프로그램을 가졌다.
> (B) 최근의 연구는 오염이 20% 감소했다는 것을 보여주었다.
> **(C) 그녀는 6월까지 스쿠터 차선과 정거장이 제대로 운영되는 것을 보길 바란다.**
> (D) 그 서비스는 등록된 지역 주민들로 제한되어야 할 것이다.

해설 빈칸 앞부분의 스쿠터 차선과 정거장을 배치할 것이라는 계획과 이 계획이 가져올 효과들에 대한 시 행정 담당자의 인터뷰 내용을 고려할 때, 문맥상 계획의 시행 시기에 대한 내용으로 이어져야 자연스러우므로 (C)가 정답이다.

+ Key point
> **Under the new plan, a scooter lane will be added and scooter stations will be placed strategically at 20 locations downtown. ~ "Moreover, I love the idea of providing a way for visitors of all ages to explore our vibrant city centre," ~ . She would like to see the scooter lanes and stations up and running by June.**

CHAPTER 12 파트 7 문제 유형

BASE 집중훈련
본서 p.216

1. (D) **2.** (D) **3.** (A) **4.** (C) **5.** (B)

1-2번은 다음 이메일에 관한 문제입니다.

수신: 시간제 직원들 〈ptemployees@sinkerintl.com〉
발신: Roger Sun 〈rsun@sinkerintl.com〉
날짜: 5월 21일
제목: 읽어주세요.

여러분, 안녕하세요

■①이 이메일은 부디 목요일까지 근무시간을 로그인할 것을 알려드리기 위함입니다. 언제나처럼, 추가 교대 근무를 받은 사람들은 담당 관리자에게 확인을 받아야 합니다. 또한, 지난 일요일 오후에 3시간짜리 ②자율 경력 개발 워크숍에 참여했다면, 6B 칸에 해당 시간을 기록하는 것을 잊지 마세요.

감사합니다.

Roger Sun, HR 매니저
Sinker International

어휘
log in 로그인하다 | pick up 얻다, 획득하다 | extra 추가의 | shift 교대 근무 | verify (정확한지) 확인하다 | designated 지정된 | participate in ~에 참여하다 | voluntary 자발적인 | career 경력 | advancement 발전, 진보 | record 기록하다

1. 핵심 정보(목적)
이메일은 왜 발송되었는가?
(A) 새로운 매니저를 소개하려고
(B) 자원봉사 직무에 대한 세부 내용을 알려주려고
(C) 전근 기회에 대해 알려주려고
(D) 마감일을 강조하려고

해설 첫 번째 줄에서 'This e-mail is to kindly remind you to ~ Thursday.'라고 했으므로 (D)가 정답이다.

2. 추론(특정 정보)
교육 행사에 관하여 언급된 것은?
(A) 매년 열린다.
(B) 6시간짜리였다.
(C) 초과 근무로 간주될 것이다.
(D) 의무 사항은 아니었다.

해설 세 번째 줄에서 'voluntary career advancement workshop'이라고 했으므로 (D)가 정답이다.

＋ Paraphrasing
workshop → training event, voluntary → not mandatory

3-5번은 다음 편지에 관한 문제입니다.

Midgard Airways

34 Frederiksberg, Adalen,
Region Sjaelland 1879

8월 29일

단골 고객 클럽 회원님께 드리는 메시지:

Midgard Airways는 고객님의 지속적인 애용에 감사드립니다. 20년간 운영해 오면서, 저희는 스칸디나비아 전역의 고객들에게 이 시장에서 가장 좋은 몇몇 혜택들을 포함하여 혁신적인 서비스를 제공해 왔습니다. 업계 전반의 어려움에도 불구하고, 저희는 저희 브랜드의 특별함인 고객 만족을 계속해서 지켜왔습니다. 그러한 정신으로, ③저희가 Tangerine Airlines와의 합병을 진행 중임을 발표하게 되어 자랑스럽습니다.

고객님이 신뢰해 온 항공사에 이것이 어떤 변화를 가져올까요? 단 한 가지 측면만 바뀝니다. 1월 1일부터 저희는 Tangerine Airlines North로 이름을 알리게 될 것입니다. 고객님은 계속해서 보상 마일리지를 보유하시게 되며, 같은 공항의 회원 라운지를 이용하실 수 있고, 동일한 좌석 업그레이드를 받으시게 됩니다. 그러나, ④이제 고객님은 훨씬 더 다양하고 흥미진진한 목적지로의 연결을 포함하여, Tangerine Airlines의 모든 네트워크를 즉시 이용하실 수 있을 것입니다. Tangerine Airlines는 유럽에서 가장 빠르게 성장하는 항공사이며 승객 서비스와 적시성 부문의 수상 실적을 가지고 있습니다.

Tangerine Airlines에 관한 더 많은 정보를 원하시면, Tangerine Airlines 앱을 다운로드하시거나, 1-800-555-8284로 전화 주세요. ⑤항공편을 예약하시려면, www.midgardairways.dk/bookings를 계속 이용해 주세요.

고객님을 모시는 일이 저희는 언제나 즐겁습니다.

안녕히 계십시오,

Sven Svenson
Midgard Airlines 대표

어휘
appreciate 고마워하다 | continued 지속적인 | loyalty 애용 | innovative 혁신적인 | perk 혜택 | industry-wide 업계 전반에 걸친 | challenge 도전, 어려움 | keep track of ~을 계속 파악하다 | spirit 정신 | undergo 겪다 | merger 합병 | respect 측면, 사항 | retain 보유하다 | rewards 보상 | have access to ~을 이용할 수 있다 | entire 전체의, 모든 | have ~ at one's fingertips ~을 즉시 이용할 수 있다 | including ~을 포함하여 | a greater range of 훨씬 더 다양한 | destination 목적지, 도착지 | track record 실적 | award-winning 수상한 | timeliness 적시성 | app 앱, 응용 프로그램 (＝application) | book 예약하다 | aboard (비행기 등에) 탄, 탑승한

3. 핵심 정보(목적)
편지의 목적은 무엇인가?
(A) 회원들에게 기업 제휴에 관하여 알려주려고
(B) 장기 회원들에게 감사를 표하려고
(C) 고객들에게 새로운 비행 노선을 알려주려고
(D) 온라인 예약 시스템의 변경을 알려주려고

해설 본문은 Midgard Airways가 단골 고객들에게 보낸 편지이다. 그들이 그간 고객들에게 해온 우수한 서비스를 소개하면서 'we will be undergoing a merger with Tangerine Airlines'라고 한 뒤, 합병 후에 제공될 서비스에 관하여 소개하고 있으므로 (A)가 정답이다.

＋ Paraphrasing
merger → corporate partnership

4. 추론(특정 정보)

Tangerine Airlines에 관하여 알 수 있는 것은?
(A) 20년간 운영해 왔다.
(B) 공항 라운지 입장을 제공하지 않는다.
(C) Midgard보다 이용할 수 있는 항공편이 더 많다.
(D) 마일리지 시스템을 개정할 것이다.

해설 두 번째 단락에서 'you will now have ~ a greater range of exciting destinations'라고 했으므로 (C)가 정답이다.

+ **Paraphrasing**

a greater range of exciting destinations → more available flights

5. 특정 정보(상세)

편지에 따르면, 수신자들은 항공편 예약을 위해 무엇을 해야 하는가?
(A) Tangerine Airlines 모바일 애플리케이션을 다운로드한다
(B) 전과 같은 웹사이트에 로그인한다
(C) Tangerine Airlines 수신자 부담 전화번호로 전화한다
(D) Midgard 고객 서비스팀에 메시지를 보낸다

해설 세 번째 단락에서 'If you need to book a flight, please continue to use www.midgardairways.dk/bookings.'라고 했으므로 (B)가 정답이다.

+ **Paraphrasing**

continue to use www. ~ /bookings → Log on to the same Web site as before

---

BASE 집중훈련 본서 p.220

1. (B)   **2.** (D)   **3.** (D)   **4.** (C)   **5.** (D)

1-2번은 다음 온라인 양식에 관한 문제입니다.

Wentworth & Company
고객 후기
저희 전문가가 귀하의 댁에서 수행한 작업과 귀하께서 경험하신 내용을 아래에 설명해 주십시오. 의견을 게시하려면 이름과 전화번호를 제공해 주셔야 합니다.

이름: Sam Frost
전화번호: 555-1298 **2**(이것은 공개되지 않을 것입니다)

저희는 새로운 화단에 정말 만족합니다. 아름답게 디자인되었고 예상했던 것보다 비용이 훨씬 덜 들었고, 예정보다 일찍 완성되었습니다. **1**정원 손질이 필요한 사람에게 저는 꼭 Wentworth를 추천할 거고, 저는 이미 저희 뒷마당을 좀 더 개선하려고 고려 중입니다.

어휘
review 평가, 후기 | explain 설명하다 | professional 전문가 | perform 수행하다 | property 부동산, 주택 | below 아래에 | post 게시하다 | comment 언급, 논평 | appear 나타나다 | publicly 공개적으로 | pleased with ~이 기쁜, 마음에 드는 | flower bed 화단 | cost 비용이 들다 | significantly 상당히 | definitely 분명히 | refer 추천하다 | gardening 조원, 정원 손질 | consider 고려하다 | improvement 향상, 개선 | backyard 뒷마당

1. 특정 정보(상세)

Wentworth & Company는 어떤 종류의 사업체인가?
(A) 주택 개조 용품점
(B) 조경 회사
(C) 꽃가게
(D) 실내 장식 업체

해설 두 번째 단락에서 'I'd definitely refer anyone with gardening needs to Wentworth, ~.'라고 했으므로 (B)가 정답이다.

+ **Paraphrasing**

gardening → landscaping

2. 특정 정보(사실 확인)

전화번호에 관하여 언급된 것은?
(A) 일정을 확정하는 데 이용될 것이다.
(B) 회사 웹사이트에 저장된다.
(C) 특별 할인을 받기 위해 필요하다.
(D) 비공개이다.

해설 두 번째 단락에서 'this will not appear publicly'라고 했으므로 (D)가 정답이다.

+ **Paraphrasing**

not appear publicly → remain private

3-5번은 다음 웹 페이지에 관한 문제입니다.

연혁

Cecily Hatch는 항상 자전거 타기를 좋아했지만, 결국 다른 사람들의 자전거에 대한 작업을 하게 될 줄은 몰랐습니다. —[1]—. **3**Hatch 씨는 원래 생물학 연구자로 시작해서 현장 연구를 위해 이곳에 온 후 Colorado에 있는 산에 머물기 위해 여행 가이드로 직업을 전환했습니다. —[2]—.

그녀는 산악자전거 타기에 몰두하면서, 최대한 많은 시간을 산길에서 보내며 진정한 전문가가 되었습니다. **4**그리고 수년간의 저축 끝에, 그녀는 자신의 자전거 가게 Iron Bikes를 열었습니다. —[3]—.

5상점의 성공은 Hatch 씨가 다방면으로 현지 지역에 기여할 수 있게 해 줍니다. —[4]—. 그녀는 또한 지역 내 최상의 자전거 루트를 상세히 설명해주는 블로그를 운영하며, 연례 경주를 준비하는 데 도움을 주고 있습니다.

어휘
cycling 자전거 타기, 사이클링 | end up 결국 ~에 처하게 되다 | originally 원래 | biology 생물학 | transition 변천하다, 전환하다 | field study 현장 연구 | pour oneself into ~에 몰두하다 | trail 길, 산길 | expert 전문가 | save 아끼다 | contribute to ~에 기여하다 | maintain 유지하다 | organize 조직하다

3. 특정 정보(상세)

Hatch 씨의 첫 직업은 무엇이었는가?
(A) 도서 저자
(B) 자전거 판매원
(C) 여행 가이드
(D) 과학 연구원

해설 첫 번째 단락에서 'Ms. Hatch originally started out as a biology researcher and ~.'라고 했으므로 (D)가 정답이다.

+ **Paraphrasing**

biology researcher → Science researcher

4. 특정 정보(사실 확인)

Hatch 씨에 관하여 사실인 것은?

(A) Colorado에서 태어났다.

(B) 최근 많은 기부를 했다.

(C) 사업을 하고 있다.

(D) 경주에 참가할 것이다.

해설 두 번째 단락에서 'after years of saving money, she opened her own bicycle shop, Iron Bikes.'라고 했으므로 (C)가 정답이다.

+ Paraphrasing

open her own bicycle shop → own a business

5. 문맥(문장 삽입)

[1], [2], [3], [4]로 표시된 곳 중에서 다음 문장이 들어갈 위치로 가장 적절한 곳은?

"예를 들어, 그녀는 젊은 예비 사이클 선수들에게 자전거 무료 수리를 제공합니다."

(A) [1]

(B) [2]

(C) [3]

(D) [4]

해설 세 번째 단락에서 'The success of the shop allows Ms. Hatch to contribute to the local area in a number of ways.'라고 하여 주어진 문장이 이어지기에 자연스러우므로 (D)가 정답이다.

BASE 집중훈련
본서 p.224

1. (C) **2.** (D) **3.** (D) **4.** (C) **5.** (C) **6.** (B)

1-3번은 다음 부동산 안내에 관한 문제입니다.

숨이 멎는 듯한 전망이 있는 럭셔리 생활! ²ᴮ**지난해 말 수리된 이 호화로운 매물은** 3,500 평방피트가 넘는 바닥 면적에, 2층으로 나뉘어져 있으며, 너무나 아름다운 1,500 평방피트의 옥상 테라스와 ¹**24시간 이용할 수 있는 2,500 평방피트의 최신식 체육관을 갖추고 있습니다.** —[1]—. ²ᶜ**건물은 Emerald 쇼핑몰 길 바로 건너편에 위치해 있으며,** 해변에서 1,000 피트 거리도 되지 않습니다. —[2]—. ²ᴬ**해당 매물은 유명 브랜드의 긴 의자에서부터 고급 협탁에 이르기까지 모든 것이 완비되어 있습니다.** —[3]—. ³**매물 임차에는 임차 보증금과 최소 24개월의 임차 계약이 요구됩니다.** —[4]—. 건물에 관하여 문의하시려면, Marcus Murray에게 mmurray@zdparadise.ag로 이메일을 보내주세요.

어휘

breathtaking 숨이 멎는 듯한 | view 전망, 경관 | sumptuous 호화로운 | unit (아파트 등 공동 주택의) 한 가구 | renovate 수리하다, 보수하다 | square feet 평방피트 | floor space 바닥 면적, 건평 | split across 둘로 쪼개지다 | story 층 | stunning 너무나 아름다운 | rooftop 옥상 | access to ~의 이용 | state-of-the-art 최신의, 최신 기술의 | gymnasium 체육관 | property 부동산, 건물 | fully furnished (가구 등 인테리어가) 모두 완비된 | couch 카우치, 긴 의자 | end table 협탁, 작은 테이블 | security deposit 임차 보증금 | lease 임대차 계약 | inquire 문의하다

1. 특정 정보(상세)

운동 시설은 얼마나 큰가?

(A) 1,000 평방피트

(B) 1,500 평방피트

(C) 2,500 평방피트

(D) 3,500 평방피트

해설 지문 초, 중반에 걸쳐 각 서비스 구역의 크기를 언급하고 있는데, 운동 시설에 대해서는 '24-hour access to a state-of-the-art 2,500 -square-foot gymnasium'이라고 했으므로 (C)가 정답이다.

+ Paraphrasing

gymnasium → workout facility

2. NOT(상세 정보)

건물의 혜택으로 언급되지 않은 것은?

(A) 가구가 딸려 온다.

(B) 최근에 수리되었다.

(C) 쇼핑센터 근처에 위치해 있다.

(D) 학교까지 걸어갈 수 있는 거리에 있다.

해설 지문의 단서와 보기를 연결시키면, 'This sumptuous unit, which was renovated late last year'은 (B)와, 'The property is located right across the street from Emerald Shopping Mall'은 (C)와, 'The unit is fully furnished, with everything from designer couches to high-end end tables.'는 (A)와 일치하지만, 학교까지 걸어서 갈 수 있는 거리에 있다는 내용은 언급된 바 없으므로 (D)가 정답이다.

3. 문맥(문장 삽입)

[1], [2], [3], [4]로 표시된 곳 중에서 다음 문장이 들어갈 위치로 가장 적절한 곳은?

"가능한 매물에 한하여, 요청하시면 더 짧은 기간의 임차 계약도 이용하실 수 있습니다."

(A) [1]

(B) [2]

(C) [3]

(D) [4]

해설 [4] 앞의 문장에서 'Renting the unit requires a security deposit and a minimum 24-month lease.'라고 하여 주어진 문장이 이어지기에 자연스러우므로 (D)가 정답이다.

4-6번은 다음 기사에 관한 문제입니다.

기술 회사, 전동스쿠터 서비스와 협력하다

Lorenzo Ballmer 작성

Phoenix (8월 7일) —다음 달부터 Altraz사의 본사 직원들은 전동스쿠터를 이용할 기회를 갖게 될 것이다. 이는 Altraz가 Zoot Scoot과 함께 마련한 새로운 스쿠터 공유 서비스로 인한 것이다. ⁴**Zoot Scoot은 Phoenix 출신인 Liz Kraft와 Jackie Brady가 운영한다.** Altraz는 이제 Zoot Scoot의 최대 고객이 될 것이다.

Zoot Scoot은 직원들이 5백만 평방피트의 캠퍼스를 누비도록 돕기 위해, Altraz 본사에 헬멧 같은 안전 장비와 더불어 150대가 넘는 스쿠터를 제공할 것이다. ⁶ᶜ**Zoot Scoot의 애플리케이션을 사용하여, 이용자들은 태블릿 PC나 스마트폰으로 가장 가까이 있는 스쿠터를 찾아 예약할 수 있다.** 예약은 5분간 유지된다. ⁶ᴬ**이 시간 동안 이용자는 스쿠터를 찾아, 앱에서 생성하는 4자리 코드를 입력해야 한다.** 이는 이용자가 스쿠터를 찾아 탈 수 있게 해줄 것이다. 가장 좋은 점은 이 스쿠터들에 거치대가 없다는 것인데, 이는 Altraz 부지 내라면 어디든지 스쿠터를 세울 수 있음을 의미한다.

Kraft와 Brady는 Altraz 직원들이 스쿠터 서비스를 잘 활용할 것이라고 확신한다. ⁵**"캠퍼스 내 셔틀버스가 1시간 간격으로 운행하기 때문에, 스쿠터를 사용하는 선택권을 갖는다는 것은 굉장합니다."**라고 Kraft가 말

했다. "또한 저희 스쿠터는 직원들에게 이렇게 아름다운 캠퍼스를 둘러볼 기회를 줄 거예요."라고 Brady가 덧붙였다.

⑥DAltraz 이메일 계정을 가진 사람들은 스쿠터를 무료로 사용할 수 있다. 서비스는 9월 초에 이용 가능할 것이다.

어휘

team up with ~와 협력하다 | electronic 전기의 | scooter 스쿠터, 소형 오토바이 | corporate 기업의 | headquarters 본사, 본부 | set up 설치하다, 마련하다 | operate 경영하다, 운용하다 | native ~ 출신인 사람 | as well as 뿐만 아니라 | safety 안전 | equipment 장비 | helmet 헬멧 | square foot 평방피트 | application 애플리케이션, 응용프로그램 | locate ~의 위치를 찾다 | reserve 예약하다 | near 가까운 | reservation 예약 | hold 유지하다 | digit 자리 | generate 만들어 내다 | allow 허용하다 | access 접근하다 | dockless 거치대가 없는 | drop off 내려주다 | anywhere 어디든 | ground 구내, 부지 | certain 확실한 | make good use of 유용하게 활용하다 | option 선택권, 옵션 | hourly 매시간의 | interval 간격 | mention 언급하다 | explore 탐방[탐사]하다 | complimentary 무료의 | account 계정

---

4. 특정 정보(상세)

Kraft 씨와 Brady 씨는 누구인가?
(A) Altraz 이사진
(B) 소프트웨어 엔지니어
(C) 동업자
(D) 스쿠터 수리 기사

해설 첫 번째 단락에서 'Zoot Scoot is operated by Phoenix natives Liz Kraft and Jackie Brady.'라고 했으므로 (C)가 정답이다.

5. 추론(특정 정보)

Altraz 캠퍼스에 관하여 알 수 있는 것은?
(A) 스쿠터 친화적이지 않다.
(B) 자연에 둘러싸여 있다.
(C) 버스 일정이 제한적이다.
(D) 다음 달에 새로운 시설을 지을 것이다.

해설 세 번째 단락에서 'Having the option to use these scooters is great because the shuttle buses on campus only run at hourly intervals.'라고 했으므로 (C)가 정답이다.

6. NOT(상세 정보)

스쿠터 공유 서비스에 참여하기 위해 필요한 것이 아닌 것은?
(A) 사용자 코드
(B) 개별 잠금장치
(C) 모바일 애플리케이션
(D) Altraz 이메일 계정

해설 지문의 단서와 보기를 연결시키면, 'During this time, users must find the scooter, and enter a four-digit code that the app generates.'는 (A)와, 'By using Zoot Scoot's application, users can locate and reserve the nearest scooters from their tablet PC or smartphone.'은 (C)와, 'Complimentary use of the scooters is available to those with an Altraz e-mail account.'는 (D)와 일치하지만, 개별 잠금장치에 대한 내용은 언급된 바 없으므로 (B)가 정답이다.

BASE 집중훈련

1. (B) **2.** (B) **3.** (A) **4.** (C) **5.** (B)

1-2번은 다음 할인권에 관한 문제입니다.

CCBS 센터

특징: Savanna 체험

평일 입장료 50% 할인

입장료 절반을 할인받으려면, 티켓 판매처에 이 할인권을 사용하십시오. 이 할인권은 한 명에게만 유효하며, 다른 쿠폰이나 요금 할인과 함께 사용될 수 없습니다. **❶**또한 이 할인은 판다 월드나 악어 가든을 포함한 특별전에서 사용될 수 없습니다(자세한 내용은 웹사이트를 참조해 주세요).

❷일반 일정: 오전 10시 30분—오후 7시, 매일
가을 일정: (9월 30일—11월 5일) 오전 10시 30분—오후 7시, 월—토

어휘

feature 특별히 포함하다, 특징을 이루다 | weekday 평일 | admission 입장(료) | redeem 현금[상품]으로 바꾸다 | voucher 할인권, 상품권 | valid 유효한 | in conjunction with ~와 함께 | rate 요금 | reduction 할인, 감소 | offer 제안; 제공하다 | exhibit 전시; 전시하다 | including ~를 포함하여 | panda 판다 | alligator 악어 | detail 세부 사항 | regular 일반적인 | schedule 일정 | daily 매일의

---

1. 추론(특정 정보)

CCBS 센터는 무엇이겠는가?
(A) 여행사
(B) 동물원
(C) 미술관
(D) 극장

해설 첫 번째 단락의 세 번째 줄에서 'This offer also cannot be used on special visiting exhibits, including The World of Pandas or Alligator Gardens.'라고 했으므로 (B)가 정답이다.

2. 특정 정보(상세)

가을에 CCBS 센터에 무슨 일이 일어나는가?
(A) 더 저렴한 입장권을 제공한다.
(B) 일주일에 하루 문을 닫는다.
(C) 주간 특별 행사를 개최한다.
(D) 시설 일부를 폐장한다.

해설 두 번째 단락에서 'Fall schedule: (September 30—November 5) 10:30 A.M.—7:00 P.M., Mon—Sat'인 걸로 미루어 가을에는 일요일에 문을 닫는다는 것을 알 수 있으므로 (B)가 정답이다.

PART 7 CHAPTER 12

3-5번은 다음 보고서에 관한 문제입니다.

건물명 및 연식: Mineski 오피스 타워 (25년)
프레임 재질: 강철
주소: 101 Park Way, Aberdeen
소유자: Gerald T. Mineski
날짜: 4월 1일
보고서 작성자: 🖪Michael Gabbard

메모:
🖪건물은 전반적으로 양호한 상태로 보입니다. 12층에서 경미한 수도관 누수가 감지되었습니다.

타워 특성	등급	등급 안내
기반	B	A 우수
전기 시스템	B	B 좋음: 추가 조치가 필요하지 않음
배관	🖪C	🖪C 보통: 마모의 흔적이 보임
단열	B	D 열악: 신속한 조치를 요함
창문과 문	A	F 안전하지 않음: 과태료가 부과될 수 있음
주차 시설	🖪G	🖪G 해당 사항 없음

어휘
frame 틀, 뼈대; 틀을 잡다 | material 자재, 재료 | steel 강철 | fill out 작성하다 | note 메모; 주목[주의]하다 | appear ~한 것 같다 | overall 전반적으로; 전반적인 | minimal 최소의, 아주 적은 | water pipe 수도관, 배수관 | leakage 누출, 누수 | detect 감지하다 | feature 특성, 특징, 기능 | foundation 기반, 토대, 기초 | electrical 전기의 | plumbing 배관 | insulation 단열 | require 필요로 하다, 요구하다 | fair 타당한, 괜찮은 | sign 흔적, 사인 | wear 마모, 닳음; 닳다, 낡다 | urgent 긴급한 | penalty 벌금 | incur (비용을) 발생시키다, 초래하다 | apply 적용되다, 해당되다

3. 추론(특정 정보)
Gabbard 씨는 무엇을 했겠는가?
(A) 점검을 실시했다
(B) 기계를 수리했다
(C) 보수 공사 프로젝트를 승인했다
(D) 계약 업체에 연락했다

해설 보고서 작성자에 Michael Gabbard라고 적혀 있고, 메모에 'The building appears to be in good condition overall. Some minimal water pipe leakage detected on the 12th floor.'라고 적혀 있는 것으로 미루어 Gabbard 씨가 건물을 점검했음을 알 수 있으므로 (A)가 정답이다.

4. 추론(특정 정보)
건물의 어느 부분이 보수를 필요로 하겠는가?
(A) 기반
(B) 전기 시스템
(C) 배관
(D) 창문과 문

해설 등급 안내에 따라 해당없음을 의미하는 G등급을 제외하고, 타워 특성에서 Plumbing(배관)이 가장 낮은 등급인 C등급을 받았으며, C등급은 'Fair Condition: shows signs of wear'를 의미하는 걸로 미루어 보수를 필요로 함을 알 수 있으므로 (C)가 정답이다.

5. 추론(특정 정보)
Mineski 타워에 관하여 암시되는 것은?
(A) 4월에 리모델링 되었다.
(B) 주차장이 없다.
(C) 기업 입주자들만 있다.
(D) Aberdeen의 신축 건물들 중 하나이다.

해설 등급 안내의 Does not apply(해당 사항 없음)를 의미하는 G등급을 받은 항목이 Parking Facilities(주차 시설)인 걸로 미루어 Mineski 타워에 주차 시설이 없다는 것을 알 수 있으므로 (B)가 정답이다.

+ Paraphrasing
Parking Facilities → a garage

BASE 집중훈련   본서 p.234

1. (C) **2.** (B) **3.** (B) **4.** (A) **5.** (C) **6.** (C)

1-2번은 다음 문자 메시지 대화에 관한 문제입니다.

Jason Morris [오후 7시 01분]
Jerome, 안녕하세요. 저는 이제 Birmingham 지점에서 출발합니다. 🖪제 Orlando행 항공편이 자정쯤 도착할 예정이에요. 제가 내일 레스토랑으로 어떻게 가면 되죠?

Jerome Bettis [오후 7시 03분]
제가 내일 호텔에서 태워다 드릴게요. Birmingham에서는 어땠어요?

Jason Morris [오후 7시 05분]
🖪Birmingham 지점은 인상적이에요. 그곳은 본사의 모든 기대치에 완벽하게 부합했어요. 주방은 깨끗하고 저희 기준에 따라 정리가 잘 되어 있어요. 또한, 식당은 아름답게 꾸며져 있고, 종업원들은 세심하고, 음식은 최고예요.

Jerome Bettis [오후 7시 06분]
그럼, 제 생각엔 저희에게도 만족하실 거 같아요. 저희의 저녁 서비스 준비 작업을 보고 싶으실 거 같은데요? 오후 4시쯤 어떠세요?

Jason Morris [오후 7시 08분]
괜찮을 거예요. 기대되네요.

어휘
branch 지점 | flight 항공, 비행 | expect 기대하다, 예상하다 | land 착륙하다 | midnight 자정, 밤 열두시, 한밤중 | impressive 인상적인 | headquarters 본사, 본부 | expectation 기대 | arrange 정리하다, (일을) 처리하다 | policy 정책, 방침 | in addition 또한 | dining room 식당 | waitstaff 종업원들 | attentive 배려하는, 주의를 기울이는 | top-notch 최고의, 아주 뛰어난 | as well 또한 | suppose 가정하다, 추측하다 | preparation 준비 | look forward to ~를 기대하다, 고대하다

1. 핵심 정보(목적)
Morris 씨는 Bettis 씨에게 왜 메시지를 보냈는가?
(A) 최근 매출 보고서에 대해 논의하려고
(B) 항공편 지연에 대해 상세히 설명하려고
(C) 곧 있을 방문을 정하려고
(D) 취업 지원자에 대해 검토하려고

해설 오후 7시 01분 Jason Morris의 메시지에서 'My flight to Orlando is expected to land around midnight. How should I get to the restaurant tomorrow?'라고 했으므로 (C)가 정답이다.

2. 문맥(화자 의도 파악)

오후 7시 06분에 Bettis 씨가 "그럼, 제 생각엔 저희에게도 만족하실 거 같아요"라고 할 때, 그가 의미한 것은?

(A) Bettis 씨는 식당의 실내장식을 다시 했다.
(B) Orlando 지점은 회사의 지침을 따르고 있다.
(C) Morris 씨는 신메뉴를 좋아할 것이다.
(D) Orlando 지점은 공항과 가깝다.

해설 오후 7시 05분 ~ 7시 06분 대화에서 Jason Morris 씨가 'The Birmingham branch is impressive. ~ and the food is top-notch.'라고 하자, Jerome Bettis 씨가 'I think you'll be pleased with us as well, then.'이라고 말한 것이므로 (B)가 정답이다.

3-6번은 다음 기사에 관한 문제입니다.

완벽한 바를 찾아서

SEATTLE (6월 25일) —고등학교를 졸업한 후, Frank Maron은 프로 등반가가 되려는 바람으로 Aspen으로 이사했다. 하지만 그는 자신만의 트레일 믹스를 만들어 돈을 절약하려고 애쓰던 중 유기농 음식에 대한 열정을 발견했다. —[1]—. 이러한 새로운 목표를 따르기 위해 ⁴고향인 Seattle로 돌아와 요리 학교에 등록했고 "Froggy's Fantastic Trail Bars"라는 상표명으로 그래놀라 바와 트레일 믹스 상품을 소그룹의 열정적인 지역 야외 활동가들에게 판매하기 시작했다.

³그 소규모 사업체는 이제 수백 명의 직원들과 연 매출 수백만 달러의 주요 식품 제조업체로 성장했다. —[2]—. 이러한 호황의 대부분은 Kachina Sweetwater의 노력 덕분인데, 그녀는 7년 전 전자 상거래 벤처기업인 Froggysfoods.com을 운영하기 위해 Maron과 함께 일하기 시작했다. ⁴사실, Sweetwater 씨 자신이 Maron 씨에게 온라인 사업과 통일하기 위해 브랜드를 "Froggy's Foods"로 새롭게 하자고 설득했다.

⁶Maron 씨는 고객들과 개인적인 관계를 맺는 것이 필수적이라고 말한다. —[3]—. ⁶하지만 그는 디지털 상거래가 한 부분을 차지한다는 것을 인정한다. ⁵Froggy's Foods는 건강한 수익을 보여주는데, 내년에는 수익이 5천만 달러를 초과할 수도 있다. 그리고 매출의 대부분은 영국, 일본, 브라질에 있는 해외 시장에서 나올 것이다.

이에 발맞추기 위해 Froggy's Foods는 신규 직원들을 채용한다. 회사는 웹개발 부서 확장과 더불어, 구내식당을 운영하기 위해 요리사들을 고용했다.

"우리 팀원들이 열심히 일하는 동안 잘 먹도록 해야 합니다."라고 Maron 씨는 설명했다. "충분한 영양소를 섭취하면 훌륭한 일을 할 수 있는 힘을 얻습니다." —[4]—.

Maron 씨는 항상 시장 변동에 주의하려고 노력하지만, Froggy's Foods는 한계가 없다고 해도 무방할 것 같다.

어휘
graduate 졸업하다 | in hopes of ~의바람으로 | pro 프로의; 프로 | climber 등반가 | trail mix 트레일 믹스(에너지바의 일종) | organic 유기농의 | pursuit 추구, (시간 등을 들여 하는) 활동 | enroll 등록하다 | culinary 요리의 | granola bar 그래놀라 바 | local 지역의, 현지의 | outdoor 야외의 | enthusiast 광, 애호가 | tiny 아주 작은 | bloom 꽃을 피우다, 꽃이 피다 | manufacturer 제조업체 | yearly 연간의 | revenue 수익 | prosperity 번영, 호황 | head 이끌다 | e-commerce 전자 상거래 | venture 벤처기업 | convince 납득시키다, 설득하다 | rebrand 브랜드 이미지를 새롭게 하다 | match 일치하다, 맞추다 | presence 존재, 있음 | foster 발전시키다 | vital 필수적인 | acknowledge 인정하다 | earning 소득, 수입 | exceed 초과하다 | the majority of 대부분의 | overseas 해외의 | employ 고용하다 | keep pace 보조를 맞추다, ~에 따라가다 | expand 확대하다 | development 개발 | chef 요리사 | run 운영하다 | in-house 사내의 | catering 음식 공급 | nutrition 영양 | fuel 연료를 공급하다 | cautious 조심스러운, 신중한 | fluctuation 변동 | limit 한계

---

3. 핵심 정보(목적)

기사의 목적은 무엇인가?

(A) 지역의 건강식품 제조업체들에 대해 논의하려고
(B) 한 사업체의 성장을 강조하려고
(C) 음식 공급 서비스를 광고하려고
(D) 성공한 운동선수를 소개하려고

해설 두 번째 단락에서 'Nowadays that tiny business has bloomed into a major food manufacturer with hundreds of employees and millions of dollars in yearly revenue.'라고 하였으므로 (B)가 정답이다.

4. 특정 정보(사실 확인)

Froggy's Foods에 관하여 언급된 것은?

(A) 전에는 다른 이름이었다.
(B) 최초의 매장은 Aspen에 있었다.
(C) 온라인 관리자는 야외 활동가이다.
(D) 지난 7년간 매출이 꾸준했다.

해설 첫 번째 단락에서 'he enrolled at culinary school back home in Seattle and began selling a line of granola bars and trail mix under the brand name "Froggy's Fantastic Trail Bars" ~'라고 했고, 두 번째 단락에서 In fact, Ms. Sweetwater herself convinced Mr. Maron to rebrand the business "Froggy's Foods" to match its online presence.'라고 하여 상표명이 바뀌었음을 알 수 있으므로 (A)가 정답이다.

5. 문맥(동의어)

세 번째 단락의 두 번째 줄의 단어 "healthy"와 의미상 가장 가까운 것은

(A) 활동적인
(B) 평범한
(C) 건강한
(D) 신선한

해설 세 번째 단락의 'However, he acknowledges that digital commerce has its place. Froggy's Foods shows healthy earnings, which could exceed $50 million in revenue next year.'에서 healthy는 '건강한'이라는 의미로 쓰였으므로 보기 중 같은 의미를 갖는 (C)가 정답이다.

6. 문맥(문장 삽입)

[1], [2], [3], [4]로 표시된 곳 중에서 다음 문장이 들어갈 위치로 가장 적절한 곳은?

"여전히 그는 오프라인 상점이 단골을 만들고 유지하는 최고의 방법이라고 확신한다."

(A) [1]
(B) [2]
(C) [3]
(D) [4]

해설 세 번째 단락에서 'Mr. Maron says that fostering personal relationships with customers is vital.'이라고 했는데, 바로 다음 문장에서 'However, he acknowledges that digital commerce has its place.'라고 하여 두 문장 사이에 주어진 문장이 들어가는 것이 문맥상 자연스러우므로 (C)가 정답이다.

1. (D)	**2.** (B)	**3.** (D)	**4.** (A)	**5.** (D)	**6.** (D)
7. (B)	**8.** (D)	**9.** (C)	**10.** (D)	**11.** (B)	**12.** (A)
13. (A)	**14.** (D)	**15.** (B)	**16.** (D)		

1-4번은 다음 기사에 관한 문제입니다.

WNT Studios의 최근 소식

■10월 3일—■WNT Studios는 Johan Goldstein이 월요일 밤 인기 TV 쇼 〈Only in My Dreams〉의 수석 제작 책임자 자리를 맡게 될 것임을 공식화한다. ■Goldstein 씨는 지난 6년간 시리즈의 작가였으나, 이제 쇼를 운영하는 기회를 얻게 될 것이다.

〈Only in My Dreams〉는 긴장감 넘치는 줄거리와 엄청난 출연진으로 비평가들의 극찬을 받았다. 또한 쇼는 10년 전 처음 방송된 이래 다양한 상을 수상해왔다.

Goldstein 씨는 지난 세 시즌 동안 자리를 맡아온 현 제작 책임자 Beth Stone의 자리를 맡게 될 것이다. 다음 주부터 그녀는 WNT의 새로운 리얼리티 쇼 시리즈를 맡을 것이다. ■시리즈의 시즌 피날레가 며칠 후 방송될 예정인 가운데, Goldstein 씨는 3월에 새로운 역할을 공식적으로 시작할 것이다.

전체 경력을 쇼 비즈니스에 몸담아 온 Goldstein 씨는 무엇이 많은 시청자들의 관심을 끄는지를 잘 알고 있다. ■그는 쇼가 그 뒤에 있는 팀보다 뛰어날 수 없다는 것을 알고 있다. 따라서 그는 인턴부터 배우에 이르기까지, 전 직원들로부터 아이디어를 모을 계획이다.

"모두가 프로그램에 중요한 기여를 하고 있다고 느끼는 것이 저에게는 중요합니다."라고 Goldstein 씨는 말한다. "제가 최종 결정을 하는 사람이지만, 저는 항상 새롭고 참신한 아이디어에 열려 있어요."

어휘
confirm 확정하다, 공식화하다 | take over 인수하다, 인계받다 | leading 선두의, 가장 중요한 | executive producer 제작 책임자 | hit 인기작품, 히트 | critical 비평가[평론가]들의, 평단의 | acclaim 호평[격찬] | suspenseful 긴장감 넘치는 | storyline 줄거리 | cast 출연진 | win 획득하다, 얻다 | award 상 | premiere 첫 공연되다[하다] | replace 대체하다 | current 현재의 | hold 유지하다 | finale 마지막 부분, 피날레 | schedule 일정을 잡다 | broadcast 방송하다 | officially 공식적으로 | assume 맡다, 추정하다 | entire 전체의 | familiar 익숙한, 잘 알고 있는 | attract 마음을 끌다 | viewer 시청자 | incorporate (일부로) 포함하다 | entire 전체의 | contribution 기여

1. 특정 정보(사실 확인)
〈Only in My Dreams〉에 관하여 사실인 것은?
(A) 6년 동안 TV에 방영되어 왔다.
(B) 역사적 인물을 기반으로 한다.
(C) 여러 언어로 방송된다.
(D) 주 1회 방영된다.

해설 첫 번째 단락에서 'Johan Goldstein will be taking over as the leading executive producer for Monday night's hit TV show, *Only in My Dreams*.'라고 했으므로 (D)가 정답이다.

2. 문맥(동의어)
첫 번째 단락의 세 번째 줄의 단어 "run"과 의미상 가장 가까운 것은
(A) 확인하다
(B) 운영하다
(C) 행동하다
(D) 도달하다

해설 첫 번째 단락의 'Mr. Goldstein has been a writer for the series for the past six years, but will now get the opportunity to run the show.'에서 run은 '운영하다'라는 의미로 쓰였으므로 보기 중 같은 의미를 갖는 (B)가 정답이다.

3. 특정 정보(상세)
Goldstein 씨는 언제 〈Only in My Dreams〉의 제작자로 일하기 시작할 것인가?
(A) 3일 후에
(B) 일주일 후에
(C) 다음 달에
(D) 내년에

해설 세 번째 단락에서 'With the series' season finale scheduled to broadcast in a few days, Mr. Goldstein will officially assume his new role in March.'라고 했는데, 기사의 작성 날짜가 10월 3일인 걸로 미루어 내년 3월부터 제작자로 일할 것임을 알 수 있으므로 (D)가 정답이다.

4. 특정 정보(사실 확인)
Goldstein 씨에 관하여 언급된 것은?
(A) 직원들의 의견을 들을 것이다.
(B) 대학 때부터 WNT에서 근무하고 있다.
(C) Stone 씨와 함께 작문을 공부했다.
(D) 새로운 쇼를 만들고 싶어 한다.

해설 네 번째 단락에서 'He understands that the show is only as good as the team behind it. Therefore, he plans to incorporate ideas from the entire staff, from the interns to the actors.'라고 했으므로 (A)가 정답이다.

+ Paraphrasing
ideas from the entire staff → opinions from employees

5-8번은 다음 이메일에 관한 문제입니다.

수신: eileenflannigan@nbaccounting.com
발신: zachtremont@evermark.com
날짜: 9월 16일
제목: 회신: 자선 파티 재정 계획

Flannigan 씨께,

■Kittridge 자선 파티의 개정된 예산에 대해 저에게 신속하게 연락 주셔서 감사드립니다. 저는 파티 장소로 염두에 둔 몇 곳을 적어봤는데, 당신의 검토와 피드백이 필요합니다.

기억하신다면, 작년에 200명이 넘는 사람들이 파티에 참석했는데요, 그러나 조기 등록이 지표가 된다면, 올해는 참석자가 훨씬 더 많을 거예요. 그래서 저희는 커뮤니티 센터에서 이동해야 할 거예요. ■행사를 위해 고려되고 있는 장소는 Drexel Grand 호텔, Austin 대학교 부지 내 Arden 갤러리, 그리고 Tribek Commons입니다.

호텔은 도심에 있어서 접근성이 가장 좋습니다. ■그곳의 대연회장은 최대 300명을 수용할 수 있고 경매에 부칠 모든 물품들을 전시할 공간이 충분합니다. ■갤러리는 도심 바로 외곽에 있지만, 찾기 쉬운 곳에 있습니다. 그곳은 400명까지 거뜬히 수용할 수 있지만, 가치가 큰 일부 예술품의 특성상 저희는 건물 한 곳을 통제해야 합니다. 마지막으로, Tribek Commons가 있는데, 이곳은 시내에서 거리가 가장 멉니다. 공간은 500명을 수용할 정도로 큽니다. ■실내 공간이 있지만 행사 대부분을 야외에서 진행해야 하는데, 이는 우리가 우천 시를 대비해 대안을 마련해야 한다는 것을 의미합니다.

최선이라고 생각하시는 옵션을 알려주세요.

안부를 전하며,

Zach Tremont,
진행자, Evermark Events

어휘
charity 자선(단체) | financial 금융의, 재정의 | appreciate 고마워하다 | get back to (회신을 위해) 연락하다 | budget 예산 | list 목록을 작성하다, 열거하다 | location 위치, 장소 | review 검토 | registration 등록 | indication 암시, 조짐 | grounds (특정 용도를 위한) ~장 | accessible 이용 가능한 | grand 웅장한 | ballroom 연회장 | hold 수용하다 | up to ~까지 | put up for ~을 위해 내놓다 | auction 경매 | accommodate 수용하다 | comfortably 편안하게, 수월하게 | block off 막다, 차단하다 | wing 부속 건물 | valuable 귀중한, 가치가 큰 | nature 본질, 본성 | artwork 미술품 | furthest 가장 먼[far의 최상급] | indoor 실내의 | majority 다수 | take place 개최되다 | alternative 대안; 대안이 되는 | solution 해결책 | option 옵션, 선택권 | coordinator 조정자, 진행자

5. 핵심 정보(목적)
이메일은 왜 작성되었는가?
(A) 예산 제안서를 살펴보려고
(B) 사무실로 가는 방법을 알려주려고
(C) 손님 명단에 대해 문의하려고
(D) 가능성이 있는 장소들에 대해 논의하려고

해설 첫 번째 단락에서 'I appreciate you for getting back to me quickly with the updated budget for the Kittridge Charity Party. I have listed several places I had in mind for the party's location that require your review and feedback.'이라고 했으므로 (D)가 정답이다.

✦ **Paraphrasing**
places → venues

6. 특정 정보(사실 확인)
Arden 갤러리에 관하여 언급된 것은?
(A) 유명 예술가가 최근 몇몇 물품을 기증했다.
(B) 비싼 임대료를 청구한다.
(C) 도심에 위치해 있다.
(D) 행사가 진행되는 동안 어떤 구역에 접근할 수 없다.

해설 두 번째 단락에서 'The places being considered for the celebration are the Drexel Grand Hotel, the Arden Gallery on the Austin University school grounds, and the Tribek Commons.'라고 했는데, 그중 Arden 갤러리에 대해 'The gallery ~, but we would have to block off one of the wings due to the valuable nature of some of artwork.'라고 하여 행사 동안 Arden 갤러리의 일부 구역에 접근할 수 없을 것임을 알 수 있으므로 (D)가 정답이다.

7. 문맥(동의어)
세 번째 단락의 두 번째 줄의 단어 "display"와 의미상 가장 가까운 것은
(A) 연장하다
(B) 보여주다
(C) 공연하다
(D) 상영하다

해설 세 번째 단락의 'Their grand ballroom can hold up to 300 people and has enough space to display all the items that will put up for auction.'에서 display는 '전시하다'라는 의미로 쓰였으므로 보기 중 '보여주다, 전시하다'를 의미하는 (B)가 정답이다.

8. 추론(특정 정보)
자선 파티에 관하여 알 수 있는 것은?
(A) 참석자가 200명을 넘지 않을 것으로 예상된다.
(B) 작년에 Tribek Commons에서 개최되었다.
(C) 티켓 수익을 커뮤니티 센터에 기부할 것이다.
(D) 악천후와 관계없이 개최될 것이다.

해설 세 번째 단락에서 'Although there is an indoor area, the majority of the event would have to take place outside, which means we would need to have an alternative solution in case it rains.'라고 하여 날씨가 좋지 않아도 행사가 진행될 것임을 알 수 있으므로 (D)가 정답이다.

9-12번은 다음 온라인 채팅 대화에 관한 문제입니다.

Saira Wadan [화요일, 오후 3시 33분]
안녕하세요, 여러분. ⁹저는 곧 있을 Vector Solutions와의 회의 최종 일정을 이메일로 발송해 드릴 거예요. 제가 모든 분들로부터 진행 상황 업데이트를 받을 수 있을까요?

Malka Alaoui [화요일, 오후 3시 35분]
프레젠테이션 폴더는 지난주에 준비되었습니다. 제가 그쪽 전체 임원 수에 충분하게 만들어 놨어요. 바뀐 부분은 없어요, 그렇죠?

Bart Ngyuen [화요일, 오후 3시 38분]
저희는 어젯밤에 시연 장치를 테스트했고, 준비 완료 상태입니다. 문제 없을 거예요.

Saira Wadan [화요일, 오후 3시 40분]
Bart, 음식 공급업체에 연락해 봤나요? 저는 목요일에 Vector 쪽에서 회의에 대리인 10명을 보낼 거라는 확인을 받았어요.

Bart Ngyuen [화요일, 오후 3시 41분]
했습니다. Fresh Family의 유럽식 세트를 받았습니다. 셰프 샐러드와 샌드위치 모듬, 과일이 제공됩니다.

Malka Alaoui [¹¹화요일, 오후 3시 42분]
¹¹오후 1시에 있을 회의에서 발표하기 전에 마지막으로 시연 리허설을 할 수 있게 ¹⁰제가 내일 오전 10시로 세미나실을 예약할게요.

Saira Wadan [화요일, 오후 3시 44분]
¹²그걸로 충분할까요? 15명을 예상하고 있어요.

Bart Ngyuen [화요일, 오후 3시 45분]
¹²그게 보통 저희가 회의 때 주문하는 양이긴 한데, 혹시 모르니까 한 세트 더 주문할게요.

Saira Wadan [화요일, 오후 3시 46분]
좋습니다. 그리고 Malka, 좋은 생각이에요. 최종 리허설은 우리한테 정말 도움이 될 거예요.

Bart Ngyuen [화요일, 오후 3시 46분]
그리고 저희가 함께 검토하고 다음 업무를 계획할 수 있게 제가 방금 목요일 오전으로 2시간을 예약해놨어요.

어휘
progress 진척, 진행 | executive 경영진, 간부 | demonstration (사용법 등에 대한) 설명, 시범 | caterer 음식 공급자(사), 출장 요리업체 | confirmation 확인 | representative 대표자, 대리인 | continental 유럽식의 | assortment (같은 종류의 여러 가지) 모음, 종합 | reserve 예약하다 | walk-through 연습, 리허설 | present 보여주다 | expect 예상하다 | normally 보통, 정상적으로 | run-through 예행연습, 리허설 | help out 도와주다 | course of action 행동 방침

9. 핵심 정보 (목적)

논의의 주된 목적은 무엇인가?
(A) 레스토랑 위치를 결정지으려고
(B) 시연 장치에 대한 피드백을 분석하려고
(C) 회의 준비 사항을 논의하려고
(D) 출장 일정을 검토하려고

해설 화요일, 오후 3시 33분 Saira Wadan의 메시지에서 'I will be sending out an e-mail with the final schedule for our meeting with Vector Solutions soon. Can I get a progress update from everyone?'이라고 했으므로 (C)가 정답이다.

10. 추론 (특정 정보)

Alaoui 씨는 다음에 무엇을 하겠는가?
(A) Fresh Family에 연락할 것이다
(B) 문서를 출력할 것이다
(C) 고객을 방문할 것이다
(D) 공간을 예약할 것이다

해설 화요일, 오후 3시 42분 Malka Alaoui의 메시지에서 'I will reserve the seminar room for 10 A.M. tomorrow.'라고 했으므로 (D)가 정답이다.

+ Paraphrasing
reserve → Book

11. 특정 정보 (상세)

Vector Solutions와의 회의는 언제 열리는가?
(A) 월요일 오전에
(B) 수요일 오후에
(C) 목요일 오전에
(D) 금요일 오후에

해설 화요일, 오후 3시 42분 Malka Alaoui의 메시지에서 'I will reserve the seminar room for 10 A.M. tomorrow, so we can do one final walkthrough of the demonstration before we present at the meeting at 1 P.M.'이라고 하여 회의가 수요일 오후에 열릴 것임을 알 수 있으므로 (B)가 정답이다.

12. 문맥 (화자 의도 파악)

오후 3시 44분에, Wadan 씨가 "그걸로 충분할까요"라고 할 때 그녀가 제안한 것은?
(A) Ngyuen 씨가 더 많은 음식을 주문해야 한다.
(B) 회의 장소가 더 커야 한다.
(C) 팀이 발표할 준비가 안 되어 있다.
(D) Alaoui 씨는 더 많은 폴더를 만들어야 한다.

해설 화요일, 오후 3시 44분 ~ 오후 3시 45분의 메시지에서 Saira Wadan 씨가 'Will that be enough? We're expecting 15 people.'이라고 한 말에 Bart Ngyuen 씨가 'It's what we normally get for meetings, but I'll order another set just to be safe.'라고 말했으므로 (A)가 정답이다.

13-16번은 다음 회람에 관한 문제입니다.

수신: staff@tlc.com
발신: Gerald Vern
날짜: 10월 25일
제목: Alfredo Cuaron

[13] Alfredo Cuaron이 11월 4일 수요일에 있을 저희 월례 회의에 참석할 것임을 알려드리게 되어 기쁩니다. —[1]—. 그는 재무 조언에 관한 수많은 인기 서적의 저자입니다. **[14A]** 최신작 〈Choosing Wisely〉를 포함하여 그의 저서 중 일부는 언제나 전 세계 베스트셀러 목록에 들어가 있습니다. —[2]—.

Cuaron 씨는 감사하게도 그의 최신 저서에 관해 강연해달라는 저희의 초대를 수락하셨는데, 그는 현재 홍보 투어 중입니다. —[3]—. **[14B,14C]** 이 책은 시간을 쏟을 가치가 있는 투자를 판단하는 법과 계산된 위험을 도출하는 법을 포함하여 4개 부분으로 나누어져 있습니다. 둘 다, 특히 우리 업계에서는 배워야 할 매우 중요한 기술입니다.

[15,16] Cuaron 씨는 수요일 오후 3시에나 도착하실 텐데, 이때는 우리가 보통 회의를 하는 시간입니다. 그래서 2시에 회의를 시작할 건데, 그러면 우리가 다른 행정 관련 주제에 대해 논의할 시간이 충분할 겁니다. —[4]—.

어휘
pleasure 기쁨, 즐거움 | announce 발표하다, 알리다 | attend 참석하다 | monthly 월간의 | author 저자 | popular 인기 있는 | concerning ~에 관하여 | financial 재정의, 금융의 | publication 출판(물) | list 목록 | including ~를 포함하여 | graciously 고맙게도, 자비롭게 | accept 수락하다 | invitation 초대 | currently 현재 | promote 홍보하다 | break into ~로 나뉘다, 부수다 | determine 알아내다, 결정하다 | investment 투자 | worthy of ~를 받을 만한 | calculated 계산된 | risk 위험 | invaluable 매우 유용한, 귀중한 | hold 개최하다, 열다 | plenty of 많은, 충분한 | administrative 관리상의, 행정상의

13. 핵심 정보 (주제)

회람의 주제는 무엇인가?
(A) 예정된 방문
(B) 신규 출판 절차
(C) 직원 승진
(D) 개정된 휴가 규정

해설 첫 번째 단락에서 'It is with great pleasure to announce that Alfredo Cuaron will be attending our monthly meeting ~.'이라고 했으므로 (A)가 정답이다.

14. NOT (상세 정보)

〈Choosing Wisely〉에 관하여 언급되지 않은 것은?
(A) 전 세계에 독자가 있다.
(B) 위험 계산법을 살펴본다.
(C) 4개 부분으로 나누어진다.
(D) Vern 씨와 공저로 집필되었다.

해설 지문의 단서와 보기를 연결시키면, 첫 번째 단락의 'Several of his publications have even been on global best-seller lists, including his most recent work, *Choosing Wisely*.'는 (A)와, 두 번째 단락의 This book is broken into four parts including how to determine which investments are worthy of your time and make calculated risks.'는 (B), (C)와 일치하지만, 공저로 집필했다는 내용은 언급된 바 없으므로 (D)가 정답이다.

+ Paraphrasing
broken into four parts → divided into four sections

15. 특정 정보(상세)

Vern 씨는 수요일 회의에 관하여 무엇을 언급하는가?

(A) 사무실 밖에서 열릴 것이다.
(B) 일정보다 빨리 시작할 것이다.
(C) 재무 이사가 참석할 것이다.
(D) 긴급한 문제로 인해 연기될 것이다.

해설 세 번째 단락에서 'Mr. Cuaron won't be arriving until 3 P.M. on Wednesday, which is when we usually hold our meetings. Therefore, we'll begin the meeting at 2, ~.'라고 하여 회의를 평소보다 1시간 빨리 시작할 것임을 알 수 있으므로 (B)가 정답이다.

16. 문맥(문장 삽입)

[1], [2], [3], [4]로 표시된 곳 중에서 다음 문장이 들어갈 위치로 가장 적절한 곳은?

"이어서 Cuaron 씨가 프레젠테이션을 할 예정인데, 한 시간 정도 이어질 것입니다."

(A) [1]
(B) [2]
(C) [3]
(D) [4]

해설 세 번째 단락에서 'Mr. Cuaron won't be arriving until 3 P.M. on Wednesday, which is when we usually hold our meetings. Therefore, we'll begin the meeting at 2, giving us plenty of time to discuss other administrative topics.'라며 회의 일정을 설명하고 있어, 주어진 문장이 이어지기에 자연스러우므로 (D)가 정답이다.

CHAPTER 13 파트 7 지문 유형 1

BASE 집중훈련

본서 p.244

1. (A)   **2.** (B)   **3.** (D)   **4.** (C)   **5.** (A)

1-2번은 다음 광고에 관한 문제입니다.

Drury 가구 커리어 나이트
1월 8일, 오전 9시 – 오후 7시
14 Fairbanks, Edinburgh

①②Drury 가구는 올봄 Edinburgh에 신규 매장을 열 예정이고, 다수의 직책에 자격을 갖춘 직원들이 필요합니다. 저희 회사는 근무하기 좋은 회사임을 자부하며, 모든 직책은 높은 임금을 포함합니다.

②저녁에 저희와 함께하셔서 Aberdeen 매장 직원들의 이야기를 듣고, 회사 생활에 대해 질문하고, 채용 담당 직원들과의 대면 상담에 참여해 보세요. 사전 예약은 필요 없지만, 이력서를 한 부 가져오시기 바랍니다.

어휘
qualified 자격을 갖춘 | a number of 다수의 | pride oneself on ~를 자랑하다 | feature ~을 특징으로 하다, ~을 특별히 포함하다 | competitive 경쟁력 있는 | wage 임금 | participate in ~에 참가하다 | face-to-face 대면의 | consultation 상담 | recruiting 채용 활동 | officer 담당자, 공무원 | prior 사전의 | reservation 예약 | CV(curriculum vitae) 이력서

1. 핵심 정보(대상)

광고는 누구를 대상으로 하는가?

(A) 구직자들
(B) Drury 가구의 신입 사원들
(C) 채용 담당자들
(D) 회사 임원들

해설 첫 번째 단락에서 'Drury Furniture is opening a new store in Edinburgh this spring, and we need to find qualified staff for a number of positions.'라고 했으므로 (A)가 정답이다.

2. 추론(특정 정보)

Drury 가구에 관하여 알 수 있는 것은?

(A) 본사를 이전할 것이다.
(B) 지점이 한 개 이상 있을 것이다.
(C) 오랫동안 영업을 해 왔다.
(D) 저렴한 가구 상품들을 제공한다.

해설 첫 번째 단락에서 'Drury Furniture is opening a new store in Edinburgh this spring, and we need to find qualified staff for a number of positions.'라고 했고, 두 번째 단락에서 'Join us for the evening, and listen to staff from our Aberdeen store'라고 했으므로 (B)가 정답이다.

3-5번은 다음 광고에 관한 문제입니다.

Steadman Auto

10년 넘게 Berkshire에서 가장 신뢰받는 차량 정비 전문가

저희 가게는 Berkshire 전역에 있는 **③개인 및 기업에 예약 정비와 긴급 정비를 모두 포함하여 최고의 서비스를 제공합니다.**

- 솔직하고 정직한 고객 서비스
- 장기적으로는 더 많은 비용을 절감할 수 있도록 설계된 견적
- **④다수의 차량에 대한 정기적인 엔진 튠업을 포함하는 연간 계약**
- 지식을 갖추고, 경험이 풍부한 직원
- 모든 차종에 가능한 서비스—차량을 가져오시면, 저희가 고쳐드리겠습니다

1월 31일 이전에 서비스 예약을 하시면, 20% 할인을 받으실 수 있습니다. 월요일부터 토요일, 오전 8시부터 오후 8시 사이에 020-555-4201번으로 전화 주세요.

⑤만족한 고객들의 추천 후기와 당사의 신뢰할 수 있는 정비사들의 약력을 확인하고 싶으시면, www.steadmanauto.com을 방문해 주세요.

어휘
maintenance 유지, 관리, 정비 | expert 전문가 | top-notch 최고의 | service 서비스, 점검 | scheduled 예정된 | emergency 긴급, 비상 | private individual 개인 | straightforward 솔직한, 간단한 | estimate 견적(서) | long-term 장기의 | yearly 연간의 | agreement 계약, 합의 | cover 다루다, 포함하다 | regular 정기적인 | tune-up 튠업, 조율 | multiple 다양한, 복수의 | knowledgeable 박식한, 많이 아는 | experienced 경험이 풍부한 | set up 준비하다 | appointment 약속 | testimonial 추천의 글 | patron 고객 | biography 약력, 전기 | mechanic 정비공

3. 특정 정보 (사실 확인)
Steadman Auto에 관하여 언급된 것은?
(A) 최근 개업했다.
(B) 지역에서 가장 낮은 요금을 제공한다.
(C) 중고차를 판매한다.
(D) 기업 고객이 있다.

해설 첫 번째 단락에서 'Our shop provides top-notch service, including both scheduled and emergency maintenance, for private individuals and corporations'라고 했으므로 (D)가 정답이다.

4. 특정 정보 (상세)
광고에 따르면, 가게가 제공하는 것은?
(A) 주간 쿠폰
(B) 현장 상담
(C) 연간 계약
(D) 픽업 서비스

해설 두 번째 단락에서 'Yearly agreements covering regular tune-ups for multiple vehicles'라고 했으므로 (C)가 정답이다.

＋ Paraphrasing
Yearly agreements → Annual contracts

5. 특정 정보 (상세)
Steadman Auto 웹사이트에서 이용 가능한 것은?
(A) 직원 프로필
(B) 비용 견적 계산기
(C) 방문 수리에 관한 조언
(D) 차량 기능 목록

해설 마지막 문장에서 'Check out www.steadmanauto.com to see testimonials from our satisfied patrons and biographies of our trusted mechanics.'라고 했으므로 (A)가 정답이다.

＋ Paraphrasing
biographies of our trusted mechanics → Profiles of employees

BASE 집중훈련   본서 p.248
1. (A) **2.** (A) **3.** (C) **4.** (B) **5.** (A) **6.** (C)

1-3번은 다음 양식에 관한 문제입니다.

Domenica's
임대 양식

고객: Alfred Jurgensen
상품: Darius Stanfield LTD 턱시도
가격: 600달러
③수선비: 없음 (참고 사항을 보시오)
①판매자: Lynn Hughes
지명자: Armando Black

수선 세부 사항

옷깃:	손목:
②칼라: 1cm 늘이기	배:
어깨너비:	안쪽 솔기:
팔꿈치 위:	허리:
소매 길이:	허벅지:
가슴:	바깥 솔기:

③참고 사항: 처음 치수 측정을 할 때 직원의 실수가 있었음.

어휘
rental form 임대 양식 | tuxedo 턱시도 | alteration fee 수선비 | lapel 옷깃 | wrist 손목 | collar 칼라 | extend 늘이다, 연장하다 | stomach 배, 복부 | shoulder width 어깨너비 | inseam 안쪽 솔기 | bicep 이두박근(팔꿈치 위쪽) | waist 허리 | sleeve length 소매 기장 | thigh 허벅지 | chest 가슴 | outseam 바깥쪽 솔기

1. 추론 (특정 정보)
Lynn Hughes는 누구겠는가?
(A) 판매 직원
(B) 전문 재단사
(C) 가게 주인
(D) 컴퓨터 기술자

해설 Rental Form의 Item과 Seller 항목인 'Item: Darius Stanfield LTD Tuxedo'와 'Seller: Lynn Hughes'에서 턱시도를 판매한 사람이 Lynn Hughes임을 알 수 있으므로 (A)가 정답이다.

2. NOT (상세 정보)
상품의 어떤 부분이 Alfred Jurgensen에게 제대로 맞지 않는가?
(A) 목 주변에
(B) 팔에
(C) 다리에
(D) 허리 주변에

해설 Alteration Details 항목의 'Collar: extend 1cm'에서 칼라를 1cm 늘려 달라고 요청하였으므로 (A)가 정답이다.

3. 특정 정보(상세)
왜 수선비가 무료인가?
(A) 제품에 결함이 있었다.
(B) 할인권이 사용되었다.
(C) 직원이 실수를 했다.
(D) 구매가 온라인으로 이루어졌다.

해설 Rental Form의 Alteration fee와 'Alteration fee: none (see Notes), Notes 항목의 Notes: Employee error during the initial measuring session.'에서 수선비가 무료인 이유에 대해 처음 신체 측정 시 직원의 실수가 있었다고 하였으므로 (C)가 정답이다.

+ Paraphrasing
Employee → worker, error → mistake

4-6번은 다음 의사 일정에 관한 문제입니다.

Jon Kim의 저서 〈한국의 과학기술과 공학: 혁신의 15년〉 출간 기념 의사 일정

⑤Mi-Yun Lee, EdH; Ho-Been Jung, M. Eng.; Shelby Willis, EdH 가 출연하는 패널 토론

오후 12시	패널들이 행사장에 도착하여 최종 준비를 위해 대기실로 안내된다.
오후 12시 30분	손님들이 회의실 A에서 착석을 시작한다.
오후 12시 45분	〈우리가 이룬 성과: 대한민국의 역사적 경제 성장〉의 저자 Ramona Nichols 박사의 소개 연설
오후 1시 15분	④Kim 씨의 저서 편집자인 Grant Rivers 씨가 패널들을 한 명씩 소개한다.
오후 1시 30분	⑤패널들이 세상을 변화시킬 미래 기술에 대해 토론하고 Kim 씨의 저서를 논평한다. 토론은 Rivers 씨가 진행한다.
오후 2시	⑥토론이 관객들에게 열려 있으며, 패널 및 작가들에게 질문할 기회가 주어진다.
오후 2시 15분	Kim 씨를 맞이한다.

어휘
agenda 의제, 안건(목록), 의사 일정 | release 출시, 공개 | innovation 혁신 | panel 패널(특정한 문제에 대해 조언·견해를 제공하는 전문가 집단) | feature 특별히 포함하다, 특징으로 삼다 | panelist 토론자 | venue 장소 | escort 호위하다 | preparation 준비 | introductory 서두의, 도입부의 | historic 역사적인, 역사에 남을만한 | editor 편집자 | review 살펴보다, 논평하다 | conduct (특정한 활동을) 하다 | open up to ~ 에게 공개하다 | audience 관객, 청중 | opportunity 기회 | author 저자, 작가 | greet 환영하다, 맞다

4. 특정 정보(상세)
Kim 씨의 저서에 누가 기여했는가?
(A) Nichols 씨
(B) Rivers 씨
(C) Lee 씨
(D) Jung 씨

해설 오후 1시 15분 내용에 'Mr. Grant Rivers, editor of Mr. Kim's book'이라고 했으므로 (B)가 정답이다.

5. 추론(특정 정보)
패널 위원들에 관하여 알 수 있는 것은?
(A) 과학기술에 대해 박식하다.
(B) 최근 EdH를 취득했다.
(C) 모두 한국에 거주한다.
(D) 모두 유명한 제품을 발명했다.

해설 오후 1시 30분 내용에 'Panelists will discuss future technologies that will change the world'라고 하여 패널들이 모두 과학기술에 대해 토론을 할 만큼 박식하다는 것을 알 수 있으므로 (A)가 정답이다.

6. 특정 정보(상세)
관객들은 언제 패널 위원들에게 질문할 수 있는가?
(A) 오후 12시에
(B) 오후 1시 15분에
(C) 오후 2시에
(D) 오후 2시 15분에

해설 오후 2시 내용에 'Discussion will open up to members in the audience, who will have an opportunity to ask questions to panel members and authors.'라고 했으므로 (C)가 정답이다.

BASE 집중훈련
본서 p.252
1. (D) **2.** (D) **3.** (A) **4.** (C)

1-2번은 다음 공고에 관한 문제입니다.

공고

수하물에 관하여: ❶귀하의 수하물을 제대로 찾으시려면, 귀하의 티켓에 남아 있는 번호를 살펴보시고, 귀하의 수하물 태그에 있는 정보와 일치하는지 확인하시기 바랍니다. 공항을 떠나기 전 귀하의 수하물을 살펴보시길 권장 드립니다. 저희 수하물 담당 직원들이 귀하의 소지품에 주의를 기울이지만, 작은 흠집, 얼룩, 찌그러짐 같은 일반적인 마모는 발생합니다. 항공사에서는 그러한 경우에 대해 어떠한 책임도 지지 않습니다. ❷반면, 저희 직원에 의해 손잡이나 바퀴, 지퍼에 눈에 띄는 손상이 생긴 경우, 변상을 받으실 수 있습니다. 귀하의 항공사 수하물 서비스 담당자를 찾아가 신고해 주세요. 피해를 사정한 후, 귀하께 추가 정보를 제공해 드릴 것입니다.

어휘
regarding ~에 관하여 | luggage 수하물 | properly 제대로, 적절히 | claim 요구하다, 청구하다 | check in (비행기 등을 탈 때) ~를 부치다 | review 살펴보다, 검토하다 | stub (표 등에서 한쪽을 떼어 주고) 남은 부분 | match 맞다, 일치하다 | tag 꼬리표, 태그 | recommend 추천하다 | examine 검토하다, 확인하다 | exit 나가다 | handler 처리[취급]하는 사람 | mindful of ~를 유념하는, 주의하는 | belongings 소지품, 소유물 | normal 보통의, 평범한 | wear and tear 마모 | scratch 긁힌 자국 | stain 얼룩 | dent 찌그러진 곳 | assume 맡다 | liability 법적 책임 | noticeable 뚜렷한, 분명한 | damage 손상, 피해 | pull 잡아 당기기 | handle 손잡이 | wheel 바퀴 | zipper 지퍼 | eligible for ~에 자격이 있는 | reimbursement 상환, 배상 | agent 대리인, 에이전트 | file a report 신고하다 | assess 평가하다, 사정하다 | further 추가의, 더 이상의[far의 비교급]

1. 특정 정보(상세)
승객들은 왜 티켓의 남은 번호를 참고하라고 요청받는가?
(A) 배상 청구 절차를 살펴보기 위해
(B) 공통된 수하물 제한 규정을 살펴보기 위해
(C) 가장 가까운 수하물 서비스 직원의 위치를 찾기 위해
(D) 그들의 소지품을 확인하기 위해

해설 첫 번째 줄에서 'In order to properly claim your checked-in luggage, review the stub number on your ticket and check to see if it matches with the information on your baggage tag.' 라고 했으므로 (D)가 정답이다.

2. 특정 정보(상세)
항공사는 승객에게 어떤 종류의 손상에 대해 변상할 것인가?
(A) 변색
(B) 흠집
(C) 얼룩
(D) 부서진 바퀴

해설 다섯 번째 줄에서 'On the other hand, if there is noticeable damage to pull handles, wheels, or zippers caused by our staff, you may be eligible for reimbursement.'라고 했으므로 (D)가 정답이다.

3-4번은 다음 공고에 관한 문제입니다.

Johnstone 광산, LLC

Sarah Mellenchon, 회장
◪Antoine Shaw, 총감독

Johnstone 광산에 여러분을 모시게 되어 기쁩니다. 저희의 최우선 과제는 항상 현장의 모든 사람들에게 안전한 환경을 제공하는 것입니다. ⑧아래 안내 지침을 읽어보시고, 광산을 견학하는 동안 최대한 지켜주시기 바랍니다. 이 지침을 위반하는 분은 광산 밖으로 나가셔야 합니다. ④지침 준수와 관련하여 궁금하신 점이 있으면, 총감독에게 연락해 주십시오.

지켜주세요:
- 안전 마스크를 상시 착용하세요.
- 견학 인솔자의 안전 설명을 귀 기울여 들어주세요.
- 표시가 있는 곳에서는 난간을 잡고 조심히 이동하세요.
- 의료 처치가 필요하면, 바로 주위에 알려주세요.

하지 마세요:
- 광산에 인화성 물질을 가져오지 마세요.
- '출입 금지'라고 표기된 지역에 들어가지 마세요.
- 견학 그룹에서 이탈하지 마세요.

어휘
mine 광산 | supervisor 감독관, 관리자 | priority 우선(권) | guidelines 지침, 가이드라인 | violate 위반하다 | escort 호위하다, 에스코트하다 | reservation 의구심, 거리낌, 예약 | concerning ~에 관련된 | compliance (법, 명령 등의) 준수 | get in touch with ~와 연락하다 | protective 보호하는, 보호용의 | at all times 항상 | pay attention to 주목하다, 집중하다 | safety 안전 | briefing 브리핑, 요약 설명 | handrail 난간 | mark 표시하다 | proceed 이동하다, 나아가다 | caution 주의, 조심 | flammable 인화성의, 불에 잘 타는 | material 물질 | wander 돌아다니다 | area 지역, 구역 | off limits 출입금지(구역) | stray 제 위치를 벗어나다, 옆길로 세다

3. 추론(핵심 정보)
이 공고는 누구를 대상으로 하겠는가?
(A) 광산 방문객
(B) 안전 요원
(C) 의료 전문가
(D) 장비 기술자

해설 첫 번째 단락에서 'Please read the guidelines below, and do your best to follow them throughout your tour of the mine.' 이라고 했으므로 (A)가 정답이다.

4. 특정 정보(상세)
공고에 따르면, 누군가 왜 Shaw 씨에게 연락해야 하는가?
(A) 제한구역에 들어가려고
(B) 직무에 지원하려고
(C) 정책에 관해 문의하려고
(D) 양식을 요청하려고

해설 첫 번째 단락에서 'If you have any reservations concerning compliance, get in touch with the general supervisor.'라고 했는데, 공고 앞부분에서 'Antoine Shaw, General Supervisor'라고 했으므로 (C)가 정답이다.

BASE 집중훈련 본서 p.256

1. (D) **2.** (A) **3.** (B) **4.** (B) **5.** (D)

1-2번은 다음 정보에 관한 문제입니다.

새해, 새로운 SBTA 개선 사항

Roseland와 시내를 연결하는 Montrose 경전철 노선이 1월부터 추가 운행될 예정입니다. ❶열차는 평일 아침과 저녁 동안 시간당 세 번이 아닌 네 번 각 정류장에 도착할 것입니다. 토요일은 시간당 두 번 운행되는 반면, ❷일요일과 휴일 일정은 변경되지 않고 매시간 도착할 것입니다. 이러한 개선은 더 큰 편리함을 제공하고 도심과 교외 사이의 더 긴밀한 연계를 구축하는 데 도움을 줄 것입니다.

업데이트된 Montrose 노선 일정과 기타 모든 경로를 자세히 보시기 위해선 South Brook 지하철 앱을 다운로드하십시오.

어휘
improvement 개선 | connect 연결하다 | hourly 매시간의 | arrival 도착 | convenience 편리함 | forge 구축하다 | close 긴밀한 | link 연계 | suburb 교외

1. 핵심 정보(목적)
안내문의 주요 목적은 무엇인가?
(A) 일정 관리 앱 업그레이드를 발표하기 위해
(B) 곧 있을 지하철 공사 프로젝트를 발표하기 위해
(C) 주민들에게 가격 인상을 공지하지 위해
(D) 일정 변경에 관해 대중에게 공지하기 위해

해설 첫 번째 단락에서 'Trains will arrive at each stop four times per hour rather than three times during weekday mornings and evenings.'라고 했으므로 (D)가 정답이다.

2. 특정 정보(상세)
Montrose 노선 열차는 일요일에 얼마나 자주 운행하는가?
(A) 시간당 1회
(B) 시간당 2회
(C) 시간당 3회
(D) 시간당 4회

해설 첫 번째 단락에서 'while Sunday and holiday schedule will remain unchanged, with hourly arrivals'라고 했으므로 (A)가 정답이다.

3-5번은 다음 안내문에 관한 문제입니다.

④저희는 무료 월간지 〈Emerald Vistas〉의 12월호를 출간하게 되어 기쁩니다. **⑤B**이 정기 간행물은 여러분이 정박하는 동안 혹은 다음 휴가 때 가봐야 할 곳에 대한 자세한 정보를 비롯해, 저희가 항해하는 장소들에 대해 이해할 수 있도록 해줍니다. **⑤C**이번 호에서는 저희가 뽑은 상위 20개의 박물관과 미술관에 대해 알아봅니다.

⑤A또한 저희는 멋진 새로운 산책로와 꼭 가봐야 할 산악 트레킹로, **⑤B**혼자 휴가를 보내는 팁, **④**그리고 여행 중 건강에 좋은 식당을 찾는 법에 대해 다룬 지난 호 기사의 결론을 살펴봅니다. 〈Emerald Vistas〉를 즐기시길 바라며, 여러분 항해의 마지막 순간에 이 잡지와 함께하세요.

어휘
present 보여주다, 제시하다 | issue (정기 간행물의) 호 | complimentary 무료의 | monthly 매월의 | periodical 정기 간행물 | insight 통찰력, 이해 | destination 목적지 | sail 항해하다 | including ~를 포함하여 | detailed 상세한 | explore 탐험하다 | in port 정박 중인 | count down 손꼽아 기다리다 | preview 간단히 소개하다 | trail 산길 | must-see 꼭 봐야할 | trekking 오래 걷기, 트레킹 | path 길 | vacation 휴가를 보내다 | solo 혼자서 | article 글, 기사 | invite 요청하다, 초대하다 | voyage 여행, 항해

3. 추론(특정 정보)
누가 〈Emerald Vistas〉를 제작하겠는가?
(A) 지역 관광청
(B) 유람선 회사
(C) 여행 웹사이트
(D) 호텔 체인

해설 첫 번째 단락에서 'The periodical provides insights into some of the destinations we sail to including detailed information about where to explore when you're in port, or even on your next holiday.'라고 하여 유람선 회사가 제작했음을 알 수 있으므로 (B)가 정답이다.

4. 특정 정보(상세)
식사에 관한 최초 기사는 언제 발행되었는가?
(A) 10월
(B) 11월
(C) 12월
(D) 1월

해설 첫 번째 단락에서 'We are excited to present the December Issue of our complimentary monthly paper, *Emerald Vistas*.'라고 하면서, 두 번째 단락에서 'and the conclusion of the last month's article on finding healthy dining options while traveling'이라고 했으므로 (B)가 정답이다.

5. NOT(상세 정보)
어떤 주제가 〈Emerald Vistas〉의 최신 호에서 논의되지 않는가?
(A) 하이킹 장소
(B) 혼자 여행하기
(C) 문화 명소
(D) 입장료 할인

해설 지문의 단서와 보기를 연결시키면, 첫 번째 단락의 'In this edition, we count down our top 20 favorite museums and galleries.'는 (C)와, 두 번째 단락의 'We also preview several great new trails and must-see mountain trekking paths'는 (A)와, 'tips for vacationing solo'는 (B)와 일치하지만, 입장료 할인에 대한 내용은 언급된 바 없으므로 (D)가 정답이다.

+ Paraphrasing
vacationing → traveling, solo → by yourself

BASE 실전훈련
본서 p.258

1. (A) **2.** (A) **3.** (B) **4.** (B) **5.** (C) **6.** (C)
7. (A) **8.** (B) **9.** (B) **10.** (C) **11.** (D) **12.** (A)
13. (A) **14.** (A)

1-3번은 다음 광고에 관한 문제입니다.

당신은 이미 호주 항공과 여행하고 있습니다

단골 고객 리워드 프로그램에 가입하고 오늘 바로 특별 보상을 받아보세요! 프로그램에 참여하시면 다음과 같은 혜택을 드립니다:

- 좌석 업그레이드 할인
- 단골 고객 클럽 보너스 마일리지
- **①**위탁 수하물 최대 3개 비용 면제
- 가맹/회원 호텔까지 무료 셔틀 서비스
- **②**국내에서 가장 붐비는 공항 10곳의 Aussie 클럽 입장권

클럽 편의 시설
- **③D**항상(일주일에 7일, 하루 24시간) 신선한 간식 및 음료 무료 제공
- 개인 업무 공간 및 개인 데스크톱 컴퓨터를 이용할 수 있는 비즈니스 센터
- **③C**모바일 기기 충전소 및 초고속 인터넷 이용
- **③A**샤워 및 사우나 공간

온라인이나 호주 항공 모든 탑승구에서(출발 30분 전까지) 직접 등록할 수 있습니다. 혜택은 바로 적용됩니다.

어휘
sign up for ~에 가입하다 | frequent flyer (비행기의) 단골 고객 | exclusive 독점한, 한정적인 | entitle 자격을 주다 | benefit 혜택 | discount 할인하다 | seat 좌석 | charge 요금 | waive 면제하다 | check (수하물을) 부치다 | complimentary 무료의 | participating 해당하는 | admittance 입장 | beverage 음료 | private 개인의 | workspace 업무 공간 | register 등록하다 | perk 혜택 | go into effect 실시되다

1. 추론(특정 정보)
단골 고객 리워드 프로그램에 참여하면 누가 가장 혜택을 받겠는가?
(A) 짐이 여러 개 있는 탑승객
(B) 일등석 티켓을 구매하는 사람
(C) 건강에 신경 쓰는 탑승객
(D) 번잡한 공항 근처에 사는 사람

해설 두 번째 단락에서 'Charges waived on up to three checked suitcases'라고 말한 것으로 미루어 짐이 여러 개 있는 탑승객이 가장 혜택을 받을 것임을 알 수 있으므로 (A)가 정답이다.

+ Paraphrasing
suitcases → luggage

2. 특정 정보(상세)
클럽은 어디에 위치하는가?
(A) 붐비는 공항에
(B) 지역 교통센터에
(C) 여러 대륙에
(D) 호주 국제 공항에

해설 두 번째 단락에서 'Admittance to the Aussie Club at any of the nation's ten busiest airports'라고 했으므로 (A)가 정답이다.

+ Paraphrasing
busiest → well-trafficked

3. NOT (상세 정보)

클럽에서 제공하지 않는 것은 무엇인가?
(A) 샤워 시설
(B) 탑승권 출력
(C) 기기 충전소
(D) 무료 다과

해설 지문의 단서와 보기를 연결시키면, 세 번째 단락에서 'Shower and sauna areas'는 (A)와, 'Charging points for mobile devices and high-speed Internet access'은 (C)와, 'Fresh, free snacks and beverages 24/7'은 (D)와 일치하지만, 탑승권을 출력해준다는 내용은 언급된 바 없으므로 (B)가 정답이다.

+ Paraphrasing
free → Complimentary, snacks → refreshments

4-6번은 다음 양식에 관한 문제입니다.

Hidden Hills 유지관리 사무실 신청서
Darryl Evans, 관리자
208-555-0184, darryl@hiddenhills.net

아파트 번호: 22B
거주자: Jeremy Ditka
거주자 연락처: 208-555-2109 **4**요청일: 10월 20일
4문제 유형: 구조 ☐ 전기 ☐ 배관 ☑ 기타 ☐

요청 작업 내용: 거실 조광 스위치가 제대로 작동하지 않고, 콘센트 한 구에서 전기가 나오지 않습니다.

기타 내용: 미리 알려주시면 감사하겠습니다. 수리공이 왔을 때 제 룸메이트인 Rashida Cortez와 제가 현장에 있을 수 있도록 위에 적힌 번호로 문자를 보내주세요. **6**저희는 최근 깨지기 쉬운 HD 오디오 장비를 구입했는데, 문제가 있는 콘센트 바로 앞에 놓여 있습니다. 작업이 진행되는 동안 아무것도 손상되지 않게 저희가 그걸 치워야 할 거예요.

- -

Hidden Hills 관리부용:
(비워두세요)

검토일: 10월 21일
승인자: Darryl Evans
5지정자: George Martinez

내용:
5오늘 저녁 Ditka 씨와 연락한 후 문제를 살펴보세요. 전문가가 필요한 복잡한 배선 문제면, Karla Pope(208-555-3132)에게 전화해서 수리 일정을 잡으세요.

어휘
maintenance 유지 ∣ application 신청서 ∣ form 양식 ∣ resident 거주자 ∣ request 요청 ∣ issue 문제 ∣ structural 구조상의 ∣ electrical 전기의 ∣ plumbing 배관 ∣ dimmer switch 조광 스위치(빛의 밝기를 조절하는 스위치) ∣ properly 제대로 ∣ outlet 콘센트 ∣ advance 사전의 ∣ notice 공지 ∣ present 참석한, 자리에 있는 ∣ repairperson 수리공 ∣ purchase 구입하다 ∣ delicate 연약한, 깨지기 쉬운 ∣ equipment 장비 ∣ faulty 잘못된, 결함이 있는 ∣ take place 일어나다 ∣ damaged 손상된, 피해를 입은 ∣ designate 지정하다, 지명하다 ∣ look into 조사하다, 살피다 ∣ complicated 복잡한 ∣ wiring 배선 ∣ require 필요로 하다, 요구하다 ∣ specialist 전문가 ∣ schedule 일정을 잡다

4. 핵심 정보 (목적)

양식의 목적은 무엇인가?
(A) 배송 일정을 잡으려고
(B) 문제를 알리려고
(C) 아파트 목록에 관해 문의하려고
(D) 임대료를 내려고

해설 'Application Form'의 항목에 'Request Date', 'Type of Issue'가 있으므로 (B)가 정답이다.

5. 특정 정보 (상세)

누가 Ditka 씨에게 10월 20일 요청에 관하여 최초로 연락할 것인가?
(A) Evans 씨
(B) Cortez 씨
(C) Martinez 씨
(D) Pope 씨

해설 'For Hidden Hills Management'의 'Designated to: George Martinez'에서 작업 지정자가 George Martinez이고, 'Comments'에서 'Look into the problem this evening after getting in touch with Mr. Ditka'라고 했으므로 (C)가 정답이다.

+ Paraphrasing
get in touch with → contact

6. 특정 정보 (상세)

Ditka 씨는 왜 오디오 장비를 언급하는가?
(A) 구매 가능하다.
(B) 제대로 작동하지 않는다.
(C) 이동되어야 한다.
(D) 곧 업그레이드될 것이다.

해설 'Application Form'의 'Other notes'에서 'We recently purchased some pretty delicate HD audio equipment which is right in front of the faulty outlet. We would have to move it out of the way while the work takes place, so nothing gets damaged.'라고 했으므로 (C)가 정답이다.

7-10번은 다음 공지에 관한 문제입니다.

"Sound and Soul: 축하 행사"
1월 8일
오후 2시부터 11시까지

7Waikato 지역 예술 센터는 토요일 Hamilton 시내에 있는 재단장을 마친 St. Francis Pavilion에서 열리는 겨울 음악 콘서트를 공연하게 되어 기쁩니다. **10B**여러 식당들이 제공하는 다양한 종류의 저렴한 음식들을 즐기면서, 인기 있는 현대 공연자들의 감미로운 멜로디부터 Maori 타악기의 전통적인 소리까지, 클래식 곡에서 신선한 새로운 작품들에 이르기까지 훌륭한 민속음악을 들으러 오세요.

이 도시의 재능 있는 음악가들이 하루 종일 공연할 것입니다. **10A**참가자들은 이 예술가들과 함께 사진을 찍을 수 있는 기회 또한 얻게 될 것입니다. 오후 9시에 유명 가수 Rebecca Turei가 저녁의 마지막 공연을 하기 위해 무대에 오를 것입니다. **8**Hamilton 출신인 Turei 씨는 불과 일주일 전 세계 투어에서 돌아왔습니다.

9모든 사람들은 무료로 축제에 얼마든지 참여할 수 있습니다. **10D**방문객들은 Howard가와 Cook Street가 사이에 있는 부지에 주차할 수 있습니다. A와 C 구역은 무료인 반면, B 구역은 약간의 요금을 부과한다는 것을 알아두세요.

자세한 내용은 Waikato 지역 예술 센터 웹사이트 www.waikatoregionalarts.nz/january_calendar를 방문해 주세요.

어휘

celebration 축하, 축하 행사 | present 공연하다, 소개하다 | refurbish 재단장하다, 개조하다 | folk 민속의, 전통의 | act 공연자(그룹), (쇼의 한) 파트 | traditional 전통적인 | percussion 타악기 | tune 곡, 곡조 | work 작품 | affordable 가격이 적당한 | dish 요리 | talented 재능 있는 | perform 공연하다 | attendee 참석자 | performance 공연 | welcome ~해도 좋은 | free of charge 무료로 | lot (특정 용도용) 부지, 구역 | charge 부과하다 | complete 완전한 | detail 세부 내용

7. 핵심 정보(목적)

공고는 왜 쓰였는가?

(A) 계절 행사를 알리기 위해
(B) 음악 강연을 홍보하기 위해
(C) 극장 확장을 발표하기 위해
(D) 오래된 악기들을 판매하기 위해

해설 첫 번째 단락에서 'The Waikato Regional Arts Centre is excited to present its winter music concert'라고 했으므로 (A)가 정답이다.

8. 특정 정보(사실 확인)

공연들에 관하여 언급된 것은?

(A) 오후에만 열린다.
(B) 지역 주민들에게 제공될 것이다.
(C) 웹사이트에서 스트리밍될 것이다.
(D) 주로 식당들이 후원한다.

해설 세 번째 단락에서 'Everyone is welcome to attend the festival free of charge.'라고 했으므로 (B)가 정답이다.

9. 특정 정보(사실 확인)

Turei 씨에 관하여 사실인 것은?

(A) 타악기 강좌를 가르친다.
(B) 최근에 해외를 다녀왔다.
(C) 곧 은퇴할 것이다.
(D) Hamilton에 있는 사무실을 막 매입했다.

해설 두 번째 단락에서 'Ms. Turei, a native of Hamilton, returned from her global tour just a week ago.'라고 했으므로 (B)가 정답이다.

10. NOT(사실 확인)

행사에 관하여 언급되지 않은 것은?

(A) 사진 촬영 기회가 있을 것이다.
(B) 음식을 구입할 수 있다.
(C) 참석자들에게 선물이 제공될 것이다.
(D) 무료 주차장이 있다.

해설 지문의 단서와 보기를 연결시키면, 'enjoying a variety of affordable dishes provided by various restaurants'는 (B)와, 'Attendees will also get a chance to take pictures with these artists.'는 (A)와, 'Visitors can park in the lots between Howard Avenue and Cook Street. Just be aware that while lots A and C are free, lot B does charge a small fee.'는 (D)와 일치하지만, 참석자들에게 선물이 제공된다는 내용이 언급된 바는 없으므로 (C)가 정답이다.

11-14번은 다음 안내문에 관한 문제입니다.

Mulkey 화장품 알림 게시판

⑪회사의 모든 알림 게시판은 인사팀에서 관리합니다. 그들은 게시판에 게시된 정보를 감시하고, 오래된 내용을 내리고, 직원들이 봐야 할 가장 중요한 정보를 강조합니다.

⑫휴게실에 있는 게시판은 사내 중요 소식처럼 Mulkey의 모든 사람들과 관련 있는 정보를 게시하는 데 사용됩니다.

회의실에 있는 알림 게시판은 회의 일정 및 장소와 관련된 정보만을 위해 사용됩니다.

행사장의 알림 게시판은 직원들의 개인적 관심사에 관한 정보를 대상으로 합니다. 이 게시판은 생일 파티, 스포츠 경기나 기타 사교 모임처럼 주로 회사와 관련이 없는 행사를 알리는 데 사용됩니다. **⑬**이러한 종류의 공지는 게시 전 인사팀의 검토가 필요하다는 것을 명심하세요. 직원들은 최소 이틀 전에 미리 공지의 초안을 제출해야 합니다. 요청이 처리되는 데에는 업무일 기준 하루가 소요될 것입니다.

⑭모든 알림 게시판은 정해진 목적에 맞게 사용되는지 확인하는 정기적인 점검을 받을 수 있습니다.

어휘

announcement 공지, 발표 | board 게시판 | moderate 관리하다, 조정하다 | personnel team 인사팀 | monitor 모니터하다, 감시하다 | post 게시하다 | take down 치우다 | outdated 구식의 | highlight 강조하다 | details (무엇에 대한) 정보 | break room 휴게실 | display 보여주다 | pertinent 적절한, 관련 있는 | essential 필수적인, 중요한 | conference 회의 | exclusively 독점적으로 | related to ~과 관련된 | intend 의도하다 | competition 경쟁, 시합, 대회 | social gathering 사교 모임 | keep in mind 명심하다 | notice 공지 | review 검토하다 | submit 제출하다 | draft 초안 | at least 적어도 | in advance 미리, 사전에 | request 요청 | process 처리하다 | be subject to ~의 대상이 되다 | inspection 점검, 검토 | stated 정해진

11. 핵심 정보(목적)

안내문의 목적은 무엇인가?

(A) 새로운 웹사이트의 특징을 설명하기 위해
(B) 다가올 행사에 관한 세부 사항을 제공하기 위해
(C) 직무를 나열하기 위해
(D) 회사 정책을 설명하기 위해

해설 첫 번째 단락에서 'All of the company's announcement boards are moderated by the personnel team. They are responsible for monitoring information posted on the boards, taking down outdated content, and highlighting the most important details for employees to see.'라고 했으므로 (D)가 정답이다.

12. 추론(특정 정보)

회사의 중요 소식은 어디에 게시되겠는가?

(A) 휴게 공간에
(B) 회의실에
(C) 행사장에
(D) 인사팀 사무실에

해설 두 번째 단락에서 'The announcement board in the break room is to be used for displaying information that is pertinent to everyone at Mulkey, like essential news about the company.'라고 했으므로 (A)가 정답이다.

✛ Paraphrasing

the break room → the break area

13. 특정 정보(상세)

안내문에 따르면, 직원들은 왜 인사팀에 연락해야 하는가?

(A) 게시물 승인을 얻기 위해
(B) 장치를 빌리기 위해
(C) 면접 일정을 잡기 위해
(D) 직원 명찰을 얻기 위해

해설 네 번째 단락에서 'Keep in mind that these kinds of notices need to be reviewed by Personnel before being posted. Employees must submit a draft of the notice at least two days in advance.'라고 했으므로 (A)가 정답이다.

➕ **Paraphrasing**
notices → postings

14. 특정 정보(상세)

알림 게시판은 왜 자주 점검되는가?

(A) 내용이 적합한지 확인하려고
(B) 범위가 맞는지 확인하려고
(C) 손상이 없는지 확인하려고
(D) 제대로 된 위치에 있는지 확인하려고

해설 다섯 번째 단락에서 'All announcement boards are subject to regular inspections to make sure they are being used for their stated goals.'라고 했으므로 (A)가 정답이다.

CHAPTER 14 파트 7 지문 유형 2

BASE 집중훈련
본서 p.266

1. (C) **2.** (D) **3.** (C) **4.** (C) **5.** (A) **6.** (C)

1-3번은 다음 편지에 관한 문제입니다.

Alice Kaling
315 Jumeira가
Dubai 9440

3월 4일

Manal Omar
4090 Jebel Ali로
Dubai 9445

Omar 씨께,

1 저는 Talal Salim이 지난 6년간 저희 광고 회사 Express Yourself에서 고객 관리 이사로 재직했음을 확인 드리고자 편지를 드립니다.

Salim 씨는 회사 확장에 있어 중요한 역할을 수행했습니다. 그의 담당 직무에는 고객의 사업상 문제 해결하기, 광고 편성하기, 영업 자료 만들기가 포함되었습니다. 또한 그는 저희 대형 고객 몇몇을 확보하는 데 도움을 주었습니다. **2** 그는 회사 성공의 중심에 있었습니다. 그는 수많은 업무들 외에도, **3** 대다수의 재능 있는 직원들을 채용하기도 했습니다. 그는 사람의 잠재력을 알아볼 뿐만 아니라, 그것을 최대로 발휘시키는 비상한 능력을 가지고 있습니다. 모두가 그를 존경하는 것이 놀라운 일이 아닙니다.

그 밖에 Salim 씨에 관해 제가 답변드릴 것이 있으면, 971-353-5253으로 저에게 연락 주세요.

안부를 전하며,

Alice Kaling
크리에이티브 디렉터

어휘
verify (진실인지) 확인해 주다 | expansion 확장 | responsibility 책무, 책임 | include 포함하다 | solve (문제를) 풀다 | coordinate 편성하다, 조정하다 | secure 확보하다, 획득하다 | countless 셀 수 없는 | duties 직무 | recruit 채용하다 | majority 다수 | talented 재능 있는 | uncanny 묘한, 신기한 | realize 깨닫다, 알아차리다 | potential 잠재력 | get the best out of ~를 최대한[충분히] 활용하다[발휘시키다] | look up to ~을 존경하다

1. 추론(특정 정보)

Kaling 씨는 누구겠는가?

(A) 독립 계약자
(B) 잠재적 입사 지원자
(C) Salim 씨의 예전 관리자
(D) Salim 씨의 과거 멘토

해설 Kaling 씨가 보낸 편지의 첫 번째 단락에서 'I am writing to verify that Talal Salim held the position of Account Director at our advertising firm, Express Yourself ~.'라고 하여 Kaling 씨가 Express Yourself 광고 회사에서 Salim 씨의 관리자였음을 알 수 있으므로 (C)가 정답이다.

2. 문맥(동의어)

두 번째 단락의 세 번째 줄의 단어 "central"과 의미상 가장 가까운 것은?

(A) 기본의
(B) 초기의
(C) 중간의
(D) 중요한

해설 두 번째 단락 'He was central to our company's success.'에서 'central'은 '핵심의, 중심적인'이라는 의미로 쓰였으므로 보기 중 '중요한'을 뜻하는 (D)가 정답이다.

3. 특정 정보(사실 확인)

Salim 씨에 관하여 언급된 것은?

(A) TV 광고를 총괄했다.
(B) Kaling 씨에게 일자리 제의를 받았다.
(C) 채용 과정에 참여했다.
(D) Express Yourself에서 사회생활을 시작했다.

해설 두 번째 단락에서 'he also recruited the majority of our talented staff members, He has an uncanny ability to not only realize someone's potential, but also to get the best out of them.'이라고 했으므로 (C)가 정답이다.

➕ **Paraphrasing**
recruited → was involved in a hiring process

4-6번은 다음 이메일에 관한 문제입니다.

수신: customerservice@dupontdaily.com
발신: Solomon LaPierre
날짜: 11월 5일
제목: 앞으로의 신문

제 구독에 관한 문제와 관련하여 이메일을 보냅니다. —[1]—. **⁴지난 2주 동안**, 신문이 Elizabeth에 있는 제 예전 아파트로 발송되고 있습니다. 다행히, 제가 이것들을 Shellston에 있는 저의 새집으로 다시 보내지게 할 수 있었지만, 잘못된 주소로 발송된 우편물을 우체국에서 계속 전송해주지는 않을 것이기에 우편물이 맞는 장소로 보내지는지 확인이 필요합니다. —[2]—.

⁵⁶저는 지난 10월 Shellston으로 처음 이사 갔을 때, 온라인에서 찾은 지침을 참고해서 DuPont Daily 앱으로 제 개인 계정에 있는 배송지 주소를 업데이트했다는 걸 언급하고 싶어요. —[3]—. 판매 부서에서 새로운 주소를 가지고 있는지 알아봐 주실 수 있나요? —[4]—.

안부를 전하며,

Solomon LaPierre

어휘
edition (책, 신문 등의) 호, 판 | in reference to ~에 관하여 | issue 문제, 사안 | subscription 구독 | paper 신문 | route 보내지다, 전송하다 | luckily 다행히도 | redirect 다시 보내다 | forward 전송하다 | permanently 영구적으로 | point out 지적하다, 언급하다 | account 계정 | via ~를 통하여 | instruction 지시, 설명 | circulation 유통, (신문, 잡지의) 판매 부수

4. 핵심 정보 (목적)
이메일의 주요 목적은 무엇인가?
(A) 로그인 암호를 다시 설정하기 위해
(B) 구독 요금제를 변경하기 위해
(C) 배달 문제를 설명하기 위해
(D) 앱에 관한 의견을 주기 위해

해설 첫 번째 단락에서 'For the last two weeks, the paper has been routed to my old apartment in Elizabeth. Luckily, I was able to get these redirected to my new house in Shellston, ~, so I need to make sure it's sent to the right place.'라고 했으므로 (C)가 정답이다.

5. 특정 정보 (상세)
LaPierre 씨는 왜 DuPont Daily 앱을 사용했는가?
(A) 연락처 정보를 업데이트하기 위해
(B) 구독료 할인을 받기 위해
(C) 지역 뉴스 기사를 읽기 위해
(D) 예전 신문을 요청하기 위해

해설 두 번째 단락에서 'I'd like to point out that back in October when I first moved to Shellston, I updated the delivery address on my personal account via the DuPont Daily app ~.'이라고 했으므로 (A)가 정답이다.

+ Paraphrasing
delivery address → contact information

6. 문맥 (문장 삽입)
[1], [2], [3], [4]로 표시된 곳 중에서 다음 문장이 들어갈 위치로 가장 적절한 곳은?
"그렇지만 제가 실수했을 수도 있어요."

(A) [1]
(B) [2]
(C) [3]
(D) [4]

해설 두 번째 단락에서 'I'd like to point out that back in October when I first moved to Shellston, I updated the delivery address on my personal account via the DuPont Daily app, using instructions I found online.'이라고 하여 주어진 문장이 이어지기에 자연스러우므로 (C)가 정답이다.

BASE 집중훈련
본서 p.270
1. (C) **2.** (B) **3.** (C) **4.** (A) **5.** (A) **6.** (B)

1-2번은 다음 문자 메시지 대화에 관한 문제입니다.

Winslow, Lisa [오후 12시 17분]
최대한 빨리 창고로 직원들을 더 보내 주세요.

Jensen, Oliver [오후 12시 19분]
무슨 일 있나요?

Winslow, Lisa [오후 12시 20분]
¹²가구 배송이 지금 막 여기 도착했어요. 우리는 오후 4시까지 트럭을 비워야 해요.

Jensen, Oliver [오후 12시 22분]
²말도 안 돼요. 제가 분명히 목요일이라고 말했어요.

Winslow, Lisa [오후 12시 24분]
맞아요.

Jensen, Oliver [오후 12시 26분]
알았어요. Simon이 지금 가고 있어요. Lan에게 연락해 볼게요.

어휘
employee 직원 | warehouse 창고 | shipment 수송(품) | furniture 가구 | empty 비우다; 텅 빈 | serious 진지한, 심각한 | specifically 분명히 | get ahold of ~에게 연락을 취하다

1. 특정 정보 (상세)
어떤 문제가 논의되고 있는가?
(A) 소포가 파손되어 도착했다.
(B) 창고가 조기 폐쇄되고 있다.
(C) 수송품이 내려져야 한다.
(D) 배송 트럭이 잘못된 장소로 갔다.

해설 오후 12시 20분, Winslow 씨의 메시지에서 'The shipment of furniture just got here. We need to empty the trucks by 4 P.M.'이라고 말했으므로 (C)가 정답이다.

+ Paraphrasing
empty the trucks → be unloaded

2. 문맥 (화자 의도 파악)
오후 12시 22분에, Jensen 씨가 "말도 안 돼요"라고 할 때 그가 의미한 것은?
(A) Winslow 씨가 진지한 사람이라고 생각한다.
(B) 그의 지시 사항이 지켜지지 않아 상심한다.
(C) Lan에게 연락이 닿지 않아 걱정한다.
(D) Winslow 씨가 가구를 충분히 주문했다고 생각하지 않는다.

해설 오후 12시 20분에서 오후 12시 22분까지의 대화에서 Winslow 씨가 'The shipment of furniture just got here. We need to empty the trucks by 4 P.M.'이라고 하자, Jensen 씨가 'You can't be serious. I specifically said Thursday.'라고 말한 것이므로 (B)가 정답이다.

3-6번은 다음 온라인 채팅 대화에 관한 문제입니다.

Julia Winston [오전 9시 45분]
⑤안녕하세요, 팀원 여러분. 시간 나면 Green River 놀이공원 공식 개장에 관한 현황 보고 부탁해요.

Anderson Early [오전 9시 47분]
순조로운 하루였습니다. 판촉 할인 행사에 많은 인파가 몰렸고 놀이 기구 줄이 길었어요. ④총수입은 아직 계산 중이지만 음식 가판대, 특히 Lightning Churros가 잘된 것 같아요.

Julia Winston [오전 9시 48분]
④자세한 내용이 나오면 제 이메일로 보내줘요. 또 눈에 띄는 점 있었나요?

Maurice Reardon [오전 9시 49분]
⑤Prairie Land 구역 화장실에 약간 문제가 있었습니다. 보아하니, 싱크대에서 온수가 안 나왔고, 방문객들이 불평을 한 것 같아요.

Julia Winston [오전 9시 49분]
무슨 일이었죠?

Maurice Reardon [오전 9시 50분]
관리팀에서 실수로 회로 차단기를 작동시켰습니다.

Julia Winston [오전 9시 51분]
더 심각한 일은 아니었다니 다행이네요. 그거 외에는 잘 수행했나요?

Angela Menaker [오전 9시 52분]
유지관리가 분명히 최우선 순위라, 모든 감독관들이 팀과 함께 긴밀히 협력하고 있습니다. 청소팀 외에도 상근 배관공과 공인 전기 기사들이 있습니다.

Julia Winston [오전 9시 54분]
그럼 좋아요. 안심해도 될 것 같네요. 수요일에 전화 회의 때문에 연락하겠지만, 우리 자주 문자 보내요. ⑥드디어 다음 달에 들러서 전부 직접 둘러볼 예정이에요. 모두들 수고하세요.

어휘
status report 현황 보고(서) ǀ official 공식적인 ǀ opening 개장 ǀ amusement park 놀이공원 ǀ smooth 순조로운 ǀ promotional 판촉의 ǀ ride 놀이 기구 ǀ calculate 계산하다 ǀ revenue 수입 ǀ vendor 노점상 ǀ do well 잘 하다 ǀ stand out 눈에 띄다 ǀ complication 문제 ǀ restroom 화장실 ǀ janitorial 수위의 ǀ accidentally 뜻하지 않게 ǀ activate 작동시키다 ǀ circuit breaker 회로 차단기 ǀ performance 수행, 성과 ǀ maintenance 유지 관리 ǀ priority 우선순위 ǀ closely 밀접히 ǀ plumber 배관공 ǀ certified 공인된 ǀ electrician 전기 기사 ǀ in good hands 안심할 수 있는, 잘 관리되는 ǀ get in touch 연락하다 ǀ text 문자 보내다 ǀ regularly 정기적으로 ǀ drop by 들르다

---

3. 추론(핵심 정보)
Winston 씨는 누구겠는가?
(A) 전기 기사
(B) 회계사
(C) 기업 대표
(D) 유지 보수 담당자

해설 오전 9시 45분, Winston 씨의 메시지에서 'Hi, team. When you have a moment, I'd like a status report on the official opening of Green River Amusement Park.'라고 했으므로 (C)가 정답이다.

4. 문맥(화자 의도 파악)
오전 9시 48분에, Winston 씨가 "자세한 내용 나오면 제 이메일로 보내줘요"라고 할 때 그녀가 의미한 것은?
(A) 어떤 매출 자료에 관심이 있다.
(B) 입사 지원자 명단을 검토해야 한다.
(C) 수익이 줄었다고 걱정한다.
(D) 승진에 관하여 더 알고 싶어 한다.

해설 오전 9시 47분 ~ 9시 48분 대화에서 Early 씨가 'The promotional discount attracted large crowds and the lines for the rides were long. We're still calculating the total revenue, but it looks like the food vendors did well, especially Lightning Churros.'라고 하자, Winston 씨가 'Email me when you get all the details.'라고 말한 것이므로 (A)가 정답이다.

5. 특정 정보(상세)
대화에서 어떤 문제가 언급되는가?
(A) 일부 배관이 제대로 작동하지 않았다.
(B) 줄이 예상보다 더 길었다.
(C) 보고서가 제때 작성되지 않았다.
(D) 관리팀 직원이 부족하다.

해설 오전 9시 49분, Maurice Reardon의 메시지에서 'There were some complications in the Prairie Land section restrooms. Apparently, we couldn't get hot water from the sinks, and visitors were complaining.'이라고 했으므로 (A)가 정답이다.

➕ **Paraphrasing**
couldn't get hot water from the sinks → Some plumbing did not function properly

6. 추론(특정 정보)
Green River 놀이공원에 관하여 알 수 있는 것은?
(A) 일부 구간에 수리가 필요하다.
(B) Winston 씨가 직접 본 적이 없다.
(C) 수요일에는 문을 열지 않는다.
(D) Early 씨가 인사부장이다.

해설 오전 9시 54분, Winston 씨의 메시지에서 'I'm planning to finally drop by and tour everything myself next month.'라고 했으므로 (B)가 정답이다.

BASE 집중훈련

본서 p.274

1. (A) **2.** (C) **3.** (A) **4.** (A) **5.** (D) **6.** (D)
7. (B)

1-3번은 다음 회람에 관한 문제입니다.

수신: 직원들
발신: Jeanette Park
날짜: 8월 22일 수요일, 13시 04분
제목: 업그레이드

여러분, 안녕하세요.

■Valve Appliance의 웹사이트가 방화벽을 포함하도록 업그레이드되었음을 알려드립니다.

이것의 목적은 고객 데이터의 안전을 보장하기 위함입니다. 이제, 고객의 모든 정보가 안전하다는 것을 알기에 안심할 수 있습니다. ②고객이 우리 사이트에 접속하기 위해 자격 증명 사항을 입력하면, 자물쇠 아이콘이 링크 옆에 표시되어, 정보가 암호화되었음을 나타냅니다.

사이트 로딩이 보다 느려진다는 점에 유의해 주시기 바랍니다. 전반적인 사용자 이용에 영향을 미치지는 않겠지만, 우리가 인지하고 관찰할 부분입니다.

③조만간 직원 웹 페이지 보안 섹션에 전체 내용을 업데이트할 예정입니다.

문제가 발생하면 저에게 알려주세요.

어휘
inform 알리다, 통지하다 | appliance 기기 | include 포함하다 | firewall 방화벽 | purpose 목적 | ensure 보장하다 | safety 안전 | secure 안전한, 확실한 | credential 자격 증명; 자격증을 수여하다 | access 접속하다 | padlock 자물쇠 | appear 나타나다, 생기다 | indicate 나타내다, 보여주다 | encrypt (정보를) 암호화하다 | note 주목하다, 주의하다 | load (프로그램을) 로딩하다 | affect 영향을 미치다 | overall 전반적인 | be aware of ~를 알다 | monitor 추적 관찰하다, 모니터하다 | detail 세부 사항 | run into (곤경 등을) 겪다

---

1. 핵심 정보(목적)

메모는 왜 발송되었는가?
(A) 웹사이트 변경 사항을 알리려고
(B) 직원들에게 오작동 기계에 대해 알리려고
(C) IT 부서의 새로운 관리자를 소개하려고
(D) 일부 상품의 매출을 보고하려고

해설 첫 번째 단락에서 'I'm writing to inform you all that Valve Appliance's Web site has been upgraded to include a firewall.'이라고 했으므로 (A)가 정답이다.

2. 특정 정보(사실 확인)

회사 웹사이트에 관하여 사실인 것은?
(A) 사용자 인터페이스가 간소화되었다.
(B) 암호화 서비스가 더 이상 제공되지 않는다.
(C) 로그인 자격 증명을 요구한다.
(D) 특정 브라우저에서만 접속될 수 있다.

해설 두 번째 단락에서 'Once a customer enters their credentials to access our site'라고 했으므로 (C)가 정답이다.

✚ Paraphrasing
credentials to access our site → login credentials

---

3. 특정 정보(상세)

Park 씨는 조만간 무엇을 업데이트할 것인가?
(A) 보안 정보를 제공하는 온라인 섹션
(B) 오래된 고객 데이터베이스
(C) 지불 처리 서비스
(D) 회사 직원들이 자주 사용하는 방화벽 기능

해설 네 번째 단락에서 'I'll be updating the security section on our employee Web page with full details soon.'이라고 했으므로 (A)가 정답이다.

4-7번은 다음 회람에 관한 문제입니다.

수신: 고객 서비스 담당 직원들
날짜: 9월 10일
제목: 월간 회의

⑤이번 달 초, 우리는 연례 고객 설문지를 배포했습니다. 결과는 대체로 긍정적이었습니다. 거의 모든 사람들이 우리 직원들이 보여준 세심함에 감사해했습니다. ④그들은 세법의 세부 내용 설명이 효과적이었다면서, 저희에게 서류를 제출하는 것이 편리하다고 만족해했습니다. 또한 그들은 우리가 그들이 돈을 아낄 수 있도록 공제 혜택을 찾아준 것에 대해 잘했다고 생각했습니다.

⑥개선이 필요한 한 부분은 저조한 고객 추천 수입니다. 입소문으로 우리 서비스를 이용했다는 답변은 거의 없었습니다. 대부분의 응답자들은 매년 우리를 다시 찾는 단골 고객들이거나, 도시 여기저기에서 저희 광고판을 본 적이 있는 사람들이었습니다. 우리가 추천을 장려할 만큼 충분하지 않았다는 건 명백합니다.

이에, 저희가 월요일 회의에서 이 문제에 대해 심도 있게 논의했으면 합니다. 저는 저희 설문 결과를 개선하는 데 도움이 될 연구 결과를 몇 가지 소개해 드릴 계획입니다. ⑦여러분도 추천 수를 늘릴 기발한 방법을 생각해 보시면 도움이 될 것 같습니다. 여러분의 아이디어를 저에게 이메일로 보내주세요, 그러면 제가 월요일에 그것들을 다루도록 하겠습니다. 이 문제에 대해 여러분 모두의 의견을 듣고 싶습니다.

감사합니다.

Marquise Mayo

어휘
monthly 월간의 | distribute 배포하다 | annual 연례의 | client 고객 | questionnaire 설문지 | mostly 대개 | appreciate 감사해하다 | attention 주의, 주목 | detail 세부 사항 | representative 대표자, 대리인 | convenience 편리함 | file with (신청, 항의 등을) ~에 제출하다 | effective 효과적인 | explain 설명하다 | tax code 세법 | deduction 공제 | save 절약하다 | improvement 개선 | recommendation 추천 | seldom 좀처럼 ~않다 | word of mouth 구전, 입소문 | respondent 응답자 | regular 규칙적인 | billboard 광고판 | apparent 명백한 | encourage 장려하다 | accordingly 그래서, 그런 이유로 | issue 문제 | in full 전부 | findings (조사 등의) 결과 | improve 개선하다 | beneficial 유익한 | inventive 독창적인, 창의적인 | boost 북돋우다, 활성화시키다 | bring up (화제를) 꺼내다

---

4. 추론(특정 정보)

Mayo 씨는 어디서 일하겠는가?
(A) 회계 사무소에서
(B) 마케팅 조사 그룹에서
(C) 소프트웨어 개발 회사에서
(D) 광고 회사에서

해설 첫 번째 단락에서 'They were happy about the convenience of filing with us, saying we were effective in explaining the details of the tax code. They also thought we did a good job of finding deductions to save them money.'라고 했으므로 (A)가 정답이다.

5. 특정 정보 (상세)

Mayo 씨는 어떤 정보를 검토했는가?
(A) 판매 수익
(B) 요금 조정
(C) 사무실 위치
(D) 고객 피드백

해설 첫 번째 단락에서 'Earlier this month we distributed our annual client questionnaire. The results were mostly positive.'라고 했으므로 (D)가 정답이다.

+ Paraphrasing
client → Customer

6. 특정 정보 (상세)

Mayo 씨는 어떤 문제에 대해 논의하는가?
(A) 회사에 신규 고객이 부족하다.
(B) 고객 서비스 후기가 형편없었다.
(C) 고객 담당 직원이 부족하다.
(D) 회사를 다른 사람에게 추천한 고객이 별로 없다.

해설 두 번째 단락에서 'One area for improvement is the low number of customer recommendations. We seldom heard that they used our services through word of mouth.'라고 했으므로 (D)가 정답이다.

7. 특정 정보 (상세)

Mayo 씨는 직원들에게 무엇을 하라고 요청하는가?
(A) 가능한 시간을 알려 달라고
(B) 해결 방안을 보내라고
(C) 서비스 제공 업체를 추천하라고
(D) 온라인 설문지를 작성하라고

해설 세 번째 단락에서 'I think it would be beneficial if you could also think of an inventive way to boost our recommendation numbers. Email me your idea, ~'이라고 했으므로 (B)가 정답이다.

+ Paraphrasing
Email me your idea → Send a proposed solution

BASE 집중훈련

본서 p.278

1. (A) **2.** (B) **3.** (D) **4.** (B) **5.** (C) **6.** (A)
7. (C)

1-3번은 다음 기사에 관한 문제입니다.

Dublin (12월 2일)—**■**시의회가 시내에 있는 버스 정류장의 안내판을 업그레이드하는 데 만장일치로 투표했다. 새로운 안내판은 승객들에게 버스 일정과 도착 예정 시간에 대한 실시간 정보를 제공하기 위해 디지털 디스플레이를 사용할 것이다.

②일반 버스 이용자들은 위원회의 결정을 받아들였고, 일부는 이것이 수년 전에 이루어졌어야 했다고 말했다. "저는 안내판을 거의 보지 않습니다. 그것들은 항상 부정확하고 교통 체증을 고려하지 않습니다."라

고 지난 10년 동안 Dublin 버스 시스템을 이용해 온 통근자인 Kacey Keenum이 말했다. 그녀는 "저는 온라인으로 소식을 접했는데, 이것은 사실 너무 늦었어요!"라고 덧붙였다.

현재의 안내판은 비용이 많이 들고 보기 좋지 않다는 점이 드러났다. 날씨로 인한 빈번한 일정 변경 및 성능 저하에는 지속적인 유지 보수가 필요하다. 새로운 태양열 표지판은 이러한 문제들을 없애줄 것을 보장한다.

다음 달에 시작하는 설치는 11월까지 완료될 것이며, 도시에 360만 유로의 비용을 발생시킬 것이다.

Dublin의 버스 시스템은 1987년 공식 통합 이후 성장해왔다. **③**이것은 현재 그 어느 때보다도 활기가 넘치고, 연간 약 1억 4천만 명으로 예상되는 승객을 태우고 있지만, 지연으로 정평이 나 있다.

어휘
city council 시의회 | vote 투표하다 | unanimously 만장일치로 | information board 안내판 | bus stop 버스 정류장 | passenger 승객 | real-time 실시간의 | arrival 도착 | rider 타는 사람 | embrace 받아들이다, 포용하다 | decision 결정 | inaccurate 부정확한 | account for 설명하다, 처리하다 | delay 지연 | commuter 통근자 | overdue 기한이 지난, 이미 행해졌어야 할 | current 현재의 | prove 증명하다, ~라고 밝혀지다, 드러나다 | costly 많은 돈이 드는 | unsightly 보기 흉한 | frequent 빈번한 | degradation 저하, 약화 | constant 지속적인, 끊임없는 | maintenance (건물, 기계의) 유지 보수 | solar-powered 태양열의 | eliminate 없애다 | installation 설치 | cost 비용이 들다 | official 공식적인 | consolidation 통합, 합병 | lively 활기가 넘치는, 생생한 | estimated 견적의, 추측의 | reputation 명성, 평판

1. 핵심 정보 (목적)

기사는 왜 작성되었는가?
(A) 일부 버스 정류장에 있을 개선 사항들을 설명하기 위해
(B) 새로운 버스 구매에 대해 보도하기 위해
(C) 더 긴 버스 노선 계획을 발표하기 위해
(D) 개정된 버스 승차권 정책을 설명하기 위해

해설 첫 번째 단락에서 'The City Council has voted unanimously to upgrade the information boards at bus stops in the downtown area.'라고 했으므로 (A)가 정답이다.

+ Paraphrasing
upgrade the information boards at bus stops → improvements at some bus stops

2. 특정 정보 (상세)

Keenum 씨는 이 계획에 대해 어떻게 생각하는가?
(A) 프로젝트가 지연될 것을 우려하고 있다.
(B) 변화가 있길 얼마간 기다렸다.
(C) 더 많은 노동자를 고용해야 한다고 느낀다.
(D) 예산이 한정적이라고 생각한다.

해설 두 번째 단락에서 'Regular bus riders embraced the council's decision, with some saying that this should have been done years ago. "I almost never look at the information boards. They're always inaccurate and don't account for traffic delays," said Kacey Keenum, ~.'이라고 했고, 이어서 'She added, "I read about the news online, and I must say that it's long overdue!"'라고 했으므로 (B)가 정답이다.

3. 문맥 (동의어)

다섯 번째 단락의 첫 번째 줄의 단어 "lively"와 의미상 가장 가까운 것은
(A) 신선한
(B) 밝은
(C) 즐거운
(D) 붐비는

해설 마지막 단락의 'It is now more lively than ever, with an estimated 140 million annual riders, ~.'에서 'lively'는 '(사람들로) 활기가 넘치는'이라는 의미로 쓰였으므로 보기 중 '붐비는'을 뜻하는 (D)가 정답이다.

4-7번은 다음 기사에 관한 문제입니다.

BANGKOK (10월 4일)—**④**지난 몇 년 동안 가전제품 소매업에서 동남아시아의 지위가 꾸준히 상승해 왔다. 상당 부분, 이는 온라인 판매에서 비롯되었는데, 장소를 불문하고 전통 소매점의 가격 할증 없이 사람들로 하여금 제조사로부터 직접 구매할 수 있게 해준다.

이 온라인 모델의 성공은 현지 회사들이 세계적으로 더 커진 존재감을 갖도록 하여, 동남아 전자 회사들을 시장에서 주요 세력으로 만들어주었다. **⑥**Tech Direct나 TigerExpress와 같은 전자 상거래 사이트들은 동남아산 전자제품을 현지에서뿐만 아니라 미국이나 독일 같은 시장에서도 구입할 수 있게 만들어준다. —[1]—.

⑤지역 내 최대 컴퓨터 제조업체인 Citrus MicroSystems의 CEO, Anut Wattanamongkol에 따르면, "동남아시아 하드웨어는 마침내 받아 마땅한 주목을 받고 있습니다."라고 말한다. 그는 "우리 엔지니어들은 여기에서 기회가 많지 않아 해외에서 일자리를 구해야 했습니다. 그것은 이제 우리가 다른 나라에서 노동자들을 데려오기 시작하는 지점으로 바뀌었습니다."라고 덧붙인다. —[2]—.

⑤⑦세계적인 성공에도 불구하고, Wattanamongkol 씨는 자신의 고향 Chiang Mai에서 상품을 생산하는 것의 특별한 강점을 강조한다. —[3]—. 지역 내 저가의 부품과 창의적 인력의 조합은 많은 기업들의 관심을 끌어모았다.

"태국과 동남아 전역의 더 많은 도시들이 기업가들을 끌어들이며 혁신의 중심지가 되고 있습니다. 우리 앞에는 흥미로운 미래가 펼쳐져 있습니다."라고 Wattanamongkol 씨는 말한다. —[4]—.

어휘
consumer electronic goods 가전제품 | steadily 꾸준히 | in large part 대부분 | drive 몰아가다 | directly 바로, 직접 | markup 가격 인상, 가격 할증 | retailer 소매상 | regardless of ~와 상관없이 | major 주요한 | force 힘, 세력 | presence 존재 | e-commerce 전자 상거래 | locally 국부적으로, 가까이에 | as well 또한, ~도 | hardware 하드웨어, 장비 | deserve ~를 받아 마땅하다, 받을 만하다 | emphasize 강조하다 | unique 독특한, 특유의 | advantage 강점 | produce 생산하다 | native 출신지의, 토박이의 | combination 조합 | low-priced 저가의 | component 부품 | workforce 인력 | attract 끌다 | magnet 자석, ~를 끄는 것 | innovation 혁신

4. 핵심 정보(주제)
기사의 주제는 무엇인가?
(A) 두 주요 전자 회사들의 합병
(B) 최근 동남아 전자 산업의 확장
(C) 새로운 전자 상거래 웹사이트의 성공
(D) 최신 컴퓨터 모델의 특징

해설 첫 번째 단락에서 'Southeast Asia's position in consumer electronic goods has been steadily growing over the last few years.'라고 했으므로 (B)가 정답이다.

5. 추론(특정 정보)
Citrus MicroSystems에 관하여 알 수 있는 것은?
(A) 다음 달에 새로운 CEO를 임명할 것이다.
(B) 태국의 최초 전자 회사였다.
(C) Chiang Mai에서 기기를 제조한다.
(D) 최근 본사를 이전했다.

해설 세 번째 단락에서 'According to Anut Wattanamongkol, CEO of Citrus MicroSystems, the region's largest maker of computers'라고 했고, 네 번째 단락에서 'Despite success on a global level, Mr. Wattanamongkol emphasizes the unique advantages of producing items in his native city, Chiang Mai.'라고 하여 Citrus MicroSystems는 CEO의 고향인 Chiang Mai에서 가전제품을 생산함을 알 수 있으므로 (C)가 정답이다.

6. 추론(특정 정보)
Tech Direct와 TigerExpress에 관하여 알 수 있는 것은?
(A) 전 세계 고객들에게 판매한다.
(B) 휴대폰을 전문으로 한다.
(C) 사업 파트너십을 협상하고 있다.
(D) 미국과 독일에서 제품을 수입한다.

해설 두 번째 단락에서 'E-commerce sites such as Tech Direct and TigerExpress make it possible to buy Southeast Asian-made electronics not just locally, but in markets like the United States and Germany as well.'이라고 했으므로 (A)가 정답이다.

7. 문맥(문장 삽입)
[1], [2], [3], [4]로 표시된 곳 중에서 다음 문장이 들어갈 위치로 가장 적절한 곳은?

"이 도시는 제조 공장 3곳의 본거지이고, 현재 또 다른 공장이 건설 중에 있다."

(A) [1]
(B) [2]
(C) [3]
(D) [4]

해설 네 번째 단락에서 'Despite success on a global level, Mr. Wattanamongkol emphasizes the unique advantages of producing items in his native city, Chiang Mai.'라고 하여 주어진 문장이 이어지기에 자연스러우므로 (C)가 정답이다.

BASE 집중훈련　　　　本書 p.282
1. (A)　**2.** (B)　**3.** (C)　**4.** (C)　**5.** (D)　**6.** (A)
7. (C)　**8.** (A)　**9.** (D)　**10.** (D)

1-5번은 다음 이메일과 양식에 관한 문제입니다.

수신: Ricky Davenport
발신: **③**Isa Ramzcek
날짜: 8월 22일
제목: 출장 경비
첨부: 경비_양식; 영수증_Ramzcek

Davenport 씨께,

저희가 아직 대면 회의 일정을 잡지 못해서 아쉽습니다. **②**이곳 Grantland 컨설팅에서의 저의 첫 3주는 정신없이 바빴습니다.

저는 출장에서 방금 돌아왔는데, **③**출장비 양식이 재무부서로 제출되어야 한다고 들었습니다. **①④⑤**제가 들은 내용에 의하면, 회사는 교통, 숙박 및 필요 장비 관련 모든 비용을 완전히 지불해주는 반면, 음식은 하루 60달러의 고정 금액으로 보상받는다고 합니다.

③첨부 파일에서, 제 출장 경비 내역을 상세히 적은 보고서를 보실 수 있

습니다. 총 장비 구입비에는 제가 발표를 위해 필요했던 USB 스틱이 포함되어 있습니다. 또한, 원본 영수증 스캔본을 첨부했습니다.

일치되지 않는 것이 있으면, 언제든지 저에게 연락해 주세요.

안부를 전하며,

Isa Ramzcek, 마케팅 부서

어휘
unfortunate 유감스러운 | set 정하다 | face-to-face 대면하는 | hectic 정신없이 바쁜 | return 돌아오다 | business trip 출장 | travel expense 출장 경비 | submit 제출하다 | finance 재무, 금융 | pay for 지불하다 | cost 비용 | regarding ~에 관하여 | transportation 교통 | accommodation 숙박 | cover 보상하다, 포함하다, 다루다 | fixed 고정된 | rate 요금 | attach 첨부하다 | detail 열거하다 | expenditure 비용, 경비 | total 총액, 합계 | equipment 장비 | purchase 구입, 구매 | original 원래의 | receipt 영수증 | hesitate 망설이다 | contact 연락하다 | discrepancy 차이, 불일치

Grantland 컨설팅 출장 경비 양식

출장 경비를 모두 환급받으려면 이 양식을 작성하여, 모든 관련 영수증과 함께 재무부서로 제출해 주십시오. 검토 후, 환급액이 다음 달 급여에 포함될 것입니다.

직원 이름: Isa Ramzcek
출장 사유: Texas Houston에서 Jackel Bros. Tools와의 고객 미팅

내용	날짜			
	8월 16일	8월 17일	8월 18일	8월 19일
교통	155.00달러	25.00달러	10.00달러	155.00달러
숙박	100.00달러	100.00달러	100.00달러	—
음식	55.60달러	59.10달러	42.50달러	62.75달러
장비	—	70.00달러	—	—
총	310.60달러	254.10달러	152.50달러	217.75달러

어휘
reimbursement 상환, 환급 | fill out (양식을) 작성하다 | along with ~에 덧붙여, ~과 함께 | applicable 해당되는, 적용되는 | amount 총액, 액수 | compensate 보상하다 | paycheck 급여 | description 기술, 서술

---

1. 핵심 정보 (목적)
Ramzcek 씨는 왜 이메일을 보냈는가?
(A) 과정을 확인하려고
(B) 일자리를 수락하려고
(C) 차량 예약을 취소하려고
(D) 회의 일정을 잡으려고

해설 첫 번째 지문의 두 번째 단락에서 'From what was told to me, the company completely pays for all costs regarding transportation, accommodations, and necessary equipment while food is covered at a fixed rate of $60 per day.'라고 했으므로 (A)가 정답이다.

2. 특정 정보 (사실 확인)
Ramzcek 씨는 본인에 대해 무엇을 언급하는가?
(A) Jackel Bros.의 도구를 사용한다.
(B) 최근 회사에서 근무를 시작했다.
(C) 어젯밤 호텔 방을 업그레이드했다.
(D) 한 달에 한 번 Texas로 출장을 간다.

해설 첫 번째 지문의 첫 번째 단락에서 'My first three weeks here at Grantland Consulting'이라고 했으므로 (B)가 정답이다.

3. 추론 (특정 정보)
Davenport 씨에 관하여 무엇이 사실이겠는가?
(A) Ramzcek 씨의 관리자이다.
(B) Ramzcek 씨의 고객이다.
(C) 재무팀원이다.
(D) 출장 일정을 짰다.

해설 첫 번째 지문의 두 번째 단락에서 'I heard travel expense forms must be submitted to the Finance Department.'라고 했는데, 세 번째 단락에서 'Attached, you will find a report that details the expenditures from my trip.'이라고 하여 그가 Ramzcek 씨의 출장비 양식을 제출받은 재무부서 직원이라는 것을 알 수 있으므로 (C)가 정답이다.

✦ **Paraphrasing**
the Finance Department → the finance team

4. 문맥 (동의어)
이메일에서 두 번째 단락의 네 번째 줄의 단어 "fixed"와 의미상 가장 가까운 것은
(A) 수리된
(B) 평평한
(C) 정해진
(D) (못으로) 고정된

해설 Ramzcek 씨가 Davenport 씨에게 보낸 첫 번째 지문의 두 번째 단락의 'From what was told to me, the company completely pays for all costs regarding transportation, accommodations, and necessary equipment while food is covered at a fixed rate of $60 per day.'에서 'fixed'는 '고정된, 정해진'이라는 의미로 쓰였으므로 보기 중 같은 의미를 갖는 (C)가 정답이다.

5. NOT (상세 정보) + 연계 유형
Ramzcek 씨는 어떤 날짜에 대해 전액 환급받지 못하는가?
(A) 8월 16일
(B) 8월 17일
(C) 8월 18일
(D) 8월 19일

해설 첫 번째 지문의 두 번째 단락에서 'From what was told to me, the company completely pays for all costs regarding transportation, accommodations, and necessary equipment while food is covered at a fixed rate of $60 per day.'라고 했는데, 두 번째 지문의 항목에서 8월 19일 사용액이 60달러를 초과하여 초과된 2.75달러는 환급 받지 못할 것임을 알 수 있으므로 (D)가 정답이다.

6-10번은 다음 회람, 전화 메시지, 그리고 이메일에 관한 문제입니다.

수신: 본점 직원들
발신: Piers Gordon, 총무부장
날짜: 5월 8일
제목: 금요일 근무시간

이번 주 금요일 오후부터 EyeZone사에서 건물 전체에 감시 카메라를 설치할 예정입니다. 카메라는 24시간 연중무휴로 작동하며, 고화질 비디오로 제공됩니다. 직원들이 항상 편안하고 안심할 수 있도록 하는 것은 회사의 의무입니다. 이들 카메라로 우리는 잠재적인 위협과 위험, 방해 요인으로부터 업무 공간을 감시할 수 있게 됩니다.

---

⑥EyeZone팀이 방해 없이 편하게 작업할 수 있도록 사무실은 5월 15일 금요일 오후 1시에 문을 닫을 것입니다. ⑨계획대로 진행된다면, 설치는 일요일 오후 4시까지는 완료될 것입니다.

⑩예방 조치로 여러분 책상의 모든 서류를 치워 보관함에 넣고 잠가 주시기 바랍니다. 그리고 컴퓨터에는 반드시 암호를 걸어 보호해 주세요. 이를 따르지 않을 경우, 직원 기록에 공식 경고가 남게 됩니다.

어휘
administration 관리, 행정 | install 설치하다 | surveillance camera 감시 카메라 | run 작동하다 | 24/7 1년 내내, 언제나 | high-definition 고화질의 | duty 의무 | ensure 보장하다 | secure 안심하는, 안전한 | at all times 항상 | monitor 감시하다 | workplace 직장, 업무 현장 | potential 잠재적인 | threat 위협 | danger 위험 | disruption 혼란, 방해 | cause 야기하다 | distraction 집중을 방해하는 것 | installation 설치 | complete 완료하다 | precaution 예방조치 | filing cabinet 서류 보관함 | lock 잠그다 | password protect 암호로 보호하다 | result in (결과적으로) ~를 낳다 | official 공식적인

전화 메시지

수신자: Piers Gordon
날짜: 5월 14일 목요일
시간: 오후 12시 22분

발신자: Liz Resnick
회사명: EyeZone사
전화번호: (415) 555-1947

☑ 전화함 ☐ 회신함 ☐ 회신 요청 ☐ 다시 전화할 예정

메모:
⑧저희의 중요한 설치 전문가에게 급한 일이 생겨서 토요일 오전까지 자리를 비울 거예요. 안타깝게도 그때까지 프로젝트를 시작할 수 없습니다. ⑨이로 인해 많이는 아니고 몇 시간 정도 늦춰질 거예요. 문제가 된다면 저에게 알려 주세요.

받은 사람: Morton Lyons

어휘
delay 연기, 지연 | set back 지연시키다

수신: 본점 직원들
발신: Morton Lyons
날짜: 5월 14일
제목: 근무시간

직원 여러분께,

저는 방금 EyeZone으로부터 예정된 설치 작업이 토요일에 시작할 거라는 소식을 들었습니다. 여러분에게는 두 가지 선택지가 있습니다: 여러분은 내일 전일 근무를 하거나 계획대로 반일 근무를 하실 수 있습니다. ⑩무엇을 선택하든, 퇴근 전에 Gordon 씨의 메모에 나와 있는 지침을 따르는 것이 중요합니다.

Morton Lyons
총무부 대리

어휘
word 소식, 정보 | schedule 일정을 잡다 | regardless of ~에 상관없이 | guidelines 지침, 가이드라인 | lay out (계획 등을 잘 정리하여) 제시하다 | clock out 퇴근 시간을 기록하다

---

6. 특정 정보 (상세)
회람에 따르면, 사무실은 왜 임시로 문을 닫는가?
(A) 카메라가 설치될 것이다.
(B) 교육용 영상이 촬영될 것이다.
(C) 검사가 실시될 것이다.
(D) 보관용 캐비닛이 교체될 것이다.

해설 첫 번째 지문의 첫 번째 단락에서 'Starting this Friday afternoon, the EyeZone Co. will be installing surveillance cameras throughout the building.'이라고 했는데, 두 번째 단락에서 'Our office will be closing at 1 P.M. on Friday, 15 May, to give the EyeZone team freedom to work without causing any distractions.'라고 했으므로 (A)가 정답이다.

✦ Paraphrasing
installing → set up

7. 특정 정보 (상세)
Lyons 씨는 회람에서 회사의 어떤 의무를 언급하는가?
(A) 생산성 향상
(B) 다양성 장려
(C) 안전 보장
(D) 불만 처리

해설 첫 번째 지문의 첫 번째 단락에서 'It is the company's duty to ensure that employees feel comfortable and secure at all times. With these cameras, we will be able to monitor the workplace for any potential threats, dangers, or disruptions.'라고 했으므로 (C)가 정답이다.

8. 특정 정보 (상세)
Resnick 씨는 Gordon 씨에게 왜 전화했는가?
(A) 약속을 연기하려고
(B) 배송 상황을 업데이트하려고
(C) 장소로 가는 길을 물어보려고
(D) 프로젝트에 도움을 구하려고

해설 두 번째 지문의 메모에서 'Our lead installation expert had an emergency and will not be available until Saturday morning.'이라고 했으므로 (A)가 정답이다.

9. 특정 정보 (상세) + 연계 유형
새로운 프로젝트 완료 예상 시간은 언제인가?
(A) 토요일 오후
(B) 토요일 저녁
(C) 일요일 아침
(D) 일요일 저녁

해설 첫 번째 지문의 두 번째 단락에서 'If all goes according to our plans, the installation should be completed by 4 P.M. Sunday afternoon.'이라고 했는데, 두 번째 지문의 메모에서 'This should not cause a major delay and should only set us back by a few hours.'라고 하여 예상 시간이 일요일 저녁으로 바뀌었음을 알 수 있으므로 (D)가 정답이다.

10. 특정 정보 (상세) + 연계 유형
Lyons 씨는 직원들에게 무엇을 하라고 상기시키는가?
(A) 컴퓨터에서 정보를 삭제하라고
(B) 기록을 위해 공식 보고서를 작성하라고
(C) 핸드폰으로 퇴근 시간을 기록하라고
(D) 안전한 곳에 문서를 보관하라고

해설 첫 번째 지문의 세 번째 단락에서 'As a precaution, we ask that you clear all papers off your desks, put them into your filing cabinets, and lock them.'이라고 했는데, 세 번째 지문에서 'Regardless of what you choose, it is important to follow the guidelines laid out in Mr. Gordon's memo before clocking out.'이라고 했으므로 (D)가 정답이다.

+ **Paraphrasing**
papers → documents, put → Place

BASE 실전훈련

본서 p.286

1. (B) **2.** (A) **3.** (A) **4.** (C) **5.** (B) **6.** (A)
7. (B) **8.** (A) **9.** (C) **10.** (A) **11.** (D) **12.** (B)
13. (C) **14.** (D) **15.** (C) **16.** (D) **17.** (A) **18.** (C)
19. (A) **20.** (C) **21.** (D) **22.** (D) **23.** (D) **24.** (A)
25. (A) **26.** (A)

1-4번은 다음 편지에 관한 문제입니다.

Hoosier Water사
234 Innovation 대로
Carmel, IN 46033

2월 8일

Chester Spicoli
Spicoli & Son Ristorante
801 Dondo가
Carmel, IN 47408

Spicoli 씨께,

1 3월부터 Hoosier Water는 상업용수 사용 요금을 백 입방피트(CCF)당 3.67달러로 인상할 것입니다. —[1]—. 이러한 인상은 새롭게 도입된 주세로 인해 불가피하며 다음 청구 기간 동안 시행될 것입니다.

2 업체들은 CCF당 3.25달러의 낮은 요금으로 Green Choice Program에 등록할 수 있습니다. —[2]—. 이 프로그램은 귀하의 업체에서 용수 효율화 증서를 보유할 것을 요구합니다. 신청하시려면 gcp@hoosierwatercorp.org로 이메일을 보내주시거나, 574-555-3838로 전화 주십시오. 참고로, 등록되어 있는 동안 용수 사용이 특정 수준을 초과하는 경우, 추가적인 과잉 공급 벌금이 발생할 수 있습니다.

4 Green Choice Program에 대한 귀사의 자격 여부를 확인하거나 인증 검사 일정을 잡으려면, 위의 전화번호로 연락해 주십시오. —[3]—.

이해해 주셔서 미리 감사드리며 **3** 여러 해 동안 꾸준히 애용해 주심에 감사드립니다. —[4]—.

감사드리며,

Jessica Pryzbylewski
대표

어휘
raise 올리다 | rate 요금, 비율 | commercial 상업적인 | usage 사용(량) | cubic foot 1입방피트 | institute 도입하다 | state tax 주세 | come into effect 시행되다, 발효되다 | billing 청구서 발부 | period 기간 | enroll in ~에 등록하다 | lower 낮추다 | require 요구하다 | possess 보유[소유]하다 | efficiency 효율성, 능률화 | certificate 증명서, 증서 | apply 신청하다 | exceed 초과하다 | certain 특정한 | incur (비용을) 발생시키다 | overage 과잉 공급, 과잉 생산량 | penalty 벌금, 처벌 | qualify for ~의 자격을 얻다 | certification 증명서 | inspection 검사 | loyalty 충성

---

1. 핵심 정보 (목적)
편지는 왜 쓰여졌는가?
(A) 새로운 온라인 서비스를 설명하기 위해
(B) 비용 조정을 알리기 위해
(C) 업체들에게 설치 일정을 알리기 위해
(D) 고객에게 연체금에 관해 상기시키기 위해

해설 첫 번째 단락에서 'Starting in March, Hoosier Water will raise rates for commercial water usage to $3.67 per centum cubic foot (CCF).'라고 했으므로 (B)가 정답이다.

+ **Paraphrasing**
raise rates → cost adjustment

2. 특정 정보 (상세)
Spicoli 씨가 할인을 받기 위해 할 수 있는 것은?
(A) 특별 프로그램 가입하기
(B) 특정 제품 주문하기
(C) 새로운 수도 제공업체 선택하기
(D) 설문 조사하기

해설 두 번째 단락에서 'Businesses may enroll in the Green Choice Program with a lowered rate of $3.25 per CCF.'라고 했으므로 (A)가 정답이다.

+ **Paraphrasing**
a lowered rate → a discount, enroll in the Green Choice Program → join a special program

3. 추론 (특정 정보)
Spicoli 씨에 관하여 알 수 있는 것은?
(A) 오랫동안 Hoosier Water 고객이었다.
(B) Hoosier Water사의 전 직원이다.
(C) 최근 사업체의 물 사용량을 줄였다.
(D) 2월에 CCF당 3.25달러를 지불했다.

해설 네 번째 단락에서 'appreciate your many years of loyalty'라고 했으므로 (A)가 정답이다.

+ **Paraphrasing**
your many years of loyalty → client for a long time

4. 문맥 (문장 삽입)
[1], [2], [3], [4]로 표시된 곳 중에서 다음 문장이 들어갈 위치로 가장 적절한 곳은?

"평일 오전 8시에서 오후 6시 사이에 저희에게 연락하실 수 있습니다."

(A) [1]
(B) [2]
(C) [3]
(D) [4]

해설 세 번째 단락에서 'To find out if your business qualifies for the Green Choice Program or to schedule a certification inspection, contact us at the phone number listed above.'라고 하여 주어진 문장이 이어지기에 자연스러우므로 (C)가 정답이다.

5-8번은 다음 온라인 채팅 대화에 관한 문제입니다.

Rhodes, Malcolm [오후 4시 15분]
여러분, 안녕하세요. 빠르게 우리의 일주일을 되돌아봅시다. 저는 이게 도움이 된다고 생각하기에, 우리는 매주 금요일 오후 이러한 시간을 가질 거예요. 우선, 개인 지도 안내서는 얼마나 진행되었나요? 우리가 고객 회의를 연기해야 할까요?

Go, Hee-Chul [오후 4시 18분]
⁵⁶애플리케이션이 서로 다른 운영체제 간 호환 가능해야 해서, 약간의 차질이 있었습니다. 그리고 프로그램이 전 세계 식료품점에서 사용될 거라서, 저희는 몇 가지 다른 언어로 번역해야 했어요.

Yankovic, Albert [오후 4시 20분]
⁷공유 가능한 정보와 관련해 국가들이 서로 다른 규칙을 가지고 있어서, 보안 패치 문제 또한 발생했습니다.

Go, Hee-Sun [오후 4시 23분]
⁷맞습니다. 저희 인내심을 시험했어요.

Rhodes, Malcolm [오후 4시 25분]
알았어요. 우리는 5월에 두 곳의 서로 다른 슈퍼마켓 체인과 개인 지도 워크숍 일정이 잡혀 있어요. 그때 진행하는 데 문제없는 거죠?

McGuire, Beth [오후 4시 28분]
네! 모두 처리되었고, 월말에는 작업 버전이 종료될 거예요. 마감일까지 발생하는 문제를 해결할 시간은 충분히 있습니다.

Rhodes, Malcolm [오후 4시 30분]
좋습니다. 그럼 저는 우리 개인 지도 워크숍 일정을 변경하지 않겠습니다. ⁸다음번 이야기 나눌 때에는 효율적으로 애플리케이션 시연을 진행하는 방법에 대해 논의해 봅시다. 문제가 발생하면, 저에게 즉시 연락 주세요.

어휘
recap 요약하다, 반복하다 | tutorial 개인 지도의 | guide 안내서 | minor 작은, 가벼운 | setback 차질, 지연 | application 지원(서) | compatible 호환이 되는 | operating system 운영체제 | security 보안 | patch (주변과는 다른) 부분, 조각 | come up 나오다 | test 시험[테스트]하다 | patience 인내심 | schedule 일정; 예정하다 | take care of ~를 처리하다, ~에 주의하다 | plenty of 많은 | fix 수리하다, 바로잡다 | encounter 맞닥뜨리다, 부딪히다 | efficiently 능률적으로, 유효하게 | run 운영하다 | demonstration 시범 설명 | application 응용프로그램, 앱 | run into (곤경 등을) 겪다, 만나다

5. 추론(특정 정보)
토론 참가자들은 누구겠는가?
(A) 슈퍼마켓 주인
(B) 소프트웨어 기술자
(C) 상점 계산원
(D) 안전 요원

해설 오후 4시 18분, Go, Hee-Chul의 메시지에서 'There was a minor setback because the application needs to be compatible across different operating systems.'라고 하여 소프트웨어 기술자들의 대화임을 알 수 있으므로 (B)가 정답이다.

6. 특정 정보(상세)
무엇이 지연을 초래하였는가?
(A) 시스템 호환 문제
(B) 일정 충돌
(C) 임시 사업 폐쇄
(D) 여러 고객 문의

해설 오후 4시 18분, Go, Hee-Chul의 메시지에서 'There was a minor setback because the application needs to be compatible across

different operating systems.'라고 했으므로 (A)가 정답이다.

+ Paraphrasing
a setback → a delay

7. 문맥(화자 의도 파악)
오후 4시 23분에, Go 씨가 "저희 인내심을 시험했어요"라고 할 때 무엇을 의미하겠는가?
(A) 팀에서 아직 문제 원인을 발견하지 못했다.
(B) 일부 규정이 작업을 더 어렵게 만들었다.
(C) 검사가 완료되는 데 오랜 시간이 걸렸다.
(D) 일부 장비가 예정대로 도착하지 않았다.

해설 오후 4시 20분부터 4시 23분 사이의 대화에서 Yankovic Albert가 'A problem with security patches also came up because different countries have different rules regarding what information can be shared.'라고 한 말에 Go, Hee-Sun이 'That's right. It tested our patience.'라고 답한 것이므로 (B)가 정답이다.

+ Paraphrasing
rules → regulations

8. 특정 정보(상세)
Rhodes 씨는 참여자들에게 다음번 논의를 할 때 무엇을 하라고 권장하는가?
(A) 일부 교육의 실행 계획을 살펴보라고
(B) 상품 시험일을 정하라고
(C) 일부 상품 가격을 결정하라고
(D) 애플리케이션의 이름을 생각해내라고

해설 오후 4시 30분에 Rhodes, Malcolm의 메시지에서 'For the next time we chat, let's discuss how we can efficiently run a demonstration of the application.'이라고 했으므로 (A)가 정답이다.

9-12번은 다음 회람에 관한 문제입니다.

수신: Health Rite 매장 직원들
발신: Yolanda Taylor
날짜: 12월 30일

올해가 역대 최고였다고 알려 드리게 되어 기쁩니다. 저희 고품질 제품, 낮은 가격, 최고의 판매 직원 덕분에, 저희 건강 보조제 수요는 이보다 높은 적이 없었습니다. —[1]—. ⁹¹²이에 저희는 다음 분기에 Auckland 지역에 여러 신규 지점을 오픈할 계획입니다.

비록 이 중에서 2월까지는 개장이 정해진 건 없지만, ¹²저희가 팀원은 이미 거의 꾸려놨습니다. —[2]—. 여전히 채워야 할 중요 직책이 많습니다. ¹⁰인사팀에서 이를 www.healthrite.nz/opportunities에 게시했습니다. 현 직원들은 이들 모집 직무를 살펴봐 주시고, 지원에 관심 있으시면 신청서를 출력하십시오. 그리고 지점장에게 작성한 신청서를 제출하시면 됩니다. —[3]—.

Healthrite는 다른 분야에서도 새로운 국면을 맞이하고 있습니다. —[4]—. ¹¹Better Business Bureau에서 실시한 전국 여론조사에서 저희는 건강 보조제 업계에서 '가장 신뢰받는 브랜드'로 선정되었습니다. 이는 자랑스러운 일이고, 우리의 헌신이 보상받고 있다는 증거입니다. 여러분 모두에게 깊이 감사드립니다. 전적으로 팀 전체가 노력한 결과입니다.

어휘
quality 고급의, 양질의 | accordingly 따라서 | location 위치, 지점 | quarter 분기 | put together 모아서 만들다, 준비하다, 조립하다 | post 게시하다 | current 현재의 | look through 살펴보다, 훑어보다 | opening 빈자리, 공석 | apply 지원하다 |

9. 핵심 정보(주제)

회람은 주로 무엇에 관한 것인가?

(A) 경쟁사 인수
(B) 일부 매장 리모델링
(C) 사업 확장
(D) 채용 확대

해설　첫 번째 단락에서 'Accordingly, we plan to open a number of new locations in the Auckland area in the next quarter.'라고 했으므로 (C)가 정답이다.

10. 특정 정보(상세)

직원들은 무엇을 하도록 요청받는가?

(A) 온라인에 있는 정보를 읽으라고
(B) 직원 설문 조사에 참여하라고
(C) 자선 행사에 자원봉사 등록을 하라고
(D) 시상식에 참석하라고

해설　두 번째 단락에서 'Still, there are a number of important positions that we need to fill. The HR team has posted these at www.healthrite.nz/opportunities. Current employees are invited to look through these openings'라고 했으므로 (A)가 정답이다.

11. 특정 정보(상세)

Taylor 씨가 언급한 성취는 무엇인가?

(A) 외국인 투자 증가
(B) 예상치 못한 수상 후보
(C) 상품의 성공적인 출시
(D) 긍정적인 전국 설문 조사

해설　세 번째 단락에서 'In a nationwide poll conducted by the Better Business Bureau, we were named the "Most Trusted Brand" in the health supplement industry.'라고 했으므로 (D)가 정답이다.

+ Paraphrasing

nationwide poll → national survey

12. 문맥(문장 삽입)

[1], [2], [3], [4]로 표시된 곳 중에서 다음 문장이 들어갈 위치로 가장 적절한 곳은?

"Auckland 매장 10곳 중 9곳이 관리 직원을 두고 있습니다."

(A) [1]
(B) [2]
(C) [3]
(D) [4]

해설　첫 번째 단락에서 'Accordingly, we plan to open a number of new locations in the Auckland area in the next quarter.'라고 하면서 이어 두 번째 단락에서 'Even though none of these are set to open until February, we have already put together much of the team.'이라고 했는데, 그다음 문장에서 'Still, there are a number of important positions that we need to fill.'이라고 하여 주어진 문장이 들어가기에 자연스러우므로 (B)가 정답이다.

13-16번은 다음 기사에 관한 문제입니다.

Oahu Observer

HONOLULU (7월 22일)—▥Honolulu의 Four Points 몰에 대대적인 보수 공사가 있으며, 이름 또한 새로 바뀔 예정이다. —[1]—. Four Points 몰은 조만간 Cosgood Galleria, Honolulu로 알려지게 된다. ▥스위스 Geneva에 본사를 둔 소매 부동산 관리 체인인 Cosgood Enterprises에서 ▥쇼핑몰을 현대화하는 수백만 달러짜리 계획을 발표했다. 이 어마어마한 변신은 고급 레스토랑인 Cosgood Grill과 신축 동관을 특징으로 할 것이다. ▥업계 소식통에 따르면, 인기 텔레비전 프로그램 〈Hottest Eats〉를 진행하는 요리사 Rachel Gillis가 주방총괄을 맡는 데 합의했다고 한다. —[2]—. 다른 새로운 옵션으로는 그리스 레스토랑과 샐러드바, 멋진 브런치 식당이 있다.

Cosgood Enterprises는 20년 전 영업을 시작한 이래, 전 세계 고급 소매 관리 분야에서 선도적인 역할을 해왔다. —[3]—. Honolulu 몰은 Oahu에서 이 회사의 첫 작품이 될 것이다.

Cosgood Gallerias는 이제 캐나다, 브라질, 아르헨티나, 멕시코에서 볼 수 있다. Cosgood 시그니처 브랜드 외에, Sunset Services와 Sylvester's라는 이름으로도 부동산을 운영한다.

▥Honolulu의 리모델링 작업에는 현지에 있는 건설 노동자가 대규모로 필요하다. —[4]—. Cosgood 직원은 18개월 내 개조작업이 완료될 거라고 말한다. Tabatha O'Brien 부회장은 충분히 기다릴 만한 가치가 있을 거라고 확신한다.

기고자 Mark Kahale

어휘

13. 핵심 정보(목적)

기사의 목적은 무엇인가?

(A) 건물 공사에 대해 알리려고
(B) 변화하는 소매 동향에 대해 논의하려고
(C) 건물의 변경 사항을 알리려고
(D) 유명 레스토랑 체인에 대해 알려 주려고

해설　첫 번째 단락에서 'The Four Points Mall in Honolulu will be undergoing major renovations—and getting a new name too. Cosgood Enterprises, ~ has announced a multimillion dollar plan to modernize the mall.'이라고 했으므로 (C)가 정답이다.

14. 특정 정보(사실 확인)

Cosgood Grill에 관하여 언급된 것은?

(A) 동관에 위치할 것이다.
(B) Cosgood Galleria에 있는 유일한 식당이 될 것이다.
(C) 아침과 점심만 제공할 것이다.
(D) 유명 인사가 운영할 것이다.

해설 첫 번째 단락에서 'According to industry insiders, chef Rachel Gillis, who hosts the popular television series *Hottest Eats*, has agreed to head up its kitchen.'이라고 했으므로 (D)가 정답이다.

✛ Paraphrasing
head up → run

15. 특정 정보 (상세)
Cosgood Enterprises의 본사는 어디에 있는가?
(A) 캐나다
(B) 미국
(C) 스위스
(D) 아르헨티나

해설 첫 번째 단락에서 'Cosgood Enterprises, the retail property management chain headquartered in Geneva, Switzerland,'라고 했으므로 (C)가 정답이다.

16. 문맥 (문장 삽입)
[1], [2], [3], [4]로 표시된 곳 중에서 다음 문장이 들어갈 위치로 가장 적절한 곳은?
"갤러리아가 문을 열면 더 많은 직원들이 매장 직원으로 채용될 예정이다."
(A) [1]
(B) [2]
(C) [3]
(D) [4]

해설 네 번째 단락에서 'The remodeling in Honolulu will require a large team of construction workers from the local community.'라고 하여 주어진 문장이 이어지기에 자연스러우므로 (D)가 정답이다.

17-21번은 다음 이메일과 지침에 관한 문제입니다.

수신: Chaaya Anand
발신: Yoshi Nakamuro, World Venturing
날짜: 9월 15일
제목: 가전제품 박람회 출장 일정
첨부: 항공권 정보.pdf

Anand 씨께,

17·21요청하신 대로, Madrid행 왕복 항공권을 예약해 드렸습니다. 귀하는 9월 2일 Stockholm에서 출발하고 9월 6일에 돌아오시게 됩니다. 이는 9월 3~5일에 있을 박람회 일정과 완벽하게 일치합니다. 이 이메일에 항공권 정보를 첨부했습니다.

17·18시연하려고 계획하고 계신 제품들에 대한 문의에 답해 드리면, 멀티 쿠커와 전자레인지는 수하물로 부치실 수 있습니다. Uppsala 항공에 있는 제 동료가 초과 수하물 한 개당 100유로의 수수료가 있다고 알려 줬습니다. 이 요금을 출발 24시간 전에 지불하는 걸로 선택하시면, 귀하는 익스프레스 수하물 위탁 서비스를 이용하실 수 있습니다. 항공사에서는 초과 수하물에 대해 무게 및 크기 제한을 두고 있으니, 귀하의 물품들이 이 요건에 맞도록 유의해 주시기 바랍니다. 19가져가시려는 물품 수를 알려 주시면, 제가 금액을 바로 처리해 드리겠습니다.

안부를 전하며,

Yoshi Nakamura
World Venturing

어휘
round-trip 왕복의 | flight 항공권 | depart 출발하다 | align with 나란하다 | regarding ~에 대하여 | demonstrate (사용법 등을) 보여주다, 설명하다 | multi-cooker 멀티 쿠커 | microwave 전자레인지 | baggage 수하물 | associate (직장) 동료 | surcharge 수수료 | piece 품목 | check in (비행기 등을 탈 때 수하물을) 부치다 | prior to ~이전에 | departure 출발 | eligible ~를 할 수 있는 | express 신속한, 급행의 | bag drop 수하물 위탁 | note 유의하다 | weight 무게 | excess 초과한 | fit 맞다 | requirement 요건 | bring 가져가다 | process 처리하다 | payment 지불(금), 납입 | right away 곧바로

Uppsala Air

익스프레스 수하물 위탁 서비스 이용 안내

빠르고 효율적인 서비스를 위해, 공항 도착 전 다음 안내를 읽어 주시기 바랍니다.

1. G구역에 있는 셀프 체크인 카운터에서 탑승권을 받으세요.

2. 20안내판을 따라 익스프레스 수하물 위탁 카운터로 가셔서 가방의 무게를 측정해 주세요. 여권과 탑승권을 준비해 주십시오.

3. 검사가 끝나면, 저희 직원이 가방에 태그를 부착하고 그에 해당하는 티켓을 발급해 드립니다. 바로 보안 검사를 받으실 수 있습니다.

21*익스프레스 수하물 위탁 서비스는 Stockholm, Gothenburg, 그리고 Barcelona에서만 이용 가능합니다.

어휘
direction 지시 | arrival 도착 | retrieve 회수하다, 되찾아오다 | boarding pass 탑승권 | locate (특정 위치에) 두다 | measure 측정하다 | weigh 무게를 재다 | inspection 점검, 검사 | representative 대표자, 대리인 | tag 꼬리표를 붙이다 | issue 발부[발급]하다 | corresponding 해당[상응]하는 | go through 거치다, 겪다 | security 보안

17. 추론 (특정 정보)
이메일에 따르면, Anand 씨는 왜 Madrid에 가겠는가?
(A) 자신의 회사 제품을 홍보하려고
(B) 회사 인수를 감독하려고
(C) 요리 대회에 참여하려고
(D) 영업 회의를 하러 고객 사무실을 방문하려고

해설 첫 번째 지문의 첫 번째 단락에서 'As you've requested, I have booked you a round-trip flight to Madrid. You will be departing from Stockholm on September 2 and returning on September 6. This aligns perfectly with the expo scheduled for September 3-5.'라고 하면서, 두 번째 단락에서 'To answer your question regarding the products you plan on demonstrating, the multi-cookers and microwaves can be checked as baggage.'라고 하여 그가 회사 제품을 홍보하러 Madrid에서 열리는 박람회에 가려는 것을 알 수 있으므로 (A)가 정답이다.

18. 특정 정보 (사실 확인)
Anand 씨의 초과 수하물에 대하여 사실인 것은?
(A) 크기 제한을 초과한다.
(B) Nakamura 씨가 수거할 것이다.
(C) 주방 용품들로 이루어져 있다.
(D) 산업 박람회에서 구매되었다.

해설 첫 번째 지문의 두 번째 단락에서 'To answer your question regarding the products you plan on demonstrating, the multi-cookers and microwaves can be checked as baggage. My associate at Uppsala Air has informed me that there is a 100 euro surcharge for each additional piece of checked-in baggage.'라고 했으므로 (C)가 정답이다.

+ Paraphrasing
an additional piece of checked-in baggage → excess baggage, multi-cookers and microwaves → kitchen appliances

19. 특정 정보(상세)
Nakamura 씨는 Anand 씨에게 무엇을 해주겠다고 제안하는가?
(A) 요금을 계산해 주겠다고
(B) 공항 밴을 예약해 주겠다고
(C) 물품들을 측정해 주겠다고
(D) 숙소를 예약해 주겠다고

해설 첫 번째 지문의 두 번째 단락에서 'If you tell me how many items you plan to bring, I can process the payment right away.'라고 했으므로 (A)가 정답이다.

+ Paraphrasing
process the payment → Settle a charge

20. 특정 정보(사실 확인)
탑승권에 관하여 언급된 것은?
(A) 항공사 직원이 발급한 것이어야 한다.
(B) 미리 출력되어야 한다.
(C) 위탁 카운터에서 제시되어야 한다.
(D) Nakamura 씨의 이메일에 첨부되어 있다.

해설 두 번째 지문의 2번 항목에서 'Follow the signs to the express bag drop counter to measure and weigh your bags. Please have your passport and boarding pass ready.'라고 했으므로 (C)가 정답이다.

+ Paraphrasing
bag drop counter → drop-off counter

21. 추론(특정 정보) + 연계 유형
Anand 씨의 귀국 항공권에 관하여 알 수 있는 것은?
(A) Anand 씨는 Nakamura 씨의 동료의 도움을 받을 것이다.
(B) Anand 씨는 본인의 왕복 항공권을 구입해야 할 것이다.
(C) Anand 씨는 여행 일정을 변경할 수 없을 것이다.
(D) Anand 씨는 익스프레스 위탁 서비스를 이용할 수 없을 것이다.

해설 첫 번째 지문의 첫 번째 단락에서 'As you've requested, I have booked you a round-trip flight to Madrid. You will be departing from Stockholm on September 2 and returning on September 6., This aligns perfectly with the expo scheduled for September 3~5. I have attached your flight information to this e-mail.'라고 했는데, 두 번째 지문의 마지막 단락에서 'Express bag drop service is only available in Stockholm, Gothenburg, and Barcelona.'라고 하여 Madrid에서는 수하물 위탁 서비스가 제공되지 않음을 알 수 있으므로 (D)가 정답이다.

22-26번은 다음 이메일들과 기사에 관한 문제입니다.

수신: Nikola Marjanovic
발신: Milica Bagas
날짜: 3월 7일
제목: 작업 공간

Nikola 님께,

22오늘 오후 이야기를 나눠 좋았습니다. 다시 한번 말씀드리면, 제 임대 계약이 6월에 만료돼서, 저는 아트 스튜디오로 쓸 새로운 공간이 필요합니다. 저는 Westland Precinct 지역이나 그 인근에 있는 곳을 원합니다. 제 예산은 매달 5천 달러로 고정되어 있고, 현재 공간보다 더 큰 장소가 필요합니다. 현재로선 구조에는 신경 쓰지 않으며, 가능한 장소들을 모두 보고 싶습니다.

이 스튜디오가 제 직원들 대부분에게 유일한 수입원이기에, 저는 새로운 건물로 빠르고 순조롭게 이동하기를 바랍니다. 23이상적으로는 7월 중순까지는 개장할 수 있었으면 해서, 수리나 개조가 별로 필요하지 않은 공간을 원합니다. 이동할 때가 되긴 했지만, 여러 해 동안 팀원들과 제가 집으로 불렀던 공간을 떠나는 건 슬플 거예요.

감사드리며,

Milica Bagas

어휘
reiterate 강조하다 | in need of ~가 필요한 | location 장소, 위치 | neighboring 인접한 | budget 예산 | concerned with ~에 관심 있는 | layout 배치, 레이아웃 | at the moment 지금 | available 이용 가능한 | source 근원 | income 수입 | move 이동 | ideally 이상적으로 | renovation 수리

수신: Milica Bagas
발신: Nikola Marjanovic
날짜: 3월 9일
제목: 회신: 작업 공간

안녕하세요!

관심 있으실 것 같은 부동산 목록을 세부 내용을 포함하여 정리했습니다. 앞으로 몇 주간 어느 요일에 시간이 되시나요? 제가 그 날들 중에서 방문일정을 잡겠습니다.

1. 위치: Lock가 926번지
   • 5,200달러/월
   • 인근 지하철역에서 500피트 거리이며 차도에서 쉽게 눈에 띔. 부동산 중 가장 큰 규모로, 필요한 것을 모두 수용할 공간이 충분함.

2. 24위치: Canyon로 1733번지
   • 4,800달러/월
   • 중심 위치, 주차 공간이 풍부한 Fenwick 공원 옆. 개방형 구조 또는 분할된 도면 수용 가능. 24휠체어 경사로에 수리가 필요하지만, 장애인 이용 가능.

3. 위치: 33번가
   • 4,500달러/월
   • 대중교통으로 쉽게 이용 가능. Hillstate 백화점 인근. 수납공간이 넉넉한 큰 방 4개. 자연광과 이중 출입구.

안부를 전하며,

Nikola Marjanovic

어휘

organize 준비하다, 정리하다 | property 부동산 | nearest 가장 가까운 | plenty of 많은 | central 중앙의 | ample 충분한 | parking space 주차 공간 | accommodate 수용하다 | open 열려 있는, 확정되지 않은 | segment 나누다, 분할하다 | handicap 장애 | accessible 접근 가능한 | wheelchair ramp 휠체어 경사로, 통로 | repair 수리하다 | public transportation 대중교통 | storage 보관, 저장 | natural lighting 자연 채광 | dual 이중의 | entry 입구

Creative Factory, 새로운 집을 구하다

Angela Donskoi 작성

[23]AURORA (7월 15일) — [24]인기 있는 아트 스튜디오인 Creative Factory가 Trafalgar로와 2번가에 있는 원래 장소에서 규모가 커져서 Canyon로 1733번지에 새롭게 자리를 잡았습니다. [23]지난주 토요일에 개장식을 가졌습니다.

Creative Factory에 있는 모든 예술 작품은 내부에서 제작하며, 수익금의 50%는 지역 예술 프로그램에 쓰입니다. 뭔가 재미있는 액티비티를 찾고 계신다면, 스튜디오에서 진행하는 많은 수업들 중 하나에 참여해 보세요. 저는 최근에 도예 수업에 참여했는데, 아주 좋았습니다.

이곳 수업에 등록하는 게 얼마나 어려웠는지 아는 분들이 계실지도 모르지만, [25]새로운 공간은 예전 공간보다 강의실 수가 두 배입니다. 게다가 수업시간에 만든 작품을 그곳 갤러리에 전시해서 판매할 수도 있습니다.

시내 쇼핑 구역에 위치한 Creative Factory의 새로운 공간을 방문해 보세요. [24]휠체어로 입장 가능합니다. [26]갤러리는 계속 매일 오전 10시부터 오후 10시까지 운영합니다. 수업 시간표는 웹사이트 www.creativefactory.com/classes에서 확인해 주세요.

어휘

outgrow 너무 커져 맞지 않게 되다 | settle into 자리 잡다 | residence 거주(지) | piece of art 그림 한 점 | in-house (조직) 내부의, 사내의 | proceeds 수익금 | go towards ~의 비용으로 쓰이다 | treat oneself to ~를 즐기다 | hold 개최하다, 열다 | participate in ~에 참여하다 | ceramics 도예, 도자기류 | enroll 등록하다 | situate 위치시키다 | district 지역 | wheelchair-friendly 휠체어를 편하게 사용할 수 있는

22. 추론(특정 정보)

Marjanovic 씨는 누구겠는가?
(A) 그래픽 디자이너
(B) 조경 예술가
(C) 금융 투자자
(D) 부동산 중개인

해설 첫 번째 지문의 첫 번째 단락에서 'Just to reiterate, I am in need of a new location for my art studio because the rental contract ends in June. I would like something that is in, or in the neighboring area of, Westland Precinct. I have a fixed budget of $5,000 per month and would need a location that is bigger than our current space. I am not concerned with the layout at the moment, and would like to see all the available places.'라고 하여 새로운 스튜디오 공간을 알아봐 줄 부동산 중개인에게 보내는 이메일이라는 것을 알 수 있으므로 (D)가 정답이다.

23. 특정 정보(사실 확인) + 연계 유형

Bagas 씨에 관하여 언급된 것은?
(A) 새로운 강사 몇 명을 고용했다.
(B) 예산이 200달러 초과했다.
(C) 갤러리에 그녀의 작품이 전시되어 있다.
(D) 일정에 맞게 재개장할 수 있었다.

해설 첫 번째 지문의 두 번째 단락에서 'Ideally, we would be able to open by mid July'라고 했는데, 세 번째 지문의 첫 번째 단락에서 'It had its grand opening last Saturday.'라고 하여 일정대로 7월 중순 전에 개장했음을 알 수 있으므로 (D)가 정답이다.

24. 특정 정보(사실 확인)

Creative Factory에 관하여 언급된 것은?
(A) 진입로를 수리했다.
(B) 수익금 전액을 기부한다.
(C) 갤러리가 개조될 것이다.
(D) 주말 운영 시간은 상황에 따라 달라진다.

해설 두 번째 지문의 세 번째 단락에서 'Location: 1733 Canyon Road: It is handicap accessible, although the wheelchair ramp needs repairing.'이라고 하였는데, 세 번째 지문의 첫 번째 단락에서 'The popular art studio Creative Factory, which outgrew its original location at Trafalgar Road and 2nd, has settled into its new residence at 1733 Canyon Road.'라고 하면서, 네 번째 단락에서 'It is wheelchair-friendly.'라고 하여 휠체어 경사로를 수리했음을 알 수 있으므로 (A)가 정답이다.

＋ Paraphrasing
wheelchair ramp → access ramp, repairing → fixed

25. 특정 정보(상세)

새로운 아트 스튜디오는 예전 것과 어떻게 다른가?
(A) 더 많은 인원을 수용한다.
(B) 유명한 공원과 가깝다.
(C) 훨씬 더 다양한 수업을 가르친다.
(D) 더 이상 도예 수업을 하지 않는다.

해설 세 번째 지문의 세 번째 단락에서 'this new space has double the number of classrooms of their old location'이라고 했으므로 (A)가 정답이다.

26. 문맥(동의어)

기사에서 네 번째 단락의 두 번째 줄의 단어 "running"과 의미상 가장 가까운 것은
(A) 운영하는
(B) 경쟁하는
(C) 감독하는
(D) 처리하는

해설 세 번째 지문의 네 번째 단락의 'The gallery will be kept running from 10 A.M. to 10 P.M., every day.'에서 'running'은 '운영하다'라는 의미로 쓰였으므로 보기 중 같은 의미를 갖는 (A)가 정답이다.

ACTUAL TEST

본서 p.294

101. (C)	102. (D)	103. (C)	104. (B)	105. (A)
106. (A)	107. (B)	108. (D)	109. (D)	110. (C)
111. (A)	112. (D)	113. (D)	114. (B)	115. (A)
116. (D)	117. (B)	118. (A)	119. (A)	120. (C)
121. (D)	122. (B)	123. (D)	124. (A)	125. (C)
126. (B)	127. (A)	128. (A)	129. (D)	130. (C)
131. (A)	132. (D)	133. (C)	134. (B)	135. (C)
136. (B)	137. (D)	138. (B)	139. (D)	140. (D)
141. (B)	142. (D)	143. (B)	144. (B)	145. (A)
146. (D)	147. (C)	148. (C)	149. (D)	150. (A)
151. (B)	152. (C)	153. (A)	154. (C)	155. (B)
156. (B)	157. (C)	158. (D)	159. (D)	160. (B)
161. (B)	162. (D)	163. (C)	164. (C)	165. (A)
166. (D)	167. (B)	168. (C)	169. (D)	170. (B)
171. (B)	172. (C)	173. (A)	174. (A)	175. (C)
176. (A)	177. (B)	178. (A)	179. (C)	180. (D)
181. (A)	182. (C)	183. (A)	184. (C)	185. (B)
186. (B)	187. (D)	188. (B)	189. (C)	190. (A)
191. (B)	192. (D)	193. (C)	194. (B)	195. (C)
196. (A)	197. (D)	198. (B)	199. (A)	200. (B)

101. 명사 자리
Toronto에 있는 메인 창고에서 모든 매장으로의 상품 유통을 관리한다.

해설 빈칸은 정관사 the 뒤의 명사 자리이므로 (C) distribution이 정답이다.

어휘 warehouse 창고 | manage 관리하다, 운영하다 | distribution 유통, 배분 | merchandise 상품, 물품 | location 지점, 위치

102. 동사의 태
가공된 연료는 일반적으로 도시 북쪽 시설들 중 한 곳에 저장된다.

해설 빈칸 앞에 be동사가 있고 빈칸 뒤에 목적어가 없음을 고려할 때, '수동태'를 떠올릴 수 있으며, 문맥상으로도 '연료는 시설들 중 한 곳에 저장된다'라는 의미가 되어야 자연스러우므로 수동태 be p.p.를 완성하는 과거분사 (D) stored가 정답이다.

어휘 processed 가공된 | typically 일반적으로 | facility 시설

103. 소유격 대명사 자리
새로운 커리어를 시작하려는 당신의 기회를 잡기 위해 Breverton 취업 박람회에 오십시오.

해설 빈칸은 명사 앞의 소유격 대명사 자리이므로 (C) your가 정답이다.

어휘 job fair 취업 박람회 | seize 꽉 붙잡다 | career 경력, 직업

104. 어휘-명사
Guillemot 씨와 Hyunh 씨는 더 많은 인턴을 고용할 필요성에 대해 동의한다.

해설 빈칸은 전치사 in의 목적어인 명사 자리다. 문맥상 '인턴 고용 필

요성에 대해 동의한다'라는 의미가 되어야 자연스러우므로 (B) agreement가 정답이다. 'be in agreement'는 '동의하다'라는 뜻의 관용 표현이다.

어휘 need 필요(성), 요구 | hire 고용하다 | intern 인턴

105. 어휘-전치사
프라하로의 임시 이동을 위해, Grant 씨는 6개월 아파트 임대에 서명했다.

해설 빈칸은 명사 move를 목적어로 하는 전치사 자리다. 문맥상 '프라하로의 임시 이동을 위해'라는 의미가 되어야 자연스러우므로 목적의 의미를 갖는 (A) For가 정답이다. to Prague를 보고 'from A to B' 표현을 떠올려 무조건 전치사 from을 선택하지 않도록 주의해야 한다.

어휘 temporary 임시의 | move 이동 | sign 서명하다 | lease 임대

106. 부사 자리
Pheaux Leather는 갑작스러운 시장 변화에 따라 광고 캠페인을 신속하게 수정했다.

해설 빈칸은 주어와 동사 사이에서 동사를 수식하는 부사 자리이므로 (A)가 정답이다.

어휘 leather 가죽 | adjust 수정하다, 조절하다 | sudden 갑작스러운 | shift 변화

107. 명사 자리/어휘-명사
초기의 비판에도 불구하고, 미술 전시회는 찬사를 받은 행사였다.

해설 빈칸은 전치사 Despite의 목적어인 명사 자리다. 주절과의 관계를 고려할 때, 문맥상 '초기에 있었던 비판에도 불구하고, 미술 전시회는 찬사를 받은 행사였다'라는 의미가 되어야 자연스러우므로 (B) criticism이 정답이다. (A) critic은 '비평가'를, (B) criticism은 '비판, 비평'을 의미한다.

어휘 art exhibition 미술 전시회 | acclaimed 호평[찬사]을 받은

108. 어휘-동사
그 복사기 모델은 단종되었지만, 회사는 필요한 토너 카트리지를 계속하여 생산한다.

해설 빈칸은 현재 완료 수동태 구조 has been p.p.를 완성하는 과거분사 자리다. 접속사 but으로 연결된 두 문장의 관계를 고려할 때, '그 모델이 단종되었지만, 필요한 부품은 계속하여 생산한다'라는 의미로 연결되어야 자연스러우므로 '중단하다'라는 뜻의 (D) discontinued가 정답이다.

어휘 photocopier 복사기 | continue 계속하다 | toner cartridge 토너 카트리지

109. 어휘-부사
Harker 씨는 편집팀이 최신 호를 완성한 직후에 온라인에 기사를 올렸다.

해설 빈칸은 완전한 문장과 전치사구 사이의 부사 자리다. 빈칸 뒤의 시간 전치사 after가 있음을 고려할 때, 문맥상 '완료한 후 바로 업로드했다'라는 의미가 자연스러우므로 '즉시, 바로'라는 뜻의 (D) immediately가 정답이다. 'immediately/promptly/right/soon/shortly after'는 '~한 직후에'라는 뜻으로 관용 표현처럼 외워 둔다.

어휘 upload 올리다 | article 기사 | editorial 편집의 | complete 완료하다, 완성하다 | issue (정기 간행물의) 호

110. 형용사 자리

저희의 다양한 전문 보험 설계에 관한 전체 설명을 보시려면 Panacea 건강 보험 웹사이트를 방문해 주세요.

해설 빈칸은 명사 descriptions를 수식하는 형용사 자리다. 해석을 해봐도 '전체(완전한) 설명'이라는 의미가 자연스러우므로 '완전한, 전체의'라는 뜻의 형용사 (C) complete가 정답이다. (B) completing 역시 현재분사로서 형용사의 기능을 하지만, 분사는 동사의 의미인 '완료하다'를 그대로 가져오기 때문에 completing은 '~을 완료하는'이라는 뜻이며, 뒤에 목적어를 취하면서 앞의 명사를 뒤에서 수식하는 형태로 사용될 수 있다.

어휘 insurance 보험 | description 설명 | various 다양한 | specialized 전문화된

111. 어휘-형용사

Sculley 씨는 목요일 오전 11시에 세일즈 발표를 할 시간이 있다.

해설 빈칸은 to부정사와 어울리는 형용사 자리다. 문맥상 'Sculley 씨가 발표할 시간이 있다'라는 의미이므로 '(누군가가) 시간이 있는, (무엇이) 이용 가능한'이라는 뜻의 (A) available이 정답이다. available은 'be available to'의 형태로 자주 쓰인다. '가능한'이라는 뜻의 (B) possible은 발생 가능성을 뜻하며, 'It is possible to'의 '가주어-진주어' 구문으로 자주 사용된다.

어휘 give a presentation 발표하다 | sales 영업, 세일즈

112. 어휘-접속사

Cerulean Resort and Casino는 투숙객 수가 계속 늘어난다면 시설을 확대할 계획이다.

해설 빈칸은 두 개의 완전한 절을 연결하는 접속사 자리다. 문맥상 'Cerulean Resort and Casino는 투숙객 수가 계속 늘어난다면 시설을 확대할 계획이다.'라는 의미가 되어야 자연스러우므로 '조건'을 의미하는 부사절 접속사 (D) if가 정답이다.

어휘 expand 확장하다 | facility 시설 | continue 계속 ~하다

113. 어휘-명사

배송료가 15% 인상된 후, Folger Tech는 새로운 철강 공급업체를 찾기로 결정했다.

해설 빈칸은 명사 steel과 함께 복합명사를 이루는 명사 자리다. 문두의 After 전명구를 고려할 때, 문맥상 '배송료가 인상된 후 새로운 철강 공급업체를 찾기로 했다'라는 의미가 되어야 자연스러우므로 '공급업체'라는 뜻의 (D) supplier가 정답이다.

어휘 rise 인상 | shipping fee 배송료 | choose 선택하다 (choose-chose-chosen) | search for ~을 찾다 | steel 철강(업)

114. 비교-최상급

Toronto에 있는 제조 공장은 9월 마지막 주에 생산 수치가 역대 최고치에 도달했다고 보고했다.

해설 빈칸은 명사 rate를 수식하는 형용사 자리다. 뒤에 부사 ever가 있음을 고려할 때, 최상급 강조구문을 완성하는 최상급 형용사 (B) highest가 정답이다. 부사 ever는 최상급 문장에서 '최상급+ever'의 형태로 쓰여 최상급의 의미를 더욱 살려주는 역할을 한다.

어휘 manufacturing plant 제조 공장 | report 보고하다 | production 생산 | figure 수치 | reach 도달하다 | rate 비율, 속도, 요금

115. 어휘-부사

Kane 씨는 이번 주 금요일에 출장을 가지만 여전히 회사 전화로 연락할 수 있다.

해설 빈칸은 조동사 will과 동사원형 be 사이의 부사 자리다. 문맥상 'Kane 씨는 이번 주 금요일에 출장을 가지만 여전히 회사 전화로 연락할 수 있다.'라는 의미가 되어야 자연스러우므로 '여전히 그럼에도 불구하고'라는 뜻의 (A) still이 정답이다.

어휘 on business 업무상, 볼일이 있어 | reachable 도달 가능한, 연락할 수 있는

116. 어휘-전치사

벌금이 부과되지 않으려면, 공사장 소음은 법정 한도 내로 유지되어야 한다.

해설 빈칸은 명사구 the legal limit를 목적어로 하는 전치사 자리다. 문맥상 '소음이 법정 한도 내로 유지되어야 한다'라는 의미가 되어야 자연스러우므로 (D) within이 정답이다. 전치사 within은 기간, 범위, 한도 등을 나타내는 명사를 취하여, '~이내에'라는 의미를 갖는다.

어휘 noise 소음 | construction 공사 | site 부지, 현장 | maintain 유지하다 | legal 법적인 | limit 제한, 한계, 한도 | in order to ~하기 위해서 | avoid 피하다 | fine 벌금을 물다

117. 어휘-동사

석탄 출하는 어제 오후 4시에 처리되었고 오늘 오후 2시까지 배송될 예정입니다.

해설 빈칸은 be동사와 to부정사 사이의 동사 자리다. 문맥상 '오늘 오후 2시까지 배송될 예정'이라는 의미가 되어야 자연스러우므로 (B) expected가 정답이다. expect는 목적격 보어로 to부정사를 취하는 5형식 동사이며 수동태 'be expected to do'로 자주 쓰인다.

어휘 coal 석탄 | shipment 수송(품), 출하 | process 처리하다; 과정 | deliver 배달하다

118. 어휘-접속사

가장 최근의 점검은 지난 주말에 실시되어서, 그곳을 다시 방문하기에는 너무 이르다.

해설 빈칸은 완전한 두 개의 문장을 연결하는 접속사 자리다. 빈칸을 중심으로 앞뒤 문장이 인과관계로 연결되어 있으므로 '결과'를 의미하는 등위 접속사 (A) so가 정답이다.

어휘 recent 최근의 | inspection 점검, 검사 | conduct (특정한 활동을) 하다 | site 부지, 현장

119. 재귀대명사 자리

직원들은 믿을 만한 택배 서비스를 통해 공식 계약 서류를 보내거나 서류를 직접 배송하라고 권장 받는다.

해설 두 개의 to부정사구가 등위 접속사 or로 연결된 구조로, 빈칸은 두 번째 to부정사구의 목적어 뒤 수식어 자리다. 따라서 재귀대명사의 강조 용법으로 쓰여 수식어 자리에 올 수 있는 (A) themselves가 정답이다. 재귀대명사는 '재귀용법'과 '강조 용법'으로 쓰이는데, 재귀용법으로 쓰일 때는 주어와 목적어가 동일한 대상을 지칭할 때 목적어 자리에 오는 것으로 생략이 불가한 반면, 강조 용법으로 쓰일 때는 주어나 목적어를 강조할 때, 강조하는 말 바로 뒤나 문장 끝에 오므로 생략할 수 있다.

어휘 personnel 직원 | advise 조언하다, 권고하다 | official 공식적인 | contract 계약(서) | document 문서 | reliable 신뢰할 수 있는, 믿을 만한 | courier service 택배 서비스 | deliver 배송하다 | paperwork 서류 (작업)

120. 형용사 자리

첨부된 파일에는 다음 6개월 동안의 예상되는 검사 날짜가 기재되어 있다.

해설 빈칸은 명사 inspection dates를 수식하는 형용사 자리다. 능동의 의미를 갖는 현재분사 anticipating과 수동의 의미를 갖는 과거분사 anticipated 중에서 검사 날짜는 예상되는 대상으로 수동관계이므로 과거분사 (C) anticipated가 정답이다. 복합명사의 경우 앞 명사는 뒤의 명사의 '종류'를 나타내는 것이 일반적이므로 빈칸에 (A) anticipation이 들어가면 의미가 어색해진다.

어휘 attached 첨부된 I list 열거하다 I inspection 검사

121. 명사 자리/어휘-명사

IK 항공은 무인 항공기 디자인에서 뛰어난 창의성을 보여주었다.

해설 빈칸은 문장의 목적어이자, 형용사 outstanding의 수식을 받는 명사 자리다. 문맥상 '무인 항공기 디자인에서 뛰어난 창의성을 보여주었다'라는 의미가 되어야 자연스러우므로 (D) creativity가 정답이다. (C) creation은 '창조, 창작'을, (D) creativity는 '창의성, 독창성'을 의미한다.

어휘 flight 항공, 비행 I demonstrate 보여주다, 입증하다 I outstanding 뛰어난, 눈에 띄는 I design 설계, 디자인 I drone aircraft 무인 항공기

122. 어휘-형용사

휴게실 정수기는 추후 공지가 있을 때까지 작동하지 않을 것이다.

해설 빈칸은 명사 notice를 수식하는 형용사 자리다. 문맥상 '추후 공지가 있을 때까지'라는 의미가 되어야 자연스러우므로 관용 표현 'until further notice'를 완성하는 (B) further가 정답이다.

어휘 break room 휴게실 I water dispenser 정수기 I out of order 고장 난 I until further notice 추후 공지가 있을 때까지

123. 접속사 자리

아파트 단지에 세입자들이 가득 찼기 때문에 가게 매출이 증가했다.

해설 빈칸은 두 개의 완전한 절을 연결하는 접속사 자리다. 보기 중 두 절을 이어줄 수 있는 접속사는 as뿐이며, 두 절이 '결과-원인'의 인과관계임을 고려할 때, '아파트 단지에 세입자들이 가득 찼기 때문에 가게 매출이 증가했다.'라는 의미가 되어야 자연스러우므로 '이유'를 나타내는 부사절 접속사 (D) as가 정답이다.

어휘 complex 복합 단지 I fill up with ~로 가득 차다 I tenant 세입자, 임차인

124. to부정사

연구개발팀의 추가 자금은 필요에 따라 장비를 구매할 수 있도록 해준다.

해설 빈칸 앞의 allow는 목적격 보어로 to부정사를 취하는 5형식 동사로, 「allow + 목적어 + to부정사」의 구조를 취한다. 따라서 (A) to purchase가 정답이다.

어휘 additional 추가의 I allow 허용하다, 가능하게 하다 I as needed 필요에 따라

125. 동사의 태

이달 초에 출시되었던 Sherwood 전자의 활동량 측정 장치는 비평가들의 많은 호평을 받았다.

해설 빈칸 앞의 that은 명사절 접속사 또는 관계대명사로 쓰이며, 명사절 접속사일 때는 뒤에 완전한 문장이, 관계대명사일 때는 주어나 목적어가 빠진 불완전한 문장이 연결된다. 문장의 주어는 The

Sherwood Electronics fitness tracker이고, 본동사는 has received로, 'that ------ earlier this month'는 주어를 수식하는 관계대명사절로 판단할 수 있으므로 빈칸은 동사 자리다. 능동태 동사인 (A) launches와 수동태 동사인 (C) was launched 중에서 빈칸 뒤에 목적어 없이 부사구 earlier this month가 와 있다는 점에서 수동태 동사인 (C) was launched가 정답이다.

어휘 fitness tracker 활동량 측정 장치, 운동 추적기 I critical acclaim 비평가들의 찬사

126. 어휘-형용사

정규직 직원들은 기술 자격증 프로그램을 통과하면 더 높은 연봉을 받을 자격을 얻는다.

해설 빈칸은 명사 salary를 수식하는 형용사 자리다. 문맥상 '기술 자격증 프로그램을 통과하면 더 높은 연봉을 받을 자격을 얻는다'라는 의미가 되어야 자연스러우므로 '더 높은'이란 뜻의 (B)가 정답이다.

어휘 qualified 자격이 있는 I earn 얻다 I certification 증명, 자격증

127. 동사-어휘

Naifeh 씨는 파티를 위한 음식 공급 서비스 비용도 포함할 수 있도록 그녀의 12월 예산안을 수정해 달라는 요청을 받았다.

해설 빈칸은 to부정사구를 완성하는 동사원형 자리다. 목적 접속사 so that으로 연결된 두 문장 관계를 고려할 때, '음식 공급 서비스 비용 또한 포함시킬 수 있도록 예산안을 수정해 달라는 요청을 받았다'라는 의미가 되어야 자연스러우므로 '수정하다, 변경하다'를 의미하는 (A) revise가 정답이다.

어휘 ask 요청하다 I budget 예산안 I catering 음식 공급, 케이터링 I fee 요금

128. 어휘-한정사

매달 정기적으로 30시간 이상 초과 근무 하는 직원들은 근무 기록카드를 더 준비해야 한다.

해설 빈칸은 명사 month를 수식하는 자리다. 문맥상 '매달 30시간 이상 초과 근무 하는'이라는 의미가 되어야 자연스러우므로 단수명사를 수식하는 한정사 (A) each가 정답이다. each day는 '매일, 날마다', each month는 '매달, 매월', each year는 '매년, 해마다'라는 뜻의 부사적 관용 표현이다.

어휘 staff 직원(들) I routinely 정기적으로, 일상적으로 I overtime 초과 근무 I prepare 준비하다 I additional 추가의 I time card 근무 시간 기록 카드

129. 어휘-부사

연구소가 효과적으로 운영되기 위해서, 우리는 실험 도구를 업그레이드해야 한다.

해설 빈칸은 동사 run을 수식하는 부사 자리다. 문맥상 '연구소가 효과적으로 운영되기 위해서, 실험 도구를 업그레이드해야 한다'라는 의미가 되어야 자연스러우므로 '효과적으로'라는 뜻의 (B) effectively가 정답이다.

어휘 research 연구조사 I laboratory 실험실 I run 운영되다 I testing 실험 I instrument 도구

130. 접속사 자리

Mike Carter는 인턴십 기간이 끝날 때까지 계속해서 멘토와 함께할 것이다.

해설 빈칸 앞뒤로 완전한 문장이 와 있으므로 빈칸은 두 문장을 연결하는 접속사 자리다. 따라서 전치사인 (A) besides, (D) by는 답에서 제외시킨다. 문맥상 '인턴십 기간이 끝날 때까지 계속해서 멘토

와 함께 할 것'이라는 의미가 되어야 자연스러우므로 '~까지'의 의미를 갖는 시간 접속사 (C) until이 정답이다. 시간/조건의 접속사 (when, before, after, until, if etc.)가 이끄는 부사절에서는 현재 시제가 미래를 대신하므로 부사절의 시제가 현재 ends, 주절의 시제가 미래 will continue로 쓰인 점도 참고해 두자.

어휘 continue 지속하다 | shadow 함께하다, 그림자처럼 따라다니다 | mentor 멘토 | internship 인턴십 | period 기간 | end 끝나다

131-134번은 다음 이메일에 관한 문제입니다.

수신: 전 직원
발신: Donna Biederman
날짜: 11월 29일
제목: 사이트 업데이트

친애하는 Reale 씨께,

사이버보안팀이 정기 소프트웨어 업데이트를 **131 실시할** 시기가 왔음을 다시 알려 드립니다. **132 절차는 내일 밤 진행될 예정입니다.** 사이트는 화요일 오후 8시부터 수요일 오전 8시까지 다운됩니다. 앱 접속도 영향을 받게 된다는 점에 유의해 주시기 바랍니다. 이로 인해 여러 서비스를 일시적으로 이용할 수 없습니다. 이번 정기 업데이트 **133 동안**, 사이트에 글을 게시하거나 회사 메신저 시스템을 이용할 수 없습니다. 이를 예상하고, 직원 여러분은 사전에 중요한 업무를 끝낼 수 있도록 일정을 조율해 주시기 바랍니다. 이로 인해 발생하는 모든 불편에 **134 사과드립니다.**

어휘 staff 직원 | reminder 상기시키는 것 | regular 정기적인 | site 사이트 | down 다운됨, 작동이 안되는 | note 주의하다 | access 접속 | affect 영향을 주다 | several 몇몇의 | temporarily 일시적으로 | unavailable 이용할 수 없는 | routine 정기적인 | post 게시하다 | in anticipation of ~을 예상하고 | arrange 조정하다 | schedule 일정 | critical 중요한 | task 업무 | beforehand 사전에

131. 어휘-동사
해설 빈칸은 to부정사구를 완성하는 동사 자리다. 'for + 의미상의 주어 + to부정사 구문'의 문장으로, 문맥상 '사이버보안팀이 정기 소프트웨어 업데이트를 실시할 시기'라는 내용이 되어야 자연스러우므로 (A) perform이 정답이다.

＋ Key word
This is a reminder ~ **for the Cybersecurity team to perform regular software updates.**

132. 문장 선택
(A) 당신이 가능한 시간에 대한 정보를 포함해 주세요.
(B) 업그레이드 버전을 원하면 부서장에게 알려 주세요.
(C) IT 부서에서 전날 밤에 이메일을 보낼 것입니다.
(D) 절차는 내일 밤 진행될 예정입니다.

해설 빈칸 뒤 문장의 '사이트는 화요일 오후 8시부터 수요일 오전 8시까지 다운됩니다'라는 내용을 고려할 때, 문맥상 '절차는 내일 밤 진행될 예정입니다'라는 내용이 앞에 나와야 구체적인 일정을 알려 주는 다음 문장에 자연스럽게 이어지므로 (D)가 정답이다.

＋ Key word
The process will get underway tomorrow night. The site will be down from Tuesday at 8 P.M. until 8 A.M. Wednesday.

133. 전치사 자리
해설 빈칸은 this routine update를 목적어로 하는 전치사 자리다. 주절의 내용을 고려할 때, 문맥상 '이번 정기 업데이트를 진행하는 동

안, 사이트나 회사 메신저를 사용할 수 없다'라는 내용이 되어야 자연스러우므로 (C) throughout가 정답이다.

134. 동사 자리
해설 빈칸은 주어 we에 대한 동사 자리다. 문맥상 미래에 발생할 일에 대해 미리 유감의 뜻을 표현하는 것이므로 현재 시제 (D) regret가 정답이다.

135-138번은 다음 정보에 관한 문제입니다.

North-Northwest 항공(NNWA)은 지난 10년 동안 Alberta의 최고 항공사가 되었으며 계속해서 성장하고 있다. 다른 항공사와의 **135 증가하는** 경쟁에도 불구하고, NNWA는 속도와 경쟁력 있는 가격 덕분에 충성 고객을 지켜왔다. 이 항공사는 Alberta의 현재 경제 호황에 큰 역할을 **136 해오고 있다.** 10년 전 High Prairie와 Conklin을 포함한 북부 지방으로 가는 항공편을 제공하기 시작했다. 이러한 새로운 운항은 멀리 떨어진 지역의 회사들이 Alberta 전역에 그들의 서비스를 제공할 수 있도록 해 주었다. **137 시장들에** **138 NNWA는 또한 내년 여름부터 몇 개의 새로운 항공편을 추가할 계획이다.** 이 새로운 노선은 더 많은 번영을 가져올 것이라 약속한다.

어휘 competition 경쟁 | carrier 항공사 | hold onto 붙잡다 | loyal 충성스러운 | competitive 경쟁력이 있는 | pricing 가격책정 | major 주요한 | role 역할 | current 현재의 | boom 호황 | province 지방 | connection 연결, 운행 | remote 멀리 떨어진 | prosperity 번영

135. 어휘-형용사
해설 빈칸은 명사 competition을 수식하는 형용사 자리다. 문맥상 '다른 항공사와의 증가하는 경쟁에도 불구하고 속도와 경쟁력 있는 가격 덕분에 충성 고객을 지켜왔다'라는 내용이 되어야 자연스러우므로 (C) rising이 정답이다.

＋ Key word
In spite of the rising competition from other carriers, NNWA has held onto its loyal customers thanks to its speed and competitive pricing.

136. 동사의 시제
해설 빈칸은 주어 뒤의 동사 자리다. 빈칸 앞 문장의 충성 고객을 지켜왔다는 현재 완료 시제를 고려할 때, 문맥상 '항공사가 현재의 경제 호황에 큰 역할을 해오고 있다'라는 내용이 되어야 자연스러우므로 현재 완료 시제 (B) has played가 정답이다.

＋ Key word
In spite of the rising competition from other carriers, NNWA has held onto its loyal customers thanks to its speed and competitive pricing. The airline has played a major role in Alberta's current economic boom.

137. 어휘-명사
해설 빈칸은 전치사 to의 목적어 역할을 하는 명사 자리다. 문맥상 '이러한 새로운 운항은 멀리 떨어진 지역의 회사들이 Alberta 전역의 시장들에 그들의 서비스를 제공할 수 있도록 해 주었다'라는 내용이 되어야 자연스러우므로 (D) markets가 정답이다.

＋ Key word
These new connections allowed firms in remote areas to provide their services to markets across Alberta.

138. 문장 선택

(A) 이전에는 이 지역으로 운행한 항공사가 거의 없었다.
(B) NNWA는 또한 내년 여름부터 몇 개의 새로운 항공편을 추가할 계획이다.
(C) 그 지역의 경제는 작년에 성장 기록을 세웠다.
(D) High Prairie 공항은 곧 다시 문을 열 것으로 예상된다.

해설 빈칸 뒤 문장의 새로운 노선이 더 많은 번영을 가져올 것이라는 내용을 고려할 때, 문맥상 '항공사가 새로운 항공 노선을 추가할 것'이라는 내용이 앞에 들어가야 자연스러우므로 (B)가 정답이다.

+ Key word
NNWA also plans to add several new flights starting next summer. These new routes promise to bring even more prosperity.

139-142번은 다음 기사에 관한 문제입니다.

(11월 17일) 어제 Phalanx 제약 회사 관계자는 자사 신임 사장으로 Carly Zhao를 선택했다고 발표했다. 그녀는 창업하기 위해 회사를 떠난 Jackson Hayes의 **139** 자리에 앉게 된다. "Phalanx 직원 모두 Hayes 씨께서 이곳에서 이룬 업적에 감사해하며, 저희는 그가 **140** 다음 도전에서도 행운이 가득하길 바랍니다,"라고 Phalanx 이사회 의장인 Holly Schmidt가 말했다. Zhao 씨는 15년 넘게 Total Foods에서 CEO를 지낸 업계 베테랑이다. **141** 그전에, 그녀는 광고업계에서 관리자로 근무했다. "오랫동안 검증된 Zhao 씨의 관리자 경력과 더불어 그녀의 마케팅 능력은 앞으로 우리 회사를 성공적으로 이끌어줄 이상적인 배경이 됩니다,"라고 Schmidt 씨가 말했다. **142** "그녀를 이 자리로 맞이하게 되어 행운입니다."

어휘
official 고위 관리, 임원 | pharmaceutical 제약의 | manufacturer 제조사 | reveal 드러내다, 밝히다 | found 설립하다 | start-up 신규기업, 스타트업 | appreciative of ~에 감사하는 | accomplish 성취하다, 달성하다 | fortune 운 | endeavor 시도, 노력 | executive board 이사회 | veteran 전문가, 베테랑 | serve as ~의 역할을 하다 | advertising 광고 | industry 산업, 업계 | along with ~와 함께 | track record 실적 | proven 입증[증명]된 | leadership 지도력, 리더십 | ideal 이상적인 | background 배경 | guide 이끌다 | firm 회사 | state 말하다

---

139. 동사의 시제

해설 빈칸은 주어와 목적어 사이의 능동태 동사 자리다. 빈칸 앞 문장의 '신임 사장으로 Carly Zhao를 선택했다고 어제 발표했다'라는 내용을 고려할 때, '그녀가 앞으로 Jackson Hayes의 업무를 맡게 된다'라는 의미가 되어야 자연스러우므로 현재 시제 동사 (D) replaces가 정답이다.

+ Key word
Officials ~ yesterday revealed their choice of new company president: Carly Zhao. She replaces Jackson Hayes, who left to found a start-up.

140. 어휘-형용사

해설 빈칸은 명사 endeavor를 수식하는 형용사 자리다. 빈칸 앞 문장의 'Jackson Hayes가 창업하기 위해 회사를 떠났다'라는 내용을 고려할 때, 문맥상 '(창업이라는) 그의 다음 시도에 행운이 가득하길 바란다'라는 내용으로 이어져야 자연스러우므로 (D) next가 정답이다.

+ Key word
She replaces Jackson Hayes, who left to found a start-up. "Everyone ~ and we wish him good fortune in his next endeavor," said Holly Schmidt, the chairperson of Phalanx's executive board.

---

141. 어휘-부사

해설 빈칸은 두 문장을 연결하는 접속부사 자리다. 빈칸 뒤 문장의 '오랫동안 검증된 관리자 경력과 더불어, Zhao 씨의 마케팅 능력'이라는 내용을 고려할 때, '15년 넘게 CEO를 지냈고, 그전에는 광고업계에서 관리자로 근무했다'라는 내용으로 연결되어야 문맥상 자연스러우므로 (B) Previously가 정답이다.

+ Key word
Ms. Zhao ~ who served as CEO at Total Foods for over 15 years. Previously, she worked as a manager in the advertising industry. "Ms. Zhao's marketing abilities, along with her long track record of proven leadership, ~," stated Ms. Schmidt.

142. 문장 선택

(A) 그 광고 캠페인은 성공으로 여겨졌습니다.
(B) 그녀를 이 자리로 맞이하게 되어 행운입니다.
(C) 우리가 적절한 후임자를 찾을 것이라 확신합니다.
(D) 회의는 다음 주에 열릴 예정입니다.

해설 빈칸 앞 문장의 '오랫동안 검증된 관리자 경력과 더불어, Zhao 씨의 마케팅 능력은 그녀가 앞으로 우리 회사를 성공적으로 이끌어 줄 이상적인 배경이 된다'라는 내용에 이어진 말임을 고려할 때, '그녀를 이 자리로 맞이하게 되어 행운'이라는 내용으로 이어져야 문맥상 자연스러우므로 (B)가 정답이다.

+ Key word
"Ms. Zhao's marketing abilities, along with her long track record of proven leadership, give her the ideal background to guide our firm to great success in the years to come," stated Ms. Schmidt. "We are fortunate to have her stepping into this role."

143-146번은 다음 이메일에 관한 문제입니다.

수신: staff@finnegantech.edu
발신: Tanya Cole
날짜: 3월 1일
제목: 지진 훈련

여러분, 안녕하세요.

저희는 이번 달에 분기별 지진 훈련이 실시된다는 **143** 안내를 받았습니다.

144 평소처럼, 시설 관리팀은 사전 공지를 하지 않을 것입니다. 이에, 저는 여러분이 항시 대피에 준비되어 있고, 적절한 프로토콜에 대한 기억을 떠올리실 수 있게 상기 시켜 드리고자 합니다.

우선, 모든 움직일 수 있는 물품들은 고정되어야 합니다. 예를 들면, 선반의 책과 폴더는 단단히 고정되어 있는지 확인하세요. **145** 또한, 중요한 서류는 안전한 곳에 보관되어야 합니다. 마지막으로, 책상 **146** 밑 공간에는 여러분이 밑으로 숨으실 수 있을 만큼 충분한 공간이 있어야 한다는 걸 기억하세요.

우려 사항이나 제안하실 게 있으시면, 시간 되실 때 관리동에 있는 제 사무실로 방문해 주세요.

감사합니다.

Tanya Cole
인사관리자

어휘

staff 직원들 | earthquake 지진 | drill (비상시를 대비한) 훈련 | quarterly 분기별의 | conduct (특정한 활동을) 하다 | accordingly 그래서, 그런 이유로 | remind 상기시키다 | prepare 준비(대비)시키다 | evacuation 대피, 피난 | refresh 기억을 되살리다 | appropriate 적절한 | protocol 프로토콜, 통신규약 | moveable 이동시킬 수 있는, 움직이는 | secure (단단히) 고정시키다 | folder 서류철, 폴더 | shelf 선반 | firmly 단단히 | in place 제자리에 있는 | document 문서, 서류 | store 보관하다 | concern 걱정, 우려 | suggestion 제안 | drop by 들르다 | administration 관리, 행정

---

143. 동사의 태

해설 빈칸은 주어와 목적어인 that 명사절 사이의 동사 자리다. 동사 inform은 목적어를 2개 취하는 동사지만 해당 문장에 목적어가 that절 하나뿐이라는 점을 고려할 때, 구조상 적합한 수동태 문장을 만들어주는 (B) have been informed가 정답이다.

144. 문장 선택

(A) 평소처럼, 시설 관리팀은 사전 공지를 하지 않을 것입니다.
(B) 이 일정은 당신이 과제를 완료하기에 충분할 것입니다.
(C) 작년과 마찬가지로 행사는 메인 회의실에서 진행될 것입니다.
(D) 대금을 제때 받지 못하면 드릴이 주어지지 않을 것입니다.

해설 빈칸 앞 문장의 '지진 훈련이 이번 달 안에 실시될 것'이라는 내용과 빈칸 뒤 문장의 '항시 대피 준비가 되어 있어야 한다는 것을 상기시켜드리고 싶다'라는 내용을 고려할 때, 문맥상 '지진 훈련에 대한 사전 공지가 없을 것'이라는 내용이 들어가야 자연스러우므로 (A)가 정답이다.

+ **Key word**
We ~ that the **quarterly earthquake drill will be conducted before the end of the month.**
As usual, the facilities management team will not give advance notice. Accordingly, I want to remind everyone ~ with the appropriate protocols.

145. 어휘-부사

해설 해당 단락의 첫 문장과 마지막 문장이 각각 To start with와 Lastly로 시작하고 있음을 고려할 때, 여러 항목들을 순서대로 나열하고 있음을 알 수 있으므로 (A) Furthermore가 정답이다.

+ **Key word**
To start with, make sure that ~ firmly in place.
Furthermore, important documents should be stored in a safe area. **Lastly,** remember that ~ to use as cover.

146. 어휘-전치사

해설 빈칸은 명사구 your desk를 목적어로 하는 전치사 자리다. 전명구가 명사 space를 뒤에서 수식하는 구조로, 문맥상 '책상 아래 공간은 당신이 커버로 쓸 만큼 공간이 충분해야 한다'라는 의미가 되어야 자연스러우므로 (D) under가 정답이다.

+ **Key word**
Lastly, remember that the **space under your desk should have enough room for you to use as cover.**

147-148번은 다음 공지에 관한 문제입니다.

점심 세미나 시리즈

148중개인: Powell Realty에서 근무 1년 차이신가요? 여러분의 오픈 하우스 행사에 사람이 없나요? 서류 작업 때문에 힘드신가요? 계약을 체결하는 데 어려움을 겪고 있으세요? 그렇다면, 저희 점심 세미나 시리즈를 놓치지 마세요. 이곳에서 최고의 중개인 Stacy Dyatlov와 Anthony Bryan이 여러분께 그들을 업계에서 성공할 수 있게 해준 마케팅 아이디어와 조직 기술, 협상 전략에 관한 팁을 드립니다. 교육 자료와 필기도구를 제공해 드리니, 노트나 펜을 가지고 오지 않으셔도 됩니다. **147**음식은 제공되지 않으니, 챙겨오는 걸 잊지 마세요. 좌석이 아직 남아 있을 때 HR부서에 내선번호 745번으로 전화하셔서 신청하세요.

어휘
agent 중개인, 요원 | realty 부동산 | open house (매각이나 임대를 위한) 자택 공개 | struggle with ~로 고심하다, 씨름하다 | close a deal 계약을 체결하다 | miss 놓치다 | broker 중개인 | organizational 조직의 | negotiation 협상 | strategy 전략 | provide 제공하다 | material 자료 | writing utensil 필기도구 | pack 싸다, 챙기다 | extension 내선 번호 | sign up 등록하다

147. 특정 정보(상세)

참가자들은 모임에 무엇을 가져오라고 요청 받는가?
(A) 서류
(B) 펜과 노트
(C) 약간의 음식
(D) 교육 자료

해설 마지막에서 두 번째 문장에서 'Since food will not be provided, don't forget to pack something.'이라고 했으므로 (C)가 정답이다.

+ **Paraphrasing**
pack → bring

148. 추론(특정 정보)

이 행사는 누구에게 가장 도움이 되겠는가?
(A) 부동산 매입에 관심 있는 사람
(B) 선임 부동산 중개인
(C) 경험이 부족한 영업사원
(D) 최근 고용된 Powell Realty 인사부 직원

해설 첫 번째 단락에서 'Are you in your first year with Powell Realty?'라고 했으므로 (C)가 정답이다.

149-150번은 다음 초대장에 관한 문제입니다.

Pensacolsa Earlwin 대학:
점심 강연 시리즈

BSP산업의 Kenneth Stevenson을 모십니다.
149"직장 내 로봇공학"

7월 1일, 토요일
Goedert홀
404 Campus Avenue
Monsanto, Pennsylvania 15233
오후 12시 – 오후 2시 30분

입장료 12달러
D'Angelo's에서 식사 제공

1506월 30일까지 등록해 주세요. **좌석 수가 한정되어 있습니다.**

149. 핵심 정보(주제)

행사의 주제는 무엇인가?
(A) 산업 폐기물
(B) 태양열
(C) 전기차
(D) 로봇공학 기술

해설 두 번째 단락에서 'Welcoming Kenneth Stevenson, BSP Industries "Robotics in the Workplace"'이라고 했으므로 (D)가 정답이다.

150. 특정 정보(사실 확인)

행사에 관하여 언급된 것은?
(A) 좌석이 한정되어 있다.
(B) 입장이 무료이다.
(C) 매달 개최된다.
(D) 평일에 개최된다.

해설 초대장 마지막에 'A limited number of spaces are available.'이라고 했으므로 (A)가 정답이다.

+ Paraphrasing

A limited number of spaces are available.
→ Seating is limited.

151-152번은 다음 온라인 채팅 대화문에 관한 문제입니다.

Frank Roy [오후 3시 44분]
안녕하세요, 제가 내일 밤 경기 티켓을 4장 샀는데요, 일정이 변경돼서 이제 2장만 있으면 됩니다. 환불받을 수 있을까요?

Skyler Pierce, 지원부서 [오후 3시 47분]
아쉽게도 Kornacki Forum에서는 현금 환불을 제공하지 않습니다. 하지만, 지불하신 금액을 크레딧으로 받으실 수 있으세요. 다른 하키나 농구 홈경기 예매 시 사용하실 수 있어요. 양 팀의 일정은 www.kornackiforum.com에 올라와 있습니다.

Frank Roy [오후 3시 49분]
아, 저한테 일정이 있어요. 제가 지금 크레딧으로 티켓을 새로 구입할 수 있나요? 아니면 웹사이트를 이용해야 하나요? 이미 정해 놨거든요.

Skyler Pierce, 지원부서 [오후 3시 50분]
제가 도와드리겠습니다. 어느 날짜에 관심 있으신가요?

Frank Roy [오후 3시 51분]
6월 22일 Rough Riders 대 Senators 경기로 2장 주세요.

151. 추론(특정 정보)

Kornacki Forum은 무엇이겠는가?
(A) 오페라하우스
(B) 극단
(C) 스포츠팀

(D) 운동 경기장

해설 오후 3시 47분에 지원부서 Skyler Pierce의 메시지에서 'You can redeem this for tickets at any other home hockey or basketball game.'이라고 하여 운동 경기장이라는 것을 알 수 있으므로 (D)가 정답이다.

152. 문맥(화자 의도 파악)

오후 3시 50분에 Pierce 씨가 "제가 도와드리겠습니다"라고 할 때, 그가 의미한 것은?
(A) 환불해줄 것이다.
(B) 일정을 보내줄 것이다.
(C) 예약해줄 수 있다.
(D) 인터넷 링크를 보내줄 수 있다.

해설 오후 3시 49분 ~ 오후 3시 50분 대화에서 Frank Roy가 'Can I use the credit to get new tickets now?'라고 한 말에, 지원부서의 Skyler Pierce가 'I would be happy to assist you.'라고 대답한 것이므로 (C)가 정답이다.

153-154번은 다음 이메일에 관한 문제입니다.

수신: Brie Grey <briegrey@commail.com>
발신: Susan Dombrowski <sdombrowski@ww.com>
날짜: 1월 14일
제목: 회신: 지원

Grey 씨께,

West & Wilson의 Herndon 지점 공인회계사 직책에 지원해 주셔서 감사드립니다. 저는 귀하의 이력서에 깊은 인상을 받아서, 며칠 내 있을 현장 면접에 귀하를 초대하고 싶습니다. 목요일 오후에 시간 괜찮으신가요? 저는 보통 오후 5시에 퇴근합니다. 목요일이 어려우시면, 금요일은 어떠세요? 저는 오전 8시부터 퇴근 시간까지 자리에 있을 예정입니다. 리셉션 데스크에서 저를 찾아주세요. 제가 내려가서 만나도록 하겠습니다. 자격을 갖춘 유력한 지원자들이 여러 명 있어서, 저희가 면접을 짧게 진행해야 합니다. 45분을 넘지는 않을 겁니다. 어느 시간이 가장 좋은지 알려주세요.

Regards,

Susan Dombrowski
West & Wilson
인사 선임 매니저

153. 추론(특정 정보)

Grey 씨에 관하여 무엇이 사실이겠는가?
(A) 공인회계사이다.
(B) 최근 전문 자격증을 취득했다.
(C) Herndon으로 이사할 계획이다.
(D) 직무에 가장 적격인 후보자이다.

해설 첫 번째 줄에서 'Thanks for your application for the certified public accountant position at the Herndon branch of West & Wilson. I was impressed by your CV,'라고 하여 Grey 씨가 공인회계사임을 알 수 있으므로 (A)가 정답이다.

✚ Paraphrasing
certified public accountant → licensed accountant

154. 추론(특정 정보)

Dombrowski 씨는 언제 면접을 할 수 없겠는가?
(A) 목요일 오후 2시 20분
(B) 목요일 오후 4시 45분
(C) 금요일 오전 8시 30분
(D) 금요일 오후 5시 10분

해설 세 번째 줄에서 'Generally, I am out of the building by 5 P.M.'
이라고 하여 Dombrowski 씨가 오후 5시 이후에는 사무실에 없음
을 알 수 있으므로 (D)가 정답이다.

155-157번은 다음 일정에 관한 문제입니다.

제8회 연례 DLB 리더십 컨벤션
Grand Diamond 호텔, Prague—4월 30일 ~ 5월 2일
¹⁵⁷콘퍼런스 티켓은 의사 일정에 있는 모든 행사를 포함합니다.

월요일 의사 일정

오후 2시	도착 행사
오후 3시	개회사: ¹⁵⁵설득력 있는 기법을 가르치는 3가지 비결 Vera Ahn 발표
오후 4시	¹⁵⁶최신 소프트웨어를 사용해 고객 수요를 창출하는 방법 Ivan Sokolov 발표
오후 5시	¹⁵⁵상품이 아닌 관계 판매 학습하기 Janette Jardin 발표
오후 6시	저녁 식사
오후 7시 30분	¹⁵⁵새로운 관점에서 생각하기: 제품을 홍보하는 창의적인 방법 Christopher Thomas 발표
오후 8시 45분	¹⁵⁷크루즈를 타고 Vltava 강을 따라 국립 기술 박물관으로 가셔서 Charles 대학교의 Tomas Novak 교수와 함께 Prague에서 볼 수 있는 가장 혁신적인 과학기술을 경험해 보세요.

어휘
leadership 지도력, 대표직 I agenda 의사 일정 I persuasive 설득력 있는 I
generate 발생시키다 I demand 요구 사항 I sell 팔다 I relationship 관계 I
pitch 홍보하다 I cruise 유람선 여행 I innovative 혁신적인, 획기적인

155. 추론(핵심 정보)

컨벤션은 누구를 대상으로 하겠는가?
(A) 교수
(B) 영업사원
(C) 행사 기획자
(D) 인사과 직원

해설 월요일 의사 일정에서 오후 3시에 설득력 있는 기법을 가르치는 '3
Keys to Teaching Persuasive Techniques'라고 했고, 오후 5
시에 'Learning to Sell Relationships, Not Products', 그리고
오후 7시 30분에 'Think Outside the Box: Creative Ways to
Pitch Your Product'라고 하여 영업사원을 대상으로 함을 알 수
있으므로 (B)가 정답이다.

156. 추론(특정 정보)

누구의 프레젠테이션이 과학기술에 관해 이야기하겠는가?
(A) Ahn 씨
(B) Sokolov 씨
(C) Jardin 씨
(D) Thomas 씨

해설 월요일 의사 일정에서 오후 4시에 'How to Generate Client
Demand Using the Latest Software by Ivan Sokolov'에 관한,
Ivan Sokolov의 발표가 있을 것이라고 했으므로 (B)가 정답이다.

157. 특정 정보(상세)

콘퍼런스 티켓 구매에 무엇이 포함된 것은?
(A) 호텔 객실
(B) 아침 식사 이용권
(C) 팀빌딩 워크숍
(D) 보트 투어

해설 첫 번째 줄에서 'Tickets for the conference include all
events in the agenda.'라고 했는데, 월요일 의사 일정의 오후 8
시 45분에 보면 'Take a cruise down the Vltava River to the
National Technical Museum'이라고 했으므로 (D)가 정답이다.

✚ Paraphrasing
a cruise → A boat tour

158-160번은 다음 편지에 관한 문제입니다.

Dominguez 물류 서비스
701 US 491
Gallup, New Mexico 87301

Cassandra Fowler
13111 Cooks Mine Road
Twin Lakes, New Mexico 86515

4월 24일

¹⁵⁸Fowler 씨께,

—[1]—. Dominguez 물류 팀에 오신 걸 환영합니다. ¹⁶⁰오리엔테이
션을 시작하기 전에, 먼저 귀하의 시력에 관한 검진 서류가 필요합니다.
—[2]—.

¹⁵⁸도로 위에서 저희의 최우선 순위는 귀하와 귀하가 운송하는 화물의 안
전 입니다. 트럭을 안전하게 몰려면, 잠재적 위험요인이 없는지 도로를
살피고, 위험이 되기 전에 이를 알아차려야 합니다. 이러한 이유로, 귀하
의 시력이 업무를 수행하는 데 문제가 없는지 확인하는 정밀검사를 해주
셔야 합니다. ¹⁵⁹일정을 잡으시려면, (505) 555-1969로 전화주시거나
메시지를 보내주세요. —[3]—. 검사는 Dominguez 물류사와 제휴를
맺은 병원에서 무료로 실시됩니다. —[4]—. 저희가 귀하의 첫 번째 노선
일정을 잡을 수 있도록, 안과의사가 준 기록을 상사에게 최대한 빨리 제
출해 주세요.

함께 일하게 되길 기다리고 있겠습니다.

감사합니다.

Michael Hayes
Dominguez 물류 서비스

어휘
logistics 물류 I medical 의료의 I paperwork 서류(작업) I concerning ~에
관해서 I eyesight 시력 I top priority 최우선 I safety 안전 I cargo 화물 I

operate 작동하다 | scan 살피다, 훑어보다, 스캔하다 | potential 잠재적인 | hazard 위험(요소) | identify 확인하다, 알아보다 | threat 위협 | undergo 겪다 | thorough 철저한 | examination 검사 | verify 확인하다 | vision 시력 | up to ~를 (감당)할 수 있는 | schedule 일정을 잡다 | conduct 실시하다 | partner with ~와 제휴를 맺다 | at no cost 무료로 | supervisor 관리자 | ophthalmologist 안과의사 | route 노선

158. 추론 (특정 정보)

Fowler 씨는 누구겠는가?

(A) 행정 담당자
(B) 운전기사
(C) 안과의사
(D) 실험실 기사

해설 두 번째 단락에서 'On the road, our top priority is the safety of yourself and your cargo. To operate a truck in a safe manner,'라고 언급한 것으로 보아 그녀가 화물 운전기사임을 알 수 있으므로 (B)가 정답이다.

159. 특정 정보 (상세)

Fowler 씨는 전화로 무엇을 하도록 요청받는가?

(A) 검사 비용을 지불하라고
(B) 업무 일정을 잡으라고
(C) 문서를 스캔하라고
(D) 예약을 하라고

해설 두 번째 단락에서 'To schedule, please call or send a message to (505) 555-1969.'라고 했으므로 (D)가 정답이다.

+ Paraphrasing
schedule → Make an appointment

160. 문맥 (문장 삽입)

[1], [2], [3], [4]로 표시된 곳 중에서 다음 문장이 들어갈 위치로 가장 적절한 곳은?

"그런 이유로 정식으로 근무를 시작하시기 전에 처리해 주셔야 할 사항이 하나 더 있습니다."

(A) [1]
(B) [2]
(C) [3]
(D) [4]

해설 첫 번째 단락에서 'Before we begin your orientation, we will first need some more medical paperwork concerning your eyesight.'라고 하여 주어진 문장이 이어지기에 자연스러우므로 (B)가 정답이다.

161-163번은 다음 게시물에 관한 문제입니다.

www.lethe.com/customercomments

이용자: Cynthia Schliemann
날짜: 1월 12일, 19:43
제목: 분실 상품

거의 한 달 전에 Lethe.com에서 셔츠 두 벌을 주문했습니다. 12월 27일에 제 소포가 오지 않았고, ^{161C}지역 우체국에 연락해 봤는데 그들은 기록상 "배달"이라고 적혀 있다고 말했습니다. 누군가가 거기서 택배를 받았는데, 누군지는 기록이 없었습니다. ^{161B}그래서 Lethe 고객 서비스에 해줄 수 있는 게 있는지 알아보려 메시지를 보냈는데, 고객 서비스에서는 배송은 제대로 처리되었다고 했습니다. ¹⁶²제가 다음에 어떤 조치를

해야 할지 모르겠는데 의견 주시면 감사하겠습니다. 저희 건물 경비원에게까지 혹시 본 것이 있느냐고 ^{161A}물어봤고, 이웃집 문을 두드리는 것까지도 생각해봤습니다. ¹⁶³그냥 포기해야 할 것 같기도 하지만, 이 문제를 정말 해결하고 싶습니다.

어휘
place an order 주문하다 | a couple of 둘의 | parcel 소포 | fail ~하지 않다 | get in touch with ~와 연락하다 | mark 표시하다 | record 기록 | package 상자 | handle 처리하다 | correctly 정확하게 | move 조치, 행동 | appreciate 감사하다 | suggestion 제안 | security guard 경비원 | knock 두드리다 | give up 포기하다 | settle 해결하다 | issue 문제

161. NOT (상세 정보)

Schliemann 씨는 다음 중 하지 않은 것은?

(A) 경비실에 연락했다
(B) Lethe.com과 이야기했다
(C) 우편 서비스에 전화했다
(D) 이웃에게 알아봤다

해설 지문의 단서와 보기를 연결시키면, '(C) → (B) → (A) 순서로 확인했다는 것을 알 수 있다. 하지만 이웃집 문을 두드리는 것을 고려했다고 했지 이웃에게 확인했다는 것은 언급된 바가 없으므로 (D)가 정답이다.

162. 핵심 정보 (목적)

게시물의 주요 목적은 무엇인가?

(A) 지연을 지적하기 위해
(B) 환불 요청하기 위해
(C) 제품을 평가하기 위해
(D) 의견을 구하기 위해

해설 두 번째 단락에서 'I don't know what my next move is, but I'd appreciate suggestions.'라고 했으므로 (D)가 정답이다.

+ Paraphrasing
suggestions → recommendation

163. 문맥 (동의어)

첫 번째 단락의 여덟 번째 줄의 단어 "settle"과 의미상 가장 가까운 것은?

(A) 협상하다
(B) 결정하다
(C) 달성하다
(D) 해결하다

해설 두 번째 단락의 'Maybe I should just give up, but I'd really love to settle this issue...'에서 'settle'은 '해결하다'라는 의미로 쓰였으므로 보기 중 같은 의미를 갖는 (D)가 정답이다.

164-167번은 다음 이메일에 관한 문제입니다.

수신: Angela_Norris@bridgewoodtowers.ca
발신: N.Marcus@sanderselectric.ca
날짜: 8월 21일
제목: 전기 서비스 중단

¹⁶⁵Norris 씨께,

곧 있을 전력망 업그레이드로 인해, ¹⁶⁴Bridgewood Towers의 전기 공급이 9월 3일 새벽 시간에 일시적으로 중단됩니다. 중단은 오전 4시 30분에 시작됩니다. 정상 서비스는 아침 7시에 재개됩니다. ¹⁶⁵이와 같이

단지 주민들에게 중단에 대해 알려주시고, 다음 정보를 전달해 주시기 바랍니다.

1. ᴵ⁶⁶전기가 돌아오면, 냉방 장치가 다시 켜지지 않는 경우가 있을 수 있습니다. 대부분의 장치에 있는 차단기를 재설정하거나, 아니면 30분 정도 기다리면 이 문제를 해결할 수 있습니다.

2. 필수 가전제품에 배터리 수명이 충분한지, 대체 전력원이 있는지 확인하십시오. 냉장 및 냉동고 문은 계속 닫아 두십시오.

3. 저희 작업반원들이 정전 시간을 최소화하기 위해 최대한 신속하게 작업할 것입니다. ᴵ⁶⁷예정된 기간 후에도 계속해서 문제가 발생하면, 당사 웹사이트에 게시된 해당 지역 고객 서비스 상담 전화로 연락 주시기 바랍니다.

진심을 담아,

Natalie Marcus

어휘

suspension 정지 | electrical 전기의 | electrical grid 전력망 | power 전기 | temporarily 임시로 | shut off 멈추다 | disruption 중단, 혼란 | regular 일반적인, 규칙적인 | resume 재개하다 | notify 알리다 | complex 복합건물 | resident 주민 | pass on 전달하다 | restore 복구하다 | air conditioning unit 냉방 장치, 에어컨 | resolve 해결하다 | issue 문제 | reset 다시 맞추다 | breaker 차단기 | unit (상품의) 한 단위, 한 개 | alternative 대안의 | throughout 내내, 처음부터 끝까지 | swiftly 재빨리 | minimize 최소화하다 | outage 정전 | encounter 맞닥뜨리다, 접하다 | persistent 끊임없이 반복되는

164. 특정 정보(상세)
이메일에 따르면, 주민들은 언제 전기가 다시 돌아올 것으로 기대할 수 있는가?
(A) 오후 2시
(B) 오전 4시 30분
(C) 아침 7시
(D) 오후 11시 30분

해설 첫 번째 단락에서 'the power in Bridgewood Towers will need to be temporarily shut off in the early morning hours of September 3', 'The disruption will start at 4:30 A.M. Regular service will resume at 7:00 A.M.'이라고 했으므로 (C)가 정답이다.

165. 추론(특정 정보)
Norris 씨는 누구겠는가?
(A) 부동산 관리인
(B) 전기 기사
(C) 고객 서비스 직원
(D) 에어컨 수리공

해설 첫 번째 단락에서 'As such, please notify complex residents of the disruption and pass on the following information.'이라고 하여 주민들에게 정보를 전달하는 건물 관리인임을 알 수 있으므로 (A)가 정답이다.

+ Paraphrasing
complex → property

166. 특정 정보(사실 확인)
Marcus 씨는 어떤 잠재적인 문제를 언급하는가?
(A) 에어컨에 손상이 생길 수 있다.
(B) 전력 공급 중단이 길어질 수 있다.
(C) 미래에 서비스 이용 방해가 있을 수 있다.
(D) 냉방 장치에 문제가 있을 수 있다.

해설 두 번째 단락에서 'Once power is restored, your air conditioning units may not turn back on in some cases. You can resolve this issue by resetting the breaker on most units, or simply by waiting for 30 minutes.'라고 했으므로 (D)가 정답이다.

+ Paraphrasing
air conditioning units → cooling systems

167. 특정 정보(사실 확인)
Bridgewood Towers 입주민에 관하여 언급된 것은?
(A) 끊임없이 반복되는 문제에 대해 알렸다.
(B) 불만사항에 대해 특정 번호로 전화해야 한다.
(C) 9월 3일에 회의가 있다.
(D) 예비 발전기를 사용해야 한다.

해설 네 번째 단락에서 'If you encounter any persistent issues after the scheduled period, please call our customer service hotline for your area as listed on our Web site.'라고 했으므로 (B)가 정답이다.

+ Paraphrasing
persistent issues → complaints

168-171번은 다음 기사에 관한 문제입니다.

AUGUSTA (7월 11일)—ᴵ⁶⁸가정용 가구 대기업인 Wronken은 올해 9월에 Augusta에서 신규 지점 공사를 시작할 계획이다. —[1]—. 이 체인의 60개가 넘는 매장 대부분이 서부 해안 쪽에 있어서, 이는 회사 전략의 변화를 보여준다. 그러나 이 회사의 북미지역 운영총괄 이사 Chandler Simmons는 ᴵ⁶⁹"저희의 세련된 가구와 실내 장식은 이곳 사람들의 취향에 완벽하게 들어맞습니다. Augusta는 가장 빠르게 증가하는 고학력의 젊은 전문 직종 사람들이 있는 곳 중 하나이고 이것이 저희의 목표 대상입니다."라고 말한다.

—[2]—. ᴵ⁷¹그 지점에는 다수의 현지 식당들이 입점한 카페테리아가 포함될 것이다. 이 회사의 최고 마케팅 임원 중 한 명인 Sam Foster는 "이곳은 다양한 식사 옵션들을 갖춘 첫 번째 매장이 될 거예요, 그리고 저희 고객들은 그것을 기대할 거라고 생각합니다."라고 말했다. —[3]—.

ᴵ⁷⁰Foster는 최근의 한 회사 연구가 그 계획을 뒷받침한다고 설명했다. "만족스러운 식사를 이용할 수 없는 고객들은 매장에서 약 25% 더 적은 시간을 보냅니다. 이는 모두 고객에게 선택 사항을 주는 것, 그들을 행복하게 하는 것처럼, 전적으로 고객을 편안하게 하는 것에 관한 문제라서, 그들은 수익을 끌어올리는 그러한 대규모의 구매를 하는 것에 관해 기분 좋게 느낍니다." —[4]—.

어휘

furnishing 가구, 비품 | giant 거대 기업, 거인 | plus (숫자 뒤에서) ~이상의 | represent 나타내다, 보여주다 | shift 변화 | approach 접근법 | chic 세련된, 멋진 | match 잘 어울리는 것 | decoration 장식 | taste 취향 | population 인구, 주민 | target 목표, 대상 | audience 청중, 관객 | feature 특징으로 하다 | dining 식사 | access 이용, 접근 | satisfying 만족스러운 | set ~ at ease ~를 안심시키다 | drive 추진시키다, (특정 행동을 하도록) 만들다 | bottom line 수익

168. 특정 정보(상세)
9월에 무슨 일이 있을 것인가?
(A) 새로운 가구 라인이 출시될 것이다.
(B) 새로운 소매점이 개장할 것이다.
(C) 서부 해안 사무실이 이전할 것이다.
(D) 건설 프로젝트가 시작될 것이다.

해설 첫 번째 단락에서 'Wronken, the home furnishing giant, plans to begin construction on its newest location in Augusta this September.'라고 했으므로 (D)가 정답이다.

+ Paraphrasing
construction → building project

169. 특정 정보(상세)
기사에 따르면, Augusta는 왜 Wronken에 적합한 장소인가?
(A) 경쟁업체의 매장이 그 지역에 거의 없다.
(B) 일자리를 찾는 고학력자들이 많다.
(C) 60세 이상의 인구가 빠르게 증가하고 있다.
(D) 회사의 상품이 젊은 전문직들의 관심을 끌 것이다.

해설 첫 번째 단락에서 'Our chic furniture and home decorations are a perfect match for people's tastes here. Augusta has one of the fastest-growing and best-educated populations of young professionals, and that's our target audience.'라고 했으므로 (D)가 정답이다.

170. 특정 정보(사실 확인)
Wronken의 시장 조사는 무엇을 언급하는가?
(A) 매장 식당이 고객들을 단골로 만든다.
(B) 배가 부른 쇼핑객들이 더 오래 쇼핑한다.
(C) 고객들은 현지 음식을 먹고 싶어 한다.
(D) 회사의 앱이 매장 판매를 촉진한다.

해설 세 번째 단락에서 'Foster explained that a recent company study supported the plan. "Customers without access to a satisfying meal spend about 25 per cent less time in the store.'라고 했으므로 (B)가 정답이다.

171. 문맥(문장 삽입)
[1], [2], [3], [4]로 표시된 곳 중에서 다음 문장이 들어갈 위치로 가장 적절한 곳은?
"Augusta 매장은 체인점 어디에서도 찾을 수 없었던 편의 시설을 특징으로 할 것이다."
(A) [1]
(B) [2]
(C) [3]
(D) [4]

해설 두 번째 단락에서 'The location will include a cafeteria featuring a number of local restaurants.'라고 하여 주어진 문장이 앞에 들어가야 문맥상 자연스러우므로 (B)가 정답이다.

172-175번은 다음 온라인 채팅 대화문에 관한 문제입니다.

Dillon Satoransky [오전 10시 04분]
Valparaiso 제조 공장에서 방금 기계 수리 요청을 했어요.

John Ferrell [오전 10시 05분]
지금 바로 저희가 처리해야 하는 건가요? 173격주 목요일마다 점검이 예정되어 있는데, 지난주에 저희가 사람을 보냈어요.

Hernan Ehrenreich [오전 10시 08분]
실은 제가 화요일에 결함 금속 스탬핑 연장 때문에 거기에 있었어요.

John Ferrell [오전 10시 09분]
Hernan, 지금 Quillota 시설에 있죠? 175필요하면 나중에 Valparaiso로 가서 고쳐줄 수 있나요?

Dillon Satoransky [오전 10시 10분]
172요청서에 코멘트가 있어요: "즉각적인 주의 필요."

Hernan Ehrenreich [오전 10시 10분]
174그러면 전체 조립 라인이 멈췄나요?

Dillon Satoransky [오전 10시 11분]
그런 상황 같네요.

Hernan Ehrenreich [오전 10시 12분]
172.175알겠어요. 제가 30분 내로 도착할 겁니다.

John Ferrell [오전 10시 12분]
누군가 Valparaiso의 Marta Garcia에게 전화해서 우리가 간다고 알려 주세요.

Dillon Satoransky [오전 10시 13분]
제가 할게요.

어휘
request 요청 | machinery 기계 | deal with 처리하다 | service 점검, 정비 | every other 두 ~마다 한 번씩 | faulty 결함이 있는 | metal 금속 | stamping 인박, 각인 | tool 연장, 도구 | make over 고치다 | afterward 나중에 | immediate 즉각적인 | attention 주의, 관심 | whole 전체의 | assembly 조립 | case 상황, 경우

172. 핵심 정보(목적)
온라인 채팅 대화문의 목적은 무엇인가?
(A) 공장 생산량에 관해 보고하기 위해
(B) 새 기계 모델을 선택하기 위해
(C) 긴급 상황을 논의하기 위해
(D) 개정된 조립 라인 과정을 검토하기 위해

해설 오전 10시 10분에 Dillon Satoransky의 메시지에서 'The request has the comment: "requires immediate attention."'라고 했고, 오전 10시 12분에 Hernan Ehrenreich의 메시지에서 'Alright. I'll be there within half an hour.'라고 했으므로 (C)가 정답이다.

+ Paraphrasing
immediate → urgent

173. 특정 정보(상세)
유지관리 직원이 Valparaiso 공장을 얼마나 자주 방문하는가?
(A) 격주마다
(B) 한 달에 한 번
(C) 분기마다
(D) 일 년에 두 번

해설 오전 10시 5분에 John Ferrell의 메시지에서 'They're scheduled for service every other Thursday, and we sent someone last week.'라고 했으므로 (A)가 정답이다.

+ **Paraphrasing**
every other Thursday → Biweekly

174. 문맥(화자의 의도 파악)
오전 10시 11분에 Satoransky 씨가 "그런 상황 같네요"라고 할 때, 그녀가 의미한 것은?
(A) Ehrenreich 씨의 추정은 옳았다.
(B) 두 지점이 서로 근처에 위치해 있다.
(C) Ferrell 씨는 회의 일정을 다시 잡아야 한다.
(D) 일부 장비가 구식이라고 여긴다.

해설 오전 10시 10분~10시 11분 대화에서 Hernan Ehrenreich 씨가 'The whole assembly line has stopped then?'이라고 물었을 때, Dillon Satoransky 씨가 'That seems to be the case.'라고 말한 것이므로 (A)가 정답이다.

175. 추론(특정 정보)
Ehrenreich 씨는 다음에 무엇을 하겠는가?
(A) Quillota 공장에 연락할 것이다
(B) 장비를 주문할 것이다
(C) Valparaiso 공장에 갈 것이다
(D) 시설 투어를 제공할 것이다

해설 오전 10시 9분에 John Ferrell 씨의 메시지에서 'Would you be able to make it over Valparaiso afterward if necessary?'라고 했고, 오전 10시 12분에 Hernan Ehrenreich 씨의 메시지에서 'Alright. I'll be there within half an hour.'라고 했으므로 (C)가 정답이다.

+ **Paraphrasing**
be there → Go to

176-180번은 다음 이메일과 송장에 관한 문제입니다.

수신: ericaford@lwmail.com
발신: customerservice@jpm.co.uk
날짜: 5월 17일
제목: 당신의 의견

Erica Ford 씨께,

최근 [176,177]John Paul Markets(JPM)의 설문 조사에 참여해 주셔서 감사합니다. 감사의 표시로, 고객님의 JPM 계정에 멤버십 포인트를 추가해 드렸습니다. 포인트를 매장 내 구매 및 온라인 주문 모두에 사용하실 수 있습니다. 하지만 포인트는 할인 품목에 적용되거나 쿠폰과 중복하여 사용될 수 없다는 것을 유의해 주시기 바랍니다.

[180]온라인 주문에 멤버십 포인트를 적용하시려면, 원하는 항목을 장바구니에 추가하신 후, "확인"을 클릭해 주세요. 포인트를 적용하고 싶은지를 묻는 창이 나타날 것입니다. 적용하시려면 "예"를 클릭만 하시면 됩니다. 적용 포인트로 절약된 금액은 귀하의 송장에 특별 공제로 표기될 것입니다.

[178]저희 오프라인 상점에서 포인트를 사용하는 것도 마찬가지로 간단합니다. 계산하실 때, 멤버십 포인트를 적용하고 싶다고 계산원에게 알려주세요. 그러면 담당자가 고객님께 JPM 카드를 요청할 것이고, 이를 시스템에 스캔할 것입니다.

안녕히,

John Paul Markets 고객 서비스팀

어휘
comment 논평, 견해 | appreciate 감사하다 | participation 참여 | questionnaire 설문 조사, 설문지 | token 표시 | add 추가하다 | account 계정 | in-store 매장 내의 | apply 적용하다 | combine 결합하다 | desired 원하는, 바랐던 | confirm 확인해 주다 | appear 나타나다 | save 절약하다, 아끼다 | indicate 표시하다, 가리키다 | deduction 공제 | physical 물리적인 | check out 계산하고 나오다 | cashier 계산원 | representative 대표, 담당자

John Paul Markets 온라인 쇼핑 송장

주문번호: WNDU7171944
주문 날짜: 6월 23일, 오후 7:31

물품	수량	가격	할인
유기농 그린 페스토 소스	2	6.5파운드	−1.25파운드 [179](여름 할인)
Jennifer 허니 그릭 요거트	6	15파운드	−2.5파운드 [179](주간 할인)
치킨 레몬 케일 소시지	0.5kg	8.15파운드	[179]없음
[180]모렐 버섯	0.25kg	45파운드	−20파운드 [179,180](특별 공제)

소계: 50.9파운드

배달: 4.99파운드

합계: 55.89파운드

어휘
savings 절약된 금액 | mushroom 버섯

176. 특정 정보(상세)
이메일에 따르면, Ford 씨는 어떻게 멤버십 포인트를 얻었는가?
(A) 피드백을 제공했다.
(B) 일정 금액을 넘게 썼다.
(C) 불량 상품을 교환했다.
(D) 지역 대회에 참가했다.

해설 고객 서비스팀이 Erica Ford에게 보낸 첫 번째 지문 [이메일]의 첫 번째 단락에서 'We appreciate your participation in the recent John Paul Market (JPM) questionnaire. As a token of thanks, we have added membership points to your JPM account.'라고 했으므로 (B)가 정답이다.

177. 문맥(동의어)
이메일에서 첫 번째 단락 두 번째 줄의 단어 'token'과 의미상 가장 가까운 것은?
(A) 동전
(B) 표시
(C) 단서
(D) 샘플

해설 고객 서비스팀이 Erica Ford에게 보낸 첫 번째 지문 [이메일]의 첫 번째 단락의 'We appreciate your participation in the recent John Paul Market (JPM) questionnaire. As a token of thanks, we have added membership points to your JPM account.'에서 'token'은 '표시'라는 의미로 쓰였으므로 보기 중 같은 의미를 갖는 (B)가 정답이다.

178. 특정 정보(상세)

고객들은 어떻게 실제 매장에서 JPM 멤버십 포인트를 적용할 수 있는가?

(A) 매장 카드를 제시함으로써
(B) 핸드폰 애플리케이션을 이용함으로써
(C) 고객 서비스 데스크를 방문함으로써
(D) 전화번호를 입력함으로써

해설　고객 서비스팀이 Erica Ford에게 보낸 첫 번째 지문[이메일]의 세 번째 단락에서 'Using your points at one of our physical stores is just as easy. When you are checking out, let the cashier know that you'd like to apply membership points. The representative will then ask you for your JPM card, which will be scanned into the system.'이라고 했으므로 (A) 가 정답이다.

179. 특정 정보(사실 확인)

송장에 따르면, Ford 씨에 관하여 사실인 것은?
(A) 오전에 주문을 했다.
(B) 배송비를 5파운드 이상 지불했다.
(C) 한 개 상품을 원래 가격으로 구매했다.
(D) 주로 고기 상품을 구입했다.

해설　두 번째 지문[송장]의 Discount 항목에서 세 가지 물품은 할인을 받았으나 Chicken Lemon Kale Sausage는 None으로 표시된 것으로 보아 한 가지 상품은 할인을 받지 않고 원래 가격으로 구매했음을 알 수 있으므로 (C)가 정답이다.

180. 추론(특정 정보) + 연계 유형

Ford 씨는 어떤 상품을 멤버십 포인트로 주문하였겠는가?
(A) 소스
(B) 요거트
(C) 소시지
(D) 버섯

해설　고객 서비스팀이 Erica Ford에게 보낸 첫 번째 지문[이메일]의 두 번째 단락에서 'To apply your membership points to an online order, add your desired items to the shopping cart, and then click "confirm." A window will appear asking if you would like to apply any points. Simply click "yes" to do so. The amount saved by these applied points will be indicated as a special deduction on your invoice.'라고 했는데, 두 번째 지문[송장]의 표에서 'Morel Mushrooms / -£20 (Special Deduction)'라고 했으므로 (D)가 정답이다.

181-185번은 다음 이메일과 일정에 관한 문제입니다.

수신: all@chiron.com
발신: Steve Salmon, IT 이사
날짜: 10월 15일
제목: 장기 휴가 일정

안녕하세요,

[181]다가오는 연휴를 위한 장기 휴가 일정을 이제 웹사이트에서 확인하실 수 있습니다. 연중 이 시기가 보통 가장 바쁜 기간이므로, 일정표가 정확한지 확인할 필요가 있습니다. [182]일정이 겹치는 것을 방지하기 위해, 팀장의 승인을 받은 후에만 이틀을 초과한 휴가 시기를 표기해 주십시오. [184]성수기(11월 27일-30일, 12월 21일-26일) 동안 사용하는 휴가는 반드시 부대표의 승인을 받아야만 합니다.

또한, 이 기간 동안 우리가 일손이 부족한 날들이 있을 수도 있다는 것을 알아 두세요. [182]일정이 겹치는 경우들이 이미 생겨나고 있습니다: 예를 들어, Darren Kramer는 Boston에 있는 그의 가족을 방문할 계획입니다. 그의 휴가는 아직 확정되지는 않았지만, [185]아마 Elmin Whiteside의 Aruba 여행과 같은 시기일 것입니다.

일정과 관련된 기술적인 문제들은 저에게 전달해 주시기 바랍니다. 생산적인 연휴철을 기대하겠습니다.

안부 전해요.

Steve

어휘
extended vacation 장기 휴가 | upcoming 곧 있을, 다가오는 | holiday season 휴가철 | access 이용하다, 접근하다 | hectic 정신없이 바쁜 | period 기간 | calendar 달력, 일정표 | accurate 정확한 | prevent 방지하다 | scheduling conflict 일정 겹침 | indicate 나타내다, 내비치다 | exceed 초과하다 | authorize 허가하다 | keep in mind 명심하다 | peak 정점의, 절정기인 | approve 승인하다 | vice president 부대표 | aware 알고 있는, 인지하는 | short-handed 일손이 모자란 | overlap 겹침 | develop (병, 문제가) 생기다, (좋지 않은 방향으로) 발생하다 | days off 휴가 | forward 전달하다 | issue 문제, 사안 | productive 생산적인

Chiron Logistics Solutions 장기 휴가 일정표 (11월-12월)

[184]성수기 영업일 동안의 휴가 신청서는 Tobin Norwood에게 보내주셔야 합니다.

[183]이 일정표는 휴가 계획을 기록하기 위함입니다. 휴가 신청 방법에 대해 질문이 있으시면, 인사 담당자 Michael Dieng에게 연락해 주세요.

날짜	직원	휴가 사유
11월 14일-16일	DeAndre Jackson	Maryland에서 결혼식 참석
[185]11월 20일-23일	Elmin Whiteside	Aruba에서 휴가
11월 24일-30일	Jayden Ayton	Indiana에서 부모님 기념일 축하
12월 20일-26일	Freida Doncic	Orlando로 가족 여행

*더 많은 휴가 일정이 확정되는 대로 일정은 업데이트될 것입니다.

어휘
request for ~에 대한 요청 | mean 의미하다, 의도하다 | track 추적하다 | vacation 휴가를 보내다 | celebrate 축하하다 | anniversary 기념일 | confirm 확정하다, 확인하다

181. 핵심 정보 (목적)

이메일은 왜 발송되었는가?
(A) 온라인 파일 게시를 알리기 위해
(B) 새로운 임원을 소개하기 위해
(C) 연례 축하 행사에 직원들을 초대하기 위해
(D) 연휴 판매 결과를 알리기 위해

해설 Steve Salmon이 전체 직원들에게 보낸 첫 번째 지문[이메일]의 첫 번째 단락에서 'The extended vacation schedule for the upcoming holiday season can now be accessed on our Web site.'라고 했으므로 (A)가 정답이다.

+ Paraphrasing
Web site → online

182. 추론 (특정 정보)

Kramer 씨의 휴가 일정이 일정표에 포함되지 않은 이유는 무엇이 겠는가?
(A) 일정표는 5일을 초과하는 휴가 일정만을 포함한다.
(B) 휴가 요청서를 늦게 제출했다.
(C) 일정표는 확정된 휴가만 보여준다.
(D) 그는 아직 계약직 상태이다.

해설 Steve Salmon이 전체 직원들에게 보낸 첫 번째 지문[이메일]의 첫 번째 단락에서 'In order to prevent scheduling conflicts, please indicate any vacation time that exceeds two days, only once it's been authorized by your team leader.'라고 언급했고, 두 번째 단락의 'Some overlaps are already developing: for example, Darren Kramer is planning to visit his family in Boston. His days off have not been confirmed yet.'이라는 점으로 미루어 그의 휴가 일정이 아직 승인되지 않아 일정표에 포함되지 않았음을 알 수 있으므로 (C)가 정답이다.

+ Paraphrasing
days off → time off

183. 특정 정보 (상세)

직원들은 왜 Dieng 씨에게 연락하라고 요구받는가?
(A) 항공편을 예약하기 위해
(B) 성수기에 휴가를 요청하기 위해
(C) 절차에 관하여 문의하기 위해
(D) 일정표를 업데이트하기 위해

해설 두 번째 지문[일정표]의 첫 번째 단락에서 'If you have any questions about how to submit your vacation day request, please contact Michael Dieng, the personnel manager.'라고 했으므로 (C)가 정답이다.

+ Paraphrasing
how to submit your vacation day request →
a procedure

184. 특정 정보 (상세) + 연계 유형

Norwood 씨의 직함은 무엇인가?
(A) IT 이사
(B) 팀장
(C) 부대표
(D) 인사 담당자

해설 Steve Salmon이 전체 직원들에게 보낸 첫 번째 지문[이메일]의 첫 번째 단락에서 'Keep in mind that any vacation days used during the peak days (November 27-30; December 21-

26) must be approved by the Vice President.'라고 했으므로 (C)가 정답이다.

185. 추론 (특정 정보) + 연계 유형

Kramer 씨는 언제 휴가 중이겠는가?
(A) 11월 14일-16일
(B) 11월 20일-23일
(C) 11월 24일-30일
(D) 12월 20일-26일

해설 Steve Salmon이 전체 직원들에게 보낸 첫 번째 지문[이메일]의 두 번째 단락에서 'Some overlaps are already developing: for example, Darren Kramer is planning to visit his family in Boston. His days off have not been confirmed yet, but they will probably be at the same time as Elmin Whiteside's trip to Aruba.'라고 했는데, 두 번째 지문[일정표]의 표에서 'November 20-23 / Elmin Whiteside / Vacationing in Aruba'라고 했으므로 (B)가 정답이다.

186-190번은 다음 기사, 이메일, 웹 페이지에 관한 문제입니다.

Stockholm에서 해야 할 것들

186 Stockholm의 시 바로 외곽에 위치한 Frisk 공원은 이제 대중에 공개됩니다. 공원이 갖는 아름다움은 그것이 선사하는 장엄한 풍경뿐만 아니라, 주변 공장들에서 발생하는 대기 오염을 해결하는 능력에 있습니다.

공원 곳곳에서 **188**방문객들은 수상 경력이 있는 미국인 예술가 Molly Kay가 디자인한 수많은 친환경 조각들을 찾아볼 수 있습니다. Sharma Landscapers의 Anik Sharma와 협업하여, 두 사람은 실용적이면서도 미적 감각이 살아있는 공원을 탄생시켰습니다.

다양한 조각품 외에도, **187**공원은 다양한 식물과 나무, 꽃들을 관리하는 원예사를 고용했는데, 이는 현지 공장에서 발생시키는 공기 중 독소를 줄이는 데 도움이 됩니다.

다목적 공원은 대기 오염 또한 낮춰주는 매력적인 야외 공간을 제공해 줌으로써 Kay 씨와 Sharma 씨 모두의 목표를 충족시켜줍니다.

공원은 식사를 할 수 있는 테이블뿐만 아니라 오락 시설을 갖춰 바쁜 도시 생활에서 벗어나 탈출구를 제공합니다.

어휘
city limit 시 경계 | available 이용할 수 있는 | lie in ~에 있다 | majestic 장엄한 | scenery 경치, 풍경 | provide 제공하다 | tackle (힘든 문제, 상황을) 해결하다 | neighboring 근처의, 인근의 | eco-friendly 친환경적인 | sculpture 조각 | collaboratively 협력하여 | practical 실용적인 | aesthetic 미학의 | feature 기능, 특성 | employ 고용하다 | horticulturist 원예가 | maintain 유지하다, 지키다 | plant 식물, 공장 | reduce 줄이다 | toxin 독소 | multipurpose 다목적의 | attractive 매력적인 | outdoor 야외의 | cut down (크기, 양 등을) 줄이다 | escape 피하다 | recreational 오락의, 레크리에이션의 | facility 시설

수신: Ju-Hyun Shin <jhshin@avalonpd.net>
발신: Hunter Spence <hspence@avalonpd.net>
날짜: 2월 26일
제목: 업데이트

Ju-Hyun께,

[189]저는 당신과 당신 팀의 Stockholm Grand Palace 호텔 숙박 예약을 마무리했습니다. [188]그리고 저는 Molly Kay가 막판에 스케줄을 변경하여 인도로 가는 중이라서 당신과 함께할 수 없을 거라는 소식을 막 접했습니다. 하지만 Anik Sharma는 그대로 참석할 것입니다. Sharma 씨는 숲에 대해 상당한 정보를 가지고 있어서, 귀하의 모든 질문에 답변해드릴 수 있을 것입니다. 그가 당신의 기사를 위한 수많은 통찰을 제공해 줄 거라 확신합니다.

Regards,

Hunter

어휘
finalize 마무리 짓다 | reservation 예약 | last-minute 마지막 순간의 | in attendance 참석한 | insight 이해, 통찰력

---

http://www.stockholmgp.se

Stockholm Grand Palace 호텔

[189]Stockholm 중심부에 위치한 Grand Palace 호텔은 모든 방문객에게 이상적입니다. 지난달에 호텔은 최신식 스파와 비즈니스 센터, 헬스장을 포함해 시설을 업그레이드했습니다. 무선인터넷은 호텔 전 구역에서 이용할 수 있으며, 모든 방문객에게 무료입니다. 야외 수영장은 5월에 개장할 예정입니다.

[190]3월 한 달 동안 객실을 예약하시고, 비평가들의 극찬을 받은 저희 레스토랑 할인권을 받으세요.

어휘
ideal 이상적인 | state-of-the-art 최첨단의 | book 예약하다 | voucher 할인권, 쿠폰 | critically acclaimed 비평가들의 극찬을 받은

---

186. 핵심 정보 (목적)

기사는 왜 작성되었는가?
(A) 신규 제조 방법을 설명하려고
(B) 공원 개장을 강조하려고
(C) 여러 관광지를 홍보하려고
(D) 박물관 전시를 광고하려고

해설 첫 번째 지문 [기사]의 첫 번째 단락에서 'Frisk Park, located just outside the city limits of Stockholm, is now available to the public.'이라고 했으므로 (B)가 정답이다.

187. 특정 정보 (상세)

기사에 따르면, Frisk 공원에 의해 대기 오염이 어떻게 낮아졌는가?
(A) 특별 장치를 설치함으로써
(B) 무료 자전거 대여를 제공함으로써
(C) 주차 공간을 제한함으로써
(D) 수많은 식물을 키움으로써

해설 첫 번째 지문 [기사]의 세 번째 단락에서 'the park employs horticulturists that maintain a variety of plants, trees, and flowers, which helps reduce the air toxins produced by local plants'라고 했으므로 (D)가 정답이다.

+ **Paraphrasing**
reduce → lowered, maintain → growing

188. 특정 정보 (상세) + 연계 유형

이메일에 따르면, Shin 씨는 누구를 만날 것인가?
(A) 원예 전문가
(B) 조경사
(C) 공장주인
(D) 기자

해설 첫 번째 지문 [기사]의 두 번째 단락에서 'visitors can find a number of eco-friendly sculptures designed by Molly Kay, an award-winning American artist. Working collaboratively with Anik Sharma of Sharma Landscapers'라고 했는데, 두 번째 지문 [이메일]에서 'Also, I just received word that Molly Kay had a last-minute schedule change and is on her way to India, and therefore, will not be joining you. Anik Sharma will still be in attendance, though.'라고 하여 Shin 씨가 Anik Sharma를 만날 예정임을 알 수 있으므로 (B)가 정답이다.

189. 특정 정보 (사실 확인) + 연계 유형

Shin 씨에 관하여 언급된 것은?
(A) 전에 Stockholm에서 일을 했다.
(B) 여행 일정에 변경을 요청했다.
(C) 최근 새로 리모델링된 호텔에서 묵을 것이다.
(D) 다음에 인도로 여행을 갈 것이다.

해설 두 번째 지문 [Ju-Hyun Shin에게 보낸 이메일]에서 'I have finalized you and your team's reservation to stay at the Stockholm Grand Palace Hotel.'이라고 했는데, 세 번째 지문 [웹 페이지]의 첫 번째 단락에서 'Located in central Stockholm, the Grand Palace Hotel is ideal for all visitors. Just last month, the hotel upgraded its facilities to include a state-of-the-art spa, business center, and fitness room.'이라고 하여 Shin 씨가 숙박 예약을 한 Stockholm Grand Palace 호텔이 지난달 부대시설을 리모델링했음을 알 수 있으므로 (C)가 정답이다.

+ **Paraphrasing**
upgraded → remodeled

190. 특정 정보 (사실 확인)

웹 페이지에서 호텔에 관해 언급한 것은?
(A) 월 프로모션을 제공하고 있다.
(B) Stockholm 바로 외곽에 위치한다.
(C) 버스 셔틀 서비스를 제공한다.
(D) 주로 가족들을 대상으로 한다.

해설 세 번째 지문 [웹 페이지]의 두 번째 단락에서 'Book a room with us during the month of March and receive a voucher to our critically acclaimed restaurant.'이라고 했으므로 (A)가 정답이다.

191-195번은 다음 웹 페이지와 티켓, 이메일에 관한 문제입니다.

http://www.amos.org

소개	행사	소장품	예술가

〈나의 렌즈를 통한 일상〉
Giorgia Rizzo 특집전
5월 1일-10일
개막식 밤: 5월 1일 금요일, 오후 7시

¹⁹⁵스위스 미술관은 저희의 최신 전시인 Giorgia Rizzo의 〈나의 렌즈를 통한 일상〉을 발표하게 되어 기쁩니다. 그녀의 걸출한 경력 동안, Rizzo 씨는 전 세계 문화 속 일상의 삶을 사는 사람들을 묘사하는 상징적인 사진들을 찍었습니다. Rizzo 씨는 호주나 잠비아 같은 다른 나라에서의 삶이 어떠한 모습인지를 보여주는 그녀가 가장 좋아하는 사진 100장을 엄선했습니다.

¹⁹¹만약 당신이 〈Travel Quarterly〉, 〈Out in the World〉, 또는 다른 여행 출판물을 구입한 적이 있다면, 당신이 본 사진들 중 한 장은 Rizzo 씨에 의해 찍었을 가능성이 충분합니다. 이제, Rizzo 씨가 세계 여행을 하는 동안 찍은 독점적인 사진들을 보십시오. 이곳 베른에서 머무른 후, 전시회는 파리의 Cryer 예술 협회, ¹⁹³시카고의 Dashlian 박물관, 그리고 싱가포르의 Yanmei 갤러리로 이어질 것입니다.

어휘
through ~를 통해 | feature ~를 특집으로 하다, 출연시키다 | opening 개장, 개막 | exhibit 전시품 | illustrious 걸출한 | iconic 상징적인 | depict 묘사하다, 그리다 | handpick 엄선하다 | pick up 사다 | publication 출판(물) | exclusive 독점적인

일반 입장권	Giorgia Rizzo와 함께 하는 저녁 〈나의 렌즈를 통한 일상〉
6월 7일, 오후 6시 	Dashlian 박물관은 Giorgia Rizzo가 자신의 최신 전시의 사진들을 설명하고, 질문에 답하며, 다른 문화와 생활방식에 대해 배운 것을 공유할 수 있는 자리를 주최하게 되어 영광입니다. ¹⁹²현재 북쪽 로비에서 공사가 진행 중이므로 방문객들은 남쪽 로비를 통해 입장해 주실 것을 요청 드립니다. 외부 음식 및 음료는 허용되지 않습니다.

어휘
proud 자랑스러워하는 | describe 설명하다 | share 나누다 | currently 현재 | under construction 공사 중인 | beverage 음료 | allow 허용하다

수신: rizzog@mymail.co.it
발신: yfsun@baa.cn
날짜: 7월 3일
제목: 전시

Rizzo 씨께,

¹⁹³저는 싱가포르 예술학교의 강사 Yi-Fu Sun입니다. 저는 최근에 당신이 Dashlian 박물관에서 발표하는 것을 들을 기회가 있었는데, 당신의 작업에 대한 헌신은 정말로 영감을 주는 것이었습니다. 당신이 세세한 내용에 주의를 기울이는 것이 당신의 모든 사진에서 보여지고 있습니다.

¹⁹⁴당신의 전시회가 Singapore에서 있는 것으로 알고 있는데, 오셔서 저희 학생들에게 이야기를 들려줄 시간을 할애하실 수 있는지 궁금합니다. ¹⁹⁵이번 학기, 제 상급반 수업에 제작 후 작업과 체계화에 대한 이해가 포함됩니다. 학생들이 당신의 방법론과 기술에 대해 듣게 된다면 매우 감사해할 것입니다. 물론, 시간을 내주신 것에 대한 보상을 해드릴 것입니다. 시간이 되시는지 저에게 알려주십시오. 당신의 답변을 간절히 기다리고 있습니다.

안부 전합니다.

Yi-Fu Sun

어휘
instructor 강사 | dedication 전념 | craft 공예, 기교 | truly 진심으로 | inspiring 고무하는, 격려하는 | attention 주의, 관심 | detail 세부 사항 | print (인화한) 사진 | spare 할애하다 | semester 학기 | upper 더 위에 있는 | post- ~후 | production 제작, 연출 | structuring 구조화 | greatly 대단히, 크게 | appreciate 감사해하다 | methodology 방법론 | compensate 보상하다 | eagerly 간절히 | await 기다리다

191. 추론(특정 정보)
웹 페이지에서 Rizzo 씨에 관하여 알 수 있는 것은?
(A) 최근 상을 받았다.
(B) 작품이 정기 간행물로 출판되었다.
(C) 싱가포르 예술학교의 강사이다.
(D) 사무실이 스위스에 있다.

해설 첫 번째 지문 [웹 페이지]의 두 번째 단락에서 'If you've picked up a copy of Travel Quarterly, Out in the World, or any other travel publication, there's a good chance that one of the photographs you saw was taken by Ms. Rizzo.'라고 했으므로 (B)가 정답이다.

+ **Paraphrasing**
Travel Quarterly, Out in the World, or any other travel publication → periodicals,
photographs → work

192. 특정 정보(상세)
Dashlian 박물관의 출입증 소지자는 무엇을 하도록 요청받는가?
(A) 신분증을 착용하라고
(B) 특정 출입구를 이용하라고
(C) 질문을 준비하라고
(D) 소지품을 보관하라고

해설 두 번째 지문 [티켓]의 두 번째 단락에서 'Visitors are asked to enter through the South Lobby as the North Lobby is currently under construction.'이라고 했으므로 (B)가 정답이다.

+ **Paraphrasing**
enter through the South Lobby → Use a specific entrance

193. 특정 정보(상세) + 연계 유형

Sun 씨는 어디에서 Rizzo 씨의 강연에 참석했는가?

(A) 베른
(B) 파리
(C) 시카고
(D) 싱가포르

해설 Yi-Fu Sun이 Rizzo 씨에게 보낸 세 번째 지문[이메일]의 첫 번째 단락에서 'My name is Yi-Fu Sun, an instructor at the School of the Arts Singapore (SOTA). I recently had the opportunity to hear you speak at the Dashlian Museum.'이라고 했고, 첫 번째 지문[웹 페이지]의 두 번째 단락에서 시카고의 Dashlian 박물관이라고 하여 Sun 씨가 Rizzo 씨를 만난 Dashlian 박물관은 시카고에 있음을 알 수 있으므로 (C)가 정답이다.

194. 특정 정보(상세) + 연계 유형

Sun 씨는 Rizzo 씨에게 무엇을 해달라고 요청하는가?

(A) 초청 강연을 해달라고
(B) 특별 전시회에 참석하라고
(C) 서류에 서명하라고
(D) 상품을 점검하라고

해설 Yi-Fu Sun이 Rizzo에게 보낸 세 번째 지문[이메일]의 두 번째 단락에서 'I know that your exhibit will be making a stop in Singapore, and I was wondering if you could spare some time to come in and speak with my students.'라고 했으므로 (A)가 정답이다.

✦ **Paraphrasing**
speak with my students → Give a guest lecture

195. 세부 정보-특정 정보

Sun 씨와 Rizzo 씨가 전문 지식을 공유하는 주제는?

(A) 여행 및 접대
(B) 곡예
(C) 사진
(D) 박물관 관리

해설 첫 번째 지문[웹 페이지]의 첫 번째 단락에서 'The Art Museum of Switzerland is excited to announce our latest exhibit, Everyday Life Through My Lens by Giorgia Rizzo. During her illustrious career, Ms. Rizzo has taken some iconic photographs depicting people living their everyday lives from cultures all around the world.'라고 했고, Yi-Fu Sun이 Rizzo 씨에게 보낸 세 번째 지문[이메일]의 두 번째 단락에서 'This semester, my upper-level classes include post-production work and understanding structuring. I know that the students would greatly appreciate hearing about your methodology and techniques.'이라고 하여 둘 다 사진관련 전문 지식이 있음을 알 수 있으므로 (C)가 정답이다.

196-200번은 다음 주문서, 지침 안내문, 이메일에 관한 문제입니다.

Ace Custom Signs
청구서

| 주문일: 11월 25일 | 청구서 번호: 89545 |
| 고객명: Jackie Chipman | 배송주소: 3581 Ferguson St., Boston, MA 02110 |

상품 설명	개수	내용	개당 가격	총액
비닐 글자	10	"Junction" 서체의 36" x 18" 규격 글자	2.00달러	20.00달러
네온사인	1		360.00달러	360.00달러
		설치	100.00달러	**197** 100.00달러
현수막	1	48" x 96" 규격의 "재개장" 간판	215.00달러	215.00달러

소계: 695.00달러
196회원 감사 쿠폰 코드: ACS15 (15% 할인) -104.25달러
세금 (8%): 47.26달러
운송 및 취급: 125.00달러
총 **763.01달러**

어휘
invoice 청구서, 송장 | vinyl 비닐 | lettering (특정 서체로 인쇄한) 글자, 글자 쓰기 | neon sign 네온사인 | installation 설치 | banner 현수막, 배너 | appreciation 감사 | shipping 운송 | handling 취급

Ace Custom Signs
취소 및 환불 지침

1. 모든 개별 맞춤 상품은 주문 제작되므로 환불될 수 없습니다. 또한 이러한 상품들은 배송에 시간이 더 걸릴 것입니다.

2. **197**완전 만족 및 보장을 위해, 모든 전구가 달린 간판에는 설치비가 포함됩니다. Ace Custom Signs는 설치 중 발생하는 모든 피해를 보상해드립니다.

3. **200**변경 및 취소 신청은 주문이 발송되지 않은 한, 주문 접수 후 4일이 지나서도 가능합니다. 하지만 물품이 이미 창고에서 출고되었기에, 30달러의 재입고 요금이 환불액에서 공제됩니다.

4. 반품 및 교환 신청은 주문품 수령 후 영업일 7일 이내 접수되어야 합니다. **198**고객은 60달러의 재배송비를 내야 합니다. 고객에게 배송 중 상품이 파손된 경우에는, 부과된 요금이 취소될 것입니다. 또한, 주문 제작 상품은 배송 중 파손된 경우가 아니라면 환불될 수 없습니다.

어휘
cancellation 취소 | return 반품, 반납 | guidelines 지침, 가이드라인 | personalized 맞춤형의 | custom made 주문 제작한 | eligible for ~할 자격이 있는 | refund 환불(금) | furthermore 게다가 | ship 수송하다 | ensure 보장하다 | satisfaction 만족 | guarantee 보장 | light 빛을 비추다 | cover 덮다, 보장하다 | damage 피해, 손상 | adjustment 수정, 조정 | request 요청 | receipt 수령, 인수 | send out 발송하다, ~을 보내다 | restock 다시 채우다, 보충하다 | deduct 공제하다 | reimbursement 상환, 배상 | amount 양, 액수 | merchandise 상품, 물품 | in the event that ~할 경우에는 | transport 수송하다, 실어 나르다 | warehouse 창고 | redelivery 재배송 | charge 요금 | remove 제거하다, 없애다

수신: cs@acesigns.com
발신: jchipman@iffymedia.com
날짜: 12월 2일
제목: 청구서 번호: 89545

관계자께:

[200]저는 일주일 전에 간판을 구입했는데, 주문을 수정하고 싶습니다. [199]원래 "Junction" 서체로 된 비닐 글자를 원했는데, 제 동업자와 상의한 후, 저희는 "Century"가 창문에서 더 좋아 보일 거라고 결정했습니다. [200]제가 아직 출고 확인을 받지 않았기에, 이러한 변경이 어려운 일이 아니길 바랍니다. 이 수정으로 인해 비용이나 배송 시기에 변동 사항이 있으면 저에게 알려주세요.

안부를 전하며,

Jackie Chipman

어휘
purchase 구입하다 | revise 수정하다 | originally 원래 | font 서체, 폰트 | confirmation 확인 | inform 알리다, 통지하다 | cost 비용, 경비 | affect 영향을 미치다

196. 특정 정보(사실 확인)
Ace Custom Signs에 관하여 언급된 것은?
(A) 회원 프로그램을 제공한다.
(B) 새 장소로 이전할 것이다.
(C) 재개장 세일 중이다.
(D) Boston에 기반을 두고 있다.

해설 첫 번째 지문 [주문서]에서 'Member Appreciation Coupon Code'라는 항목을 통해 회원 프로그램을 제공함을 알 수 있으므로 (A)가 정답이다.

197. 추론(특정 정보) + 연계 유형
Chipman 씨에게 왜 설치비가 부과됐겠는가?
(A) 현수막이 표준보다 커서
(B) 포스터에 틀이 필요해서
(C) 배송 일에 만날 수 없어서
(D) 전구가 달린 상품을 구입해서

해설 두 번째 지문 [지침 정보]의 2번에서 'To ensure full satisfaction and guarantee, all lighted signs will include an installation fee.'라고 했는데, 첫 번째 지문 [주문서]의 표에서 설치비가 부과되어 있어 그녀가 전구가 달린 간판을 구입했음을 알 수 있으므로 (D)가 정답이다.

198. 특정 정보(상세)
언제 60달러 재배송 비용이 취소되는가?
(A) 주문 제작 상품일 때
(B) 상품이 배송 중 파손될 때
(C) 한 개 상품만 교체될 때
(D) 여러 개의 상품이 교환될 때

해설 두 번째 지문 [지침 정보]의 4번에서 'Customers are responsible for the $60 redelivery fee. In the event that a product was damaged while being transported to the customer, the charge will be removed.'라고 했으므로 (B)가 정답이다.

✚ **Paraphrasing**
while being transported → in transit

199. 추론(특정 정보)
Chipman 씨의 동업자는 무엇을 하라고 제안했겠는가?
(A) 글 디자인을 수정하라고
(B) 물품을 빠른 배송으로 보내라고
(C) 간판 크기를 변경하라고
(D) 기업 할인에 대해 문의하라고

해설 세 번째 지문 [이메일]의 첫 번째 줄에서 'I originally wanted some vinyl lettering in the "Junction" font, but after talking with my business partner, we've decided that "Century" will look better in the window.'라고 했으므로 (A)가 정답이다.

200. 추론(특정 정보) + 연계 유형
Chipman 씨의 주문과 관련해 무엇이 사실이겠는가?
(A) 4일 후에 배송될 것이다.
(B) 재입고 요금을 포함할 것이다.
(C) 12월 9일에 교환될 것이다.
(D) 2일 후에 처리될 것이다.

해설 두 번째 지문 [지침 정보]의 3번에서 'Adjustment or cancellation requests may be made over four days after receipt of order, as long as it has not been sent out. However, a $30 restocking fee will be deducted from the reimbursement amount, since the merchandise was already transported from our warehouse.'라고 했는데, 세 번째 지문 [이메일]의 첫 번째 줄에서 'I purchased some signs a week ago, but I'd like to revise my order.'라고 하였고, 세 번째 줄에서 'I have not yet received shipping confirmation'이라고 하여 주문 변경 사항이 접수되지만, 이로 인한 재입고 요금이 발생할 것임을 알 수 있으므로 (B)가 정답이다.

MEMO

MEMO

MEMO

파고다
토익 RC
입문서 | 해설서